18th International Metrology Congress (CIM 2017)

Paris, France
19 - 21 September 2017

ISBN: 978-1-5108-5840-4

Printed from e-media with permission by:

Curran Associates, Inc.
57 Morehouse Lane
Red Hook, NY 12571

proceedings.com

Some format issues inherent in the e-media version may also appear in this print version.

Printed by Curran Associates, Inc. (2018)

For additional information, please contact EDP Sciences – Web of Conferences
at the address below.

EDP Sciences – Web of Conferences
17, Avenue du Hoggar
Parc d'Activité de Courtabœuf
BP 112
F-91944 Les Ulis Cedex A
France

Phone: +33 (0) 1 69 18 75 75
Fax: +33 (0) 1 69 28 84 91

contact-edps@webofconferences.org

Additional copies of this publication are available from:

Curran Associates, Inc.
57 Morehouse Lane
Red Hook, NY 12571 USA
Phone: 845-758-0400
Fax: 845-758-2633
Email: curran@proceedings.com
Web: www.proceedings.com

TABLE OF CONTENTS

METROLOGY IN MEDICAL LABORATORIES / METROLOGIE DANS LES LABORATOIRES MEDICAUX

APPLIED THERMAL MEASUREMENTS / MESURES THERMIQUES APPLIQUEES

SI AND NEW ELECTRICAL STANDARDS / SI ET NOUVELLES REFERENCES EN ELECTRICITE

ENERGY NEW AGE / ENERGIE NEW AGE

METROLOGY 4.0 / METROLOGIE 4.0

METROLOGY FOR HEALTH AND BETTER LIFE / METROLOGIE, SANTE ET CONFORT DE VIE

METROLOGY FOR A CLEANER ENVIRONMENT / METROLOGIE POUR UN ENVIRONNEMENT PLUS PROPRE

METROLOGY CONCEPTS AND UNCERTAINTY / INCERTITUDES ET CONCEPTS METROLOGIQUES

OPTICAL MEASUREMENTS / MESURES OPTIQUES

Industry 4.0 and metrology centres

José Luis Prieto[1,*]

[1]Interim Manager, 32005 Ourense, Spain

Abstract. Historically laboratories/metrology centres have considered the management aspects of their respective organizations in a somewhat collateral manner, putting all their emphasis on the technical aspects. The editions of the international standards that have sustained and supported the accreditation processes have been giving greater importance to these aspects of management. The ongoing revision of ISO 17025 indicates its most significant changes towards them. And if the regulatory environment is boiling, what about the socio-economic one! Industry 4.0 together with the digital transformation will influence all types of organizations, and laboratories/metrology centres cannot be alien to the challenges they face with. The transversality of the science of measurement, that it is to say, metrology, makes it relevant but not stellar in each and every one of the aspects to which this revolution is directed. Let's not forget that governments and scientists are calling it Fourth Industrial Revolution. This paper focuses on the challenges that must be faced from these laboratories/metrology centres to key points of clearly organizational influence such as innovation, entrepreneurship and/or conversion to customer-centric organizations.

1 Metrology centre: a definition in terms of knowledge

The hallmark of metrology centres is knowledge. Regardless of whether they are entities for or not for profit, or the dominant metrology scope in their activities (industrial, legal or scientific), they are entities that walk from the production and co-generation of knowledge to their dissemination and transfer.

Knowledge is both their main input and output and their primary value-added activities consist of the creation, accumulation and dissemination of knowledge for the purposed of developing customised service solutions.

For defining a general knowledge value chain, the distinguishing exploration-examination-exploitation is considered as the dynamic element that describes the enhancement and processing of knowledge units on the way towards their transformation into commercially valuable knowledge products.

Two dimensions of knowledge, y-axis named as Categories (analytical, synthetic and symbolic) and x-axis named as Phases (exploration, examination and exploitation) (see Fig.1) to properly position their way of acting.

Vertical and horizontal knowledge domains reinforce their goal for growth and sustainability combining business functions with transversality of metrology (visible in any sector either industrial or services).

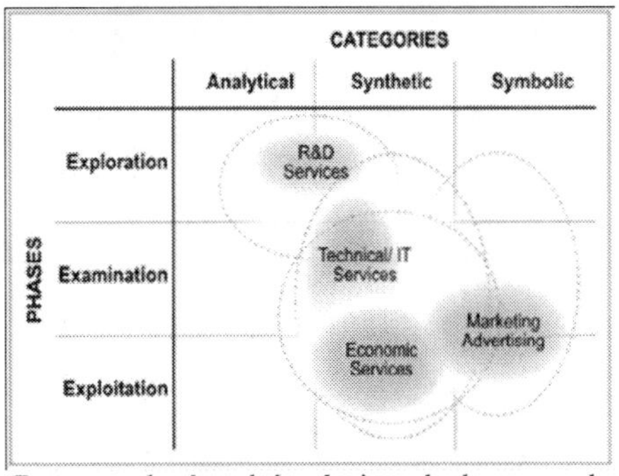

Fig.1 Focus on the knowledge basis and phases on the knowledge value chain. Source [1]: Strambach (2008)

2 Opportunities from ISO/IEC 17025

This hatching in the most remote environment coincides with renewal airs in the nearest and direct environment, as is represented by the accreditation, in terms of the regulation that addresses the same for this typology of entities that concerns us and concerns.

One of the non-negotiable requirements during this process, up to the present moment, is that the high-level structure has been adopted as a common framework for all those rules that articulate management systems, either generic or non-negotiable. Specific areas of organizational management, as is the case in particular, ISO 17025 [2].

* Corresponding author: jotaelepece@gmail.com

This step is pursued in general terms, among other things:
•Establish aligned policies and objectives in overall strategic planning.
•Optimize the allocation of resources.
•Joining the documentary system and certain processes.
•Manage improvement initiatives, with common approaches.
•Address conformity assessment in an integrated manner

The approach to improvement initiatives broadens the horizon by considering not only risk-based thinking, already implicit in the version still in force in 2005, for example through preventive actions to eliminate potential nonconformities, or to analyze any non-conformity that occurs, And take actions that are appropriate for the effects of nonconformity in preventing their recurrence, but expanding their orientation when planning and implementing actions to address opportunities.

Opportunities that can arise as a result of a favorable situation to achieve an expected result, for example, a set of circumstances that allows the organization to attract customers, develop new products and services or expand the scope of laboratory activities.

3 Industry 4.0 and its levers

The availability of digital information, process automation, the interconnection of the value chain and the creation of digital interfaces with the consumer act as levers of digital transformation that are redefining business models and reorganizing industries.

So, the following levers are defined:

• Digital information: the capture, processing and analysis of digital information enables improved predictions and decision making
• Automation: the combination of traditional technology and artificial intelligence generates systems that can work autonomously and organize themselves (reducing errors, acting faster and cutting operating costs)
• Connectivity: the interconnection of the entire value chain via mobile or broadband allows synchronization of logistics chains, shorten delivery times and innovation cycles.
• Digital access to the customer: internet (mobile and high speed) allows new intermediaries to target consumers who can offer total transparency and new services.

4 Organizational challenging mix for metrology centres

The challenges are not only to predict the implications of the technologies around Industry 4.0 but to create new types of organizations and business models that take advantage of the technological possibilities that we have today.

Understanding the changes brought about by the technological revolution and adapting to them the business models of companies is fundamental to develop the potential opportunities of the new environment and minimize their threats. The change must be constant, coherent, patient and focused

The new models require greater customer participation, greater agility and the development of continuous innovation processes.

Recurring archetypes in most business models:
• Firstly, the one based on customer proximity, which uses customer information to offer tailor made solutions for very specific needs and to meet customers' tastes and habits to ensure a personalized and high quality service experience.
• Secondly, it is based on operational excellence, when the objective is to minimize the final cost of the product or service; so that competitive prices can be offered thanks to the reduction of intangible costs to the customer when making the delivery, This way, the excellence of operations is not only focused on the price, but on the guarantee of the service.
• The third is focused on the coordination of the value chain, creating value through the synchronization of the initial and final ends of the value chain

4.1 Innovation

The introduction of new technologies positions the organizations before a complex network of opportunities and challenges that generate changes in the management practices and favor the appearance of new organizational forms.

An innovative entity aims to transform technological and market constraints by developing distinctive organizational capabilities that competitors cannot easily imitate.

The basic challenge of an innovative entity is to evolve towards an ambidextrous organization, maintaining the balance between exploitation and exploration or between stability and change and, in addition, constantly coordinating the two aspects in a dynamic way.

The double quest for stability and change is a fundamental paradox in all forms of organization and poses a major challenge to firms operating in today's business environment.

Exploitation extends existing knowledge while exploration requires the creation of new knowledge and ideas. In any case, the key to a company's long-term success lies in its ability to exploit existing skills while continuing to explore new possibilities, in order to compete in both mature and emerging markets.

4.2 Entrepreneurship

For decades, scale and size have been desirable traits in a company. In this new panorama drawn by the Fourth Industrial Revolution, adaptability and agility will eclipse them more and more.

The venture is attributed to organizations that create favorable environments or spaces to which new lines of services or improvements are added to existing ones, that promote acquisitions or that stimulate R & D through the development of entrepreneurial talent from within the organization.

The information flow is needed in a constructive way to enable decision making to facilitate the adoption of initiatives aligned with a broad and multidisciplinary vision and to strengthen the confluence of workers' values and organization

The distance between information and decision making results in the following structural failures:

• Information progresses slowly and knowledge takes a long time to implement.

• Reality is distorted at each point of transmission.

• The information flow pattern inevitably gives way to a tremendous amount of intelligence and intermediate experience.

• The process often causes organizations to behave in a sociopathic way, since it ultimately forces employees to do things against their best judgment

The solution is to find a border, take advantage of the data to scale rapidly and become a new core business.

The evolution towards the entrepreneurial organization takes as factors to handle the following: Resources, Attitudes and Skills. Otherwise you can talk about these factors as POWER (Resources), WANT (Attitudes) and KNOW (Skills).

The evolutionary movement has to take into account the starting point, in a trihedron that is defined by these three vectors.

In the case of laboratories / metrology centers, these are mostly in the area of Resources (POWER) - Skills (KNOW), so the challenges in this new environment must focus on gaining depth in the vector Attitudes (WANT).

Within the field at hand, the following evolutionary pathways can be identified in general:

•Studying new ideas, valuing them, contributing existing knowledge within the entity and investing in them

•Rethinking how to act (through professional enrichment and personal empowerment), still lacking the resources to take advantage of missed opportunities.

•Find another entity in the ecosystem that has the resources and attitude to offer its own knowledge and associate

The desired ideal position must result from combining all three factors into dimension sufficient to be recognized within the value ecosystem.

Competition at the global level leads each individual within his or her organization to assume its leading role in the development of its future.

4.3 Customer-centric

Digital uses of consumers transform demand, which for companies means re-positioning the final consumer in the "centre" of their development logic, for example by increasing the value proposition to the customer with greater reactivity, personalized attention or quality of superior service.

This strategy fundamentally aligns the company's products and services with the desires and needs of its most valuable customers, with the specific objective of obtaining greater profits over a longer period of time.

The well-being of the clients has to be known, via metrics and panels of the client, by all levels of the organization including the meetings of the senior management.

The maximum of action tries to reduce distance with the client. For this, all the staff is invited to participate to improve the customer experience, as this is not only a task of customer service.

Most valuable clients and clients with a long-term relationship with the company are recognized, rewarded and treated so that the appreciation for their loyalty is clearly demonstrated.

Clients are invited to provide new insights and to join the organization, through their participation in councils and client groups.

Reinforcement of the focus on the client to anticipate and respond to their needs and habits, reactivity, personalized attention and quality of service, interactive approach with the community of customers are ways of action to achieve customer-centric organization.

Similarly, digitization provides solutions, for example by creating direct contact between producers and final consumers, complementing distributors. It also helps to renew products, through "connected objects", mass customization or online services.

Business ecosystems are more than just one of the organizational formulas of the digital economy. Its philosophy of cooperation represents one of the central visions of the digital economy.

These are achieved through the creation of collaborative environments not only within the company itself, but with the outside: partners, partners, suppliers, customers and even the competition itself.

All interact with each other and with their environment, thus maintaining the balance of the system and seeking to ensure the survival.

5 Conclusions

Industry 4.0 could truly transform the way companies, and metrology centres as well, operate and enable them to tap into new sources of value.

To achieve this transformation, companies follow a set of imperatives:

- Gain an in.depth understanding of how Industry 4.0 can create value in the specific context of your operations. Identify ways to reach the next frontier of value creation instead of pursuing incremental improvements.
- Articulate a bold vision for how you will apply digital technologies, and establish ambitious, step-change objectives across the organization. Independent initiatives scattered throughout the company, without clear vision and coordination from the top, will not produce significant, long-lasting benefits.
- Inmediatily start retraining the workforce and hiring new workers to fill talent gaps. Companies that

have yet to focus on capability building will need to play catch-up to remain competitive.

- Capture value through rapid sprints, but manage the effort holistically with a long-term perspective.

By addressing these imperatives through a well-designed and rigorous transformation program, companies can achieve rapid improvements that create value and motivate the entire organization to realize the vision of Industry 4.0.

It's clear that digital transformation isn't about reinventing the wheel. Rather, it's an opportunity to transform the purpose of that wheel to disrupt the way we do business in the digital economy.

And there is not a single solution for that.

References

1. S.Strambach, *Knowledge-Intensive Business Services (KIBS) as drivers of multilevel knowledge dynamics*, Int. J. Services Technology and Management, **10**, 152-174 (2008)
2. ISO/IEC DIS 17025:2016
3. L. Lombardero, *Trabajar en la era digital,* LID Editorial Empresarial, (2015)
4. J.Rose, V. Lukic, T. Milon, A. Cappuzzo, *Sprinting to Value in Industry 4.0*, BCG Perspectives, (2016)
5. S. Scantlebury, J. Ross, W. Buariediel, *Designing Digital Organizations*, BCG Perspectives, (2016)

 DOI: 10.1051/metrology/201701002

Métrologie et Pédagogie

Carole BEAULIEU[1,*] and *Marie-Aude* ENGELS[2,*]

[1]LNE, Pôle des Eco-Industries, 3 rue Raoul Follereau, 86100 Poitiers, France
[2]LNE, 1 rue Gaston Boissier, 75015 Paris, France

Abstract. What do metrologists and pedagogues have in common? These terms have multiple evocations that need to be clarified . Both are facilitators. The metrologist is the conductor of the measurement management system in his company. The pedagogue accompanies the change by choosing tools adapted to learners specificities. Both have the function of developing a strategy to track compliance through the measurement of deviations. The metrologist helps to demonstrate compliance of the product with the specified requirements by providing the appropriate measurement strategy. The pedagogue develops a learning strategy to enable the learner to gain competence. Both activities are at the service of other entities. The metrologist is at the service of production just as the pedagogue is at the service of a content. This involves mastering the project management and benevolent communication techniques. They must be able to create a conducive environment to ease the development of collective intelligence. A training course in metrology must guarantee the performance of measurement, testing and analysis results using play tools that stimulate the creativity and assimilation of learners. The objective is to propose to metrology managers, often multifunctional, an overview of their responsibilities in order to help them (re)discover the large range of their function.

1. Introduction

Qu'ont en commun la métrologie et la pédagogie ?

La métrologie est la science des mesures (et ses applications), la pédagogie est la science de l'éducation… à priori ce sont des disciplines qui n'ont pas grandchose en commun.

1.1. Méconnaissance de la métrologie

1.1.1. La carence scolaire

On observe dans les entreprises et, plus généralement, dans la société une méconnaissance de ce qu'est la métrologie, de ce qu'elle représente et de ce qu'elle implique. Cette inculture métrologique trouve en partie une explication dans l'absence de l'enseignement de la discipline, même dans l'enseignement supérieur. Nos sociétés ont simplement oublié d'enseigner la métrologie [1].

1.1.2. La restriction dans les entreprises

A cela s'ajoute la certitude dans l'entreprise que la métrologie concerne les instruments de mesure. Pour cette raison, la fonction métrologie est souvent limitée à la gestion des raccordements métrologiques. Le métrologue d'entreprise est le gestionnaire des étalonnages au lieu d'être le garant de la fiabilité des résultats de mesure. Cette restriction ne permet pas de donner à la métrologie d'entreprise toute sa dimension, c'est-à-dire qu'elle est subie au lieu de permettre la prise de décisions objectives. La gestion des équipements est elle-même gérée sans toute la cohérence nécessaire. Les raccordements métrologiques et les opérations de surveillance ne sont pas traités sous l'angle de la criticité, ce qui permettrait de déployer davantage de moyens pour les processus de mesure qui ont un impact significatif sur la qualité du produit.

1.1.3. Une méconnaissance généralisée

Ces constats expliquent le manque de connaissances de la société en général et des entreprises en particulier sur la métrologie.

1.2. Complexité de la pédagogie

1.2.1. Eduquer, former ou enseigner ?

Eduquer, c'est former l'esprit de quelqu'un, développer ses aptitudes intellectuelles, physiques, faire acquérir des principes moraux. *Former*, c'est inculquer à quelqu'un les principes, les habitudes, les connaissances qui développent ses aptitudes, son goût,… *Enseigner*, c'est faire acquérir la connaissance ou la pratique.

La pédagogie est l'ensemble des méthodes utilisées pour éduquer les enfants et les adolescents ou une pratique éducative dans un domaine déterminé, une méthode d'enseignement.

* Corresponding author: carole.beaulieu@lne.fr marie-aude.engels@lne.fr

DOI: 10.1051/metrology/201701002

L'andragogie est la science et l'art d'enseigner aux adultes.

Cependant, le terme *pédagogie* est généralement utilisé pour évoquer l'*andragogie*. C'est un abus de langage que nous conserverons dans tout le présent article.

L'apprentissage est l'initiation par l'expérience à une activité. [2]

La Formation Professionnelle Continue est ouverte à toute personne, jeune ou adulte déjà engagée dans la vie adulte.

Le rappel de ces quelques définitions montre la complexité du champ de la formation professionnelle.

1.2.2. La place du savoir

Cependant, depuis l'origine, la préoccupation est la même. Il s'agit de donner les moyens à quelqu'un de grandir, d'évoluer. L'étymologie du terme « pédagogie » vient de deux mots grecs « paidos = enfant » et « gogia = mener/conduire » ; son concept désignait l'esclave qui accompagnait les enfants à l'école. Dans toute démarche de formation, il y a toujours un changement, une évolution qui est visée par le formateur. Si les techniques changent, les problématiques restent les mêmes : le savoir est-il chez le maître ou chez l'élève ? La pédagogie est-elle la transmission du savoir du formateur à l'apprenant ou la création par le formateur d'un environnement qui permettra à l'élève d'accéder seul au savoir ? [3]

1.2.3. L'apprenant au cœur du dispositif de formation

Le champ de la formation s'appuie sur des domaines variés tels que la psychologie, la sociologie, le management, les organisations. Parmi les points de vigilance qui ont traversé le temps, 4 touchent ces différents domaines et sont particulièrement importants.

Tout d'abord, il y a 3 types de savoirs [savoir, savoir-être, savoir-faire] et une compétence est généralement acquise lorsque les 3 savoirs sont maîtrisés. Dans le cadre d'une formation qualifiante, le formateur doit mesurer l'acquisition des trois savoirs.

Illustration 1. Les 3 types de savoirs

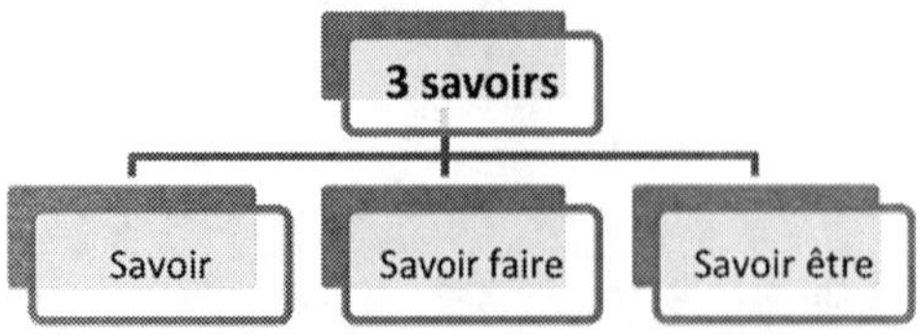

Le deuxième point de vigilance du formateur porte sur la façon de raisonner des apprenants. Tout le monde ne raisonne pas spontanément de la même façon et il est important que le formateur varie son intervention en utilisant ces différents modes de raisonnement pour permettre à chacun de comprendre et mémoriser le contenu.

Illustration 2. Les 4 modes de raisonnement

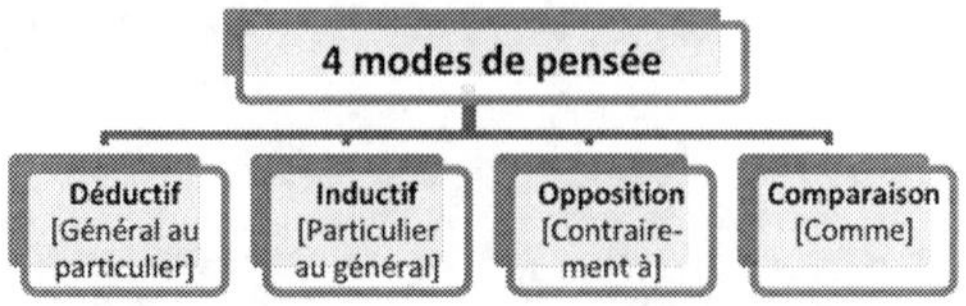

Le troisième point concerne les modes de transmission du savoir. Le formateur doit utiliser des modes de transmission du savoir multiples. Demander à un auditoire d'écouter, d'observer, de comparer, d'élaborer une réponse argumentée, de pratiquer par essais/erreurs alternativement permet d'évaluer les 3 savoirs.

Illustration 3. Les méthodes de transmission

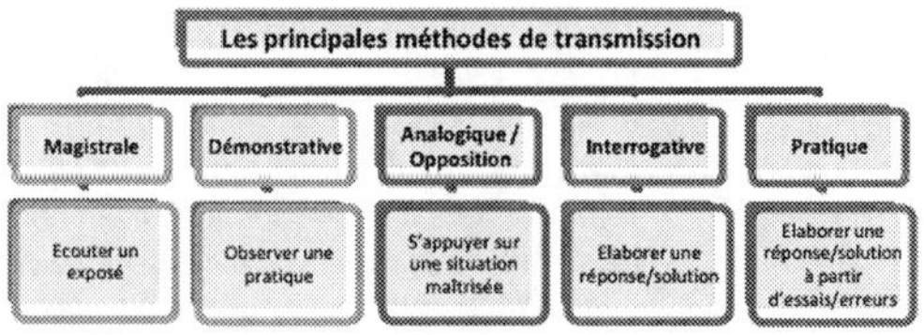

En outre, un adulte n'apprend pas tout à fait de la même façon qu'un enfant ou un adolescent, le formateur doit en être conscient. Il est nécessaire d'instaurer un climat de confiance, une dynamique qui impose un rythme soutenu et des échanges fructueux et chaleureux.

Illustration 4. Les grands principes de l'andragogie [4]

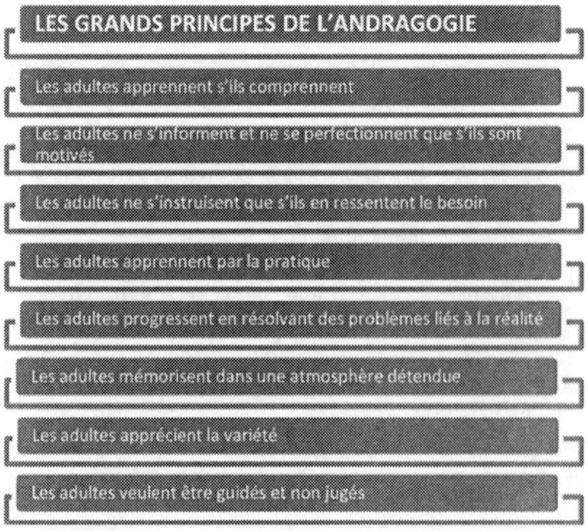

La complexité de la pédagogie vient de la nécessité d'adapter la façon de transmettre un savoir au plus près de la spécificité de chaque individu pour lui permettre d'évoluer.

 DOI: 10.1051/metrology/201701002

1.3. Des similitudes

La science des mesures (et ses applications) et la science de l'éducation ont donc une première similitude : la méconnaissance. En effet, la métrologie est un sujet globalement méconnu tout comme la complexité de la pédagogie est méconnue. Le périmètre et la finalité sont souvent flous, la vision en entreprise est erronée. La métrologie et la pédagogie sont pourtant des sciences fondamentales et des disciplines essentielles pour les entreprises.

D'autres similitudes, plus concrètes sont identifiables. Métrologie et pédagogie ont un même objectif : la recherche de la conformité par la mesure d'écarts.

Il s'agit également d'activités au service d'autres activités. Une méthodologie rigoureuse permettra d'atteindre l'efficience. Activités transverses dans l'entreprise, l'art de convaincre y est crucial mais difficile.

2. La recherche de la conformité

2.1. Conformité métrologique

A l'exception des laboratoires d'étalonnage, la finalité de la métrologie dans l'entreprise est de contribuer à apporter la preuve de la conformité du produit aux exigences spécifiées. Pour cela, le métrologue doit déterminer les mesures à entreprendre, mettre en œuvre et maintenir les ressources appropriées, évaluer la validité et la pertinence des résultats de mesure et conserver des informations documentées qui permettent de démontrer la démarche. Pour cela, il doit prévoir la stratégie de mesure la mieux appropriée, la plus fiable et la moins coûteuse. Il doit commencer par identifier le besoin de mesure et les objectifs métrologiques qui vont en découler. La confrontation des résultats de mesure aux objectifs métrologiques permettra l'amélioration du processus de mesure.

2.2. Conformité pédagogique

Le pédagogue doit, lui aussi, prévoir une stratégie de formation. Il doit définir les objectifs pédagogiques, énumérer les thématiques qui permettent d'atteindre ces objectifs, estimer le niveau de connaissance des stagiaires afin de planifier le temps nécessaire à l'acquisition de chaque contenu, répertorier la méthode pédagogique appropriée à chaque séquence, prévoir le mode d'évaluation des acquis, utiliser le retour des évaluations pour parfaire la prochaine prestation.

2.3. Analogie dans la recherche de la conformité

Bien que le besoin identifié soit totalement différent, l'objectif à atteindre pour un processus de mesure ou pour un processus de formation est la recherche de la conformité. L'analogie ne s'arrête pas là : les moyens à mettre en œuvre regroupent un ensemble de ressources comparables (ressources techniques, humaines, documentaires) et les facteurs de réussite identifiés sont les mêmes. Le livrable est bien différent mais les facteurs de réussite et les éléments d'amélioration sont les mêmes. L'illustration 5 établit la comparaison entre un processus de mesure et un processus de formation et permet d'identifier les principales similitudes.

Illustration 5. Analogie entre un processus de mesure et un processus de formation

	PROCESSUS DE MESURE	PROCESSUS DE FORMATION
BESOIN IDENTIFIE	juger de la (non-)conformité à l'exigence métrologique	acquisition d'une compétence
OBJECTIF A ATTEINDRE	preuve de la conformité *(du produit)*	*(compétence)*
MOYENS A METTRE EN ŒUVRE ET A MAINTENIR	ressources techniques *(équipements, logiciel, environnement, ...)*	*(supports visuels, exercices, ...)*
	ressources humaines *(opérateurs)*	*(formateurs)*
	ressources documentaires *(méthodes, modes opératoires, éléments de preuve, ...)*	*(thématiques, contenus, évaluations, ...)*
LIVRABLE	résultat de mesure fiable	nouvelle compétence
FACTEURS DE REUSSITE	définir une stratégie, planifier	
ELEMENTS A CONSIDERER POUR L'AMELIORATION	analyse du livré par rapport à l'objectif attendu	

Métrologie et pédagogie visent donc la recherche de la conformité. Pour résumer la démarche, il faut planifier une stratégie à partir d'objectifs définis et analyser les retours pour améliorer.

3. La mesure des écarts

3.1. Les écarts en métrologie

En métrologie, on mesure des écarts ou des erreurs, la confusion est fréquente entre les deux termes. Les erreurs concernent spécifiquement les équipements de mesure (erreur d'indication, erreur de justesse, ...) et les processus de mesure. La définition du mesurande, si importante en métrologie, prend tout son sens.

Un écart correspond à une différence entre un résultat de mesure et une exigence métrologique. Il est déterminé en confrontant un résultat de mesure à la spécification pour laquelle le processus de mesure a été mis en place.

3.2. L'évaluation en formation

En pédagogie, on mesure l'écart entre le niveau atteint et l'objectif pédagogique fixé, cela consiste à s'assurer que le transfert de connaissances et/ou le développement d'une capacité se fait dans la bonne mesure. C'est-à-dire que l'apprenant s'approprie un savoir, un savoir-faire et/ou un savoir-être selon le pourcentage d'autonomie que s'est fixé le formateur en concevant la prestation. Toutes les évaluations visent à mesurer le niveau d'acquisition d'un apprenant vis-à-vis de sa connaissance initiale et du niveau de l'objectif que le formateur s'est fixé.

3.3. Analogie des mesures

Le point commun le plus explicite est sans nul doute le fait de mesurer des écarts. C'est bien entendu le propre de la métrologie mais c'est tout aussi vrai pour la pédagogie.

L'action du métrologue comme du pédagogue se termine par une évaluation. Le résultat obtenu est comparé à l'objectif fixé afin de maintenir ou d'améliorer le niveau de performance nécessaire.

4. Des activités au service d'autres activités

Autre point commun, il s'agit d'activités au service d'autres activités. Elles ne sont pas une fin en soi. Leur légitimité vient précisément de la rigueur de leur méthodologie. Outre une organisation rigoureuse, il est également nécessaire de savoir convaincre les partenaires de son utilité. En métrologie comme en pédagogie, il est préférable de savoir constituer son réseau, connaître son environnement pour mieux convaincre, utiliser les techniques de communication.
En effet, le pédagogue n'est pas autonome. Il met la pédagogie au service d'un contenu technique. Il n'existe pas non plus d'entreprise de métrologie. Ce sont des services aux compétences transversales qui œuvrent, au sein d'industries ou de laboratoires, pour d'autres entités. Il est donc préférable de savoir trouver le ton juste et le moment opportun pour collaborer avec les services opérationnels.

5. Des compétences et des outils communs

5.1. Des compétences transverses

La pratique de la métrologie ou de la pédagogie requière des compétences d'anticipation, d'analyse, de synthèse et de structuration.

En effet, le métrologue et le formateur ont une position stratégique. Le premier est le chef d'orchestre du système de management de la mesure dans son entreprise. A ce titre, il définit, il documente et il s'assure des compétences et des responsabilités des personnes impliquées. Le second, est le facilitateur qui crée l'environnement propice à l'acquisition de compétences.

5.2. Etre légitime pour obtenir l'adhésion

Pour être efficace, ils doivent chacun savoir déléguer, faciliter, décider et accompagner. Ils doivent passer de la coordination des tâches à la synchronisation des rôles. Tout comme les managers, ils doivent être capables de gérer l'intelligence d'un groupe. Que la personne manage, gère un projet de métrologie, dispense une formation, elle doit apprendre à passer du stade d'expert qui détient la solution, à personne ressource d'un groupe d'experts sur laquelle les autres peuvent s'appuyer pour évoluer, puis à celui qui crée les conditions pour que les autres puissent évoluer. Cette transformation est nécessaire pour que l'expertise d'une personne puisse se déployer.

Illustration 6. Evolution du métrologue et du formateur [5]

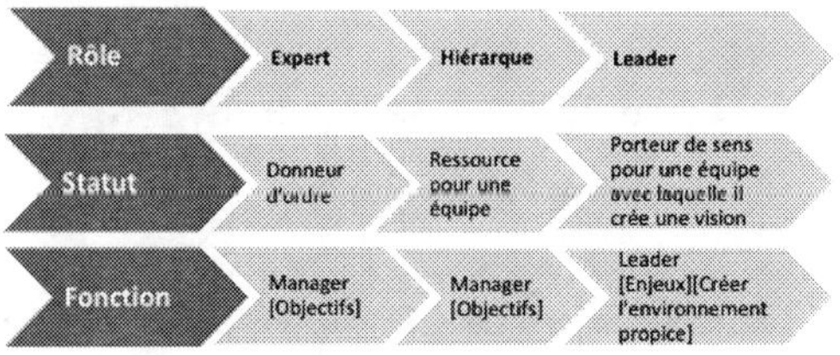

5.3. L'art de convaincre

Le métrologue et le formateur ont besoin de convaincre afin de donner sens à leur travail. Convaincre d'autres services pour le métrologue et convaincre les apprenants pour le formateur. Cela implique de maîtriser certains mécanismes de communication. Bien communiquer, c'est d'abord savoir motiver et juguler les conflits.

Illustration 7. Les 2 axes de la communication

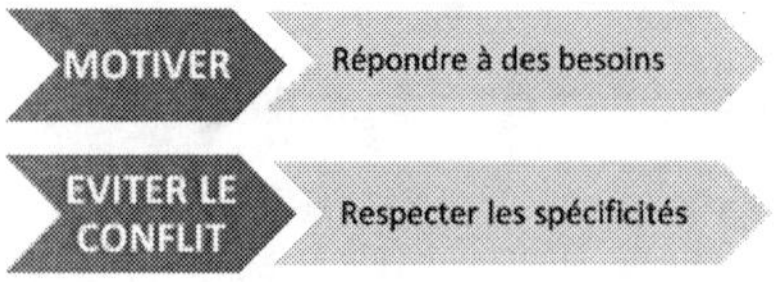

Cela revient à savoir répondre à 3 types de besoins. Le besoin de reconnaissance au sein d'un groupe peut s'illustrer au travers de trois questions : Suis-je suffisamment important pour que le groupe ne m'abandonne pas ? Suis-je suffisamment compétent pour ne pas être humilié ? Suis-je suffisamment aimable pour que le groupe ne me rejette pas ? [6]. Ces trois questions renvoient aux trois peurs de l'enfance. Le second besoin est celui de la stimulation. C'est tout l'art du formateur de positionner le contenu du stage au juste niveau de difficulté afin de préserver la confiance en soi, la curiosité et l'envie de s'impliquer de l'apprenant. Pour convaincre, le métrologue doit trouver ce même équilibre chez ses interlocuteurs pour les inciter à le suivre. Le troisième besoin est celui de structure. Pour s'engager, une personne a besoin d'un cadre qui spécifie : qui fait quoi ? où ? comment ? et pourquoi ? Tant qu'une réponse n'est pas apportée à ces trois besoins, il est peu probable que la personne soit convaincue et, sans conviction, il n'y a pas d'engagement.

« Traitez les gens comme s'ils étaient ce qu'ils pourraient être et vous les aiderez à devenir ce qu'ils sont capables d'être », écrivait Goethe [7]

Illustration 8. Les besoins de reconnaissance au sein d'un groupe

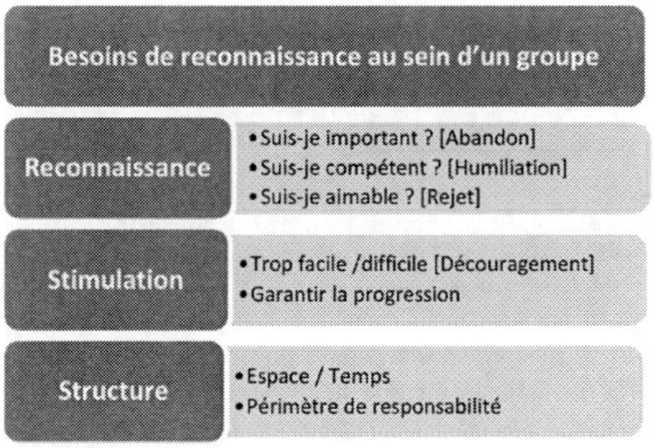

Métrologue et formateur doivent convaincre pour garantir l'engagement des collègues ou des apprenants.

5.4. La nécessité d'organisation

Pour l'organisation et la planification, la gestion par projet est utile.

La gestion de projet est un outil pour aider à gagner en légitimité, convaincre sa hiérarchie et faire adhérer les équipes pour porter le changement dans une maîtrise Coûts / Qualité / Délais. Elle peut se définir comme un effort temporaire de nature transverse, borné par un début et une fin, et qui a pour objectif de produire un (des) livrable(s) spécifique(s) répondant à un besoin client préalable défini et validé par le(s) commanditaire(s) du projet. Les points forts de l'organisation par projet sont d'avoir des objectifs et un contenu clairement définis et de s'assurer qu'ils sont partagés. Le travail d'initiation et de planification, d'organisation et de mobilisation des équipes, de gestion des risques est primordial. Pour être efficace, le responsable projet doit savoir déléguer, faciliter, décider et accompagner. Ces définitions pourraient tout autant se reporter à un projet de métrologie ou de formation.

L'installation d'un laboratoire de métrologie, le développement d'un nouveau processus de raccordement interne, l'investissement d'un nouvel étalon ou l'optimisation de la gestion d'un parc d'équipements de mesure sont autant de projets portés par un métrologue. Bien au-delà des connaissances, le succès dans l'atteinte des objectifs de chacun d'eux dépend de la préparation, de la planification, du suivi et de l'accompagnement des équipes mobilisées dans une démarche maîtrisée Coûts / Qualité / Délais.

La garantie du succès d'une formation passe par une préparation rigoureuse et une animation dynamique. La création d'un stage de formation est un projet qui consiste à déterminer des objectifs, rédiger un contenu, sélectionner des méthodes pédagogiques, organiser une chronologie dans un temps imparti, composer puis guider une équipe, créer une grille d'évaluation, assurer une amélioration continue dans la maîtrise Coûts / Qualité / Délais.

6. La pédagogie de la métrologie

6.1. L'addition des difficultés

Enfin, lorsqu'il s'agit de la pédagogie de la métrologie, les difficultés s'additionnent et le choix des méthodes et outils d'apprentissage sont stratégiques.

6.2. L'évolution de la pédagogie

Dans l'entreprise, rappelons que la formation professionnelle continue doit permettre l'acquisition de compétences identifiables et mesurables et déterminer des objectifs en termes de connaissances, de compétences ou de qualification à acquérir.

Illustration 9. Evolution de la pédagogie en entreprise

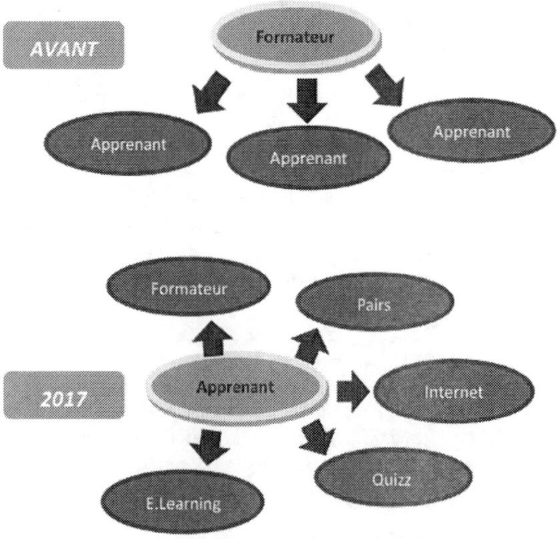

La formation est centrée sur le stagiaire et non plus sur l'intervenant comme le montre l'illustration 9. Elle s'est fortement adaptée aux nouveaux enjeux du management et se fixe pour objectifs de formation de :

- développer des capacités d'adaptation pour franchir des obstacles ;
- utiliser des compétences pour appliquer et rebondir ;

 DOI: 10.1051/metrology/201701002

- développer la créativité ;
- construire une réflexion personnelle en se nourrissant du collectif.

Les méthodes pédagogiques ont été adaptées en conséquence :

- création d'un référentiel de compétences spécifiques à une fonction ;
- départ d'un problème auquel on apporte une solution ;
- le stagiaire agit plus qu'il n'écoute ;
- un stage de formation est un écosystème.

La trame pédagogique est construite en fonction de challenges à résoudre qui correspondent à des compétences métier. Il s'agit d'orienter la formation vers des résultats opérationnels.

Illustration 10. Exemple de trame pédagogique

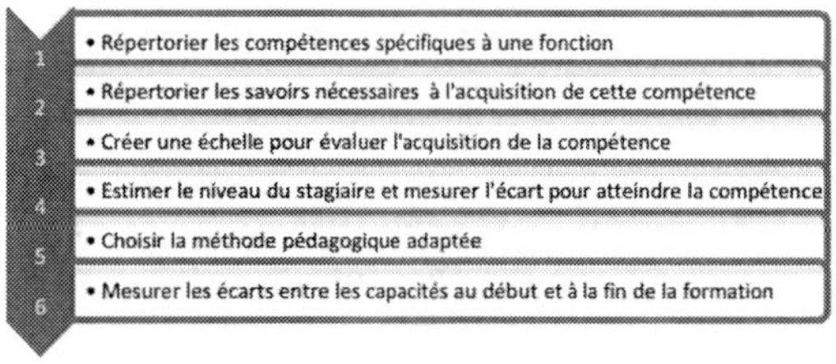

Former implique de bien connaître les enjeux d'une fonction métier à laquelle le stage s'adresse.

6.3. La pédagogie de la métrologie au LNE

Depuis 1981, le LNE dispose d'un centre de formation qui propose des prestations de formations en métrologie, dispensées par le personnel métrologue formé aux techniques pédagogiques. Très tôt, le laboratoire a pris conscience du lien étroit qui existe entre métrologie et pédagogie et a souhaité en faire bénéficier ses clients. La pédagogie y évolue car les techniques d'apprentissage doivent s'adapter aux exigences du marché.

Le centre de formation du LNE a été créé pour répondre à la demande des clients d'être accompagnés sur des sujets réglementaires et des expertises. Au tout début, les experts du LNE témoignaient de leur activité et proposaient des stages permettant de développer des capacités techniques. Puis, ils se sont formés à l'andragogie et aux techniques de communication orale dans un premier temps et aux approches ludiques ensuite. Aujourd'hui, ils arborent de plus en plus la posture de facilitateur pour répondre aux attentes des clients ; diversifient les méthodes pédagogiques et proposent de nombreuses simulations au plus près de la réalité terrain des stagiaires, proposent des visites de laboratoires et des auto-évaluations. La gamme Métrologie est composée d'un parcours de formation à partir de la thématique « comment assurer la performance des résultats de mesure, d'essais et d'analyse » et se décline en compétences nécessaires à la fonction. Les stages proposés abordent les problématiques résumées dans l'illustration 11.

Illustration 11. Parcours de formation métrologie proposé par le LNE

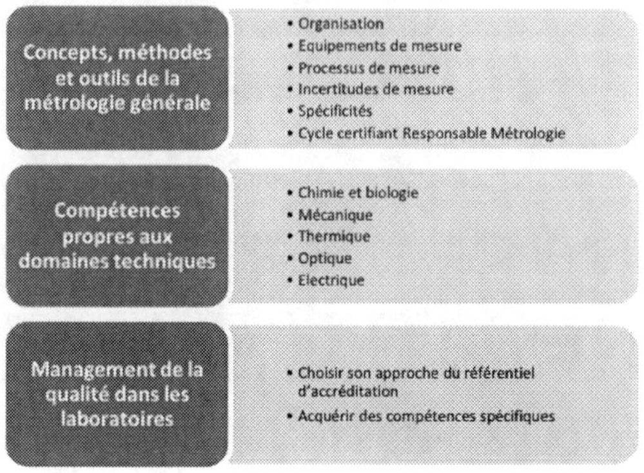

6.4. L'importance des outils pédagogiques

6.4.1. L'alternance

Différents outils pédagogiques utilisés en alternance permettent d'augmenter la rétention du stagiaire. L'illustration 12 représente l'évolution du taux de rétention en fonction de la méthode utilisée

Illustration 12. Taux de rétention du contenu après 24 heures selon la méthode d'enseignement [8]

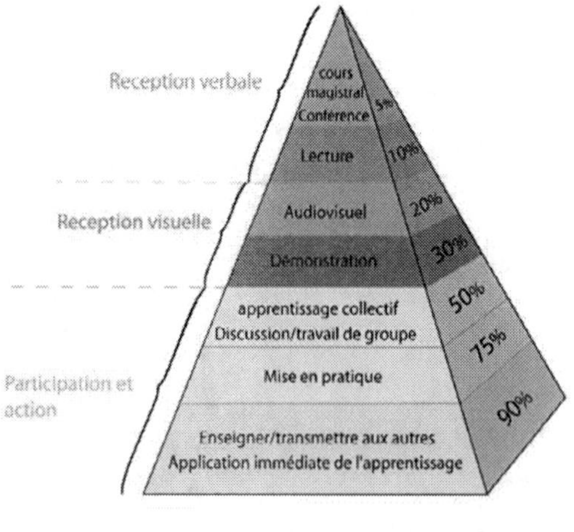

« Tu me dis, j'oublie. Tu m'enseignes, je me souviens. Tu m'impliques, j'apprends. », cette citation de Benjamin Franklin résume la nécessité d'impliquer l'apprenant dans la formation.

L'illustration 13 liste les principaux outils pédagogiques en y précisant leur utilité.

Illustration 13. Principaux outils pédagogiques

Outil pédagogique	Utilité
Exposé, cours magistral	• Transférer un contenu non maîtrisé par l'apprenant de façon exhaustive • Fournir des éléments nécessaires à la compréhension de la formation
Lecture	• Découvrir un contenu non maîtrisé par l'apprenant • Solliciter l'ouïe pour mémoriser et commencer à structurer sa pensée • Engager l'apprenant
Démonstration	• Découvrir un contenu non maîtrisé par l'apprenant • Solliciter la vue pour mémoriser et commencer à structurer sa pensée
Travail de groupe	• Utiliser l'intelligence collective • Engager l'apprenant
Exercice ludique	• Utiliser l'intelligence collective • Engager l'apprenant
Mise en situation	• Utiliser l'intelligence collective • Engager l'apprenant • Développer la compétence métier
Quizz, auto-évaluation	• Engager l'apprenant • Développer l'esprit critique

6.4.2. Les activités ludiques

Les activités ludiques se sont fortement développées. Se former permet de faire un bilan de son activité et de ses compétences et les compétences transverses se développent plus aisément par le jeu. La formation s'appuie sur l'expérience personnelle des participants et les jeux de mise en situation permettent à un groupe de vivre une situation qui simule la réalité de l'entreprise.

En outre, les jeux aident à développer la créativité des participants. La créativité développée lors d'une formation peut prendre différents aspects :

- Imaginer différentes solutions originales pour résoudre un problème ;
- Etre capable d'apercevoir des relations entre les faits jamais rapprochés jusque-là ;
- Etre flexible et sortir de son domaine pour trouver des voies d'amélioration ;
- Pratiquer le tâtonnement expérimental ;
- Avoir le droit à l'erreur ;
- Enchaîner ses propositions sur celles des autres ;
- Résoudre des problèmes, chercher des solutions, se concerter, donner des réponses, imaginer des façons de faire, donner son avis, argumenter une opinion.

L'illustration 14 propose une liste non exhaustive des principaux jeux utilisés en formation en faisant le lien avec la compétence transverse travaillée.

Illustration 14. Principaux jeux utilisés en formation

Jeu	Consigne	Compétences transverses travaillées
7 erreurs	Retrouver les erreurs dans un document	• Distinguer le vrai du faux • Repérer rapidement une erreur • Corriger une erreur
Méli-Mélo	Retrouver les bonnes correspondances entre deux éléments	• Savoir mettre en lien des éléments • Distinguer le vrai du faux • Suivre une chronologie, un processus
Mots croisés	Positionner les mots sur une grille en fonction des définitions données	• S'approprier le jargon • Etre précis dans sa communication • Savoir ce qu'implique un mot en termes d'actions à mener
Colle ton voisin	Chaque participant pose une question sur le contenu de la formation à son voisin de gauche (il connaît la réponse) et valide la qualité de la réponse donnée	• Vérifier ce qui a été retenu et compléter ou corriger si nécessaire • Formuler avec précision • Savoir déléguer, transmettre, convaincre
Tableaux tournants	Dans un premier temps, deux groupes travaillent chacun sur une partie d'une thématique et proposent leurs réponses sur un tableau ; dans un second temps, les groupes changent de tableau et complètent ou corrigent le travail de leurs collègues ; dans un troisième temps, l'évaluateur fait la synthèse et corrige si besoin	• Harmoniser les représentations • Corriger les idées fausses • Savoir définir un terme • Savoir argumenter, convaincre, synthétiser

7. Synthèses et perspectives

La métrologie est omniprésente dans les entreprises. De plus en plus de techniciens et de référents qualité ajoutent la charge de Responsable Métrologie à leur fonction. Ils ont besoin d'avoir une vue d'ensemble du périmètre de leurs responsabilités. En 2011, un rapport d'étude sur l'offre et les besoins de formation en métrologie soulignait l'insuffisance de l'offre de formation en métrologie en France [9]. Nous avons noté la méconnaisse de la métrologie et le manque de vue synoptique des nouveaux responsables métrologie.

Sans s'en rendre forcément compte, le manque de connaissances métrologiques dans les entreprises n'a pas entraîné de conséquences négatives généralisées (le surdimensionnement y est pour quelque chose...). Ce trouble, lui généralisé, trouve son explication dans la certitude que la métrologie concerne exclusivement les instruments de mesure. L'organisation très variée de la fonction métrologie dans les entreprises témoigne aussi des différences de vue sur l'importance de celle-ci (toutes les entreprises n'ont pas nommé un Responsable Métrologie par exemple). Si mal connue, si mal maîtrisée...

En renforçant la formation, le métrologue va pouvoir devenir le garant de la fiabilité des résultats de mesure, le responsable métrologie le chef d'orchestre du système de management de la mesure. Les compétences techniques seront complétées par des compétences transverses.

L'offre de formation est nécessaire si tant est qu'elle propose des stages qui permettent de s'approprier, à la fois la vision globale et la rigueur de la métrologie. Les approches managériales en mode projet, la posture du chef de projet et du formateur comme facilitateur, l'introduction de l'approche ludique qui met l'apprenant au centre du processus de formation sont autant d'évolutions qui garantissent un bel avenir à la formation en métrologie.

Les décisions industrielles sont fondées sur des résultats de mesures fiables et partagés, cette finalité oubliée va apparaître aux entreprises. L'utilisation des nouvelles approches pédagogiques peut aider la métrologie à (re)trouver ses lettres de noblesse.

Références

1. Marie-Ange COTTERET, *Rapport de thèse « Métrologie et enseignement »* (2003)
2. Larousse [consulté le 06/06/2017]
3. Sophie COURAU, *« Les outils d'excellence du formateur »*, (ESF 2001)
4. Disponible à l'adresse : http://andragogies-formations.over-blog.com/pages/L_ANDRAGOGIE_cest_quoi-6503995.html
5. Vincent LENHARDT, *« Les responsables porteurs de sens »* (1982)
6. Will SCHUTZ, *« L'élément humain »* (1994)
7. Johann Wolfgang GOETHE, écrivain, homme politique et savant allemand [1749-1832]
8. Disponible à l'adresse : http://www.pearltrees.com/christophecoussit/concepts-pedagogiques-base/id8774877/item127782725
9. Ecole des mines de DOUAI, *Rapport final d'étude sur l'offre et les besoins de formation en métrologie*, enquête réalisée pour le compte du Ministère de l'économie, des finances et de l'industrie (2011)

Management of reference measurement standards as part of Smart Metrology: Gauge Blocks

Jean-Michel POU[1*], *Laurent* LEBLOND[2], *Christophe* DUBOIS[1]
[1] Deltamu, 48 Rue de Sarliève, 63800 Cournon d'Auvergne
[2] PSA Group, C.T. de Vélizy A, 2, route de Gisy, 78943 Vélizy-Villacoublay Cedex, laurent.leblond1@mpsa.com,

Abstract. The question of traceability of measurement standards used for calibration is a crucial one. Optimized or not, calendar periodicity is one of the accepted pillars of quality in measurement standard verification. Aware that this practice by itself cannot guarantee the metrological performance of measurement standards, laboratories make a point of also resorting to monitoring. In fact, calibrating independent and diverse instrumentation should of itself provide the means to detect problems with the reference gauges. Indeed, there is no logical reason why a collection of independent measurement instrumentation should, on average, have a common bias. If such a bias were observed, it would most likely point to a bias in the reference gauge used for the calibrations. In this paper, this argument is investigated with reference to a practical example of gauge block calibration.

1. Introduction

Calibration is defined as the comparison of a reference gauge to an entity to be calibrated, i.e. a measurement standard of the same type or measuring instrument[a]. The objective is to determine the deviation between the measurement standard and the entity to be calibrated, a quantity that then gives the value of the entity.

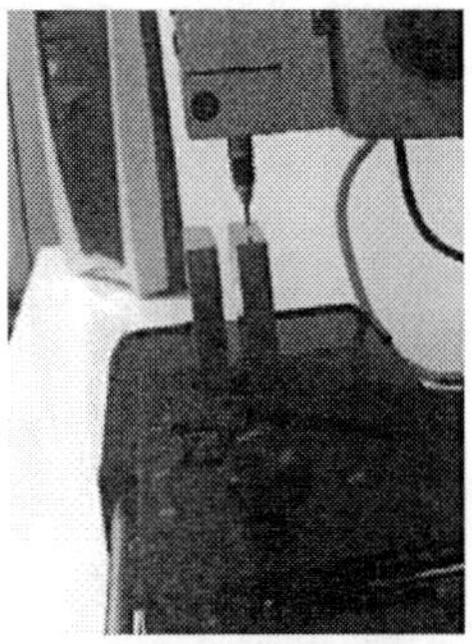

Figure1: Calibration of a gauge block

Because this deviation is the result of a measurement (carried out in strictly controlled conditions called 'calibration conditions'), it is affected by an uncertainty, termed calibration uncertainty. This uncertainty includes all the imperfections of the various factors affecting the calibration process (repeatability, environment, etc.) but also, obviously, the uncertainty of the measurement standard itself. The calibration uncertainty also includes uncertainty as to a possible change in the value of the measurement standard, in other words a drift with time.

The reference gauges of laboratories carrying out calibration for customers must also be calibrated and these calibrations are crucial. They on the one hand guarantee traceability of the results produced by the laboratory to the International System of Units, and on the other hand determine the uncertainty associated with these results. Accreditation bodies are particularly strict about this question of traceability to the reference standard. If changes in a reference gauge, when monotonic, can be estimated by analysing the periodic calibration results produced by it, the effects of accidents, such as mechanical shock, are more difficult to predict. So even if laboratories carry out intermediate monitoring, it will not necessarily detect behaviour due to accidents.

In this paper we present a dynamic way of monitoring the state of reference gauges, and even of revealing their value without having to compare them with superior reference gauges. Our demonstration explores a practical example of the calibration of gauge blocks.

[a] The new definition of the term 'calibration' by VIM3 goes further than simply revealing the existence of a deviation. Figure shows the calibration of a gauge block by comparison with a reference gauge block of the same nominal value.

* Corresponding author: jmpou@deltamu.com

Article available at http://cfmetrologie.edpsciences.org or https://doi.org/10.1051/metrology/201701003

2 Principle of gauge block calibration via mechanical comparison

In industrial laboratories, calibration of gauge blocks is carried out by mechanical comparison, at a specialized calibration test bench (cf Figure). The method uses two inductive probes mounted opposite each other[b] to measure the deviation between the laboratory reference gauge block and the gauge being calibrated. The laboratory reference gauge of an accredited laboratory is calibrated by direct interferometry in a higher level laboratory (in France by the National Calibration Laboratory (*LNE*: *Laboratoire national de métrologie et d'essais*)). This method makes it possible to obtain very low uncertainties, of just a few tens of nanometres, whereas standard laboratory calibration gives uncertainties of a few hundred nanometres.

For the measurement, the test bench is set to zero relative to the reference gauge. Then the pair of probes measures the deviation between the length of the reference gauge and the length of the gauge to be calibrated. The comparison is direct, in other words of gauges of the same nominal value. For example, a gauge to be calibrated with a nominal value of 10 mm is compared with a reference gauge also with a nominal value of 10 mm. This is the case for all gauges, which means that the laboratory must have all possible reference gauges[c].

The international standard for gauge blocks (NF EN ISO 3650 [1]) states that deviation should be measured at the centre of the gauges and that variation in length is determined by measuring the gauges at five points (Figure) and taking the difference between the two extremes of these five measurements.

Figure2: Measurement points of a gauge block (Top view)

Variation in length is a characteristic of geometry, and thus relative, and the length of the reference gauge does not therefore enter into the calculation. On the other hand, for the length of the gauge being calibrated (defined in general as its value at the centre, i.e. at point ① of **Erreur ! Source du renvoi introuvable.** and written$Lg_{Point①}$) the value of the reference gauge (written $Lg_{Reference\ gauge}$) is indispensable, and is shown in the following relation:

$$Lg_{Point①} = Lg_{Reference\ gauge} + Deviation \quad (1)$$

3 Modeling the deviation

The measured deviation (written $Deviation$ in (1)) is composed of different uncertainty factors, all random variables:

$$deviation = deviaton_{actual} + e_{setting0} + e_{local\ bias} + e_{\Delta temperature} + e_{repeatability} + e_{bench\ geometry} + e_{reference\ drift} \quad (2)$$

With:

$deviation_{actual}$: actual deviation of length between reference gauge and gauge being calibrated. The $deviation_{actual}$ will never be known perfectly, if only because the reference gauge itself cannot be perfectly known. It is this deviation that gives rise to the calibration uncertainty that needs to be assessed for any given gauge.

$e_{setting0}$: error due to repeatability when setting test bench to zero relative to reference gauge

$e_{local\ bias}$: bias of measurement system composed of two opposing probes. It should be remembered that this local error is of the order of a few nanometres as the gauges are of equal nominal length (in general).

$e_{\Delta temperature}$: error due to temperature at time of measurement (not automatically equal to 20°C). Prior to measurement, the gauge blocks are stabilized at a virtually identical temperature (by being placed next to each other for as long as necessary, typically several hours). Moreover, the gauges are usually made of the same material (stainless steel), which allows natural correction of a large part of the deviation between the temperature at time of measurement and the 20°C reference temperature, since both gauges experience the same dilatation. Occasionally, the gauges are made of ceramic or tungsten carbide. To limit effects due to component material, only results obtained for gauges of the same material as the reference gauge are used in this study.

$e_{repeatability}$: error due to repeatability at time of measurement of gauge being calibrated.

$e_{test\ bench\ geometry}$: test bench geometry error, notably any parallelism error between the position on the test bench of the gauges relative to the measurement probes. If this geometry problem does exist, it only effects the measured deviation, since both gauges are on the same plate.

$e_{reference\ drift}$: actual deviation between the reference gauge value at time of calibration and the value at time of use.

[b] Figure shows the upper probe. The opposing probe is under the gauge block and therefore not visible in the photo. The measuring force of the upper probe is slightly greater than that of the lower probe, which ensures that the lower surface of the gauge block is firmly seated during the measurement.

[c] Certain gauge test benches have a measuring probe that can reduce the number of reference gauge blocks needed.

3 Utilization of laboratory measurements

Since the creation of the International System of Units, calibration has been the means of ensuring that a measuring instrument is related to a specific measurement unit. This relationship is established via a succession of calibrations that can be traced back to the unit as defined by the General Conference on Weights and Measures (CGPM).

When the measuring device is new, calibration is the means to ensure that the manufacturer has done a good job. For example, to produce 10 mm gauge blocks, the manufacturer must be sure that the manufacturing procedure is managed in such a way as to obtain a length of 'almost' 10 mm, the 'almost' being as low a figure as possible.

Once the measuring device is in service, calibration is the means to evaluate any drift, remembering, of course, that this drift could be either positive or negative. Gauge blocks can wear (therefore decreasing in length, even if experience shows that this is rare), but they can also increase in size as a result of crystallographic effects, such as retained austenite.

Under the hypothesis that the manufacturer of the device has endeavoured to manufacture it as perfectly as possible and that instrumentation drift is not in one direction only, it is reasonable to suppose that the average of a large collection of gauges of a nominal value of 10 mm is indeed equal to 10 mm. It is just as reasonable to suppose that the average error produced by a large number of measuring instruments will be zero. The 'average' gauge and the 'average' measurement device obviously do not physically exist, but the laboratory has access to the measured values for all the entities it has calibrated of the same type (all the 10 mm gauges of its customers) and can therefore calculate the average. Under the preceding assumption, if the average is not equal to 10 mm (i.e. a deviation of 0), the deviation observed can only be logically explained by the deviation of the reference gauge itself. As all the manufacturers are independent of each other, there is no physical reason for a bias...

The question to be asked, therefore, is this: is it possible to establish the value of the reference gauge by utilizing the large numbers of values measured in the laboratory?

4 Deviation uncertainty and comparison of results

The errors $e_{rsetting0}$, $e_{repeatability}$, $e_{\Delta temperature}$ of the model (2) for measurement deviation are hypothetically random errors with a theoretical average of zero.

Whether local bias (i.e. $e_{local\ bias}$), which represents the measurement system error over a low measurement range, is of the systematic type (defect in the linearity of the system) or purely random, it has a theoretical average of zero since any bias (constant error) is corrected by the setting up of the reference gauge.

The test bench geometry error (i.e. $e_{test\ bench\ geometry}$) is considered negligible since the deviation of length between the two gauges is so low that the geometric effect would have no impact. Moreover, the type of test bench in question has been specifically engineered so as not to exhibit this type of defect.

The drift error of the reference (i.e. $e_{Reference\ Drift}$) is a figure that can be obtained by analysing the calibration results obtained for each reference gauge during the respective calibrations. A drift error can be modeled by a uniform distribution of total amplitude equal to the variation in length of the reference gauge over a given period.

The terms that constitute the deviation being independent, the theoretical variance of the deviation is equal to the sum of the theoretical variances of the errors and of the theoretical variance of the actual deviation. The latter is probably much greater than the variance of all the other terms that derive from the measurement itself. Therefore, under this hypothesis, the theoretical average of the deviation, estimated via the arithmetic average of the deviation values obtained for the gauges calibrated, should be equal to the actual deviation from the true value of the reference gauge, the latter being assumed to be stable.

Of course, as the setting up is done relative to the reference gauge, if this is in reality lower than its nominal value, the deviations measured will on average be positive. Conversely, if it is in reality higher than its nominal value, the deviations will on average be negative.

Consequently, if we write x_i as the value for the deviation measured at i[th] calibration, we get the following estimates:

$$\widehat{deviaton}_{actual} = \frac{1}{n}\sum_{i=1}^{n} x_i$$

$$\hat{\sigma}_{deviation_{actual}} = \sqrt{\frac{1}{n}\sum_{i=1}^{n}(x_i - \frac{1}{n}\sum_{i=1}^{n} x_i)^2}$$

The confidence interval for confidence level $1-\alpha$ of $deviation_{actual}$ is thus given when n is high under normality distribution, by:

$$\left[\widehat{deviation}_{actual} - t_{\frac{\alpha}{2}}\frac{\hat{\sigma}_{deviation_{actual}}}{\sqrt{n}} ; \widehat{deviation}_{actual} + t_{\frac{\alpha}{2}}\frac{\hat{\sigma}_{deviation_{actual}}}{\sqrt{n}}\right]$$

With $t_{\frac{\alpha}{2}}$ the fractile of a Student law at $n-1$degrees of freedom.

As we have the deviation from nominal for each reference gauge block and the associated uncertainties, we can, via a Student's t test of comparison of average, check our hypothesis. We shall consider that the averages are statistically identical if

$$\left|\frac{\widehat{deviation}_{actual} - deviation_{Nominal\ ref\ gauge}}{\sqrt{\frac{\left(\hat{\sigma}_{deviation_{actual}}\right)^2}{n} + u^2_{calibration}}}\right| \leq 2$$

With:

$deviation_{Nominal\ ref\ gauge}$: The deviation measured by the LNE for the reference gauge $V_{measured\ Ref\ Gauge} - V_{nominal\ Ref\ Gauge}$.

$u_{calibration}$: Standard uncertainty of calibration, given by the LNE, for reference gauges.

5 Application and discussion

Our investigation involved gauges to be calibrated of different nominal values, namely 1, 5, 10, 50 and 100 mm. The data at our disposal was obtained over periods of almost a year. The calibrations were carried out by comparison with different reference gauges (two different reference gauge blocks per nominal value). The reference gauges were calibrated twice during the periods in question for the first reference, and once for the second.

Laboratory calibrated gauges returning a significant deviation from the reference were excluded graphically from the scope of observation in order to limit the investigation to a homogenous group of gauges.

The example shown in figure 3 is the histogram of values for the 5 mm gauge (reference 1). The abscissa axis has 1/10 µm graduations. On this scale, therefore, 0.1 represents 10 nanometres. The histogram shows frequency of deviations found per class.

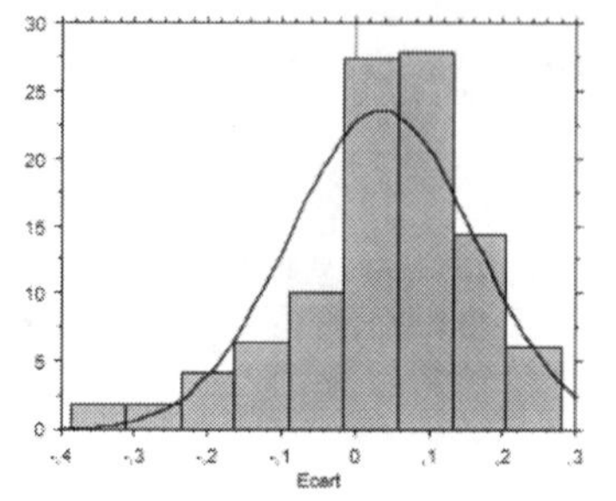

Figure 3: 5 mm gauges

For this example, we had at our disposal 120 measured deviations. We excluded 12 values. The histogram is therefore constructed from 108 values.

The LNE measured the reference gauge. They reported a value of 4.999987 mm, i.e. a deviation from nominal of - 13 nanometres. The standard uncertainty for this value is 10 nanometres.

We calculated, using the 108 values retained, a measured average deviation of - 35 nanometres and a standard deviation of 125 nanometres, i.e. average standard uncertainty of $\frac{125}{\sqrt{108}} \approx 12$ nanometres

Relation (2) allows us to calculate the test statistic:

$$\left|\frac{-13-(-35)}{\sqrt{10^2+12^2}}\right| \approx 1.41$$

Our conclusion was that there is statistically no significant difference between the two deviations.

The same process was followed for each nominal value.

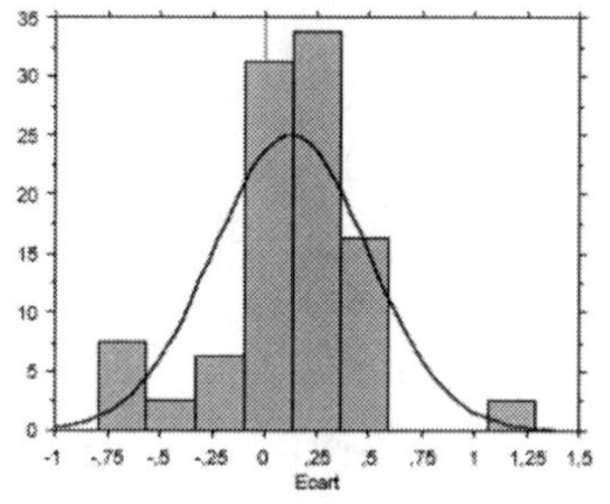

Figure 4: 100 mm gauge

For example, for the 100 mm gauge (reference 2), we had at our disposal 40 measured deviations. No values were excluded and the histogram (*cf.* figure 4) is therefore constructed from these 40 values. The measured average deviation is -125 nanometres and the standard deviation is

 DOI: 10.1051/metrology/201701003

368 nanometres, hence an average standard uncertainty of $\frac{368}{\sqrt{40}} \approx 58$ nanometres.

The LNE measured the reference gauge. They reported a value of 99.999917 mm, i.e. a deviation from nominal of -83 nanometres. The standard uncertainty for this value is 18 nanometres.

As in the previous case, relation (2) allowed us to calculate the test statistic, and led to the same conclusion:

$$\left|\frac{-83-(-125)}{\sqrt{18^2+58^2}}\right| \approx 0.70$$

A summary of results is shown in the table in figure 5.

Boite étalons	Etalonnage	Nombre de cales clients retenus	Nominal	Ecart_LNE	uLNE	Ecart_moyen	Ecart_type Moyenne	Ecart (Nanomètre)	Comparaison de moyennes
Boite 1	Etalonnage 1	116	1	-0,047	0,010	-0,078	0,012	31	1,98
Boite 1	Etalonnage 2	36	1	-0,039	0,010	-0,084	0,018	45	2,18
Boite 1	Etalonnage 1	112	5	-0,021	0,010	-0,011	0,011	-10	0,66
Boite 1	Etalonnage 2	37	5	-0,005	0,010	-0,009	0,022	4	0,17
Boite 1	Etalonnage 1	110	10	0,019	0,011	0,033	0,012	-14	0,85
Boite 1	Etalonnage 2	36	10	0,025	0,011	0,035	0,023	-10	0,40
Boite 1	Etalonnage 1	121	50	0,054	0,014	0,313	0,033	-259	7,18
Boite 1	Etalonnage 2	40	50	0,067	0,014	0,045	0,071	22	0,30
Boite 1	Etalonnage 1	120	100	-0,086	0,018	0,559	0,035	-645	16,60
Boite 1	Etalonnage 2	40	100	-0,083	0,018	-0,125	0,058	42	0,69
Boite 2	Etalonnage 1	111	1	0,044	0,010	0,020	0,012	24	1,53
Boite 2	Etalonnage 1	108	5	-0,013	0,010	-0,035	0,012	22	1,39
Boite 2	Etalonnage 1	104	10	0,043	0,011	0,084	0,014	-41	2,37
Boite 2	Etalonnage 1	116	50	-0,063	0,014	-0,005	0,027	-58	1,91
Boite 2	Etalonnage 1	119	100	0,347	0,018	0,536	0,038	-189	4,50

Figure 5: Summary Table

This table summarizes 15 series of measurements of gauges of different lengths, from 1 mm to 100 mm. In twelve cases, the test of equality of averages gives a positive result, in other words, the average of the deviations measured is not statistically different from the value of the reference gauge block given by the LNE. For these 12 values, the average deviation between the average and the reference value is 5 nanometres.

It is likely that the laboratory would improve its measurement quality by knowing how to use this data on a daily basis, other than simply putting it on a calibration certificate. An alert for an incongruous piece of data with regard to other data of the same type would very likely enable the confirmation (or rejection) of a measurement.

The three cases where our test detected a significant difference raise the question of why the data from the laboratory is not consistent with that of the LNE for certain gauges, while for others it is.

For the 50 mm gauge of box 1, a significant difference in the comparison of values is apparent in the case of calibration 1, but not in the case of calibration 2. Now the value of the reference gauge has only changed by 13 nanometres (i.e. its calibration uncertainty, which does not suggest a drift of this gauge), while the average deviation is 268 nanometres!

The behaviour of the measured average deviation during the period when the data was collected is shown in Figure 6.

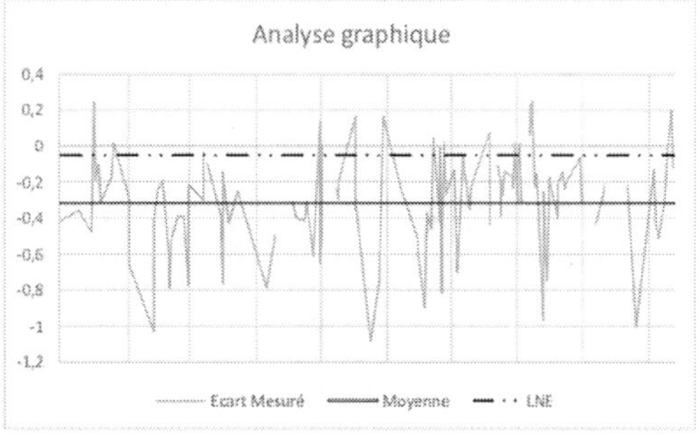

Figure 6: Behaviour of 50 mm gauge (Calibration 1)

This behaviour exhibits constancy of deviation over the period in question. For calibration 2 (Figure 7), however (fewer values), the dispersion of the measured deviations is evidently centred around an average close to the LNE value.

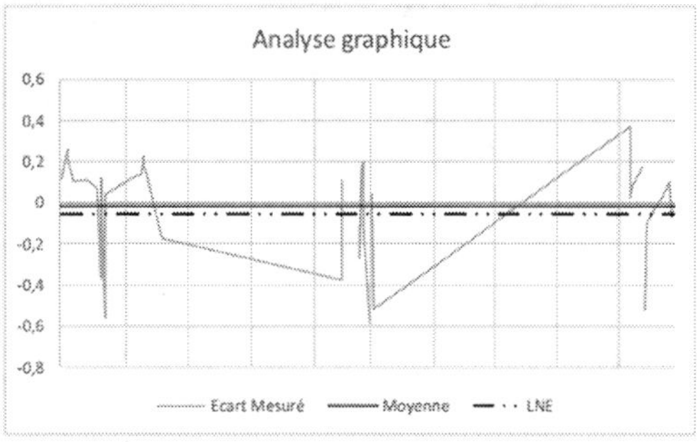

Figure 7: Behaviour of 50 mm gauge (Calibration 2)

The causes of this phenomenon are difficult to determine posteriorly. The reason cannot be measurement system bias (because this would be corrected at each setting up of the reference gauge), nor a temperature problem, nor a geometry problem (this is explained above, in paragraph 4). Bearing in mind the significant size of the deviation, it is quite likely that the cause would have been found if it had been investigated at the time. For instance (and this is something that could feasibly happen), the laboratory may have inadvertently swapped its own reference gauge with a customer gauge, only realizing this when the time came to send the laboratory gauges to the LNE for calibration. This is obviously just a hypothesis.

For the 100 mm gauge, a similar phenomenon can be seen. Now the value of this reference gauge has only changed by 3 nanometres (i.e. its calibration uncertainty, which does not suggest a drift of the gauge) and the average deviation is 684 nanometres!

The behaviour of the measured average deviation during the period when the data was collected is shown in Figure 8 and the conclusions are the same as those drawn previously.

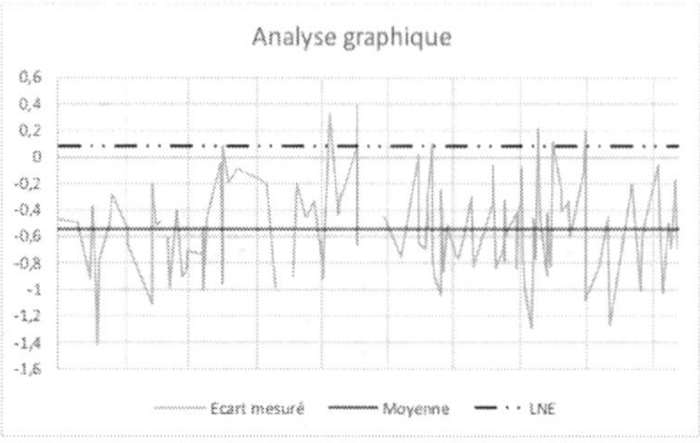

Figure 8: Behaviour of 100 mm gauge (Calibration 1)

For the 50 mm gauge of box 2, the deviation of 189 nanometres is smaller than that found in the two preceding cases, but the comparison of averages clearly highlights that the values cannot be identical. Because we only have data from a certain period of the reference gauge calibration, we cannot know, a posteriori, the reasons for the difference. However, we can see that the change in measured deviation is, once again, somewhat constant over the period (*cf.* Figure 9).

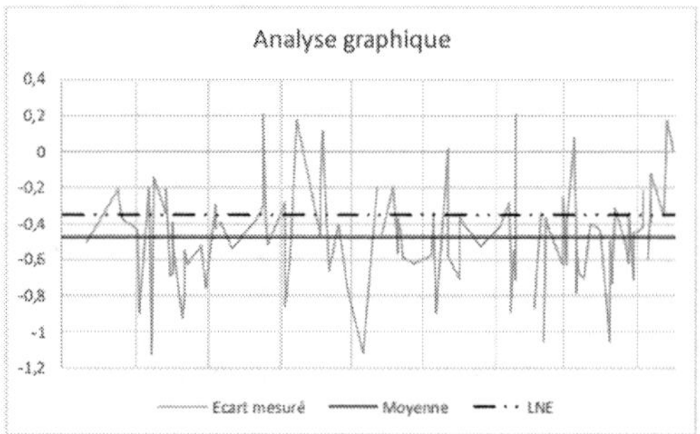

Figure 9: Behaviour of 100 mm gauge (box 2)

6 Conclusion

It is evident that the hypothesis that the average of values measured in a laboratory (since they come from calibrated instrumentation) should reflect the 'true' value of the reference gauge is not unequivocally demonstrated by the data used in our investigation. However, it is worth noting that the hypothesis is convincing in 80% of the cases investigated. As the data used is not recent, we have not been able to do more than conjecture as to the reasons for the significant deviations encountered in the remaining 20% of cases: however, the results do clearly demonstrate the advantage of real time monitoring of calibration results in laboratories.

Our intention is to encourage those with the job of daily calibration to reflect on the broader possibilities open to them. By analysing the results of their calibrations, it would seem to be possible to detect anomalies in the reference apparatus almost immediately. IT today offers almost effort-free opportunities not only to improve measurement quality (*Why does the laboratory have a 268 nanometre deviation on its 50 mm customer gauges for the best part of a year, only for the phenomenon to mysteriously disappear?*) but also to reduce internal costs. If a laboratory can demonstrate the ability to detect an anomaly in its own measurement standards the moment one appears it will be able to lengthen its periodicities without risk, and thus take a significant step towards the optimization of costs that is so crucial in an increasingly competitive market.

References

1. AFNOR, NF EN ISO 3650: Geometrical Product Specifications (GPS) - Length measurement standards – Gauge blocks *(Spécification géométrique des produits (GPS) - Étalons de longueurs – Cales étalons)* (AFNOR, Mars 1999)

 DOI: 10.1051/metrology/201701004

When 1/10th of a millimeter weighs 400 T

Jean-Marie Carrez[1,*], *Geoffroy* Emain[2]

[1]AREVA NP, Technical Guarantor, Expert Studies Department, 71100 Chalon-Sur-Saône, France
[2]AREVA NP, Technical Expert, Industrial Measurement Studies Department, 71100 Chalon-Sur-Saône, France

Abstract Most of the examples encountered in dimensional metrology generally concern a single measurand and focus on the measurement system and its direct environment (Ishikawa diagram). The "analytical" application of the methodology presented in the Guide to the expression of uncertainty in measurement [1] appears, for example, unsuited to our operations because of the complexity of expression of the mathematical model. For the same reason, the Monte-Carlo method also seems to us to be complex in implementation and for the immediate term remains difficult to apply to our industrial process as a whole. Moreover, our main objective is not to determine dimensional conformity, but to guarantee that a process is operating which meets all the requirements, whether regulatory, contractual or technical. The aim of this presentation is to set out, with support from our experience feedback, how AREVA NP chose to treat the uncertainties of an industrial process by optimally combining the theoretical, empirical and practical approaches.

1 Introduction

Since the start of the nineties, AREVA NP (formerly Framatome) has been performing field services as part of maintenance operations on nuclear power-generating plants in France and in the export market.

One of its emblematic field projects has been the mid-life replacement of steam generators (*Figure 1*), which are key components of power plants used to exchange heat between the reactor coolant system heated up by the reactor and the secondary system which provides the rotation of the steam turbines. This overall replacement process extends over 2 years, with measurement of the component in the factory and upstream measurement of the on-site rooms in a complex environment.

Figure 1: Removing a used SG

A steam generator (SG) is a steel cylinder more than twenty meters high and weighing almost 400 tonnes, enclosing up to 6000 inverted U-tubes.

The operation involves replacing this component by a new machined SG fitted to its two pipes at the bottom end arranged at 107° and forming a tilt angle of 40°.

The final aim of the operation is to enable assembling of the SG stainless steel pipes of diameter 800 mm and thickness 80 mm, with the two pipes remaining in the concrete structure while guaranteeing a concentricity under 1 mm between the two centers of the bevels and a parallelism under 1 mm between the two faces of the bevels (*Figure 2*).

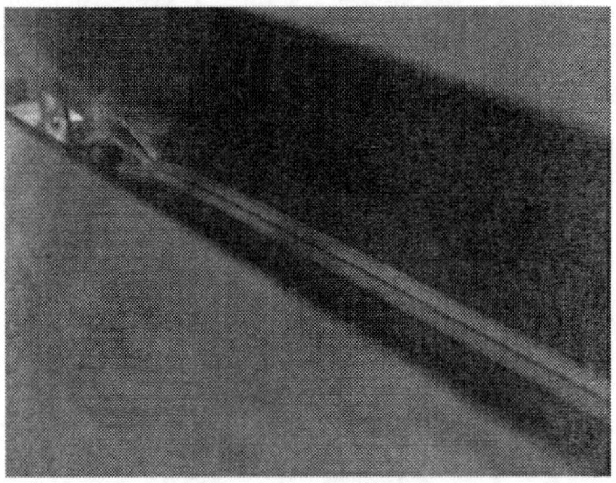

Figure 2 : Fitup gap of two primary pipes

* jean-marie.carrez@areva.com ; geoffroy.emain@areva.com

2 Description of the operation

Steam generator replacement is a field service which requires performing several successive operations of different kinds, including a number of calculation and analysis steps (*Figure 6*).

2.1 Initial field measurement

The first phase completed two years beforehand is to generate a technical situation report during the periodic plant outage in order to determine the position of the original steam generator (SG) in its room, with respect to its environment. We then know the constraints which will enable determination of the adjustment margins for the installation of the new component.

2.2 Procurement of the replacement SG

The manufacturing control of the new steam generators is performed in the workshop, on the basis of the procurement drawings approved by Engineering. The measures taken at the various SG manufacturing stages and aiming to guarantee compliance with the manufacturing tolerances indicated in the technical specifications are outside the scope of this study. A digital videogrammetry measurement is taken on completion of the assembling of the new SG, before the primary pipe (PP) ends are machined (*Figure 3*). This measurement will be used to determine the available extra lengths and also to define a local coordinate system.

Figure 3: Videogrammetry measurement of the replacement SG

A first calculation is done in order to virtually position the new SG in the room measured during the technical situation report. The principle is to optimize by calculation the position of the new SG, while taking into account the constraints generated by the support system (support legs, stops…) and the two primary pipes.

This calculation will be updated as the operation progresses by integrating the new data to refine the calculation.

The replacement SG is machined at both ends and a new measurement is taken. This measurement will be used to enable SG installation on site.

2.3 Performance of the replacement operations on site

2.3.1 Determining the position of the cuts

The third phase takes place in the cubicle and initially involves fitting into the coordinate system of the technical situation report measurement via the zero locations left in place. For accessibility to the measurement points, this measurement is also taken by videogrammetry, as this technique is perfectly suited to cramped spaces (*Figure 4*).

The next step is to make a new simulation of the SG position and to mark the position of the cuts on the primary pipes by center-punching.

Figure 4: Determining the position of the cuts

2.3.2 Determining the position of the new SG

After cutting and removal of the original SG, the unmachined ends of the primary pipes are measured by laser tracker. The motions to be applied to the ends of the primary pipes are then determined to take into account weld shrinkage; this motion is afterwards controlled by laser tracking.

The SG position calculation is then optimized once again and the machining values in the center and in the plane of the primary pipes (PP) are determined in the cubicle coordinate system.

2.3.3 Machining the primary pipes

Machining control is performed by iterations while using the laser tracker to measure elements representative of the machined bevel.

The first step is to measure at the end of each pipe an external cylinder and a machined plane in order to determine the settings to be applied to the machining units.

The second step is completed without topometric assistance and involves shaping the bevels, based on the references machined in the first step.

Figure 5: Machining the ends of the primary pipes

2.3.4 Fitup and automatic welding of the bevels

Once the bevels have been completed and the support legs equipped with the shims have been set to their correct position, the replacement SG is brought into position for fitup on the primary pipes, ensuring concentricity and parallelism < 1 mm with a point of contact. These conditions enable automatic welding of the bevels to be performed.

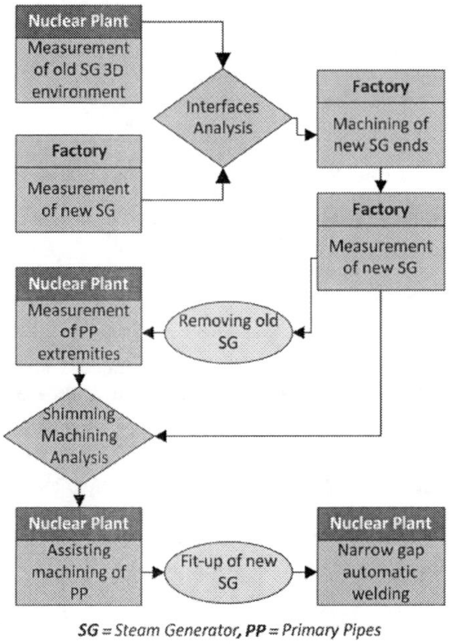

Figure 6: Main SGR operations

3 From theory to practice

3.1 What method?

GUM and GUM.S1 measurement model approach, "method validation" approach, inter-laboratory comparison, "method performance" approach, "proficiency tests" approach, Gage R&R tests, empirical approach: many methods exist for evaluating the uncertainties, admittedly with a similar common core but for specific target applications.

Familiarity with and analysis of the evaluated process is paramount, combining the methods seems indispensable.

One of the main difficulties encountered in our process is to successfully move from a generic methodology primarily linked to a measurement system and its environment to a broader methodology covering uncertainties generated by difficult-to-model measuring, machining, welding and shimming operations.

Furthermore, our industrial process only concerns small-sized series (1-2 operations per year, with 3 applications per operation) and does not allow repeatability and reproducibility tests because of schedule constraints, working conditions in an ionizing environment, equipment availability, equipment mass and dimensions and the capital cost of the components.

3.2 What need? Analysis of the process

In our operation, we focus more on validating a method than on expressing a dimensional conformity.

The determination of the uncertainties for our application is driven more by the need to be able to prove that our process meets regulatory, contractual and technical requirements than the need to assign a measurement uncertainty to a measurand.

Moreover, we consider it more accurate in our case to speak of the uncertainty of a process than of measurement uncertainty, since part of this uncertainty is generated by physical phenomena such as weld shrinkage or machining unit drifts.

The first question which our analysis asks is therefore: for which objective(s) must the uncertainties be controlled? The second is: which steps of our process have an impact on the achievement of these objectives?

3.2.1 Defining the objectives

In our business, contractual requirements are most often dictated by regulatory requirements. In the precise case of steam generator replacement, we must keep in mind two constraints: the position of the new steam generator with respect to its environment and the position of the PPs after the operation. These two contractual constraints are combined with an internal technical constraint: a fit-up of the bevels which enables the use of an automatic welding process must be accomplished. The constraints are aimed at meeting different requirements:

- controlling the position of the new SG in its cubicle guarantees compliance with the hot shimming margins[a],
- controlling and justifying the displacement of the primary pipes ensures that residual stresses are limited[b],
- controlling the fitup of the bevels enables an automatic welding process to be used.

These objectives are not independent: controlling the fitup position requires control of the PP displacement, which has a direct impact on the position of the SG in the cubicle. Meeting the bevel fitup constraint ensures that the other two objectives are achieved, which makes this requirement the cornerstone of our process.

3.2.2 Identifying the "key steps"

Table 1 presents the sequencing of the SG replacement operations.
The intermediate measurement steps are followed by a calculation phase in which the position of the new SG in the cubicle is optimized as the operation progresses.

Table 1: Sequencing of the operations

Description	Impact on uncertainty
Measurement of the used SG in its environment. Serves to assign each new SG to a room	No, because optimization step
Initial measurement of the new SG, serves to define the machining of the new SG.	No, because intermediate step
Measurement of machined SG is one of the input data for determining the theoretical machining of the PPs	Yes §3.3.1
Measurement of the pipes and of the environment Enables the position of the new SG to be optimized	No, intermediate measurements enable the calculation to be refined
Measurement of the pipes in fitup position and of the environment Enables the machining of the PPs and of the vertical shims to be determined	Yes §3.3.2
Setting of the machining units	Yes §3.3.3 to §3.3.4
Machining of the PPs Provides fitup of the new SG	Yes §3.3.5
Machining of the shims Provides positioning of the new SG at its correct elevation	Yes §3.3.6
Fitup Provides positioning of the new SG in its room	Yes §3.3.7

In the end, the fitup of the bevels is not affected by all the steps in the operation. For each bevel, it can also be summed up as compliance with two parameters:
- concentricity of the centers of the SG and PP bevels,
- parallelism of the faces of the SG and PP bevels.

[a] *In hot operation, the reactor coolant system expands together with the SG*
[b] *The PPs are subjected to loads, in particular because of the expansion phenomena and the residual stresses caused by installation*

3.3 Quantification of the uncertainty sources

3.3.1 Measuring the machined SG

The component is measured by videogrammetry; this is a measurement system composed of:
- a digital videogrammetry camera "INCA3" equipped with a variable-intensity ring flash and adjustable exposure time,
- a laptop computer equipped with "V-Stars" software for processing images and data,
- optical measurement tools featuring retroreflective targets, encoded targets and measurement artifices for materializing measurement points and one or more scale bars.

Figure 7: Inca3 videogrammetry measurement system

As object dimensioning is ensured via scaling, it seems more relevant to express the uncertainty over a distance rather than at a point. The following sections list the main factors influencing the videogrammetry measurement of a component.

3.3.1.1 Materializing the measured point

The tools are of two types: adhesive or mechanical. Internal tests enabled us to determine that the least favorable targets are adhesive targets with an estimated uncertainty of 2σ at:

$$U_{t\,\arg.} = 0.03 \text{ mm} \quad (1)$$

A uniform law will be considered and this uncertainty will be expressed over the distance between two points.

3.3.1.2 Scale bar calibration uncertainty

This uncertainty is given by the calibration laboratory at 2σ and will apply to the shortest scale bar, which will be related to the greatest length studied in the calculation. A standard law will be taken into account.

$$U_{calib} = \frac{(0.030\text{mm} + 0.003\text{mm/m} * L_{(m)})}{2 * L_{(m)}} * \text{Dim}_{(m)} \quad (2)$$

3.3.1.3 Measurement file scaling error

This error can be considered as the sensor measurement uncertainty given by the manufacturer at 2σ. It is expressed versus the dimension of the measured object. This error will be applied to the shortest scale bar, which will be related to the object dimension.

$$U_{scale} = \frac{(0.005mm + 0.005mm/m * L_{(m)})}{2 * L_{(m)}} * Dim_{(m)} \quad (3)$$

3.3.1.4 Taking temperature into account

If the SG measured in the workshop was at the same temperature as the room measured in the technical situation report, the impact of temperature would be considered as null; the measured objects would be either larger or smaller.

In our application, ignoring temperature during the measurements mainly influences the position of the bevel centers. On the other hand, the parallelism of the bevel faces is less impacted.

We chose not to correct the effects of temperature mainly for two reasons:

- modeling the deformations of a non-homogeneous component made of welded parts is difficult,

The problem is even more complex in the case of a room featuring reinforced concrete walls and an assembly of different steel or stainless-steel supports.

- an error in the position of one of the two bevels can be offset by shifting a primary pipe during fitup, without affecting the existing residual stresses.

On the other hand, we shall take into account the effects of temperature in our uncertainty calculation by carrying over this error to the center position of one of the two bevels.

The parameters contributing to the temperature effects are mainly:

- the temperature measurement uncertainty,
- the uncertainty due to ignorance of the expansion factor,
- the deviation from the reference temperature, or in our case the temperature difference between the two rooms,
- the temperature variation during the measurement.

The measurement system itself can be considered to be insensitive to T° variations, as the measurement principle is optical and the scale bars are made of Invar.'

The linear expansion law is:

$$L_{20°C} = L_{measured}\left(1 + \alpha.(20 - T°)\right) \quad (4)$$ where:

- $L20°C$ is the corrected length at 20°C,
- $L_{measured}$ is the measured length at ambient temperature,
- α is the expansion coefficient of the part,
- T° is the ambient temperature of the part.

The analysis will consider a temperature difference between the two rooms of 10°C, a temperature variation during measurement of 2°C and an expansion factor of α = 13.10-6. The uncertainty on the measurement of the part temperature and on ignorance of the expansion coefficient will be neglected. The part related to the T° variation during measurement will be treated as a random error; the part corresponding to the temperature difference as a systematic error. A uniform law will be used.

$$U_{expansion} = \frac{D_{measured(mm)}.13.10^{-6}.\Delta°C}{\sqrt{3}} \quad (5)$$

3.3.2 Measuring the pipes in fitup position

This measurement is taken by means of laser tracking. Use is made of a polar measurement system consisting of:

- the camera itself equipped with a precision distance meter and two angle encoders,
- a laptop computer equipped with the Spatial Analyzer software for collecting and interpreting the data,
- sensing tools including reflectors and special-purpose supports.

Figure 8: AT401 laser tracking measurement system

The two bevels are generally measured from a single station, using a tool system for directly sensing the internal diameter of the piping at 18 points. The following sections list the main factors influencing the measurement uncertainty of a component with laser tracking.

3.3.2.1 Materializing the measured point

The reflectors used with laser tracking are corner cubes of diameter 1.5'', consisting of an assembly of three mirrors. The manufacturing tolerances supplied by the manufacturer give an optical element centering < ±0.003 mm, a radius of 19.05±0.0025 mm and a ball shape deviation < 0.003 mm.

A radius deviation will only have the effect of offsetting the bevel center along the normal of the measured circle, with no impact on the parallelism of the bevels during fitup. The optical element centering and ball shape deviations will be included in the measured point uncertainty.

3.3.2.2 Temperature non-inclusion error

Only the temperature variation during measurement will be taken into account for the laser tracking measurement;

the T° deviation between the two rooms was already taken into account in the videogrammetry measurement.

The camera itself is equipped with T°, pressure and humidity sensors which permanently correct the measured distances for the effects of the environment conditions; the residual errors will therefore be neglected.

3.3.2.3 Instrument-related measurement uncertainty

The vendor's brochure gives an angle performance of ±15μm + 6μm/m and an absolute distance performance of ±10μm, both expressed in MPE. As a precaution, MPE will be considered as an occurrence probability at 2σ.

The Spatial Analyzer [2] software enables determination of the measurement uncertainties by simulation, using a module similar in principle to the Monte-Carlo method. For each instrument, it is possible to enter as input data the horizontal and vertical standard deviations, together with the distance standard deviation.

The angle performance expressed in mm must firstly be converted into arcsec. The fixed part of this uncertainty will be combined with the manufacturing dimensions for the tools as described in §3.3.2.1, considering them given at 3σ:

$$U_{\alpha\_LT} = \pm\sqrt{7.5^2\,\mu m + 0.5^2\,\mu m + 0.5^2\,\mu m} + 3\mu m/m \quad (6)$$

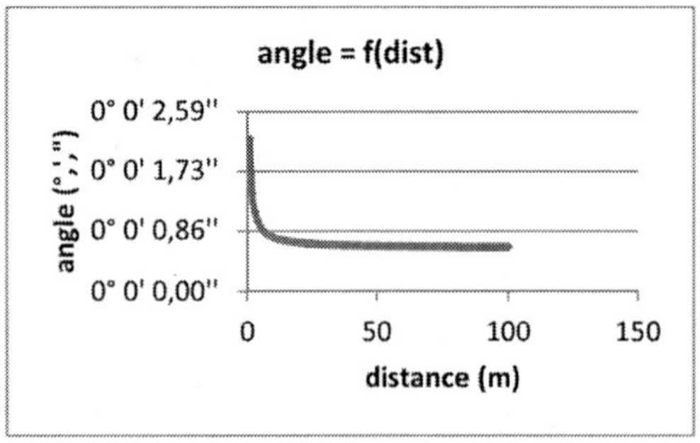

Figure 9: angle error versus distance

As this uncertainty decreases versus distance, an angle uncertainty for a minimum distance of 2 m will be considered, i.e. 1.4".

In the same way, the distance performance will also be combined with the tool-related uncertainties:

$$U_{dist\_LT} = \pm\sqrt{5^2\,\mu m + 0.5^2\,\mu m + 0.5^2\,\mu m} \quad (7)$$

These uncertainties are afterwards injected into the instrument parameters of the software program in order to simulate the measurements of the pipe ends; 1000 shots are completed for each measurement.

This first simulation allows us to obtain the uncertainty for one point at 1σ; on average, it is equal to 0.035 mm.

Whenever possible, we favor the measurement of both pipes from a single station. However, in the event of breakdown of a machining unit, it may be necessary to measure the two bevels from two stations generally situated at the same location. A second simulation level allows the station adjustment uncertainty to be simulated. The adjustment standard deviation calculated at 1σ is 0.016 mm.

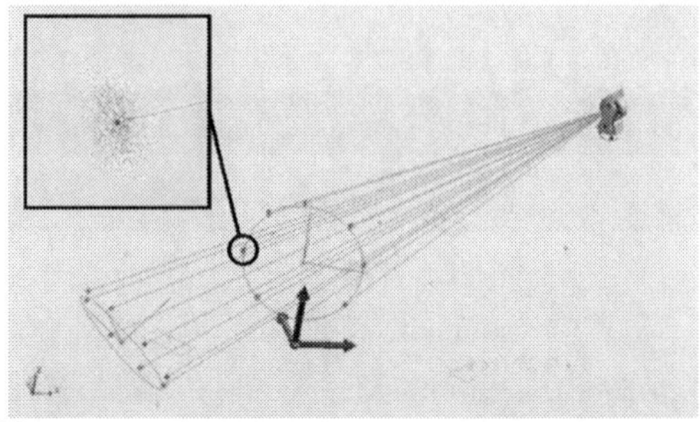

Figure **10**: Simulating the measurements with Spatial Analyzer

A third simulation level enables the calculation of a geometrical construction based on the 1000 shots; the principle is to build 1000 constructions for each element and to analyze the variation in the main components.

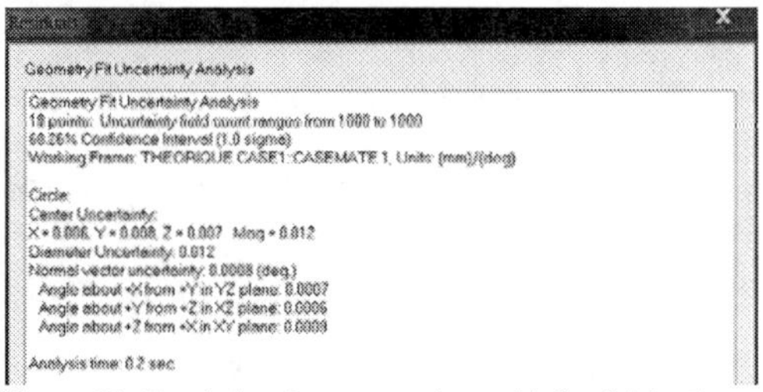

Figure **11**: Simulating the constructions with Spatial Analyzer

The results of the simulations give an uncertainty on the calculated center of a bevel of 0.012 mm and an uncertainty on the normal of 0.0008 deg.

3.3.2.4 Tool handling error

Unlike videogrammetry, where operator error is negligible, laser tracking measurement requires tools to be handled by the operator to materialize the measurement points. Repeatability tests give this uncertainty as 0.06 mm at 1σ.

3.3.3 Setting the machining unit

A reference machined by the machining unit is measured. This measurement is very similar to the previous one; only the measuring instruments and the number of measured points vary:

- the uncertainty for a point at 1σ is 0.035 mm,
- the adjustment standard deviation calculated at 1σ is 0.016 mm,
- the uncertainty on the calculated center of a bevel is 0.018 mm and the uncertainty on the normal is 0.0010 deg,
- the operator tool handling uncertainty is estimated as 0.03 mm at 1σ.

3.3.4 Setting criteria for machining

The setting of the reference test sample is achieved when the criterion of ±0.2 mm at the center and the criterion of ±0.0001° for each component of the plane are met.

However, as these are setting criteria, it is more realistic to consider that the distribution is neither normal nor uniform, but that there are more values situated towards the middle than towards the tolerance limits.

In this case, the GUM (Guide to the Expression of Uncertainty in Measurement) recommends to use a trapezoidal law with the base of width $2a$ and the top of width $2a\beta$ where $0 \leq \beta \leq 1$. The equivalent standard deviation is then:

$$u^2(x_i) = a^2(1+\beta^2)/6 \quad (8)$$

Where the half-base is a = 0.2 mm, the half-top = 0.1mm and β = 0.5.

3.3.5 Machining the primary pipes

Machining is in two phases: a phase of control by means of topometry, enabling the machining of a reference surface, and a phase of shaping without assistance, using the reference surface.

The machining capacities of the unit are ± 0.10 mm and ± 0.0005° in the plane (including vibration problems). Consideration must also be given to the need to reposition the machine in the event of machining breakdown or interruption, a position which is estimated as ±0.15 mm and ±0.001° in the plane.

These uncertainties will be considered to follow uniform laws.

3.3.6 Shim machining uncertainty

The shims are positioned on the tops of the SG support legs; the distance between two support legs is 2.5 m. The shim machining tolerances are ± 0.10 mm. A uniform law will be considered.

3.3.7 SG positioning uncertainty

This uncertainty corresponds to the SG elevation uncertainty during positioning on the support legs, particularly with respect to the settling phenomena. According to our experience feedback, it is estimated as ± 0.2 mm at 3σ and will be considered to follow a normal law.

$$U_{Pos.\_SG} = \left(\frac{0.2}{3}\right) \quad (9)$$

3.4 Combining the uncertainties

Fitup is performed in two stages:

- the SG is first fitted up to the hot leg pipe[c] joined to the reactor vessel, making sure to respect the fitup gaps calculated at the interfaces; the second crossover leg pipe[d] is cleared by a few millimeters.
-the piping connected to the reactor coolant pump is restored to its position.

3.4.1 Measuring the machined SG

To obtain the uncertainty on the hot leg center, the values a, b, c and d of **Table 2** will be quadratically combined, as follows:

$$U_{SG\_machined\_XYZ\_hot.leg} = \sqrt{0.017^2+0.035^2+0.011^2+0.035^2} = 0.053mm \quad (10)$$

To obtain the uncertainty on the crossover leg center, the values a, b, c and d of **Table 2** will be quadratically combined,

as follows:

$$U_{SG\_machined\_XYZ\_cross.leg} = \sqrt{0.017^2+0.035^2+0.011^2+0.035^2} + 0.173 = 0.226mm \quad (11)$$

To calculate the uncertainty on the orientation of the hot leg plane, we shall consider uncertainty (10) in relation to a diameter of 800 mm, as follows:

$$U_{SG\_machined\_\alpha\_hot.leg} = a\tan\left(\frac{2*0.053}{800}\right) = 0.00762° \quad (11)$$

To calculate the uncertainty on the orientation of the crossover leg plane, we shall consider both uncertainty (10) in relation to a diameter of 800 mm and the rotation effect generated at the crossover leg end to restore the center to fitup position. Considering a leverage of 4m and a mispositioning of 0.226 mm, this means modifying the crossover leg end plane by

$$a\tan\left(\frac{0.223}{4000}\right) = 0.00324° \quad (12)$$

giving a total of:

$$U_{SG\_machined\_\alpha\_cross.leg} = \sqrt{0.00762^2+0.00324^2} = 0.00828° \quad (13)$$

Table 2: Composition of Topo 1 uncertainty

No	Definition	Distribution	Parameters	1σ (mm)
a	Point materializing	Uniform	(1)	0.017
b	Scale bar calibration	Normal	(2) Dim = 2.3 L= 1.096 m	0.035

[c] *The hot leg joins the SG to the reactor vessel*

[d] *The crossover leg joins the SG to the pump*

c	Scaling error	Normal	(3) Dim = 2.3 L= 1.096 m	0.011
d	T° variation during measurement	Uniform	(5) D = 2300 mm Δ°C = 2	0.035
e	Expansion taken into account	Uniform	(5) D = 2300 mm Δ°C = 2	0.173

3.4.2 Measuring the pipes in fitup position

The uncertainty on the hot leg and crossover leg center is obtained by quadratically combining the f, g and h values in **Table 3** as follows:

$$U_{Cubicle\_XYZ} = \sqrt{0.012^2 + 0.016^2 + 0.059^2} = 0.062mm \quad (14)$$

The uncertainty on the orientation of the planes of the crossover leg and hot leg bevels is then:

$$U_{Cubicle\_\alpha} = a\tan\left(\frac{2*0.062}{800}\right) = 0.00891° \quad (15)$$

Table 3: Composition of cubicle uncertainty

No	Definition	Distribution	Parameters	1σ (mm)
f	Error on the center measurement at 18 points	Normal	Simulation	0.012
g	Adjustment error	Normal	simulation	0.016
h	Tool handling error	Normal	Experience feedback	0.059

3.4.3 Setting the machining unit

The uncertainty on the hot leg and crossover leg center is obtained by quadratically combining the i, j and k values in Table 4 as follows:

$$U_{MeasMach\_XYZ} = \sqrt{0.018^2 + 0.016^2 + 0.029^2} = 0.037mm \quad (16)$$

The uncertainty on the orientation of the planes of the crossover leg and hot leg bevels is then:

$$U_{MeasMach\_\alpha} = a\tan\left(\frac{2*0.037}{800}\right) = 0.00532° \quad (17)$$

Table 4: Composition of the machining measurement uncertainty

No	Definition	Distribution	Parameters	1σ (mm)
i	Error on the center measurement at 8 points	Normal	simulation	0.018
j	Adjustment error	Normal	simulation	0.016
k	Tool handling error	Normal	Experience feedback	0.028

3.4.4 Setting criteria for machining

Considering a trapezoidal law where $a = 0.2$ and $\beta = 0.5$, the uncertainty on the hot leg and crossover leg centers is

$$U_{SettMach\_XYZ} = 0.091\,mm \quad (18)$$

In the same way, a trapezoidal law for the orientation of the crossover leg and hot leg bevels can be determined by choosing $a = 0.00014°$ and $\beta = 0.00007°$:

$$U_{SettMach\_\alpha} = 0.00006° \quad (19)$$

Table 5: Composition of the machining setting uncertainty

No	Definition	Distribution	Parameters	1σ (mm)
l	Error on the center measurement at 8 points	Trapezoidal	(8) $a = 0.2$ $\beta = 0.5$	0.091

3.4.5 Machining the primary pipes

The machining uncertainty can be reduced to:

$$U_{Machining\_XYZ} = \pm\sqrt{\left(\frac{0.1}{\sqrt{3}}\right)^2 + \left(\frac{0.15}{\sqrt{3}}\right)^2} = 0.104\,mm \quad (20)$$

The plane orientation uncertainty is estimated respectively as ± 0.0005° for machining and ± 0.001° for repositioning:

$$U_{Machining\_\alpha} = \pm\sqrt{\left(\frac{0.0005}{\sqrt{3}}\right)^2 + \left(\frac{0.001}{\sqrt{3}}\right)^2} = 0.00065° \quad (21)$$

Table 6: Composition of the machining unit uncertainty

No	Definition	Distribution	Parameters	1σ (mm)
m	Machining unit capacity and drift	Uniform	Experience feedback	0.104

3.4.6 Shim machining uncertainty

Choosing the worst case could result in a maximum offset along Z of ± 0.10 mm on the position of the SG center:

$$U_{Shim\_XYZ} = \left(\frac{0.1}{\sqrt{3}}\right) = 0.058\ mm \quad (22)$$

Considering an elevation difference of 0.2 mm between two support legs, this would then give:

$$U_{Shim\_\alpha} = a\tan\left(\frac{2*0.1}{2500*\sqrt{3}}\right) = 0.00262° \quad (23)$$

Table 7: Composition of the shim machining uncertainty

No	Definition	Distribution	Parameters	1σ (mm)
m	Shim thickness deviation	Uniform	Experience feedback	0.058

3.3.7 SG positioning uncertainty

$$U_{Pos.SG\_XYZ} = \left(\frac{0.1}{3}\right) = 0.067\ mm \quad (24)$$

Table 8: Composition of SG positioning uncertainty

No	Definition	Distribution	Parameters	1σ (mm)
n	SG positioning deviation	Normal	Experience feedback	0.067

3.5 Expression of the final uncertainty

Table 9 groups all the uncertainty sources covered by the calculation for the determination of the SG nozzle fitup uncertainty in the center and in the plane.

Table 9: Expression of the final uncertainty

No	Definition	Center (mm)	Plane (°)
$U_{SG\_machined}$	Machined SG measurement	0.053	0.00762
	Carryover of T° influence to crossover leg		0.00324
$U_{Cubicle}$	Cubicle measurement	0.062	0.00891
$U_{Meas.Mach}$	Machining test sample measurement	0.037	0.00532
$U_{Sett.Mach}$	Setting criteria for machining	0.091	0.00006
$U_{Machining}$	Machining unit capacities	0.104	0.00065
U_{Shim}	Machining of the shims	0.058	0.00262
$U_{Pos.SG}$	SG positioning	0.067	
U_{Fitup}		**0.19**	**0.01355**

The final fitup uncertainty is therefore evaluated as ± 0.56 mm at 3σ in the center and ± 0.0407° at 3σ in the plane, making a maximum bevel opening of 0.6 mm.

4 Conclusion

Beyond the sharing of this example, what we wish to show is that for our business, the measurement uncertainties are treated within a wider context that covers the whole operation, which could be referred to as a process uncertainty.

Our initial goal is not to validate a dimensional conformity but to provide evidence that our process enables us to guarantee that all our customer's requirements are met.

Furthermore, this approach is iterative and allows us to identify the important steps in a process, with the aim of reinforcing or adapting the key steps.

More than ever, uncertainty analysis is an indispensable tool in our industry, from design right up to final construction.

References

1. NF ISO/IEC GUIDE 98-3 July 2014, *Evaluation of Measurement data – Guide to the expression of uncertainty in measurement*, (2014)
2. Spatial Analyzer, *User Manual Measurement Uncertainty* **Chapter 29**, 789 (2016)

Digitizing the Calibration Process

Peter Sherwin[1*]

[1]Eurotherm by Schneider Electric, EOS Eurotherm Online Services, Faraday Close, Worthing, UK.

Abstract. Industry professionals understand that risk is inevitable; it can be managed but not eliminated. Managing risk is not easy, especially with today's products manufactured through complex and multi-tiered supply chains. Compliance and Calibration activities are used to aid management of risk in Industrial processes. Given the importance of this activity; it is necessary to ensure that any calibration undertaken is done accurately, records are held for fast retrieval, and the activity is carried out in the most cost effective manner. The most efficient method of managing the calibration process is to make use of modern digital tools.

1 Introduction

Regular comparison of an instrument to a standard (calibration) enables higher confidence and less risk in the accuracy of the process under check. Neglecting these calibration activities can result in unscheduled production downtime, product and process issues and potential product recalls and rework. In the worst case; a drift in a sensor unchecked over a period time (when situated in a hazardous area) can risk employee safety.

2 Common Calibration Systems

2.1 Paper-based Calibration Certificates

Engineers and Technicians conduct calibration on field and laboratory based instrumentation and compare against a set standard. The 'as-found' (when appropriate) and 'as-left' results are typically written down in laboratory books, on printed sheets or notepads and then ultimately transcribed to produce a certificate of calibration. The end document might be produced through common PC-based tools (Word processing or Spreadsheet based programs) or even entered into a customized calibration database before the certificate is produced.

The action of transferring information from a handwritten page to a final certificate is subject to human error in transcription as well as adding significant administration time and cost to create the final certificate. Depending on the engineers schedule, it can take days or even weeks before the instrument owner receives their calibration reports from a Service providers or Internal Calibration team.

There are also significant concerns with creating and storing a printed document:

- Storage in a single physical location – requires time and resource to access.
- Offsite storage is often used to hold multiple years of records (up to 30 years of past records are required for certain industries). This lengthens the time and cost required for access.
- Filing is prone to human error. The time to retrieve a misfiled document can add hours or even days to a search.
- Damage by frequent handling can quickly reduce the life of paper documents.
- Paper records are also vulnerable to other risks; a site disaster can lead to loss of documents through fire or water damage.

2.2 Digitizing the Calibration Process

There are a number of methods to digitizing the calibration processes and avoid the pitfalls of a manual system. Popular generic PC programs, Desktop Calibration Software and ERP modules are discussed below.

2.2.1 Word processing or Spreadsheet Programs

Many companies still use spreadsheet or word-processing software to capture their calibration results and print paper copies of calibration certificates or supply pdf versions of the results to the instrument owner. This is a relatively inexpensive way to digitize the calibration process but does usually require double entry of data (quick pen/paper record before entry into the laptop/desktop).

* Corresponding author: peter.sherwin@schneider-electric.com

Article available at http://cfmetrologie.edpsciences.org or https://doi.org/10.1051/metrology/201701005

2.2.2 Desktop Calibration Software

Desktop software is traditional software that is installed on a desktop or laptop computer. The files are stored locally or on a shared network drive with the processing taking place on the local computer. The majority of commercially available calibration management systems are still desktop based. Early customized systems started life in the 1980's and have evolved into expansive databases with rich feature sets. Some improvement in the User Interface Design has taken place to aid data entry and simplify training requirements. These systems can offer a richer calibration experience when processes and procedures are also covered by the system.

Certain software providers have also attempted to combine other applications such as Maintenance requirements to be able to save time, reduce training, combine key operational processes, reduce costs and increase productivity.

2.2.3 ERP Based Systems

Major providers of ERP systems also offer modules for asset management, maintenance and calibration. Unfortunately these modules tend to be expensive and can either be overly complex or alternatively only offer fixed basic features. Customization to specific end-user requirements comes at a cost.

3 Modern Digital Tools

To provide the best value from a digitized calibration process, it is important to address the deficiencies of a paper-based system and avoid the potential data double entry associated with Spreadsheet-based solutions. Some form of user configuration of the calibration process also avoids the expensive customization requirements often associated with ERP modules. A good set of rules for digital systems is outlined below:

- Enter data directly into a mobile device (smartphone, tablet, portable laptop etc.).
- Only store a virtual copy of the certificate for authorized access from anywhere/anyone
- Document attributes should enable quick search and retrieval.
- Virtual storage should assure long-term backup.
- Cloud-based storage with disaster-proof backup is ideal.
- Methods to customize the calibration process using a configurable workflow.

On a practical point not all Industrial sites offer a robust Wi-Fi connection or have a stable phone signal. To be able to provide one-off data entry solutions using any smart device, the mobile device should be able to operate in both offline and online mode. This is best achieved by using a dedicated app (see The App Economy).

3.1 The App Economy

10 years ago virtually no mobile apps existed, yet today there are over 90 billion app downloads. The app economy is booming and made popular because apps are an efficient and simple way to help people accomplish tasks in an easy and less time consuming manner. Initially dedicated solely to the consumer world, the app world has evolved to offer many business apps. Popular business apps include; team communication, task, time and project management, payment and accounting apps and Sales and Customer Relationship Management.

More recently, dedicated calibration apps (example: eCAT™ Calibration Management Tool [1]) have been developed to simplify and increase the efficiency of calibration activities.

3.1.1 App-based Calibration Solutions

Multi-tiered supply chains and networks have spawned a complex arrangement of partners, suppliers and customers. Enabling visibility, scheduling and update of calibration activities across a range of multiple service providers and internal engineer resources requires a digital process that can cope with multi-tenant secure access. Fortunately, this is now possible by leveraging recent advances in cloud-based technology and app-design.

Fixed format database design does not provide sufficient flexibility in data entry to aid the user to undertake the correct calibration when dealing with multiple complex industry standards. The latest apps have developed specific customizable workflow technology to enable setups to be created through the web-based portal and downloaded to the app to provide the engineer with step-by-step prompts to undertake the correct calibration process.

When the calibration record is digitized, instant authorized access is opened up to multi-users across the company regardless of location. This enables the production department to be aware of calibration schedules and minimize disruption to production. By also capturing descriptive data about each document, retrieval of relevant information is fast and efficient. Leveraging app-based technology has also enabled locally printed QR Code labels to link directly to the completed Calibration Certificate. This direct access to the certificate has enabled customers to effortlessly meet audit requirements.

The Certificate attributes such as Date and time of calibration, next due date, engineer, location etc. enable the systems to be able to schedule and plan and alert when the next calibration is due.

4 Summary

Digital offers, disruptive technologies and the current political climate are increasing the rate of change across Industry. Managing risk within this fluid and ever-changing environment is complicated. To navigate this change successfully requires the best tools and techniques to avoid costly, unwieldy and inefficient manual processes. It is time to digitize your calibration process!

References

1. eCAT; http://www.eurotherm.co.uk/eos webpage accessed 20Jun17 (2017)

 DOI: 10.1051/metrology/201701006

Economic feasibility for the creation and maintenance of physical quantities primary measurement standards

Pavel Neyezhmakov[1,*], *Alexander* Prokopov[1]

[1]National Scientific Centre "Institute of Metrology", Myronosytska Str. 42, 61002, Kharkiv, Ukraine

Abstract. The Strategy of the European Association of National Metrology Institutes (EURAMET) defines the key directions for the development of regional and national metrology systems, taking into account current trends in the development of science, technology and needs of society and economies. The Strategy notes that due to the complexity and large scale of tasks their solutions is possible only by uniting the efforts of a number of countries and with regard to cost optimisation. In recent years, economic criteria hold an important place among the choice criteria for optimal ways for development of national metrology systems of member countries of Euro-Asian Cooperation of National Metrological Institutions (COOMET). There is a growing interest in research and development of methods for quantitate assessment of the economic feasibility of a particular options of implementation of the general strategy with regard to the primary measurement standards of the units of physical quantities at national, regional and international levels. This paper substantiates methodology and presents new algorithms for the evaluation of economic feasibility and cost optimisation for financing metrological activity, such as, for making a decision on the creation or improvement of the national primary measurement standards.

1 Introduction

The documents of EURAMET Strategy [1, 2] represent the key areas of the metrological activity that define requirements to be met by national and international metrology systems, taking into account current trends and prospects in development of global economy, science, and technology. To substantiate the choice of the best development option in terms of a particular metrological system within the framework of this strategy, it is necessary to carry out a comparative analysis of possible options for such a system (including a national measurement standards) in order to establish compliance with the requirements (criteria) for the areas of activities indicated in [1, 2]. Such tasks are typical not only for metrology, but also for many other fields of activity; to solve them, a risk-based approach [3], a method of analyzing the Saaty hierarchies [4], etc. are often used that operate the quantitative data characterizing the degree to which a particular option meets the considered criteria. In the general case, these data can be obtained either on the basis of expert evaluations or by calculations, if appropriate methods are available for such calculations.

Among the criteria reflecting compliance with the considered areas of activity, an important place, according to [1, 2], is occupied by criteria characterizing the economic feasibility of financing the development of metrological systems both at the international and national levels. In this regard, it should be noted that the economic aspects of metrology have long become one of the major research areas in many national metrology institutes. In particular, an extensive NIST program devoted to the study of the influence of metrology on the national economy is known [5], and similar studies are being systematically carried out in many other developed countries in the scientific, technical and economic fields [6]. This task remains relevant at the present time, since most of works on addressing metrology and economics problems that have already been completed or are in process concern only the determination of the integral economic effect from the financing of metrology, which manifests itself as an increase in profits for the economy as a whole or for its individual branches. These works are usually based on the collection and analysis of statistical data characterizing the costs for metrology and the corresponding profit for the already achieved results of production activities that generally cannot serve as a reliable basis for planning, which requires special forecast evaluations. Such evaluations should also be used when specifying action plans for the implementation of the strategic objectives, in particular, the actions aimed at improving measurement standards in connection with redefinitions of SI units.

2 Methodology

From the above mentioned it is obvious that the overall result of financing the metrological activity depends on the results achieved from investing in the development (provision of functioning) of the individual elements of which the metrological system consists as a whole

* Corresponding author: pavel.neyezhmakov@metrology.kharkov.ua

(measurement standard base, verification and calibration laboratories, etc.). Therefore, for the purposes of forecasting and substantiating decision-making related to the improvement of metrological systems, it is extremely important to use methods for quantitative evaluation of the economic feasibility of investing in a certain type of metrological activity (creating and equipping metrological laboratories for verification and calibration of measuring instruments, creating and maintaining the national measurement standards, implementation of procedures ensuring the recognition of the national measurement standards at international level, etc.). Within the framework of this particular approach, it is possible, if necessary, to take into account the mutual influence of certain elements of the metrological system on its functioning, that has been developing in recent years at the National Scientific Centre "Institute of Metrology", which performs the functions of the national metrology institute (NMI) of Ukraine. A number of results obtained using this approach have already been discussed at CIM2015 [6]. This paper presents new information on the methods of quantitative evaluation of the economic feasibility of investment in various forms of metrological activity developed using this approach, including activities aimed at creating and improving the primary measurement standards, and describes algorithms for taking into account the effect of inflation processes on the results of such an evaluation.

3 Algorithms for evaluation of the economic feasibility of investments in metrological activity

3.1 The general algorithm for evaluation of the economic feasibility of investments in the metrological activity of the enterprise (laboratory)

In the general case, which is considered below, the purpose of investments may be in increasing the capabilities of the enterprise (laboratory) as a result of the creation (or purchase) and commissioning of new metrological equipment (including the reference one) or in expanding the scope of accreditation of this enterprise for performing additional metrological works, or in implementing measures to ensure international recognition of the results of metrological works performed by the enterprise (laboratory), etc. The main idea of the discussed algorithms is to compare at least two alternative options, for each of which total costs balances (which are determined as expenses minus revenues) corresponding to a certain (the same for the considered options) time interval N_{YEARS} are estimated. The scope of work of the enterprise (laboratory) and, consequently, the costs balances for each option are assumed to be different. As a more efficient (recommended) investment option, one is chosen for which the total costs balances for N_{YEARS} are the smallest. That particular one is proposed for practical implementation in the enterprise (in the laboratory).

Let's consider the time interval N_{YEARS}, during which some type of metrological activity (not specified yet) is performed at an enterprise (in a laboratory). To simplify the presentation, we will consider only two alternative options of the scope of this activity; first we will neglect the change in the value of money over time (due to inflation factors) and then generalize the results obtained by introducing discounting factors into consideration similarly to [8]).

Option 1. There are have not been any changes in the activity of the enterprise during all N_{YEARS}. The costs balance (expenses minus revenues for N_{YEARS}), which for this option is designated as B_1, is described by the formula:

$$B_1 = (E_1 - R_1) \cdot N_{YEARS}, \tag{1}$$

where E_1 and R_1 - annual expenses and revenues of the enterprise. It is assumed that in the absence of changes in activity, the annual balance of expenses-revenues also does not change.

Option 2. Two stages are considered:

– a stage of investing funds for expansion (changing) the area of metrological activity of the enterprise, which is carried out during the first N_{INV} years. At this stage, the balance B_{INV} (expenses minus revenues for N_{INV}) is determined by the formula:

$$B_{INV} = (E_{2INV} - R_{2INV}) \cdot N_{INV}, \tag{2}$$

where E_{2INV} and R_{2INV} - annual expenses and revenues at the investment stage, which are considered to be unchanged for N_{INV} years;

– a stage of operation (during the subsequent N_{OP} years, where $N_{YEARS} = N_{INV} + N_{OP}$) of possibilities emerged due to the expansion (change) of the area of metrological activity. At this stage, the balance B_{OP} (expenses minus revenues for N_{OP} years), also with the annual expenses and revenues unchanged during N_{OP} years, is determined by the same formula:

$$B_{OP} = (E_{2OP} - R_{2OP}) \cdot N_{OP}, \tag{3}$$

where E_{2OP} and R_{2OP} – annual expenses and revenues at the operation stage.

By combining together two stages, we obtain the full costs for the second option:

$$B_2 = B_{INV} + B_{OP} = (E_{2INV} - R_{2INV}) \cdot N_{INV} + (E_{2OP} - R_{2OP}) \cdot N_{OP} \tag{4}$$

Investing funds in order to expand (to change) the area of metrological activity of the enterprise will be economically feasible if, in comparing the 1st and 2nd options, inequality $B_2 < B_1$ is realized, i.e.

$$(E_{2INV} - R_{2INV}) \cdot N_{INV} + (E_{2OP} - R_{2OP}) \cdot N_{OP} < (E_1 - R_1) \cdot N_{YEARS} \tag{5}$$

It should be noted that the exceedance value of the right-hand side of inequality (5) over the left one determines the investment gain received by the enterprise for the considered period.

An important point for making a decision about investing funds is determining the payback period of the investment. Let's designate the payback period as N_{PB} (i.e., in determining the payback period we take $N_{OP} = N_{PB}$), then N_{PB} value should be determined from equation

$$(E_{2INV} - E_1 + R_1 - R_{2INV}) \cdot N_{INV} = \\ = (E_1 - E_{2OP} + R_{2OP} - R_1) \cdot N_{PB} \quad (6)$$

obtained from (5) by replacing the inequality sign by the equality sign (and also replacing N_{OP} by N_{PB}). It follows that

$$N_{PB} = \frac{(E_{2INV} - E_1 + R_1 - R_{2INV}) \cdot N_{INV}}{E_1 - E_{2OP} + R_{2OP} - R_1}. \quad (7)$$

Thus, we obtained the condition (5) of the economic feasibility of investments in the expansion (change) of the metrological activity of the enterprise (laboratory) and the evaluation (7) of the payback period of investments in conditions where the value of money does not change (inflation is absent).

Let's summarize the results for those conditions when an account of the effect of inflation is necessary. Inflation will be taken into account by introducing a discount factor to the annual expenses and revenues in accordance with the general principles of economic theory. However, unlike the generally accepted methodology, we will use the calculation algorithm proposed in [7, 8], i.e., instead of the annual values of expenses and revenues that are change due to inflation and normalized by estimated year we will consider absolute annual values obtained by multiplying the initial estimated values, which do not take into account inflation, by $(1+r)^i$ (where r is the discount rate, i is the year number). With this, as a result of calculations, we immediately obtain the absolute values of the amounts of expenses and revenues required for the considered period.

Taking into account the discount rate with $r = const$, i.e. inflation is assumed to be constant during the considered period of time $N_{YEARS} = N_{INV} + N_{OP}$, the condition of economic feasibility of investments (5) and the formula for the payback time (7) of costs takes the form [7, 8]

$$(E_{2INV} - R_{2INV}) \cdot \sum_{i=1}^{N_{INV}} (1+r)^{i-1} + a \cdot \sum_{i=1}^{N_{OP}} (1+r)^{i-1} < \\ < (E_1 - R_1) \cdot \sum_{i=1}^{N_{YEARS}} (1+r)^{i-1} \quad , (8)$$

$$N_{PB} = \frac{1}{\ln(1+r)} \times \\ \times \ln \frac{(E_{2INV} - R_{2INV}) \left[(1+r)^{N_{INV}} - 1 \right] + (E_1 - R_1) - a}{(E_1 - R_1)(1+r)^{N_{INV}} - a} \quad , (9)$$

where $a = (E_{2OP} - R_{2OP})(1+r)^{N_{INV}-1}$.

The relations obtained are valid for any type of metrological activity. Further they will be concretized on the example of evaluation of the economic feasibility of investments in the creation (improvement) of the national primary measurement standards.

3.2 Algorithm for evaluation of the economic feasibility of financing the works on creation (improvement) of the national primary measurement standard

The methodology described in § 3.1 of this paper and implemented in [9, 10] is used to substantiate the calculated algorithms. It is considered, that traceability to the primary measurement standard of the unit of measurement is provided either by the national primary standard (NPS) that has passed international comparisons and has CMCs in KCDB database (option 1), or – in cases where NPS has not been created (option 2), – by a reference (secondary) measurement standard of the country (RS). It is considered that such RS is calibrated abroad (the foreign measurement standard will be the source of the traceability through its CMCs).

When determining the annual expenses for the top element of the measurement hierarchy, E_{MNPS} and E_{MRS} expenses for the maintenance (operation) of NPS or RS, respectively, E_{CRS} expenses for calibration of RS abroad, and E_{CrNPS} expenses for the creation of NPS are taken into account. R_{PNPS} and R_{PRS} revenues from performing calibrations using NPS or RS, respectively, are also taken into account. As for the possible E_{IRS} expenses for the improvement of RS, as well as for E_{ICNPS} expenses for international comparisons of NPS, they are not included to the annual balance, but are accounted separately in the overall balance for the total time of operation of the measurement standard. Within the considered model, the general condition (5) of economic feasibility in case of financing the works on creation (improvement) of the national primary measurement standard can be presented in the form [9, 10].

$$B^W \ N_{Cr} + B^S \ N_O + E_{ICNPS} + E^*_{IRS} < \\ < B^A \ (N_{Cr} + N_O) + E_{IRS} \quad (10)$$

where

$B^S = E_{MNPS} - R_{PNPS}$ (that corresponds to $E_{2OP} - R_{2OP}$ in formulas (3) - (9));

$B^A = E_{MRS} + E_{CRS} - R_{PRS}$ (that corresponds to $E_1 - R_1$ in formulas (1), (5) – (9));

$B^W = E_{MRS} + E_{CRS} + E_{CrNPS} - R_{PRS}$ (that corresponds $E_{2INV} - R_{2INV}$ in formulas (2), (4) – (9));

E^*_{IRS}, E_{IRS} – total expenses for the improvement of RS for the options 1 and 2, respectively;

N_{Cr} - years are needed to create NPS (investment period that corresponds to N_{INV} in formulas (2), (4)–(9));

N_O – years until created standards operated (operation period that corresponds to N_{OP} in formulas (3) – (5), (8), and it is obvious that $(N_{Cr} + N_O)$ corresponds to N_{YEARS}).

The stronger the inequality (10) is, the greater the economic feasibility for the creation of NPS. Costs payback time of creating the measurement standard, for which the general equation has the form (7), we obtain after transferring to the equality in (10), replacing N_O with t and solving the resulting equation

$$t = \frac{(B^W - B^A)N_{Cr} + E_{ICNPS} + E^{*}_{IRS} - E_{IRS}}{B^A - B^S} \quad (11)$$

From the moment of time t, defined by the formula (11), the inequality (10) becomes true. In later moments of time, this inequality increases, reflecting an increase in cost savings for the maintenance of the highest element of the measurement hierarchy for the considered type of measurements. It is obvious that the savings obtained for $N_{Cr} + N_O$ years are determined by the difference between the right and left side of inequality (10).

This method can also be used to validate the economic feasibility of improving NPS, if during its operation a need arises in reduced uncertainty of calibration from the measurement standard.

NPS that had been working before this need arose will not be able to meet the new requirements in such a case, so this situation can be considered as a signal for a new selection of the best option in condition of absence of NPS. That is, it can be considered to address the question of what is exactly feasible in this situation: to improve the existing NPS, or to create a RS with the required metrological characteristics? For making such a choice the above algorithm is extremely suitable, using which in a given situation the word "creation" shall be replaced by "improvement", and all the expenses and revenues in the formulas (10), (11) to select taking into account the raised costs of the component parts and all works due to the higher accuracy requirements. Since during the improvement the certain elements of replaced NPS can be used, it is necessary to take this into account when determining the total costs for the improvement of this NPS.

As an example, we will show the results of evaluating the economic feasibility of costs for creating the national primary measurement standard of the unit of luminous flux. Expenses and revenues were evaluated in Ukrainian hryvnia (UAH). In accordance with the calculations performed, the payback time for the creation of the measurement standard is only 4.6 years, and the expected cost savings over the lifetime of the created measurement standard are about 1 million UAH. Exactly these performance indicators have played a crucial role in the decision on the creation of this national measurement standard, which is currently one of the most frequently used measurement standards of Ukraine.

3.3 Influence of inflationary processes on evaluation of economic feasibility and payback time

Mathematical models listed above (in § 3.2) have been designed with the assumption of fixed prices for works and services, including materials and components during the time period being considered (life cycle of the measurement standard), which includes the period of its creation and use.

To take inflation into account using the scheme given in § 3.1, a discounting factor r is introduced to the annual expenses and revenues. As a result, formulas (10), (11) are transformed to the form

$$\begin{aligned} &B^W[(1+r)^{N_{Cr}} - 1] + B^S(1+r)^{N_{Cr}-1}[(1+r)^{N_O} - 1] < \\ &< B^A[(1+r)^{N_{Cr}+N_O} - 1] + r \cdot B_{MB} \end{aligned} , \quad (12)$$

where the value $B_{MB} = E_{IRS} - E^{*}_{IRS} - E_{ICNPS}$ has also account for inflation changes of the components that form it, and

$$\begin{aligned} t &= \frac{1}{\ln(1+r)} \times \\ &\times \ln \frac{B^W[(1+r)^{N_{Cr}} - 1] + B^A - B^S(1+r)^{N_{Cr}-1} - rB_{MB}}{B^A(1+r)^{N_{Cr}} - B^S(1+r)^{N_{Cr}-1}} \end{aligned} \quad (13)$$

It is not difficult to show that at $r \to 0$ the relations (12) and (13) transfer into relation (10), (11), respectively (under condition of correct expansion of uncertainties occurred at such transfer).

It results from the analysis (11), (13) we see that inflation accounting reduces time of the payback of expenses. At the same time, it is also confirmed by the results of time estimation of the payback of expenses while creating the national primary measurement standards at the NSC "Institute of Metrology". For example, it is shown, that inflation accounting reduces time of the payback of expenses for the creation of measurement standard of the unit of volumetric activity of radon by about 2.5 years, and for the measurement standard of luminous intensity such decrease makes for about 2 years. Such estimations are in accordance with the maintenance practice of the relevant measurement standards.

4 Conclusion

The considered algorithms of quantitative evaluation of economic feasibility of investments in metrological activity in the previous sections of the paper can serve as the basis for a comparative analysis of various options for such activity according to economic criteria, including criteria (requirements) corresponding to areas set out by EURAMET strategic documents, in order to substantiate the best option for implementation of this activity. As a quantitative characteristic that allows recalculation of the considered criteria into expert evaluations used in known methods (for example, such as risk-based approach [3], method of analyzing the Saaty hierarchies [4]), it is feasible to use the payback time of investments, the principles of calculation of which are substantiated in this paper.

References

1. EURAMET 2020 Strategy Version 1.1 (05/2015), https://www/euramet.org/index.php?id=documents.
2. Strategic Research Agenda for Metrology in Europe Version 1.0 (03/2016), https://www.euramet.org/research-innovation/sra-survey/
3. A.M. Dowell, and D.C. Hendershot, Simplzjied Risk Analysis – Layer of Protection Analysis (LOPA), AIChE 2002 National Meeting (2002)

4. L. Saaty Thomas, "Fundamentals of the Analytic Hierarchy Process", RWS Publications, 4922 Ellsworth Avenue, Pittsburgh, Pa. 15413 (2000).
5. Summary of NIST Laboratory Economic Impact Studies, http://www.nist.gov/director/planning/summary-studies.cfm
6. G. Williams, "The assessment of the economic role of measurement and testing in modern society," European Measurement Project Report, July 2002, http://www.bis.gov.uk/assets/bispartners/nmo/docs/nms/economics_of_measurements_july2002.pdf
7. A. V. Prokopov, L. N. Krasokha, Yu. A. Yegorov, "Method for evaluation of the economic feasibility of investments in metrological activity", Newsletter of Engineering Academy of Ukraine, No.**3-4**, 264—267, (2008), in Russian.
8. L. M. Krasokha, O. V. Prokopov, "Evaluation of the economic feasibility of creation the national measurement standards taking into account inflation factors", Ukrainian Metrological Journal, No.**1**, 8-11, (2008), in Ukrainian.
9. P. I. Neyezhmakov, A. V. Prokopov, "Evaluating the Economic Feasibility of Creating National Primary Standards", Measurement Techniques, vol. **57**, Issue 4, 373-377, (2014).
10. Pavel Neyezhmakov, Alexander Prokopov "Estimation of economic feasibility of development of national measurement standards", Proceedings of 17th International Congress of Metrology, September 21 – 24, 2015, Paris, France, 190010 (2015) available at http://dx.doi.org/10.1051/metrology/20150019001

Smart Metrology: From the metrology of instrumentation to the metrology of decisions

Jean-Michel POU[1*], *Laurent* LEBLOND[2]
[1] Deltamu, 48 Rue de Sarliève, 63800 Cournon d'Auvergne, jmpou@deltamu.com
[2] PSA Group, C.T. de Vélizy A, 2, route de Gisy, 78943 Vélizy-Villacoublay Cedex, laurent.leblond1@mpsa.com,

Abstract. Metrology is of much greater importance to the industrial world than may at first appear. Quality certification has often reduced industrial metrology to the model used in legal metrology, a model that is inappropriate to it. At the dawn of a new era, it is important to reposition the mission given to metrology and allow it to take its rightful place at the heart of the revolution of industrial practices ahead of us. This paper summarizes the new expectations that the company metrologist is likely to face. These are developed in greater detail in the book *Smart Metrology - From the metrology of instrumentation to the metrology of decisions* (" Smart Metrology: De la métrologie des instruments à la métrologie des décisions") published by AFNOR in 2016.

1. Introduction

Mathematician Didier Nordon considers metrology to be a bridge between geometry (the science of shapes) and algebra (the science of numbers) [1]. This bridge gives a quantity (value) for the different measurable entities: the length of a part, the concentration of an active substance in a solution, the energetic efficiency of a building, etc.

This quantification, a process that is now universal thanks to the International Units system, involves a chain of decisions that starts with the definition of requirements (tolerances) and ends with the declaration of conformity once the intervening processes have all been successfully performed. This chain manipulates numbers that express the capability of entities to fulfil their purpose, whether it be the ability of a medication to heal or of a mechanical part to fit into the assembly it has been designed for. This is true for all entity types and all prescribed uses…

In a perfect world, everything is 'algebraic'. For the entity to be considered compliant, it is sufficient that the value representing magnitude (in the sense of VIM3 [2], definition 1.1) fits within the tolerance range used to define the requirement. All that needs to be done is to test whether the value achieved is higher (>) than a minimum value and/or lower (<) than a maximum value.

However, in reality, the result of a measurement (or measurement process) cannot be reduced to a single number. In defining 2.9, VIM3 [2] specifies that a measurement result consists of *' all the values attributed to a measurand, together with all other relevant information available'*.

Therefore, we do not have a single value to deal with, but a number of possible values, some of which may be compliant while others are not. This inability to know the precise value attaching to the entity causes doubt concerning its compliance, and consequently creates a risk when a decision is taken, and this is true at every level of the chain referred to above.

The job of Smart Metrology, some of the principles of which are presented in this paper, is to evaluate the risks and find a balance based on the *'strictly necessary'*. So much more than a simple 'objective', the 'strictly necessary' has become primordial, and Antoine de Saint-Exupéry gave a very clear explanation of why: *'We do not inherit the earth from our parents, we borrow it from our children.'*

The time to be *'Smart'* is right now, and it is up to metrology to ensure its place at the heart of the Smart movement.

2 Risk, what still?

The notion of risk has an ever greater place in our lives, as well as in industry. The concept 'Customer risk' and 'Supplier risk' is often heard. And from this concept, of course, comes the principle of risk-sharing. Yet, this terminology is in fact somewhat deceptive.

It is measurement uncertainty, engendered by the imperfection of all the factors constituting a measurement result, that creates the risk. Since no measurement is exact, the reality is either higher or lower than the declared value. At the butcher's, it's easy enough to understand the principle of risk-sharing. Either a joint of meat is truly heavier than indicated by the

* Corresponding author: jmpou@deltamu.com

scales (an error in favour of the customer and detrimental to the butcher), or it is smaller (and so it is the butcher who gains). In that world, the world of legal metrology (in other words the metrology of commercial transaction), risk-sharing is key to the whole strategy. Legal metrology, which has been State controlled for nearly 200 years, is about guaranteeing fair trade, by ensuring that the risks are the same for everybody, the butcher and the customer, in Paris as in Marseille.

In the industrial world, however, we are faced with a different issue. The example of a medical laboratory test result clearly illustrates the difference. Let us imagine the situation where a patient is actually ill (or 'non-compliant' to use the generalized term) but whose laboratory test reading gives a 'compliant' result (i.e. 'not ill'). This is a classic case of Customer risk (i.e. of a non-compliant entity mistakenly judged compliant) and it is easy to see that it is the patient here who, failing to receive the treatment that could improve his or her medical condition, suffers a potentially fatal prejudice. In the opposite case, the Supplier risk (i.e. compliant entity mistakenly judged non-compliant), the healthy patient is declared unwell and wrongly endures unnecessary treatment. If the treatment happens to be a three-month of cycle of chemotherapy, it's easy to see that the risk has nothing to do with the 'Supplier' (in this instance the laboratory that made the measurement) but that, quite the opposite, here too it is endured by the patient.

And so it is in every case. Bad decisions of the 'Supplier risk' type, when it comes down to it, are always detrimental to the customer. When mechanical parts are wrongly retouched or a batch of vaccines is mistakenly destroyed, it is the end customer who will pay in the price of compliant goods. Every company makes sure its decision errors are paid for by the customer one way or another, otherwise the company would not survive...

In 2012 JCGM-WG1published the JCGM 106 document, which that same year became the ISO 98-4 Guide [3], and was translated and published in French in 2013. This standard explains that risks, both Customer and Supplier, are not only due to measurement uncertainties. In order for a Customer risk to exist, there have to be entities that are in reality non-compliant. Whatever the measurement uncertainty, if no entities are non-compliant the Customer risk is zero. On the other hand, the Supplier risk is not zero, because there is always a possibility, due to measurement uncertainty, of measuring entities as non-compliant that are in fact compliant. Therefore, to calculate a risk one needs to know the properties of the entity to be measured as well as the measurement uncertainties. This knowledge is called 'a priori knowledge'. And a priori knowledge is one of the keys to Smart Metrology. Smart Metrologists make a point of cultivating this knowledge, and this is something that differentiates them from their more traditional counterparts.

Without going into mathematical demonstrations that are outside the scope of this paper, it is nonetheless important to understand that the pattern of risks (Customer and Supplier) is not symetrical. In other words, while there might be a 1% gain on the Customer risk side, there could, depending on the specifics of the case, be a loss of several percent, even tens of percent, on the Supplier risk side. Since, as we have already seen, both types of risk are in the end borne by the customer, one obviously wonders about the sense of trying to put the gains on one side to the detriment of the other, knowing what the consequences will be.

Efficiency, which can be defined as effectiveness at the right price, is therefore to be found in the fine balance between 'Customer risk' and 'Supplier risk' that must be sought whatever the field. The job of Smart Metrology is to achieve this effectiveness through methods specific to it, although its mission does not end there. As measurement is at the very core of industrial decision making, from defining requirements to the declaration of conformity, Smart Metrology must clearly be present at every level within the company. The strictest need, the most efficient setting, the right decision, these are also the very core of Smart Metrology.

3 The current 'worst case' world...

Legal metrology, which for 200 years has been guaranteeing risk-sharing, has also inspired certain practices in industry. In a specific field (that of commercial transaction), where it was necessary to eliminate doubt[a], legal metrology has done such a good job that we have wholeheartedly adopted the (false) idea that measurements are accurate. Since early childhood, in fact, every measurement result has been presented to us in the form of a single value and this daily repetition of *a measurement expresses a unique value* has led us to think, very often unconsciously, that the value expressed does truly represent *without any degree of doubt* reality.

Industry, which has come into being more recently than trade, has therefore grown up thinking that measurements are accurate - an erroneous belief that has nevertheless not stood in the way of its success. We produce cars, aeroplanes, processed foods, vaccines, medical laboratory tests and all that surrounds us, believing that measurements are accurate. The NF EN ISO 14253-1 standard [15] demonstrates at least in part what has happened.

[a] On the eve of the Revolution, the French were demanding, 'One king,one law, one weight and one measure' to remove the element of suspicion from trade.

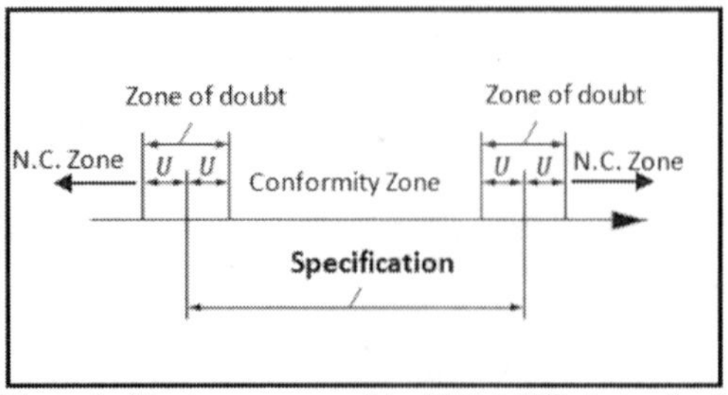

Figure1: Strategy proposed by ISO 14253-1 standard to take account of uncertainty

Measured Value

In the Conformity Zone: Entity accepted

In zone of doubt: Improve the measurement process

In Non Conformity Zone (N.C. Zone): Entity refused

Figure 2: Decision to take for each measurement zone

By comparing the recommendations of 'apparent common sense' to the reality of industrial practices, it is easier to understand all the unexplored potential of metrology.

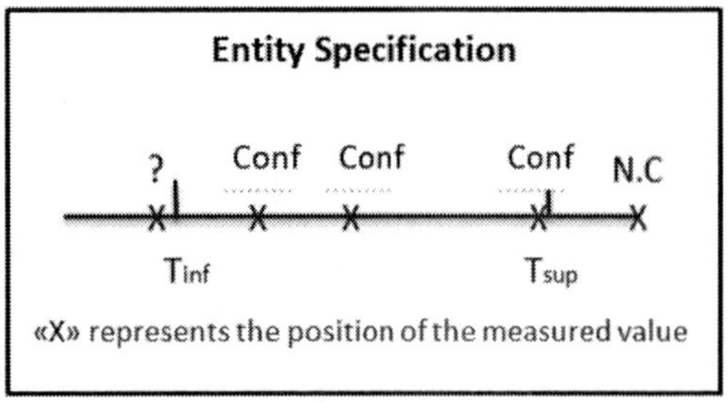

Figure 3: Industrial practice

Our belief in the accuracy of measured values has led to specifications with the 'conformity zone' characteristic of the standard. A 'margin of safety' has been included between the real requirement (the specification) and the requirement expressed (tolerance 'on paper') … to be on the safe side! But reducing the tolerance has two very costly consequences:

1. Overly stringent production methods compared with actual requirement as defined.
2. Massively increased Supplier risk (wrongly declaring non-compliant entities that actually are compliant) prejudicial to the interests of the customer.

Some might be reassured by the 'excess quality' as per the adage *'he who can do more can do less'*. But this argument is misrepresentative because asking for too much means consuming and costing too much, and this, ultimately, constitutes a deficiency on the Quality scale! The customer expects the operation at the proper price - that is the ultimate objective that every company should be aiming for. The Smart Metrologist, being a key component in efficient decision making, is de facto one of the mainstays of this ambition.

4 From worst-case metrology to Smart Metrology

Among the 'metrology' practices common in companies, especially those adopted in the wake of Quality guidelines such as ISO 9000, can be found costly practices that often serve no useful purpose despite their surface efficiency. We are going to examine three major issues encountered by metrology in order to demonstrate why they do not serve the real needs of the company and to show how Smart Metrology can offer different and far more efficient solutions.

4.1: Monitoring versus Calibration

One of the pillars of legal metrology is the periodic verification of the instrumentation upon which commercial transactions are based. From a legal point of view, anyone owning such equipment must, under pain of legal action, keep up to date a metrological logbook for each device. This logbook details the results of the periodic verifications prescribed by law.

The real risk, for the owner of this equipment, is not that the device fails a conformity check when the time comes, but that it is not checked before the due-date as per the relevant section of law. In this world, there are no impact studies to reveal whether or not the non-conformity has consequences for the customer. A little more, a little less, who cares! The only consideration at stake being 'equity' in the face of possible error, the only obligation is to meet the scheduled date.

In the industrial world, on the other hand, a non-conformity that becomes apparent at the moment of verification means all the possible consequences for previous production must be assessed. In this situation, corrective action could go as far as arranging the return of all entities subject to doubt, especially if the risk of the non-conformity might have serious consequences for the end customer.

Because the purposes of legal metrology and industrial metrology are so different, it stands to reason that their respective solutions should also be different. Metrological verification (a decision taken), which follows a calibration (revealing any deviation), validates only what has been. If the device is declared to be compliant, one may feel justified in saying *"Phew"*, but only with regard to the past: nothing can be definitely affirmed as regards either the present or - indeed, even less so - the future. And yet, in industry, decisions are taken daily and the only way to be sure of their validity is if conformity is a daily fact, not merely a finding in a year or two, as is the case with period calibration/verification.

Smart Metrologists are perfectly aware of the need to meet expectations on a daily basis and do not hide behind practices that fall short of this. They aim to guarantee the conformity of instrumentation each and every day and, when wholly successful, only send equipment for calibration if in doubt about its health. In this they contrast with traditional metrologists, who often measure their performance by looking at the amount of equipment returning from verification 'compliant' (which only goes to show how pointless it was to send it off in the first place): Smart Metrologists work to completely opposite indicators. Their idea is to ensure the conformity of equipment at each instant and to send it off for calibration only when in doubt. If this doubt is justified (there is something wrong with the device and it needs to be repaired or rejected) and furthermore the company is not subject to customer or supplier claims resulting from the measurements undertaken, then the metrologist can justifiably assert the effectiveness of his or her power of detection. Consequently, only the strict minimum needs to be done in terms of periodic calibration, etc. In this case, the principle of 'conditional periodicity' comes into play: *I only calibrate when in doubt*!

In this context, it is not a matter of blindly calibrating/verifying, but being sure of the ability to detect an anomaly by some means or other. One of these is very simply to make colleagues aware of the fact that when a device receives a shock it should be brought in for inspection. What could be a simpler means of overseeing the equipment than insisting that a device found on the ground (bearing in mind that it cannot jump back up to the workbench by itself !) must be sent for checking...? No need for complicated maths or laborious statistics – just straightforward common-sense.

Sometimes, monitoring methods can be quite complicated, and may even need to be formally recorded with a view to detecting and therefore arresting a drift. Here, Smart Metrology can make use of existing literature on the subject [4][5].

Even if documentation exists to define periodicity [6][7][8], none of it pretends to have the answer when it comes to predicting the date of an incident. Only consistent monitoring makes it possible to satisfy the ongoing need in industry for sound decisions based on measurement results. For this reason, Smart Metrologists do not concentrate their efforts on following a more or less arbitrary schedule for calibration/verification. Their priority is having the means to detect an anomaly when it occurs and to ensure this detection ability is effectual on a daily basis. Risk management, the fact of seeing or not seeing an anomaly, is therefore at the heart of each day's activity.

4.2: The 'famous' MPE

The question of MPE (Maximum Permissible Error) is a recurring one in the field of metrology. By contrast with legal metrology, which knows in advance the regulatory uses of instrumentation, industrial metrology needs to be able to assess measurement uncertainties in order to ascertain its needs in terms of the metrological performance of a device. A great many metrologists would no doubt love to find an immutable value for this maximum error in some standard or other... Sadly for them, only the metrologists in question can possibly know what it should be! Every measurement process (Figure 4) is unique and the impact of the very measuring device itself on the quality of the final result (the measurement uncertainty) inescapably different. Let us remember also that the statistics required to estimate measurement uncertainties are not so complex as to exclude all but the confirmed mathematician from understanding and using them.

Put simply, it is a matter of realizing that the variants (standard deviation squared) are added when dealing with independent random error and that the averages are added algebraically when dealing with errors of the systematic type. Plus the fact that measurement errors are often a combination of these two types of error...

It is easy enough to see that the concept of MPE, borrowed from and effectual in legal metrology, does not make much sense in the industrial world. If the instrument error is of the random type, we need to know the variance, and the type of mathematical 'gymnastics' frequently used to get from MPE to variance can be somewhat questionable. If the error is of the 'systematic' type, we need to know this to correct it, or to add it linearly to the uncertainty produced by random effects.

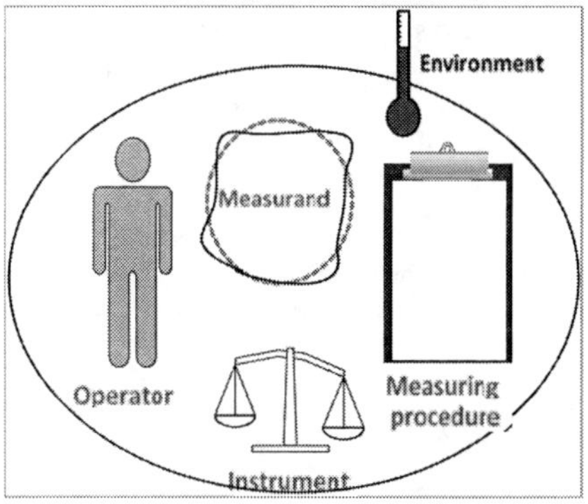

Figure 4: Synoptic of a measurement process

Moreover, claiming to have found a maximum error by evaluating the device against just a few measurement points (from three to ten, rarely more) is also pure nonsense. VIM3[2] suggests a new definition of calibration that will make it possible, once it has become widespread, to answer the question of 'systematic/random' and of the number of calibration points. The French College of Metrology Collège (CFM: *Français de Métrologie*) has published a guide [9] that deals with this question. It also provides free downloadable software for metrologists at its site, M-CARE, with which all the necessary calculations can be done.

Only the company metrologist can be in control of the measurement processes upon which the company relies... Thinking that a standard written by others can satisfy specific in-house requirements without adaptation can be a costly mistake, whether the error be towards 'excess quality' (the norm prescribes stricter MPEs than are needed) or that of sub-quality (the standard prescribes less strict MPEs than the actual need).

It is of course possible to define MPE, differentiating if necessary between random and systematic effects, for instruments of the same type used interchangeably within the company. In this case, verification serves to ensure that the performance of each device does not deteriorate and that each can continue to be used in the same way as any other without negative consequences for the company. But whatever the particulars of the situation, assessment of the overall uncertainty taking into account all the factors involved (measurand, operators, environment, device, propagation, etc.) is necessary for efficient decision making to be possible. For this reason, standards that deal with the assessment of measurement uncertainties [10][11][12][13] are indispensable tools in Smart Metrology.

To conclude on the subject of MPEs, it is worth remembering that the NF EN ISO 14978 standard [14] states: *'Standards for specific measuring equipment, with the exception of a few examples (i.e.ISO 1938 and ISO 3650), shall not include any numerical values for MPEs and MPLs but shall include empty tables for MPE or MPL values as a guidance for the user of the standard'.* The standard is therefore quite explicit about the fact that it is up to users to define the metrological performance of their instrumentation, and not the standard...

4.3: Capability

The question of taking into account measurement uncertainties when declaring conformity is another recurring issue in industrial metrology. We saw above how the NF EN ISO 14253-1 standard [15] suggests dealing with uncertainty and we saw that tolerances as they stand are typically 'conformity zones': once again, therefore, it is not a solution to remove all uncertainty at the risk of losing 'room for manoeuvre'!

In the domain of SPC 'Statistical Process Control), the question of the capability of a manufacturing procedure to produce entities in accordance with required tolerances is analysed from a statistical point of view. This is an approach to mass production, where measuring each entity would be impossible (not to say prohibitively costly). It is worth remembering that MSP uses averages and manufacturing dispersion as a means of establishing the aptitude to produce compliant articles via contractual objectives and calculated indicators, and a proportion of non-conformity is accepted. SPC therefore has two problems to deal with, namely the effects of sampling and measurement uncertainties. For the latter, it suggests that measurement reliability can be achieved via the concept of the 'suitability of the measurement process", also known as 'capability'. In this context, the objective is clear: the measurement errors have to be negligible in view of the dispersive nature of the procedure in question. This characteristic of measurement error can therefore by summarized as the ratio of measurement uncertainty to dispersion. It is written thus:

$$\frac{u}{6 \times s} \leq C \quad (1)$$

In other words, if the dispersion of the procedure is appropriate to the required tolerance, the standard uncertainty of the measurement process of the samples must remain below 10% of the required tolerance.

The value to choose for C is, however problematic, because the very real underlying risk is of making a wrong decision (Customer risk or Supplier risk) and the ISO standard GUIDE 98-4 [3] tells us that this simple coefficient is not enough... Once again, a universal magic number for C would suit a good number of metrologists, but there is no point pretending, there can be no such thing, since it depends on:

- The Customer and Supplier risk-sharing established between the relevant parties
- Characteristics of the production procedures.

The Smart Metrologist's approach to the problem is to try to balance the risks, since both will be suffered by the customer. The ISO standard GUIDE 98-4[3] explores a system of 'guardbands', i.e. a strategy of 'revising' the tolerance expressed. The standard explains how this revision can be driven by the aim of achieving a given Customer risk, despite a non-negligible uncertainty. The authors advocate (*cf.* [17]) recognizing the fact that, since both risks are detrimental to the customer, the guardbands need to be driven by optimization of the weighted sum of risks. Defined in this way, the decision limits (the new tolerance after application of guardbands) are set in a rational and documented way, with understanding of the reality at stake. Once again, Smart Metrology demonstrates its interest in facilitating effective decision control.

5 Smart Metrology and Big Data

The start of the 21st century saw the birth of a new industrial revolution, the digital revolution. The majority of experts agree that this revolution is inexorable, and probably positive, at any rate for the economic world. This new technological innovation consists in the capacity to store data from diverse sources (notably via smart objects) in volumes never previously achieved and to utilize it by means of ever greater computing capabilities via Artificial Intelligence techniques (A.I).

From a world poorly-supplied with information, where industry, when making decisions, had to make do with little data (and not always as reliable as hoped), we are moving to a very different situation where the concern is *'How to make use of the masses of information available?'*. This changing world demands a correspondingly different mode of thought in order to produce the best results. The 'worst case' style of thought is very expensive, as we have seen, as much from an economic point of view as from that of sustainable development. Now that industry has so much information and a better understanding of the world, it can optimize its practices and move towards the 'strict minimum'. Risk management is a useful tool that should be used to achieve this very necessary improvement. Is it not said, moreover, that opportunity is the positive side of risk?

In this new environment known as 'Big Data', which extends from the collection of data to the I.A. algorithms, the pioneers (notably G.A.F.A) soon realized that veracity of data was the most essential criterion to make sure of. And that is indisputably the role of metrology: guaranteeing the reliability of measured data. No longer lost in isolated questions about MPEs and periodicity, the Smart Metrologist must be the guarantor for the company of reliable data production, **every single day**.

Guaranteeing day-to-day reliability means being able to detect an anomaly the moment it arises; being armed against the slow, perhaps barely visible, drift of a measuring device; but, perhaps above all, it means being in control of each of the factors that affect the measurement process. This process involves, notably, the operator. The operator, in fact, is one of the 'key' factors of the measurement process, because the operator is the most likely person, perhaps the only one in a position to detect an anomaly. The fact of finding a device on the floor, as in the example given above, should lead to immediate action that only the user can instigate. Increasing the awareness of operators should not be limited to mishaps or abnormal utilization of a device, but should extend to 'a priori knowledge', the importance of which we explained above. Developing the capacity of the operator to single-handedly detect an anomaly is the only true guarantee of the reliability of data. A dubious value (i.e. noticeably different from what the operator expects) should lead to an action, for example cross-measurement with another device, or by another operator.

Improving understanding of the entity measured by being able to make use of a priori knowledge is also one of the objectives of the Smart Metrologist. Without going into mathematical details, the metrologist must always remember that the measured value is the algebraic sum of the true value sought and of the measurement error produced at time of measurement. For this reason, the measured value can be expressed by an almost infinite number of combinations $V_{Real} + V_{measured}$. By knowing the probability of one true value or another (a priori knowledge) and the probability of one measurement error or another (knowledge of the measurement uncertainty), it becomes possible to calculate the probability of each of the possible combinations (which is simply the product of the probabilities V_{Real} ; $V_{measured}$). Once this calculation has been made, it is a matter of looking for the most probable combination in order to give as 'true' value the most likely value, bearing in mind that which was actually measured. This is the application by Smart Metrology of what statisticians call Bayesian inference [18].

6 And to conclude: the role of the Smart Metrologist in industry

Despite thirty years of quality certification, metrology has not yet done justice to its potential. Having concentrated on practices that, as we have explained, do not further its real objectives, it has got by till now by meeting, as a minimum requirement, the expectations of the auditor. A historic opportunity is now open to it. Without reliable data, industry will not be able to benefit from the new technologies that are becoming available to it thanks to Big Data . By neglecting these new assets companies not only lose their competitive edge but, and perhaps more importantly, fail to restrict themselves to the 'strict minimum' required of humanity at this critical time in history, in order to ensure the preservation of resources.

Smart Metrologists need to get out of the office and think about whether or not expectations are truly being met, not just those of the auditors, but those of their entire ecosystem. Efficient decisions are at the heart of industrial performance and of sustainable development. Since, as we have already said, metrologists are the linchpins of this necessity, it is up to them to fulfil their role wholeheartedly.

And so, their place is not in front of a computer where they programme, execute, and congratulate themselves on meeting often arbitrary dates and MPEs. They should be where the machines are, there where measurements are produced, to ensure that these really are representative of the reality they are intended to describe. Their role is to control all the factors that contribute to producing a measurement. From the theoretical method to the operator, from environmental conditions to the intrinsic quality of the measurand to be quantified, the metrologist must make sure that everything is under control, and realize that a simple green label stuck to a device, even if it does serve a purpose, is not enough .

References

1. D. Nordon, *Smart Metrology* (Conférence Youtube https://www.youtube.com/watch?v=yZUTQnSCzss , 2016)
2. ISO/CEI GUIDE 99,*International vocabulary of metrology -- Basic and general concepts and associated terms* (VIM)
3. ISO/CEI GUIDE 98-4,*Uncertainty of measurement -- Part 4: Role of measurement uncertainty in conformity assessment*
4. Collège Français de Métrologie, *Surveillance des processus de mesure*
5. AFNOR BiVi : Métrologie
   - *MTL-I-10-81 Les comparaisons inter-instruments : principes et mise en œuvre, Jean-Michel Pou*
   - *MTL-I-10-82 Comparaisons inter-instruments : exemples industriels, Pierre Barbier, Jean-Michel Pou*
6. FD X07-014, *Métrologie - Optimisation des intervalles de confirmation métrologique des équipements de mesure*
7. NCSL International, *RP-1:Establishment and Adjustment of Calibration Intervals* ,
8. ILAC-G24 / OIML D 10 : *Guidelines for the determination of calibration intervals of measuring instruments*
9. Collège Français de Métrologie,*Application du nouveau concept d'étalonnage du VIM 3*
10. ISO/CEI GUIDE 98-3,*Uncertainty of measurement -- Part 3: Guide to the expression of uncertainty in measurement (GUM:1995)*
11. ISO/CEI GUIDE 98-3/S1, *Uncertainty of measurement Part 3: Guide to the expression of uncertainty in measurement (GUM:1995) Supplement 1: Propagation of distributions using a Monte Carlo method*
12. NF ISO 5725-2, *Accuracy (trueness and precision) of measurement methods and results -- Part 2: Basic method for the determination of repeatability and reproducibility of a standard measurement method*
13. FD X07-023, *Évaluation de l'incertitude de mesure par la méthode Monte Carlo - Principes et mise en oeuvre du supplément 1 au GUM*
14. ISO 14978, *Geometrical product specifications (GPS) — General concepts and requirements for GPS measuring equipment*
15. ISO 14253-1, *Geometrical product specifications (GPS) -- Inspection by measurement of workpieces and measuring equipment -- Part 1: Decision rules for proving conformity or nonconformity with specifications*
16. AIAG, *MSA : Measurement systems analysis* (Automotive Industry Action Group)
17. LEBLOND L. POU J-M,*Control of customer and supplier risks by the guardband method,* (International Journal of Metrology and Quality Engineering, Vol 6, N°2, 205, 2015)
18. POU J-M,*Bayes, or an exciting way to (re)consider measurements. (Bayes, ou une façon si enthousiasmante de (re)considérer les mesures...),* (http://www.smart-metrology.com/blog/2015/05/bayes-ou-une-facon-si-enthousiasmante-de-reconsiderer-les-mesures/)

Metrology in the National Agricultural Technology Institute (INTA)

Gomez, Mario [1] – Kremer, Raul - Slepetis, Cristina

[1] Laboratory of Proficiency Tests, Standards and Metrology - Process and Quality Management - INTA
Av. Chile 460, Buenos Aires City, Argentina

Key Words: calibration, research, government agency, measurement

INTRODUCTION

The National Institute of Agricultural Technology (INTA) is an Argentinean state agency. It was created in 1956 in order to "promote and strength the development of agricultural research and extension, accelerating the benefits of these basic functions: the modernization and improvement of agrarian company and rural life." The main aim of INTA is to contribute to the competitiveness of the agricultural, forestry and agro-industrial sector throughout the country, in a context of environmental and social sustainability. In the Institutional Strategic Plan 2005-2015 and 2015-2025 it has adopted the international models of ISO Standards to establish its Quality Management Systems (QMS), allowing it to demonstrate a commitment to quality and excellence in the services provided. When an organization works under determined QMS -ISO 17025- must demonstrate proficiency to produce technically valid results. Consequently, all equipment that has a significant effect on the accuracy or validity of the results: must be calibrated before use and must be periodically reviewed or maintained. These operations have a high degree of outsourcing, with significant costs and logistical problems. To solve these problems, an area of Metrology was established in INTA. This area contributes to the compliance in the measurement processes in laboratories.

DEVELOPMENT

The objectives of the metrology area are:

- Promote internal control of equipment and instruments.
- Increase awareness of the importance of accurate measurements and their impact on results.
- Training of personnel to carry out calibrations in their own laboratory or in the laboratory of Metrology.
- Optimize government resources.

To achieve these objectives, the Metrology area carries out the following activities:

- Development of calibration programs
- Training of personnel in Metrology and calibration software.
- Acquisition of equipment and standards traceable to national and international standards.
- Creation of the Proficiency Testing, Standards and Metrology Laboratory (LEAPMI).
- Implementation of a Quality Management System based on ISO 17025 in the LEAPMI and accreditation with the Argentine Accreditation Body.

Article available at http://cfmetrologie.edpsciences.org or https://doi.org/10.1051/metrology/201701008

MATERIALS AND METHODS

In the development of the area of Metrology, the information obtained during the study period of the following subjects was compiled:

- Procedures for the development of calibration software and its validation.
- Training in metrology and calibration
- Technical capacity of personnel responsible for calibration
- Acquisition, maintenance and calibration of standard equipment, traceable nationally and internationally.
- Calibrations performed at home
- Experts enabled by magnitude
- Process of implementation and accreditation of metrology laboratories
- Impact on saving monetary resources of INTA

An analysis of this information was made and presented in a schematic way according to the objectives of the area. The degree of compliance with the objectives was evaluated.

RESULTS AND DISCUSSION

A) Development of calibration programs

The design of the calibration software that allows calibrating in a few minutes without the need of making any staff calculation was design. The software was designed in Excel and was based on internationally accepted calibration procedures .Chronologically the development of the software was:

- ***2005: balance calibration software (HE-CB)***
- ***2009: volumetric calibration software (HE-CV)***
- ***2011: thermometers calibration software (HE-CT)***
- ***2015: weights calibration software (HE-CP)***

B) Training of personnel in Metrology and calibration software.

In the period 2005-2016, the area performed 17 courses. Table 1 presents a summary of the courses, broken down by methodology (distance or classroom) and metrological magnitude. 51% of the training was given in one classroom and the remaining 49% as a distance learning course. In the period, 348 were formed in metrology.

DOI: 10.1051/metrology/201701008

Table 1. Number of courses organized by the Metrology area and number of trained persons by subject in the period 2005-2016

Ref	Number of persons	Mode		Magnitude		
		Classroom	Virtual	Mass (balances)	Volume	Temperature
Imyza 2005	26	*		*		
PROCADIS 1	45		*	*		
PROCADIS 2	19		*	*		
PROCADIS 3	29		*	*		
CA1105	19	*		*	*	
CA1111	15	*		*	*	
CA1211	14	*		*	*	
CA1222	19	*				*
CA1312	20	*		*	*	*
CA1318	27	*		*	*	
CA1403	9		*	*		
CA1404	16		*	*	*	*
CA1405	16	*				
CA1501	15	*		*	*	*
CA1503	22		*	*	*	*
CA1505	28	*		*	*	
CA1602	9		*		*	
TOTAL	**348**	**10**	**7**	**14**	**10**	**5**

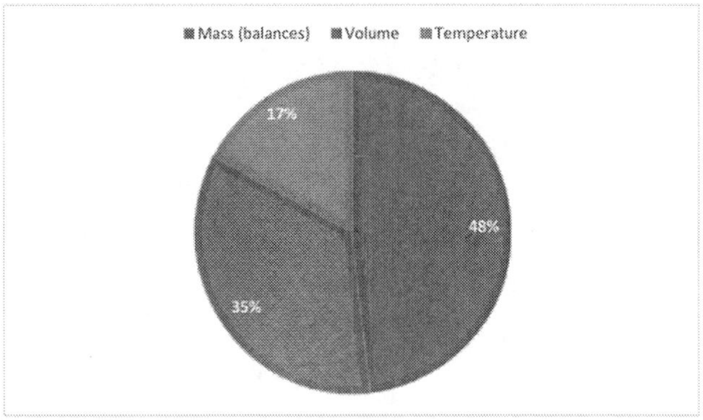

Fig. 1. Distribution of courses and calibration training for each magnitude in the period 2005 -2016

If we evaluate the effectiveness of formation and training done by measuring the amount of authorized agents during this period, we observe that nowadays we have an overall the 102 agents, 56 allowed to calibrated balances, 36 volumetric items and 10 thermometer (Fig.2).

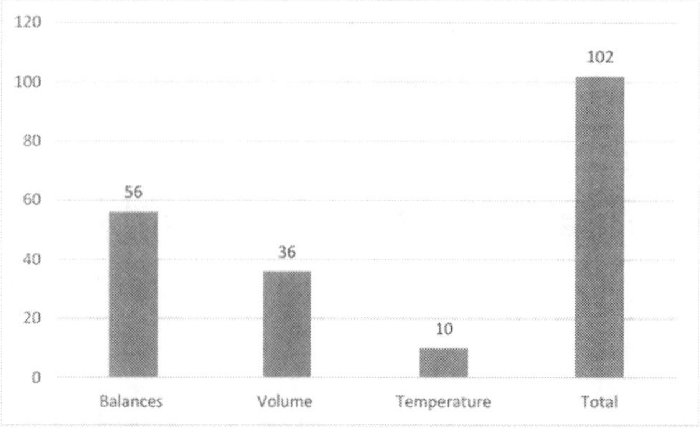

Fig. 2. Number of students rated as calibrator for each magnitude

C) Acquisition of equipment and standards traceable to national and international standards

In order to grant traceability to INTA, during the period from 2011 to 2015 the Metrology area acquired a series of standards and measuring equipment. All were identified univocally. Periodically and according to an annual calibration program, the standards and instruments are calibrated in calibration laboratories accredited with the best national measurement capacity or at the National Institute of Metrology (INTI).

In the case of balances and thermometers of less accuracy, they are calibrated by the Metrology laboratory itself.

Table 2 summarizes the list of equipment and measurement standards

Table 2: Equipment Master List Laboratory of Proficiency Tests, Standards and Metrology

Code	Denomination	Brand	Model	Serial Number	Certificate Number	Calibration Frequency (years)	Registration Date
GCAL-M01	Weights E2 Milligram (1 to 500 mg)	Doltz	No Model	AA7914	CM1506006	2	28/02/2011
GCAL-M02	Weights E2 Gram (1 to 1000 g) "	Doltz	No Model	AA7623	CM1506007	2	28/02/2011
GCAL-M03	Monitoring Equipment Humidity and Barometric Pressure Pattern	Vaisala	PTU 303	G2930002	55801/15	3	24/08/2011
GCAL-M04	Standard Electrochemical Measuring Equipment	Denver	250	E 25006323			14/09/2011
GCAL-M05	Reader - Portable Digital Thermometer	Fluke	1524	1706061	11221-150357	3	20/09/2011
GCAL-M06	Medium Temperature Reference Sensor (0 to 100 ° C)	Fluke	5610-9	B172700	639/15	3	20/09/2011
GCAL-M07	Low Temperature Reference Sensor (-200 to 160 ° C)	Fluke	5606	60403	640/15	3	20/09/2011
GCAL-M09	Dry Block Trasportable	Fluke	9171	B17541	638/15	3	20/09/2011
GCAL-M10	Multi-reader Portable	Fluke	Hydra 2625A	175601	1513-130423	4	20/09/2011
GCAL-M11	Precision balance	Sartorius	DS Cubis MSU 5203S-000-DU	26707568	B-19503-240816-01/02	1	15/01/2015
GCAL-M12	Multi Parametric instrument (air velocity, H%, T °, CO2, O2, pressure)	Testo	435A	02101871/106	55802/15 03-07-15-037	5	04/10/2011
GCAL-M13	Hot wire probe	Testo	0635 1025	102	11943	5	04/10/2011

GCAL-M14	Air quality probe	Testo	0632 1535	10240887/108	55802/15 03-07-15-037	5	04/10/2011
GCAL-M15	Thermocouple Type "J"	Diamore	"J"	-	T-21066-030217-01 T-21066-060217-01	3	27/12/2011
GCAL-M16	Thermocouple Type "J"	Diamore	"J"	-	T-21066-030217-02 T-21066-060217-02	3	27/11/2011
GCAL-M17	Thermocouple Type "J"	Diamore	"J"	-	T-21066-030217-03 T-21066-060217-03	3	27/12/2011
GCAL-M18	Thermocouple Type "J"	Diamore	"J"	-	T-21066-030217-04 T-21066-060217-04	3	27/11/2011
GCAL-M19	Thermocouple Type "J"	Diamore	"J"	-	T-21066-030217-05 T-21066-060217-05	3	27/12/2011
GCAL-M20	Thermocouple Type "J"	Diamore	"J"	-	T-21066-030217-06 T-21066-060217-06	3	27/11/2011
GCAL-M21	Thermocouple Type "J"	Diamore	"J"	-	T-21066-030217-07 T-21066-060217-07	3	27/12/2011
GCAL-M22	Thermocouple Type "J"	Diamore	"J"	-	T-21066-030217-08 T-21066-060217-08	3	27/11/2011
GCAL-M23	Thermocouple Type "J"	Diamore	"J"	-	T-21066-030217-09 T-21066-060217-09	3	27/12/2011
GCAL-M24	Thermocouple Type "J"	Diamore	"J"	-	T-21066-030217-10 T-21066-060217-10	3	27/11/2011
GCAL-M25	Weight E2 500 g	Doltz	No Model	AA9061	15199-p0912	5	01/03/2013
GCAL-M26	Weight E2 500 g	Doltz	No Model	AA9062	15200-p0912	5	01/03/2013
GCAL-M27	Weight E2 500 g	Doltz	No Model	AA9063	15201-p0912	5	01/03/2013
GCAL-M28	Weight E2 500 g	Doltz	No Model	AA9064	15202-p0912	5	01/03/2013
GCAL-M29	Weight E2 500 g	Doltz	No Model	AA9065	15202-p0912	5	01/03/2013
GCAL-M30	Weights E2 (1 a 500 mg) (1 g , 2 g)	Doltz	No Model	AA9058	15196-p0912	5	01/03/2013
GCAL-M31	Weight E2 1 mg	Doltz	No Model	AA9059	15197-p0712	5	01/03/2013
GCAL-M32	Weight E2 1 mg	Doltz	No Model	AA9060	15198-p0712	5	01/03/2013
GCAL-M33	E1 Weight Set	Doltz	No Model	AA9057	Verificación primitiva INTI	5	01/03/2013
GCAL-M38	Comparator Balance	Mettler Toledo	XP505	B340851793	B-19503-240816-03/04	1	01/03/2014
GCAL-M39	Liquid Glass Thermometer	LUFT	No Model	-	T-21066-300916-01	2	01/03/2014
GCAL-M40	Liquid Glass Thermometer	LUFT	No Model	-	T-21066-300916-02	2	01/03/2014

D) Creation of the Proficiency Testing, Standards and Metrology Laboratory (LEAPMI).

At the beginning of 2011 was created the Laboratory of Proficiency Tests, Standards and Metrology in Process Management and Quality. In the laboratory, the training of the calibrators in the different magnitudes is carried out. Currently the laboratory carries out calibrations of electronic balances, volumetric instruments, thermometers, weights, isothermal environment characterization and laminar flow and biosafety verification.

If we analyze the number of calibrations of electronic balances, volumetric instruments, thermometers and weights performed in the period 2011 to 2016 we observe in Fig.3 a significant increase in the number of calibrations performed in the last period. Este incremento se observó con mayor notoriedad desde el año 2014 a 2016. Siendo el año 2014 el que mostró un incremento del 130 % más de calibraciones, que el año 2013.

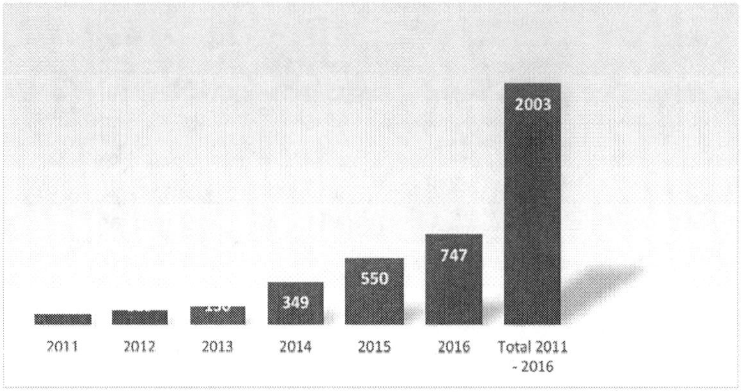

Fig. 3. Number of calibrations performed for years in the period 2011 -2016

The distribution of calibrations by magnitudes showed that 46% (926) of the calibrations were made to volumetric materials, 33% (662) to thermometers, 19% (370) to electronic balance and 2% (45) to weights (Fig. 4)

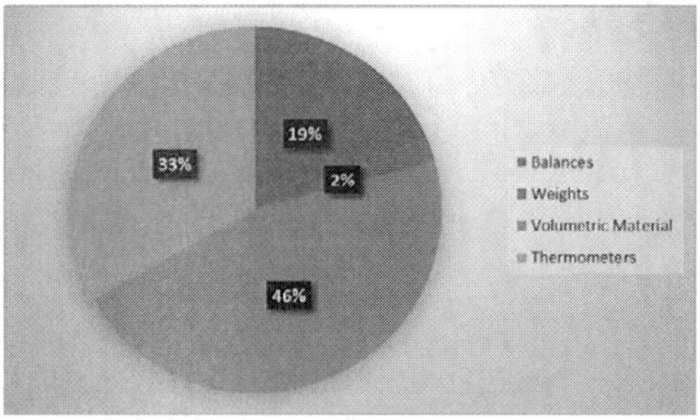

It was observed that the calibration distribution has been maintained during the period 2011-2016. Only in 2013 and 2014 did the number of calibrations of electronic balance reduced. The reason for this decline was that weights were not available because LEAPMI was in the process of being accredited and furthermore they were sent to recalibration according to the calibration program. (Fig. 5).

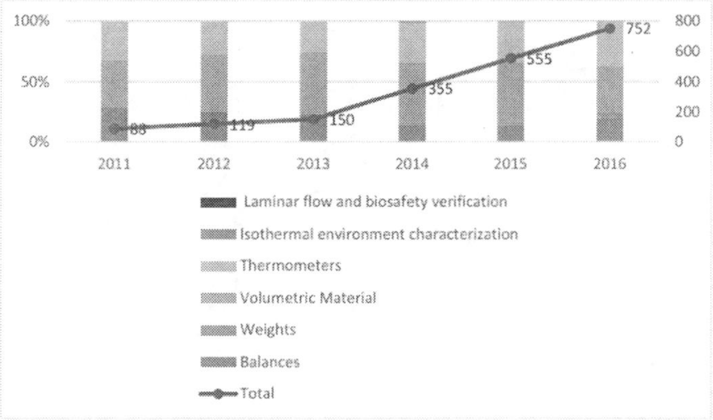

Finally, we analyze savings in performing internal calibrations rather than performing this service externally to INTA. For this analysis, an average cost of calibration services for different equipment and instruments was considered. From this analysis, it was found that during the period 2011-2016 INTA managed to optimize USD 214,313. Being the year 2016 the most significant with a saving of more than USD 85,000. This analysis showed that the calibrations of the electronic balances carry between 70 and 80% of the annual saving and this percentage has been maintained during the period 2011-2016. It was also observed that in the years 2014-2015 and 2016 the savings were increased by calibrations of volumetric material and thermometers. (Figs. 6 and 7).

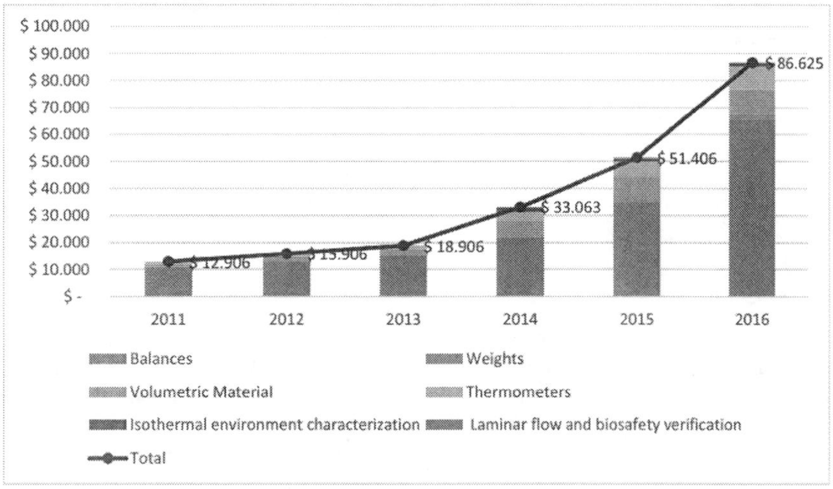

Fig. 6 Distribution of resource savings (in USD) by type of calibration in the period 2011-2016

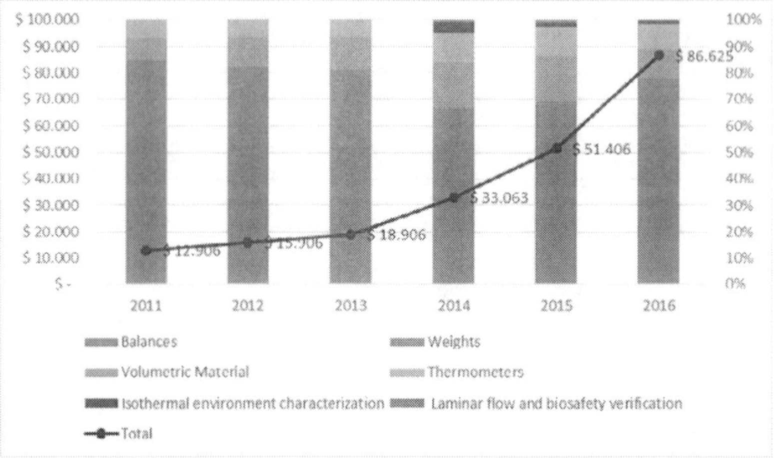

Fig. 7 Distribución del ahorro de recursos (en USD) y porcentaje de contribución de cada tipo de calibración en el periodo 2011-2016

Implementation of a Quality Management System based on ISO 17025 in the LEAPMI and accreditation with the Argentine Accreditation Body

The implementation of ISO / IEC 17025 in LEAPMI was carried out jointly and integrally with the existing quality management system ISO 9001: 2008 in the process and quality management. The implementation was simplified, as the management requirements expressed in ISO / IEC 17025 were largely solved with the ISO 9001 quality system already implemented.

To demonstrate the technical competence of the laboratory and to comply with the technical requirements of the standard, the laboratory performed controls on the factors determining the accuracy and reliability of the calibrations performed. These factors include elements from:

- of human factors
- of facilities and environmental conditions
- of the calibration methods, and of the validation of the methods
- of the equipment
- of the traceability of measurements
- of sampling
- of manipulation of calibration items

The degree to which the factors contribute to the overall uncertainty of the measurement differs considerably depending on the type of calibration. The laboratory took into account these factors in developing calibration methods and procedures, training and qualification of personnel, as well as in the selection and calibration of the equipment used, the manipulation of items and the control of environmental condition.

The implementation was carried out during 2011-2012, carrying out the first internal audit in December 2012. In November 2015 the application was submitted to the Argnentino Accreditation Body to accredit LEAPMI as a calibration laboratory. The scope requested was calibration of balances, volumetric material (automatic pipettes, flasks, pipettes and burettes), glass liquid thermometers and sensor - indicator thermometers.

Laboratory accreditation was achieved in May 2016 with the initially requested scope. (LC 041).

CONCLUSIONS

The inclusion of an area of Metrology in governmental institutions such as INTA is strategic. According to the results observed, it is clear that the objectives set by the metrological area have been met. As it has been demonstrated that with the training and qualification of the personnel it is possible to train competent personnel to carry out internal calibrations. This is accompanied by the development of calibration software that allows and facilitates a calibration only by performing simple tests and without having to perform complex calculations.

For all this operation it is necessary to have traceable and calibrated standards to be used in the calibrations. In addition to this system is understood and supported by a quality management system following the guidelines of ISO / IEC 17025. Accreditation is the demonstration that LEAPMI and its staff are technically competent to perform calibrations.

Finally, it has been demonstrated that a system proposed in these conditions (internal calibrations) generates an optimization of resources and increases confidence in the results generated by the institution.

REFERENCES

ISO 9000, Quality management systems — Fundamentals and vocabulary
ISO/IEC 17000, Conformity assessment — Vocabulary and general principles
ISO 9001:2008. Quality Management Systems. Requirements.
ISO/IEC 17025:2005. General requirements for the competence of testing and calibration laboratories
ISO/IEC Guide 99(JCGM 200:2012), International vocabulary of metrology — basic and general concepts and associated terms (VIM), issued by BIPM, IEC, IFCC, ILAC, ISO, IUPAC, IUPAP and OIML
INTA. 2004. PEI 2005-2015. El INTA que queremos. Plan Estratégico Institucional. 2005 – 2015.
Slepetis, C. 2011. Formación en Calidad. El Caso INTA. Comunicaciones. VI IBEROLAB.
QMS documentes. Gerencia de Procesos y Calidad. INTA.

Training in metrology in the National Agricultural Technology Institute (INTA)

Gomez, Mario [1] – Kremer, Raul - Slepetis, Cristina

[1] Laboratory of Proficiency Tests, Standards and Metrology - Process and Quality Management - INTA
Av. Chile 460, Buenos Aires City, Argentina

Key Words: calibration, training, government agency, measurement

INTRODUCTION

The National Institute of Agricultural Technology is a decentralized government agency with operational and financial autonomy, under the dependency of the Ministry of Agroindustry. Since its creation in 1956 INTA has researched and given technological innovation solutions for the value chains , regions and territories in order to improve the competitiveness and sustainable of rural development in Argentina. INTA has several agencies in each province of the country, with more 9000 employees.

INTA promotes the research, development and extension for giving solutions the growing demands of the agricultural sector. In its Institutional Strategic Plan 2005-2015 and 2015-2025 adopts international ISO standards models to establish its Quality Management System (QMS), demonstrating its commitment to improvement and pursuing the excellence in the services provided. INTA needs to ensure the results of measurements made by its laboratories, as well as the results of the teams involved in support research services. Thus, the laboratories of the institution must demonstrate that they generate reliable and valid results. Consequently, one of the requirements is that every equipment use that has a significant effect on the accuracy or validity of the results must be calibrated, verified and maintained regularly to have assurance in the results given.

However, until the creation of the metrological project, INTA didn´t have a systematic institutionalized calibration or verification procedure for critical laboratory and agencies equipment. Most of the staff wasn´t trained to perform these tasks neither to understand calibration documents or the impact of the results of calibration. This task was usually outsource with high costs and logistical problems (delay in service provision and eventually in its quality).

Given this scenario, in 2008 INTA began working in the first draft for the Measurement Management System (SGM) based on six pillars:

- Development of tools for calibration or calibration software
- Formation and staff training
- Acquisition, maintenance and calibration of reference equipment
- Development of INTA´s Central Metrology Laboratory
- Participation in national and international proficiency tests
- Implementation of a quality system based on ISO/IEC17025 to be evaluate by the Argentine Accreditation Body (OAA) in order to demonstrate technical competence

A great impetus to the creation of SGM was the approval of INTA -BID project "Investment in instrumental to calibrate and verify the Institutional critical equipment according to the International Units

System (SI) and Staff Training". This enabled the purchase of reference equipment and formation and staff training.

The aim of this work is to develop the main aspects of the formation and training of staff Metrology under the SGM project.

DEVELOPMENT

To achieve compliance with the objective of SGM two action plans were establish. First, the design of the calibration software that allows calibrating in a few minutes without the need of making any staff calculation was design. The software was designed in Excel and was based on internationally accepted calibration procedures (1). Chronologically the development of the software was:

- 2005: balance calibration software
- 2009: volumetric calibration software
- 2011: thermometers calibration software
- 2015: weights calibration software

The second action plan was the communication, formation and staff training in the basic aspects of metrology, in the use of the calibration software, in the interpretation of results and their impact on the respective measurement.

Once trained and after performing correctly a calibration, the person is accepted as an authorized calibration agent for that magnitude. The authorized calibration agents can perform calibrations or verifications in INTA´s agencies around the country.

MATERIALS AND METHODS

Since its creation, the SGM has registered and stored the information on formation and trainings offered. The information of the period 2005-2016 was grouped by type (classroom or virtual) and classified by topic or magnitude (2).

It also has been registered the number of authorized agents for each magnitude and the amount of calibrations performed during that period.

Since December 2012 the management of the courses are certified under ISO 9001 with IRAM.

RESULTS AND DISCUSSION

In the period 2005-2016, the SGM held 17 courses. In Table 1 the same are presented ordered by methodology and subject. 51 % of the trainings were given in a classroom and the remaining 49 % as a distance course. In the period, 348 were formed in the subject.

If we evaluate the effectiveness of formation and training done by measuring the amount of authorized agents during this period, we observe that nowadays we have an overall the 102 agents, 56 allowed to calibrated balances, 36 volumetric items and 10 thermometer (Fig.2).

If we analyze the number of calibrations performed in the period 2011 to 2016 we observe in Fig.3 a significant increase in the number of calibrations performed in the last period. In relation to the above, it has also increased the saving of government resources from $ 12,990 (dollars) in 2011 to $ 85,216 (dollars) in 2016. In the 2011-2016 period, 2003 in-house calibrations were carried out, representing a saving of INTA resources of $ 214,317 (dollars). (Fig. 4)

Table 1. Number of courses organized by the SGM and number of trained agents by subject in the period 2005-2016

Ref	Number of students	Mode		Magnitude		
		Classroom	Virtual	Mass (balances)	Volume	Temperature
Imyza 2005	26	*		*		
PROCADIS 1	45		*	*		
PROCADIS 2	19		*	*		
PROCADIS 3	29		*	*		
CA1105	19	*		*	*	
CA1111	15	*		*	*	
CA1211	14	*		*	*	
CA1222	19	*				*
CA1312	20	*		*	*	*
CA1318	27	*		*	*	
CA1403	9		*	*		
CA1404	16		*	*	*	*
CA1405	16	*				
CA1501	15	*		*	*	*
CA1503	22		*	*	*	*
CA1505	28	*		*	*	
CA1602	9		*		*	
TOTAL	**348**	**10**	**7**	**14**	**10**	**5**

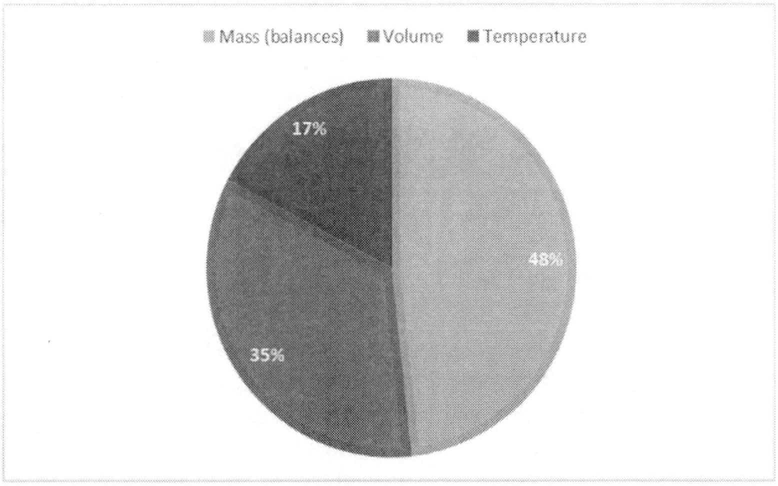

Fig. 1. Distribution of courses and calibration training for each magnitude in the period 2005 -2016

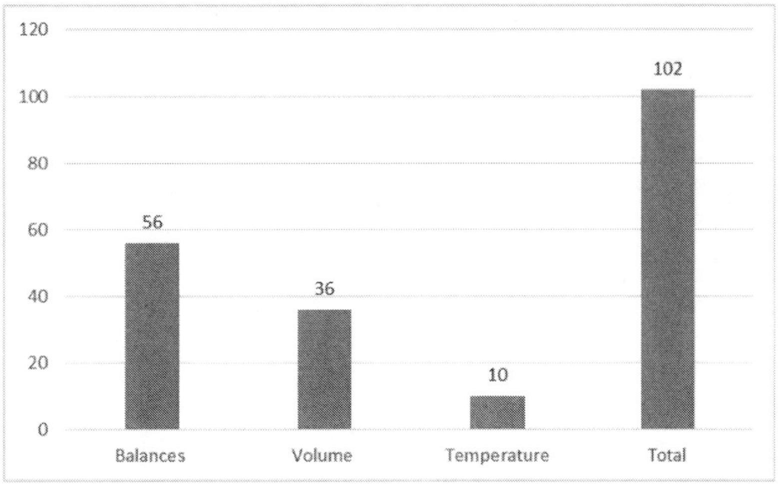

Fig. 2. Number of students rated as calibrator for each magnitude

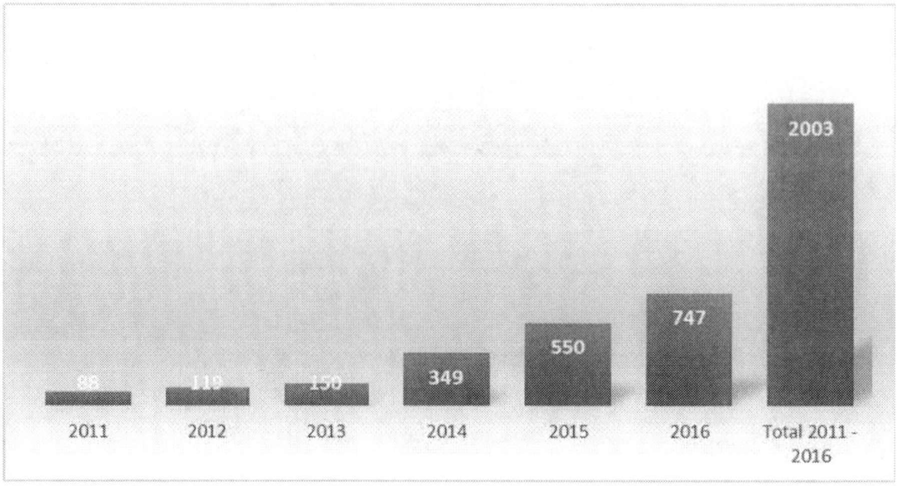

Fig. 3. Number of calibrations performed for years in the period 2011 -2016

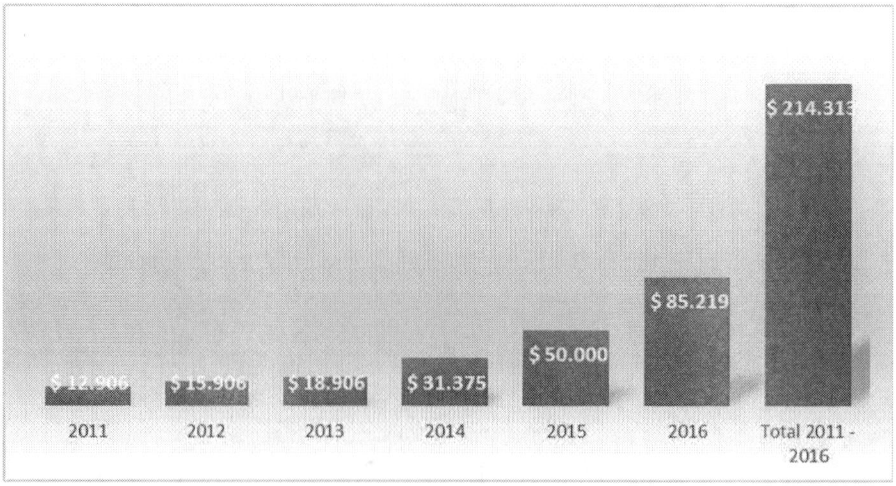

Fig. 4. Government budget savings for in-house calibrations in dollars per year and total in the period 2011-2016

CONCLUSIONS

Metrology wasn´t a popular matter at INTA. After the formation and training started, more agents were aware of its importance and relevance in INTA. New agents have been trained and new magnitudes have been included in SGM when the needs were detected and the commitment with the accuracy for results was appreciated.

The formation and training in Metrology has allowed to have authorized staff to calibrate in different magnitudes in house in different agencies, reducing the costs.

The number of services given by SGM has increased year to year; a trained agent with the equipment available performed each calibration using the software design also in house. The centralized training and in house metrological services in an organization with the size and complexity of INTA probably has allowed to generate economies of scale, organizational culture and a common language. The evolutionary collective learning and exchange of experiences has possibly facilitated the services of the SGM in the several agencies and resulted in lower costs.

REFERENCES

ISO 9001:2015 Quality Management Systems. Requirements
ISO/IEC 17025:2005. General requirements for the competence of testing and calibration laboratories
INTA. 2004. PEI 2005-2015. El INTA que queremos. Plan Estratégico Institucional. 2005 – 2015.
Slepetis, C. 2011. Formación en Calidad. El Caso INTA. Comunicaciones. VI IBEROLAB.
QMS documentes. Gerencia de Procesos y Calidad. INTA.

Performance tests of two insertion type thermal mass flow meters

I CARE[1], J VEAU[2], Ph GENOUX[3]

[1]*CETIAT, Domaine scientifique de la Doua, 25 avenue des Arts, 69100 Villeurbanne, France*

[2]*EDF R&D, Département STEP, 6 quai Watier, BP 49, 78401 Chatou, France*

[3]*EXERA, 4 Cité d'Hauteville, 75010 Paris, France*

E-mail : isabelle.care@cetiat.fr

Abstract. Thermal mass flow meters are widely used in industry for process and plant mass flow metering for a wide range of gas types. The interest of this type of flow meter lies in the fact that the induced pressure drop is negligible; the wide turndown allows measurement of gas consumption as well as leaks. However, the operating conditions of flow meters are sometimes far from the conditions for which the manufacturer specifications are given and the objective of the performed tests is therefore the evaluation of the measurement error which can occur when the use conditions deviate from the calibration conditions. First, tests in "ideal" conditions (no upstream disturbances, ambient conditions of pressure, temperature and humidity) have been performed to check if the flow meters meet their manufacturer's specifications. Then, some operating conditions have been changed. The investigated parameters were the gas temperature, the gas humidity, the in-line pressure, the orientation of the sensor relative to the flow direction and the distance to upstream disturbances. Tests have been conducted with upstream distances equal to, smaller and higher than the minimum distance required by the manufacturer. The study presented in this paper has been conducted for two insertion type thermal mass flow meters.

1. Introduction

The working principle of an insertion type thermal mass flow meter is based on the measurement of the cooling effect of a flowing gas on a heated probe.

Insertion type devices have two probes that are inserted in the flowing gas as shown in Figure 1. Each probe is a resistive temperature sensor.

Article available at http://cfmetrologie.edpsciences.org or https://doi.org/10.1051/metrology/201702001

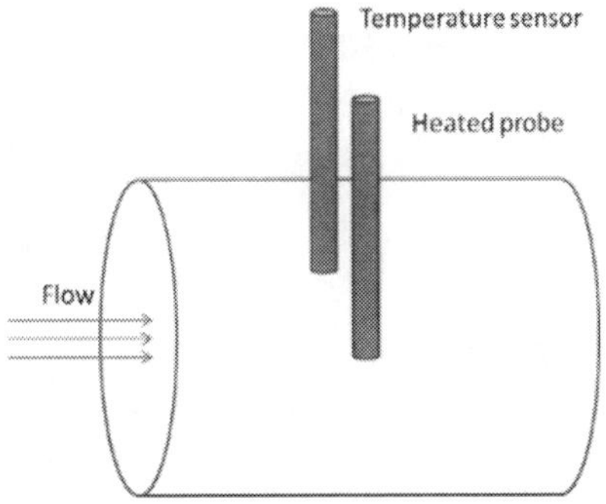

Figure 1 – Insertion thermal mass flow meter

One monitors the gas temperature while the other is heated. The heat flux between this probe and the gas, H, is proportional to the mass flow rate, qm, and the temperature difference, ΔT:

$$qm = K \times \left(\frac{H}{\Delta T}\right)^n$$

The measurement of the electrical power brought to heat the probe is directly related to the heat exchange flux with the flowing gas and then with the mass flow rate.

The insertion type thermal mass flow meter allows measurements of gas flow rates in, even large, circular pipes and rectangular ducts with a cost-effective and easy installation. With a large turndown, it can also measure operational flow rates as well as leakage.

However, as the heat exchange flux depends also to some secondary parameters such as viscosity, thermal conductivity of the fluid, the behavior of the meter can be influenced by the nature of the flowing fluid.

The technical commission "Flow-metering, Level-metering" of EXERA[1], , have defined a test program aiming at evaluating the performances of insertion type thermal mass flow meters not only in laboratory conditions used in the manufacturers' specifications sheets, but also in some conditions representative of on-site environment.

[1] EXERA is a French association gathering companies that operate measuring instruments, automatisms and actuators, and are willing to exchange information on their measurement experiences. For more information, please visit www.exera.com

2. Evaluated Flow meters and test program

The insertion type thermal mass flow meters were lent by the manufacturers who approved the proposed test program.

Table 1 – Evaluated flow meters

Manufacturer	Model	
E+H	PROLINE T-MASS 65I	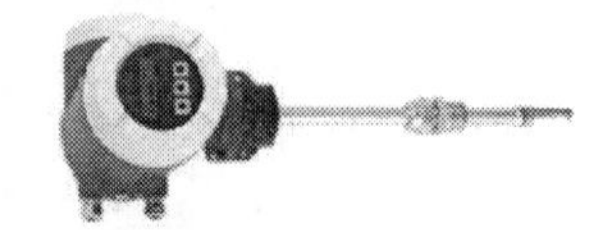
FCI	ST 100	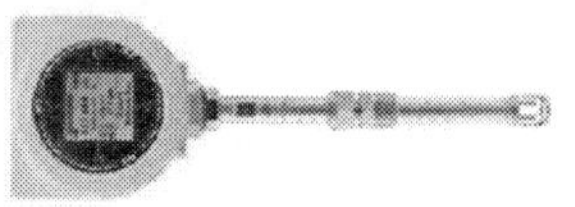

Tests were performed in the CETIAT's (France) COFRAC accredited gas flow laboratory. The reference flow rate was measured using a set of critical nozzles with a measuring uncertainty of 0.31% of the flow rate and the tests were conducted with air as gas fluid.

First the measured performances of the flowmeters were compared to the manufacturer's specifications at atmospheric pressure, ambient temperature and under ideal conditions. These one were defined in terms of minimum upstream and downstream straight lengths. A DN 100 pipe was used for these tests

Then, some test conditions were changed to evaluate their influence on the measurement of the flow meters. These conditions were :

- Temperature,
- Relative humidity,
- Pressure,
- Distance from upstream disturbances.

All these tests were performed with the flow meter inserted in a DN100 pipe. An additional test was performed in a DN300 pipe with appropriate upward and downward straight lengths.

Results are presented here anonymously for reason of confidentiality. The detailed results are exclusively available to EXERA members in reports [1] and [2].

3. Results

3.1. Metrological performances

The metrological performances were evaluated with air at atmospheric pressure and at the following conditions:

- Pipe diameter: DN 100
- Flow rates: 5 between 0.01 Qmax and Qmax
- Upstream/downstream straight lengths: 40D/10D
- Ambient air

Results are presented below are typical ones obtained for one or the other of the two flow meters:

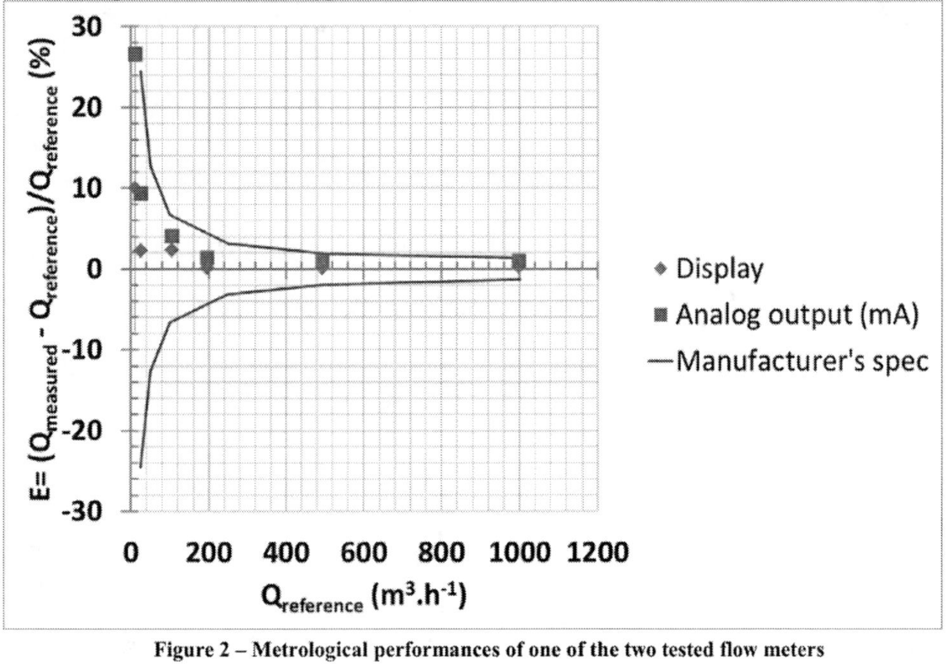

Figure 2 – Metrological performances of one of the two tested flow meters

The flow meter is in compliance with the manufacturer's specifications both for analog output and for reading on the display over the whole flow range.

3.2. Influence of pressure, temperature and humidity conditions

As the measurement is directly related to the heat exchange flux between the flow sensor and the flowing gas, some changes in the gas properties could have an influence of the results. these parameters have been tested by comparing results:

- with dry and humidified compressed air at 1 bar abs,
- with air at 10, 22 and 40°C,

- with compressed air at 1 bar and 6 bar abs.

The results of the tests are shown below:

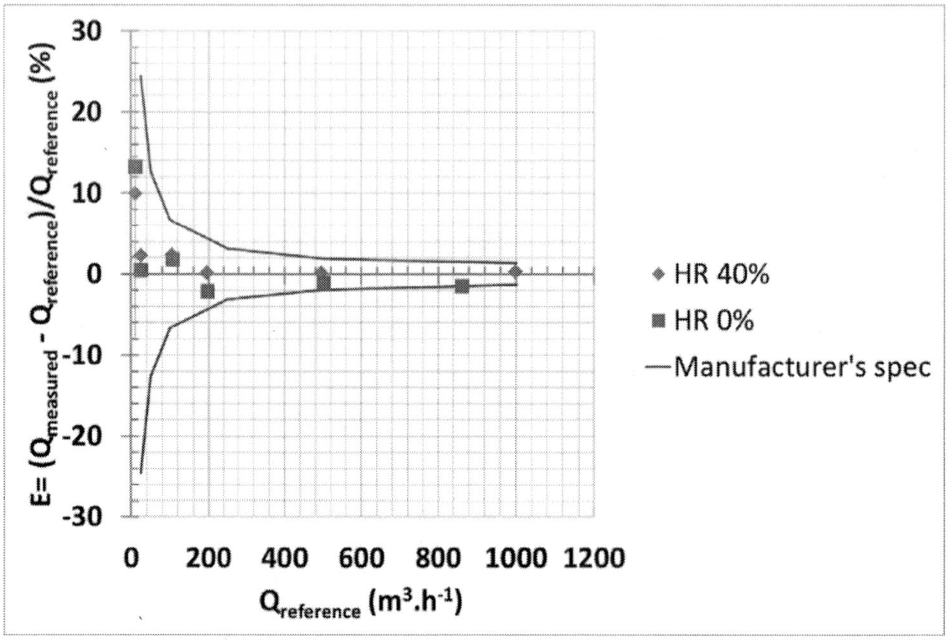

Figure 3 – Influence of relative humidity of the air on one of the two tested flow meters

It can be observed that the relative humidity of the air has no significant influence on the flow rate measured by the flow meter under test.

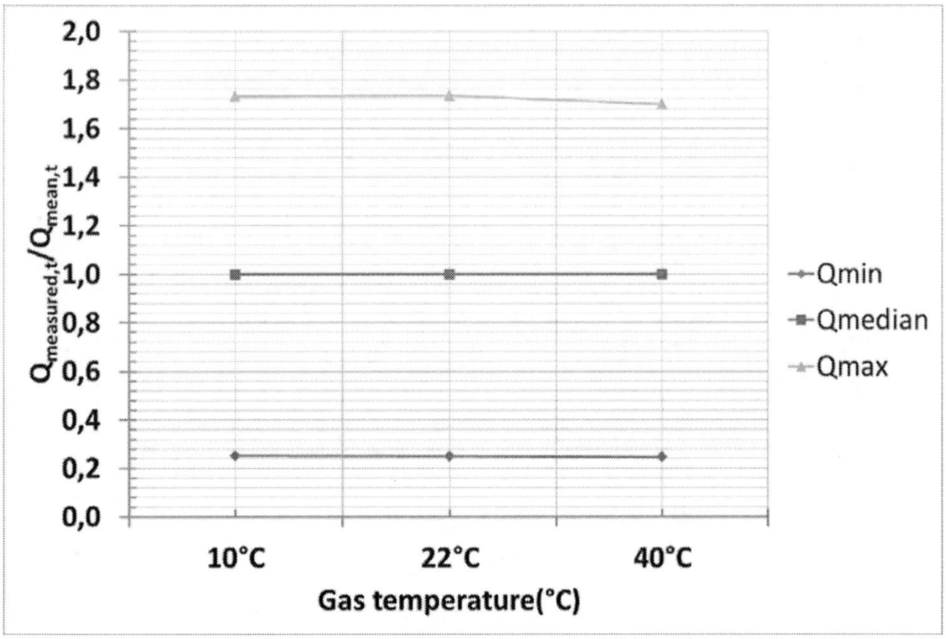

Figure 4 – Influence of gas temperature on one of the two tested flow meters

On the figure above, the ratio between the flow rate measured when the temperature of air is t divided by the median flow rate at the same temperature t is drawn against the temperature t. The tests have been performed at 10°C, 22°C and 40°C for three flow rates, Qmin, Qmedian and Qmax. Even if the temperature change has an impact of the fluid properties, it can be seen that the influence on the flow rate measured by the flow meter under test is not significant.

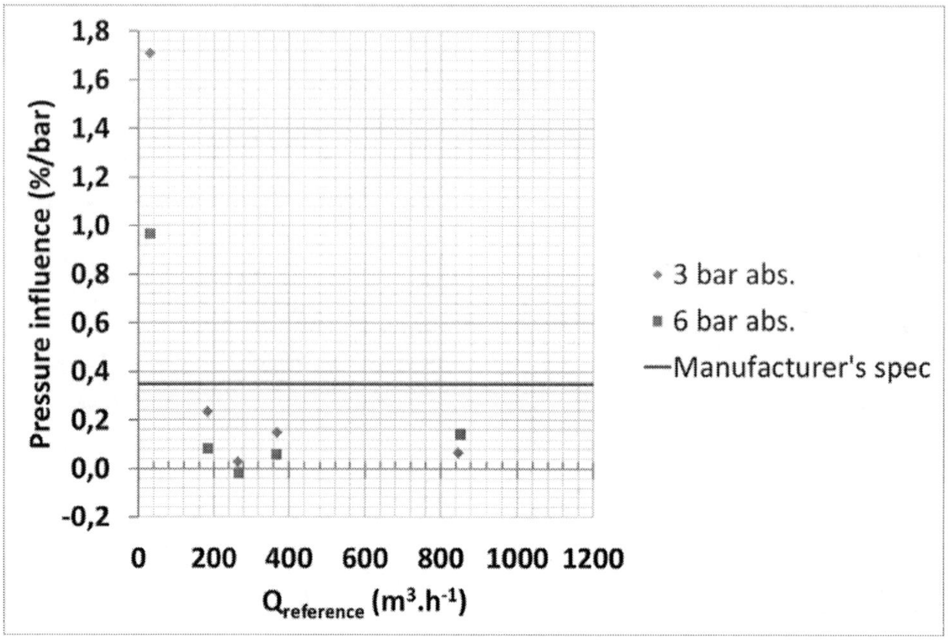

Figure 5 – Influence of pressure on one of the two tested flow meters

An dependence of the measurement to in-line pressure is sometimes given in the specification's sheet of the flow meter. This one is often expressed as an additional error in % of deviation/bar. The tests have been performed at 1, 3 and 6 bar abs and the results presented on the figure above show a slight dependence for the flow meter under test, in agreement with the manufacturer's specification except at the very low flow rate.

3.3. Influence of shortened upstream straight lengths

In real conditions, it is sometimes difficult to reach the minimum straight lengths specified by the manufacturers. It is then interested to have an idea of the behavior of the flow meters in such conditions.

If the velocity profile is distorted because of upstream disturbances, the error on the mean velocity might occur because the working principle of the flow rate measurement of this type of flow meter is based on the assumption of a well-established turbulent flow in the duct. To estimate the influence of shortened straight lengths, tests were performed with some disturbances at different distances upstream the flow meter. The disturbances which have been used are a single bend and a double non coplanar bend at different distances, according Table 2, below.

Table 2 – Experimental conditions

Disturbance type	Upstream straight length	Downstream straight length
Single bend at 90°	XD – 5D	10D
	XD	10D
	XD + 5D	10D
Non coplanar double bend at 90°	XD – 5D	10D
	XD	10D
	XD + 5D	10D

The minimum upstream straight length is defined as XD, where X depends on the manufacturer and may also depend on the type of disturbance.

Single bend

Non coplanar double bend

Figure 6 – Photos of the disturbances

The results are presented below first for a single bend and then for a double non coplanar bend.

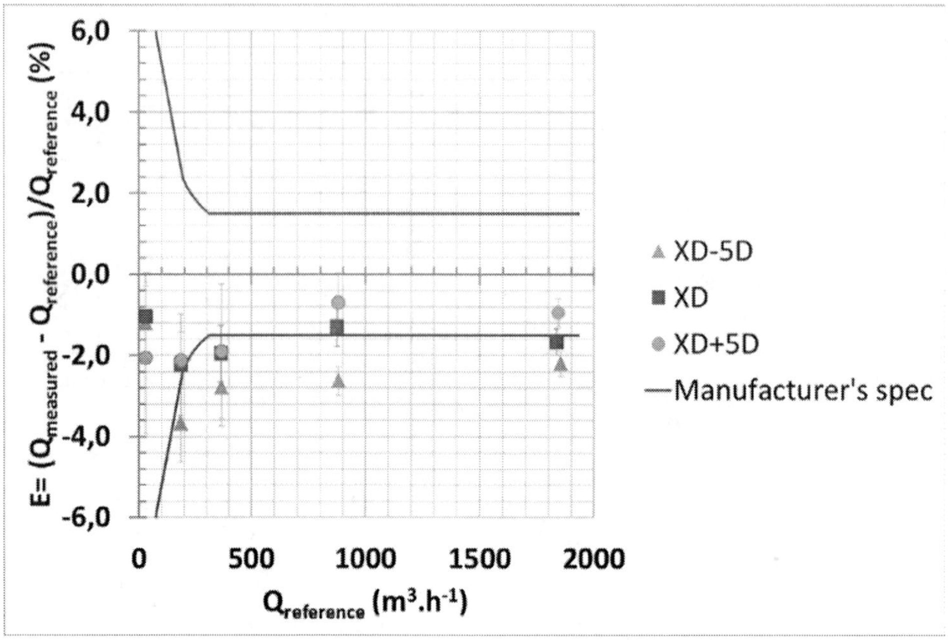

Figure 7 – Influence of an upstream single bend at 90°

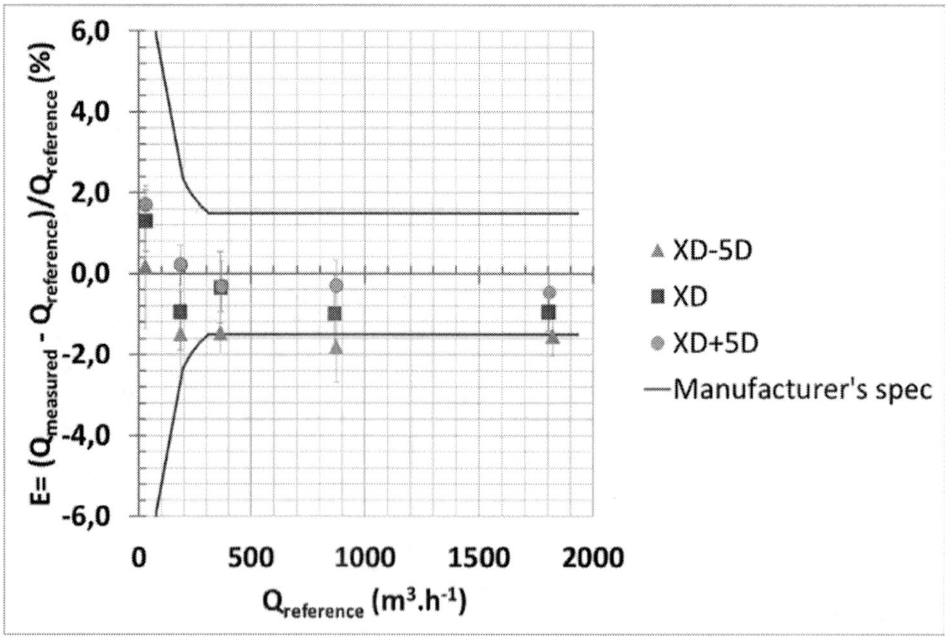

Figure 8 – Influence of an upstream non coplanar double bend

The results presented above show the significant influence of the straight length on the measured flow rate.

4. Conclusions

Two insertion type thermal mass flow meters, available on the market, were evaluated in different conditions. A comparison with manufacturers' specifications was performed with air as flowing fluid. Each of the two flow meters' response is mainly within the manufacturers' specifications.

The flow meters were then evaluated in some extreme conditions representative of on-site conditions. The tested conditions were shortened upstream straight lengths, as well as change in temperature, pressure and relative humidity. A small dependence on the inline pressure is observed, demonstrating the primary mesurand of the thermal mass flowmeter is not a "real" mass flow. The dependence on upstream straight lengths shows how important it is to respect the manufacturer's recommendations.

Thanks

We would like to thank EXERA that funded the evaluation campaign, and its technical commission "Flow-metering, Level-metering" who defined the test protocol, and the manufacturers (Endress+Hauser and FCI through its French representative Engineering Mesures) for their financial and technical contributions.

References

[1] CARÉ I., Évaluation d'un débitmètre massique thermique à insertion Proline t-mass 65I Endress+Hauser, Rapport EXERA E6070X17, 2017

[2] CARÉ I., Évaluation d'un débitmètre massique thermique à insertion ST100 FCI, Rapport EXERA E6071X17, 2017

Numerical investigation of flow rate measure using vortex counting at low Reynolds number

Abdelkader Zaaraoui[1,*]

[1]Laboratoire FIMA, Université Djilali Bounaama, Route de Theniet Elhad 44225 Khemis Miliana, Algérie.

Abstract. You The trapezoidal bluff body is a typical configuration of vortex shedding bodies. The aim of this work is to study flow behaviour over a trapezoidal cylinder at low Reynolds number. The geometry was constructed from a prototype device for measuring the volumetric flow-rate by counting vortices. Simulations were run for this geometry under steady and unsteady flow conditions using finite volume discretization. Laminar flow was investigated in this model with rigid walls and homogeneous incompressible Newtonian fluid. Calculations were performed for Reynolds number range $5 \leq Re \leq 200$ and several flow parameters were documented. The present computations are in good agreement with the experimental observations and the numerical calculations by several investigators.

Keywords—bluff body, confined flow, numerical calculations, steady and unsteady flow, vortex shedding flow meter

1 Introduction

Flow around an obstacle has been subjected to numerous theoretical, experimental and computational investigations during several decades. The basis of flow around circular cylinders have been reported in the standard reference by Zdravkovich [1] where Reynolds numbers range were given for different regimes of flow around smooth circular cylinder in steady flow. Tian and Wu [2] generalized a relationship between Strouhal and Reynolds numbers by an extensive analytical and computational investigation of two-dimensional flow around regular polygons at low Reynolds number. Lee [3]studied numerically the symmetrical wake flow developments around a tapered trapezoidal cylinder. Kahawita and Wang [4] discussed briefly the influence of the trapezoidal shape on the vortex shedding and on the critical Reynolds number value. Dhiman and Hasan [5] studied the flow and heat transfer across a trapezoidal cylinder. Chung and Kang [6] reported that Strouhal number variation depends on Reynolds number and the height ratio. Pankanin [7] analyzed the various methods of investigating phenomena of the vortex flow meter and observed that the bluff body most suitable for the design of this type of device is a sharp edged trapezoidal cylinder.

* Corresponding author: a.zaaraoui@univ-dbkm.dz

Article available at http://cfmetrologie.edpsciences.org or https://doi.org/10.1051/metrology/201702002

The flow across this kind of obstacles is complicated and still not well documented. The present work is concerned with laminar flow at low Reynolds around a trapezoidal bluff body in both steady and unsteady regimes.

2 Methode

2.1 Computational geometry

The details of geometry are reported in a paper flow measurement by vortex shedding flow meter [8]. It consists of a square-section pipe in which a two-dimensional trapezoidal cylinder is placed Fig.1-a. Mesh generation was performed using different blocking strategies. Four blocks were used to generate an o-grid type mesh around a trapezoidal cylinder. A fifth block is attached to the o-grid mesh to extend the domain in the downstream region of the flow as shown in Fig.1-b. In order to achieve mesh independent results, a mesh dependency study is done for the current case. Convergence of the grid is assessed by refining the mesh in terms of applying successively smaller elements. The grid is considered to be sufficiently fine when parameters do not differ by more than 3-5% between two succeeding grids.

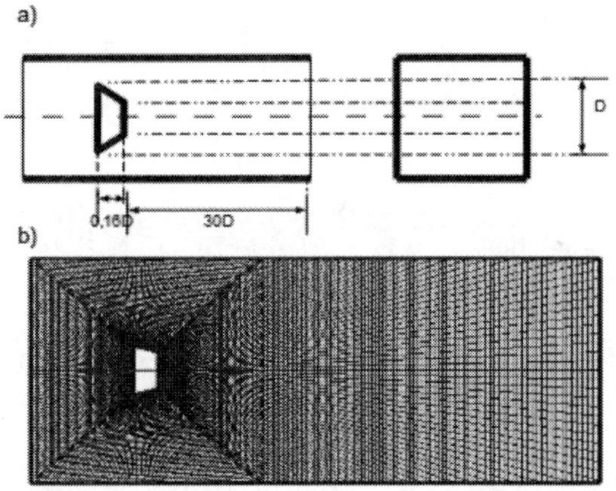

Fig. 1. Sketch of numerical grid: a) Domain dimensions, b): mesh generation

2.2 Governing equation

The flow was described by the dimensionless Navier–Stokes equations for unsteady laminar incompressible flow. Equations may be written as follows:
The continuity equation:

$$\nabla \cdot U = 0$$

The momentum equation:

$$\frac{\partial U}{\partial t} + U \cdot \nabla U = -\frac{1}{\rho}\nabla p + \frac{\mu}{\rho}\nabla^2 U$$

Where,U represents the velocity component, p is the pressure, ρ is the fluid density and μ is the dynamic viscosity.

2.3 Boundary conditions

Boundary conditions used are summarized in the table 1: The inlet condition is a uniform velocity at the inlet and a zero normal pressure gradient. The trapezoidal cylinder, upper and lower wall are considered a rigid and impermeable wall and hence the no-slip velocity and a zero normal pressure gradient are appropriate. At the domain outlet a zero normal velocity gradient and an absolute pressure of zero are prescribed.

Table 1. Boundary conditions.

Inlet	$U = [100], \partial p/\partial n = 0$
Upper and lower boundaries Bottom	$U = [000], \partial p/\partial n = 0$
Outlet	$U = [000], \partial p/\partial n = 0$
Trapezoidal cylinder	$U = [000], \partial p/\partial n = 0$

2.4 Numerical solution

Solution was performed using the pisoFOAM solver [9]. It is a transient solver for incompressible laminar or turbulent flow. It is based on the Implicit with Splitting of Operators (PISO) algorithm for coupling pressure-velocity. In this algorithm: momentum equations are solved for intermediate pressure field in the predictor step without respect of continuity condition, then velocity and pressure fields are corrected in a way to fulfill both momentum and continuity equations in the two predictor steps. A standard second order finite volume discretization of Gaussian integration scheme is applied for the gradient terms using a linear interpolation scheme from cell centers to face centers. An explicit non-orthogonal correction scheme is used to compute surface normal gradients which were evaluated at cell faces. The linear corrected Gauss scheme is applied to for the Laplacian and divergence terms. The implicit first order Euler scheme is applied for the time derivative.

Convergence is assessed when the value of any parameters should not differ by more than 1-3% between two subsequent time step, between two subsequent element size or between to subsequent grids. To ensure numerical stability in the solution, the Courant-Friedrichs-Lewy condition was fulfilled:

$$\frac{u\,\Delta t}{\Delta x} < 1$$

Where, u is the velocity, Δt is the time step and Δx *is* the element length.

2.5 Data analysis

In this study, flow patterns are presented by streamlines and velocity. Also, the Q-criterion is used to identify vortices. This parameter looks at the second invariant of the velocity gradient tensor. A vortex is defined as areas where Q > 0. This means a vortex is a connected region where the antisymmetric component of the vorticity tensor, dominates over the symmetric one [10].The Finite Time Lyapunov Exponent (FTLE) was visualized to understand transport mechanism around the trapezoidal bluff body. The FTLE method is a Lagrangian approach used to compute flow map that maps particles forward/backward along their trajectories. Differentiation of the flow map will provide a measure of separation under the action of the flow [11]. For example, a recirculation region can be delimited from the overall flow by lines or surfaces in the flow on which separation is locally maximal.

3 Results and discussions

The Reynolds number is defined as the ration of inertial to viscous forces. It is the most decisive non-dimensional parameter for describing the flow pattern around the trapezoidal bluff body. As it is shown in the Fig.2, for very low values (Re ≈ 10), fluid particles from the upstream of the flow were divided to two regions flowing symmetrically around upper and lower part of the trapezoidal cylinder. These particles reach together the back of the bluff body without separation. When the Reynolds number is increased (Re ≈ 50), a small separation region was formed behind the trapezoidal cylinder which lead to the formation of twin vortices. The separation region did not extend downstream and the two eddies of opposite sign was not shed into the flow. At Re =100 or 150, the twin vortices elongate and a harmonic oscillations is observed in the wake region in which the flow is still laminar. Eddies start to shed alternatively from the upper and lower part of the bluff body and form the so-called Karman vortex street. In order to observe the influence of the Reynolds number on the Strouhal number, we performed a number of simulations under unstable conditions by varying the Reynolds number between 80 and 200. The number of Strouhal (St) is a number Dimension describing the oscillating circulation mechanisms, defined as follows:

$$St = \frac{F.D}{v}$$

F : Frequency of occurrence of vortices.

D : Length of the large base of the trapezium.

v : The flow velocity in the upstream boundary condition.

$$R_e = \frac{v.D}{\nu}$$

v : . The kinematic viscosity

En écoulement confiné le débit de fluide est donné par :

$$qv = v.S$$

S: The cross-section of the test tunnel.

q_v : Volume flow rate.

Table 2. Résults.

R_e	80	100	150	200
S_t	0,136	0,119	0,088	0,052
$F (H_z)$	0,484	0,529	0,588	0,975
$q_v (m^3/s)$	0,045	0,083	0,125	0,166

The volumetric flow can only be measured from a laminar flow with Von Karman instability. The characteristic of the flow meter is given by the frequency of detachment of the vortices as a function of the flow rate (Tab 2).

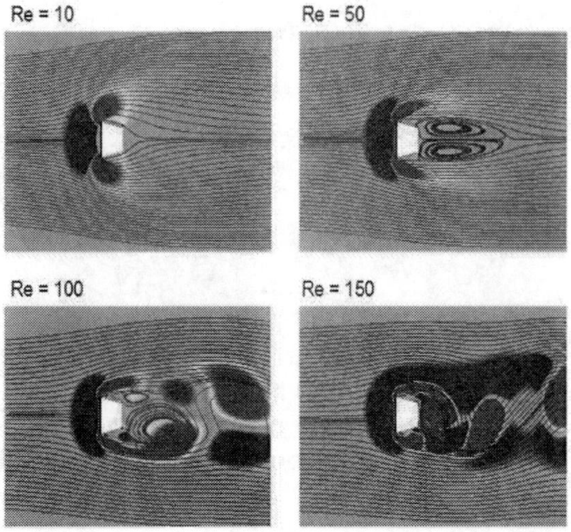

Fig. 2. Streamline for flow around the trapezoidal cylinder projected on the Q-criterion results.

As it is shown in the Fig.3, flow separates at trailing edge and forms a recirculation region which consists of two symmetric vortices. Size of recirculation zone increases with an increase of Reynolds number and by reaching the critical Reynolds number, Von Kármán Vortex Street with periodic vortex shedding happens as a result of high positive pressure gradients. Vortex shedding causes fluctuation of pressure distribution on the body surface.

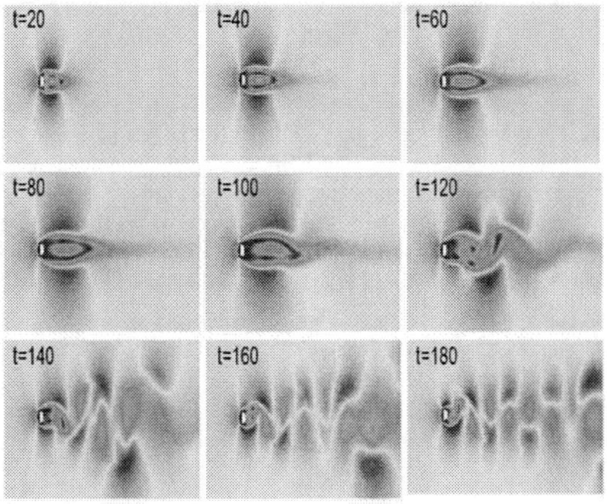

Fig. 3. Temporal evolution of the Velocity field around the trapezoidal cylinder.

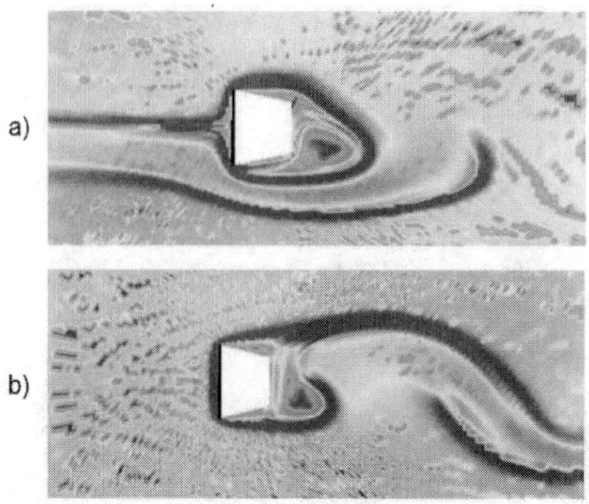

Fig. 4. FTLE contours: a) Repelling transport barriers, b) Attracting transport barriers.

Lagrangian analysis defines the boundaries of the coherent structures. It distinguishes the boundaries of all neigh boring vortices in the near cylinder region. Fig.4-a shows the contours FTLE determined in time. The flow fields with boundaries forming lobes or the fluid particle are trapped near the trapezoidal bluff body. Gradually, as the flow develops, the lobe and trapped particles are projected downstream and on the side of the obstacle is what is observed in Fig.4-b. The contours FTLE the rear of the obstacle to visualize the vortices in the wake. the fluid transport boundaries as defined by the FTLE drive the particles in the recirculation region through a jet that forms between the two LCS. The two large structures formed behind the obstacle in the wake trapezoidal form the topology of LCS, alternating closed structures. Particles entrained in the two structures downstream and particles attracted to the time backward, donations aligned in the wake.

Conclusions

In the present study, the two dimensional laminar flow around a trapezoidal bluff body was investigated at low Reynolds. For our configuration study for a confined flow, there are two flow regimes for low Reynolds numbers, stable with two different topologies of flows adhesive or unstuck and unstable with the appearance of the first instability which is the Von Karman. For the stable flow in the adhesive regime the current lines stay adhere to the obstacle while for unstuck regime two symmetric vortices stay just adhere behind the obstacle. Regarding the unstable flow, there is instability of Von Karman which appears. The detachment frequency of vortices must be determined having regard to the link with a flow measurement. The obtained results are in perfect agreement with numerical and experimental previous studies. The simulations are underway to determine the exact value of the critical Reynolds number characterizing the transition between the two flow regimes.

Acknowledgment

The preferred Author would like to express his appreciation for the Laboratory of Industrial Fluids, Measurements and Applications at Djilali Bounaama University for providing the computing facilities that this research heavily depends upon.

References

1. M.M. Zdravkovich, flow around circular cylinder, vol. 1: Fundamentals, Oxford Scientific Publisher, (1997).
2. Z.W.Tian, Z.N.Wu, a study of two-dimensional flow past regular polygons via conformal mapping, Journal of Fluid Mechanics, 628, 121-154, (2009).
3. T.S. Lee, early stages of an impulsively started unsteady laminar flow past tapered trapezoidal cylinders, International journal for numerical methods in fluids, 26(10), 1181-1203, (1998).
4. R. Kahawita, P. Wang, numerical simulation of the wake flow behind trapezoidal bluff bodies, Computers & fluids, 31(1), 99-112, (2002).
5. A. Dhiman, M. Hasan, flow and heat transfer over a trapezoidal cylinder: steady and unsteady regimes. Asia Pacific Journal of Chemical Engineering, 8(3), 433-446, (2013).
6. Y.J, Chung, S.H. Kang, laminar vortex shedding from a trapezoidal cylinder with different height ratios, Physics of Fluids (1994-present), 12(5), 1251-1254, (2000).
7. G.L. Pankanin, The vortex flow meter: various methods of investigating phenomena, Meas. Sci. Technol. 16, R1–R16, (2005).
8. A. Zaaraoui, F. Ravelet, F. Margnat, S. Khelladi, high accuracy volume flow rate measurement using vortex counting, Flow Measurement and Instrumentation, 33, 138-144, (2013).
9. OpenCFD. 2009. OpenFOAM User Guide, 1.7.0. 203p.
10. J.C.R. Hunt, A.A. Wray, P. Moin, eddies, stream, and convergence zones in turbulent flows. Center for Turbulence Research Report CTR-S88, pp. 193-208B, (1998).
11. S.C. Shadden, F. Lekien, J. E, Marsden, definition and properties of Lagrangian coherent structures from finite-time Lyapunov exponents in two-dimensional aperiodic flows, Physica D 212, 271-304, (2005).

DOI: 10.1051/metrology/201702003

EDF R&D Industrial flow metering test facility: main past achievements and innovative plans for the future

Emmanuel Thibert[1,*], *José* Veau[1]

[1]EDF R&D, 6 quai WATIER, BP49, 78401 Chatou Cedex, France

Abstract. Electricité de France Research and Development Division (aka EDF R&D) has been investigated liquid flow meters metrological behavior for 20 years on EVEREST test bench. Experimental studies once focused on simple calibration tests on usual or innovative flow meters with high upstream straight length pipes have turned into sensors uncertainty characterizations campaigns under real industrial installation conditions. In order to enhance these studies, EDF R&D has come to the conclusion that, in many cases, accurate flow metering uncertainty calculations need comprehensive velocity profile understanding. This key feature can be achieved by mixing CFD results and experimental data. With regard to the latter point, upgrading the EVEREST test bench has become mandatory. Consequently, future EDF R&D flow metering test bench will aim at not only performing flow calibration tests but also at characterizing real liquid velocity fields for industrial pipe flow configurations. This upgrade has recently been accepted and is currently in progress. Renovation works and technological improvements will hopefully be achieved in 2018.

1 Introduction

EDF (the French Electricity Generation company) operates 58 "Pressurized Water Reactor type" nuclear units in France (PWR). In these particular power plants, flow monitoring is essential not only for safety reasons but also for economical ones. For instance, accurate measurement of feedwater flow in PWR plants is necessary to quantify the turbine cycle heat rate of the plant, which is a major component of the overall plant efficiency.

Twenty years ago, EDF appointed its Research and Development Division to carry out experimental tests on usual or innovative flow meters for evaluating their metrological performance. These tests aimed at assessing flow meters metrological behavior in a semi real industrial conditions prior to a potential PWR on-site installations. EDF R&D consequently designed a specific test bench for this mission.

The basic design concept of EVEREST has consequently two objectives: one is to duplicate the behavior of an industrial liquid pipe flow process as closely as possible, and the second is to monitor an accurate and steady flow metering reference.

2 Description of EVEREST facility

2.1 Design specifications

EVEREST facility was built at Chatou (France) in 1997. The test facility is a closed loop with a liquid flow rate regulation. Fluid is clean tap water.

Table 1. Overview of the design specification of EVEREST test facility.

Type	Closed regulated loop
Flow meter reference	Master meters method
Test section pipe size	From DN50 up to DN350
Pipe compositions	Stainless steel for test section, black steel otherwise
Medium	Tap liquid water
Master meters traceability	French national reference standard (COFRAC calibration)
Pressure range	From 3 up to 7 relative bar
Fluid temperature range	From 20°C up to 50°C (freely adjustable)
Environment Temperature	minimum and maximum ambient temperature are 15°C and 35°C , respectively
Flow metering uncertainty	from 0.36% up to 0.49%, depending of tested flow rate

* Corresponding author: emmanuel.thibert@edf.fr

 DOI: 10.1051/metrology/201702003

Table 1 shows the design specifications for EVEREST. The test bench provides a steady water stream from 4.10^4 up to 1.10^6 Reynolds number. Depending on the test section geometrical configuration, flow range generally goes from 30 $m^3.h^{-1}$ up to 1100 $m^3.h^{-1}$. Reference volume flow uncertainty goes from 0.36% up to 0.49%, depending of the tested flow rate [1].

2.2 Design details

The major characteristics of EVEREST loop are:
-Generation of a steady liquid flow rate for test/calibration purposes,
-Avoidance of air bubbles in the test/reference section pipe flow during a test,
-Temperature and pressure regulation thanks to the heat exchanger and the pressurizer,
-Significant reduction of swirls by installing a Gallagher flow conditioner [2] at the upstream of the reference section,
-High upstream and downstream straight lengths for reference section,
-Use of four different master meters to decrease uncertainty all over the loop flow rate rangeability,
-Use of two "drift detection" ultrasonic flowmeters; large test area (27x5 m^2) where several real process mock-ups can be integrated for testing purposes.

Table 2. EVEREST reference meters specifications.

Flow rate ($m^3.h^{-1}$)	Reference master meters		
	Type	Ref. section pipe diameter	Volumic flow uncertainty (±2σ)
5 - 150 $m^3.h^{-1}$	Coriolis	DN 80	0,49 %
150 - 300 $m^3.h^{-1}$	Electro-magnetic	DN 100	0,36 %
300 - 600 $m^3.h^{-1}$	Electro-magnetic	DN 150	0,36 %
600 - 1100 $m^3.h^{-1}$	Electro-magnetic	DN 200	0,39 %

2.2 EVEREST layout

As shown in Figure 1, EVEREST consists in three parts. The first part is the flow metering reference section. In this section are installed the four master meters of the test bench and the two "drift detection" ultrasonic flowmeters. Three electromagnetic meters has been implemented as reference meters. This choice has the advantage of using each meters in their nominal rangeabilities and consequently increasing their accuracy. These meters are used to collect reference flow rates from 150 $m^3.h^{-1}$ up to 1100 $m^3.h^{-1}$. Electromagnetic master meters have been installed in the reference section with high upstream and downstream straight lengths (superior to 20 hydraulic diameter aka D_H).

Reference low flow rate (i.e. inferior to 150 $m^3.h^{-1}$) is elaborated thanks to a Coriolis meter. Metrological characterization of the reference meters are detailed in table 2. The calibration cycle of the reference meters is currently one year.

In order to monitor and to detect any reference sensors drift between two annual calibrations, two multi-path ultrasonic meters have been installed in the upstream of the reference section. This technology has been chosen for various reasons. Firstly, the technology is different from electromagnetic instrument thus it prevents ultrasonic devices from being subject to common-mode failure risks. Secondly, they don't produce additional pressure losses in the upstream flow pipe and don't interfere with the facility hydraulic operating. And finally, repeatability and reproducibility of ultrasonic meters are reportedly excellent. They consequently constitute a good way to monitor long-term stability issues.

Usual experimental tests are carried out on steady flow rate. At the beginning of a test, bench operator selects the flow rate on the monitoring screen, then the bench control unit system select automatically the appropriate test track and consequently the corresponding master meter.

The second part is the operation section. It includes the circulation pomp, the regulation valves, the pressure regulation unit (pressurizer) and the heat exchanger. EVEREST pump is a constant-speed centrifugal pump. Thanks to regulation valves, it allows a flow rate regulation from 30 $m^3.h^{-1}$ up to 1100 $m^3.h^{-1}$. Total Dynamic Head (TDH) is 3 bar. Pressurizer stabilizes the test section water pressure between two and three bar. Wasted energy due to pump inefficiency is converted into heat which is absorbed by the pumped liquid. Due to EVEREST loop configuration, this phenomenon typically increases fluid temperature in the test section by 10°C per hour. A heat exchanger has therefore been installed and regulates fluid temperature from 20°C up to 50°C according to the desired test conditions. Cold fluid in the heat exchanger comes from Seine river.

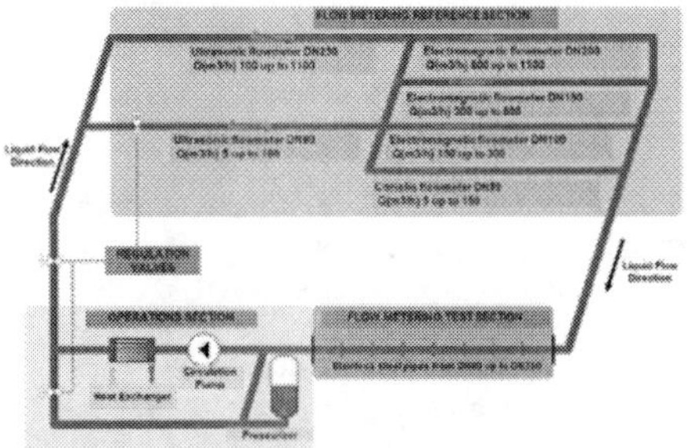

Fig. 1. EVEREST test facility layout.

The last but not least section is the flow metering test section. This inner room section constitutes an available space with a length of 27 m length and a width of 5 m width with a high ceiling of 5 m. This test section was initially designed to perform calibration tests on innovative industrial flow meters. Tested devices are generally mounted on stainless steel pipes and can be invasive as well as non-invasive according to the sensor technology. However, EVEREST test section is currently a multi-purpose test area which allows to re-create numerous Nuclear Power Plant (NPP) industrial pipeworks or to install a reduced scale mock-up of typical NPP components for metrological purpose. This flexibility allows EDF R&D to investigate the real installation conditions impacts on industrial flowmeters accuracy: orifice plate installation with no ISO5167-2 required upstream and/or downstream straight lengths of piping [3], ultrasonic flow metering systems under an asymmetric flow profile, pressure fields and velocity profile in the elbow taps at the outlet of a steam generator.

3 Main past EVEREST experimental achievements

EVEREST started operating in 1997. At the beginning, main experimental tests were just calibration campaigns on industrial flow meters. These campaigns were generally carried out with simple flow configuration. Generally, tested device was installed on pipe with a high upstream straight length. Such an investigation aimed at assessing the operability of a metering system in a semi-industrial environment (as EVEREST is able to provide it) prior to its utilization on a real industrial process.

In the past 20 years, these feasibility tests were focused mainly on non-invasive flow metering technologies, especially ultrasonic ones. Tests purpose was to quantify the device accuracy. The significant investigations were influence of acoustic couplant (gel, grease or solid for high temperature installation), clamp-on waveguide (also for high temperature fluid process, pipe material, ultrasonic technology (transit time, cross-correlation) and asymmetric flow profile influence on meters metrological performances.

A particular experimental campaign can be highlighted here which aimed at finding out if usual ultrasonic transducers were able to accurately measure a flow rate on DN350 composite pipe [4]. These filament wound pipes were manufactured of vinylester resin and glass fiber rovings. This particular material can be found for NPP with river water cooling system.

EDF R&D tested two clamp-on transit time ultrasonic flowmeters which came from two manufacturers. They are subsequently quoted as device A and device B. US transducers from device B were more recent than US transducers from device A. These apparatus (transducers + electronics) were not specifically designed for a composite pipe utilization. Transducers frequency is 1 Mhz.

These non-invasive devices were located after 33 D_H straight lengths pipe which provided quasi-calibration conditions. First calibration runs were performed with portable ultrasonic flowmeters installed on black steel pipe. Then a second run has been performed by replacing a 20 D_H length black steel pipe with a 20 D_H length composite pipe (cf. figure 2). Two mounting methods have been tested: V-mount and direct-mount (cf. figure 3) with similar results. Direct-mount flow rate is commonly calculated with equation 1.

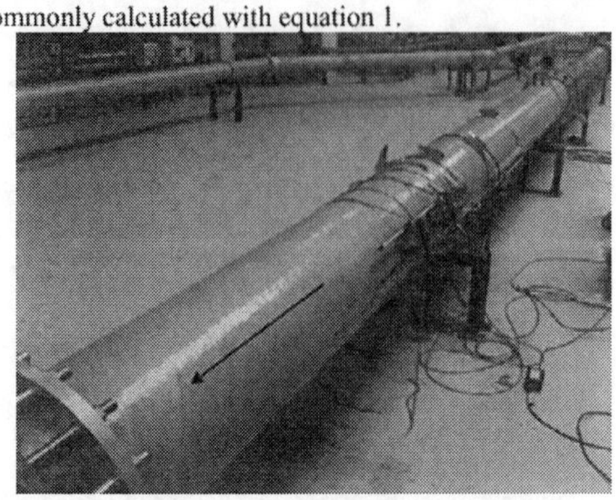

Fig. 2. Clamp-on ultrasonic meter installation on DN350 composite pipe (test section of EVEREST loop).

$$Q_v = \frac{1}{K_h} \times \frac{\pi D_i^2}{4} \times \frac{L}{2\times\cos(\alpha)} \times \frac{T_{AB} - T_{BA}}{T_{AB} \times T_{BA}} \quad (1)$$

T_{AB} is the transit time from A to B, T_{BA} is the transit time from B to A, L is the distance between A and B, D_i is the inner pipe diameter, α is the fluid penetration angle of the ultrasonic wave, K_h is the correction factor.

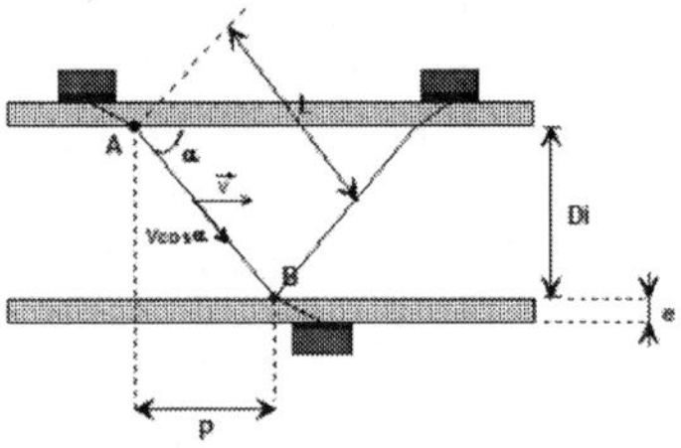

Fig. 3. V-mount and direct-mount method for tested non-invasive ultrasonic flow meters.

The flow profile correction factor value, K_h, was provided by manufacturers, for turbulent flow conditions [5]. Due to Reynolds number calculation, flow was turbulent.

The two runs results are detailed in Table 3. Repeatability and reproducibility tests have been also carried out in order to estimate portable ultrasonic device uncertainties. Global uncertainly was around 3% (95% confidence level).

Table 3. Bias of ultrasonic clamp-on flow measurements.

Reference Flow rate ($m^3.h^{-1}$)	Installation conditions	Systematic error (% of measured value)	
		Device A	Device B
1050 $m^3.h^{-1}$	Black steel pipe	-0.1%	-0.1%
	Composite pipe	-5.5%	-1.5%

Main results showed a discrepancy between steel pipe mounting flow measurement and composite mounting one. Recent transducers were significantly better than old ones, which was not surprising for significant signal processing progress have been done by manufacturers for this kind of sensor in the past years.

EVEREST tests pointed out the fact that device B measuring system was able to perform an accurate flow measurement even if usual transducers are mounted on composite pipe. This study allowed EDF to install such a non invasive device on NPP composite pipes to monitor cold water flow with high upstream straight length.

Besides flow metering system tests under usual conditions, EVEREST also allows to assess flowmeter accuracy under real industrial configurations. This experimental activity aims at testing devices as they are implemented in NPP. Main purposes are to evaluate/calculate the accuracy of the meters under actual conditions. Due to installations effects, this accuracy can be beyond manufacturer technical specifications or international standards. Accuracy may be then uncalculated or too conservative to match process requirements.

These tests require to recreate as closely as possible, in the EVEREST test section, the exact pipes configurations and the exact device installation in order to validate, on test bench, actual "on site" metrological behavior of the flowmeter.

Prior to tests, EDF R&D usually investigates some meter accuracy influence factors, quantities which obviously depends of meter technology. Then, NPP pipe installations configurations are built in the test section in order to monitor such influences. Similitudes, especially Reynolds number, are whenever possible respected. However, specific tests at 1:1 scale can be performed outside actual process Reynolds range if pipe installation are the most relevant influence factor to be investigated (such a case generally occurs with non-invasive "clamp-on" flowmeters).

These "semi-real installation conditions" tests are mainly performed with differential pressure flow meter and orifice plate in particular. Those differential systems represent indeed around 80% of NPP flowmeters installed park. Measurement of fluid flow principle, mostly used in nuclear power plant, is by means of differential system.

EDF R&D has performed many tests on orifice plates to estimate influence quantities for flow measurements. Some of these tests were conducted on EVEREST. Influence of upstream straight length on flowmeter accuracy have been particularly investigated. One of the most unusual performed campaign was focused on upstream pipe roughness impact on orifice plate accuracy [6]. These tests aimed at evaluating if the upstream pipe roughness can be significant on pressure differential device flow rate uncertainty.

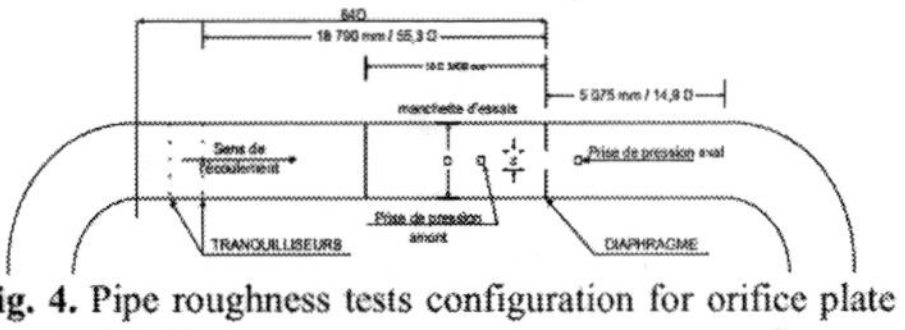

Fig. 4. Pipe roughness tests configuration for orifice plate flow measurement.

The mass flow rate generated by orifice plate, Qm, can be determined using Equation (2):

$$Q_m = \frac{C}{\sqrt{1-\beta^4}} \times \frac{\pi}{4} \times \varepsilon \times d^2 \times \sqrt{2\Delta p \rho} \qquad (2)$$

where Δp is the difference between the (static) pressures measured at the wall pressure tappings, β is the ratio of the diameter of the orifice or throat of the orifice plate to the internal diameter of the measuring pipe upstream of the device, C is the coefficient, defined for an incompressible fluid flow, which relates the actual flowrate to the theoretical flowrate through the orifice plate, ε is the coefficient used to take into account the compressibility of the fluid, ρ is the density of the fluid and d is the diameter of orifice under working conditions.

To achieve this purpose, a 10 D_H straight flange with specific controlled roughness has been implemented (cf. figure 4) at the upstream of an orifice plate (β=0.65). Installation conditions of the pressure differential devices are in concordance with the ISO5167-2 required straight lengths. Inner diameter was 340 mm. Tested flow rates were performed at four different flow rates (cf. figure 7). Reynolds number range of the flow went from 0.6 10^6 up to 1.2 10^6.

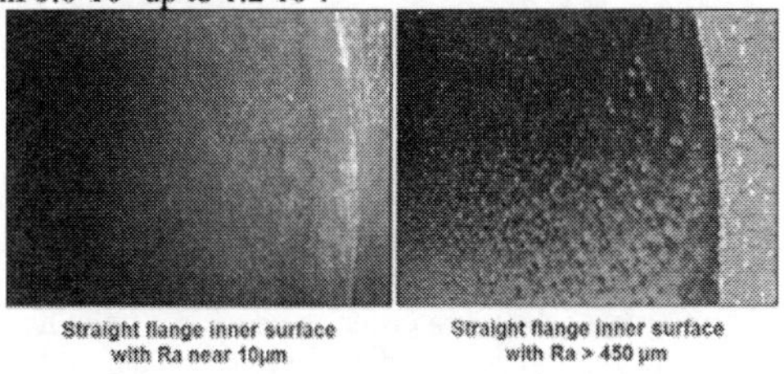

Fig. 5. Upstream pipe roughness influence on orifice plate flow rate accuracy.

Six types of roughness have been investigated, from Ra=4 µm (brand new stainless steel pipe) up to Ra>450 µm (dirty pipe), with Ra defined as arithmetical mean deviation of the roughness profile of the inner pipe. To meet the ISO 5167-2 requirements, maximum value of pipe internal roughness for the tested configurations must be Ra=27 µm (for maximum performed flow rate experiment). Besides the clean pipe, specific roughness pipe have been achieved by coating the pipe inner surface with a sand and red resin mixture (cf. figure 5).

Orifice plate discharge coefficient and its related uncertainty are calculated thanks to ISO 5167-2 formula. Orifice plate flow rate is compared to EVEREST reference flow rate (cf. figure 6). Dotted lines on figure 6 represent the uncertainty of orifice plate flow measurement (95 % confidence level). This value is determined without taking into account the influence of roughness.

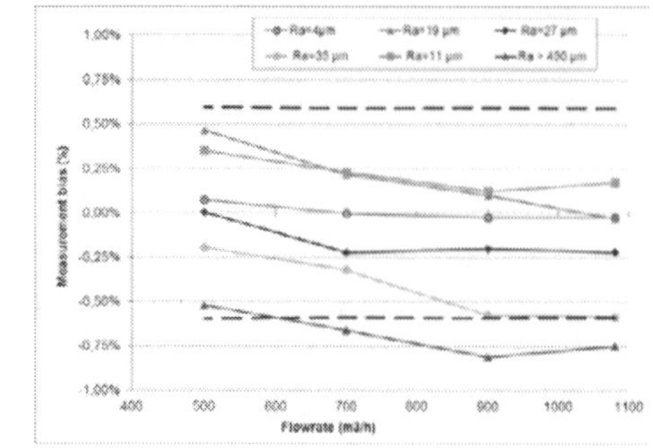

Fig. 6. Upstream pipe roughness influence on orifice plate flow measurement.

EVEREST experimental campaign conclusion was that upstream pipe roughness seemed to have a quite low influence on orifice plate accuracy for the tested configuration. For low or usual roughness pipe values, no tendency can be pointed out for measurement bias were inside the global uncertainty interval (cf. figure 6). Nevertheless, high roughness pipe apparently leads to an underestimation of an orifice plate flow rate.

The last example points out the main advantages of EVEREST test bench. The facility indeed allows to test specific installations conditions. EDF R&D went further by proposing to recreate specific pipe configurations in order to best estimate industrial flowmeters accuracy under realistic conditions. This tendency generally leads to create mock-ups in order to generate the same flow conditions which can occur on site. These models can be a series of fittings at the upstream of the tested flow meter (succession of 90°elbow, two 90°bends in any plane, Single 90°tee with or without an extension, concentric reducer or expander can be found in NPP process and then can be set up on EVEREST), or specific industrial device (pomp, butterfly valve, needle valve).

One example of this particular investigation can be highlighted here. Main subject was to accurately measure a liquid flow rate thanks to a 40° pipe elbow. The overall objective of the study was to use an existing NPP elbow taps at the outlet of the steam generator to measure accurately and absolutely the reactor coolant system (RCS) flow continuously and independently of the current method (based on temperature measurements). For safety reasons, RCS flows in nuclear power plants have indeed to be maintained between a high and a low limit. Having two independent methods to characterize this flow can thus be interesting for plant operators [7].

Volume flow rate can be calculated with equation (3):

$$Q_v = K \times D^{3/2} \times R_c^{1/2} \times \sqrt{\frac{\Delta p}{\rho}} \tag{3}$$

where R_c is the radius of curvature of the elbow [m], ρ is the density of the fluid [kg.m^{-3}], K is the flow coefficient of elbow tap, D is the diameter of the pipe [m], Δp is the pressure loss between outer elbow surface tapping and inner elbow surface tapping [Pa].

To meet this challenge, EDF R&D has developed a methodology in order to figure out a value for this coefficient K as relevant as possible for a RCS flow measurement in terms of exactness and uncertainty. This methodology mixes real process data, CFD simulations data and experimental ones. The latter has been partly investigated on EVEREST test bench. The main purpose of these tests were to compare some CFD results obtained with *Code_Saturne*[a] with experimental elbow pressure loss data [8].

This comparisons required a ¼ scale model of pipe configuration at the outlet of a NPP steam generator, as detailed in figure 7. Steam generator outlet box has been built and installed in the EVEREST test section. Therefore, pipes configurations from this outlet water box up to the U-loop of a NPP RCS loop has also been built. The first device of this configuration was the 40° elbow.

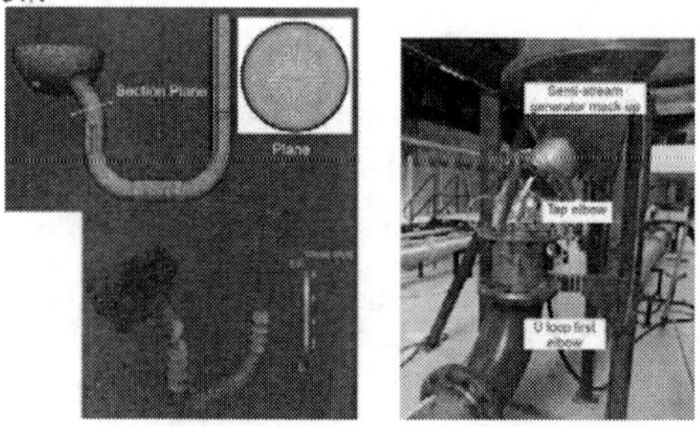

Fig. 7. EVEREST ¼ scale model (CFD calculations on the left, experimental configuration on the right).

Experiments have been performed with a flow rate range which went from 391 m^3.h^{-1} up to 1057 m^3.h^{-1}. Uniform and non-uniform velocity profile at the inlet of the water box have been also generated in order to investigate its influence on pressure loss in 40°elbow.

Testing metrological behavior of a flowmeter on EVEREST loop in the same configuration than its current industrial installation have been performed for many years. However, this particular experiment was one of the first tests campaign with a detailed comparison between CFD results and experimental data obtained on EVEREST loop. This comparison was well enough to generate some other similar studies.

4 Flow metering assessment: mixing CFD and experiments

Since 2014, EDF R&D have performed several comparisons between CFD and experimental data based on EVEREST tests. Main scientific subjects were orifice

[a] http://code-saturne.org

plate flow metering accuracy [9] [10]. These studies aimed at calculating an orifice plate discharge coefficient with numerical simulations only. This work pointed out the need to increase the overall knowledge of main CFD uncertainties sources and to establish a validated uncertainty propagation method.

Test data obviously have to be accurate as well which entails an appropriate experimental approach. Thus, for orifice plate, this implies to be able to experimentally separate the flow metering influence quantities (downstream straight lengths of pipe, pipe circularity, pressure tappings angular position, pipe roughness, ...) in order to identify precisely experimental uncertainty sources. This identification is the key to perform relevant CFD and tests comparisons. It will be the first step towards using numerical simulations for a quantitative characterization of flow meters metrological performance.

5 Evolution of EVEREST loop

In the last twenty years, flow meters performance has been continuously improved by suppliers. In the same time, the required level of accuracy in industrial flow measuring systems have tremendously increased due to economic cost-effectiveness.

Flow meters metrological assessment tests need to be upgraded in order to remain relevant. EDF R&D has come to the conclusion that, improving flow meters accuracy investigations requires a comprehensive velocity profile understanding. Upgrading the EVEREST test bench has therefore become mandatory.

This objective led EDF R&D to the idea of re-designing the current EVEREST loop. Overall EVEREST flow metering uncertainty will also be upgraded by using Coriolis meters for flow reference. This feature will allow EDF R&D to seriously consider having a reference volume flow uncertainty of 0.2% from 30 $m^3.h^{-1}$ up to 1100 $m^3.h^{-1}$.

Moreover, in a near future, EVEREST will be able to provide not only a flow metering reference but also a flow profile reference for several industrial pipe configurations. This purpose will be achieved thanks to Laser Doppler Velocimetry (LDV) and Particle Image Velocimetry (PIV) systems which will be implemented on the new EVEREST loop. Specific flow meters metrological behavior can thus be assessed with well known velocity profiles. Knowing this main influence factor can lead to devices installation optimization and in-situ flow measurement corrections which can lower industrial flow meters uncertainties.

Velocimetry data will also allow EDF R&D to improve CFD and experimental comparisons on industrial pipe flow configurations by increasing the number of physical parameters which have to be investigated.

6 Conclusion

For twenty years, EVEREST loop has been a tremendous tool to increase flow metering influence quantities knowledge. This allowed EDF R&D to identify the global metrological behavior of innovative flow meters or to assess usual flow meters uncertainties under semi-industrial yet realistic installation configurations.

In the future, the next EVEREST loop will strengthen this feature and leads to accurate flow metering uncertainty calculations thanks to comprehensive velocity profile understanding.

References

1. C. Barbe, "BOUCLE EVEREST 2.0 - Caractérisation des mesures de débits références", EDF R&D, (2015)
2. Measurement of fluid flow by means of pressure differential devices inserted in circular-cross section conduits running full, Part 1: General principles and requirements, **ISO 5167-1** (2003)
3. Measurement of fluid flow by means of pressure differential devices inserted in circular-cross section conduits running full, Part 2: Orifice plates, **ISO 5167-2** (2003)
4. J. Veau, L. Ulpat, "Mesure de débit par ultrasons sur une tuyauterie en composite dans une centrale nucléaire", *15th International Congress of Metrology Proc.* (2011)
5. B. Kadir, "Mesure de débit par ultrasons - Mesure en conduite pleine - Mesure en conduite pleine", **r2265**, *Techniques de l'ingénieur*, (2012)
6. J. Veau, O. Piedfer, "Retour d'expérience d'une mesure de débit par diaphragme à EDF", 15th International Congress of Metrology Proc. (2011)
7. O. Deneux, J.M. Favennec, J. Veau, J. Antunes, O. Piedfer, "Using CFD for metrology prediction in flowmetering: RCS flow measurement with elbow taps", *ASME 2013 Power Conference Proc.* (2013)
8. O. Deneux, M. Arenas, "CFD and metrology in flowmetering: RCS flow measurement with elbow taps and its uncertainty", *16th International Congress of Metrology Proc.* (2013)
9. S. Benhamadouche, W.J. Malouf, M. Arenas, "Effects of meshing and RANS turbulence modelling on the numerical prediction of a flow through a square edged orifice in a round pipe", *IHAR 2015*, (2015)
10. N. Lancial, M. Arenas, H. Gamel, N. Dessachy, E. Thibert, J. Veau, "Pressure loss prediction by numerical simulations through a square-edged orifice in a round pipe", *FLOMEKO* (2016)

Measurement of temperature and gas concentration in a flame using a FTIR imager

M. A. Rodríguez[1], *G. Guarnizo*[1], *J. Meléndez*[1], *F. López*[1], *J. M. Mantilla*[2*], *M. J. Martin*[2], *D. del Campo*[2]

[1] LIR-Infrared Lab. Departamento de Física, Universidad Carlos III de Madrid, Av. Universidad, 30, Leganés, Madrid (Spain)
[2] Centro Español de Metrología, CEM, C/ del Alfar, 2. Tres Cantos, Madrid (Spain)

Abstract. Nowadays, determining the temperature of flames is a challenging measurement in industry. The EMPIR project 14IND04 EMPRESS, in its WP4, address these temperature measurements. The Infrared Lab at the Physics Department of Universidad Carlos III of Madrid (UC3M) has developed a technique for measuring the temperature of a standard flame, in collaboration with the Centro Español de Metrología (CEM). An Imaging Fourier Transform Spectrometer (FTIR) has been used to acquire the emitted radiation coming from the flame and establish its temperature through several processing stages. This equipment has been calibrated with standard radiation thermometers and blackbodies at CEM.

1 Introduction

Thermometry in flames needs to be non-invasive and non-perturbing and the "probe" must be capable of withstanding temperatures in the range of 700 °C to 2700 °C. These requirements indicate that optical methods will be a preferred option. The current state of the art in optical methods favours active probing using laser-based techniques but passive techniques such as emission spectroscopy are also possible. These techniques have been applied to situations such as spark-ignition engines, burner optimizations, high temperature gas furnaces and incinerators in an effort to improve processes efficiencies and for example, reduce pollutant levels. However, uncertainties are difficult to assess at these processes. Conservative estimates of uncertainty are often used and can typically amount to between 5% and 10% of the processes temperature.

The EMPIR project 14IND04 EMPRESS in its WP4 addresses this industrial challenge. The aim of this work package is to develop and characterise a portable standard flame with a known and reproducible temperature (over 1700 °C) and species concentrations [1]. Different groups will be brought together to calibrate the standard flame with different optical methods and to reduce uncertainty of measuring flames in industry.

The Infrared Lab at the Physics Department of Universidad Carlos III of Madrid (UC3M) has measured this standard flame, in collaboration with the Centro Español de Metrología (CEM). An imaging Fourier transform spectrometer (FTIR) has been used to acquire the emitted radiation coming from the flame.

2 Description

The device is based on a Michelson interferometer coupled to a InSb array of detectors (320x256 pixels) operating in the mid-infrared spectral range, from 1.5 µm to 5.5 µm (see fig. 1).

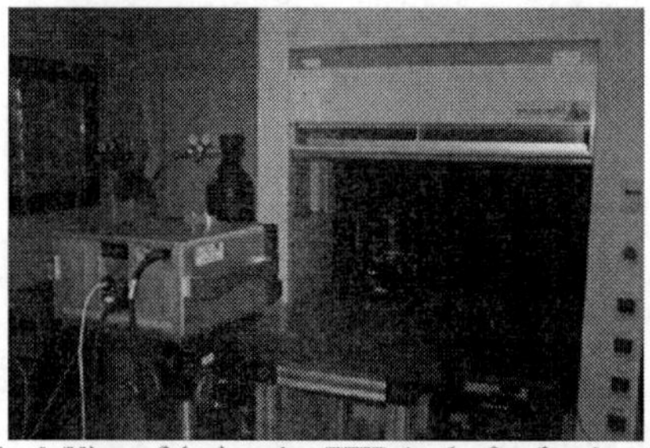

Fig. 1. View of the imaging FTIR (at the forefront) and the portable standard flame (at the background).

Blackbodies (BBs) and standard radiation thermometers (RTs) of CEM have been employed to calibrate the instrument for flame temperatures up to 2400 °C.

For the calibration at CEM, large aperture blackbodies of 70 mm of diameter have been used at 180 °C and 400 °C (see fig. 2). The BBs temperature has been measured with a RT HEITRONICS TRTII working at 3.9 µm, traceable to the national standards. Also, CEM has measured the thermal uniformity at 200 °C and 400 °C

* Corresponding author: jmmantilla@cem.minetur.es

Article available at http://cfmetrologie.edpsciences.org or https://doi.org/10.1051/metrology/201703001

across the 14 cm x 14 cm central area of a plane radiator, used to characterise the homogeneity of the FTIR's InSb detector array before flame measurements.

Fig. 2. View of the calibration facilities at CEM.

3 Results

A radiometric model [2] that takes into account background emission, atmospheric absorption, flame emission and flame absorption has been used to generate simulated radiance spectra.

The starting point is a radiative transfer model in the mid-infrared range (from 1.5 μm to 5.5 μm), that incorporates the high temperature absorption/emission parameters of combustion gases (mainly CO_2, CO and H_2O). Both temperature and species column densities are simultaneous obtained, for each pixel of the image, as a result of fitting measured spectra by the spectra provided by the model, as can be seen on figure 3. Since the model generates full radiometric simulations of the flame emission, it provides a quantitative estimation of the systematic errors due to temperature non-uniformity along the integration path.

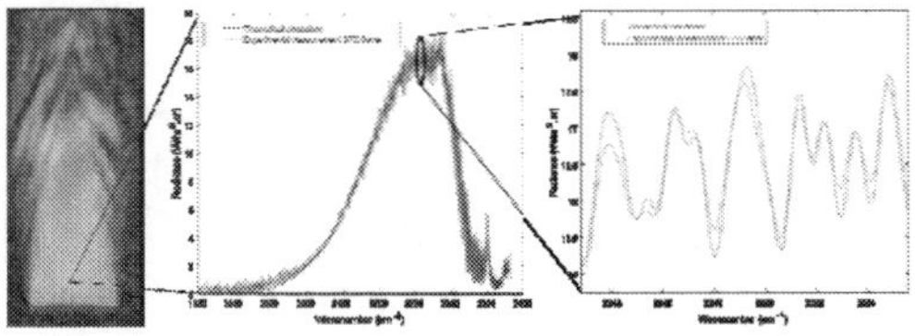

Fig. 3. Example of fitting between measured spectra and simulated spectra for a central pixel of the standard flame.

To make this approach operative, a full adaptation of the hyperspectral system to the specific problem of the flame radiance measurement has been performed in terms of dynamic range, spectral and spatial resolution and radiance calibration. It has been also necessary to develop ad-hoc processing procedures, specially focused on the correction of the flame's brightness fluctuations (flickering), data complexity reduction and signal to noise ratio enhancement [3].

The calibration has been made at 180 °C and 400 °C. Because of the principle of operation of the interferometer, that records the signal in the full spectral interval and provides spectral resolution by a Fourier Transform, blackbodies at moderate temperatures may cover the full scale radiance, due to the narrow spectral emission of the flame.

The stability (standard deviation) of the BBs is 0.11 °C at 400 °C and 0.09 °C at 180 °C. The emissivity of the BBs used for the calibration has been calculated with STEEP3® software and is 0.981 at 180 °C and 0.985 at 400 °C. The uncertainty in ε is 0.002 (k =2), this implies 0.26 °C at 400 °C and 0.12 °C at 180 °C (k = 2).

The RT HEITRONICS TRTII has been calibrated with respect to the standards of the laboratory (U = 0.3 °C). The final uncertainty of the temperature of the blackbodies is 0.5 °C.

Because the FTIR takes an image of the hot area, it is needed to determine the uniformity of the detectors array. This has been done with a large area radiator. The temperature uniformity of this radiator is shown in figure 4. It has been taken into account in the final uncertainty budget.

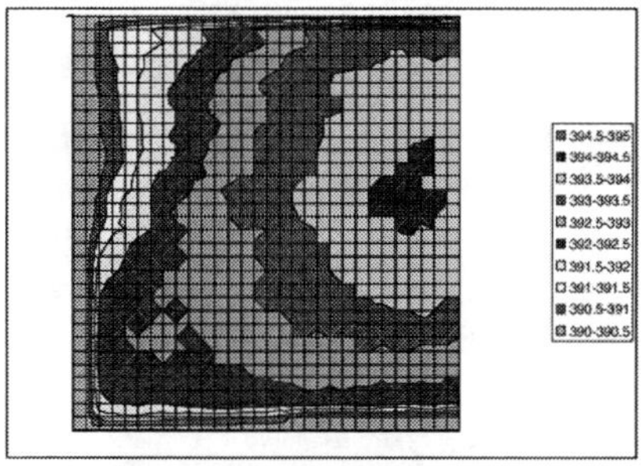

(a)

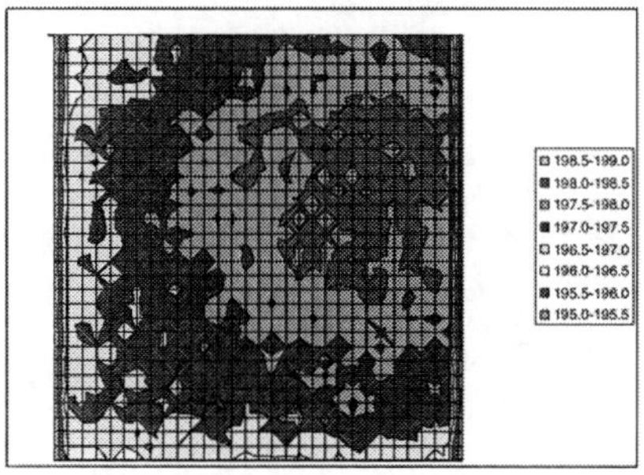

(b)

Fig. 4. Uniformity of the large area radiator used to determine the homogeneity of the imager FTIR (a) 400 °C (b) 200 °C.

The standard flame developed by NPL has been measured applying this technique and first results have been published [1]. A sample of the results obtained is shown in figure 5. The measurements done with FTIR

 DOI: 10.1051/metrology/201703001

match pretty with the ones done with Raleigh scattering technique (NPL) [1]. The preliminary differences are < 10 K a $T \cong 2250$ °C ($U = 0.6\%$ [5]).

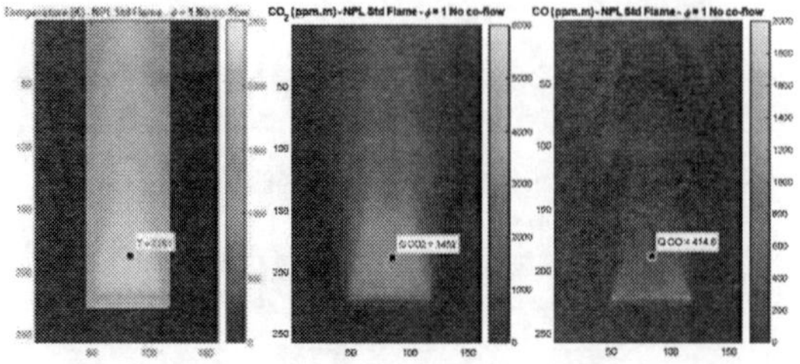

Fig.5. Images of physical features of the standard flame with an equivalent ratio value ϕ = 1, with N_2 co-flow. Left: Temperature. Centre: CO_2 column density. Right: CO column density. The particular value at a point located 20 mm above the burner centre is indicated in each image.

4 Conclusions

The temperature of a portable standard flame has been measured with an imaging FTIR with an uncertainty of 0,6% up to 2250 °C. The main advantages of this technique are:

- The simplicity of the experimental arrangement, that measures remotely and no intrusively, with a minimum setup.
- The capability of spatial resolution, that provides a wealth of useful information of flame structure. Since the hyperspectral imaging system acquires several hundred images of the flame per second, even flame dynamics can be studied,

Acknowledgements: This research is partially included in an EMPIR Joint Research Project 14IND04 EMPRESS, jointly funded by the EMPIR participating countries within EURAMET and the European

References

1. G. Sutton. EMPRESS Workshop, Glasgow, UK, (2017)
2. M. A. Rodríguez-Conejo, J. Meléndez. Appl. Opt. **54**(2), 141-9 (2015)
3. M. A. Rodriguez-Conejo. Doctoral thesis, UC3M (2016)
4. M. A. Rodríguez-Conejo, G. Guarnizo, J. Meléndez, F. López, M. J. Martín, J. M. Mantilla, D. del Campo. TEMPMEKO'16, Zakopane, Polonia (2016)
5. J. Meléndez, G. Guarnizo. Report on UC3M measurements on NPL standard flame. Internal Report, UC3M (2017)

EMPIR project TracePQM: Traceability routes for electrical power quality measurements

Věra Nováková Zachovalová[1*], *Antoaneta* Yovcheva[2], *Javier* Diaz de Aguilar[3], *Raul* Caballero Santos[3], *Damir* Ilić[4], *Jasmina* Lončarević[5], *Bruno* Trinchera[6], *Kristian* Ellingsberg[7], *Hervé* Ndilimabaka[8], *Aristo* Philominraj[8], *Andrei* Pokatilov[9], *Oliver* Power[10], *Boštjan* Voljč[11], *Valter* Tarasso[12], and *Hüseyin* Çaycı[13]

[1]Czech Metrology Institute (CMI), Okružní 31, 638 00 Brno, Czech Republic
[2]Bulgarian Institute of Metrology (BIM), Boulevard G.M. Dimitrov 52-B, 1040 Sofia, Bulgaria
[3]Centro Español de Metrología (CEM), C/del Alfar 2, 28760 Tres Cantos, Madrid, Spain
[4]Sveuciliste U Zagrebu Fakultet Elektrotehnike I Racunarstva (HMI-FER/PEL), Unska 3, 10000 Zagreb, Croatia
[5]Institut za mjeriteljstvo Bosne i Hercegovine (IMBIH), Augusta Brauna 2, 71000 Sarajevo, Bosnia and Herzegovina
[6]Istituto Nazionale di Ricerca Metrologica (INRIM), Strada delle Cacce 91, 10135 Torino, Italy
[7]Justervesenet (JV), Fetveien 99, 2007 Kjeller, Norway
[8]Laboratoire national de métrologie et d'essais (LNE), 1 rue Gaston Boissier, 75724 Paris Cedex 15, France
[9]AS Metrosert (Metrosert), Teaduspargi 8, 12618 Tallinn, Estonia
[10]National Standards Authority of Ireland (NSAI), 1 Swift Square, Santry, Dublin 9, Ireland
[11]Slovenski Institut za Kakovost in Meroslovje (SIQ), Tržaška cesta 2, 1000 Ljubljana, Slovenia
[12]RISE Research Institutes of Sweden AB, PO Box 857, E-50115, Borås, Sweden
[13]Turkiye Bilimsel ve Teknolojik Arastirma Kurumu (TUBITAK), Ataturk Bulvari 221, 06100 Ankara, Turkey

Abstract Increasing demand for traceable, accurate measurements of power and power quality (PQ) parameters has resulted in an intensive metrology research effort in this area. This paper describes the objectives and activities of EMPIR project 15RPT04 TracePQM, jointly funded by the European Union and the participating countries. The overall goal of this project is to develop and validate a modular, well documented metrology grade system for the measurement of power and PQ parameters using digital sampling techniques. The first results of the research project, including the description of the system design, the software structure, results of the stability tests on wideband digitizers, and the acquisition of extended waveform records using a digitizing multimeter are presented.

1 Introduction

Electrical energy is a traded product that must be quality assured. Contractual obligations of suppliers to customers, grid design, power factor correction and harmonic mitigation all require reliable measurement of power quality parameters. It is essential that different PQ analyzers yield comparable results. With the diversification of electric power generation to include sources with fluctuating output power such as solar and wind, and the proliferation

*Corresponding Author: vnovakovazachovalova@cmi.cz

of non-linear loads connected to the grid, the measurement of electrical power and power quality (PQ) has become even more important. There is an increasing demand for access to traceable calibrations of PQ measuring instruments and calibrators which has led, in turn, to research and development of reference standards for PQ.

Thirteen categories of measurable parameters relating to power quality are listed in the international standard IEC 61000-4-30 Ed.3 [1]. Many of these parameters are associated with complex waveforms and their measurement is not straightforward. Traditional measuring methods based on thermal converters only provide information about the root mean square value of the measured signal and are not suitable for the task, so alternative measurement techniques are required. At the reference level, a few national metrology institutes (NMIs) have developed metrology grade power and PQ measurement systems based on digital sampling techniques [2-8]. These measurement systems are complex and the resources required to design, build and validate them challenges even larger NMIs.

To address the need for traceability of PQ measurements, a European wide network of such standards is required and it was with this in mind that the TracePQM project, described below, was conceived. Performing the research in the frame of a joint research project will pool existing knowledge and resources and avoid duplication of research effort and the consequent waste of resources The overall objective of the project is to design, construct, validate and describe a modular, metrology grade measurement system for power quality parameters by building on existing knowledge and expertise in the field. The main features of the measurement set-up will be its modular and flexible design, to cater for commonly used hardware components, to allow new digitizers or PQ algorithms to be easily incorporated, and an open software tool for instrument control, data acquisition and data processing. A good practice guide will assist users to build and validate a PQ measurement system to meet their needs.

The project consortium is introduced in section 2. Section 3 outlines the project objectives and the proposed work programme. In section 4, the first results, including the review of existing reference measurement systems, the system design and software structure and some results on tests on the hardware components are given.

2 Project Consortium

TracePQM is a three year project that was launched in June 2016. It is coordinated by the Czech Metrology Institute and, in total, thirteen EU NMIs from Czech Republic, Bosnia and Herzegovina, Bulgaria, Croatia, Estonia, France, Ireland, Italy, Norway, Slovenia, Spain, Sweden, and Turkey are contributing to the work. In addition, several industrial concerns and universities are involved as collaborators. A stakeholder committee comprising members from distribution service operators, instrument manufacturers, academic research bodies, and test and calibration laboratories has been established to provide guidance and advice. This will ensure that the project outcomes are relevant to the PQ community.

3 Project Objectives and Work Programme

Successful implementation of a reference standard for power and PQ parameters based on digitising techniques requires the development of both hardware and software elements .To meet the project goal, TracePQM has four main technical objectives:

1. To design a modular, metrology grade measurement setup for sampled electrical power and PQ parameters measurements, including a review of existing measurement and calibration methods, associated hardware and software,

investigation of the optimum use of equipment already available within the NMIs and extension of traceability for power and PQ measurements up to 1 MHz.
2. To develop and validate a modular measurement setup for sampled electrical power and PQ parameters measurements, which can be easily established at NMIs and at other organisations. The target uncertainties of the modular measurement setup are to be at least four times smaller than the tolerances specified in documentary standards for PQ meters
3. To develop an open software tool for instrumentation control, data acquisition and the calculation of electrical power and PQ parameters with full uncertainty estimation.
4. To develop and make available a good practice guide for the assembly and operation of the modular measurement setup including the calibration of all components so as to establish full traceability to the SI of the electrical power and PQ parameters measured. The guide will include the manual for the open software tool to assist users in the extension and modification of the modular measurement setup.

The work on this project is organised in six work packages (WP), three of which are concerned with technical and scientific matters. The first WP deals with the design, construction and validation of the measurement set-up. In fact, two designs are needed to cover the entire frequency range. Novel features of this WP include: (i) The extension of measurement and calibration capabilities for power and PQ quantities up to a frequency of 1 MHz, (ii) Continuous sample streaming using sampling digital multimeters to enable the capture and processing of extended waveforms, and (iii) improved characterisation of transducers and digitizers up to 1 MHz. In the second WP an open software tool suitable for handling high performance digital sampling systems is being developed. This software tool will: (i) be able to identify the sampling hardware equipment (ii) interact with the experimental modular measurement setup so as to ensure a direct means for the simultaneous sampling of waveforms from voltage and current transducers and (iii) provide fast and transparent calculation of power and PQ parameters and their associated uncertainties. Since the ultimate objective of the project is to assist laboratories to efficiently establish a metrology grade PQ measuring set-up that meets their needs, the production of a comprehensive good practice guide, which is the task of WP 3, is an important one.

4 Results and achievements so far

4.1 Review of existing PQ reference standards

A review of existing measurement setups, calibration methods, and voltage and current transducers for the measurement of power and PQ parameters in use by most NMIs worldwide, and already published in the literature, was conducted to serve as a basis for the design of the new modular setup. Moreover, an international survey of existing methods and their main features has been circulated, targeting European and international NMIs. Answers from 17 NMIs have been collected and analysed.

Several different types of digitizers (i.e. Keysight 3458A, National Instruments 5922/9239/4462) are used in existing setups. The setups use current and voltage transducers to scale input currents and voltages. Most commonly used voltage transducers are resistive voltage dividers, but in some cases inductive voltage dividers or voltage transformers are used. Resistive current shunts are widely used as current transducers. Current transformers were found to be used only occasionally.

The review also showed how the voltage/current channel synchronization and subsequent data processing of the waveforms differs depending upon the purpose or required uncertainty. Two main methods were identified: (i) No hardware (HW) modification or external HW are required at the cost of extensive, robust post-processing of the waveforms before any actual parameter calculation can be done, (ii) HW modification and external custom-built HW components with much less signal post-processing.

4.2 Design of the modular PQ measurement setup

The results of a preliminary survey conducted amongst the partners indicated that most laboratories have access to either sampling DMMs such as Keysight 3458A multimeter or to wideband digitizers (mostly National Instruments NI-5922).
The contradictory requirements on the setup design (to ensure both the lowest possible uncertainties and the highest possible bandwidth) cannot be met by a single measurement setup. Therefore the new design needs to consist of two setups, one of which will cater for low frequency (LF) measurements at the best accuracy level and the other for wideband (WB) measurements, but with reduced accuracy.

The review of existing measurement setups identified three candidates for the new LF system based on 3458A multimeter and one candidate for the new WB system based on NI-NI-5922 digitizer.
The three candidate LF-systems are:

1) synchronized by external 10 MHz, 3458A ext trig from Arbitrary Waveform Generator(AWG) – both generation of waveforms and measurements are synchronized via a common 10 MHz. When 3458A multimeters are used as samplers, they have no 10 MHz synchronization input so the sampling must be derived from a synchronized pulse generator or arbitrary waveforem generator;
2) synchronized by software or hardware – the sampling is derived from a trigger synchronization hardware, either built around a phase-locked loop or a synchronized pair of frequency counter and pulse generator;
3) non/semi-synchronous sampling – synchronization is achieved by post-processing the simultaneous waveforms, e.g. re-sampling based on sinc interpolation method and FFT.

Each design has advantages and drawbacks, the final choice depending on which is deemed most important.

The WB system is based on dual NI-5922 samplers, asynchronous with respect to measured signals, or indirectly synchronous through a common frequency reference. The macro setup based on NI-5922 digitizers has the advantage of being easily adaptable from a single phase to a three phase measurements system. It is applicable not only to emerging research activities conducted in NMIs but also to calibration of the new class of polyphase PQ analyzers, which are designed for power network monitoring and able to reach an accuracy of the order of 0.03%.

With respect to the use of precision digitizers for the design of the WB system, the main features are:

- flexible vertical resolution depending on the sampling frequency;
- several synchronization and clocking strategies depending on the kind of PQ parameters under investigation;
- reconfigurable digital platforms for traditional, real time measurements and continuous acquisition for long time measurements beyond the capabilities of internal memory;
- Simple synchronization of single digitizers for a polyphaser digitizer suitable for three-phase PQ measurements.

4.3 Software structure

Initial discussions has led to the identification of the software requirements and to a proposal for the software structure. The main requirements of the software were considered as follows:

- Simple expandability of the software by means of modular design. This will lead to flexible addition of new types of digitizers and algorithms for data processing;
- Fast identification of the hardware and initialisation of the ADC acquiring parameters;
- Storage of data and results in transparent and human readable (where possible) format;
- Separated modules for hardware control, data processing and graphical user interface;
- Estimation of power and power quality quantities;
- Uncertainty calculation (accurate but usually slow) or, where possible, estimation based on previous uncertainty analysis (fast estimate for interactive measurements).

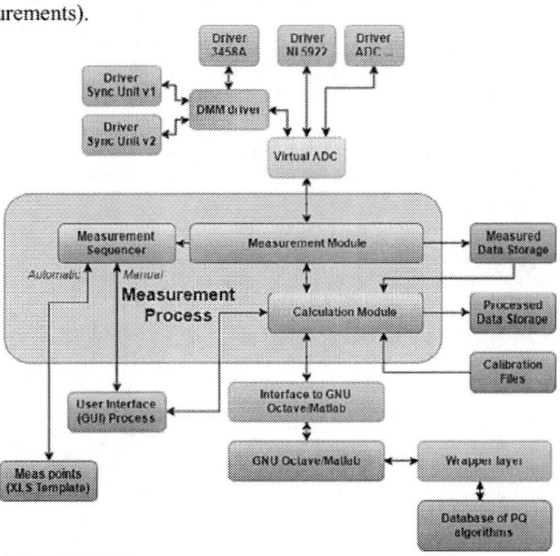

Fig. 1. Proposal for SW structure

The proposed SW structure shown is in Figure 1. The software will consist of several modules: measurement sequence generator; measurement module; hardware control; data storage; results calculation.

The key methods to reach modular structure relies on virtualization of digitizers and virtualization of calculation algorithms. The virtualization of digitizer provides the translation of device specific hardware commands to a generalized form. Different digitizers are controlled by different commands or communication interfaces however all digitizer have same types of properties (e.g. sampling frequency, range etc.) and methods (e.g. start sampling, acquire sampled data, etc.). Virtualization will simplify any future addition of new digitizers to the software and ensure simple extensibility and higher usability for users outside the consortium. The control and data acquisition part of the software will be developed in environments LabVIEW and LabWindows/CVI.

The virtualization will be also used for algorithms used to calculate power and power quality quantities. Typical inputs into all algorithm for power quality are, for example, sampled data and sampling frequency, although every algorithm use different names for variables. Such virtualization was already achieved in the toolbox QWTB [9]. This toolbox aggregates algorithms required for data processing of sampled measurements. QWTB already contains virtualization interface because it contains data processing algorithms from different sources. QWTB will be directly used in this project. QWTB was developed using high-level interpreted languages Matlab and GNU Octave.

The separation of the data acquisition and data calculation will make the data processing transparent. The same set of calculation scripts will be used for calculation of parameters from the acquired data and for the uncertainty or sensitivity analysis or even simulations. Therefore it will be easy to validate calculations independently of the measurement hardware. All parts of the system, the hardware control, data acquisition, data processing etc., will be integrated so it will appear to the user as one interactive application.

4.4 Investigation of the selected digitizers

4.4.1 NI-5922 Digitizer

The short term stability and temperature dependence of the NI-5922 internal reference was analysed. A chassis containing several NI-5922 modules was placed in a thermo-regulated air bath whose temperature was cycled linearly from (23 to 30) C over 3 days. The measured temperature dependence of the gain was linear, repeatable with a relative temperature coefficient in the range (-8 to -14) µV/(V°C).

The repeatability of the self-calibration feature of the NI-5922 was investigated. As shown in figure 2 the NI-5922 gain, after self-calibration, exhibited considerable variability with a standard deviation of 20 µV/V with occasional deviations of up to -90 µV/V (red diamonds in figure 2).

The following procedure to reduce the standard deviation of the self-calibration feature was tested. First, the NI-5922 was connected to an unknown but stable voltage source *U*ref. The self-calibration of the digitizer was performed and the digitizer reading $U_X(n)$ recorded. This sequence of calibration and measurement was repeated *N* times and the average digitizer reading *U*x was calculated (blue diamonds in figure 2). The gain error after the last self-calibration G_E can be evaluated as $G_E=U_X(N)/U_X$-1. Next the digitizer was connected to the device under test and the measurement proceeds. The result was corrected using G_E. Thus the fluctuation due to the self-calibration routine was reduced by a factor of approximately $1/\sqrt{N}$.

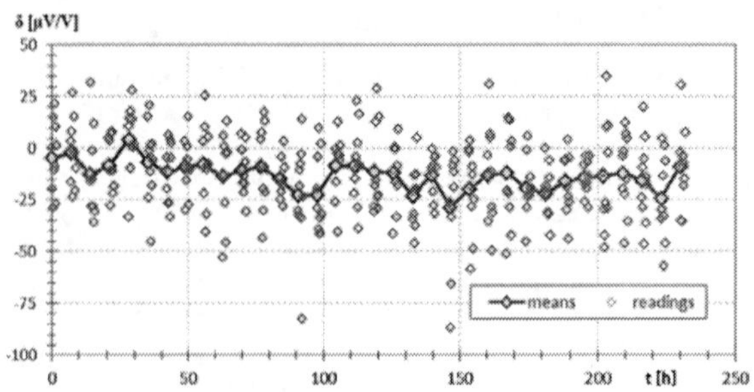

Fig. 2. Example of self-calibration repeatability

This technique can be used to reduce the standard deviation of the NI-5922 whereas the absolute gain is still defined by its internal reference. When combined with correction of the gain by measurement of temperature of the ADC it can reduce gain errors and short term drifts down to about one half of datasheet values without having an external source of known reference voltage. Further investigation of other ADCs is needed in order to validate the conclusions.

The input admittance of several NI-5922 units has been measured and a strong frequency dependence of input impedance was identified. This is very important for HF measurements where the current shunt or voltage divider will be loaded by the frequency-dependent input admittance of the NI-5922. Further investigation of the stability of the input admittance is in progress.

4.4.2 Keysight 3458A Multimeter

3458A multimeters are usually equipped with internal memory so that the samples are stored in memory in real time even at the highest sampling frequencies. When sampling is terminated, the stored values can be read from memory. However, the size of the internal memory is limited and, at the highest sampling frequency, only a few seconds of the sampled waveform can be captured. This relatively short time interval is insufficient for some power and power quality measurements so a different approach is required.

In our approach, we directly connected the 3458A to a PC via NI USB-GPIB controller. The 3458A is initialized, i.e. we define the aperture, number of readings (NRDGS), sampling frequency, and voltage range, set DVC digitizing and read the scaling factor (ISCALE). The triggering is set to AUTO (TRIG AUTO) and arming to SYN (TARM SYN). This configuration starts sampling immediately after the USB port is ready to receive the data. The samples are then transferred from DMM to internal PC's memory one by one until the predefined total number of samples is read. However, the maximal NRDGS supported by the 3458 is limited to a maximum of 16777 512. If a higher number of samples is required the reading loop needs to be repeated. This approach is compatible for different generations of 3458A models and allows continuous sampling even at the highest supported sampling frequencies (i.e. 100 kHz for SINT and 50 kHz for DINT memory format) since the USB bus allows smooth data transfer in real time. Additionally, the total number of samples is virtually limited only by the memory size of the PC. One major drawback of the approach is the missing samples between the loops (about 40 ms) when another reading loop to be reinitiated.

If PQ measurements need sampling of more waveforms (i.e. voltage and current, voltage in three phases etc.), the approach described above should be modified to allow connection and sampling of at least two (or several) multimeters. A few solutions might be possible:

- development of specially designed external hardware (memory) which would allow simultaneous writing of the data received from the GPIB and simultaneous reading from the PC (this solution is currently under investigation),
- two (or more) 3458A multimeters connected through two (or more) NI GPIB-USB controllers connected to one PC (the solution might not be appropriate especially when high sampling frequencies are needed),
- two (or more) 3458A multimeters, connected through two (or more) NI GPIB-PCI cards inserted in one PC (this solution is currently under investigation),
- two (or more) 3458A multimeters, connected through two (or more) NI GPIB-USB controllers connected to a master and slave PC.

The last solution was successfully tested and is currently fully operational. In this case, we need to connect the external output of the master 3458A to the trigger input of the slave 3458A and set the multimeters accordingly. Most settings (TARM, aperture, sampling frequency, NRDGs and number of loops) are the same but the master multimeter is set to EXTOUT, APER, NEG and slave to TRIG EXT. In this configuration, the software for the slave is started first. The slave multimeter is initialized and waits for an external trigger from the master in order to start the first loop. Then the software for the master is started. After initialization of the master, it triggers the slave and afterwards both multimeters synchronously sample the waveforms. The measured delay between the master and slave due to triggering and non-synchronized internal clock is of the order of 1 μs.

5 Conclusion

The objectives and planned work programme of TracePQM, "Traceability Routes for Power Quality Measurements", a joint research project to develop a modular metrology grade measurement system for PQ parameters, has been described. Based on a comprehensive review of existing PQ measurement systems, three candidates for an LF measurement set-up based on Keysight 3458A multimeter, and one for a HF system based on an NI-5922 digitizer have been identified. A software structure has been outlined which is flexible and can be readily adapted to incorporate hardware changes or the addition of new algorithms. Performance tests on the NI-5922 digitizer have shown a relative temperature coefficient in the range (-8 to -14) μV/(V°C). The variability of the digitizer gain due to repeated operation of its self-calibration feature has been studied and a method of improving its performance is suggested. A method of overcoming the limited size of the Keysight 3458A multimeter's internal memory has been implemented so that extended waveforms can be sampled at the multimeter's highest sampling frequency.

Acknowledgement

This project has received funding from the EMPIR programme co-financed by the Participating States and from the European Union's Horizon 2020 research and innovation programme. This paper reflects only the author's view and EURAMET is not responsible for any use that may be made of the information it contains.

References

[1] *Electromagnetic Compatibility (EMC) Part 4: Testing and Measurement Techniques Section 30: Power Quality Measurement Methods*, IEC 61000-4-30, 2015.
[2] R. Iuzzolino, G.K. Ihlenfeld, IEEE Trans Instrum. Meas., **56**, 426-430 (2007)
[3] H.E. Van den Brom, D. Hoogenboom, 29th Conference on Precision Electromagnetic Measurements, 82-83, (2014)
[4] R. Lapuh, B. Volic, M. Kokali, B. Pinter, Z. Svetek, M. Lindic, 29th Conference on Precision Electromagnetic Measurements, 76-77, (2014)
[5] T. Lehtonen and J. Hallstrom, 29th Conference on Precision Electromagnetic Measurements, 78-79, (2014)
[6] E. Mohns, S. Fricke, C. Jaschke and P. Schneger, 2015 IEEE International Workshop on Applied Measurements for Power Systems (AMPS), 13-18 (2015)
[7] G. Gubler, 27th Conference on Precision Electromagnetic Measurements, 206-207 (2008)
[8] Lu Zuliang, Wang Lei, Li Min, Liu Lijuan and Shou Hao IEEE Trans. Instrum. Meas., **59**, 180-187, (2010)
[9] M. Šíra M., S. Mašláň, V. Nováková Zachovalová, 30th Conference on Precision Electromagnetic Measurements, 1-2 (2016)

Métrologie électrique basse fréquence et radiofréquence appliquée aux circuits 3D empilés

Djamel Allal[a], Alexandra Delvallée, Mohammad Saif Khan

Laboratoire National de Métrologie et d'Essais LNE, France

Abstract. This paper presents the work carried out at LNE in the framework of an EMPIR Joint Research Project "Metrology for manufacturing 3D stacked integrated circuits" in order to develop traceable measurement capabilities for structural and chemical defects inspection in high aspect ratio through silicon vias and wafer/chip bonding and thinning and accurate measurement techniques for thermal and electrical materials characterisation at the nanoscale of the vias in 3D stacked electronic circuits. Apart from coordinating the project, LNE is participating technically in the field of electrical metrology where different techniques in the low frequency and radiofrequency ranges are applied to characterize the vias in terms of resistivity and RF losses.

1 Introduction

Les travaux présentés sont réalisés dans le cadre d'un projet de recherche européen du programme EMPIR[(*)] intitulé « Metrology for manufacturing 3D stacked integrated circuits » dans le but d'apporter des solutions métrologiques pour améliorer les processus de fabrication de circuits intégrés 3D empilés reconnus comme un atout de croissance pour l'industrie des semi-conducteurs [1].

Ce projet a commencé en juin 2015 pour une durée de trois ans et implique neuf partenaires issus de six pays européens, incluant cinq Laboratoires nationaux de métrologie : LNE, CMI, METAS, NPL et PTB, trois organismes de recherche renommés : CEA, Fraunhofer et imec et un industriel, acteur reconnu de ce secteur : UnitySC.

Le projet a pour objectif de développer des possibilités de mesure traçables pour notamment l'inspection de défauts chimiques et structurels dans les vias de cuivre dans les couches de silicium ou TSV (Through Silicon Via en anglais) qui permettent d'établir les liaisons électriques entres les composants des différentes couches du circuit empilé et également lors du collage et de l'amincissement de substrats et de puces et développer des techniques de mesure thermiques et électriques pour la caractérisation de matériaux à l'échelle nanométrique des TSV dans les circuits 3D empilés.

Le LNE coordonne ce projet et réalise des travaux, d'un point de vue technique, dans le domaine de la métrologie électrique où différentes méthodes sont appliquées pour caractériser les TSV à fort rapport de forme ou HAR STV (High Aspect Ratio TSV). Ces techniques couvrent les domaines basse fréquence (BF) et radiofréquence (RF) et ont pour but de caractériser la résistivité et les pertes RF de ces TSV.

Dans le domaine BF, deux techniques de mesure sont appliquées pour réaliser la caractérisation électrique des TSV présents dans les couches de silicium.

Pour la première technique, un système expérimental est mis en place pour la caractérisation du cuivre nanostructuré et utilise quatre pointes BF permettant des mesures à l'échelle micrométrique dans le but d'évaluer l'effet de l'espacement entre les pointes sur la mesure de résistivité, sachant que la traçabilité de cette dernière est établie via l'étalonnage des instruments par rapport aux étalons de tension et de courant du LNE.

La seconde technique utilise un ResiScope qui est un ohmmètre associé à un microscope à force atomique (AFM) à pointe conductrice et qui permet de réaliser des mesures locales de résistance sur une très grande dynamique [2].

Dans le domaine RF, deux techniques de mesure sont également appliquées et permettent de déduire des paramètres électriques de base tels que la résistivité, à partir de paramètres typiquement mesurés dans les domaines RF et micro-onde.

La première technique utilise un microscope micro-onde à balayage ou SMM (Scanning Microwave Microscope) qui est un système de mesure associant un AFM à pointe conductrice avec un analyseur de réseau vectoriel (VNA). Le SMM permet de mesurer les propriétés de transport électrique locales telles que la résistivité et la conductivité électriques à l'échelle nanométrique dans les TSV emplis de cuivre. Le SMM peut également être utilisé pour la détection de trous à l'intérieur des TSV en développant une technique qui s'appuie sur l'effet de peau en faisant varier la fréquence

[a] Djamel Allal : djamel.allal@lne.fr

du signal RF en allant des fréquences MHz aux fréquences GHz [3].

La seconde technique s'appuie sur des mesures de paramètres S (rapports d'ondes électromagnétiques en réflexion et en transmission) en utilisant un VNA associé à une station sous pointes utilisant des sondes RF et permettant de faire des mesures de quelques GHz à une centaine de GHz sur des structures contenant des TSV et réalisées spécifiquement, pour l'extraction des paramètres électriques tels que la résistivité et la conductivité. La structure inclut des lignes coplanaires ou CPW (CoPlanar Waveguide) aux recto et verso du substrat de silicium et des TSV pour réaliser la liaison électrique entres les tronçons des deux faces du substrat [4]. Des modèles physiques par éléments électrique discrets associés à des simulations électromagnétiques 3D sont alors confrontés aux mesures électriques pour extraire les paramètres électriques des TSV et détecter d'éventuels défauts tels que des trous ou des inclusions d'éléments conducteurs ou diélectriques.

2 Réalisation des TSV

Les structures contenant des TSV (échantillons) sont réalisées par les partenaires CEA, Fraunhofer et imec et sont fournies aux autres partenaires pour effectuer les mesures et caractérisations diverses telles que prévues dans le protocole technique du projet.

Concernant le TSV lui-même, c'est-à-dire la réalisation d'une couche de silicium contenant des TSV, la première étape est la gravure qui permet de réaliser les trous ou vias et la deuxième étape est le dépôt métallique de cuivre qui permet le remplissage des vias. En fonction des techniques de mesure, une troisième étape est l'amincissement de la couche de cuivre superficielle permettant l'accès direct aux TSV.

Figure 1. Modèle de mesure dans le cas de la mesure d'une charge

Cette étape d'amincissement est nécessaire pour l'empilage de différentes couches de silicium car ce sont les TSV eux-mêmes qui réalisent les interconnexions entre les composants des différentes couches de silicium, et la couche superficielle, si elle n'était pas amincie ferait court-circuit entre les différent points de contact. Une quatrième étape enfin est le collage entre différentes couches de silicium, important d'un point de vue métrologique notamment dimensionnel et lié à l'alignement des différents points de contact électrique.

Sur la Figure 1 ci-dessus, la coupe longitudinale d'un TSV est présentée, d'après une image réalisée à l'aide d'un microscope électronique à balayage. On peut noter le rapport de forme élevé entre la profondeur (50 µm) et le diamètre du via variant de quelques micromètres.

3 Systèmes de caractérisation par des techniques à basse fréquence

Afin de réaliser les mesures par la méthode des quatre pointes, le laboratoire s'est doté d'une station de test sous pointes 150 mm avec des positionneurs à résolution micrométrique et des pointes avec des rayons de 1 µm et 500 nm permettant de scruter des détails de taille inférieure au micromètre.

D'autre part, le laboratoire s'est également doté d'un ResiScope [2] qui permet de réaliser des mesures de résistance sur une dynamique de 10 décades (10^2 Ω à 10^{12} Ω), à une cadence pouvant atteindre 5 kHz. Grâce à l'utilisation d'un mode à contact intermittent, l'absence de friction et le contact ponctuel à force constante de la pointe sur l'échantillon permettent d'obtenir des mesures quantitatives sans abimer la surface des échantillons délicats.

4 Systèmes de caractérisation par des techniques radiofréquences

Le premier système RF, un SMM [3] permet en associant un AFM à pointe conductrice avec un VNA, de réaliser des mesures de S_{11} (paramètre S correspondant à un facteur de réflexion) qui donne une information sur les matériaux scruté par la pointe de l'AFM compte tenu de la structure, des propriétés électromagnétiques de ses constituants et de son couplage électromagnétique avec la pointe de l'AFM. En fonction de la fréquence de travail, la profondeur de pénétration des ondes électromagnétiques varie (effet de peau) et une information quant à la présence de défauts comme par exemple des trous dans le TSV peut être détectée.

Le second système utilise également un VNA qui est associé cette fois-ci à une station sous pointes utilisant des sondes RF permettant de mesurer les paramètres S de composants réalisés sur puce, en l'occurrence des lignes de transmission CPW traversant deux fois (ou plus) un substrat de silicium en utilisant des TSV. En analysant la réponse fréquentielle de lignes CPW de différentes longueurs et de différents nombres de traversées, il est possible d'extraire la réponse, dans le domaine micro-onde des TSV et de déduire un paramètre électrique de base tel que la résistivité électrique.

Sur la Figure 2 ci-dessous deux masques sont montrés avec à gauche et à droite respectivement, deux et quatre traversées du substrat par TSV. Les sens des hachures, différents, indiquent des métallisations sur deux niveaux différents de substrat, reliés par des TSV repérés par des cercles.

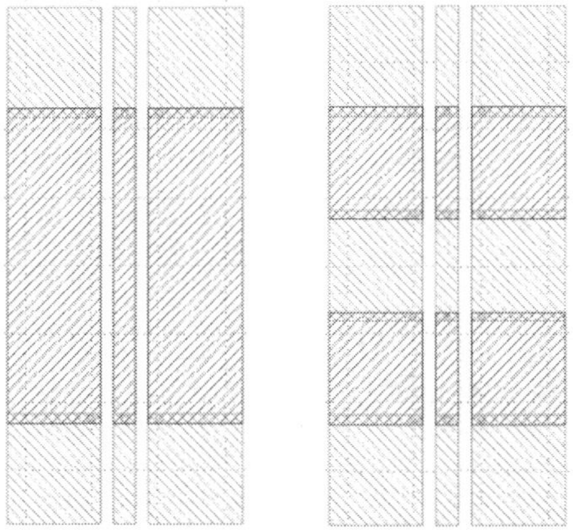

Figure 2. Masque de lignes de transmission coplanaires incluant des traversées de substrat à l'aide de TSV

6 Conclusion

Cet article a présenté les moyens mis en œuvre au LNE pour le projet européen « Metrology for manufacturing 3D stacked integrated circuits » mené dans le cadre du programme EMPIR. Ces moyens sont des systèmes de mesure électrique opérant dans les domaines basse fréquence et radiofréquence et permettant d'extraire les caractéristiques électrique de base telles que la résistivité électrique, à des échelles micrométrique et nanométrique, pour évaluer la performance électrique des TSV pour l'interconnexion des différentes couches constituant les circuits 3D empilés. Ces caractérisations dans le domaine électriques sont associées à d'autres types de caractérisations, dimensionnelles, structurelles, chimiques et thermiques, réalisées par les autres partenaires du projet dans le but d'aider les industriels à améliorer les processus de fabrication des circuits intégrés 3D empilés.

Références

1. A European Industrial Strategic Roadmap for Micro- and Nano-Electronic Components and Systems, Reports and studies (2014)
2. P. Chrétien, I. Estevez, O. Schneegans, F. Houzé, International SPM Usermeeting, Barcelone, Spain, (2008)
3. H. P. Huber, et.al. Rev. of Sci. Inst. **81**, 113701 (2010)
4. Y. S. Cho and R. R. Franklin, 40th EuMC, pp. 113-116, Paris, France (2010)

(*) The EMPIR initiative is co-funded by the European Union's Horizon 2020 research and innovation programme and the EMPIR Participating States.

Comparaison inter-laboratoires : étalonnage des instruments volumétriques à piston

*Boris GEYNET**

CT2M, Route de Lançon, Centre des Creusets, 13250 Saint-Chamas, France

Résumé. En 2016, le CT2M a organisé une comparaison inter-laboratoires sur l'étalonnage des micropipettes à laquelle 32 laboratoires ont participé. Parmi eux, il y avait des laboratoires d'étalonnage (accrédités et non accrédités) mais également des laboratoires d'essais réalisant les étalonnages et/ou contrôles de leurs micropipettes en interne. Le traitement des résultats a été réalisé selon les principes statistiques de l'ISO 13528 et en respectant les exigences de l'ISO 17043. Cet article présentera l'organisation de cette comparaison inter-laboratoires ainsi que les résultats obtenus. Les performances des participants sont évaluées et une interprétation des résultats est proposée afin de mettre en évidence les paramètres d'influence prépondérants sur les résultats d'étalonnage des instruments volumétriques à piston.

1 Introduction

Les organismes accréditeurs demandent aux laboratoires accrédités de participer régulièrement à des comparaisons inter-laboratoires afin de prouver leur aptitude à réaliser des essais ou des étalonnages. Depuis plusieurs années, le CT2M organise des essais inter-laboratoires dans des domaines variés afin de répondre à ce besoin. En 2016, une comparaison inter-laboratoires a été organisée sur l'étalonnage des pipettes à piston. 32 laboratoires ont participé à ce circuit qui s'est déroulé de Mars 2016 à Février 2017. Parmi eux, il y avait des laboratoires d'étalonnage (accrédités ou non) ainsi que des laboratoires d'essais réalisant en interne les étalonnages et/ou contrôles de leurs micropipettes.
Cet essai d'aptitude a été organisé conformément aux exigences de l'ISO 17043, le traitement des résultats et l'étude des performances des participants a été réalisé selon les principes de l'ISO 13258. Les résultats obtenus sont présentés dans cet article.

2 Organisation du circuit

2.1 Entités soumises à l'essai d'aptitude

Les instruments servant de supports de comparaison pour ce circuit étaient trois micropipettes à volume variable :

- Appareil volumétrique à piston, type A - BIOHIT 10191041 - volume variable 5-50µl
- Appareil volumétrique à piston, type A - EPPENDORF 278993A - volume variable 20-200µl
- Appareil volumétrique à piston, type A - RAININ E1120249T - volume variable 100-1000µl.

Ces instruments ont été choisis afin de couvrir la gamme des volumes couramment utilisés dans les laboratoires. Par ailleurs, des instruments de marque et modèle différents ont volontairement été choisis de façon à être représentatif des équipements utilisés par les laboratoires.

2.2 Protocole de réalisation des essais

La méthode d'étalonnage préconisée était la méthode gravimétrique selon la norme ISO 8655-6, avec 10 pesées. Toutefois, toute autre méthode pouvait être utilisée par les participants ne disposant pas des moyens nécessaires pour mettre en œuvre cette méthode de référence. 31 participants ont utilisé la méthode de référence, un seul laboratoire ayant mis en œuvre une méthode colorimétrique.
Pour chacun des instruments à étalonner, les laboratoires ont dû déterminer l'erreur systématique et l'erreur aléatoire (écart-type) pour trois volumes d'essai par instrument :

- 5µl, 25µl et 50µl pour la pipette à volume variable 5-50µl,
- 20µl, 100µl et 200µl pour la pipette à volume variable 20-200µl,
- 100µl, 500µl et 1000µl pour la pipette à volume variable 100-1000µl.

Les pointes (embouts) ont été changées entre chaque volume d'essai. 6 pointes par pipette ont tout de même été mises à disposition pour chacun des participants en cas de besoin de renouveler leur étalonnage.
L'utilisation des 3 micropipettes dédiées à cette comparaison inter-laboratoires a été limitée au cours du circuit afin d'assurer leur stabilité. Une utilisation

* E-mail : bgeynet@ct2m.fr

Article available at http://cfmetrologie.edpsciences.org or https://doi.org/10.1051/metrology/201705001

intensive de ces instruments pouvant engendrer une instabilité et par conséquent l'impossibilité d'exploiter les résultats de manière pertinente.

3 Méthode d'analyse des données

3.1 Hypothèse de normalité et tests valeurs aberrantes

L'objectif de cet essai d'aptitude était de réaliser une évaluation des performances des laboratoires en confrontant leurs résultats. Des hypothèses ont été prises en compte pour l'analyse des données afin de rendre des conclusions cohérentes par rapport aux résultats obtenus. Conformément aux normes de référence, l'hypothèse d'une distribution normale des séries de données a été faite. Cette hypothèse a pu être vérifiée sur l'ensemble des séries exploitées. Pour cela, deux tests de normalité ont été utilisés :

- Méthode graphique (Droite de Henry)
- Méthode statistique (Shapiro-Wilk)

Le test de Grubbs a été effectué sur l'ensemble des séries de résultats traitées dans cette comparaison inter-laboratoires, le mesurande étant le « volume délivré » déterminé par chacun des laboratoires participants. L'application de ce test a mis en évidence que 2 laboratoires participants ont rendu au moins un résultat aberrant sur un des 9 volumes d'essai.

3.2 Détermination des valeurs assignées et des écart-types associés

3.2.1 Valeur de référence et incertitude associée

Les valeurs de référence de l'essai d'aptitude ont été déterminées à partir des résultats d'un laboratoire de référence accrédité selon l'ISO/CEI 17025 qui a étalonné les instruments en début et en fin de circuit. La valeur de référence calculée est la moyenne des 2 résultats, son incertitude prend en compte l'incertitude du laboratoire ainsi que la stabilité de l'instrument au cours du circuit. Le tableau ci-dessous présente les valeurs de référence obtenues ainsi que leurs incertitudes associées.

Tableau 1. Valeurs de référence et incertitudes associées

		x_{ref} (µl)	U_{ref} à k=2 (µl)
P50	5µl	4,903	0,053
	25µl	24,930	0,066
	50µl	50,04	0,11
P200	20µl	20,23	0,20
	100µl	100,09	0,25
	200µl	199,93	0,56
P1000	100µl	102,1	1,2
	500µl	498,5	1,2
	1000µl	997,7	3,5

3.2.2 Moyenne et écart-type robustes

La moyenne robuste x* et l'écart-type associé S* sont calculés selon l'algorithme A défini dans l'ISO 13528. La moyenne et l'écart-type robustes permettent notamment d'évaluer le Z-score de chacun des participants. Le tableau ci-dessous présente les résultats obtenus pour les différents volumes d'essais pour chacune des pipettes.

Table 2. Moyennes et écart-types robustes.

		x* (µl)	S* (µl)
P50	5µl	4,882	0,086
	25µl	24,874	0,12
	50µl	50,019	0,14
P200	20µl	20,354	0,21
	100µl	100,13	0,50
	200µl	200,13	0,65
P1000	100µl	103,06	1,5
	500µl	499,2	2,6
	1000µl	998,9	3,4

4 Résultats des participants

Les résultats des participants sont présentés pour les 3 volumes nominaux des 3 instruments (50µl, 200µl et 1000µl) dans les tableaux et graphes suivants. Sur les graphes, le code « 0 » correspond à la valeur de référence. Les barres d'erreurs associées aux volumes délivrés correspondent aux incertitudes élargies à k=2 (pour les participants qui les ont rendues). Les traits pleins rouges correspondent aux Erreurs Maximales Tolérées (EMT) définies dans l'ISO 8655-2.

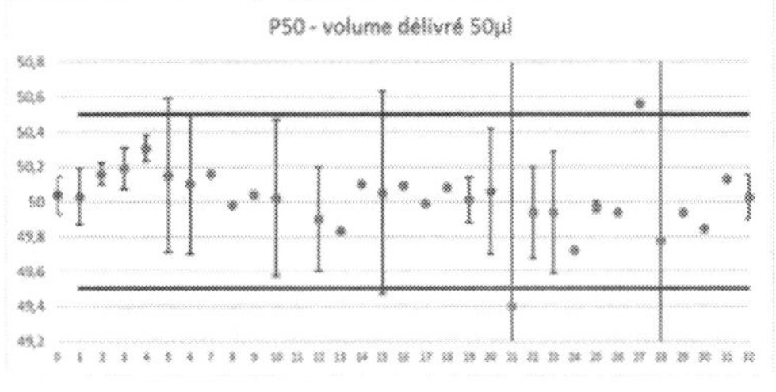

Fig. 1. Volume délivré (50µl) et incertitude vs. laboratoire

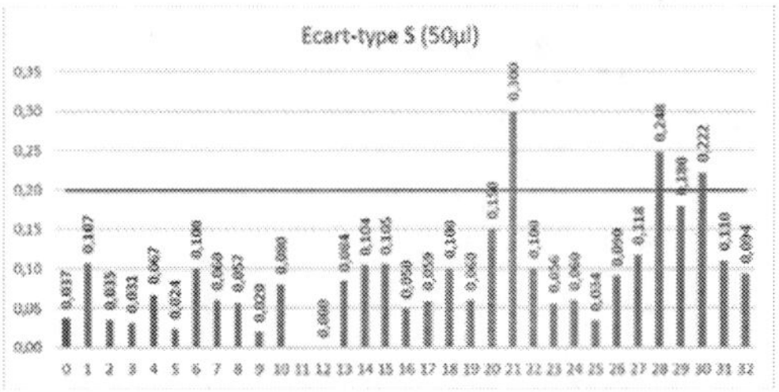

Fig. 2. Erreur aléatoire au volume 50µl vs. laboratoire

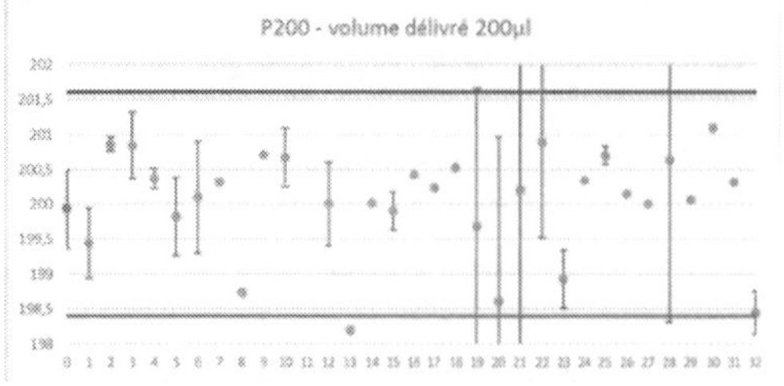

Fig. 3. Volume délivré (200µl) et incertitude vs. laboratoire

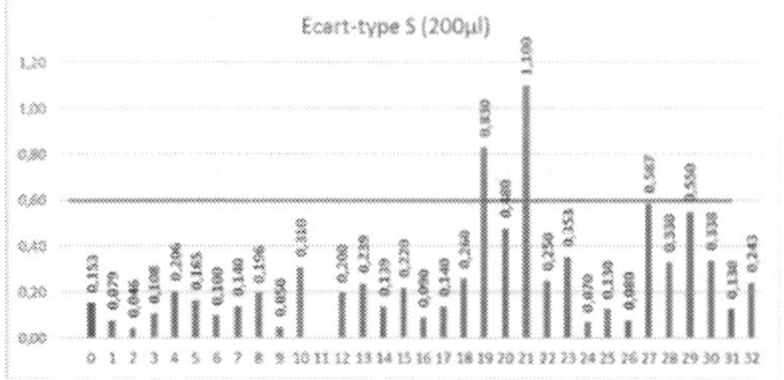

Fig. 4. Erreur aléatoire au volume 200µl vs. laboratoire

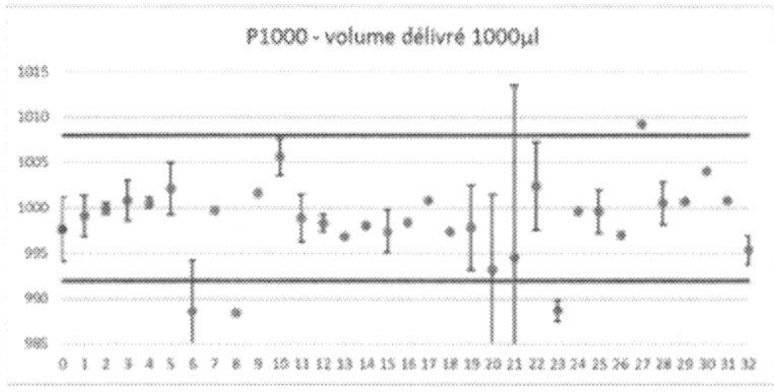

Fig. 5. Volume délivré (1000µl) et incertitude vs. laboratoire

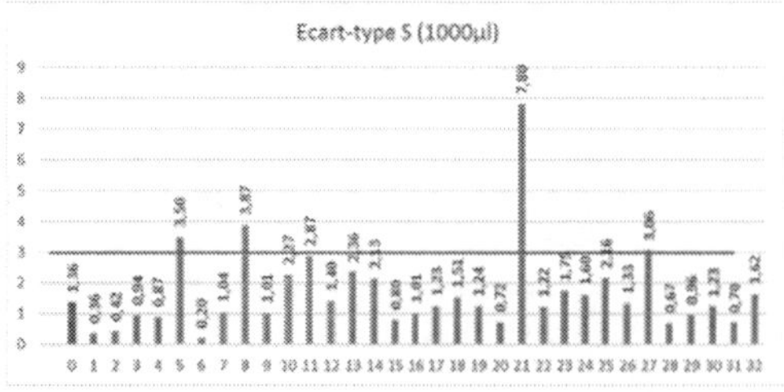

Fig. 6. Erreur aléatoire au volume 1000µl vs. laboratoire

5 Performances des participants

La performance des laboratoires a été déterminée par le Z-score qui peut être défini comme une mesure normalisée du biais. Ce score de performance est calculé selon la formule suivante :

$$Z = \frac{(x_{labo} - x^*)}{S^*}$$

La valeur de référence x* est la moyenne robuste des résultats des participants, x_{labo} correspond au résultat du laboratoire, le paramètre S* étant l'écart-type de l'essai d'aptitude. Les Z-scores obtenus par les participants pour les 3 volumes d'essai de la pipette 5-50µl sont présentés sur la figure ci-dessous.

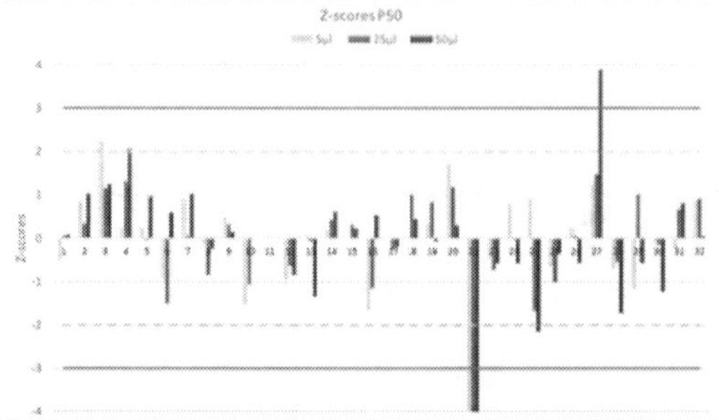

Fig. 7. Z-scores pour les 3 volumes de la pipette P50

Une inspection visuelle permet de constater que le laboratoire (21) sous-estime chacun des 3 volumes testés de la pipette P50. Par ailleurs, le laboratoire 27 surestime le volume délivré à 50µl.

Une interprétation des résultats par rapport à la valeur de référence a également été réalisée. L'écart normalisé a été utilisé, c'est un paramètre permettant d'évaluer si la différence entre 2 valeurs est significative ou non. Pour cela, les valeurs sont comparées en prenant en compte leurs incertitudes élargies associées. Les résultats des participants sont donc comparés à la valeur de référence. L'écart normalisé est calculé selon la formule suivante :

$$En = \frac{|x_{labo} - x_{ref}|}{\sqrt{U_{labo}^2 + U_{ref}^2}}$$

Où x_{ref} est la valeur de référence, x_{labo} est le résultat du laboratoire, U_{ref} est l'incertitude élargie (k=2) sur la valeur de référence, et U_{labo} est l'incertitude élargie (k=2) sur le résultat du laboratoire.
La figure ci-dessous présente les écarts normalisés pour les 3 volumes de la pipette P200, ceux-ci sont représentés uniquement pour les participants ayant estimé et rendu leurs incertitudes.

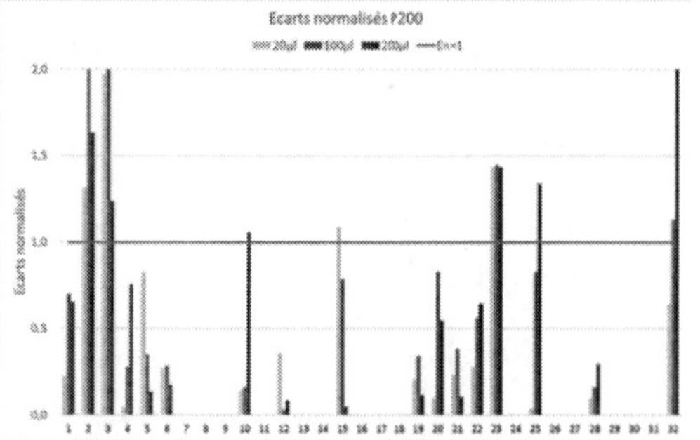

Fig. 8. Ecarts normalisés pour les 3 volumes de la P200

L'interprétation de l'écart normalisé doit se faire avec précaution. En effet certains laboratoires ont des incertitudes importantes, ce qui entraine un écart normalisé correct (inférieur à 1) malgré un biais important par rapport à la valeur de référence (laboratoire 20 par exemple). A l'inverse, malgré un biais faible, certains laboratoires ont un écart normalisé supérieur à 1 à cause d'une incertitude sans doute sous-estimée.

6 Conclusions

Cette comparaison inter-laboratoires réunissant un nombre de laboratoires conséquent a permis de mettre en évidence plusieurs conclusions.

Les résultats des participants ont été exploités et des critères de performances ont pu être rendus aux participants afin qu'ils puissent : soit valider leur méthode d'étalonnage comme l'exigent aujourd'hui les organismes accréditeurs, soit améliorer celle-ci en déclenchant des actions pour corriger un éventuel biais.

Les résultats montrent qu'il est possible de corréler les résultats de cet essai inter-laboratoires avec la méthode d'étalonnage et les moyens mis en œuvre par chacun des laboratoires. En effet, le laboratoire ayant utilisé la méthode colorimétrique a obtenu un résultat aberrant à 50µl. L'autre participant présentant au moins un résultat aberrant est le laboratoire 21 qui utilise un instrument avec une résolution relativement élevée (0,1mg) et une EMT de 1mg. Par ailleurs, les participants n'ayant pas utilisé de piège à évaporation ont des résultats plus éloignés des valeurs assignées et généralement des erreurs aléatoires plus importantes.

Enfin, il est à noter que plusieurs laboratoires accrédités ont participé à cet essai inter-laboratoires et certains ont des résultats significativement différents des valeurs assignées. Une des explications est la probable sous-estimation de l'incertitude et notamment de l'effet opérateur qui est une composante prépondérante sur la détermination du volume délivré par une pipette.

Références

1. NF EN ISO 8655-6 Avril 2003 : Appareils volumétriques à piston - Partie 6 : méthodes gravimétriques pour la détermination de l'erreur de mesure
2. NF EN ISO 8655-7 Février 2006 : Appareils volumétriques à piston - Partie 7 : méthodes non gravimétriques pour l'estimation de la performance d'équipement
3. NF EN ISO/CEI 17043 Avril 2010 : Évaluation de la conformité - Exigences générales concernant les essais d'aptitude
4. NF ISO 13528 Octobre 2015 : Méthodes statistiques utilisées dans les essais d'aptitude par comparaisons inter-laboratoires
5. LAB GTA 90 : Etalonnage des instruments volumétriques à piston (www.cofrac.fr)

Surveillance des enceintes thermostatiques à l'EFS : métrologie et analyse de risques

Jean Marc Reifenberg*[1]

[1] Etablissement Français du Sang - 20 avenue du Stade de France - 93218 La Plaine-Saint-Denis Cedex

Abstract. La surveillance de la température des enceintes thermostatiques à l'EFS est réalisée à l'aide de témoins d'environnement reliés à un système de surveillance centralisé. Ils assurent ainsi la traçabilité des conditions de conservation des produits et leur sécurisation en générant des alarmes en cas de dysfonctionnement ou dérive de l'enceinte. Les dispositions d'usage pour vérifier périodiquement la conformité de l'enceinte et du témoin d'environnement sont la caractérisation et la vérification de la température de l'enceinte selon FDX 15-140, l'étalonnage du témoin d'environnement et déclaration de conformité par rapport au quart de l'Erreur Maximale Tolérée de l'enceinte surveillée. L'usage consiste ensuite à corriger les seuils d'alarmes de l'enceinte des résultats d'étalonnage. La pertinence de cette stratégie a été analysée, et consolidée par une Analyse Préliminaire des Risques du processus partant de l'étalonnage des témoins d'environnement jusqu'à la correction des seuils d'alarmes. Elles révèlent que l'ajustage des seuils est source de risques pour la sécurité des produits sans valeur ajoutée sur l'efficacité de la surveillance des enceintes. Les résultats de l'APR montrent un rapport bénéfice-risque défavorable à ces pratiques, l'augmentation du bruit de fond des alarmes et les risques techniques liés aux interventions régulières dans les paramétrages des GTC pour corriger les seuils sont préjudiciables.

1 Considérations métrologiques

L'intégralité des enceintes thermostatiques de l'Etablissement Français du Sang dédiées à la conservation des produits sanguins est surveillée en température à l'aide d'un témoin d'environnement (ou « sonde GTC ») positionné dans le volume utile. Selon les référentiels FDX 15-140 [1] et LAB GTA 24 [2], « l'erreur d'indication permet de caractériser la représentativité des valeurs affichées par l'indicateur ou le témoin d'environnement ». Une valeur d'erreur d'indication faible signifie ainsi que la sonde du témoin d'environnement est positionnée à un emplacement où la température est proche de la moyenne de l'air.
Le raccordement au Système International d'unités des témoins d'environnement, considérés comme critiques, est une exigence règlementaire. Des recommandations (SH GTA 01 [3]), préconisent d'appliquer une méthode, émanant de règles de capabilité, pour définir des spécifications des témoins d'environnement (règle dite « du ¼ » : l'EMT du

* Corresponding author: jean-marc.reifenberg@efs.sante.fr

Article available at http://cfmetrologie.edpsciences.org or https://doi.org/10.1051/metrology/201705002

 DOI: 10.1051/metrology/201705002

témoin d'environnement est inférieur au ¼ de l'EMT de l'enceinte surveillée), voire à corriger les seuils d'alarme en prenant en compte les résultats d'étalonnage des témoins d'environnement.
Cette stratégie d'ajustage de seuils sous-tend l'hypothèse que le contrôle de la température d'une enceinte repose sur les caractéristiques du témoin d'environnement, indépendamment des performances de l'enceinte, notamment en termes d'homogénéité. Le besoin initial, pour le stockage des produits ou la réalisation d'essais, dans des conditions de température conformes aux spécifications dans un volume pré défini, n'est ainsi que partiellement considéré.
Prenons l'exemple de la cartographie d'une enceinte à 22 °C ± 2 °C (témoin d'environnement : 21,7 °C) :

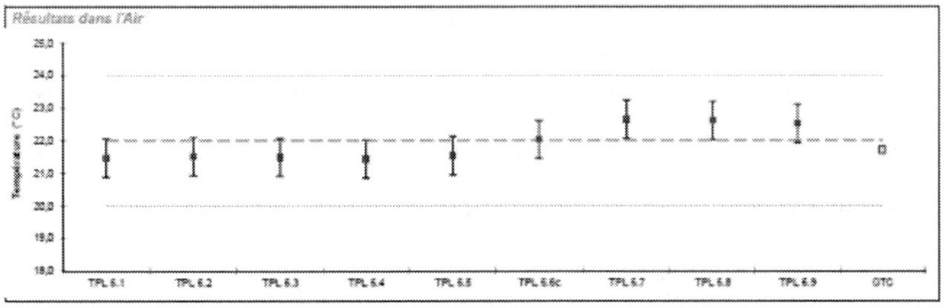

Si on corrige les seuils d'alarme de l'EMT du témoin d'environnement (supposons +/- 0,5 °C, en application de la règle du quart de l'EMT de l'enceinte), les seuils deviennent 20,5 °C & 23,5 °C.

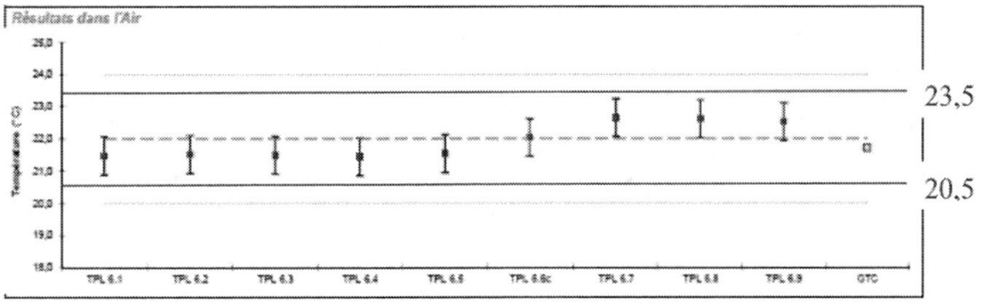

Supposons une dérive, positive ou négative, de 1 °C.

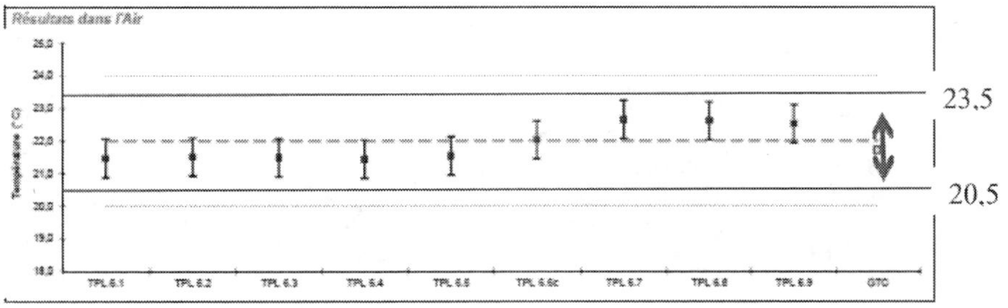

L'alarme ne se déclenchera pas. Pourtant, seuils corrigés ou pas :

- Dérive vers le haut : les produits stockés aux emplacements 6.7, 6.8, et 6.9 seront exposés à des conditions non conformes.
- Dérive vers le bas : les produits stockés aux emplacements 6.1, 6.2, 6.3, 6.4 et 6.5 seront exposés à des conditions non conformes.

Dans ce cas, la correction des seuils n'apporte pas de valeur ajoutée sur l'efficacité des alarmes. Ceci est extrapolable aux enceintes peu homogènes, d'autant plus que pour que la traçabilité soit représentative des performances globales de l'enceinte, le témoin d'environnement est souvent placé à une position où la température est proche de la température moyenne de l'enceinte.

En cas de panne soudaine de l'enceinte, l'alarme se déclenchera certes un peu plus tôt si les seuils sont corrigés (sous réserve de délais de latence adaptés, et en prenant en compte aussi l'environnement de mesure, sonde dans l'air ou immergée) ; mais selon la position de la sonde, et compte tenu du fait que l'incertitude d'étalonnage des témoins d'environnement est souvent inférieure au biais d'homogénéité, certains produits seront déjà exposés à des conditions de températures non conformes avant que l'alarme ne se déclenche.

En résumé, les réponses qui nous apparaissent les plus pertinentes d'un point de vue métrologique, sont les suivantes :

- Cartographier une enceinte en température permet de vérifier sa conformité pour une utilisation donnée. S'assurer de la pérennité des performances passe par des cartographies périodiques, ou des méthodes alternatives permettant de suivre notamment l'homogénéité de l'enceinte, comme celle décrite dans le fascicule de documentation FDV 08-601 [4].
- Etalonner et vérifier le témoin d'environnement permet d'exprimer une incertitude acceptable sur la traçabilité et sur le déclenchement des alarmes de ce témoin d'environnement à une position donnée dans le volume exploité de l'enceinte. En aucun cas, un témoin d'environnement, considéré individuellement, est garant de la conformité de l'ensemble du volume utile de l'enceinte.
- Corriger les seuils d'alarmes des résultats d'étalonnage du témoin d'environnement n'apporte pas de gain probant sur l'efficacité des alarmes en regard de la conformité de la température de stockage ou d'essai, dans l'ensemble du volume exploité par l'utilisateur.

Afin de pousser plus loin la réflexion, une analyse a été menée afin d'évaluer les risques associés à la prise en compte, dans les seuils d'alarmes, des résultats d'étalonnage des témoins d'environnement.

2 Analyse Préliminaire des Risques (APR).

2.1 Rappel de la méthode

L'analyse Préliminaire des Risques est une méthode d'analyse de risques exhaustive dite inductive. Elle permet d'identifier, d'évaluer et de réduire les risques en prenant en compte toutes les sources de dangers. Elle se compose des étapes suivantes :

- Définition du périmètre de l'analyse et description du processus étudié.
- Elaboration de la cartographie des situations dangereuses.

- Définition des échelles de gravité et de vraisemblance, puis constitution de la matrice de criticité (référentiel d'acceptabilité du risque).
- Réalisation de l'analyse des scénarios à risques.
- Mise en place des actions de réductions des risques pour les scénarios de criticités non acceptables, et surveillance de leur efficacité.

2.2 Processus objet de l'analyse

Bien que le cœur du sujet porte sur la correction des seuils d'alarme, l'APR a été étendue à l'ensemble du processus d'étalonnage des témoins d'environnement [5] (Tableau 1).

Tableau 1. Processus objet de l'APR

Préparer		Etalonner			Adapter les seuils		
Installer le matériel d'étalonnage	Préparer le témoin d'environnemen	Positionner les sondes	Relever les valeurs et exploiter	Ajuster si besoin	Entrer dans le système GTC	Corriger les seuils	Remettre en service le système

2.3 Cartographie des situations dangereuses

Cette étape consiste, dans un premier temps, à décliner à partir d'une liste de dangers génériques, les dangers spécifiques auxquels le processus étudié est exposé, ainsi que les éléments ou les évènements dangereux. Ensuite, les situations dangereuses sont identifiées en repérant les interactions entre les différentes étapes du processus et des dangers, puis quantifiées afin de construire la cartographie des situations dangereuses
Cette étape permet ainsi de prioriser le traitement des situations dangereuses issues d'une forte interaction. Au total, 84 situations dangereuses de niveau 1 ont été identifiées dans notre processus, donc à traiter en priorité.

2.4 Echelle de gravité et de vraisemblance, matrice de criticité

L'échelle des gravités (Tableau 2) permet de définir l'impact des situations dangereuses en termes de préjudices ou de dommages sur le processus. Cette échelle comporte 5 niveaux. Les trois premiers (G1, G2, G3) caractérisent des dommages concernant les performances du système, les deux derniers (G4, G5) caractérisent la dégradation ou l'échec des performances et/ou de la sécurité du système.

Tableau 2. Echelle de gravité

Index	Classes de gravité	Sous Index	Intitulé des conséquences
G1	mineure	10	MISSION DEGRADEE : Dégradation des performances sans impact sur la sécurité de l'activité - impact réversible sur la performance
		11	Impact organisationnel (retard ...)
		12	Perte ou dégradation ponctuelle de la traçabilité
		13	Impact fonctionnel mineur
		14	
		15	
G2	significative	20	MISSION ECHOUEE : Forte dégradation ou échec des performances sans impact sur la sécurité - impact irréversible sur la performance
		21	Intervention irréalisable ou dégradée
		22	Perte totale de traçabilité
		23	Panne irréparable
		24	
		25	
G3	grave	30	SECURITE DES BIENS DES SERVICES ET DES PRODUITS IMPACTEE : Dégradation de la sécurité des biens, des services et des produits - impact sur la sécurité des biens et des produits
		31	Retard pour la distribution de produits ou la réalisation des analyses
		32	Dégradation de la qualité & sécurité des produits et des résultats d'analyse
		33	Dégradations & pertes matérielles
		34	
		35	
G4	critique	40	SECURITE DES PERSONNES DEGRADEE : Dégradation de la sécurité des personnes et/ou du système - impact réversible sur la sécurité des personnes
		41	Dommages corporels graves
		42	Désorganisation de l'activité
		43	Détérioration de l'image et de la confiance auprès des usagers et autorités
		44	
		45	
G5	catastrophique	50	SECURITE DES PERSONNES ECHOUEE : Echec de la sécurité des personnes et/ou du système - impact irréversible sur la sécurité des personnes
		51	Décès, invalidité totale
		52	Pertes de produits
		53	Fermeture administrative
		54	
		55	

L'échelle des vraisemblances (Tableau 3) permet de définir la probabilité d'apparition des conséquences du risque. Elle comporte également 5 niveaux définis à partir d'une unité de temps dérivée de la durée totale du projet.

Tableau 3. Echelle de vraisemblance (basé sur une unité de 12 mois)

Index	Classes de vraisemblance	Fréquences associées	T (Périodes de retour)
V1	Impossible à improbable	Moins d'1 fois par T1	
T1			12 mois
V2	Très peu probable	Entre 1 fois par T1 et 1 fois par T2	
T2			6 mois
V3	Peu probable	Entre 1 fois par T2 et 1 fois par T3	
T3			3 mois
V4	Probable	Entre 1 fois par T3 et 1 fois par T4	
T4			1 mois
V5	Très probable à certain	Plus d'une fois par T4	

A chaque classe de risque est attribuée une criticité. Cette étape aboutit au référentiel d'acceptabilité (Tableau 4) qui relève de la fonction managériale.

Tableau 4. Matrice de criticité (référentiel d'acceptabilité)

		Gravité				
		G1	G2	G3	G4	G5
Vraisemblance	V5	2	2	3	3	3
	V4	1	2	2	3	3
	V3	1	2	2	3	3
	V2	1	1	2	2	3
	V1	1	1	1	2	2

L'échelle de criticité est l'outil de décision relatif au degré d'acceptabilité du risque. La criticité d'un risque se définit selon 3 niveaux, présentés dans le Tableau 5.

Tableau 5. Outil de décision en fonction de la criticité

Index	Classes de criticité	Intitulés des décisions et des actions
C1	Acceptable	Aucune action n'est à entreprendre
C2	Tolérable sous contrôle	On doit organiser un suivi en termes de gestion des risques et de transfert (assurance)
C3	Inacceptable	[illegible]

2.5 Synthèse des résultats de l'APR scénarios

L'analyse des 84 situations dangereuses de niveau 1 a permis d'identifier 101 scénarios d'accidents de criticité C2 se concentrant essentiellement au niveau des dangers génériques systèmes d'information, matériels et équipements, ressources humaines, facteur humain et opérationnels (Tableau 6).

Tableau 6. Répartition des scénarios selon les catégories de dangers

	Dangers génériques	Index	SD	Scénarios
1	Programmatique	Progr	2	2
2	Infrastructures et locaux	Infra	6	6
3	Matériels et équipements	Matér	20	31
4	Système d'information	Systè	32	33
5	Opérationnel	Opéra	10	13
6	Ressources humaines & Facteur humain	Resso	12	13
7	Hygiène & sécurité	Hygiè	2	3
		TOTAL	84	101

 DOI: 10.1051/metrology/201705002

2.5.1 Risques initiaux (Fig. 1) :

Trois principales catégories de scénarios de criticité C2 sont recensées :

- Scénarios issus de défauts de maitrise des procédures d'étalonnage sur site (méthode, corrections et ajustages, bilans d'incertitudes, fichiers d'exploitation des résultats. …).
- Scénarios impliquant une intervention dans les paramétrages de GTC : soit au moment de l'étalonnage du témoin d'environnement (en particulier pour synchroniser les mesures avec celles de l'étalon), soit au moment de la correction des seuils.
- Scénarios concernant des opérations en milieu « à risque » (zones cryogéniques).

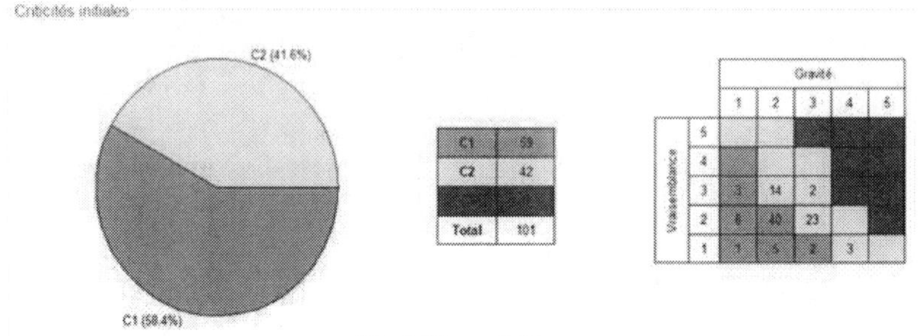

Fig. 1. Risques initiaux

2.5.2 Risques résiduels (Fig. 2)

Après actions de réduction des risques sur les causes contacts et/ou les causes amorces :

- Scénarios issus de défauts de maitrise des procédures d'étalonnage sur site (méthode, corrections et ajustages, bilans d'incertitudes, fichiers d'exploitation des résultats …).
  Les actions de réductions de risques sont l'harmonisation des pratiques avec la rédaction de documents nationaux, et l'intégration de points techniques à aborder systématiquement pendant les audits métrologie nationaux.
- Scénarios impliquant une intervention sur les paramétrages de GTC.
  Les scénarios impliquant une intervention sur les paramétrages de GTC au moment de l'étalonnage du témoin d'environnement, ou au moment de la correction des seuils, nécessitent une sécurisation de l'action pour réduire la criticité en acceptable.
- Scénarios concernant des prestations en milieu à risque (zones cryogéniques)
  Les actions de réductions de risques consistent à surveiller les dispositions en termes de sécurité au travers des audits nationaux.

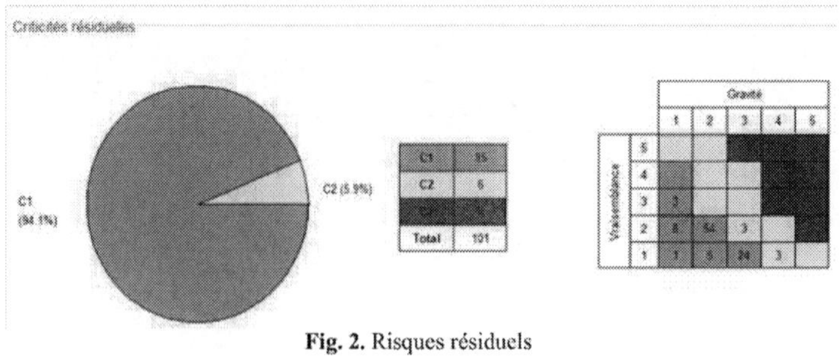

Fig. 2. Risques résiduels

 DOI: 10.1051/metrology/201705002

3 Conclusion générale

La correction des seuils des résultats d'étalonnage des témoins d'environnement ne garantit pas une meilleure efficacité des systèmes d'alarmes.
L'APR du processus partant de l'hypothèse que les seuils sont néanmoins corrigés révèle que cette pratique comporte des risques sur la sécurité des produits. Le besoin en ressources humaines pour mettre en place et sécuriser ces pratiques au niveau national, si elles devaient être généralisées, a été estimé de 0,4 à 1,3 ETP (Equivalent Temps Plein) selon les hypothèses.
Ces risques sont diminués lorsque cette opération est sécurisée. Mais compte tenu du rapport bénéfices / risques, il est recommandé de ne pas corriger les seuils, et de n'intervenir dans les paramétrages des alarmes que lorsque cela est indispensable, en particulier lors des opérations d'étalonnage, à des fins de synchronisation instrumentales.

Références

1. FDX 15-140 : *Mesure de l'humidité de l'air - Enceintes climatiques et thermostatiques Caractérisation et vérification* (Fascicule de documentation AFNOR, 2013).
2. LAB GTA 24 : *Guide technique d'accréditation pour la caractérisation et la vérification des enceintes thermostatiques et climatiques, fours, bains thermostatés* (guide COFRAC, 2009).
3. SH GTA 01 : *Guide Technique d'Accréditation en biologie médicale* (guide COFRAC, 2015).
4. FDV 08-601 : *Enceintes thermostatiques : Caractérisation, vérification et suivi quotidien* (Fascicule de documentation AFNOR, 2005).
5. J.M. Reifenberg, Analyse de risque APR : *Etalonnage des témoins d'environnement* (rapport interne EFS, 2016).

Je remercie le réseau national des responsables métrologie de l'EFS pour sa contribution à ce travail

Measurement uncertainty in calibration and compliancy testing of PCR and qPCR thermal cyclers

Mary Span[1,*], *Marc* Verblakt[2], and *Tom* Hendrikx[1]

[1]CYCLERtest BV, Rötscherweg 61, 6374 XW Landgraaf, the Netherlands
[2]CelsiusLabs, Rötscherweg 61, 6374 XW Landgraaf, the Netherlands

Abstract. Both testing and medical laboratories use thermal cycler and real-time thermal cycler equipment for Polymerase Chain Reaction (PCR) based DNA testing. These thermal cyclers require regular calibration to ensure proper functioning. Currently, a variety of thermal cycler calibration and verification methods exits. Most of these methods mimic the PCR reaction, are not traceable to the International System of Units (SI) and connected to substantial measurement uncertainties, impeding compliancy reporting. Therefore these methods are inapt for application in metrology. This paper discusses a universal temperature calibration method for thermal cyclers that can be applied to any brand and model PCR and qPCR[#] thermal cycler, irrespective of the heating and cooling technology used. The calibration method and low associated measurement uncertainties do allow meaningful compliancy reporting to meet the requirements of ISO/IEC 17025, ISO 15189, ILAC P10 and ILAC G8. In addition, the paper offers effective practical solutions to determine PCR method based specifications, rather than thermal cycler manufacturer specifications, to link the PCR method to the thermal cycler, in order to qualify if the instrument is suitable for the intended use.

1 Introduction

With the increasing number of testing and medical testing laboratories obtaining an ISO/IEC 17025 or ISO 15189 accreditation the need for metrological traceable calibration methods increases. For general laboratory equipment, like pipettes and balances, established and standardized calibration methods exist since several decades [1, 2]. For more specific and less abundantly used equipment, like thermal cyclers, no standardized calibration methods are currently available. Therefore a wide variety of thermal cycler calibration and verification methods is currently used. The majority of these thermal cycler calibration and verification methods have been developed from a molecular biologist rather than from a metrologist point of view. As a result, most of these methods mimic the PCR reaction, are not traceable to the International System of Units (SI) and connected to substantial measurement uncertainties, impeding compliancy reporting. Therefore these methods are inapt as metrological traceable calibration methods.

To offer a solution to ISO/IEC 17025 and ISO 15189 accredited labs a universal metrological traceable PCR and qPCR thermal cycler calibration method was developed based on an initial literature study and additional research. The universal thermal cycler method was ultimately validated via an interlaboratory comparison.

2 Evaluation of existing methods

An initial literature study on existing thermal cycler calibration and verification methods was done to evaluate existing methods and to identify potential candidates or elements for a universal metrological traceable thermal cycler calibration method. The two parameters which were taken into account in the evaluation were (1) the traceability to the International System of Units (SI) and (2) the measurement uncertainty, as these two aspects are crucial for their use in metrology.

Traceability to SI can only be obtained via an unbroken chain of comparisons going back to an international standard, ending at a primary standard for the realisation of SI units [3, 4]. The traceability shall be up to the level of the thermal cycler and not merely up to the level of the thermal cycler calibration system.

An adequately low measurement uncertainty can only be obtained by excluding or minimizing as many systematic and random measurement errors as possible. In metrology it is commonly accepted that test uncertainty ratio (TUR) shall be at least a factor 3 to 4 less than the maximal acceptable tolerance (e.g. manufacturer or method based specifications) [5]. In sensitive PCR reactions as little as 0.5 °C deviation in temperature can already result in different, incorrect or failing PCR results [6]. Therefore, the expanded combined measurement uncertainty of thermal cycler

* Corresponding author: marys@cyclertest.com

Article available at http://cfmetrologie.edpsciences.org or https://doi.org/10.1051/metrology/201705003

calibration systems shall be ≤ 0.15 °C ($k=2$) to enable meaningful compliancy reporting.

The existing thermal cycler calibration and verification methods can be divided into biochemical and physical methods. The evaluation of the methods was done per method type as similar methods share characteristics.

2.1 Biochemical methods

The biochemistry or chemistry based methods, like thermographic liquid crystals based optical temperature verification discs [7], PCR based temperature verification kits [8, 9, 10], temperature sensitive PCR methods [6, 11, 12] and melt curve based qPCR methods [13], heavily reply on the use of biochemicals or chemicals. Biochemicals and chemicals can seldomly be obtained as 100% pure substance. As a result, a large part of the measurement uncertainty of the method is pre-determined by the purity of the (bio)chemicals used, rendering (bio)chemical methods inapt as thermal cycler compliancy testing method, simply due to their large measurement uncertainties. In addition, (bio)chemical methods are typically lacking traceable to SI, rendering the (bio)chemical methods as well inapt as metrological traceable calibration method. No potential candidates or elements for a universal metrological traceable thermal cycler calibration method were identified among the biochemical methods.

2.2 Physical methods

Physical methods rely on measuring directly physical quantities. Physical methods can be divided in contact and non-contact methods.

Non contact methods, like for example infrared thermography, are connected to substantial measurement uncertainties and therefore excluded from the evaluation. Contact methods, based on temperature sensors, and can be divided in two subcategories; (1) in-tube methods and (2) in-well methods.

Temperature sensor based methods can be made traceable to SI and are therefore a good candidate for metrological traceable thermal cycler calibration methods. The measurement uncertainty ultimately determines the extent to which these methods are suitable for compliancy testing. Therefore the measurement uncertainties of the different methods were assessed in detail to identify potential sources of systematic and random errors as most publications lack detailed information on the measurement uncertainty of the method.

2.1.1 In-tube methods

The concept of in-tube methods is mimicking the PCR reaction and measuring the temperature inside the tube like it occurs during the PCR. These in-tube methods use temperature sensors in water or oil filled PCR tubes, which are positioned in the wells of the thermal cycler [6, 11, 14, 15, 16].

The evaluation showed that the published in-tube methods contained flaws, causing both systematic and random measurement errors, each contributing to the measurement uncertainty. For each of the flaws the magnitude of the systematic and/or random error was estimated.

The first flaw is caused by filling the tubes with water instead of PCR reaction mix and not correcting the water volume for the difference in the heat capacity between water and PCR reaction mix. A PCR mix typically consist of water, buffering components, salts, dNTPs (deoxynucleotide triphosphates), template DNA, oligonucleotides, DNA polymerase, glycerol and in some cases DMSO (dimethylsulfoxide) and a fluorescent intercalating due. Especially the glycerol and DMSO strongly affect the heat capacity of the water. The heat capacity of a PCR mix is 5-10% lower than the heat capacity of water (3.90-3.95 vs. 4.18 J/g*K), leading to a systematic negative measurement error of about 0.05 °C.

The second flaw is caused by the sensor-in-tube assembly. A large part of the sensor wires are exposed to air inside and outside the tube and can therefore extract heat from the sensor and lose it to the environment. This stem effect results in a systematic negative error of about 0.05-0.10 °C, depending on the diameter of the wires and the environmental temperature.

The third flaw error is caused by the calibration of the temperature sensors. The temperature sensors are calibrated as bare temperature sensors without the sensor-in-tube assembly. This leads to an underestimation of the thermal mass of the complete sensor-in-tube assembly leading to a systematic negative error of 0.1-0.5 °C. The underestimation of the thermal mass also affects the response time (*Tau*) of the sensor-in-tube assembly, which leads to an underestimation of the measurement uncertainty in the dynamic part of a measurement, when measuring for example ramp rates and overshoots.

The fourth flaw is caused by positioning the tubes in the wells without using a contact medium like oil or thermal paste. Depending on the fit of the tube to the well this contact error is 0.1-0.5 °C [17].

The fifth flaw is caused by the tubes. 0.1 ml or 0.2 ml PCR tubes are available from a large number of different manufacturers, each having their own manufacturing specifications, tube dimensions, tube angles and wall thicknesses. Therefore tubes of different brands have different tube-to-well fits and different heat transfer capacities. Dependent on the reproducibility of production and the number of cavities of the injection mould not all tubes from one bag are identical copies of each other and therefore a substantial tube to tube variability can be present. This random error can vary substantially and is estimated to vary between 0.3 and 1.0 °C.

The sixth flaw is caused by evaporation of water from the tube. Depending on the model and make of the tube, evaporation rates range between 5 and 15%, during a 40 cycle PCR temperature protocol (40 cycles of 30 s 95 °C, 30 s 60 °C, 30 s 72 °C) [17]. When using similar protocols for the calibration of a thermal cycler, the volume of water will decrease during cycling temperature protocol, leading to a decrease in thermal mass during the calibration and therefore a decrease in response time of the sensor during the thermal cycler calibration. This error is a gradually increasing positive error over time and reaches its maximum value at the end of the calibration. The magnitude of the error is about 0.05 °C. If the same temperature is measured in consecutive cycles this error may also be interpreted as non reproducibility of the thermal cycler from cycle to cycle. However, block based thermal cyclers have turned out to be very stabile from cycle to cycle, if pre-heated before use [17].

The seventh flaw is caused by leakage of liquid via capillary force along the sensor wires. The effect is most profound when using oil as liquid medium [17]. Due to this capillary leakage the mass of the sensor construction will decrease over time, which will lead to overestimation of the temperature and a positive systematic error. The loss of mass, when using oil, happens gradually but steady. So the thermal cycler calibration system will show a drift of about 0.05 °C between annual recalibrations, which is not caused by drift of the sensor, but loss of mass of the sensor-in-tube assembly.

The magnitude of the different systematic and random errors, each contributing to the combined expanded measurement uncertainty of the thermal cycler calibration can differ between the different methods described. In total they add up to expanded combined measurement uncertainties of over 2 °C ($k=2$), rendering in-tube methods inapt as thermal cycler compliancy testing method, simply due to their large measurement uncertainties.

2.1.1 In-well methods

The concept of in-well methods is performing measurements in a maximum standardized way with a low measurement uncertainty. These in-well methods use temperature sensors which are positioned directly in the wells of the thermal cycler, using in some cases a contact medium like oil or thermal paste [18, 19, 20, 21, 22, 23, 24]. The reported expanded combined measurement uncertainties of the calibration systems used in these in-well methods vary between 0.10 and 0.30 °C ($k=2$) are herewith substantially lower than the assessed measurement uncertainties of the in-tube methods. Combined with the potential to make these methods traceable to SI, in-well methods are more suitable candidates for compliancy reporting.

The evaluation showed that some published in-well methods contained flaws, causing both systematic and random errors, contributing to the measurement uncertainty.

The first flaw is caused by the mass of the sensor assembly. The mass of a semi-skirted 96-well plate filled with 25 ul PCR mix is between 25 and 30 g. This mass corresponds with a normal load during a PCR run. Some systems have masses up to 90 g [18], which is 3 times more. This high mass results in long stabilisation times, impeding dynamic measurements. The measurement protocol often involves several cycles and data is only recorded during the last cycle of the protocol when equilibrium has been reached. The method is therefore not representative of the PCR process and will lead to negative systematic errors at early time points in the measurement. Also the height of overshoots will be underestimated.

The second flaw is caused by the number of sensors used. Methods using less than 12 sensors [19, 21] underestimate the uniformity of a thermal cycler due to insufficient coverage of the block and therefore results in a negative systematic error when measuring uniformity. The magnitude of this error depends on the non uniformity of the block and can vary between 0.1 °C and 0.5 °C [25].

The third flaw is caused by the sensor locations in the block, eventually combined with the number of sensors. Methods that exclude corner locations [20], edge locations [18, 21] or the middle of the heating elements of a thermal cycler underestimate the uniformity of a thermal cycler as these locations often belong to the coldest and hottest locations in a thermal cycler. This results in a negative systematic error when measuring uniformity. The magnitude of this error depends on the non uniformity of the block and can vary between 0.1 °C and 0.5 °C [25].

The forth flaw is caused by measuring with the heated lid open. Methods that measure with the heated lid open [20] typically report lower average block temperatures and higher non uniformities. This effect is mainly caused by the block loosing heat to the environment, rather than then the heated lid being part of the heating mechanism of the block. The effect is most profound around the edges of the block and can vary between 0.2 °C and 0.4 °C and is dependent on the environmental temperature [25]. Although open lid measurements are not incorrect, they are less representative of the PCR process than closed lid measurements. Not each thermal cycler can be measured with the heated lid closed. So it is recommended to mention in the calibration certificate if the measurement has been performed with opened or closed heated lid.

Based on these findings above it was concluded that a good potential candidate for a universal metrological traceable thermal cycler calibration method is a physical in-well method with a expanded combined measurement uncertainty of $\leq$ 0.15 °C ($k=2$), measuring in at least 12.5% of the wells (12 wells in a 96-well block), covering corner, edge and central locations and measuring with the heated lid closed and active.

3 Additional points of consideration

In order to ultimately develop a universal metrological traceable thermal cycler calibration method that can be applied to any brand and model thermal cycler and that is capable of measuring accuracy, uniformity, ramp rates, hold times and overshoots correctly, additional research was done. The optimal number of sensors combined with the ideal sensor layout was assessed via a risk based approach, a universal temperature protocol was formulated and the sampling frequency was examined.

3.1 Number of sensors and sensor layout

To determine the optimal number of sensors and ideal sensor layout a risk-based approach was taken. The aim was to minimize the risk of missing a hot or cold spot. A thermal cycler block is heated and cooled by one or more thermo-electric elements, so-called Peltier elements, that each heat and cool part of a thermal cycler block. The hottest temperatures may be expected in the middle of the Peltier elements and the coldest spots on the transition lines between Peltier elements, around the edges of the block and at the corners of the block. Around the edges and at the corners the block a well can lose heat in respectively one or two directions. Central wells are surrounded by 8 other wells and therefore the risk of losing heat to the environment is lower.

Market information showed that the number of Peltier elements can vary between 1 and 24 in block-based thermal cyclers and is typically not known by the user of a thermal cycler. Therefore the thermal cycler shall be considered as a black box and the sensor layout shall offer a solution to each number of Peltier elements that can be expected. Based on this information and the assessment of where to expect hot and cold spots a number of criteria have been set for the sensor layout in a 96-well block.

The criteria for the sensor layout were:

a) sensors shall be located evenly distributed over the block in at least 12.5% of the wells (12 wells in a 96-well block) and not include directly adjacent well locations
b) sensors locations shall include 4 corner locations
c) sensor locations shall include 4 edge locations (1 along each edge of the block),
d) sensor locations shall include Peltier transitions in case of 2, 4 or 8 Peltier elements
e) sensor locations shall include the middle of the 96-well block
f) sensor locations shall include the middle of the Peltier element in case of 2 or 4 Peltier elements
g) each Peltier element shall be covered by at least 2 sensors in case of ≤ 8 Peltier elements

When these criteria were combined with the different existing Peltier layouts each of the wells in a 96-well block could be categorized as low or high risk zone for hot or cold spots as shown in Figure 1 for thermal cyclers heated by 2, 4, 6, or 8 Peltier elements. When the sensors were placed on the high risk zones it turned out that a 16 sensor layout was the most optimal layout that is capable of measuring 2, 4, 6, 8 and 16 Peltier layouts with 1 or more sensors per Peltier element combined with corner, edge and central locations as shown in Figure 2a. The minimum layout that is capable of measuring 2 and 4 Peltier layouts was a 12 sensor layout as shown in Figure 2b.

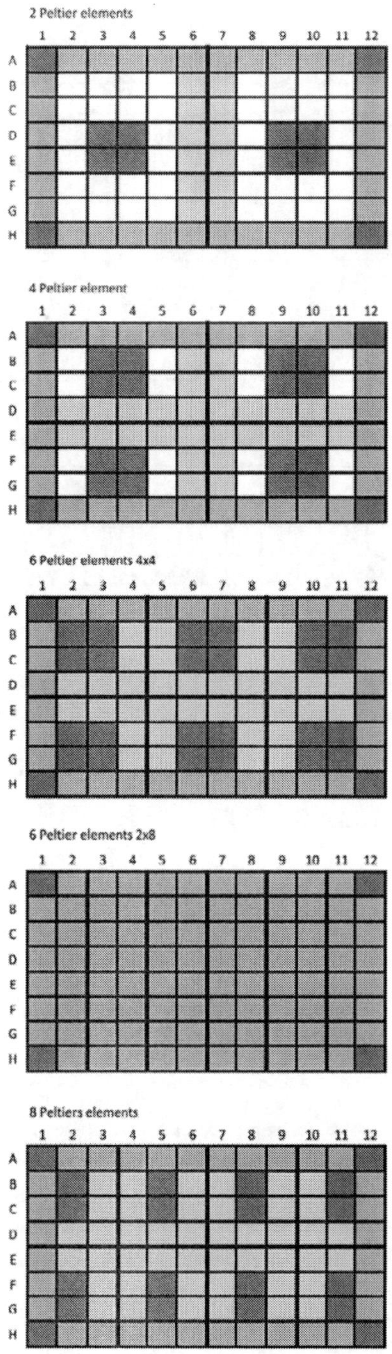

Fig. 1. High risk (dark grey), medium risk (medium grey) and low risk (light grey) wells in 96-well thermal cycler blocks heated by either 2, 4, 6 or 8 Peltier elements.

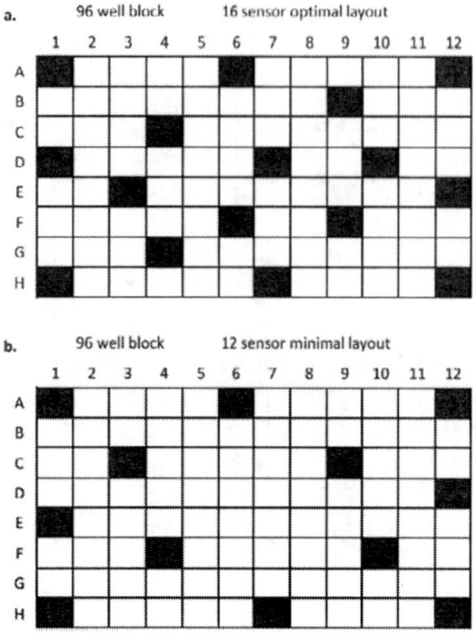

Fig. 2. Optimal (**a**) and minimal (**b**) sensor layouts for 96-well thermal cycler blocks.

The risk-based assessment has then also been applied to other thermal cycler block and heating chamber formats and has resulted in final sensor layout criteria as described in 5.1.

3.2 Temperature protocol

In order to be representative of the PCR reaction, the thermal cycler calibration temperature shall include temperatures close to the denaturation (typically between 94 and 98 °C), annealing (typically between 50 and 65 °C) and elongation (typically 72 °C) temperatures. Choosing exactly the PCR temperatures used shall be avoided, as this will result in a multitude of calibrations on the same thermal cycler for all different PCR assays used, resulting in high calibration costs. By choosing for example standard temperatures like 30 °C or 40° C, 50 °C, 60 °C, 70 °C, 90 °C and 95 °C the complete PCR reaction range, including eventual reverse transcriptase steps, is covered. This protocol can be applied to any thermal cycler and also allows comparing the temperature performance of different thermal cyclers. The denaturation temperature shall be measured in heating mode, the annealing temperature in cooling mode and the elongation temperature in heating mode. Each of the temperature steps shall be held for a certain time span to allow the thermal cycler to reach equilibrium and to measure if the thermal cycler is able to hold the temperature for a longer time. Most thermal cyclers have reached thermal equilibrium after 30s [17].

During the development of the method it was noticed that thermal cycler calibration results were more reproducible if the thermal cycler was pre-heated directly before the calibration with a 60 s 30 °C, 60 s 95 °C, 60 s 30 °C pre-heat.

The ultimately formulated optimal protocol was the following: 60 s 30 °C, 60 s, 95 °C, 30 s 30 °C (pre-heat) 60 s 30 °C, 60 s 95 °C, 60 s 30 °C, 60 s 90 °C, 60 s 50 °C, 60 s 70 °C, 60 s 50 °C (calibration).

Air-cooled thermal cyclers may not be able to get down to 30 °C at elevated room temperatures. In that case 40 °C or 45 °C may be used instead of 30 °C. Changing this minimum temperature will, however, impact the measured maximum heat and cool rate as the temperature difference between minimum and maximum temperature will be smaller.

3.3 Sampling frequency

In order to be capable of correctly measuring heat rates, cool rates, overshoots and undershoots the measurement frequency of the thermal cycler calibration system shall be sufficiently high. Low measurement frequencies result in missing the top of the overshoot or undershoot and incorrect determination of the maximum heat rate or cool rate. Thermal cyclers from the early days heat with heat rates of 1 °C/s. Most modern block-based thermal cyclers use heat rates between 2 °C/s and 5 °C/s. Figure 3 shows the difference between a measurement frequency of 2 Hz and 4 Hz when measuring the overshoot of a thermal cycler with a heat rate of 5 °C/s. So in order to measure heat rates and overshoots correctly a measurement frequency of at least 4 Hz is required.

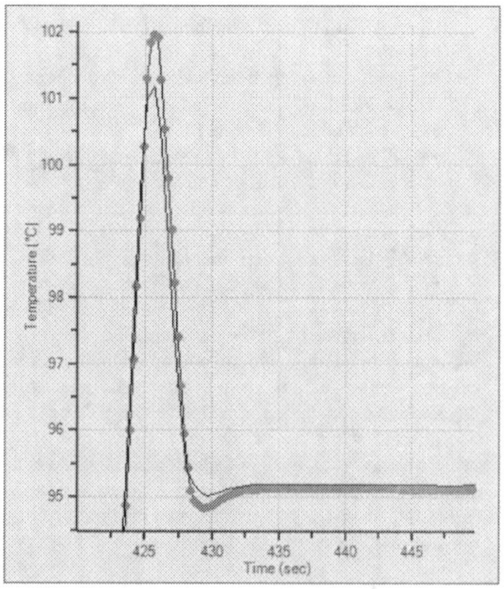

Fig. 3. Overshoot at 95 °C measured with a sampling frequency of 2 Hz (straight line) 4 Hz (dotted line)

4 Universal calibration method

Based on the literature study and additional research a universal metrological traceable thermal cycler calibration method that can be applied to any brand and model PCR and qPCR thermal cycler and that is capable of measuring accuracy, uniformity, ramp rates, hold times and overshoots correctly was formulated. Criteria were set for the thermal cycler calibration system, the sensor locations, the data acquisition and the environmental conditions.

4.1 Temperature calibration system

The thermal cycler temperature calibration system shall meet the following criteria:

a) multi-sensor system with adequate number of temperature sensors to measure simultaneously;
  - in at least 12.5% of the wells for heating blocks and chambers ≤ 96 wells
  - in at least 12 wells for heating blocks and chambers > 96 wells

b) capable of recording the heated lid temperature with at least 1 temperature sensor (when thermal cycler uses a heated lid and can be measured closed);

c) capable of recording with multiple temperature sensors simultaneously in order to allow measuring the temperature distribution across the block (also called uniformity);

d) capable of recording temperatures dynamically with a sampling frequency of at least 4 Hz in order to allow capturing fast ramp rates;

e) capable of recording the temperature over the complete temperature range of the PCR reaction;

f) capable of being calibrated, traceable to SI, over at least the complete temperature range of the PCR reaction;

g) read-out resolution of at least 0.01 °C;

h) expanded combined measurement uncertainty of temperature calibration system of ≤ 0.15 °C (k=2).

4.2 Temperature sensor locations

The thermal cycler temperature sensor locations shall meet the following criteria:

For any format thermal cycler:

a) The temperature sensors shall be located evenly distributed over the heating block or chamber in at least 12.5% of the wells for heating blocks or chambers ≤ 96 wells or 12 wells for heating blocks and chambers > 96 wells

For rectangular heating block based thermal cyclers:

a) The temperature sensors shall be located evenly distributed over the heating block or chamber in at least 12.5% of the wells for heating blocks or chambers ≤ 96 wells or 12 wells for heating blocks and chambers > 96 wells;

b) The locations shall include 4 corner locations for heating blocks > 2 columns or rows of wells or 2 corner locations for heating blocks ≤ 2 columns or rows of wells;

c) The locations shall include at least 1 edge location for each edge of the heating block for heating blocks ≥ 6 wells;

d) The locations shall include at least 2 central locations for heating blocks > 18 wells and at least 4 central locations for heating blocks > 48 wells.

Examples of sensor layouts for 24, 48, 96 and 384 well thermal cycler blocks meeting these criteria are shown in Figure 4.

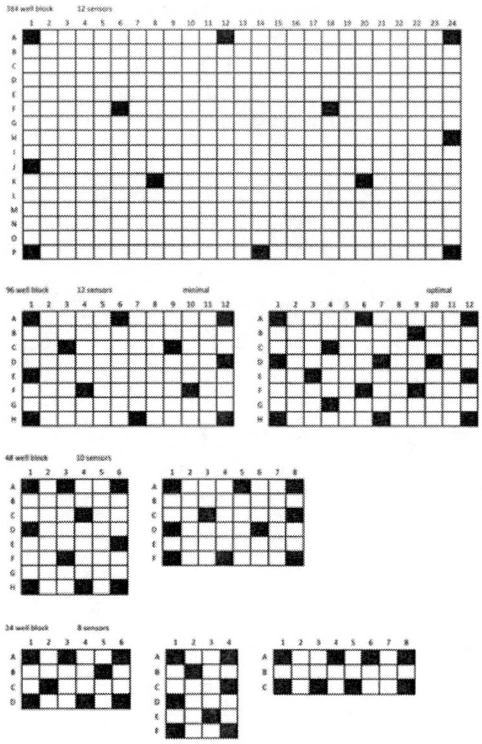

Fig. 4. Example sensor layouts for 384, 96, 48 and 24 well thermal cycler blocks.

4.3 Data acquisition

The data acquisition of the thermal cycler temperatures shall meet the following criteria:

a) The sampling frequency shall be at least 4 Hz;

b) The temperature protocol shall cover the complete temperature range of the PCR reaction protocol and include at least a minimum, middle and maximum temperature and ideally universal temperatures close to the denaturation, annealing and elongation temperatures;

c) The temperatures close to the denaturation shall be measured in heating mode, temperatures close to annealing shall be measured in cooling mode and temperatures close to elongation shall be measured in heating mode in order to measure representative of the PCR process and in order to determine overshoots and undershoot in the correct direction;

d) The temperature protocol shall include a heating ramp from minimum to maximum temperature and a cooling ramp from maximum to minimum temperature in order to determine the maximum heat and cool rate;

e) The temperature protocol shall include a pre-heat including the minimum and maximum temperature to pre-heat the heat-sink of the thermal cycler;

f) The hold times shall be representative for the PCR process in which temperatures quickly alternate, but be at minimum 30s to allow stabilisation of the thermal cycler;

g) In case of block based thermal cyclers, the heated lid shall be set at a higher temperature than the block at any moment in time during the temperature protocol.

An example of a temperature protocol meeting these criteria is: 60 s 30 °C, 60 s, 95 °C, 30 s 30 °C (pre-heat) 60 s 30 °C, 60 s 95 °C, 60 s 30 °C, 60 s 90 °C, 60 s 50 °C, 60 s 70 °C, 60 s 50 °C (calibration).

4.4 Environmental conditions

The environmental conditions shall meet the following criteria to not invalidate the thermal cycler calibration results:

a) The environmental temperature shall be between 14 and 28 °C;

b) The relative humidity shall be between 10 and 90%;

c) The thermal cycler shall not be placed in any airflow (draught or air conditioning flow) or close to heat generating instruments.

5 Validation of universal method

5.1 Uncertainty calculation

For the validation of the universal method a 16 sensor, thermistor based, thermal cycler calibration system was constructed that was used for the systematic assessment of the factors influencing the result, through variation of controlled parameters and via evaluation of the measurement uncertainty of the results in order to calculate and estimate type A and B errors of the universal thermal cycler calibration method. The expanded combined measurement uncertainty of the thermal cycler calibration system was calculated and appeared to be as low as 0.09 °C ($k=2$).

5.2 Interlaboratory comparison

The validation was completed by participation to an interlaboratory comparison [25]. In this interlaboratory comparison both in-well and in-tube methods, methods measuring with opened and closed heated lid and methods using between 8 and 16 sensors were included. The reported results included average block temperature and uniformity at 30 °C, 50 °C, 60 °C, 70 °C, 90 °C and 95 °C, 30 s after the target temperature of the thermal cycler block was reached. The calculated |En| values were between 0.03 and 0.17 for average block temperature and between 0.11 and 0.83 for uniformity.

The |En| values proof that the formulated universal method is measuring without systematic errors and that the calculated expanded combined measurement uncertainty is correctly determined

6 Method based compliancy testing

Ultimately, the calibration results are compared to specifications to evaluate if the PCR or qPCR thermal cycler is suitable for the intended use. Under ISO/IEC 17025 and ISO 15189 accreditation the measurement uncertainty shall be taken into account when comparing to specifications, as described in ILAC G8 [26]. When the measurement uncertainty is taken into account the resulting acceptance zone is smaller than the specification zone (Figure 5). Very narrow specification zones can therefore lead to no acceptance zones as the uncertainty zone overlaps the complete specification zone. To allow meaningful compliancy reporting it is therefore crucial to set specifications based on the method as the final goal is to evaluate if the thermal cycler is suitable for the method used and not if the thermal cycler meets manufacturer specifications. In practise method based specifications can be much wider than manufacturer specifications. For robust PCR methods the accuracy specification can be up to +/- 1 °C and the uniformity specification can be up to < 1.5 °C, whereas most modern thermal cyclers are specified at +/- 0.25 °C for accuracy and < 0.5 °C for uniformity.

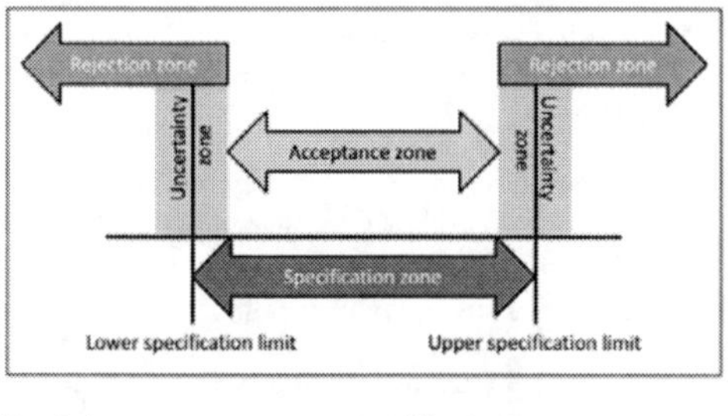

Fig. 5. Acceptance zone versus specification zone.

The simplest way to determine method based specifications is to first run a gradient PCR at denaturation temperature while keeping the annealing and elongation temperature constant. Then run a gradient PCR at annealing temperature, while keeping the denaturation and elongation temperature constant. The elongation is less critical as it functions over a very wide temperature range and therefore does not need to be tested. The gradient PCRs will allow determining the minimum and maximum denaturation and annealing temperatures that still lead to a correct PCR result. These maximum and minimum temperatures represent the method specifications.

The hot and cold spots and resulting uniformity of a thermal cycler can be determined via the universal thermal cycler calibration method and then be compared to the method specifications, taking the expanded combined measurement uncertainty into account. This can be done for each thermal cycler to be used for a particular method. This way of compliancy testing allows qualifying each thermal cycler as suitable for a particular method and makes PCR validation runs per thermal cycler superfluous. This way of compliancy testing does in addition not require thermal cyclers to be identical copies, but allows some variation between thermal cyclers, as long as the total uniformity plus the measurement uncertainty does not exceed the method specification limits.

7 Conclusions

The formulated universal thermal cycler calibration method can be applied to any brand and model PCR and qPCR thermal cycler and is capable of measuring accuracy, uniformity, ramp rates, hold times and overshoots correctly. The universal thermal cycler calibration method is metrological traceable and the thermal cycler calibration system has an expanded combined measurement uncertainty ≤ 0.15 °C (k=2). Therefore this method is suitable as metrological traceable calibration method which allows meaningful compliancy testing and meets the requirements of the ISO/IEC 17025, ISO 15189, ILAC P10 and ILAC G8. When compliancy testing will be done versus method based specifications it will also allow qualifying a thermal cycler as suitable for the method used.

References

1. ISO 8655-6:2002, *Piston operated volumetric apparatus – Part 6: Gravimetric methods for the determination of measurement error.*
2. EN 45501:2015, *Metrological aspects of non-automatic weighing instruments*
3. JCGM 200:2012, *International Vocabulary of Metrology – Basic and General Concepts and Associated Terms VIM*, 3rd edition, issued by BIPM, IEC, IFCC, ILAC, ISO, IUPAC, IUPAPA and OIML http://www.bipm.org/en/publications/guides/vim.html
4. ILAC-P10:01/2013, *ILAC policy on the Traceability of Measurement Results* http://ilac.org/publications-and-resources/ilac-policy-series/
5. K. Bennett, H. Zion, *Metrology concepts: Understanding Test Uncertainty Ratio (TUR)* (2005) http://www.transcat.com/media/pdf/TUR.pdf
6. I. Yang, Y.-H. Kim, J.-Y. Byun, S.-R. Park, Analytical Biochemistry, **338**, 192-200 (2005)
7. Rotor-Disc OTV Handbook https://www.qiagen.com/us/resources/resourcedetail?id=5bb3981b-cb8d-4480-99ff-b70ebf9b0115&lang=en
8. Taqman RNase P instrument verification plate https://tools.thermofisher.com/content/sfs/manuals/4314333.pdf
9. Congen SureCycle Manual 08/2002E
10. CyclerCheck Instructions for use http://www.bag-healthcare.com/fileadmin/user_upload/PDF_Diagnostik/IFUs/HISTO_TYPE_Happy/IFU-CYCLERCHECK-V9-2016-EN.pdf
11. Schoder, 2005, J Clin Microbiology, 2724-2728 in tube method PCR method
12. G.C. Saunders, J. Dukes, H.C. Parkes, J.H. Cornett, Clin chem, **47 :1**, 47-55 (2001)
13. Von Keyserling, H., Bergmann, M. Wiesel, A. Kaufmann, BioTechniques, **51**, 179-184 (2011)
14. Y.-H. Kim, I. Yang, Y-S. Bae, S.-R. Park, BioTechniques, **44**, 495-505 (2008)
15. D. Schoder, A. Schmalwieser, G. Schauberger, K. Kuhn, J. Hoorfar, M. Wagner, Clin Chem, **49:6**, 960-963 (2003)
16. Thermal cycler calibration service http://www.totalq.gr/en/services/calibrations/temperature-relative-humidity.html
17. Internal report GENO-tronics In-tube versus in-well calibrations
18. On-site Temperature Verification Service https://www.thermofisher.com/nl/en/home/products-and-services/services/instrument-qualification-services/compliance-and-validation/on-site-temperature-verification.html
19. On-site thermal cycler temperature calibration service http://www.lbt-blt.be/nl/etalonage/validation.php
20. On-site thermal cycler temperature calibration service http://www.idoslab.com/servicios.html
21. PCR cycler service https://nl.vwr.com/store/content/externalContentPage.jsp;jsessionid=ps2jvBDF2b7j38L6n2wmqmL6.estore5b?path=/nl.vwr.com/nl_NL/pcr_cycler_service.jsp
22. Thermal cycler testing service http://www.isq.pt/EN/services/metrology/#tab-id-10
23. DRIFTCON Operations Manual http://www.cyclertest.com/Downloads.aspx
24. MTAS Operations Manual http://www.cyclertest.com/Downloads.aspx
25. Internal report CYCLERtest ILC Thermocycler calibration
26. ILAC-G8:03/2009, *Guidelines on the Reporting of Compliance with Specification* http://ilac.org/publications-and-resources/ilac-guidance-series/

Méthode innovante pour la mesure en hygrométrie dans l'industrie nucléaire – Innovative method for hygrometric measurement in a specific application of the nuclear industry

VASTY David, CHEVALIER Guillaume [1,a]

[1]A+ METROLOGIE, 191 rue de Vaugirard, 75015 Paris, France

Résumé. Une boîte à gants (BAG) est une enceinte étanche qui permet des manipulations dans une atmosphère particulière. Dans une entreprise de l'industrie nucléaire, l'hygrométrie à l'intérieur des boîtes à gants (où est conditionné l'oxyde de plutonium) doit être suivie en continu et rester aussi basse que possible (inférieure à -45°C de température de givre). Depuis 2005, différentes technologies d'hygromètres ont été testées dont des hygromètres électrolytiques, à point de rosée, et un nouveau type d'équipement mesurant une très faible hygrométrie. Cet appareil est un spectromètre laser infrarouge calé sur le spectre d'absorption de l'eau. Après un premier essai sur site de l'hygromètre, une qualification métrologique de l'appareil a été effectuée en laboratoire. A partir du cahier des charges fourni par le client, plusieurs cycles de mesures ont été réalisés pour valider certaines spécifications techniques de cet analyseur. Les essais comportaient un essai de linéarité, un essai de répétabilité, la vérification des formules de calculs dans le logiciel interne de l'analyseur, l'influence de différents paramètres et la dérive dans le temps. Tous les résultats et conclusions présents permettaient de confirmer les qualités métrologiques de cet analyseur d'H_20 et de proposer un programme de vérification adapté pour la mise en place de plusieurs analyseurs sur site.

Abstract. A glove box is a sealed enclosure that allows handling in a special atmosphere. In a nuclear industry company, the humidity inside the glove boxes (where the plutonium oxide is conditioned) must be continuously monitored and kept as low as possible (less than -45°C frost temperature). Since 2015, Several hygrometers of different technologies have been tested including electrolytic hygrometers, with dew point, and a new type of equipment measuring a very low humidity. This device is an infrared laser spectrometer based on the absorption spectrum of water. After a first on-site test of the hygrometer, a metrological qualification of the device was carried out in the laboratory. Several cycles of measurements have been carried out to validate certain technical specifications of this analyzer. The tests included linearity, repeatability, checking of the calculation formulas in the analyzer's internal software, the influence of different parameters and drift in time. All the results and conclusions allowed to confirm the metrological qualities of this H20 analyzer and to propose a suitable verification program.

1 Introduction

1.1 Contexte

Le plutonium est d'origine artificielle. Il se forme par réaction nucléaire, à partir de l'uranium utilisé comme combustible dans les réacteurs. Après avoir séjourné dans les piscines des réacteurs des centrales nucléaires, les combustibles usés, grâce à des solvants vont pouvoir être recyclés et une partie du plutonium est conditionné sous forme d'oxyde en boîte étanche. Il peut être ainsi recyclé et intégré dans la fabrication de nouveaux éléments combustibles, le MOX, combustibles à oxyde mixte uranium-plutonium (figure 1).

Le suivi de l'hygrométrie dans les BAG permet de garantir l'absence de reprise d'humidité de l'oxyde de plutonium, après séchage dans le four (figure 2)

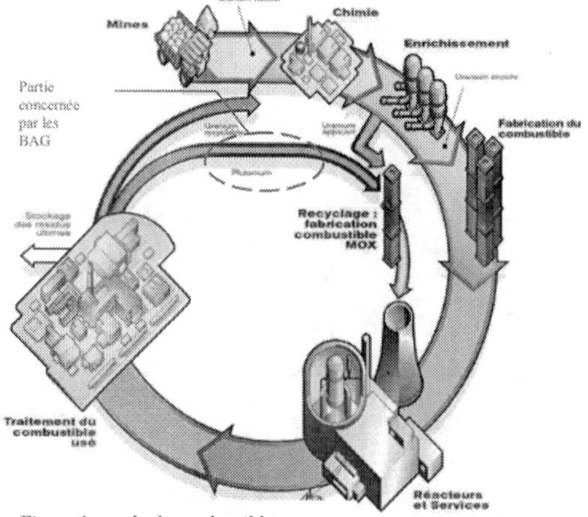

Figure 1 : cycle du combustible

[a] Corresponding authors : david.vasty@aplus-metrologie.fr ; guillaume.chevalier@aplus-metrologie.fr;

Article available at http://cfmetrologie.edpsciences.org or https://doi.org/10.1051/metrology/201706001

Sur le site d'AREVA La Hague, les ateliers concernés sont les T4 et R4. Ils procèdent à la purification et la concentration des solutions de nitrate de plutonium, ainsi qu'à sa conversion en oxyde de plutonium, et son conditionnement.
La mesure du point de rosée se fait à l'extraction des BAG (en aval des barrières de filtres) et comme indiqué dans le résumé, l'hygrométrie maximum dans les BAG doit correspondre à un point de rosée < - 45 °C.

Figure 2 : Four de calcination en boîte à gants

1.2 Historique

En 2005, AREVA souhaite améliorer son process de surveillance de la mesure du taux d'humidité dans les BAG. C'est pourquoi, AREVA a fait appel à A+métrologie pour effectuer des tests. En parallèle, une intercomparaison avec un autre prestataire de métrologie a été effectuée. Ces tests ont permis de mettre en évidence une perte de sensibilité des hygromètres à oxyde métallique utilisés, sans conséquence sur les mesures.

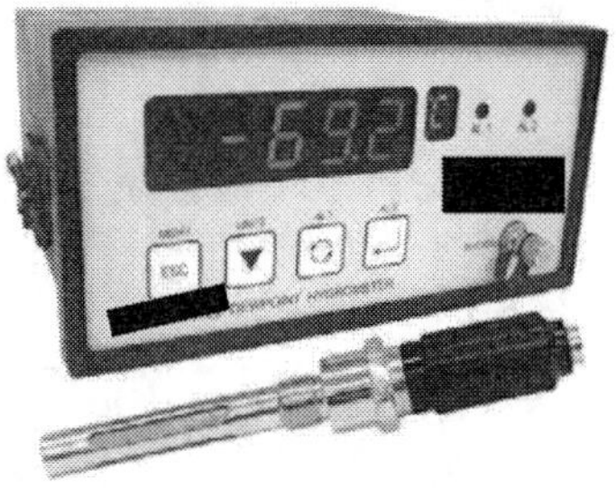

Figure 3 : hygromètre à oxyde métallique

Entre 2006 et 2007, AREVA a recherché et fait des essais sur d'autres hygromètres de différentes technologies. Le choix s'est porté sur un hygromètre à polymère (substance hygroscopique dont la teneur en eau varie avec l'humidité). 2 problématiques ont été soulevées : une instabilité de mesures sur 2 BAG de T4 et une autre sur 1 BAG de R4.
Entre 2009 et 2010, d'autres essais ont été faits avec un hygromètre à miroir (4 mois) et une nouvelle génération de capteur à polymère.
Entre 2010 et 2012, des travaux ont été effectués avec des laboratoires universitaires dans l'optique de développer un nouveau capteur capacitif et un capteur laser dont le principe de mesure est basé sur l'absorption optique. Ce dernier a été fabriqué par la société AP2E, à partir de brevets déposés par l'université de Grenoble.

La qualification de cet hygromètre laser s'est faite en 2 phases :

a) 2014 – 2015 : Essais sur site, de robustesse aux polluants, avec le prototype
   - Installation du spectromètre dans les conditions d'exploitation normale (1 mois sur chaque BAG)
   - Suivi des paramètres de fonctionnement in situ
   - Contrôles périodiques de l'appareil sur des bouteilles d'air étalon
   - Fin 2015 Approvisionnement de l'hygromètre en version définitive
b) 2016 : Essais en laboratoire
   - Engagement d'une qualification du principe de mesure par un laboratoire accrédité COFRAC, A+métrologie

2 Hygromètre laser

2.1 Principe de fonctionnement

La spectrométrie est basée sur la faculté des molécules à absorber la lumière. Ici, nous nous intéresserons uniquement au domaine spectral du rayonnement incident IR (Infrarouge) pour des longueurs d'ondes λ compris entre 0,7µm et 1400µm.
La technologie OF-CEAS (Optical Feedback Cavity Enhanced Absorption Spectroscopy : rétroaction optique, par amplification résonante d'absorption) est une amélioration de la spectroscopie infrarouge. Elle est basée sur l'utilisation d'une source laser associée à une cavité résonante augmentant sa sensibilité par rapport à une cavité multi-trajet. De plus, la rétroaction permet d'améliorer considérablement les performances en termes de temps de réponse, résolution spectrale.
Le principe de la rétroaction consiste à réinjecter dans le laser, une partie du champ constructif de la cavité. La rétroaction induit :

a) un affinement de la bande passante du laser devenant inférieure à la largeur des modes de la cavité

b) le blocage temporaire en fréquence d'un laser c'est-à-dire que la fréquence du laser est asservie à la fréquence des modes de la cavité (mode locking)

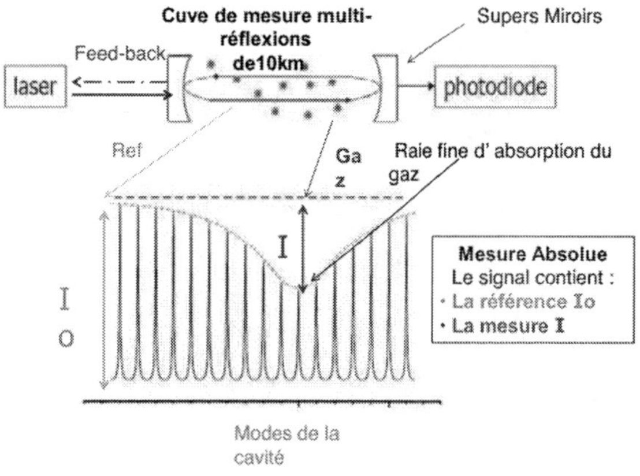

Figure 4 : la technologie OF-CEAS

Le spectre d'absorption obtenu en OFCEAS (voir figure 5), contient en effet à la fois la référence (I0) et l'intensité du faisceau absorbé par le gaz (I), ce qui permet d'accéder d'une manière simple aux deux informations I_0 et I.

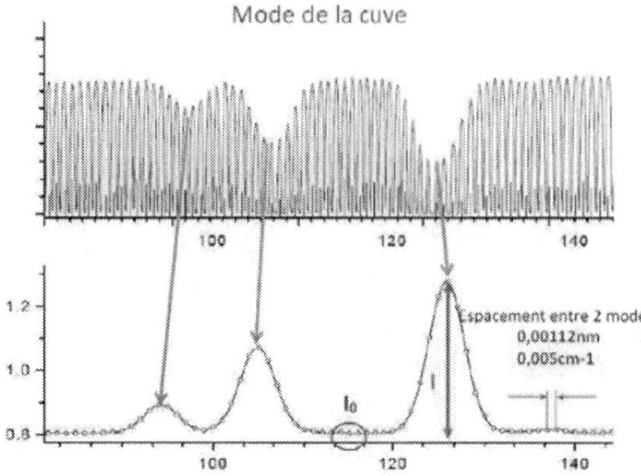

Figure 5 : Spectre d'absorption avec méthode OF-CEAS

La technique OF-CEAS paraît adaptée au besoin d'AREVA pour le suivi en continu de mesures de très faible hygrométrie :

a) L'échelle pour les traces d'eau est de 1 à 10 000ppm
b) La mesure est absolue
c) La résolution spectrale est de l'ordre de 1,12µm donc il n'y a pas de risque d'interférence

<u>Remarque :</u> L'unité partie par million (ppm) est parfois utilisée dans les cas où le taux d'humidité est faible. C'est le rapport entre la vapeur d'eau et le gaz sec ou le gaz total (humide) et est exprimé soit en volume/volume (ppmvol) ou en masse/poids (ppmw). Les parties par million (ppmvol) peuvent être exprimées quantitativement comme suit :

$$ppmvol = [Pw /(P - Pws)] \times 10^6$$

avec pression de vapeur d'eau partielle (Pw) et la pression de vapeur d'eau saturante (Pws)

La teneur en eau est exprimée en ppm : 1 ppm → une partie pour 10^6.

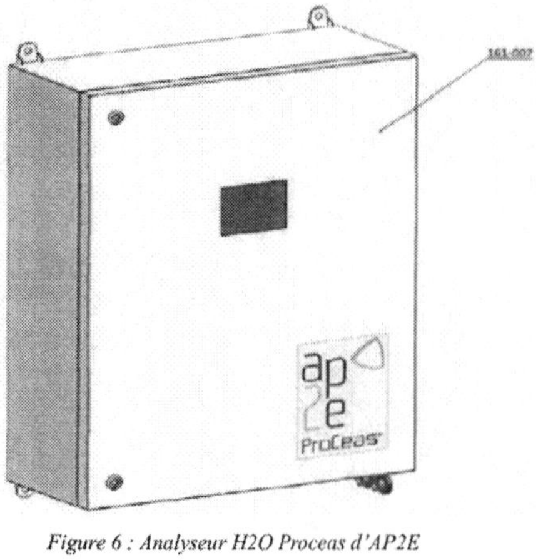

Figure 6 : Analyseur H2O Proceas d'AP2E

2.2 Conversion ppm en Td

La température du point de rosée de l'air humide est la température à laquelle il faut refroidir, à pression et à masse d'eau constantes, une masse d'air humide pour la porter à saturation.

La formule utilisée par le logiciel d'AP2E, est issue de l'équation de Bolton (1980) :

$$Ptr = \frac{243 \times \alpha}{17{,}67 - \alpha^2} \text{ avec } \alpha = ln\left(\frac{[H20] \times P}{6{,}112.10^6}\right)$$

Avec

Ptr : Température du point de rosée en °C

[H20] = teneur en H20 en ppm

P : Pression atmosphérique en hPa (mbar) => valeur fixe dans le logiciel = 1013,25 mbar

2.3 Conversion Td en Tf

Pour des points de rosée inférieurs à 0°C, l'eau peut se trouver, soit sous forme de glace, soit sous forme de liquide. Il y a donc 2 équilibres possibles, correspondant à des pressions partielles d'équilibre différentes.

La formule utilisée par le logiciel d'AP2E est la suivante :

$$Ptg = 5{,}805.10^{-3} + (8{,}820.10^{-1} \times Ptr) + (-7.711.10^{-4} \times Ptr^2) + (-6.427.10^{-7} \times Ptr^3)$$

Avec Ptg : Température du point de givre

3 Comparaison du prototype au banc de référence avec hygromètre à point de rosée

Après un premier essai sur site de l'hygromètre pour valider son innocuité face à d'éventuels interférents chimiques pouvant se trouver dans la boite à gant, une qualification métrologique de l'appareil est entreprise en laboratoire, chez A+métrologie.

3.1 Montage

La méthode consiste à réaliser un circuit fermé dans lequel se trouve le saturateur, contenant de l'eau déminéralisée et maintenu à une température de rosée (ou givre) Td, réglable au moyen d'un bain thermostaté.

A la sortie du saturateur, l'air humide pénètre dans la chambre de mesure des hygromètres à étalonner dans le cas des hygromètres possédant leur propre chambre de mesure (ce qui est le cas pour AP2E).

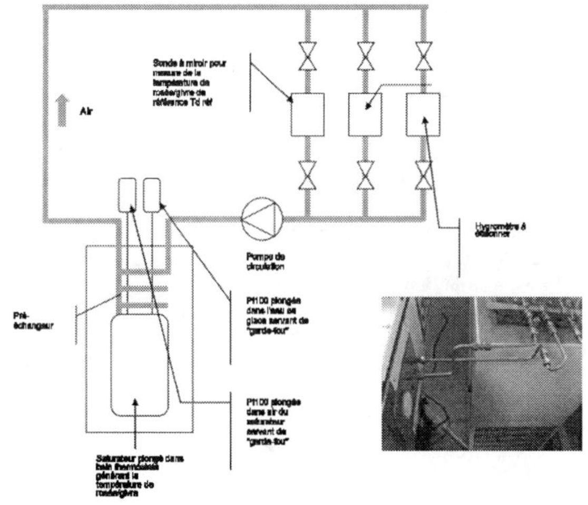

Figure 7 : Schéma de montage

Les essais comportent :

- Un étalonnage raccordé aux étalons nationaux suivant le programme suivant :
  -60 / -50 / -45 / -40 / -35 / -30 / -20 °C (température de givre)
- Des essais de répétabilité aux points suivants :
  -60 / -40 / -20 °C
- La vérification des formules de calculs dans le logiciel interne de l'analyseur
- L'influence de différents paramètres (pression atmosphérique, température cuve, …)

3.2 Comparaison

a) Répétabilité

Pour chaque point (-60 / -40 / -20 °C), et après stabilisation du banc une première série de mesures est réalisée, puis la consigne du banc d'étalonnage est modifiée de quelques degrés pour perturber l'équilibre thermique avant d'être remise à la valeur du palier de température recherché.
Après stabilisation, une seconde série de mesures est réalisée, idem pour la troisième série.
La répétabilité pour chaque palier de température sera estimée en prenant l'écart type des écarts obtenus.

b) Vérification des formules

A l'aide d'un logiciel développé et validé par un fabricant d'instruments de référence en hygrométrie, les différentes formules (voir §2.2 et §2.3) ont été validées.

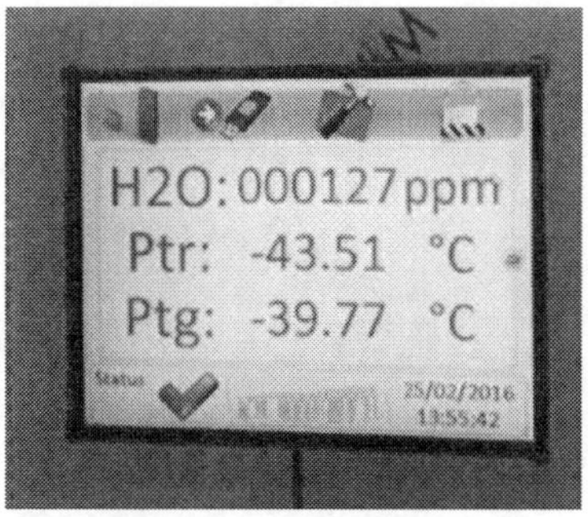

Figure 8 : Afficheur du spectromètre laser

3.3 Variation des paramètres d'influence

Les essais sont réalisés au point -40°C.

a) Pression atmosphérique

Son influence sur les valeurs affichées au niveau de la supervision (H20/Ptr et Ptg) est évaluée au point -40°C en faisant varier la valeur de la pression atmosphérique dans le logiciel.
La valeur par défaut est 1013,25 mbar (ou hPa).
Le jour de l'opération la valeur de la pression atmosphérique dans le laboratoire était de 994 mbar (valeur mesurée à l'aide du baromètre étalon).
D'autres simulations ont été réalisées aux points suivants : 950 / 980 / 1030 / 1050 mbar.
Cet essai a permis de conclure que la méconnaissance de la pression atmosphérique génère un écart sur les valeurs de Ptr et Ptg.

b) Température de la Cuve

La valeur de la température de la cuve intervient directement sur le « STATUS » du spectromètre. Si un paramètre n'est pas dans les tolérances définies dans le logiciel, la supervision passe du mode opérationnel (STATUS✔) au mode DEFAUT ❎ et la mesure se fige.
En mode défaut, en changeant la consigne du régulateur de 47 à 45°C, on repasse en mode « Status OK ». Le voyant « cuve T° » bascule de Rouge à Vert entre 46,00 et 45,99°C.
Dès que le « Status OK » redevient vert les mesures reprennent sur la supervision.
En conclusion, la régulation de la « Température Cuve » ainsi que les alarmes haute et basse fonctionnent correctement.

c) Pression cuve

La valeur réglée en usine est de 50mbar avec des seuils à 45 et 55 mbar.
Après avoir stabilisé le banc d'étalonnage à -43°C, la consigne « Pression cuve »est modifiée et l'influence sur les mesures est observée.
En conclusion, Au-dessus de 55mbar, le spectromètre bascule bien en mode DEFAUT ❎ et les résultats obtenus montrent que la valeur Pression cuve influence directement la mesure de teneur en H20.

d) Sortie relais R0
Le relais R0 a pour fonction de faire basculer du mode Défaut / Travail.
Statut OK = Travail, dans ce cas il y a continuité (mesurée à l'aide d'un multimètre étalon) entre le commun et le contact Travail.
Le relais fonctionne correctement.

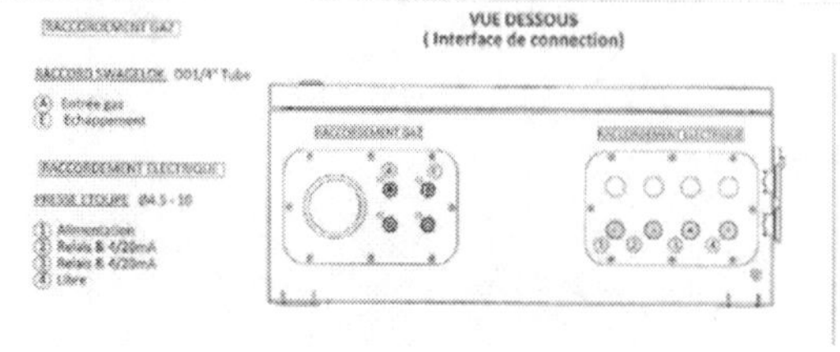

Figure 9 : façade arrière du spectromètre laser

e) Temps de réponse en cas de fuite sur l'entrée A
Il peut arriver pendant le fonctionnement de l'installation qu'une fuite apparaisse au niveau de l'entrée A du spectromètre. Dans ce cas, celui-ci doit basculer en mode Défaut très rapidement et ainsi provoquer le changement d'état du relais R0.
Après avoir stabilisé le banc d'étalonnage à -43°C et en ayant le spectromètre en mode Status OK, une fuite est simulée au niveau de l'entrée E et on mesure le temps à l'aide d'un chronomètre étalon nécessaire pour obtenir le changement de Status.

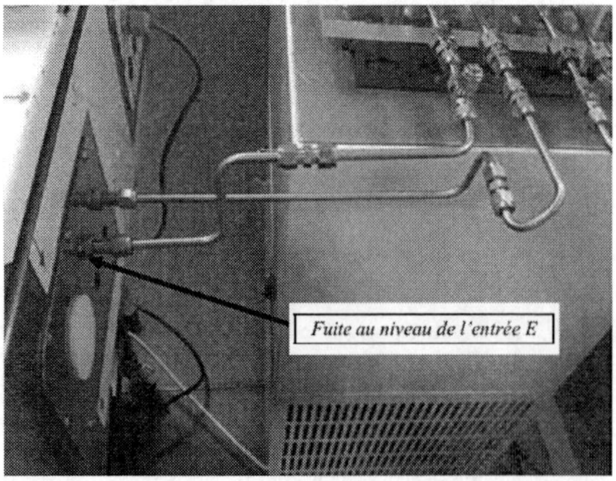

Figure 10 : façade arrière du spectromètre

Le temps nécessaire pour passer en mode DEFAUT  est inférieur à 10 secondes. L'essai est donc satisfaisant.

4 Conclusion

Tous les résultats et conclusions de l'étude permettent de confirmer les qualités métrologiques de l'analyseur d'H20 de marque AP2E type PROCEAS que nous a confié la société AREVA.
Un cahier des charges a été proposé par A+métrologie pour les prochaines vérifications (étalonnage en 3 points avec une tolérance de ± 1°C sur la lecture de la température de givre et une répétabilité sur l'analyseur à -40°C.

Par ailleurs, cela a permis de valider les 3 autres analyseurs qui vont être déployés sur le site d'AREVA à partir de juillet 2017.

Références

[1] Présentation 2017 du spectromètre laser AP2E par Lucien LONIGRO, Directeur R&D d'AP2E
[2] Présentation 2017 : Mesure de très faible humidité La Hague par François GIRARDET, Ingénieur Technique AREVA, service Instrumentation/Régulation
[3] AREVA - Direction de la Communication - Mars 2004 : Le cycle de l'énergie nucléaire

Towards improved humidity measurements at high temperatures and transient conditions

Martti Heinonen[1], *Fausto* Arpino[2], *Rien* Bosma[3], *Laura* Cavallarin[4], *Gino* Cortellessa[2], *Marco* Dell'Isola[2], *Volker* Ebert[5], *Vito C.* Fernicola[6], *Eric* Georgin[7], *Antonio* Giannattasio[8], *Richard* Högström[1], *Domen* Hudoklin[9], *Anders* Kentved[10], *Jan* Nielsen[11], *Peter Friis* Østergaard[11], *Andrea* Peruzzi[3], *Tomi* Pietari[12], *Robert-Jan* Pouw[13], *Shahin* Tabandeh[14], *Wilhelm* van Schaik[15] and *Steven* Wagner[16]

[1]VTT Technical Research Centre of Finland Ltd, Centre for Metrology MIKES, , FI-02044 VTT, Finland
[2]Università degli Studi di Cassino e del Lazio Meridionale, 03043 Cassino, Italy
[3]VSL, Dutch Metrology Institute, 2600 AR Delft, the Netherlands
[4]Istituto di Scienze delle Produzioni Alimentari CNR, 10095 Grugliasco, Italy
[5]Physikalisch-Technische Bundesanstalt, 38112 Braunschweig, Germany
[6]Istituto Nazionale di Ricerca Metrologica, 10135 Torino, Italy
[7]LNE-CETIAT, 69603 Villeurbanne, France
[8]GBV Impianti Srl, 12074 Cortemilia, Italy
[9]University of Ljubljana, Faculty of Electrical Engineering, 1000 Ljubljana, Slovenia
[10] FORCE Technology, DELTA, DK-2970 Hørsholm, Denmark
[11]Danish Technological Institute, DK-8000 Aarhus C., Denmark
[12]Vaisala Oyj, 01670 Vantaa, Finland
[13]Michell Instruments Benelux B.V., 4906 CR Oosterhout, the Netherlands
[14]Politecnico di Torino, 10129 Torino, Italy
[15]van Schaik Innovation Handling B.V., 5617 BA Eindhoven, the Netherlands
[16]Technische Universität Darmstadt, HTPD, Jovanka-Bontschits-Str. 2, 64287 Darmstadt, Germany

Abstract. Humidity is a key parameter in controlling drying processes and ambient conditions in many industrial manufacturing, storage and test applications. Air humidity is routinely measured at temperatures above 100 °C and at conditions that are often challenging due to temporal and local variations. Calibrations of humidity sensors do not provide appropriate representativeness of measurement conditions because they are limited to temperatures below 100 °C and static conditions. A European metrology research project HIT ("Metrology for Humidity at High Temperatures and Transient conditions") is developing improved humidity measurement and calibration techniques to temperatures up to 180 °C and non-static conditions. This paper summaries developments of the project: calibration and test facilities for industrial hygrometers, studies on humidity control in specific microbial transient processes and a new measurement approach for water activity measurements.

1 Introduction

Drying is a part of most manufacturing processes. Optimising drying processes through improved humidity control has significant potential to reduce the energy consumption and waste production. In industrial dryers, the humidity of the high temperature exhaust air/gas (typically around 140 °C but can be up to 180 °C depending on the process) is measured. Ideally, higher inlet air temperatures reduce the process time but require careful and fast in-line temperature humidity vs. time control for early detection of the end-point in order to prevent deterioration of the material exiting the dryer. Similar process control challenges are associated with drying/baking in food processing, drug manufacturing, paper production, ceramic production, wood processing and textile production. However, humidity calibrations are not usually performed at temperatures above 100 °C and the calibration equipment that is commercially available for industry cannot be operated in this range.

Non-static conditions in processes and environmental tests form another type of challenge because different humidity sensors have different response times. Temporal and spatial variations of humidity in a process line make it also impossible to measure water activity, i.e. equilibrium relative humidity, directly although this is an important parameter in food processing.

* Corresponding author: author@e-mail.org

Article available at http://cfmetrologie.edpsciences.org or https://doi.org/10.1051/metrology/201706002

These problems in industrial humidity measurements are addressed by the HIT project (14IND11 "Metrology for Humidity at High Temperatures and Transient conditions") funded by the European Metrology Programme for Innovation and Research (EMPIR). The project has been running since September 2015 and it will end in 2018. The project consortium is composed by 15 partner organisations. Further information about the project is available in [1] and at www.empir-hit.eu.

This paper summarises advancements in the HIT project: calibration and test facilities for industrial hygrometers, tests for developing new calibration procedures, studies on humidity control in specific microbial transient processes and a new measurement approach for water activity measurements.

2 Calibration and test facilities

New calibration facilities have been developed and existing systems have been modified to provide a robust SI traceability link and versatile calibration and testing environments. These will be used for defining optimal calibration procedures covering also temperatures above 100 °C and non-static conditions.

2.1 A new humidity generator based on indirect gravimetric approach

A new generation humidity standard has been developed at Istituto Nazionale di Ricerca Metrologica (INRIM, Italy). It is founded on a mass fraction vapour generator capable to operate at dew-point temperatures above 100°C. The operation of the generator is based on indirect gravimetric approach, i.e. the water mass fraction of outlet air is controlled by SI traceable mixing of a water mass flow evaporated into a dry air. This provides SI-traceability for humidity measurements at temperatures up to 180 °C, dew-point temperatures up to 140 °C and pressures up to 0.6 MPa (abs) [2]. In terms of absolute humidity, the generator operates over a range from 25 g/m^3 at atmospheric pressure to approximately 1000 g/m^3 at 0.6 MPa (abs). A microwave resonator is also integrated in the system as a reference. The operation principle of the generator system is illustrated in Fig. 1.

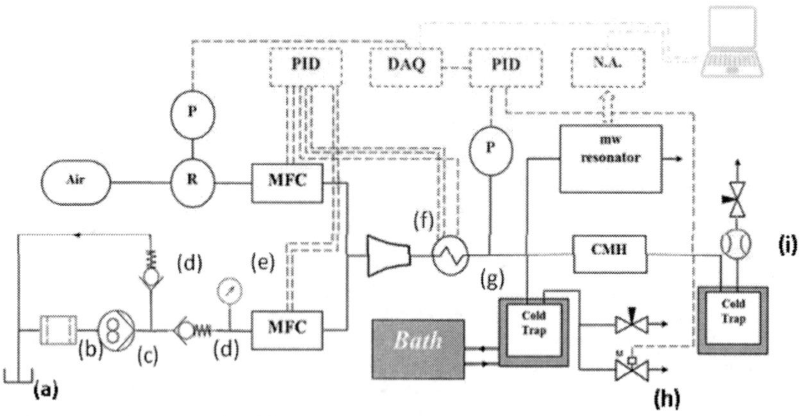

Fig. 1. . Schematic diagram of the INRIM humidity generator system. (a) Water reservoir, (b) Filter.(c) Gear pump, (d) Check valve, (e) Barometer, (f) Mixing nozzle, (g) Heat exchanger, (h) Solenoid valve, (i) Mass Flow Meter, (P) Pressure gage, (R), Pressure regulator, (CMH) Chilled Mirror Hygrometer, (DAQ) Data Acquisition Unit, (MFC) Mass Flow Controller (N.A.) Network Analyzer.

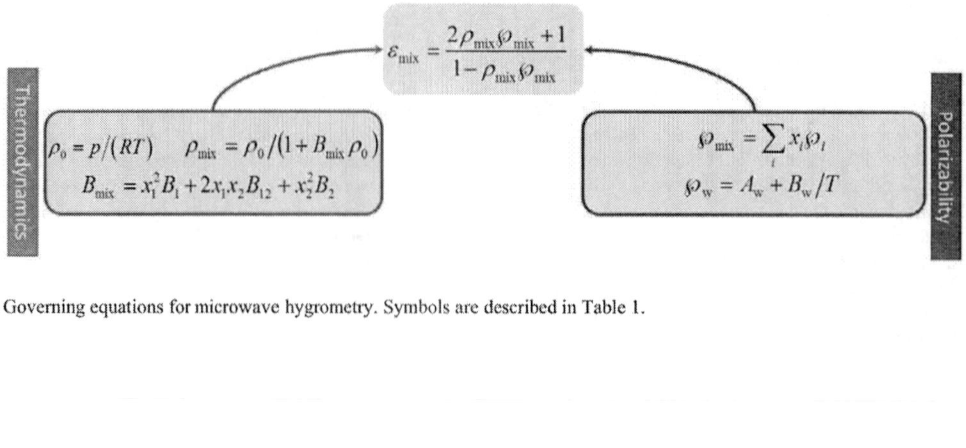

Fig. 2. Governing equations for microwave hygrometry. Symbols are described in Table 1.

Table 1. Symbols of the governing equations for microwave hygrometry in Fig 2.

ε_{mix} = Permittivity of the mixture
$\wp_{mix}$ = Polarisabity of the mixture
ρ_{mix} = Molar density of the mixture
R = Molar gas constant
T = Temperature
P = Pressure
B_{mix} = Second density virial coefficient of the mixture
x_i = Corresponding mole fraction
B_1 = Second virial coefficient (interactions of water molecules)
B_{12} = Second cross virial coefficient (interactions of nitrogen and water molecules)
B_2 = second virial coefficient (interactions of nitrogen molecules)
$\wp_i$ = molar polarizability of pure component i
A_w and B_w : Debye constants

The vapour generator has been validated through absolute mole fraction measurements in the gas phase, by exploiting microwave-based hygrometry and by comparison against a primary humidity standard in the relevant dew-point sub-range [3]. Microwave hygrometry is a well-known method able to detect the vapour mole fraction of binary mixtures with a high precision using the cavity microwave resonance frequencies. The permittivity of the mixture could be calculated using the resonance frequencies and is connected to the density in one hand and polarizability of the mixture on the other hand (see Fig. 2). The simultaneous solution of aforementioned equations gives the water to gas mole fraction which exhibits a very high sensitivity due to the high polarizability of water and is well suited to cover the vapour amount fraction from 0.04 mol/mol to 0.6 mol/mol which matches the generator range.

The water vapour mole fraction, as measured by the microwave hygrometer, and the specific humidity, as generated by the mass fraction vapour generator, were compared over a wide range of pressure and temperature. Fig. 3 shows the water vapour mole fraction, as measured by the microwave hygrometer in blue, and the equivalent specific humidity, as generated by the mass fraction vapour generator in orange. In this range, the relative uncertainty of the microwave hygrometer is about one percent.

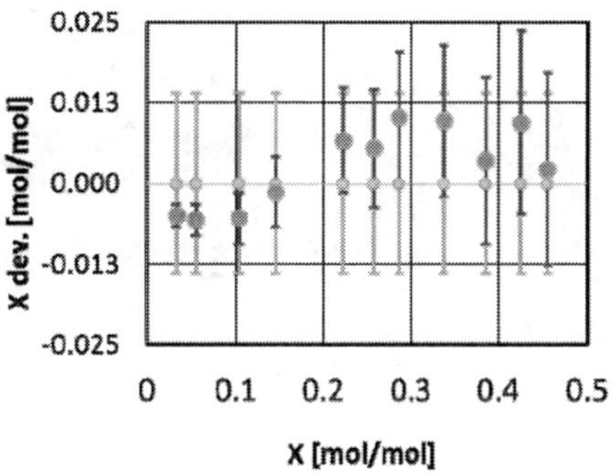

Fig. 3. Comparison of the microwave hygrometer (in blue) and the generator (in orange) at INRIM in terms of water mole fraction difference. The generator was used as the reference.

2.2 A new modular humidity calibration setup

For improving the efficiency of humidity calibrations, VTT MIKES has developed a modular humidity calibration setup that can easily be installed any commercial temperature test chamber with inner volume of 200 dm^3 or larger. In this setup, the humidity in a measurement chamber is controlled by two thermal mass flow controllers located outside the temperature test chamber. These controllers are connected to the measurement chamber system with flexible tubes equipped with quick couplings. This enables easy assembling and disassembling of the system. A LabView computer program was developed for enabling automatic calibrations in static and non-static conditions. The schematic diagram of the system is in Fig. 4.

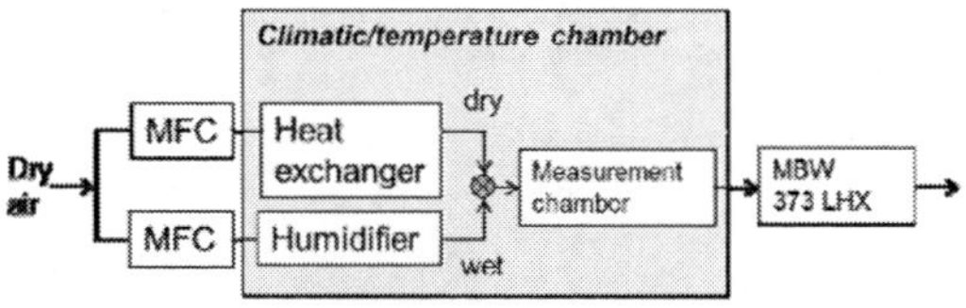

Fig. 4. Schematic diagram of the modular humidity calibration setup developed at VTT MIKES.

An MBW373 LHX chilled mirror hygrometer is used as the dew-point temperature reference. The air temperature in the measurement chamber is measured with two Pt100 thermometer probes. One of the probes is in a metal tube through which air flows to the reference dew-point hygrometer. This is located in the middle of the chamber (see Fig. 5) while the other thermometer probe is close to rear and bottom walls of the chamber. A fan is circulating air in the chamber to reduce humidity gradients when operating in non-static conditions. The inner volume of the measurement chamber is 12 dm^3.

Fig. 5. Photograph showing humidity probes in the measurement chamber of the VTT MIKES calibration setup. The metal outlet tube is in the middle.

As the system is operated with an input flow rate of 2 l/min, the inner volume of the chamber limits the speed of humidity change, which can be seen as increased difference between the set point and the measured humidity in Fig. 6. To enable measurements with faster humidity changes, an optional feeding tube arrangement was developed. As illustrated in Fig. 7, in this configuration humidity controlled air is split into two channels in the chamber: one for the reference dew-point hygrometer and the other one for the humidity probe under test.

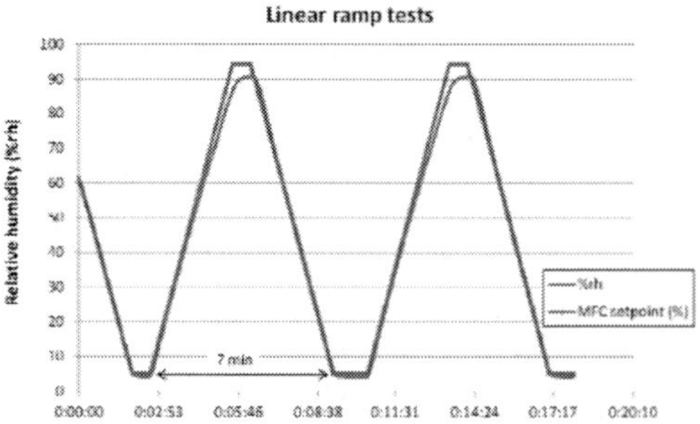

Fig. 6. Test results showing the actual relative humidity with respect to the set point when running linear ramps in the VTT MIKES calibration setup.

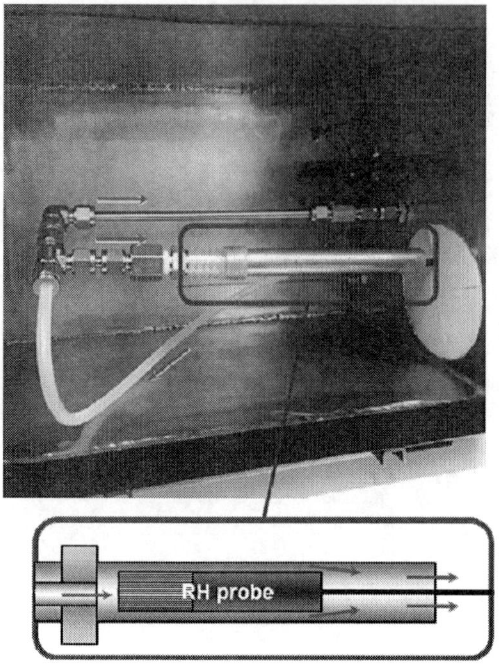

Fig. 7. Measurement configuration for tests with fast humidity changes (e.g. step changes) in the VTT MIKES calibration setup.

2.3 Extending the operation range of a humidity generator

A humidity calibration system at CETIAT comprises a saturator immersed in a liquid bath and a measurement chamber located in a thermostatic chamber (Fig. 8). To enable relative humidity calibrations at temperatures up to 140 °C, CETIAT has extended the operation range of the humidity calibration system by developing new temperature control of the tubing between the saturator and the measurement chamber and by performing a thermal characterisation of the measurement chamber in the full temperature range.

Fig. 8. Measurement chamber of the CETIAT humidity generator.

Performed tests indicate that the uncertainty of 0.06 °C (k=2) assigned for the range up to 80 °C is also achieved in the extended dew-point temperature range from 80 °C to 90 °C. Temperature differences in the measurement chamber were found to be within ±0.2 °C (see Fig. 9).

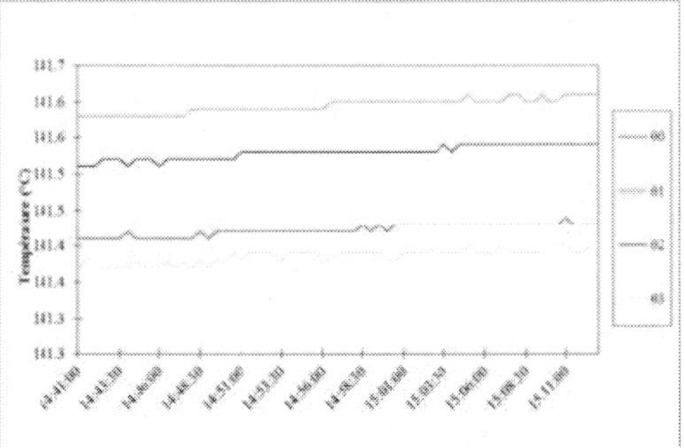

Fig. 9. Example of results obtained in the thermal characterisation of the CETIAT measurement chamber. The uncertainty of the temperature measurements was 0.2 °C (k=2).

3 Tests for developing new humidity calibration procedures

The calibration and test facilities described above and a humidity calibration facility of VSL operating up to 180 °C and 0.6 MPa [4,5] are being used to develop calibration procedures that will effectively disseminate SI traceability to humidity measurements at high temperatures, high pressures and non-static conditions. For this purpose, several types of humidity sensors are being tested at static conditions in a wide range of temperature and pressure and at ambient pressure level with different humidity ramps. The aim is to identify most practical procedures for use in industrial calibration laboratories. Aspects to be considered are validity of calibration results to measurement conditions, amount of additional work due to the extended temperature range and cost of investment to calibration equipment.

In addition to commercially available sensors, tests have been carried out for prototype sensors: Three Michell prototype sensors (Fig. 10) were tested at temperatures up to 180 °C and pressures up to 550 kPa (dew-point temperatures up to 144 °C). The results of the tests were used to apply temperature-dependent corrections to the relative humidity indicated by the sensors and to investigate the sensors aging. Also, two IH acoustic prototype sensors were studied at VSL (Fig. 11). The first one was tested at temperatures up to 100 °C and atmospheric pressure to obtain the temperature dependence of the speed of sound. To study the pressure dependence, measurements were carried out with the second prototype at temperatures up to 120 °C and pressures up to 500 kPa.

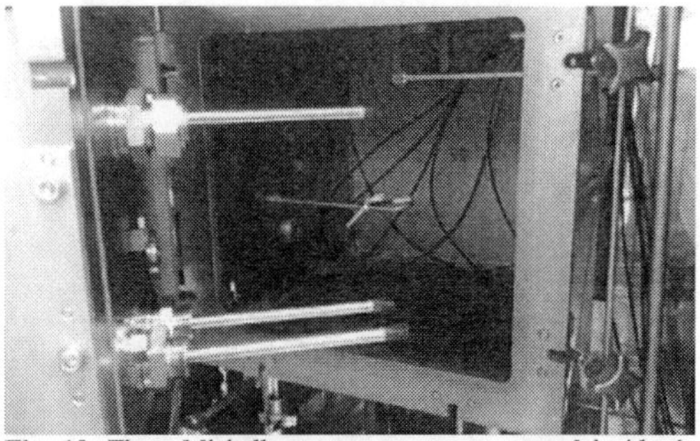

Fig. 10. Three Michell prototype sensors mounted inside the VSL chamber. Tests were carried out at temperatures up to 180 °C and pressures up to 550 kPa.

Fig. 11. IH acoustic prototype sensor accommodated inside the VSL chamber.

4 A new approach for inline water activity measurement

Water activity is an important parameter in food and feed processing. It equals to the relative humidity of air (expressed on a scale of 0 to 1) having no net exchange of water with the substance of interest. For improving cost efficiency and product quality in industrial processing, a reliable method for inline determination of water activity is needed. A new approach was developed by combining traceable continuous temperature and sample-based sorption isotherm measurements and appropriate new simulation tools.

4.1 Development of sorption isotherm measurement methods

For studying the approach, Università degli Studi di Cassino e del Lazio Meridionale (UNICAS) realized an experimental setup for the determination of sorption isotherms – i.e. the relationships between water activity and moisture content – and performed initial measurements with hazelnuts in the temperature range of 20 °C to 60 °C. In the setup, hazelnut samples were at first stabilised in humidity controlled enclosure (glass jar with saturated salt solutions) and then measured with a commercial moisture balance. The equilibrium conditions were measured with a chilled mirror hygrometer and a Pt100 thermometer. Fig. 12 shows an example of obtained results.

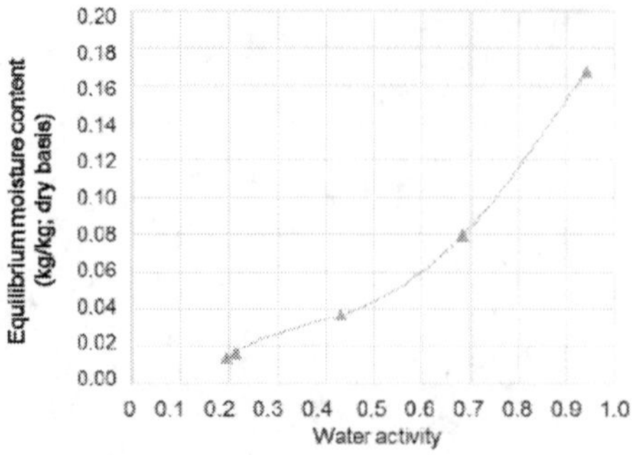

Fig. 12. Adsorption isotherm of 10 hazelnuts at 30°C.

A new and more advanced system for sorption isotherm measurements was developed at the Danish Technological Institute (DTI). As illustrated in Fig. 13, the system is comprised of a saturator, a sample chamber, an oven, a scale, and a dew-point hygrometer. Air is pumped through the saturator submerged in a temperature controlled liquid bath. After complete saturation with respect to water, the air flows to the sample chamber inside the oven. In the sample chamber, the air flows through the sample. If the sample is not in equilibrium with the inlet air, net absorption or desorption will take place. Two independent systems detect the absorption or desorption of water in the sample. The entire sample chamber is placed on top of a scale which registers any change in weight due to a change in the water content of the sample. The dew-point hygrometer placed after the oven provides the other method for detecting if the sample is in equilibrium with the inlet air. Once the sample is in equilibrium, the sample temperature, dew-point temperature and sample weight are recorded. Sorption isotherms are determined by combining these results obtained at different temperatures and humidities.

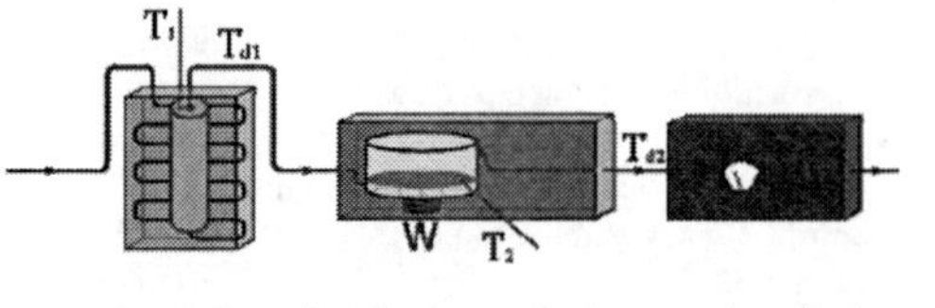

Fig. 13. Schematic diagram of the sorption isotherm measurement systems developed at DTI. T_1=saturator temperature, T_{d1}=dew-point temperature at the saturator outlet, T_2=air temperature in sample chamber, T_{d2}=dew-point temperature at the hygrometer inlet, W= weight of the sample continuously monitored by a scale.

4.1 Development of simulation tools

UNICAS developed a transient tool for modelling temperature dependence of isotherms in hazelnuts. This model will allow the description of water adsorption/desorption in porous media. The model is based on the Fick's law with water vapor pressure and temperature as driving potentials. For 1-dimensinal, non-isothermal model consists in the following equation solved for p:

$$\rho_0 \frac{\partial u}{\partial \varphi}\left(\frac{\frac{\partial p}{\partial t} p_s - p\frac{\partial p_s}{\partial t}}{p_s^2}\right) = D_p \frac{\partial^2 p}{\partial x^2} + D_T \frac{\partial^2 T}{\partial x^2}$$

where ρ_0 is the dry porous material density, u is the equilibrium moisture content, p is the pressure, p_s is the saturation pressure, t is time, x is the coordinate, φ is the ratio between the pressure and the saturation pressure, D_p is the water vapour diffusion coefficient with vapour pressure as a potential, also being a non-linear function of water vapour pressure (or moisture content u or relative humidity RH) and temperature, D_T is the thermal moisture diffusion coefficient (a quantity which can be a complex function of both u and T). An explicit finite-element method was implemented in a spreadsheet. Air temperature and relative humidity are used as input parameters. The moisture content, moisture capacity, diffusion coefficient, temperature, saturation vapour pressure and vapour pressure fields are updated at each time step. The numerical tool was validated at the "Laboratorio di Misure Industriali" (LAMI) in the temperature range between 0 °C and 60 °C. Qualitative transient results are shown in Figures 14 and 15 in terms of equilibrium moisture content as a function of the hazelnut radius for different times. In particular, the numerical simulations were performed considering two different relative humidity of the surrounded air equal to 20 % (Figure 14) and 60 % (Figure 15) and an equilibrium temperature equal to 30 °C. From the these results, we can see that the water accumulation starts from the outer surface of the hazelnut and then propagates inwards. In steady state conditions, a constant value of the moisture content is reached within the sample.

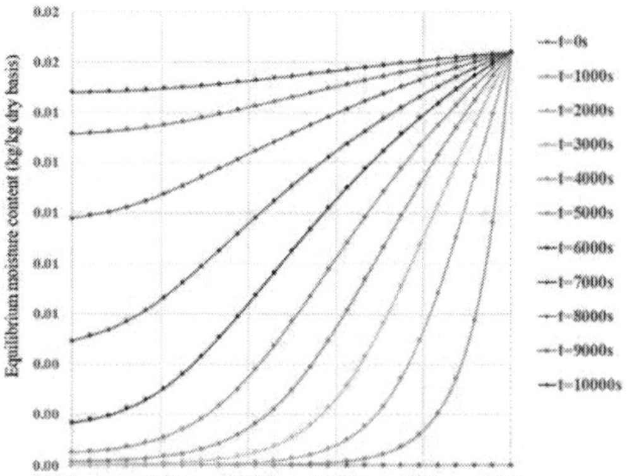

Fig. 14. Transient numerical results for equilibrium moisture content as a function of the hazelnut radius obtained for the conditions of 20 % and 30 °C.

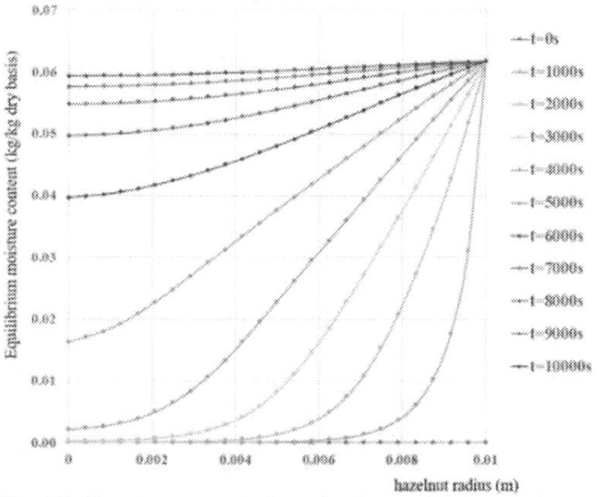

Fig. 15. Transient numerical results for equilibrium moisture content as a function of the hazelnut radius obtained for the conditions of 60 % and 30 °C.

5 Humidity control in specific microbial transient processes

Specific microbial transient processes (microbial growth) in pharmaceutical industry seemingly accumulate high humidity within small confined environment. Additionally, significant environmental shocks to bacteria from the transient exposure of the sample to different temperatures of agar may occur. Existing ambient control procedures prove to be insufficient because of apparent formation of unwanted moisture at specific locations, which effects read out of results at the end of incubation.

Condensation on the inside lid of Petri dishes can form whenever a temperature differential occurs. For example, when the temperature of the inside lid falls below the temperature due to surrounding air temperature, the condensate inside the Petri dish forms. This occurs most often when the temperature in a room fluctuates and falls, even by as little as 0.1° C.

In order to measure small gradients of temperature and humidity, University of Ljubljana (UL) has designed and used a set of precision thermometers and hygrometers, which have minimized effect on the process. Both parameters were measured inside as well as outside the Petri dishes stacks. To analyse and reduce the unwanted condensation, different parameters were varied, such as the number of Petri dishes in the stack, the temperature of the incubator, the surrounding etc. Fig. 16 shows an example of the measurement setup.

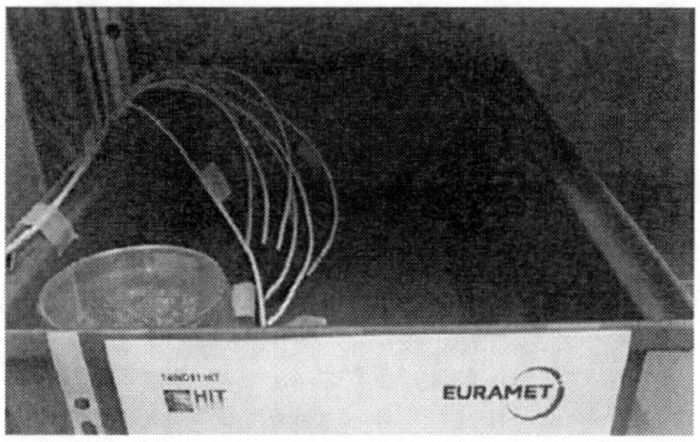

Fig. 16. A photograph showing a measurement setup for measuring small gradients of temperature and humidity in a Petri dish stack.

5 Conclusions and discussion

The HIT project is developing new and improved methods and techniques for humidity measurement and monitoring at high temperatures and under transient conditions. In this paper we reported advancements in developing calibration and test facilities for industrial hygrometers, performing tests to develop new calibration procedures for high temperatures or non-static conditions, developing a novel inline water activity measurement method and studying optimal humidity control in specific microbial transient processes.

The development of calibration facilities enabled starting tests for hygrometers at static conditions at temperatures up to 180 °C and pressures up to 0.6 MPa. For tests at non-static conditions, a new setup was designed and constructed with easy use in temperature test chambers. Using this equipment, tests of commercial humidity sensors with slower and faster humidity changes are ongoing. Combining stable humidity generation, dew-point measurement and continuous weighing a sample chamber in an oven enabled us to construct a new type measuring system for sorption isotherm. This and the developed transient tool for modelling temperature dependence of isotherms are key components of the new inline water activity measurement method. A measurement setup for determining small temperature and humidity gradients in a Petri dish stack were presented.

In addition to the work reported in this paper, HIT is developing a new direct Tunable Diode Laser Absorption Spectroscopic (dTDLAS) hygrometer for measuring humidity transients at high temperatures and a new type of field humidity calibrator.

This work is funded by the EMPIR initiative that is co-funded by the European Union's Horizon 2020 research and innovation programme and the EMPIR Participating States.

References

1. M. Heinonen, L. Cavallarin, M. Dell'Isola, V. Ebert, V. Fernicola , E. Georgin, D. Hudoklin, J. Nielsen, P. F. Østergaard, A. Peruzzi, T. Pietari, S. Wagner, O. Werhahn, Metrology for humidity at high temperatures and transient conditions, International Congress of Metrology 15015 (2015)
2. S. Tabandeh, V. Fernicola, A Mass fraction humidity generator for specific humidity up to 0.5 kg/kg and pressure up to 0.6 MPa, *Abstracts. XIII Int. Symposium on Temperature and Thermal Measurements in Industry and Science TEMPMEKO 2016* (INTiBS, Kraków, 2016), pp. 124
3. S. Tabandeh, R. Gavioso, V. Fernicola, Validation of a generator for dew point temperature up to 0.5 kg/kg and pressure up to 0.6 MPa with microwave hygrometry, *Abstracts. XIII Int. Symposium on Temperature and Thermal Measurements in Industry and Science TEMPMEKO 2016* (INTiBS, Kraków, 2016), pp. 194
4. R. Bosma, A. Peruzzi, Int J Thermophys **35**:738–747 (2014)
5. R. Bosma, A. Peruzzi, J. van Geel, Relative humidity at temperatures up to 180 °C and pressures up to 6 bar, *Abstracts. XIII Int. Symposium on Temperature and Thermal Measurements in Industry and Science TEMPMEKO 2016* (INTiBS, Kraków, 2016), pp. 217

Measurement of the thermal conductivity of liquids by hot wire method: comparison between transient and stationary approaches

Jean-Pierre Monchau[1*], *Nicolas* Lalanne[1], *Laurent* Ibos [2*]
[1]THEMACS Engineering, 23 rue Alfred Nobel, 77420 Champs-sur-Marne, France
[2]CERTES / OSU Efluve, Université Paris-Est Creteil, 61 avenue du Général de Gaulle, 94010 Créteil Cedex, France
* Corresponding author: monchau@themacs.fr

Abstract. This work concerns the characterization of the thermal conductivity of liquids by hot wire method. A measuring cell has been specially developed for this study. The method of analysing the transient response makes it possible to obtain values of conductivity close to those expected (deviations <4%) for two reference fluids and measurement uncertainties in the order of 5%. The use of the so-called steady state method (ASTM D 2717) leads to relative deviations and uncertainties of the measurements about 3 times higher.

Nomenclature

T temperature, ° C
I electrical current, mA
U measured voltage, mV
R electrical resistance, Ω
L length of the platinum wire, mm
r radius, mm
t time s
A calibration constant, m^{-1}
B calibration constant, $K.W^{-1}$

Greek symbols
λ Thermal conductivity, $Wm^{-1}.K^{-1}$
α slope, K
β resistance variation,%. $°C^{-1}$
Δ variation

Indices and exhibitors
f Heating wire
v glass
i Inner side of the glass tube
o Outer face of the glass tube

1. Introduction

One of the methods commonly used for measuring the thermal conductivity of liquids is the hot wire method [1,2]. This method is based on the heating by an electric current a very thin wire immersed in the liquid to be characterized. The variation of the temperature of the wire depends on the exchanges with the liquid, and therefore on the thermal conductivity of the liquid and the contact resistance. The electrical power supplied to the wire must be constant and low enough to maintain an elevation of temperature of a few degrees maximum, which makes it possible to limit convection exchanges in the liquid. The

Article available at http://cfmetrologie.edpsciences.org or https://doi.org/10.1051/metrology/201706003

temperature of the wire can be measured either by a thermocouple welded to the wire, or by measuring the electrical resistance of the wire during its warming up. The conductivity of the liquid can be determined by two methods: transient or steady-state regim. A measuring cell made of glass with a 50 µm diameter platinum wire was processed in this work. The measurement of the temperature of the wire is carried out by a measure of its electrical resistance over time, by a 4-wire method which makes it possible to minimize the influence of the electrical resistance of contacts. The device allows a characterization in transient or steady states. We therefore propose in this paper a comparison of these two approaches on the basis of the study of different liquids. A comparative study of measurement uncertainties is also presented. This article is however limited to a discussion about the metrological aspects of these two methods of measurement.

2. Experimental cell developed

A measuring cell has been specially developed for this study. The device is freely inspired from ASTM D2717 [3]. It consists of a platinum wire stretched into the liquid to be studied. The thread must be exactly centered so that it can be modeled in terms of heat exchanges for static measurements. The photographs in Figure 1 show the measuring device. The platinum wire was installed in a U-shaped tube (of inner and outer diameters of 6 and 9 mm respectively), made of glass, in order to facilitate its use (filling, holding on support ...). Upon measurement, the U-tube is placed in a tank filled with water whose temperature is constantly controlled.

Figure 2 shows a synoptic of the experimental device. Centering cylinders **A** (PTFE) have been milled exactly to the internal dimension of the glass tube **D** and were drilled in their center at the diameter of 0.1mm. The centering accuracy is therefore of 25 µm. This represents an error of less than 1% on the inner radius of the glass tube. Platinum wire **C** is connected like a 4-wire electrical resistor in order to obtain an accurate resistance value of the portion studied. Moreover, this wiring makes it possible to limit the effects of longitudinal conduction temperature. Liquid **B** fills the glass tube. The test body is located between the two brazes that define the length **L** of measurement.

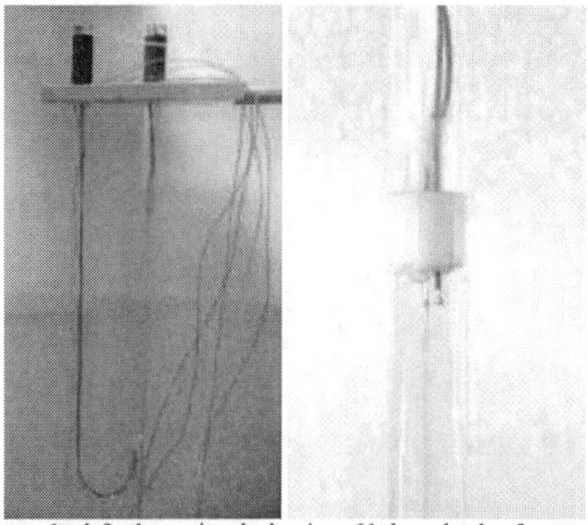

Figure 1 : left: the entire device in a U-shaped tube for easy filling; Right: detail of brazing of the two platinum wires delimiting the measuring zone

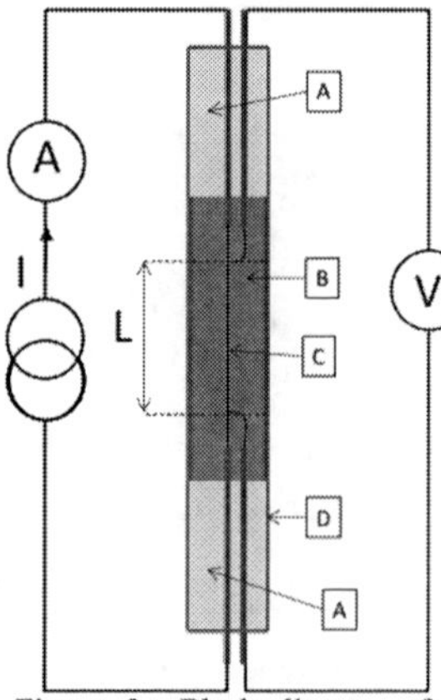

Figure 2 : Block diagram of the measuring cell (see text for details)

3. Measurement principles and instrumentation of the device

In both cases studied (transient or stationary measurements), the heating wire is powered by an electric current of constant intensity I. The voltage U at the terminals of the wire is measured over time to determine changes in its electrical resistance R. In transient mode, a short sampling period and a short measurement duration are chosen. For stationary measurements, the measurement duration is extended until reaching a constant temperature of the wire . The processing of the experimental data differs for these two types of measurement.

3.1. Analysis of data by transient method

In the case of a transient measurement, a heat transfer is assumed in the fluid in cylindrical geometry in a semi-infinite medium. The measure must therefore be carried out over a short period so as not to suffer the effects of the outer glass tube. We also consider that the initial temperature of the wire $T(0)$ and the electrical power P are constant. Solving the heat equation for these conditions provides an analytical expression for the time course $T(t)$ of the temperature of the heating wire. If a very thin heating wire is used, its inertia has no manifestation measurable on the temperature curve for very short times (here for t <2 s). So if we take the so-called "quasi-stationary" hypothesis, we obtain a simplified expression of the temperature variation of the wire [1,2]:

$$T(t)-T(0)=\alpha\times\ln(t)+C \tag{1}$$

Where α is the slope of the linear portion of the temperature plot with respect to the logarithm of the time:

$$\alpha=\frac{P}{4\pi\lambda L} \Leftrightarrow \lambda=\frac{P}{4\pi\alpha L} \tag{2}$$

The value of α is obtained by linear regression (least squares) by considering portions of the curve $\Delta T=$ f (ln t) until "unsigned" residuals are obtained. Equation (2) thus allows the calculation of the thermal conductivity of the liquid λ from the value of α experimentally determined and the knowledge of the length of the wire L and of the power electric power P. The constant parameter C in equation (1) further depends on the contact resistance between the wire and the liquid, the radius of the wire and the thermal diffusivity of the liquid. The values of this parameter will not be analyzed in this work. A similar method has been used by the NIST for thermal conductivity measurements of liquids [4]. This method uses two wires of different lengths placed on the two branches of a Wheatstone bridge to eliminate edge effects.

3.2. Analysis of stationary data

The data processing used in this case is described in ASTM D2717 [3]. The determination of the thermal conductivity of the liquid λ is based on the measurement of total change in temperature ΔT of the heating wire between the initial state and the return to steady stationary and on the knowledge of two constants A and B characteristics of the measurement cell [3]:

$$\lambda = \frac{A}{\Delta T / P - B} \tag{3}$$

The constants A and B are defined from the dimensions of the measuring cell and the thermal conductivity of the glass constituting the U-tube [3]:

$$A = \frac{\ln(r_i/r_f)}{2\pi L} \; ; \; B = \frac{\ln(r_o/r_i)}{2\pi \lambda_v L} \tag{4}$$

The ASTM standard alternatively proposes making a determination of the constants A and B by a measurement on one or more reference liquids, the most important influence parameter being the parameter A.

3.3. Instrumentation of the measuring cell

A current source (Keithley 2400) was used to apply a current transient method and a permanent current for the static method. A voltmeter (Keithley 2182) makes it possible to measure the voltage at the terminals of the portion of the wire used to carry out the measurement. This voltmeter has a resolution of 10nV and therefore allows to measure small variations of the voltage at the terminals of the wire. Both devices are controlled by a LabView application via a GIPB bus link. The measurement is carried out in two steps.

First, a low current (<1mA) is applied for 8 seconds to obtain the initial value of the electrical resistance of the wire, and thus of its temperature. The current value has been selected sufficiently low so as not to generate self-heating detectable during this first step and sufficiently high to allow a measurement of the voltage with a satisfactory signal-to-noise ratio. Knowledge of the initial resistance of the wire is required for the static method described in the ASTM standard.

In a second step, a higher constant current is applied in order to generate a heating of the platinum wire. The measuring step (from 62.5ms to 833ms) and the total duration (from 64s to 833s) depend on the chosen method (transient or stationary). The intensity of the current can be chosen between 10mA and 1A. The value must be adapted to the conductivity of the liquid in order to limit the rise in temperature to a few degrees C.

The temperature of the hot wire is calculated from the resistance measurements using standard values for the variation of the platinum resistivity of the temperature. For this material, it is possible to consider, in a reduced temperature range around the ambient temperature, a coefficient of variation of the electrical resistance $\beta = 0.3862\%.°C^{-1}$. The use of this coefficient makes it possible to transform the measured electrical resistance relative variations of the measured electrical resistance $\Delta R/R$ into a temperature variation ΔT. The temperature of the liquid in the U-tube and the temperature of the water in the vessel containing the U-tube are controlled during the experiments using thermocouples and a Fluke™ Digital Recorder. It is necessary to ensure that the temperature of the water in the vessel remains constant for the duration of an experiment. This is particularly important in the case of steady state measurements. The maximum variation of the temperature tolerated in this study was chosen to be within ±0.2°C.

4. Results

4.1. Liquids studied

Two liquids were used in this study: demineralized water and dimethylphthalate (DMP). The thermal conductivities of these two liquids are tabulated as a function of temperature in ASTM D2717 [3]. This will allow us to compare the results of the measurements to reference values.

4.2. Thermal conductivity measurements

4.2.1. Results obtained with transient method

Figures 3 and 4 show the temperature variations of the wire obtained for both liquids for two filament feed streams as well as regressions carried out on the linear portions of the curves. In both cases, the increase in temperature on the linear portion is about 1.2°C.

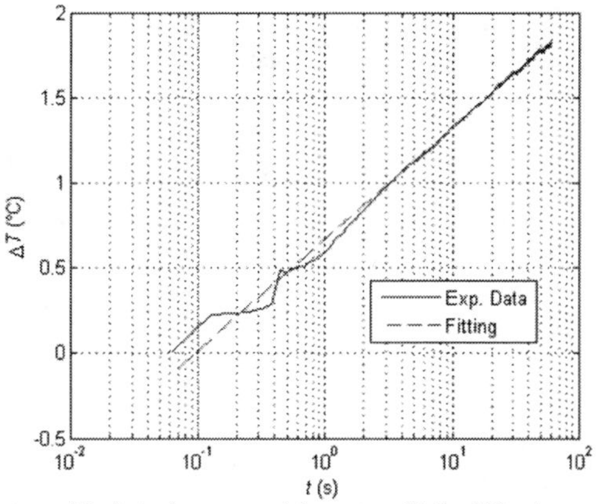

Figure 3: Temperature of the hot wire measured for water with I = 200 mA

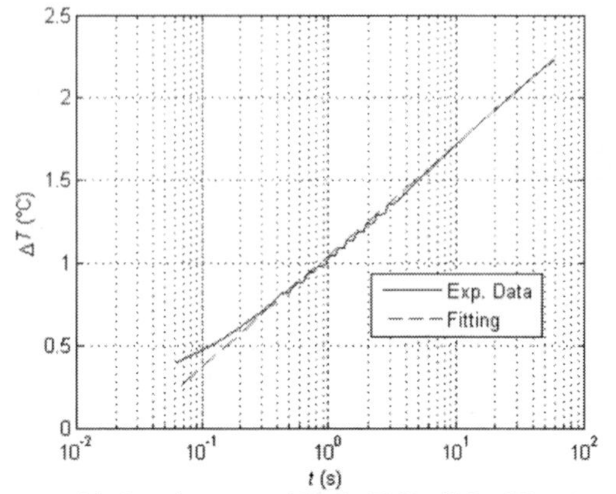

Figure 4: Temperature of the hot wire measured for the DMP with I = 100 mA

Table 1: *Thermal Conductivity of the water and the DMP for transient method with different wire currents; Comparison with literature data.*

	I	$\lambda_{measured}$	$\lambda_{reference}$ [3]	$\Delta\lambda/\lambda$
	mA	$W.m^{-1}.K^{-1}$	$W.m^{-1}.K^{-1}$	%
Water	100	0.593	0.610	-2.8
	200	0.613	0.613	0.0
	300	0.639	0.616	3.7
Dimethyl Phtalate	50	0.145	0.148	-1.7
	100	0.147	0.148	-0.6
	150	0.143	0.147	-3.2

The thermal conductivity values obtained for the two liquids and different filament feed currents are shown in Table 1. Currents twice weaker have been selected for DMP in order to maintain temperature variations similar to those obtained for water, the expected thermal conductivity of the DMP being about 4 times lower than that the one of water. It can be seen that there is a dispersion of values without a tendency to diminish or increase the results. The method seems therefore unbiased but a notable dispersion exists (up to 3.7%). Note that the ASTM standard announces a scatter of results up to 10%.

4.2.2. Results obtained in steady state

Steady-state measurements were performed for both liquids, considering the value of the electric current allowing to obtain the transient measurement closest to the reference value. The measurement is continued until a stable value of the resistance of the filament is reached. The final value of the resistance is obtained by taking the long time asymptotic value. For this experiment, it is also necessary to use a power supplied to the wire as stable as possible. Figures 5 and 6 show respectively the variation of resistance and of power measured over time for water with a supply current of 200 mA. For T>400s, we obtain

 DOI: 10.1051/metrology/201706003

variations of the wire resistance less than 0.3% and of the power less than 0.02%, which makes it possible to consider that a steady state is reached. The thermal conductivity values obtained from the steady state measurements are presented in Table 2 for both liquids considered. The total temperature variation ΔT obtained is also reported in the table. Compared to results obtained by a transient analysis, a larger gap between measured and expected values is observed. This discrepancy does not seem to be explained by a systematic error.

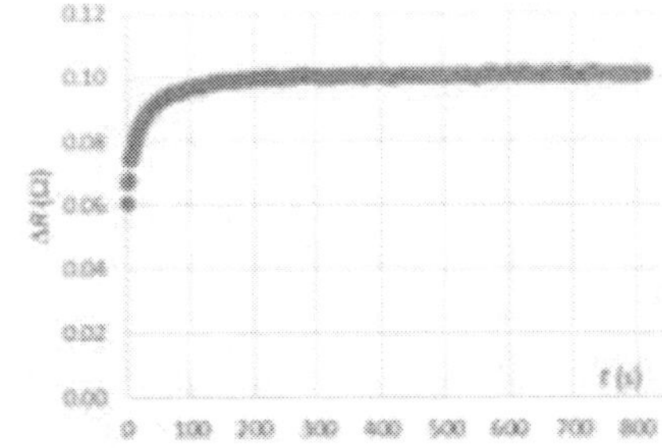

Figure 5: variation in resistance of the wire measured for stationary water for I = 200 mA

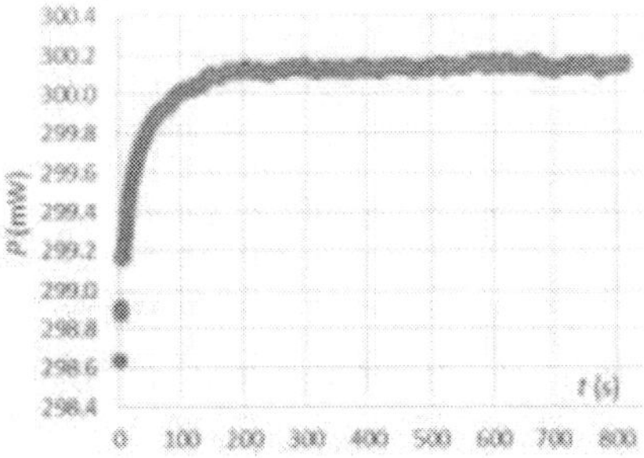

Figure 6: Variation in power of the hot wire measured for stationary water for I = 200 mA

Table 2: *Measurement of thermal conductivity of water and dimethyl phthalate with the stationary method; Comparison with data in the literature*

	I	ΔT	$\lambda_{measured}$	$\lambda_{reference}$ [3]	$\Delta\lambda/\lambda$
	mA	°C	$W.m^{-1}.K^{-1}$	$W.m^{-1}.K^{-1}$	%
Water	200	3.58	0.555	0.613	-9.5
Diméthyl Phtalate	100	2.80	0.170	0.148	15

4.3. Analysis and evaluation of measurement uncertainties

The determination of the conductivity by stationary or transient methods involves several influencing parameters which can be classified into four categories:

- The dimensions of the measuring cell: the length of the heating wire, the radius of the wire and glass tube (stationary measurements only). These quantities were measured and uncertainty calculated.

- The properties of the materials used: temperature coefficient of the platinum wire and thermal conductivity of glass (stationary measurements only); these parameters were not measured, the values used were taken from the literature and the uncertainties fixed to 3% for β and to 20% for λ_v.

- The measured quantities: current applied to the heating wire and voltage measured at the wire terminals. The uncertainties of these quantities were established on the basis of the technical datasheets of the current source and voltmeter on one hand and a calculation of the standard deviation on measured values (in the case of steady state tests) on the other hand.

- Intermediate quantities calculated from measurements and / or fixed quantities. Using a conventional uncertainty propagation technique as defined in the reference [5], we obtain the uncertainties presented in Table 3 for some situations (a transient measurement and a stationary measurement for both liquids). The uncertainty of transient measurement is identical for the two liquids used. The uncertainty obtained by the stationary method is much higher and is depending on the liquid used. Moreover, these uncertainties are greater than the relative observed variability between the measured values and the expected values. These gaps are therefore probably related to uncertain parameters used for the calculation of thermal conductivity.

 DOI: 10.1051/metrology/201706003

Table 3: *Measurement uncertainties on the thermal conductivity of the liquid*

	I	Measurement method	Uncertainty on λ
	mA	-	%
Water	200	transient	5.2
	200	stationary	13
Diméthyl Phtalate	100	transient	5.2
	100	stationnaire	17

An assessment of the respective contributions of the influencing parameters on the final uncertainty estimated for the thermal conductivity is presented for the case of the measurements in transient regime in figure 7. A similar balance is shown in figure 8 for a measurement in stationary regime. The data considered for each influencing parameter is the product of the standard uncertainty by the sensitivity coefficient (in absolute value). The values are then standardized to 100 for the most influencing parameter contribution. As an indication, Table 4 provides the values of the various physical parameters and their uncertainties (the case of characterization of dimethyl phthalate is considered only). For the transient method, the reduction of uncertainties requires a calibration of the variation of the electrical resistance of the wire as a function of the temperature (parameter β) and by an improvement of the method used for the estimation of the slope α. Uncertainty over the length of the wire is more difficult to reduce. For the static method, the uncertainty is mainly due to the estimated absolute resistances of initial and final resistances, leading to significant relative uncertainties on ΔR and ΔT. This problem is intrinsic to this method.

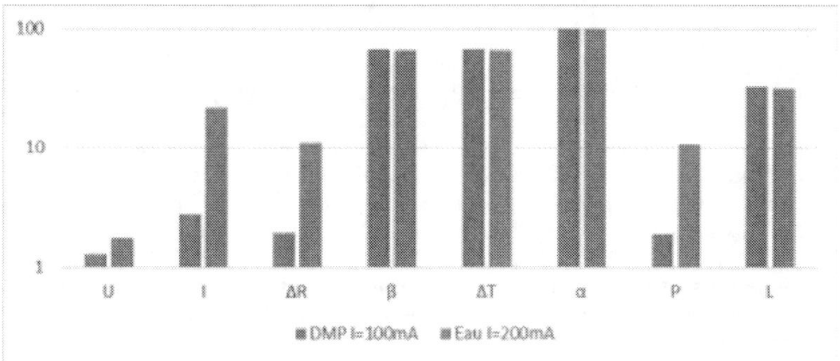

Figure 7: *Relative contributions to measurement uncertainty on the thermal conductivity in the case of two transient measurements*

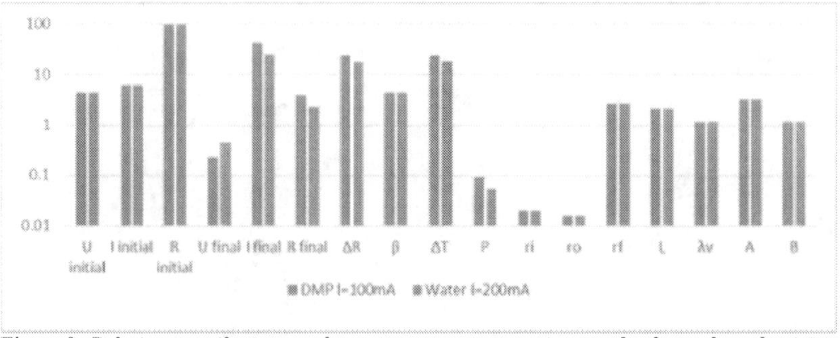

Figure 8: *Relative contributions to the measurement uncertainty on the thermal conductivity in the case of two steady-state measurements*

Table 4: *Values of physical parameters and their uncertainties (see text for more details)*

Cell parameters	*Stationary measurement*		*Transitional measure*
$L = 137.5 \pm 2.0$ mm	$U_{init} = 7.3562 \pm 0.0005$ mV	$A = 6.34 \pm 0.15$ m^{-1}	$U = 743.77 \pm 0.42$ mV
$r_0 = 4.50 \pm 0.01$ mm	$I_{init} = 1000.00 \pm 0.95$ µA	$B = 0.469 \pm 0.094$ K.W^{-1}	$I = 99.997 \pm 0.061$ mA
$r_i = 3.00 \pm 0.01$ mm	$R_{init} = 7.356 \pm 0.011$ □	$P = 74.291 \pm 0.045$ mW	$P = 74.375 \pm 0.062$ mW
$r_f = 25.0 \pm 0.25$ µm	$U_{final} = 742.93 \pm 0.03$ mV	$\Delta R = 73 \pm 12$ mΔ	$\Delta R = 53.046 \pm 0.045$ m Ω
$\lambda_v = 1.0 \pm 0.2$ W.m^{-1}.K^{-1}	$I_{final} = 100.00 \pm 0.06$ mA	$\Delta T = 2.80 \pm 0.46$ °C	$\Delta T = 2.028 \pm 0.061$ °C
$\beta = 0.386 \pm 0.012$ □.°C^{-1}	$R_{final} = 7.4295 \pm 0.0046$ Ω	-	$\alpha = 0.293 \pm 0.013$ °C

5. Conclusion

The measuring cell is simple to design and use. The gap between measurements obtained by transient method and the corresponding expected values for each liquid tested is lower than the measurement uncertainties. The number of influencing parameters is higher in the case of steady-state tests (17) than in the case of transient measurements (8), which leads to greater measurement uncertainties. In addition, this method tends to encourage convective exchanges in the liquid, which are not taken into account in the models. A more in-depth study is needed to quantify the influence of this phenomenon on measurements. The use of a transient method thus seems preferable to the use of the method of ASTM D 2717 [3]. On the other hand, other measuring approaches can also be tested (harmonic excitation, 3-ω method for example) with this device. Similarly, a comparison of measurements with other existing devices (commercial devices, miniature cells, etc.) is programmed.

References

[1] B. Neindre, Measurement of the thermal conductivity of liquids and gases, *Techniques the engineer,* R2920-V2 (1996).
[2] Standard ASTM D 5930, Standard test method for thermal conductivity of plastics Transient line-source technique (January 2009).
[3] Standard ASTM D 2717, Standard test method for thermal conductivity of liquids (January 1995).
[4] HM. Roder, A transient hot-wire thermal conductivity apparatus for fluids, Journal of research
of the National Bureau of Standards, Vol. 86, No. 5, p. 457-493 (1981).
[5] GUM 1995, Evaluation of measurement data - A guide to the expression of uncertainty Measure, JCGM 100: 2008 (E), Doc. BIPM.

BEST PRACTICE FOR CHARACTERISATION OF CALIBRATION FURNACES

Jacques-Olivier Favreau[1], *Eric. Georgin*[1], *Benoît. Savanier*[1]

[1]CETIAT Centre Technique des Industries Aérauliques et Thermiques, 25 Av. des Arts, 69603 Villeurbanne, France

Abstract. The CETIAT thermometry calibration laboratory has a wide range of temperature generators. Overflow baths, dry furnaces, furnaces as well as thermostatic chambers make it possible to achieve a temperature range from -90 °C to 1050 °C. Experience gained over more than ten years enables the teams to identify possible measurement difficulties. The thermal characterisation of portable furnaces is identified as risks in measurement errors. The diversity of CETIAT's calibration tools makes it possible to highlight these risks and to find solutions for them. Only a few documents deal with the characterisation of portable furnaces. The EURAMET guide "cg-13 form 3.0 (02/2015)" provides some elements. This lack of information on implementation in temperature calibration furnaces can lead to significant calibration errors. A calibration performed in a thermostated bath or dry furnace will give different results in both the correction and the associated uncertainty. The difference in the results obtained is such that the corrections do not overlap, even when taking into account the associated uncertainties. There is also the effect of the environment on the results. This study allows users of portable furnaces to reduce measurement errors due to poor implementation.

1 OBSERVATIONS

Sometimes, the calibration of a thermal probe requires the use of several temperature generators (thermostated baths, tubular furnaces, heat pipes, portable furnaces). This often results in discontinuity in sensor response corresponding to the change in source.

On the accuracy curve, this results in a jump which makes the analysis difficult, even if this difference is included within the measurement uncertainty. This gap in the correction of the sensor is tricky to model. This behaviour is explained by the change in the medium to which the probe is exposed. The thermal homogeneity, as well as the thermal profile to which the sheath of the sensor is subjected, is specific to each generator. We have observed this phenomenon on various generators in the course of our professional experience at different metrology laboratories.

This article aims to inform the user about these potential measurement errors relating to distinct comparison environments. The specific cases presented below will demonstrate the problem. They will serve as supports for the analysis of the effects encountered. Then, we suggest some elements of best practice.

2 The technological elements

2.1 Presentation of a portable calibration furnace

A dry calibration furnace is a temperature generator composed of a heating element, a bushing (or thermal equalisation block) and a regulation system. Various types of dry furnaces are shown in the picture (Figure 1).

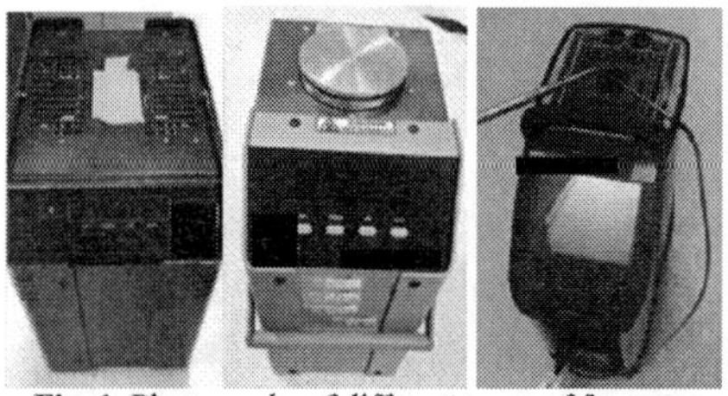

Fig. 1. Photographs of different types of furnaces

The bushing consists of a thermal equalisation block into which the probes are introduced. This is the element which allows the transfer of heat (or cold) to the sensitive element of the probe. It is generally circular and pierced with borings for placing the sensors to be calibrated. Figure 2 shows on the left the first furnace made up of four bushings of different diameters, with only the bushing in the centre being removable. The centre furnace has a removable six-well bushing. The image on the right shows eight bushings with various boring configurations.

Fig. 2. Photographs of bushings for portable furnaces

The greater the thermal mass, the more thermally stable the bushing, but the stabilisation time will be longer. Responsibility for the optimisation of these effects depends on the manufacturer's expertise. The diameter and length of the bushing will depend on the portability of the furnace and its performance. However, the dimensions of the bushing must be adapted to those of

* Corresponding author: jacques-olivier.favreau@cetiat.fr

the probes to be calibrated in order to minimize parasitic effects. Unfortunately, the probe to be calibrated is often inserted into a bushing of an unsuitable diameter due to a lack of availability.

Several heating technologies exist. The best furnaces have several thermal zones. Their locations and numbers will ensure the correct homogeneity of the bushing. Sometimes, a control probe is directly inserted into the bushing, allowing more precise control of the temperature. The supply of heat or cold is generated by resistive elements, Peltier coolers, or Stirling coolers etc.

For portability, dry calibration furnaces often have relatively short bushings. The bushings available on the market offer lengths varying from 80 to 200 mm. Its dimensions are compared to the 400 mm of immersion generally used in an overflow bath. The difference in immersion between these two types of temperature generators is the source of the jumps in response. For example, between a bath and a furnace, the sheath of the sensor is exposed to different thermal environments, leading to distinct responses for the same reference temperature.

2.2 Presentation of a temperature probe

A temperature probe is a system that provides an electrical value proportional to the temperature. It is generally composed of a sensitive element (Pt100, thermocouple, thermistor), a protective sheath (metal) and connecting wires. Figure 3 shows an example of a jacketed probe with its connection.

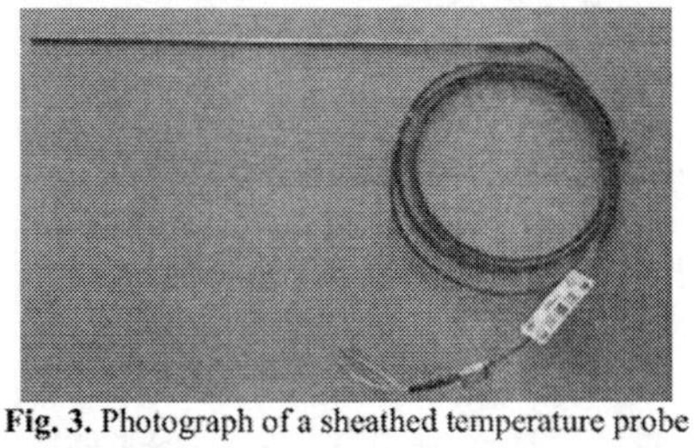

Fig. 3. Photograph of a sheathed temperature probe

Figure 4 shows diagrammatically the different effects to which the sensitive element of the probe is subjected. To understand the response errors of the sensors placed in different furnaces, it is necessary to know the various parasitic effects.

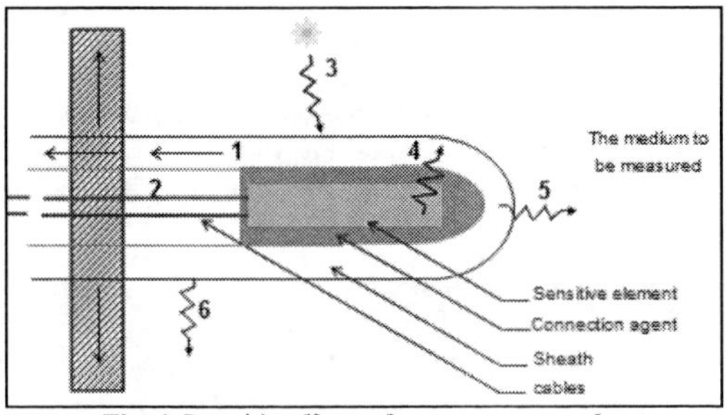

Fig. 4. Parasitic effects of a temperature probe

Marker 1 indicates the conductive flow along the sheath. This effect can be dominant, depending on the conductivity and geometry of the sheath. Losses by conduction in the wires are marked at 2. This is to be taken into account for negative temperatures. The effect of external radiation is identified at 3. It depends on the technology of the furnace, but it will appear, especially at high temperatures. Marker 4 identifies the effect of the insulation between the sensitive element and the sheath. This thermal resistance is related to the electrical insulation of the sensitive element, this depends on the manufacturing technology. Marker 5 shows the losses by convection from the sheath. Marker 6 shows the radiation of the sensor towards the medium to be measured.

Do not forget that the temperature sensor measures its own temperature. The temperature of the medium to be measured must be as close as possible to that of the sensitive element. The thermal coupling between the probe and the environment to be measured must be the best possible. The measurement must be carried out in a steady state. The less these elements are respected, the greater the measurement error will be.

3 The metrological elements

3.1 Presentation of specific examples

This section provides examples of industrial calibrations. The objective is to illustrate the immersion effect of a probe in a temperature generator to facilitate understanding and to evaluate the biases obtained. Please note that the deviations provided here are dependent on the sensors used, the generator and the environment. The corrections are intrinsic to the characteristics of each sensor. These examples will allow the reader to assess the risk of error due to the conditions of implementation.

Figure 5 shows an example of a calibration curve of a four-wire, jacketed, platinum, Pt100-type resistance probe, which has a diameter of 6 mm and a length of 400 mm. Calibration was carried out over seven years in a thermostated bath up to 150 °C and then in a furnace at 250 °C. The respective immersions of the bath and of the furnace are 390 mm and 190 mm.

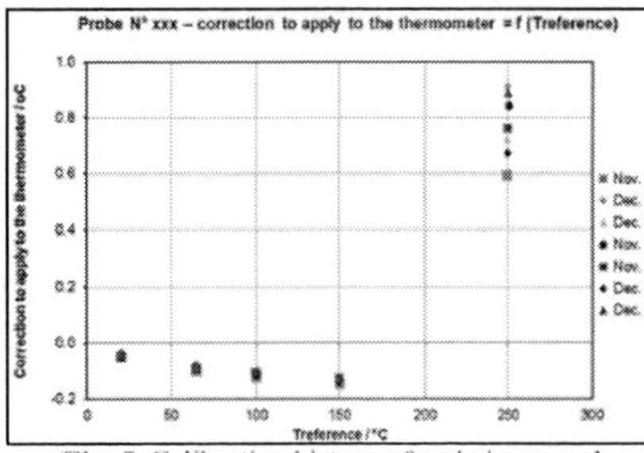

Fig. 5. Calibration history of a platinum probe

We can observe the difference between the response of the probe calibrated in a bath (from 30 °C to 150 °C) and in a furnace at 200 °C. In the bath, the accuracy error is reproducible, whereas in the furnace the correction becomes more significant and unstable over different years. This behaviour can be explained by thermal effects due to immersion of the probe.

Figure 6 shows an example of a calibration curve of a jacketed, T-type, thermoelectric couple with a 2 mm diameter over a 2 m length. The calibration was carried out over seven years in an overflow bath up to 200 °C and then in a furnace at 300 °C. The bath and furnace immersions were 390 mm and 270 mm respectively.

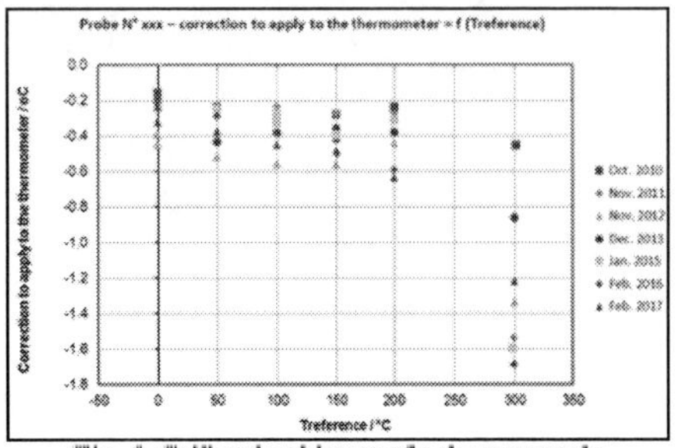

Fig. 6. Calibration history of a thermocouple

We observe a difference in the behaviour of the thermoelectric couple between the range of 0 °C to 200 °C and the set point of 300 °C. This evolution corresponds to the change in the temperature generator. In the bath, the response of the thermoelectric couple is relatively stable (0.4 °C), but it becomes random in the furnace (1.4 °C). This may be due to an immersion effect coupled with the heterogeneity of the sensor.

3.2 Analysis of the results

The calibration examples presented show a discontinuity in the evolution of the calibration correction corresponding to the change in temperature generator. Although it is generally included in the measurement uncertainty, this phenomenon induces a difficulty in modelling the sensor response. This modelling is part of the second step of a calibration as recommended in definition 2.39 (6.11) of the JCGM 200:2012 (VIM).

For identical temperatures, the measurement error depends on the geometry of the probe and on the exposure medium. The difference is not the same for varying sensors introduced into the same generator. The quantification of this error is not possible in advance; it depends both on the furnace and the jacketing of the sensor (length, diameter, material).

This effect is also found on calibration baths with different immersions. The explanation stands mainly from the type of sensor used and the conditions of its implementation.

On some calibration histories the response may be continuous despite a change in heat source. It is difficult to predict the behaviour of a probe subjected to different heat generations. Generally, the spread of the responses to a change of furnace is properly taken into account in the estimation of measurement uncertainties. In other words, changing the comparison medium to one with less efficient thermal characteristics will not only increase the measurement uncertainty but also the spread of the results.

In these examples, we can observe that there is an effect related to the temperature generators used. The response error can be attributed to differences in the characteristics of the generators, to the difference in the immersion of the sensor, or to the thermal coupling between the probe and the generator.

This last point is too often overlooked. In a bath, the thermal coupling is optimal because the heat transfer fluid is in direct contact with the sheath of the sensor. In a dry furnace it is relative, because between the diameter of the sheath and the boring there must be clearance to allow the introduction of the sensor. From then on, an air gap is created in this space thus introducing a thermal resistance.

Care should be taken to minimize this air gap between the bushing and the sheath. The EURAMET cg-13 Version 3.0 (02/2015) Calibration of Temperature Block Calibrators recommends a clearance of 0.5 mm (for t < 660 °C) between the diameter of the boring and that of the probe sheath. This recommendation is important to ensure a thermal coupling of the sensitive element with the comparison medium.

The immersion of the sensor is an important explanatory element. If the sensitive element of the probe is not sufficiently immersed in the temperature generator, then the parasitic effects of conduction, convection or even radiation will disrupt the measurement.

The best practice provided in this article for the use of portable calibration furnaces can also be used for calibrations in other types of temperature generators (baths, heat pipes, etc.).

4 Elements of explanation

4.1 Effect thermal coupling

To evaluate the effect of thermal coupling, we performed tests using a bushing immersed in a thermostated bath. The immersion of the bushing was adjustable. A probe positioning system was also used to vary the immersion of the probes in the borings of the bushing.

The diagrams (in Figure 7) show the two configurations tested. To the left the borings of the bushing are in the air, on the right the oil is flush with the top of the equalisation block of which the borings are filled with silicone oil. The oil allows good thermal coupling.

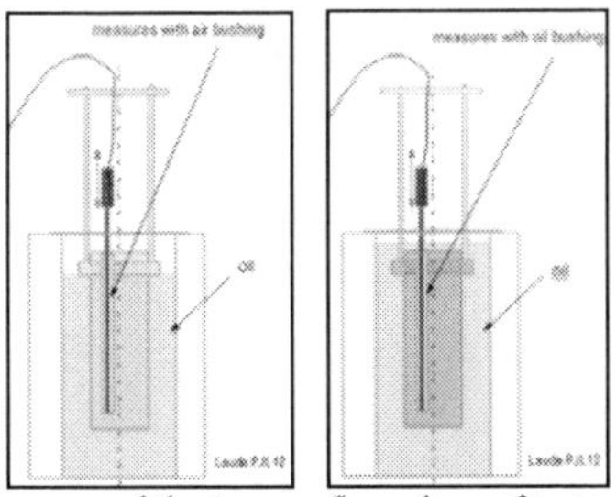

Fig. 7. Diagrams of the two configurations of tests of thermal coupling

The probes have a diameter of 3 mm and a length of 300 mm. The internal diameter of the borings is 6 mm.

The thickness of the air gap at the diameter is 3 mm. This configuration allows the evaluation of the thermal coupling between the probe and the bushing. Figure 8 shows the impact of the air interface relative to that of silicone oil.

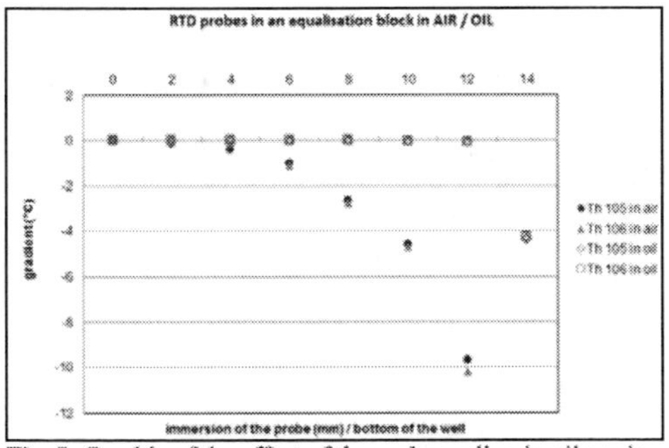

Fig. 8. Graphic of the effect of thermal coupling in oil or air

Despite the small diameter of the probes tested, Figure 8 shows two distinct responses. For maximum immersion up to shrinkage of 4 cm the impact of the heat transfer fluid is negligible. Beyond this, the impact of the air gap is visible with a bias of 5 °C for shrinkage of 50 mm. It is therefore important to adjust the diameter of the probe as closely as possible to that of the bushing boring. The optimum configuration is the maximum immersion of the probe in the bushing along its length and in an adjusted boring. Unfortunately, too often the sheath of the probe is twisted, or the bushing does not have the right diameter, or the bushing is too short.

The photographs (Figure 9) present typical cases encountered. The bushing does not have enough suitable borings (left picture). The response of the sensors may be dependent on their position in the equalisation block borings, as a function of the quality of the thermal coupling. In addition, in this case, the furnace will have difficulty in regulating properly due to the thermal pumping induced by the large number of probes in relation to the thermal mass of the bushing.

In the picture on the right, a large number of probes are introduced into the same boring. Since the sensors are twisted, the contact between the ducts and the bushing leaves too much room for air.

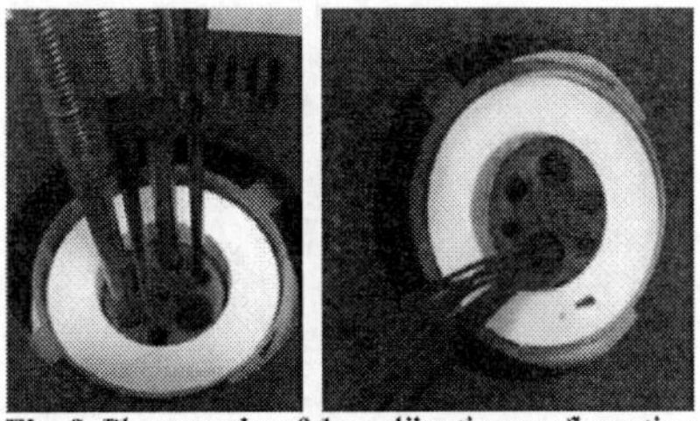

Fig. 9. Photographs of the calibration configuration

In both photographs the thermal coupling between the sheath(s) and the bushing is not correct. The free space favours the creation of an air gap, which is the source of thermal resistance. The measurement will be biased. The shorter the bushing is in relation to the sheath, the more parasitic effects will be visible.

In a dry furnace, when the diameter of the boring is too large compared to that of the probe (greater than 0.5 mm), one solution consists of reducing the air gap, either by making an over-sheath (Figure 10), or by adding tubes of conductive material (copper) (Figure 11) or a heat transfer fluid (silicone oil etc.). The choice of solution depends on the calibration programme and should be characterised.

Fig. 10. Photograph of an over-sheath

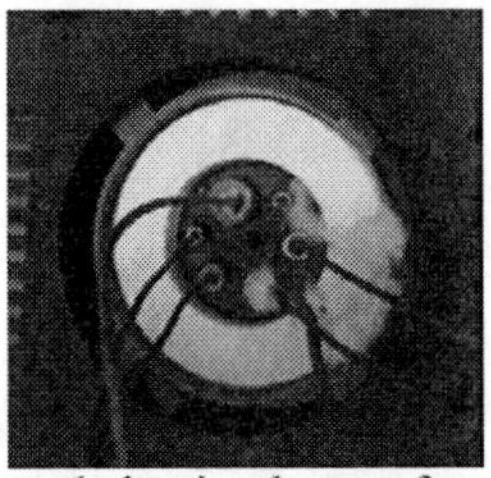

Fig. 11. Photograph showing the use of a copper tube.

In Figure 10, the 50 mm white cable sensor is introduced into a metallic over-sheath fitted to the boring of the bushing. This is the *de luxe* solution. Figure 11 shows an bushing with the insertion of copper tubes to replace the air. In this case, the difficulty is to find the tubes of adequate diameter and thickness in order to reduce the volume of air.

4.2 Immersion effect

To evaluate the effect of immersion we carried out tests using a thermostated overflow bath and a furnace having a 150 mm bushing. Two types of probes have been used to cover a wide range of sensors. One probe is chosen for its large exchange surface and another for more common dimensions. The sheaths are introduced into borings of adjusted diameter, in order to maximize the thermal coupling.

A series of tests is carried out with a 4-wire, metal, sheathed RTD (Pt100) type probe with a diameter of 6 mm and a length of 500 mm. Figure 12 shows the photograph of the assembly. The probe is immersed in the 190 mm furnace (150 mm in the aluminium bushing). We can observe from the photograph that a large part of the sheath is in contact with the environment. The exchange area over a length of 310 mm is approximately 60 cm². This configuration will make it possible to demonstrate the influence of the environmental conditions and the immersion effect on the differences found between the reference probe and the test probe (calibration corrections).

Fig. 12. Photograph showing the installation of the probe in the portable furnace.

The first tests allow us to identify the temperatures of interest. Over the temperature range of -40 °C to 90 °C, the effect of immersion is more significant for low temperatures.

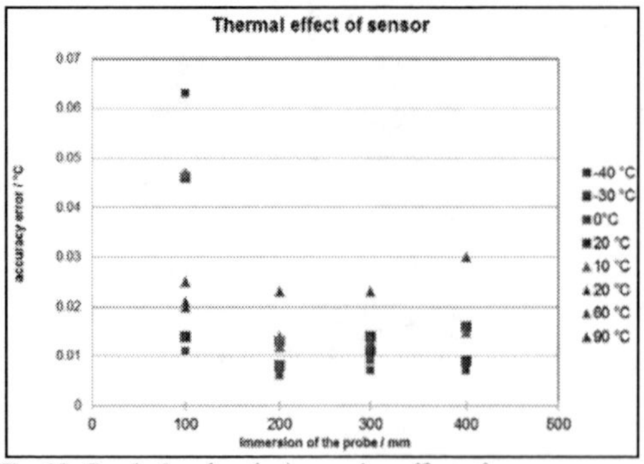

Fig. 12. Graph showing the immersion effect of a sensor

A slight immersion effect on accuracy errors is observed. On the other hand, the errors are proportional to the temperature. The lower the temperature, the greater the measurement error for an immersion of 100 mm. Let us continue our investigations into low temperatures.

We carried out tests with the same probe in two different configurations. Firstly, the probe is placed in an overflow bath with two different immersions; then, it is positioned at the same immersion in different generators. These two tests allow the analysis of the effects of thermal coupling and immersion. Unfortunately, the bath cannot generate temperatures below -80 °C. Figure 12 shows the results.

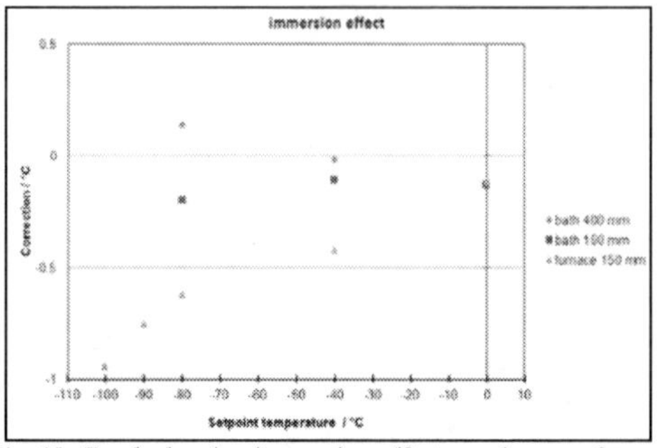

Fig. 13. Graph showing immersion effect on a large probe

In this graph, we obtain three different responses for temperatures from -100 °C to 0 °C. As the temperature decreases, the more the difference between responses increases. The observed correction varies from 0.02 °C to 0.94 °C for -100 °C. At 0 °C the different configurations have little impact.

The best thermal coupling is obtained with immersion in a thermostated bath. This configuration makes it possible to test the immersion effect. The response for immersion of 400 mm is linear for the lowest values. For that of 150 mm the response is shifted towards negative corrections. The heat is supplied via the sheath, the exchange area of which is not negligible (approximately 60 cm²). The fin effect along the sheath and the conduction promotes the transit of the heat flow towards the sensitive element.
The correction measured at -80 °C is 0.14 °C for an immersion of 400 mm (blue diamonds), against -0.2 °C at a submersion of 150 mm (red squares). This represents a difference of 0.34 °C between the two configurations. This error is mainly due to immersion of the sensor.

The effect of thermal coupling is evaluated by comparing two different generators for the same immersion. Since the useful length of the furnace bushing is 150 mm, this immersion is chosen. For this immersion, the bath measurements (red squares) have lower corrections than those in the furnace (green triangles). This shows that for the same immersion, the difference obtained with the reference probe is stronger in the furnace. This result can be explained by the poorer thermal coupling in the furnace. In a bath, the probe is dipped directly into a comparison medium which has a very good heat homogeneity. In the furnace, there is necessarily some clearance between the sheath of the probe and the boring of the bushing. There is a thermal discontinuity from the air that creates a buffer zone. This error is mainly due to thermal coupling.

Other tests were carried out with more usual probes of 3 mm diameter and length of 300 mm. For this study, we compared different types of sensors (Pt100 and type N

TC) introduced into three different types of furnaces. These furnaces had bushings of different lengths (150, 170 and 190 mm). In parallel, these probes were calibrated in an overflow bath for five different immersions (130, 150, 170, 190 and 300 mm). In Figures 12 and 13 we find the same type of results. The measurement error increases inversely to the temperature.

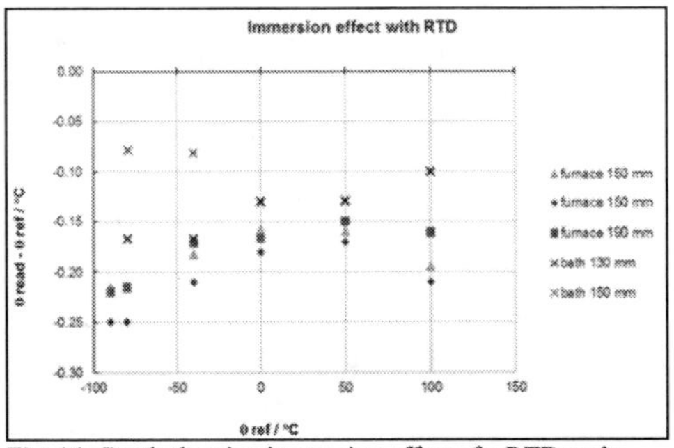

Fig. 14. Graph showing immersion effect of a RTD probe

The results in Figure 12 come from a Pt100-type probe introduced firstly into two different immersion furnaces and then immersed in an overflow bath two-immersion. For negative bath temperatures, the corrections are lower for the maximum immersion (150 mm). The sensor response for a 130 mm immersion is close to that of the furnace at 190 mm.

The corrections obtained in the furnace for 150 mm are the highest absolute values for it. For a Pt100 probe with a diameter of 3 mm and a length of 300 mm, the previous results with lower values are obtained, because the exchange surface area is smaller.

Figure 13 shows the results for an N-type thermoelectric couple with the same sheath dimensions as for the Pt100. These tests were carried out on three different furnaces and in an overflow bath for five immersions of the probe. It was observed that the greater the furnace immersion, the better the thermal coupling. The corrections found are the lowest in absolute values. For measurements in the bath at -80 °C, a difference is noticed between total immersion (300 mm) and the other immersions tested. This effect is certainly due to the heterogeneity of the sensor which coincides with the immersion effect.

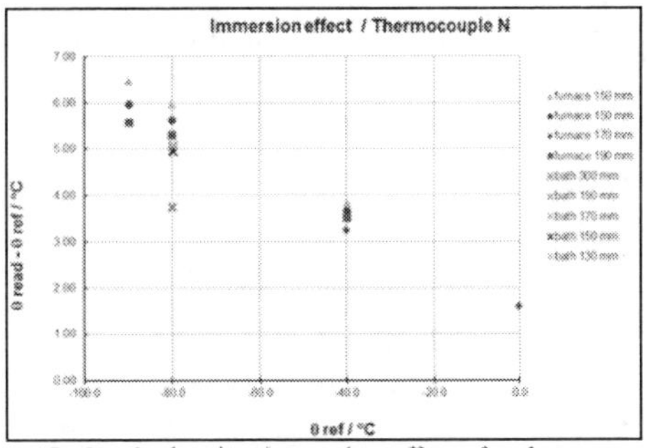

Fig. 15. Graph showing immersion effect of a thermocouple probe

5 Best practice conclusion

To conclude, we have shown the importance of a good thermal coupling between the jacketed probe and the bushing of a dry furnace. The greater the immersion of the sensor sheath, the more accurate the response will be.

We can restate here an empirical rule, but which gives good results, which consists of having an immersion of at least 10 times the length of the sensitive element. For a coiled platinum resistance probe with a sensitive element measuring approximately 10 mm, the immersion length will be at least 100 mm.

Care should be taken to ensure that the whole sheath is immersed as far as possible in the medium to be measured. The thermal coupling between the medium to be measured and the probe must be optimised in order to limit the presence of air or insulating materials. Heat transfer fluid or conductive materials (over-sheath) may be used.

We recommend that you calibrate the probes at the same immersion in the temperature generators in order to obtain a continuous response. This does not prevent the implementation of complementary measures for the best immersions.

The importance of the immersion in the temperature generator should not be forgotten. The more that the medium for comparison is thermally homogeneous, stable and sufficiently long to submerge the sensor sheath completely, the better the quality of the sensor response. Unfortunately, these criteria are often in the conflict with requirements of portable furnaces!

References

1. JCGM 200: 2012 International vocabulary of metrology – Basic and general concepts and associated terms (VIM) 3rd edition
2. Calibration of Temperature Block Calibrators EURAMET cg-13 Version 3.0 (02/2015) Previously EA-10/13

Home-made software development for optimizing the uncertainty evaluation of silver fixed point cell used for practical realization of ITS-90

N. Arifovic[1], D.Sestan[2] , D. Zvizdic[2], J-R. Filtz[3], G. Failleau[3], S.Cohodarevic[4],N.Hodzic[4],A. Ç. Teymur[1], N. Jandric[4],S. Simic[5], D. MacLochlainn[6] ,J. Bojkovski[7], J. Drnovsek[7]

[1] *Turkiye Bilimsel ve Teknolojik Arastirma Kurumu, Gebze Yerleşkesi, 41470 Gebze/Kocaeli, Turkey*
[2] *Fakultet strojarstva i brodogradnje, Ulica Ivana Lučića 5, 10000, Zagreb, Croatia*
[3] *Laboratoire national de métrologie et d'essais, 29, Avenue Roger Hennequin, 78190 Trappes, France*
[4] *Institut za mjeriteljstvo Bosne i Hercegovine, Augusta Brauna br.2, 71 000 Sarajevo, Bosna i Hercegovina*
[5] *MoE - Directorate of measures and precious metals, Mike Alasa 14, 11000 Belgrade, Republic of Serbia*
[6] *National Standards Authority of Ireland, Griffith Avenue Extension, Glasnevin, Dublin 9, Ireland.*
[7] Univerza v Ljubljani, Kongresni trg 12, 1000 Ljubljana, Slovenia

Abstract

In order to enhance the availability of facilities in the field of high temperature contact thermometry in European emerging National Metrology Institutes (NMIs) and Designated Institutes (DIs), where access to types of facilities is currently limited an EMPIR Research Potential Project named Eura-Thermal has been launched. This project develop skills and tools for less experienced NMIs/DIs in order to acquire the required knowledge and expertise in temperature metrology.

Within the frame of the work package dedicated to contact thermometry, the work is focused on the silver fixed point cell which is one of the fixed points defined by the International Temperature Scale of 1990 (ITS-90). In this way, the traceability for the practical realization of the kelvinin accordance with the International System of Units (SI) would be provided with the lowest uncertainties.

The home-made software has been developed in Lab View language which includes and standardizes the validated measurement procedure. Moreover, the software provides a practical tool for the evaluation of uncertainties according to the "Guide to the expression of uncertainty in measurements". This enables to quantifying the main component contribution on uncertainty budget during the realization of the Silver fixed point cell measurements.

Performance and usefulness of the software and evaluation of uncertainty will be discussed in this paper.

This work is funded through the European Metrology Programme for Innovation and Research (EMPIR) project "RPT05 - EuraThermal". EMPIR is jointly funded by the EMPIR participating countries within EURAMET and the European Union.

1. Introduction

The current International Temperature Scale of 1990 (ITS-90) is defined by means of platinum resistance thermometers calibrated at specified temperature fixed-points and by using interpolation procedures at temperatures between the triple point of hydrogen (13.8033 K) and the freezing point of silver (961.78 °C) [1]. Above the triple point of water, metal melting or freezing transitions are used as calibration points for Standard Platinum Resistance Thermometers (SPRTs).In the temperature range between the freezing temperatures of aluminium and silver, special High Temperature Standard Platinum Resistance Thermometers (HTSPRTs) are used to realize the ITS-90 [2].

Within the scope of the EuraThermal project, LabView software was developed that enables recording and graphical representation of instrument readings, regardless of the quantities measured by an instrument.

Article available at http://cfmetrologie.edpsciences.org or https://doi.org/10.1051/metrology/201706005

At the moment, practically every instrument used in the thermometry laboratories of Project participants uses data acquisition software that was supplied together with an instrument, or it was custom made by the laboratory. As a consequence, the users are required to learn to operate a different software for each instrument or to develop a new custom software. Many of those solutions have different graphic user interfaces, different ways of data representation as well as various formats for acquired data storage. The participants to the Project recognized the following benefits of having a new data acquisition software that would be unique for all the instruments used for the particular measurements:

1. Common graphic user interface leads to reduction or complete avoidance of the learning time required for the user to be able to operate the software,
2. Common format for data storage simplifies the data analysis using spreadsheet software,
3. Implementation of a new instrument to the base code is relatively simple as the software core handles the graphical data representation and storage,
4. Possible simultaneous logging of data from different instruments by opening several instances of the same program, as shown in Fig 1.,
5. Program instances can communicate to enable calculation of desired parameters based on the readings from different instruments.

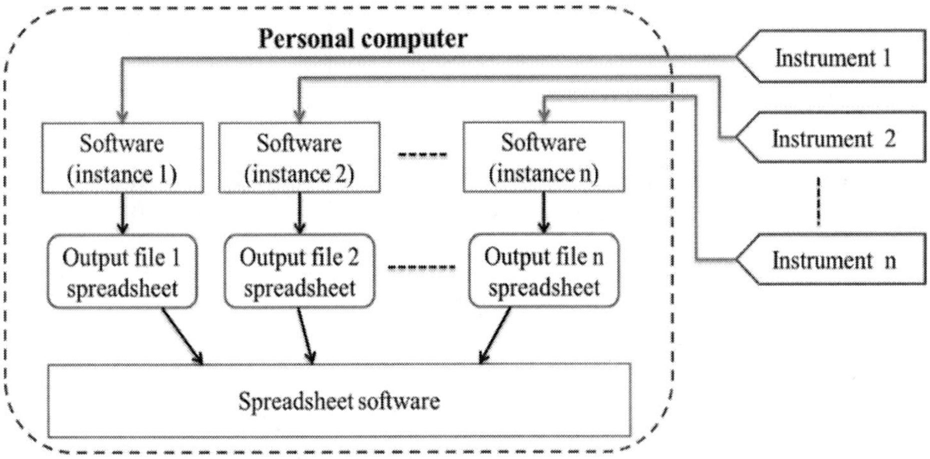

Figure 1. The main software concept for enabling simultaneous logging of data from different instruments.

In general, the base of the software enables the user to:

1. Select the desired instrument to be logged from the menu containing all the instruments available
2. Select the data to be read, when an instrument supports measurement of different quantities (for example multimeter can measure voltage, current, electrical resistance, etc.)
3. Adjust the scanner (multiplexor) reading sequence and type of reading at particular channel, if selected type of instrument supports it
4. Set the calculations that will be performed, based on the readings and additional parameters (for example, a resistance thermometry bridge shows the ratio of resistances of the thermometer and standard resistor, based on the known resistance of the standard resistor and known thermometer characteristics, the software can calculate the temperature measured)
5. Set the time interval between subsequent instrument readings
6. Save the readings and calculated data to the spreadsheet file

7. Track the desired readings and calculations in time on the same or separate graph windows, where time window can be easily adjusted.

2. The software algorithm

The simplified software algorithm is graphically presented in Fig. 2. The software starts by reading the initialization file and adjusting the settings to the same state as they were during its last use. The information about the particular setting is stored in the initialization file as soon as the user makes the change(i.e. changes of the type of the instrument to be read, reading interval, settings for graphical representation of results, instrument settings, etc.).

The software enables the user to change the instrument settings. In order ensure that new instrument settings are effective after the change, the request is sent to the instrument to return the actual settings which are then compared to the desired ones.

The main logging loop takes care of setting the required scanner channel, pausing the loop for the period between readings set by the user and recording the last instrument reading to the computer memory. As soon as the new readings were taken from the instrument, software triggers start of subroutines for calculations, and graphical representation of the results and the loop starts again.

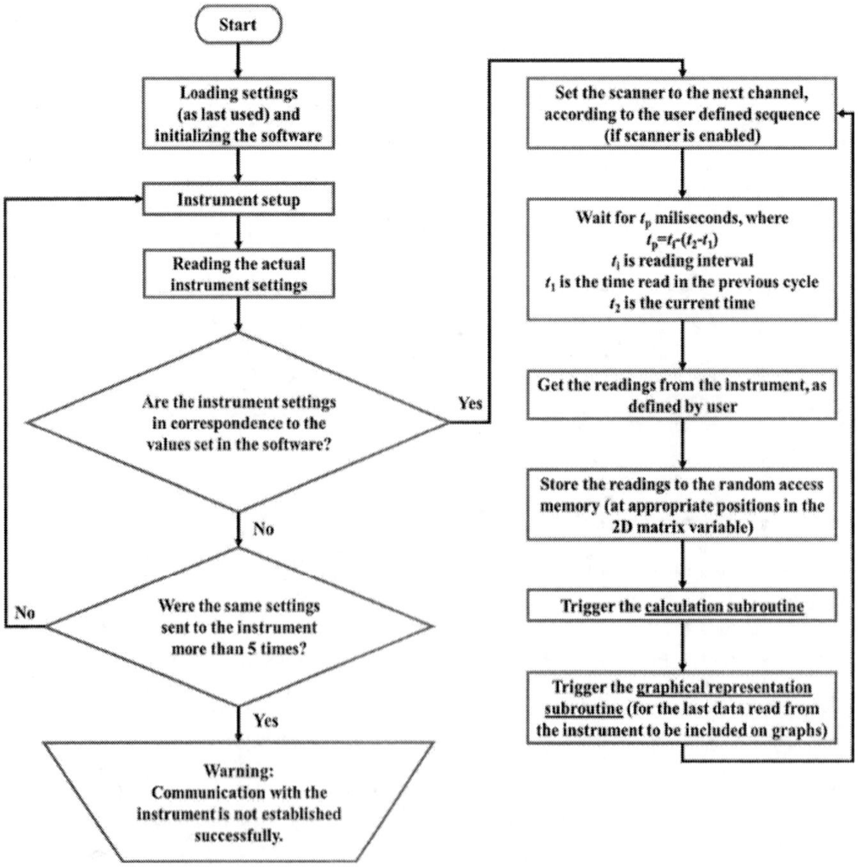

Figure 2. The flowchart showing the simplified software algorithm.

As the Project participants work in the field of temperature measurements, software is currently supporting the calculations related to temperature measurement. In this case, the temperature is calculated based on the resistance readings obtained by using thermometry resistance bridges (for platinum resistance thermometers) or voltage readings obtained by using millivoltmeter (for thermocouples). The calculation subroutine is accessed from the main logging loop immediately after a new reading is taken from the instrument. Based on this reading and characteristic of the temperature sensor (or sensors if the scanneris used), the temperature is calculated and stored to the appropriate position in the data storage variable. The calculation subroutine then triggers the graphical representation subroutine, which immediately updates the appropriate graphic window to include the new data calculated. In order to be able to connect the particularly calculated values with the instrument characteristic and additional data used for the calculation, all the changes made to the calculation settings are registered in a separate variable and saved to the log file, together with the time of occurrence. Since data calculation and storage represents the last operation performed on the particular reading, this subroutine performs the task of synchronizing the data saving to the spreadsheet file, if saving is enabled.

The data is stored in the spreadsheet file in a format whose structure is represented in Fig. 3. As can be seen, together with data measured/calculated, the spreadsheet file also contains the short description of the data used for making calculations. In the case of temperature measurement, its value will be calculated based on the characteristic of the thermometer connected to the bridge (possibly through the particular scanner channel). In this case, the short description will contain short thermometer designation, its calibration date, type of interpolation and valid temperature range for the chosen characteristic of the thermometer. In this way, the user is allowed to make the changes to the program settings while saving is active and those changes are later easy to track in the output file.

CH1								CH2	
Date	Time	Reading 1	...	Reading n	Calculated value 1	...	Calculated value n	Date	...
#	#				Short description of data used for calculation 1		Short description of data used for calculation n	#	...
#	#	#	...	#	#	...	#	#	...
#	#	#	...	#	#	...	#	#	...
#	#		...		New description if settings were changed	...	New description if settings were changed	#	...
#	#	#	...	#	#	...	#	#	...

Figure 3. Representation of output spreadsheet file, containing the measurement data.

2.1 Preliminary validation of the calculation subroutine

The calculation subroutines related to measurements with thermocouples and platinum resistance thermometers are validated in Laboratory for process measurement (Croatia). The validation consisted of a comparison of the temperatures calculated using the software with those calculated by using other means. As the first calculation reference, the additional software is used, which was successfully validated in the process of laboratory accreditation. Those results were additionally confirmed by using the Excel based calculations as the validation reference. The comparison was performed for SPRTs calibrated according to the ITS-90in the following subranges: -189.3442 °C to 0.01 °C, -38.8344 °C to 29.7646 °C and 0.01 °C to 961.78 °C with the temperature step of 10 °C. The temperatures calculated using both validation methods were matching to the less than 10^{-6} K. For PRT's, the validation was performed using Callendar–Van Dusen equation, using standard coefficients according to the IEC 60751-2008standard, in the temperature range between -100 °C to 660 °C. In this case, the results were matching to less than 10^{-3} °C. For the thermocouples types S and K, the comparison was performed in the temperature ranges from -50 °C to 1760 °C and -270 °C to 1360 °C respectively, with the step of 50 °C. The results were matching to less than 10^{-3} °C.

2.2 The uncertainty evaluation module

For the primary calibrations of HTSPRTs and Au/Pt thermocouples, the additional module was added to the software, enabling the user to automatically calculate the calibration uncertainty and generate the related uncertainty budget in the Excel format. To enable the module, the user is required to set the appropriate calibration type in the software and start measurement recording procedure. After the measurements are finished, the type A uncertainty is automatically calculated. All other uncertainties, related to the primary standard (fixed point cell) and equipment used (i.e. resistance bridge, millivoltmeter, calibration furnace,etc.) are derived from the database, containing the relevant uncertainty components. In this way, the user has the option to specify the equipment used and the software will add the related uncertainty components to the editable fields, whose values can be changed if required in particular situation. If required, the module also provides the possibility to name and enter the additional uncertainty components to the budget. After confirming the values by clicking on the appropriate button, the uncertainty budget is generated, whose Excel template was previously agreed between the Project participants.

2.3 The graphic user interface

The graphic user interface (GUI) is made in the following categories (Fig. 4 and Fig 5):

1. Instrument setup (Fig. 4)
2. Save setup
3. Calibration (for selecting type of calibration and used equipment)
4. Calculations (Fig. 5)
5. Graph
6. Graph x3 (for showing the data in three separate graph windows)

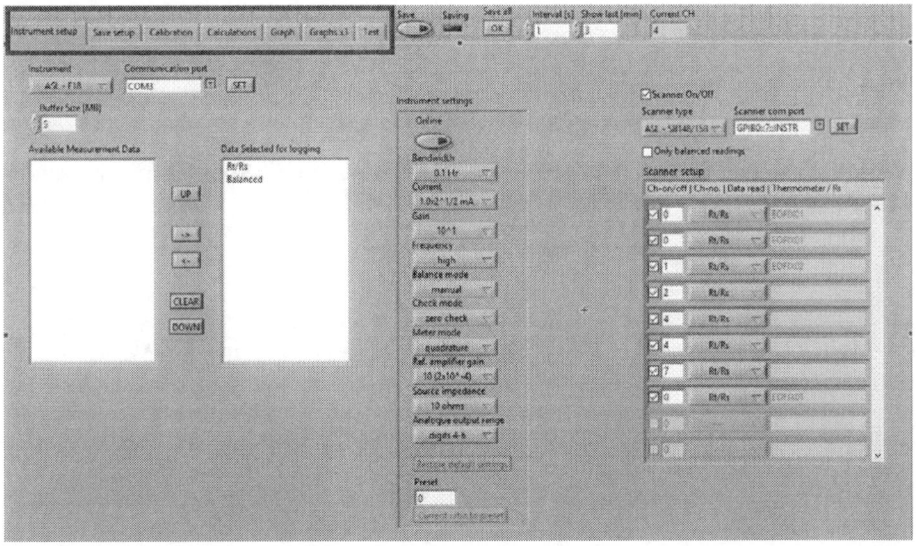

Figure 4. The example of the instrument setup windowin the case of measurements by using platinum resistance thermometers connected to the thermometry resistance bridge. Available settings categories are highlighted red.

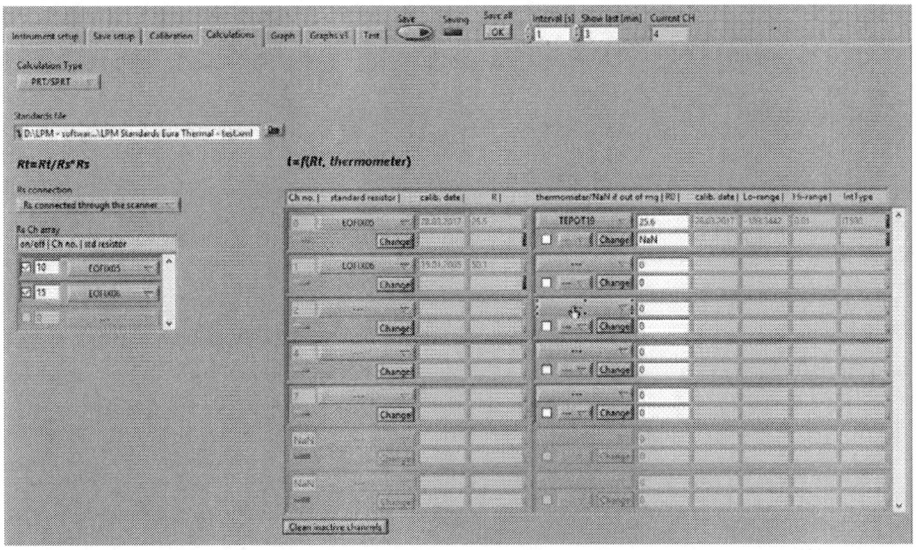

Figure 5. The example of calculation window in the case of measurementsby using platinum resistance thermometers connected to the thermometry resistance bridge.

3. Conclusion

The new software described is currently under test in the Laboratory for Process Measurement and will be used for the intercomparison of primary realizations of the fixed points of silver according to the ITS-90 temperature scale in the scope of the EMPIR project Eura-Thermal. The testing will be performed with the thermocouples connected to the high precision multimeter as well as with the standard platinum resistance thermometer connected to the thermometry resistance bridge. It is

 DOI: 10.1051/metrology/201706005

planned to use the same software in other laboratories participating in the intercomparison. In this way, the software will be verified through the intercomparison results. In order to avoid biases of the results that could be potentially caused by the software itself, several laboratories will still use their already validated data acquisition techniques.

Acknowledgments: This work is funded by the European Metrology Programme for Innovation and Research (EMPIR) and national metrology research program.

References

[1] H. Preston-Thomas, The International Temperature Scale of 1990 (ITS-90), Metrologia 27, 3-10 (1990)

[2] BIPM, Supplementary Information for the International Temperature Scale of 1990, Pavillon de Breteuil, F-92312 Sevres, 1997, ISBN 92-822-2111-3

Expansion of European research capabilities in humidity measurement

Nedžadeta HODŽIĆ[1,*], *Semir* ČOHODAREVIĆ[1], *Nebojša* JANDRIĆ[1], *Radek* STRNAD[2], *Danijel* SESTAN[3], *Davor* ZVIZDIC[3], *Vito* FERNICOLA[4], *Denis* SMORGON[4], *Luigi* IACOMINI[4], *Slavica* SIMIC[5], *Dubaltach* MAC LOCHLAINN[6], *Nuray* KARABÖCE[7], *Seda* OĞUZ AYTEKİN[7], *Jovan* BOJKOVSKI[8], *Domen* HUDOKLIN[8], *Olgica* PETRUŠOVA[9] and *Tanja* VUKICEVIC[10]

[1]Institut za mjeriteljstvo Bosne i Hercegovine, Augusta Brauna br.2, 71 000 Sarajevo, Bosna i Hercegovina
[2]Cesky Metrologicky Institut, Okružní 31, CZ-638 00 Brno, Czech Republic
[3]Sveuciliste U Zagrebu, Fakultet Strojarstva I Brodogradnje, Ivana Lucica 5, 10000, Zagreb, Croatia
[4]Istituto Nazionale di Ricerca Metrologica, Strada delle Cacce, 91, IT-10135 Torino, Italy
[5]Ministry of Economy, Kneza Milosa 20, RS-11000 Belgrade, Serbia
[6]National Standards Authority of Ireland, 1 Swift Square, Northwood, Santry, Dublin 9, Ireland
[7]Turkiye Bilimsel ve Teknolojik Arastirma Kurumu, Ataturk Bulvari 221, TR-06100 Ankara, Turkey
[8]Univerza v Ljubljani, Kongresni trg 12, 1000 Ljubljana, Slovenia
[9]Ministry of economy-Bureau of metrology, Blv. Jane Sandanski 109a, MK-1000 Skopje, The Former Yugoslav Republic of Macedonia,
[10]Ministarstvo ekonomije, Rimski trg 46, ME-81000 Podgorica, Montenegro

Abstract. Humidity is among the most important measured parameters related to HVAC applications, the storage of food products, industrial and medical gases, textile, paper and many other products requiring humidity measurement and control within certain limits. Humidity measurement techniques are diverse and each presents different challenges for use and calibration for a range of pressures and gases. Over the past few years, the development of humidity sensors and apparatus has matured to a level where traceable calibration is beneficial to all industries in which humidity and moisture measurement and control are important.

1 Introduction

Humidity measurement techniques are diverse and each presents different challenges for use and calibration for a range of pressures and gases. Over the past few years, the development of humidity sensors and apparatus has matured to a level where traceable calibration is beneficial to all industries in which humidity and moisture measurement and control are important.

This paper presents a new European project for Establishing the infrastructure for humidity measurements, assuring traceability and providing dissemination as important concepts in both developed and emerging NMI/DIs as well as a precondition to related research, industrial applications and quality standards as well as support for various services, including the grand challenges (health, environment and energy) and closely associated with quality of life measures and implementation of specific EU legislation. The overall objective of the project is to develop measurement and research capabilities in humidity measurements of participating emerging NMI countries, based on stakeholder's needs.

Specific objectives are: identifying existing and future needs, transfer of knowledge, developing measurement methods and sharing procedures as best practice, narrowing the gap of the offered calibration services, performing an inter-comparison, building research potential and strengthening the co-operation between the NMIs.

2 Consortium overview

The consortium consists of leading European NMI/DIs and emerging NMIs in the field of humidity in a

* Corresponding author: nedzadeta.hodzic@met.gov.ba

Article available at http://cfmetrologie.edpsciences.org or https://doi.org/10.1051/metrology/201706006

complementary metrology structure. The leading NMI/DIs of the consortium (INRIM-Italy, CMI-Czech Republic, TUBITAK-Turkey, FSB-Croatia and UL-Slovenia) have significant experience and excellence in the area of humidity measurements and research. On the other side, the emerging NMIs have adequate equipment to carry out the project but limited experience and existing capabilities, particularly in humidity related research. Collaboration between those partners that are less experienced in research (IMBiH-Bosnia and Herzegovina, MoE-Serbia, NSAI-Ireland, ME-BoM-The Former Yugoslav Republic of Macedonia and MER-Montenegro) and those that are more experienced and developed will develop the latter's metrology capabilities and infrastructure for traceable humidity measurements, which will support their participation in future research projects.

3 Technical topics

The project is performed within the framework of EURAMET/EMPIR (European Metrology Programme for Innovation and Research) and is divided into five work packages including, three technical and scientific work packages, and two work packages for the impact and management [1].

Table 1 summarizes the content of the different work packages.

Table 1: Work Packages Summary

WPi	Work Package Title
WP1	Improvements in the field of relative humidity measurements
WP2	Improvements in the field of dew point measurements
WP3	Strategy development
WP4	Creating impact
WP5	Management and coordination

4 Objectives overview

The project addresses the following scientific and technical objectives:

4.1. Relative humidity measurements

The aim of this work package is to improve the measurement capabilities of participating NMI/DIs in the field of relative humidity and it addition to establish networking opportunities with industrial stakeholders within each country (related to knowledge exchange, traceability, skills and capacity building).

The aims of this work package are:

1. To perform a survey of the relative humidity related measurement needs of stakeholders in each country with an emerging NMI/DI. The results of the survey will be analysed and used as an input to the strategy for development in the field of humidity measurements in that country.

2. To develop an inner chamber for relative humidity calibrations, which will then be characterised by each of the partners.

3. To carry out an inter-comparison of the improved measurement capabilities developed by the partners in the field of relative humidity.

4.2 Dew point temperature standards

The aims of this work package are:

1. To obtain information about the dew point measurement related needs of stakeholders in each country with an emerging NMI/DI.

2. To obtain information about the existing level of knowledge and capabilities of partners and to identify gaps in the capabilities for dew point temperature measurement of the emerging NMI/DIs with regard to the stakeholder needs.

3. To improve the capabilities to enable emerging NMI/DIs to perform dew point temperature measurements in the temperature range -70 °C to 90 °C.

4.3 Strategy development

The aims of this work package are:

1. To ensure that emerging countries engage in further development of humidity metrology infrastructure to support industrial needs, competitiveness and international trade and show commitment to sustainable growth in the partner's country after the lifetime of the project.

2. To ensure that emerging countries engage in future collaboration and co-operation, especially in future joint research and collaborative projects with European NMI/Dis.

3. To identify future trends toward smart specialisation in humidity metrology based on identified trends and needs for metrology research and services.

4.4 Impact

Through the development of training courses in humidity measurement, the outcomes of the project, as well as general humidity measurement training will be delivered effectively to industrial stakeholders, thereby improving understanding and skills among industry within the European Union.

In the area of relative humidity and dew point measurement knowledge, transfer from experienced NMI/DIs to those less experienced in how to use new types of humidity instruments and facilities will be very beneficial. It will help to raise the knowledge, measurement and research capabilities and will promote consistency within humidity metrology.

Through highlighting the importance of humidity to processes, and to human comfort levels, this project will lead to a better understanding of humidity among stakeholders and therefore to an improvement of environments with climate control, as well as humidity or moisture dependant industrial processes. A better understanding of humidity measurement and control will also allow the development of optimal storage conditions for produce, leading to a reduction in waste and spoilage throughout Europe.

5 Research Highlights

In recent years, the development of humidity sensors and equipment has matured to a level where traceable calibration is beneficial to all industries in which humidity, moisture measurement and control are important. Based on a significant experience in the area of humidity measurements the consortium is starting this cooperative scientific work according to a tight timeline. The following examples enable to highlight some research that will be done during the three year duration of the project.

5.1. Relative humidity measurements

Existing knowledge and expertise will be shared among the partners through their collaboration during the process of producing and characterising a small inner chamber, to be used within a larger temperature controlled enclosure, as well as through an inter-comparison. The knowledge gathered in this work package will help the partners from emerging countries to further develop their capabilities by providing them with the skills and knowledge to build their own equipment for relative humidity measurements. By implementing the new chamber in their facilities, partners and other interested parties will have the opportunity to readily improve their capabilities in the field of relative humidity measurements by expanding the relative humidity and temperature ranges, achieving lower uncertainties and reducing calibration times.

5.2 Dew point temperature standards

In order to meet the objectives, two tasks are planned. In the first task a survey will be undertaken to identify the dew point related measurement needs of stakeholders in participating countries with an emerging NMI/DI (parameters to be investigated include temperature and pressure ranges and measurement media used). The second task builds upon the knowledge obtained about stakeholders' needs in order to improve the capacity of participating countries to perform high-accuracy dew/frost point measurements in the selected temperature range. Based on the stakeholders needs identified from the survey, gaps in the individual NMI/DIs' capabilities will be identified and areas targeted to achieve the improvement of the dew point measurement setups. The individual improvement will correspond to the industrial needs in the given country. The technical solution will be proposed by CMI in cooperation with INRIM and the participating NMI/DIs. The individual NMI/DIs will implement and test the designed solution with respect to the factors which could influence the measurement (flow rate, pressure, temperature, tubing, bath, media, etc.). A report detailing the influence of the different generator components on the uncertainty for dew point measurement using the improved setups will be prepared.

5.3 Strategy development

The key challenge in this work package is to prepare individual strategy documents for humidity research and development of the associated capabilities in Serbia, Bosnia and Herzegovina, Montenegro, Ireland, FYR Macedonia and Croatia (MoE, IMBiH, MER, NSAI, ME-BoM and FSB).

Each individual strategy document will be the long term strategy, over the next 15 years, taking into account future humidity measurement capability requirements and the need for developments linked with environmental, health and energy topics.

6 Results

Establishing traceable measurements in humidity at the level needed by each participating country will enable important inputs for areas of research, innovation and patenting in this field in future EMPIR projects. An important aspect of this project is the collaboration of less experienced NMI/DIs with experienced NMI/DIs. The latter will assist the emerging institutes in establishing their metrology capabilities in the field of humidity and will provide an appropriate internal knowledge transfer in humidity traceability at the primary and secondary level. An expansion of the capabilities in humidity measurements at the European level will be established through this project, meaning that more EURAMET member countries will be able to

 DOI: 10.1051/metrology/201706006

participate in inter-comparisons in the field of humidity and ensure smooth progression of approval of CMCs. It will widen the availability of traceability and services for humidity related measurements to more countries. All EURAMET members could be included in the roadmap for humidity and moisture measurement. At the same time, traceable calibration and measurement services will be provided to regional industry at a higher level than previously possible

Acknowledgements

The work presented here is funded through the European Metrology Programme for Innovation and Research (EMPIR). EMPIR is jointly funded by the EMPIR participating countries within EURAMET and the European Union.

References

[1] N. Hodzic & al, JRP Protocol, 15RPT03 HUMEA, version date: 18 May 2016

IMPLEMENTATION OF ETHANOL HEAT PIPE AT CETIAT

JO Favreau[1], *E Georgin*[1], *B Savanier*[1], *A. Merlone*[2]

[1] CETIAT, 96100 Villeurbanne, France
[2] INRIM, Torino, Italy

Abstract. CETIAT is a calibration laboratory accredited by COFRAC. The temperature generators are stirred calibration baths (from -80 °C up to +215 °C), dry blocks and furnaces (from -90 °C up to +1050 °C) and thermostatic chamber (from -30 °C up to +160 °C). The best calibration uncertainty is achieved in calibration bath, for Platinum Resistance Thermometers (PRTs), it is 0.03 °C. Nevertheless, the daily calibrations lead to an uncertainty about 0.06 °C for industrial RTD sensors. The CETIAT is working on the implementation of a Gas Controlled Heat Pipe (GCHP) temperature generator to replace the thermometric baths in order to increase productivity and in order to improve temperature stability in the working volume of the generator. Many studies [1, 2], explain the advantage of this method. For this purpose, the new system must have better thermal performance and produce the same temperature range than the stirred baths.

Two years ago, the CETIAT characterized a water GCHP for industrial applications cover the temperature range from +30 °C up to +150 °C [3]. The results were in good agreement with the expectations and water GCHP could be used to calibration production. But, we need to extend the temperature range towards the low temperatures. This year, the CETIAT characterized a new type of ethanol's heat pipe. We used the same heat pipe but this time we replaced water by ethanol. The possibilities of using ethanol, would allow generation of temperatures between -40 °C and 30 °C low temperature enclosure.

This article presents the first results on the study of a low temperature heat pipe made at CETIAT. The results obtained during the metrological characterization, in terms of temperature homogeneity and stability, in this study are encouraging. However, an issue with the stability of the cooling system diminish the quality of the results. The stability of the surrounding environment must be improved. This will be the subject of a future study. The results at 20 °C are very positive. Over an axial length of 250 mm, the thermal homogeneity is less than 5 mK.

1. Introduction

Heat pipes have been studied, manufactured and used since several decades for thermal applications, heat transfer purposes or industrial needs [4]. Gas Controlled Heat Pipes (GCHP) have been studied within these last twenty years, namely for metrological applications [5]. Among National Metrology Institutes (NMI) that are using GCHP, INRiM (Italy) has the most important background about it and could be considered as a reference institute for the GCHP technology. GCHP have been mainly developed for primary thermometry purposes [6, 7].

Heat pipes use the thermodynamic relationship between temperature and pressure in a fluid in liquid-vapour phase transition. GCHP use also this principle with a gas line that enables direct control of the inner pressure. Thus by controlling the pressure of the system it is possible to cover a wide range in temperature. From the Clausius-Clapeyron equation and from the ideal gas law it comes:

$$\frac{dT}{T} = \frac{R \cdot T}{M \cdot L} \cdot \frac{dp_{sat}}{p_{sat}} \tag{1}$$

Where R is the universal gas constant, T the liquid vapour interface temperature, M the molar mass of the vapour, L the latent heat of vaporization of the fluid that is used, and p_{sat} the saturation vapour pressure.

From equation (1) it appears that any variations in pressure lead to a direct temperature change in the system. Thus, the internal temperature of the heat pipe can be regulated by a pressure variation. Furthermore, the main advantage of the heat pipe is to have a quasi-adiabatic zone at its center. This is the thermally useful area for calibrations in terms of homogeneity and thermal stability. The object of this study is to check the thermal performance of this type of heat pipe.

* Corresponding author: jacques-olivier.favreau@cetiat.fr

Article available at http://cfmetrologie.edpsciences.org or https://doi.org/10.1051/metrology/201706007

 DOI: 10.1051/metrology/201706007

2. DESIGN OF GCHP AT CETIAT

The general design of the GCHP has been jointly done by INRIM and CETIAT, while realization and machining has been done by Criotec Impianti, a major gas and cryogenic systems manufacturer. The CETIAT GCHP consists in two main parts: the temperature generator (the heat pipe with ethanol) and the control circuit (buffer volume of 50 liters, pressure regulator). The figure 1, describe this different elements. On the right, in blue is shown the control circuit. It is composed with the heat pipe connected to the buffer volume to reduce the regulations problems (like overshoot). These elements are connected to the high precision pressure controller (PACE 6000) itself connected to the controller vacuum turbo pumping station (Adixen Drytel 1025). The other input is connected to pure nitrogen gas bottle (concentration is 99,995 %).

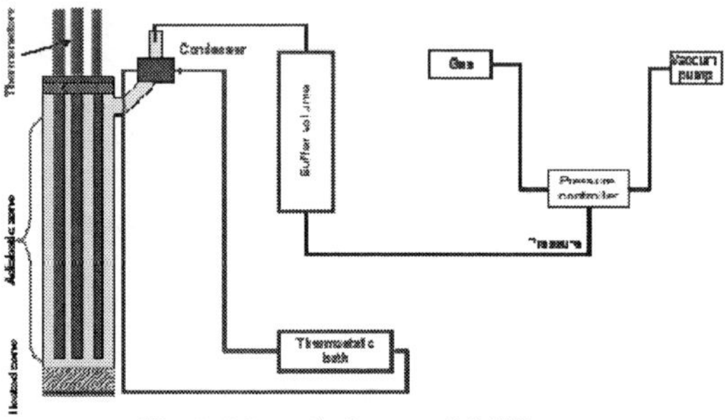

Fig. 1. Schematic diagram of GCHP

In the center of the figure 1, in green is identified the cooling circuit with the stirred bath. The condenser is an important element, because it is used to condense the ethanol vapor to prevent it to go out of the heat pipe. On the left, in light blue, the useful part of the heat pipe, is the location where the probes to be calibrated (in brown) are introduced. It is a closed cylinder, made in stainless steel. The internal walls of the heat pipe are striated, allowing the liquid ethanol to flow by capillary action. At its top, it is connected to the pressure controller. When the heat pipe effect occurs, an adiabatic zone is created, in the central part, where the probes (in brown) to be calibrated are placed. In figure 2, we can see a picture of the installation for the study. In order to reach low temperatures, we have set the GCHP in a low temperature enclosure.

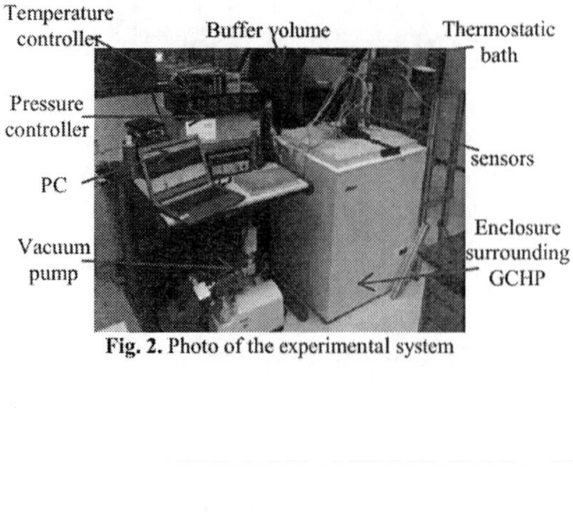

Fig. 2. Photo of the experimental system

For controlling the heating of the GCHP, as well as supervised the wall temperature, five sensors and heating elements are connected to a temperature controller. This makes it possible to obtain an ideal wall temperature to allow the heat pipe effect.

The recording system consists of a computer and data acquisition system (see fig 2). We use a Keysight 34972A data acquisition unit to connect nine characterization thermometers. This data logger switch Unit consists of a three-slot mainframe with a built-in 6 ½ digit DMM (digital multimeter). The acquisitions are made every ten seconds. Measuring chains consisting of temperature sensors and multiplexer are calibrated in CETIAT's accredited thermometry laboratory.

Pressure control is ensured by PACE 6000 high precision GE pressure controllers & indicators with a vacuum module. The working pressure range is between 400 Pa and 1 kPa, and the precision performance is 0.005 % of measured value. The pressure controllers have been calibrated at CETIAT's laboratory. Therefore, the measurements are traceable to the International System of Units and all calibrations are performed under COFRAC (French ISO 17025 accreditation body) accreditation.

As described in [7], the design, that has been chosen, consists in a removable cover. This offers the possibility to change the fluid, such as water or ethanol. However, it is necessary to avoid damaging the internal walls, and also to avoid contamination of the internal part of the GCHP, during the filling operation. For this study, 250 ml of ethanol have been introduced into the heat pipe after having drained, cleaned and dried of the other fluid. In the figure 3, we can see the level of ethanol in the heat pipe. It must be lower than the level of the thermal equalization block.

Fig. 3. Inner view of the heat pipe with the ethanol level.

The removable cover of the heat pipe is closed by 8 screws and an O-ring ensure the leak tightness. Then, it is composed of ten thermo-wells fixed on a thermal equalization block. We can see in figure 4 a schematic and a photograph of this cover.

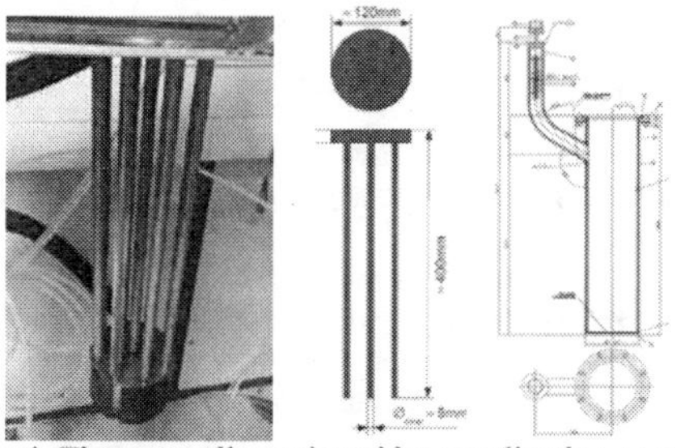

Fig. 4. Thermo wells equipped by equalization copper block.

In the photograph (fig 4), we can see the measuring tubes, the equalization temperature block in copper and the wire mesh around wells. The internal length of each measurement boring is 400 mm. This corresponds to the depth of the calibration baths used in the laboratory. In this method, the sensors to be calibrated are introduced into the measurement wells without any thermal coupling.

In order to allow the heat pipe effect to occur in a volume, the ethanol has to be vaporized in the lower part. Then, the steam rises to the condenser and returns to the heating zone by gravity. In the central part of the heat pipe, the subsonic velocity of the vapour makes it possible to establish an adiabatic zone. The pressure and condensation settings make it possible to obtain a wide adiabatic zone. The pressure allows to work on a wide range of temperature. To initiate the heat pipe effect heating elements are fixed along the wall and at the bottom, to regulate the temperature. In the figure 5, we can visualize the different heating elements and their positions.

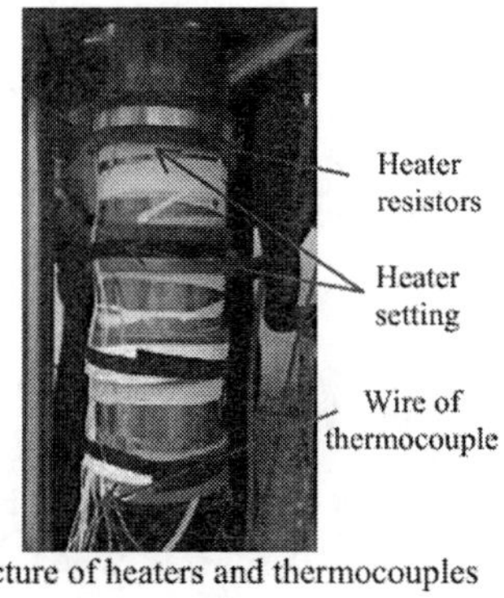

Fig. 5. Picture of heaters and thermocouples

The five heater resistors are fixed every five centimeter. A type K thermocouple is set in every heaters. These sensors make it possible to know the wall temperature of the heat pipe. Each heater zone could be controlled independently. This is important to optimize the settings.

CETIAT's GCHP is intended to be used from -40 °C up to +30 °C, which corresponds to an internal pressure of 400 Pa to 1 kPa. Dry nitrogen is used for pressurizing the system and a vacuum pump to obtain a low pressure in the heat pipe. To work at low temperature and avoid condensation, the heat pipe is set inside low temperature enclosure. In the figure 6, we can see the heat pipe with the fastening system. On the right, the condenser is visible. It is a copper tube which surrounds the exit chimney. The tube is connected to the circuit of an alcohol stirred bath. The insulation layer is placed on the condenser. The low temperature enclosure cover is placed on top, and the openings are thermally insulated (see fig 2).

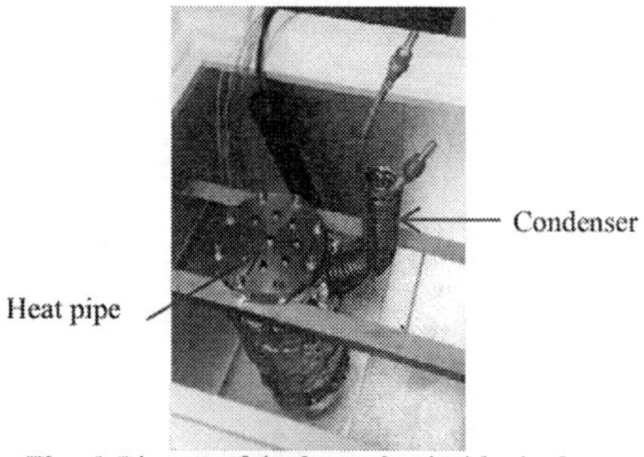

Fig. 6. Picture of the heat pipe inside the low temperature enclosure low temperature enclosure

3. CHARACTERIZATION

The results presented below show the surrounding enclosure of GCHP, the implementation of ethanol GCHP and the thermal characterization of the working volume in terms of homogeneity and stability.

3.1 Thermal characterization of the low temperature enclosure

The GCHP is housed inside an enclosure controlled in temperature. We use a standard laboratory low temperature enclosure. It is held by the lid to avoid thermal bridges (see fig 6).

The time response and thermal characteristics of low temperature enclosure are evaluated. It is a static low temperature enclosure without air flow. The dimensions of the Elcold low temperature enclosure type UNI 11 are shows in figure 7.

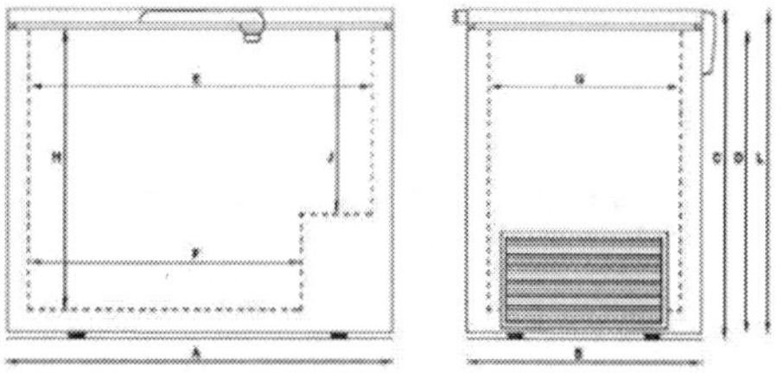

Fig. 7. Picture of the low temperature enclosure

The dimensions are 725 x 860 x 655mm.

The cover assembly is thermally insulated to prevent condensation. In figure 8, we can see the response curve of the low temperature enclosure at -45 °C. The set time is about one hour but the thermal stability is not so good. The fluctuation's thermal amplitude is approximately 5 °C. This point will be improved within the next steps.

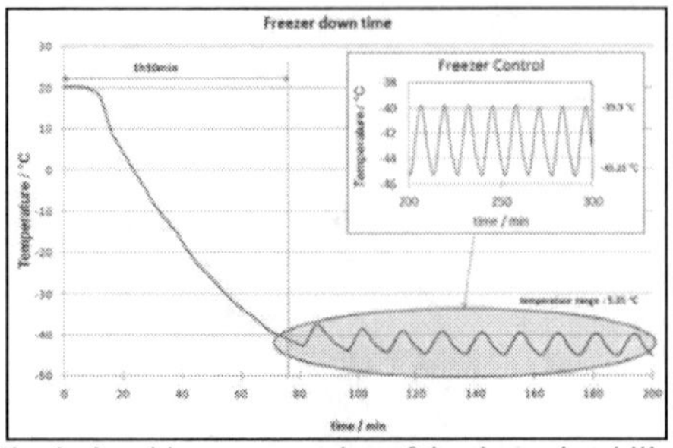

Fig. 8. Graphic representation of the thermal stability results obtained at -45 °C

3.2 Principle and instrumentation

In the process of the heat pipe effect, it is important to control condensation of steam at the chimney (condenser) level. To guarantee this, it is necessary to condense all the ethanol at the condenser level in order to avoid that steam invades control circuit. To guarantee this, we used an alcohol stirred bath, with external circulation of fluid, set at temperature of -20 °C.

During the thermal characterization, all thermometers have been moved simultaneously and their positions controlled with great care.
First stage of the characterization work consists in finding the best relationship between the desired temperature, in the inner part, and the heating power for ensuring the widest adiabatic zone as possible. For this purpose, the saturation vapour curve of the working fluid, here the ethanol, is very helpful and useful. In order to check the settings, a thermal profile along the vertical axis is performed. To do this, Standard Platinum Resistance Thermometer (RTD) is used. The pressure and condensation's temperature are optimized to obtain the best thermal profile. Our criteria about the settings rely on the axial homogeneity which should be lower than 5 mK over a length of 200 mm. These results make it possible to conclude on the achievement of the heat pipe effect or not.
The GCHP characterization started in the same conditions as when calibrating industrial probes. For these measurements we didn't used thermal coupling, such as thermal grease or paste. For this study, nine calibrated RTD are used. Two types of RTD sensors are used, all of them with the same diameter of 6 mm but six with a sheath of 50 mm and three with a sheath of 200 mm length. This makes it possible to detect an immersion effect of the sensor sheaths. The results are presented in the next section, for three temperature levels: +20 °C, -5 °C, and -15 °C.

3.3. Temperature profiles results (axial/vertical homogeneity)

The axial homogeneity (thermal profile) of each thermos-wells was measured. To do this, the probes are lifted simultaneously by 20 mm in the axis of the well until the exit of the heat pipe. Only the reference probe remains at the bottom of the well to check the good thermal stability. The temperature of the latter must not vary by more than 5 mK. Before each measurement, a time of at least 20 minutes is used to ensure a good thermal stabilization. This time is necessary, especially for the measurements before the exit of the wells which require time before reaching thermal equilibrium.

The points plotted on the figures 9 and 10 correspond to the temperature difference between a reference temperature probe, set at the bottom of thermo-well, and the temperature probe along the vertical axis. The maximum value is used for plotting the curves.

Figure 9 shows an example of a thermal profile obtained at 20 °C. The temperature is homogeneous over 260 mm of thermos-wells height in the heat pipe. The axial homogeneity is less than 5 mK. We can deduce that the heat pipe effect is present and thus the homogeneity is within 5 mk over 260 mm.
Nevertheless the homogeneity is about 20 mK above 260 mm. This is partly due to heat losses from the RTD probe sheaths with the external environment.

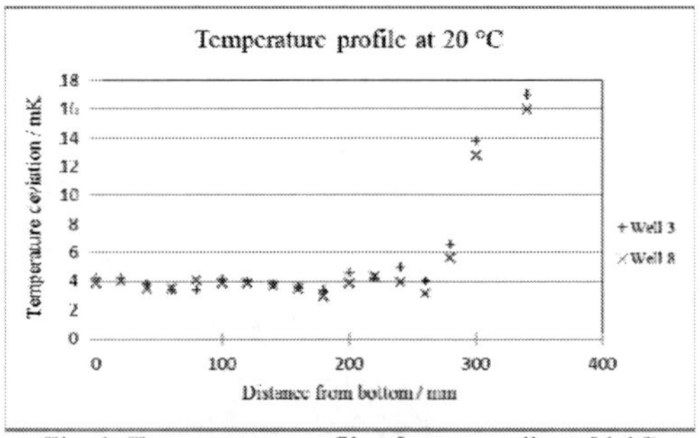

Fig. 9. Temperature profiles for two wells at 20 °C

On figure 10, we see the temperature profile at -15 °C. The homogeneity is not sufficient. It is greater than 5 mK beyond 200 mm from the bottom. After 120 mm it exceeds 10 mK. In this case, there is no heat pipe effect. This phenomena is mainly due to the low temperature enclosure which influence strongly the GCHP because of its weak stability. This point will be improved later.

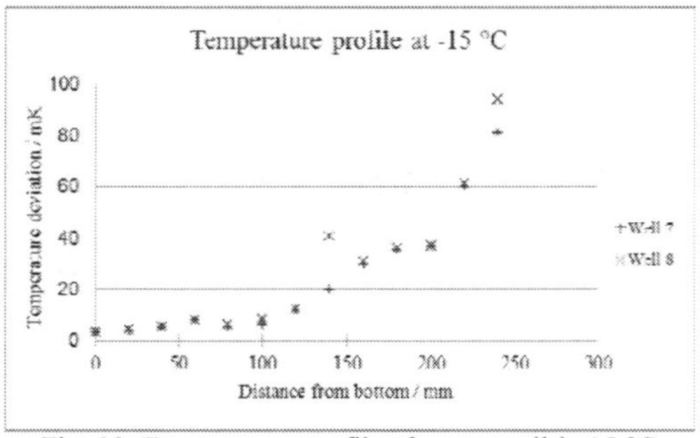

Fig. 10. Temperature profiles for two well à -15 °C

3.4 Radial temperature homogeneity results

The radial homogeneity has been measured for three immersion depths: 0 mm, 50 mm and 100 mm. The radial homogeneity is based on transposition method of measurement also known as Gauss double weighing method. The results for each temperature level are presented in figure 11. The radial homogeneity observed varies from 1 mK to 181 mK. The results depend on the temperature and immersion of the sensors. For the set points of -5 °C and -15 ° C the heat pipe effect was not optimal. The results presented correspond to the maximum temperature difference observed over at least 20 minutes.

Table 1. Summary table of lateral homogeneity.

homogeneity (mK)	0 mm (Bottom)	50 mm	100 mm
At 20 °C	1	2	11
At -5 °C	0	71	181
At -15 °C	19	49	29

These results (table 1) are satisfactory for 20 °C. For the others temperatures the heat pipe effect is not well establish which lead to such discrepancies. As a matter of fact, the weak stability of the low temperature enclosure could explain this observation.
In the next phase of this study, performances, namely stability, of the low temperature enclosure will be improved.

3.5 Temperature stability results

At last temperature stability has been checked during the experiment. According to table 2, the stability is better than 7 mK for about one hour. This result could be affected by pressure controller's performances and again low temperature enclosure.
The table 2 below shows the results obtained for three temperature levels and for all the thermos-wells tested. For these measurements the acquisition time is twenty minutes.

Table 2. Summary table of thermal stability.

Stability (mK)	0 mm (Bottom)	50 mm	100 mm
At 20 °C	5	5	6
At -5 °C	6	6	7
At -20 °C	5	5	6

The stability seems not to be affected by the temperature level of the GCHP. The results obtained for thermal stability are consistent with our objective. This result is encouraging, as stability is an important component in the overall uncertainty budget.

4. CONCLUSION

Despite a characterization is still under process, temperatures range from +20 °C to -15 °C has been investigated. It comes that the stability is in accordance with the initial objective of 5 mK. At 20 °C the temperature profile is better than 5 mK over 260 mm length. The temperature profile and the radial homogeneity at -5 °C and -15 °C do not meet our objectives. It seems that the main reason comes from the low temperature enclosure whom thermal stability strongly affect GCHP behaviour, especially when decreasing the temperature.

References

1. K. D. Hill, M. Gotoh, "The vapour pressure of sodium between 660 °C and 962 °C", Metrologia, **33, pp. 49** (1996)
2. K. D. Hill, M. Gotoh, "The vapour pressure of caesium between 370 °C and 660 °C", Metrologia, **33, pp. 307** (1996)
3. J.O. Favreau et al., Implementation of water heat pipe at CETIAT, 13th International Symposium on Temperature and Thermal Measurements in Industry and Science – TEMPMEKO, Zakopane (Poland), june 2016
4. P.D. Dunn and D.A. Reay, Heat Pipes, Pergamon Press, 1976
5. A. Merlone et al., 20 Years of progress in the use of gas-controlled heat pipes for thermodynamic measurements, **16th** International Heat Pipe Conference (16th IHPC), Lyon (France), May 2012
6. P. Marcarino, A. Merlone, "Towards new temperature standards for contact thermometry above 660 °C", Metrologia, **39, 4**, 2002, 395-398
7. A. Merlone, R. Dematteis, P. Marcarino, "Gas-Controlled Heat Pipes for Accurate Liquid-Vapor Transition Measurements", International Journal of Thermophysics, **24, 3**, 2003, 695-712

Towards the propagation of AC quantum voltage standards, the EMPIR ACQ-PRO Project

Raúl Caballero[1,*], *Javier* Díaz de Aguilar[1], *Ralf* Behr[2], *Jonathan* Williams[3], *Andrea* Sosso[4], *Martin* Šíra[5] and *Yolanda* A. Sanmamed[1]

[1]Centro Español de Metrología (CEM), Spain
[2]Physikalisch-Technische Bundesanstalt (PTB), Germany
[3]National Physical Laboratory (NPL), United Kingdom
[4]Istituto Nazionale di Ricerca Metrologica (INRIM), Italy
[5]Český Metrologický Institut Brno (CMI), Czech Republic

Abstract. The ACQ-PRO is an EMPIR Project, jointly founded by the European Union and the participating countries. The overall objective of the project is to provide trans-European access to AC quantum voltage standards, to increase research capacity and to establish the basis for future collaboration between metrological institutes working on AC quantum voltage standards. With this in mind, project tasks were designed. This paper describes the objectives and the first outcomes of the project. The most remarkable achievement are the results of experimental research visits working on ACQ voltage standards. The design of a new AC quantum voltage standards easier to integrate and operate that with the BIPM participation will be validated by a pioneering intercomparison. Besides a Good Practice Guide on the use of AC quantum voltage standards is under preparation. Two working groups on ACQ voltage standards and on cryogenics applications will be created within the activities of the project. Finally, the participant Institutes are establishing the strategic plans to ensure the coordinated developing of future AC Quantum Standards.

1 Introduction

Quantum effects play a fundamental role in the redefinition of the SI electrical units [1], allowing their direct realisation. The maintained unit of voltage and resistance depends on two fundamental constants, the elementary charge (*e*) and the Planck constant (*h*) and have an uncertainty in the SI. However, when the forthcoming redefinition of the SI takes place, *h* and *e* are expected to be given exact values allowing quantum standards of voltage and resistance to be realised directly in the SI.

Since more than 60 years, the AC standards refer to DC throw transfer techniques, mainly by thermal converters. An immediate consequence of this is that the most accurate instruments for current AC measurement and generation are limited to providing the root mean square RMS value. This is clearly insufficient to meet the current metrological needs of Research and Industry. Most measuring instruments are based on sensors that convert the measured quantity into a related electrical signal. Dynamic measures are fundamental in many applications where the RMS value does not provide the required information. This should be obtained by sampling and processing the signal. Analog digital converters are essential for this function. The industry has been able to develop converters capable of covering a wide range of industrial and research needs. Research in metrology allows us to have quantum standards capable of characterizing these converters. All this will make the analog digital converters progressively replace the thermal converters in a larger frequency range. Together, the development of analog digital converters will contribute to the gradual transformation of "conventional" to "digital" metrology.

Application of the Josephson effect, as the basis of a quantum DC voltage reference, started 30 years ago. However, the use of the Josephson effect as an AC quantum voltage reference is much more complicated and several research studies have been done in this topic during the last decade [2, 3].

The T4.J03 JOSY project, funded under the iMERA plus program, investigated new technology for the manufacture of "arrays", which lead to the improvement of the AC standards.

The SIB59 Q-WAVE project, financed within the EMRP call, has been a great advance in the European development of AC quantum standards, achieving the milestone of generating spectral high purity alternate signals up to 1 V voltage [4], it established the bases of the metrology of sampled signals, a fundamental step for the transformation of "conventional" to "digital"

* Corresponding author: rcaballero@cem.minetur.es

metrology. As support for these standards, a great deal of work has been developed in the evaluation of algorithms for the treatment of the signal and for the calculation of uncertainties. An analog digital converter has been designed that will be fundamental to transfer the traceability of the ac quantum standards to the next levels of the traceability chain. This project, in turn has been a great advance in the investigation of the use of photodiodes to increase the number of "arrays" in parallel that can be illuminated with radiofrequency pulses, the main limitation of the pulsed systems.

However, this improvement in AC quantum standards [5, 6], these systems are complicated to construct and to operate [7]. As a consequence, only a few NMIs in Europe have the capability to operate and conduct research in this technical area.

This paper describes the objectives, activities and early results of the EMPIR Project ACQ-PRO, jointly founded by the European Union and the participating countries. The overall objective of the project is to provide trans-European access to AC quantum voltage standards, to increase research capacity and to establish the basis for future collaboration between metrological institutes working on AC quantum voltage standards. A new simplified AC quantum voltage design to cover the most demanding applications is presented.

2 Lifetime and partners

The RPT *Towards the propagation of AC Quantum Voltage Standards* is an EMPIR project selected in the 2014 Research Potential call. As a research capability project it is focused on the development of the scientific and technical research capability of several NMIs in the topics of AC quantum voltage standards.

The lifetime of the Project is 36 months starting in June 2015.

There are 13 partners involved in the Project (BEV-PTP (Austria), CEM (Spain), CMI (Czech Republic), FCT-UNL (Portugal) , FER (Croatia), GUM (Poland), INRIM (Italy), IPQ (Portugal) , JV (Norway), NPL (United Kingdom), PTB (Germany), SIQ (Slovenia), TUBITAK (Turkey)) and 2 collaborators (BIPM (Bureau International Weights and Measurements) and SUPRACON (Germany)).

3 Scientific and technical objectives

The overall objective of the project is to develop the European measurement and research capacity by providing European NMIs and DIs the access to AC quantum voltage references, therefore contributing to spread the capacity to countries or regions in Europe where access to these facilities is currently limited. The project will also establish the basis for the future collaboration between metrological institutes working on AC quantum voltage standards. This will allow the European NMIs to provide direct traceability to the future definition of the SI, to improve their CMCs to the quantum level and to build a research capacity with European dimension.

The specific scientific and technological objectives of the project, according its protocol, are:

1. To transfer experience and expertise in different specific technologies to enable the integration, operation and modification of AC quantum voltage standards. The purpose is not only to provide the infrastructure but also the capacity to improve the measurement technology through continuing research and development.
2. To design a new practical AC quantum voltage infrastructure accessible to all NMIs, which is easy to implement and operate, maintaining the potential research capacity.
3. To produce a Good Practice Guide on the use of AC quantum voltage standards describing the use of AC quantum standards and including guidance on development and validation of measurement methods.
4. To establish the basis for future cooperation between European NMIs working on AC quantum voltage standards research and the further propagation of their use (e.g. working group, web pages, training courses).
5. To create an individual strategy for the long-term development of the research capability in AC quantum voltage metrology for each partner developing capability in project. This will include a strategy for offering calibration services from the established facilities to their own country and neighbouring countries.

4 Results and achievements so far

4.1. Research visits

During the first two years of the project, and to address the first objective, several research visits were carried out at the NPL and PTB. Some institutes are still analysing the data from these visits to present the results in the near future. These are some of the topics of these researches:

4.1.1 Evaluation on the gain dependence with in frequency and aperture time of ADCs

Frequency response and stability of Anolog-to-Digital Converters (ADC) using the Josephson Arbitrary Waveform Synthesizer (JAWS) and the Programmable Josephson Voltage Standard (PJVS) were carried out and both methods were compared. This characterization will significantly improve the AC metrological application of the ADC.

4.1.2 Specific waveform to calibrate digitizers

A special waveform has been prepared with the aim of calibrating several digitizer parameters at once. Parameters of the waveform were based on the properties of the JAWS system at PTB. The waveform has been generated by JAWS using three different configurations of chips to get different ranges of waveform amplitudes. JAWS is the only device capable of generating such a waveform with sufficient precision and stability. The waveform was sampled by selected digitizers. After an extensive data processing of sampled data, several digitizer parameters have been obtained and stability and correlations factors of these parameters were estimated.

4.1.3 AC Quantum Voltmeter as a standard

An AC Quantum Voltmeter was used as a standard to calibrate directly an AC source [9, 10]. The AC source was compared to the Josephson voltage by a differential sampling process measured by a commercial ADC. The measurements were conducted to explore different parameters configuration of the setup (i.e. the sampling rate) to observe repeatability of the results.

4.1.4 PJVS as a standard

PJVS was used to calibrate directly a voltmeter. As transfer standard, a commercial DAC was used to be compared to the Josephson voltage by sampling the voltage difference. The signal of the referenced DAC was used as standard signal to be applied to the voltmeter.

4.2 New design

The second objective of the project is related with a new design of the AC quantum standards based on the Josephson effect. The objective of the present work is to define a simplified subsystem that could be used for all AC quantum voltage applications (i.e. thermal voltage calibration, digital impedance bridge). The interoperability of this subsystem is a key requisite. In addition, the requirements to use common software for the AC quantum voltage infrastructures will also be defined. The new design is focused on the currently most available systems, the Programmable Josephson Voltage Standard (PJVS) and it is based on an ultra stable Digital–to–Analog Converter (DAC) [8] directly corrected by a PJVS to form a quantum traceable waveform generator. The new design will cover the most demanding applications, calibrating ADCs at μV/V accuracy level, i.e. for power and power quality parameter measurements, digital multimeters, thermal converters, or DACs itself.

Thanks to the collaboration of BIPM in the project, a pioneering intercomparison of AC quantum voltage standards has been arranged. The comparison, in which participates BIPM, NPL and PTB, will be used to validate the AC quantum voltage standard design. This will serve as a basis for future worldwide comparison of AC quantum voltage standards.

4.3 Good Practice Guide

The consortium is working to prepare a document on the use of AC quantum voltage standards that will include guidance on the development and validation of measurement methods and the design for a consolidated AC quantum voltage standard for different specialised applications. A complete bibliography on this topic was elaborated and the outline of the document is ready. This document will include details about the instrumentation and configuration (for binary-divided arrays and pulse-driven arrays), software requirements, details about the use of cryocoolers, measurement procedures (calibration of thermal converters, voltmeters and AC sources; characterisation of ADC, impedance ratio, power and power quality).

4.4 Future collaboration

4.4.1 Working group on ACJVS

The aim of this working group is the future cooperation between European NMIs working on AC quantum voltage standards. The members will include the project partners but also potential collaborators and experts in this topic. This working group will work in close collaboration with the relevant existent TC groups (EURAMET TC-EM "DC & Quantum Metrology, "Low Frequency" and "Power and Energy").

4.4.2 Working group on ACJVS Cryogenics

This group is aimed at the development of a European research network on JVS cryogenics and applications of cryocoolers to JVS. This group will be helpful to share experiences, "tricks" and know-how in this topic.

4.5 Individual strategic plans

One of the long-term research objectives defined in the EURAMET "Science and technology Roadmap for Metrology" is to make AC quantum voltage standards the basis for AC metrology. The necessary research to achieve this started 20 years ago, and the work will continue for several years. The project will contribute to this overall objective by making cutting–edge knowledge accessible to all the European NMIs working on AC quantum voltage standards and by establishing a basis for future cooperation.

With the knowledge acquired in the research visits, in the elaboration of the Good Practice Guide and in the design of a new practical AC quantum voltage standard, some NMIs will develop their individual strategic plans for the development of AC quantum voltage standards in the next five years. These strategies will consider the development of either individual or collaborative quantum standards, or an agreement to the future use of other NMI standards. The individual strategies will be further discussed with the other participant institutes to ensure a coordinated development of the European research and measurement infrastructure from the early beginning. The plans will also include a strategy for offering calibration services in the established facilities to their own country and neighbouring countries.

For this purpose, an early survey was already filled by the partners to understand motivations, measurement capabilities, cooling techniques and cooperation setup. The survey results provide an essential snapshot of the present perspectives of European NMIs: with 13 institutes involved, the questionnaire gives up-to-date information on topics that are fundamental for the management of the project, like number and type of quantum standards operated in each NMI (Fig 1), and their being part of the traceability chain for routine calibrations (Fig 2). NMIs replies to questions related to cooperation expressed interest in collaboration with other institutes and sharing facilities, if possible. Finally, directions for the best practice guide approach were addressed, with more than 80% of the replies in favour of considering mainly practical issues: setting up and using a Josephson AC quantum standard.

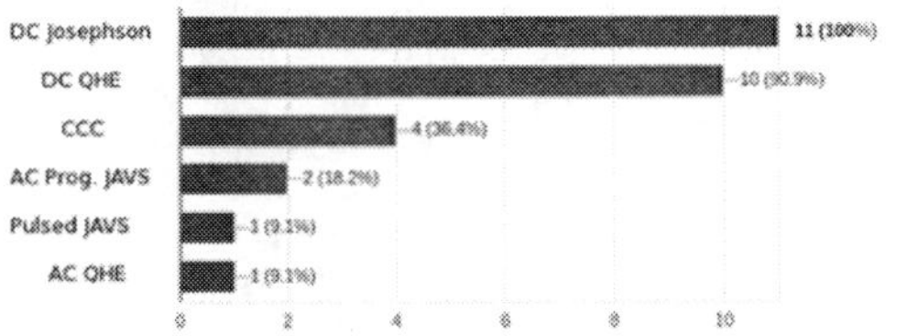

Fig. 1. Number and type of quantum standards operated in each NMI.

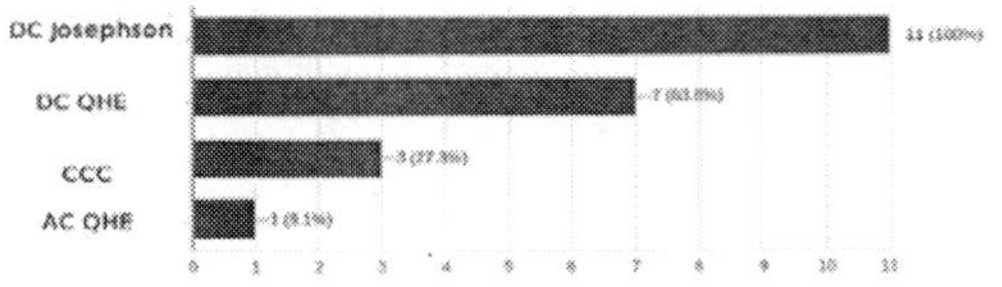

Fig. 2. Use of quantum standards for routine calibrations.

5 Conclusions

The results of this project will have a direct impact on the participating NMIs that will be able to provide traceability for AC quantum voltage metrology over the range already established and develop new measurement capacities. AC quantum voltage standards affect most the electrical measurements activity and the intermediate impact will spread across the European industry.

A new design has been proposed using the currently most available systems, the Programmable Josephson Voltage Standard (PJVS). To cover the most demanding applications the new design is based on an ultra stable Digital–to–Analogical Converter directly corrected by a PJVS to form a quantum traceable waveform generator.

This project has received funding from the EMPIR programme co-financed by the Participating States and from the European Union's Horizon 2020 research and innovation programme.

References

1. Resolution 1, 24th meeting of the General Conference on Weights and Measures, 24_CGPM_Resolution_1, (2011).
2. B. Jeanneret and S.P. Benz. *Application of the Josephson effect in electrical metrology*, Eur. Phys. J. Special Topics 172, pp 181-206 (2012).
3. T. Lipe, *Quantum AC Voltage Standards*, IEEE Trans. Instrum. Meas., 61 (8), pp. 2160-6 (2012)
4. O. Kieler, R. Behr, R. Wendisch, S. Bauer, L. Palafox, and J. Kohlmann, *Towards a 1 V Josephson Arbitrary Waveform Synthesizer*, IEEE Trans. Appl. Supercond. 25 (2015) 1400305 (5 pp).
5. R. Behr, J.M. Williams, A. Sosso, M. Starkloff, O. Kieler, S. Bauer, L. Palafox, J. Lee, T. Möhring and T. Hagen, *Workshop on AC Quantum Voltage Standards*. PTB, Braunschweig, Germany. http://acqpro.cmi.cz (2015).
6. J. Kohlmann, R. Behr and T. Funck, *Josephson Voltage Standards*, Meas. Sci. Technol. 14, pp. 1216-28, (2003).
7. R. Behr, O. Kieler, J. Kohlmann, F. Muller and L. Palafox, *Development and metrological applications of Josephson arrays at PTB*, Meas. Sci, Technol. 23, 124002, (2012).
8. J. Nissila, J. Lee, M. Sira, T. Ozturk, M. Arifovic, J. Diaz de Aguilar, R. Lapuh, R. Behr, *Stable arbitrary waveform generator as a transfer standard for ADC calibration*, Conference on Precision Electromagnetic Measurements (CPEM) Proc., Ottawa, Canada, July 10-1, 2016, pp.1-2.
9. J. M. Williams, D. Henderson, J. Pickering, R. Behr, F. Muller and P. Scheibenreiter, "Quantum-referenced voltage waveform synthesiser," *Science, Measurement & Technology, IET* 5, pp. 167–74, 2011.
10. J. Lee, R. Behr, L. Palafox, A. Katkov, M. Schubert, M. Starkloff, and A. C. Böck, "An ac quantum voltmeter based on a 10 V programmable Josephson array," *Metrologia*, vol. 50, no. 6, pp. 612 – 622, Dec. 2013.

On-site BIPM comparison of quantum Hall effect resistance standards and their scaling to other values

Benjamin Rolland[1,*], *Pierre* Gournay[1], and *Nick* Fletcher[1]

[1]Bureau International des Poids et Mesures, 92310 Sèvres, France

Abstract. This paper reviews the implementation of an on-site comparison of quantum Hall resistance standards and their scaling to other values. This comparison, organized by the Bureau International des Poids et Mesures (BIPM), is registered as BIPM.EM-K12 and has for objective the verification of the international equivalence of the representation of the ohm between National Metrology Institutes within 1 to few parts in 10^9. The required equipment, some technical aspects and available results are presented.

1 Introduction

The practical realization of electrical units is today based, in most National Metrology Institutes (NMIs), on two quantum effects: the Josephson effect and the quantum Hall effect (QHE). The first allows to relate the volt to two fundamental constants, the Planck constant (h) and the elementary charge (e) through the Josephson constant:

$$K_J=(\frac{2e}{h}) \quad (1)$$

(see [1] for details), and the second effect, which is the topic of this paper, relates the ohm to the same fundamental constants through the von Klitzing constant:

$$R_K=(\frac{h}{e^2}) \quad (2)$$

The QHE is a quantum version of the classical Hall effect, generated in a two dimensional electron gas (2DEG), most often realized in GaAs semiconductor heterostructures [2]. If this 2DEG is kept at low temperature (a few kelvin) and is subjected to a high magnetic field (flux density B of the order of 10 tesla), when an electrical current I is passing through the Hall bar (provided this current remains below a structural breakdown value), a Hall voltage U_{Hall} appears in the transverse direction. The Hall resistance is defined as $R_H = U_{Hall}/I$. The particularity of this resistance is that its variations versus B consist in a succession of flat steps, commonly named plateaux, corresponding to flux density ranges on which the resistance R_H remains constant, with a quantized value equal to:

$$R_H(n)=\frac{R_K}{n} \quad (3)$$

where n is an integer quantum number corresponding to the number of the plateau as shown in Fig. 1. The resistance $R_H(n)$ is often referred to as the quantum Hall resistance (QHR) of the nth plateau.

In practice, NMIs implement the QHR to realize and maintain the ohm almost systematically on plateau $n = 2$ using the conventional value of the von Klitzing constant, fixed in 1990 to be exactly $R_{K\text{-}90}$=25812.807 Ω.

Although the QHR can be reproduced at anytime and anywhere with an extremely low relative uncertainty of the order of 1 part in 10^9 or below, the relative uncertainty of the practical representation of the ohm using the conventional value $R_{K\text{-}90}$ of the von Klitzing constant is 1 part in 10^7 in the International System of Units (SI), thus limiting the interest of implementing a QHR. To overcome this issue and benefit from the great potential of the QHE, a conventional unit of resistance, the Ω_{90}, has been established (although the index "90" is in general omitted). It simply corresponds to the ohm realized from a QHR using the $R_{K\text{-}90}$ value. Practically, this means that a resistance value expressed in terms of Ω_{90} could have a very low relative uncertainty of the order of 1×10^9 (if calibrated against a QHR) but will have an additional relative uncertainty of 1×10^7 if expressed in SI ohm unit. More details about the 1990 electrical units can be found in [3].

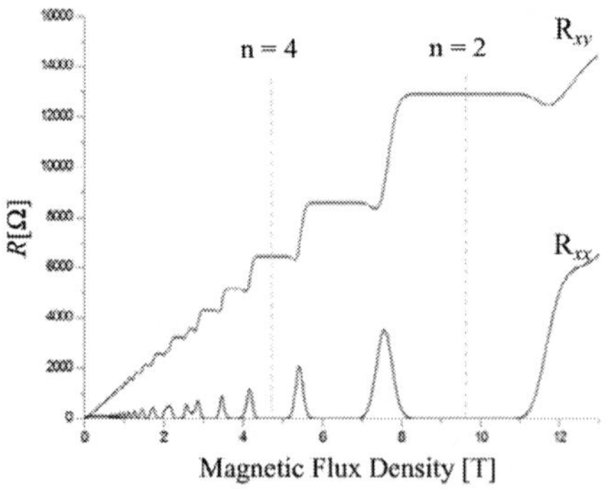

Fig. 1. Experimental signature of the Quantum Hall effect. Every plateau in the transverse resistance *Rxy* comes with a null longitudinal resistance *Rxx*.

The Ω_{90} is universally used by NMIs for the dissemination of the resistance unit at dc using a QHR of value $R_H(2)$ = 12906.4035 Ω_{90} (i.e. 12906.4035(13) Ω_{SI}).

* Corresponding author: brolland@bipm.org

Article available at http://cfmetrologie.edpsciences.org or https://doi.org/10.1051/metrology/201707002

It is implemented in combination with a resistance comparison bridge (as for instance the one described in [4]) allowing to calibrate a classical standard resistor against $R_H(2)$. This resistor can be used in turn to calibrate other resistors of the same or different values by using the same comparison bridge or another scaling device.

In order to verify the international equivalence of the representation of the ohm by NMIs using a QHR, the Bureau International des Poids et Mesures (BIPM [5]) has implemented a programme of international comparisons referred to as BIPM.EM-K12. It allows NMIs to validate their implementations of the QHE for dc-resistance traceability as well as their scaling devices by comparison to the reference maintained at the BIPM.

2 Key comparison BIPM.EM-K12

2.1. History

Prior to the development of the QHE and its use for the representation of the ohm, the equivalence of the NMIs was verified through round-robin comparisons consisting of comparing measurements of classical standard resistors (generally wired-wound type) traveling between the participating NMIs and the BIPM. However, this method has a limited accuracy mainly due to unpredictable changes during the transportation related to mechanical and/or thermal shocks. Even for high quality 1 Ω and 10 kΩ standards, the limit is a few parts in 10^8 relative uncertainty [6].

From the 1990's, the growing number of NMIs implementing a QHR has offered the opportunity to compare not only classical resistance standards but QHE standards. This has led to a significant reduction of the above-mentioned uncertainty by a factor 10. In effect, as mentioned earlier, a QHR can, in principle, be implemented anywhere at any time with always the same quantized value. For this reason, the BIPM developed a transportable QHE reference standard and the associated measurement system (Recommendation 2, CI-1988 of the Comité International des Poids et Mesures [7]) that can be transported directly to NMIs to validate on-site their traceability chain, including a quantized Hall resistance standard. This comparison is registered as BIPM.EM-K12 [8] and can be carried out with a relative standard uncertainty of about 1 part in 10^9.

A first set of five comparisons were previously carried out in the 1990's, first with the BNM/LCIE (now LNE, France, 1993) then with the METAS (Switzerland, 1994), the Physikalisch-Technische Bundesanstalt (PTB, Germany, 1995), the National Physical Laboratory (NPL, United Kingdom, 1997) and the National Institute of Standards and Technology (NIST, USA, 1999). The results of these comparisons are available at [8]. At that time, no more NMIs were capable of reaching an uncertainty at a level low enough for justifying additional on-site QHR comparisons.

In recent years the importance of on-site comparisons has been recognized at several occasions because of the development of worldwide metrology, progress in measurements bridges (commercial or built by NMIs) and the large number of laboratories linking their resistance standards to the QHE to reduce their uncertainties. In the light of this need, a survey was sent to the member NMIs of the Consultative Committee for Electricity and Magnetism (CCEM) to investigate their interest in resuming the on-site QHR comparison. Fifteen laboratories have expressed the wish to participate in the coming years. The first new comparison was carried out in 2013 at the PTB [9].

2.2. Protocol of BIPM.EM-K12 comparison

The objective of the comparison is to realize the ohm from a QHE reference at values of 100 Ω, 10 kΩ and 1 Ω. The comparison is not of quantum Hall devices, but of the values assigned to conventional standards of these values, derived from a QHE reference. It thus covers not just the QHE system at the NMI, but also the ratio bridge (or other scaling device) used to calibrate standard resistors.

The protocol for these on-site comparisons includes three sets of measurements (Fig. 2). First, the calibration of a 100 Ω standard resistor against the QHE reference (using at present the conventional value for the von Klitzing constant, R_{K-90}),with ideally a current of 5 mA in the 100 Ω standard (≈ 40 μA through the QHR for a ratio of 1:129) corresponding to a power dissipation of about 2.5 mW in this standard. This configuration has been chosen as it constitutes a compromise between the various limitations of breakdown current in the QHE device, signal to noise ratio and self-heating effects in the 100 Ω resistor.

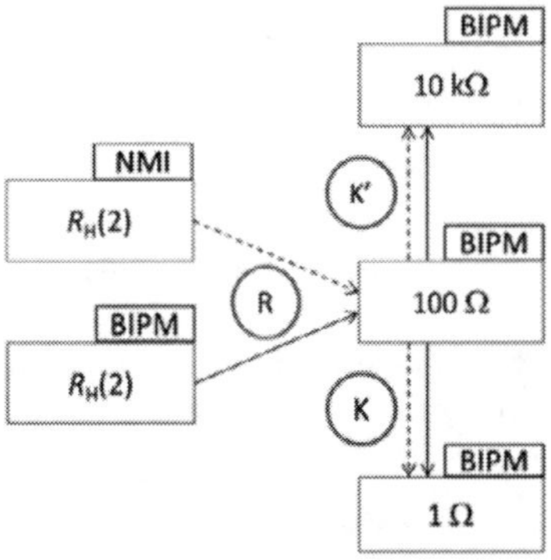

Fig. 2. Schematic representation of the measurements carried out during the comparison. Rectangles: resistances to be compared, circles: resistance R and ratios K to be determined, solid and dashed arrows: measurements with the BIPM's 1 Hz bridge and with NMI's bridge, respectively.

Subsequently the ratios 100 Ω / 10 kΩ and 100 Ω / 1 Ω are realized to check the scaling device of the participating NMI. In order to minimize the effects of short term drift in the standards under test, repeated interleaved series of measurements are carried out. The measurands to be compared are the 100 Ω dc value in term of R_{K-90} and the two dc ratios 10 kΩ / 100 Ω and 100 Ω / 1 Ω.

These measurements are performed on-site, at the participating NMI by both the BIPM, using its travelling QHE system, and the NMI, using its own QHE system. Differences are then calculated to deduce the degrees of equivalence between the NMI and the BIPM. Through the common participation of the BIPM, degrees of equivalence between different NMIs can also be obtained.

The resistance is assumed to be measured at dc, although in practice the measurement system needs to use polarity reversals to eliminate offsets and drifts. Moreover, the transportable BIPM bridge operates at 1 Hz (sinusoidal current) but the reference for the comparison remains the BIPM Cryogenic Current Comparator (CCC) bridge, which operates with much slower current reversals (Fig. 3). The link between the CCC and the 1 Hz bridge is made at least twice a year and the frequency coefficients of standards resistors are verified at this occasion.

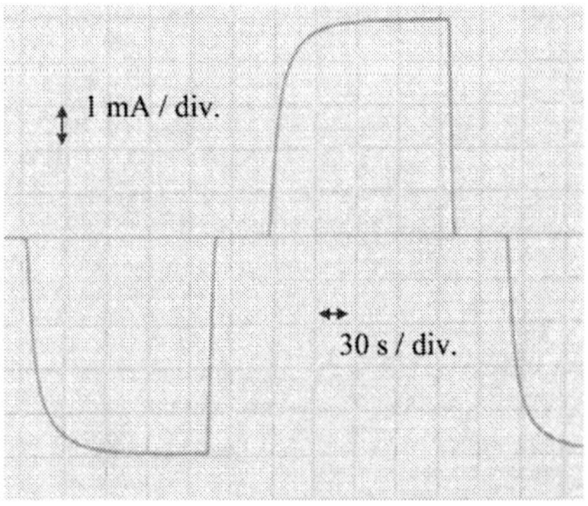

Fig. 3. Screen shot of the current applied to the resistance on the BIPM's CCC bridge and used as a reference. The amplitude is 5 mA (primary side) and the complete sequence is 340 seconds.

2.3. The BIPM measurement system

The BIPM transportable QHE reference system includes a cryostat containing a superconducting magnet and a low-temperature insert, a set of QHE samples mounted on a cryogenic probe and a room-temperature ac resistance ratio bridge operating at 1 Hz. The bridge is equipped with two room-temperature current comparators of nominal ratios 2065/16 and 1500/15 for ratios 129.06 and 100 respectively. The current comparators comprise a single magnetic core of high permeability, wound with a tuned detection winding enclosed in electrostatic and magnetic shields and two ratio windings (highest turns number winding in series with the primary arm of the bridge and lowest turns in series with the secondary arm) using a coaxial guarding technique to reduce the relative ratio error from the typical value of 10^{-7} of a room temperature comparator to a 10^{-9} level. The principle of the double current source and the insulation requirements of the 1 Hz bridge (Fig. 4) is the same as in the CCC bridge. This bridge was developed and built at the BIPM and is currently used for routine measurements [10]. A double current source delivers currents i_p and i_s, the ratio of which, i_p / i_s, is adjusted to be within 1 part in 10^6 of the resistance ratio to be measured $R_{secondary}$ / $R_{primary}$. A feedback loop locked on zero-voltage detection across the detection winding of the current comparator ensures the fine regulation of the current ratio. Using a loop gain of the order 10^3, able to maintain stable operation during the measurements, the closed-loop error of the system is lower than one part in 10^9. A detailed description of this ac bridge can be found in [11].

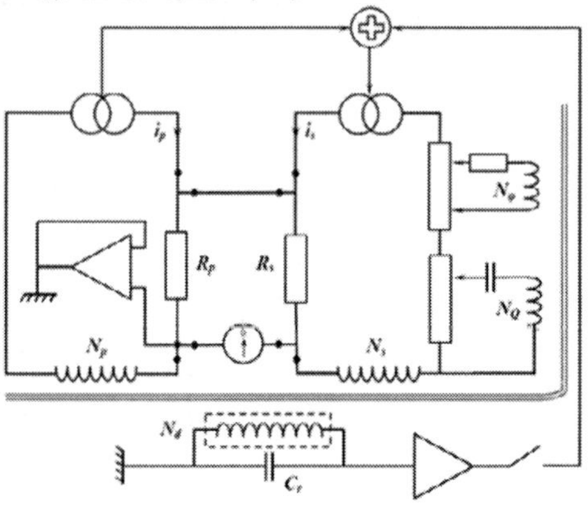

Fig. 4. Schematic of the BIPM 1 Hz bridge based on an ac current comparator.

2.3.1 Advantages of using an ac system

Using a low-frequency comparison bridge on-site is preferable to transporting the BIPM CCC bridge itself since the ac bridge has the advantage of being a more rugged instrument, simple to operate, and much less sensitive to *1/f* noise and thermal EMF's. Furthermore, it provides resolution and reproducibility that are comparable to those of the BIPM CCC [12].

The ac bridge currently used is an improved copy of the one used for the first series of comparisons. All elements are mounted in flight cases and the setup can be installed in a couple of hours (Fig. 5).

2.3.2 The standard resistors

Three transfer resistance standards are used during the comparison. They are highly stable commercial resistance standards of 1 Ω, 100 Ω and 10 kΩ, installed in home-made temperature-controlled individual enclosures working at 25°C with regulation accuracy as low as few mK under "normal" laboratory conditions. They are used as 5 terminal resistors with two high and low current terminals and two high and low voltage terminals for measurement, and a case connection also used as a shield.

Temperature control is made using a Peltier cooling module in parallel with resistive heaters. An analog PID controller was specifically developed to avoid any clock or pulse width modulation signals and harmonics that could disturb the measurement bridges during the comparison.

For these conventional standards, the differences between values measured at 1 Hz and at dc are small, but not negligible. As mentioned above, these differences are determined at the BIPM prior to the comparison by comparing measurements performed at 1 Hz with the transportable bridge and at slowly reversed dc with the CCC bridge. They are applied as corrections to the measurements carried out at 1 Hz, meaning that the ac bridge is used as a transfer instrument referenced to the BIPM CCC. Corrections are of few parts in 10^9 for the 10 kΩ and 100 Ω standards. They are higher for the 1 Ω standard: typical corrections of the order 0.02 μΩ/Ω between 1 s and 340 s cycle times are measured. More details on these measurements can be found in [13].

Fig. 5. View of the transportable cryostat, the bridge and the equipment used for a comparison.

2.3.3 QHE samples

Since the beginning of the BIPM.EM-K12 comparison program, the BIPM has used the same batch of quantum Hall samples. They are GaAs based heterostructures fabricated by the Laboratoires d'Électronique Philips (LEP, Limeil-Brévannes, 1990) [14], with a mobility μ of about 30 T^{-1} and a carrier concentrations n_c of about 5.1×10^{15} m^{-2}. The samples are commonly operated on the $n = 2$ plateau at a temperature around 1.3 K, with a current of 40 μA and with a magnetic flux density of about 10.5 T. The residual values of longitudinal resistivity do not exceed 50 μΩ. A further description of the QHE device and other equipment used by the BIPM during the comparison can be found in [9, 10, 11, 12].

3 Results

Since the BIPM.EM-K12 comparison program resumed in 2013, four comparisons have been organized. The first one with the PTB (Germany) [9] resulted in a successful agreement between the QHE (and scaling) systems from BIPM and PTB down to the level of 1 nΩ / Ω with a standard uncertainty of the order of 2 to 4 nΩ / Ω. This result is significantly better that could be expected from a simple comparison using classical resistance standards circulating between the two institutes [6]. This demonstrates that, although such an on-site comparison is far from being trivial to implement, this exercise is valuable to check the equivalence of NMIs at the level of 1 part in 10^9.

During this first comparison, some interesting effects were found regarding the 1 Ω standards [13]. It has been found that the apparent value of a 1 Ω standard can vary by 0.01 μΩ / Ω to 0.1 μΩ / Ω, depending on the polarity reversal cycle time of the measuring bridge used. This effect has been observed thanks to the use of a new generation of DAC-based CCC bridges allowing faster and more flexible adjustments of polarity reversal cycles compared to the analogue CCC bridges which were used during the previous series of comparisons (before 2013).

In 2015, a comparison with another NMI had to be abandoned due to technical problems with their bridge and a comparison planned in 2016 had to be postponed following unsuccessful preliminary tests showing significant discrepancies in calibration measurements performed using the NMI's QHE reference.

A comparison carried out with the CMI (Czech Republic) in 2017 led to a successful agreement, comparable to that obtain at the PTB. The comparison report is currently being written.

NMI	$x_i / 10^{-9}$	$u_i / 10^{-9}$	*Date of comp.*
LNE	− 1.2	3.0	Dec 1993
METAS	+ 0.9	1.7	Nov 1994
PTB	− 0.6	1.9	Oct 1995
NPL	+ 0.1	3.9	Dec 1997
NIST	+ 1.2	2.0	Apr 1999
PTB	− 0.5	2.2	Nov 2013
CMI	To be published	-	Apr 2017

Table 1. BIPM-NMI differences of ratio QHR / 100 Ω for the last 25 years of BIPM.EM-K12 key comparison. Data regarding the ratios 10 kΩ / 100 Ω and 100 Ω / 1 Ω can be found on the KCDB website [8].

4 Conclusion

The technical issues encountered during two of the comparisons since resuming the BIPM.EM-K12 program, clearly demonstrate that, although the QHE is today a well-known effect used by many NMIs to realize the ohm, its implementation at the highest accuracy level remains challenging. This confirms the importance of such comparisons and the need to increase their number as the QHE will become in the near future, after the revision of the present International System of Units [15], the natural path to realize the ohm. One can expect that further research on the QHE in graphene [16, 17] would pave the way for a simplification of the transportable QHE system developed at the BIPM. It has effectively been shown that the QHR can be implemented in a graphene device at liquid helium temperature (4.2 K) and a magnetic field of flux density of the order of 5 to 6 T. In these conditions, a simple liquid helium reservoir and a probe including a small superconducting magnet would be sufficient, reducing significantly the number, size and weight of the equipment to transport on-site. Thus, the logistical organization, which represents an important amount of work in this kind of comparison, could be highly simplified.

However, our investigations on graphene QHE samples [18] have shown that even if good results can be obtained with such devices, their reliability is not yet sufficient for utilization in routine calibration and on-site comparisons.

Waiting for this technology to be mature, the BIPM will continue its efforts to maintain and improve its present system in order to pursue and improve the BIPM.EM-K12 program of on-site comparison.

References

1. B. Jeanneret and S.P. Benz, Eur. Phys. J. Special Topics 172, 181-206 (2009)
2. K. v Klitzing, G. Dorda, M. Pepper, Phys. Rev. Lett. **45**, 494 (1980)
3. http://physics.nist.gov/cgi-bin/cuu/Value?rk90
4. F. Delahaye, IEEE Trans. Instrum. Meas., **40(6)**, 883-888 (1991)
5. http://www.bipm.org/fr/about-us/
6. G R Jones, B J Pritchard and R E Elmquist, Metrologia, **46**, 503 (2009)
7. T. J. Quinn, "News from the BIPM", Metrologia, **26**, 69-74 (1989)
8. http://kcdb.bipm.org, search for 'BIPM.EM-K12'
9. R. Goebel, N Fletcher, B Rolland, M Götz and E Pesel, Metrologia, **51**, Tech. Suppl. (2014)
10. F. Delahaye, D. Bournaud, IEEE Trans. Instrum. Meas., **40(2)**, 237-240 (1991)
11. F. Delahaye, D. Bournaud, IEEE Trans. Instrum. Meas., **42(2)**, 287-291 (1993)
12. F. Delahaye, IEEE Trans. Instrum. Meas., **40(6)**, 883-888 (1991)
13. N. Fletcher, B Rolland, M Götz and E Pesel, , Metrologia, **52**, 509 (2015)
14. F. Piquemal et al., IEEE Trans. Instrum. Meas., **42**, 264-268 (1993)
15. http://www.bipm.org/en/measurement-units/rev-si/
16. W. Poirier et al, Nature Communications, **6**, 6806 (2015)
17. T.J.B.M. Janssen, Reports on Progress in Physics, **76**, 104501 (2013)
18. N. Fletcher, P. Gournay, B. Rolland, M. Götz, S. Novikov, N. Lebedeva, A. Satrapinski, *digest of the Conference on Precision Electromagnetic Measurements* (CPEM 2016), (2016)

 DOI: 10.1051/metrology/201707003

Mise en place de la traçabilité des mesures de paramètres S sur guide d'ondes au LNE

Djamel Allal[a], Alexis Litwin

Laboratoire National de Métrologie et d'Essais LNE, France

Abstract. This paper presents the work carried out at LNE in order to establish the traceability of waveguide S parameter measurements to the International System of Units. The traceability is established through the dimensional measurement of the waveguide flange interfaces and the corresponding uncertainty component is evaluated against the standardized nominal values by using electromagnetic simulation and sensitivity analysis to dimension variations.

1 Introduction

Dans le domaine métrologique radiofréquence et micro-ondes, les paramètres S qui sont mesurés avec un analyseur de réseau vectoriel (VNA) représentent l'une des principales grandeurs et leur traçabilité doit être établie tant pour la ligne coaxiale que pour le guide d'ondes en tant que supports de propagation des ondes électromagnétiques.

Parce que leur définition nécessite qu'ils soient normalisés par rapport à une impédance (généralement 50 Ω pour la ligne coaxiale), les paramètres S ne sont pas une grandeur absolue et leur traçabilité est établie grâce à la connaissance de l'impédance de référence définie pour l'ensemble des étalons utilisé pour l'étalonnage du VNA, comme par exemple l'impédance caractéristique d'une ligne de transmission coaxiale.

Par conséquent, au LNE, des travaux ont été menés au cours de la dernière décennie pour établir la traçabilité des paramètres S sur ligne coaxiale en reliant l'impédance caractéristique de lignes coaxiales à air étalons au Système international d'unités (SI) par la mesure dimensionnelle du diamètre intérieur de leur conducteur externe et le diamètre extérieur de leur conducteur interne. En effet, l'impédance caractéristique d'une ligne coaxiale est définie comme une fonction du rapport de ces deux derniers diamètres.

Pour les guides d'ondes, l'impédance de référence peut être liée à l'impédance d'onde en espace libre, mais il faut alors prendre en compte le mode de propagation, qui est généralement le mode transverse électrique (TE) pour l'utilisation classique des guides d'ondes rectangulaires. Etant donné que le mode de propagation est directement lié à la forme transversale de la section du guide d'ondes, des mesures dimensionnelles doivent également être effectuées afin d'établir la traçabilité au SI des paramètres S mesurés.

Les capacités actuelles de mesure des paramètres S au LNE vont de 8 GHz à 170 GHz, en utilisant des guides d'ondes de différentes dimensions transversales pour permettre de couvrir plusieurs bandes de fréquences (plus la bande de fréquence est élevée, plus les dimensions transversales correspondantes du guide d'ondes sont petites). Pour chaque bande de fréquence, un guide d'ondes qui sera dit de référence est caractérisé en termes de ses dimensions et de sa forme transversales (contrôle de la forme rectangulaire). Ces mesures dimensionnelles, ainsi que des simulations électromagnétiques, sont prises comme données d'entrée d'une analyse de sensibilité afin d'évaluer l'incertitude due à un écart par rapport aux dimensions et à la forme nominales et à tout désalignement des sections de guide d'ondes induites. En effet, un tel désalignement entraînera un décalage entre deux sections de guide d'ondes, et le facteur de réflexion correspondant peut être évalué par simulation électromagnétique en utilisant comme données d'entrée les dimensions mesurées.

En établissant la traçabilité des paramètres S sur guide d'ondes, le LNE étend ses capacités d'étalonnage dans ce domaine et améliore ses capacités pour les mesures de puissance et notamment pour les gammes d'ondes millimétriques, au-delà de 50 GHz, pour lesquelles les étalons de puissance ne sont disponibles qu'en guide d'ondes.

2 Chemin de traçabilité

La traçabilité des mesures de paramètres S peut être établie soit de manière directe via les étalons utilisés pour l'étalonnage, soit de manière indirecte via d'autres étalons qui sont mesurés après l'étalonnage.

Le deuxième mode opératoire a été historiquement le premier à être mis en place en raison de la complexité de ce type de mesure (équations multiples, grandeurs

[a] Djamel Allal : djamel.allal@lne.fr

complexes). En effet, la propagation des incertitudes depuis les étalons était inenvisageable dans les années qui ont suivi le développement et la mise sur le marché des premières générations de VNA compte tenu des moyens de calcul disponible alors. Durant des décennies la méthode indirecte a donc été le seul moyen de tenir compte de l'incertitude due aux étalons dans le bilan d'incertitudes total et conséquemment d'établir la traçabilité au SI.

Depuis quelques années des outils informatiques logiciels ont été développés, permettant de bénéficier de la puissance de calcul disponible et de propager les incertitudes directement depuis les étalons utilisés pour l'étalonnage, soit en utilisant l'approche classique du GUM [1] par le calcul des dérivées partielles, soit utilisant la méthode de Monte Carlo telle que décrite dans le supplément xx du GUM [2].

Compte tenu de la méthode indirecte déjà mise en place au laboratoire pour les mesures sur ligne coaxiale, le choix s'est porté naturellement sur une adaptation de cette même méthode pour les mesures sur guide d'ondes. Pour chaque bande de fréquence d'intérêt un guide d'ondes est caractérisé dimensionnellement afin d'être utilisé guide d'ondes de référence pour évaluer la composante d'incertitude due aux étalons.

3 Evaluation des composantes d'incertitude

La méthode employée est celle décrite initialement dans le guide EURAMET cg-12 dans sa première version [3] pour les mesures sur ligne coaxiale. Cette méthode a été réévaluée et améliorée dans la cadre de la dernière révision de ce guide [4] et s'applique également aux mesures sur guide d'ondes. Cette méthode dite du « ripple » en anglais utilise comme son nom l'indique les ondulations générées par les réflexions et leur analyse en fonction du composant mesuré.

La méthode du ripple s'appuie sur le modèle de mesure de la Figure 1 ci-dessous.

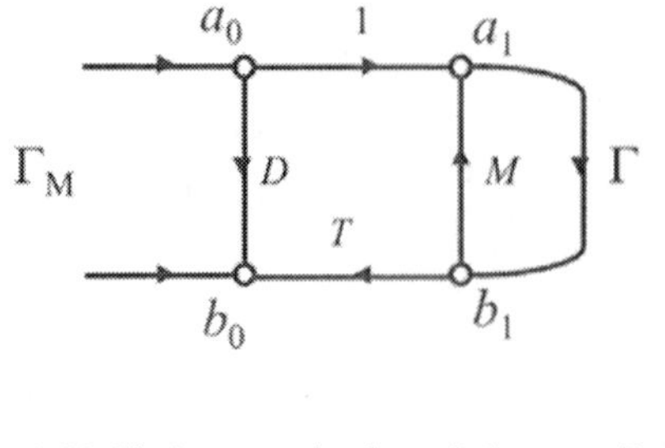

Figure 1. Modèle de mesure dans le cas de la mesure d'une charge

Dans ce cas, seul un port du VNA est utilisé pour la mesure du facteur de réflexion Γ d'une charge (paramètre S_{11} ou S_{22}, selon le port utilisé). Ce modèle peut être représenté par l'équation

$$\Gamma_M = D + \frac{T\Gamma}{1-M\Gamma} \quad (1)$$

où Γ_M représente le résultat de mesure du facteur de réflexion et D, T et M, désignent respectivement la directivité, l'équilibre en réflexion (reflection tracking en anglais, c'est-à-dire l'équilibre entre les voies mesurant les signaux incident et réfléchi) et l'adaptation de source du port de mesure du VNA.

Le modèle de l'équation (1) est linéarisé par rapport aux différentes contributions aux incertitudes en posant que D et M sont nuls et que T est égal à 1.

$$u(\Gamma)^2 = [u(D) + |\Gamma|u(T) + |\Gamma|^2 u(M) + |\Gamma|u(L)]^2 + u(R)^2 \quad (2)$$

avec $u(D)$, $u(T)$ et $u(M)$, les termes propres au modèle de mesure, définis ci-dessus, $u(L)$ la linéarité du système de mesure et $u(R)$ représentant l'ensemble des contributions aléatoires comme la répétabilité des connecteurs, le bruit de mesure et l'effet de température. Notons ici, que dans le cas de la mesure d'une charge il n'est pas nécessaire d'inclure une incertitude due aux mouvements du câble du VNA, si celui-ci n'est bien entendu pas déplacé entre les étapes d'étalonnage et de mesure.

Les méthodes permettant d'évaluer les différentes contributions sont bien établies et décrites dans [3, 4] et seules celles qui sont dues aux étalons sont développées ici sauf pour le terme d'équilibre en réflexion. En effet, dans [4] il est préconisé d'utiliser un court-circuit étalonné or ceci nécessiterait une étape supplémentaire dans la chaine de traçabilité sauf si on applique une méthode d'étalonnage de type TRL [5] ou équivalente, où le court-circuit peut être déterminé lors de l'algorithme d'étalonnage. Dans notre cas, ne disposant pas de kit d'étalonnage TRL pour la plupart des bandes de fréquences concernées, nous attribuons une valeur typique telle que spécifiée par le fabricant d'ARV, sachant qu'il s'agit par construction, d'une contribution mineure et négligeable.

Concernant les termes de directivité et d'adaptation, l'évaluation se fait en utilisant un guide d'ondes de référence de longueur suffisante pour permettre de mettre en évidence les ondulations dues à la réflexion générée par une charge qui sera connectée au bout du guide d'ondes de référence.

En s'appuyant sur la relation (2), on peut voir qu'il s'agira de connecter au bout du guide d'ondes de référence une charge adaptée pour mettre en évidence le terme de directivité et un court-circuit, pour mettre évidence le terme d'adaptation, qui restera cependant corrélé avec les termes de directivité et d'équilibre en réflexion.

En effet, quand une charge adaptée (de faible réflexion) est connectée au bout du guide d'ondes de référence, si on trace la réponse en amplitude en fonction de la fréquence on observe une ondulation qui se superpose à la réponse du facteur de réflexion de la charge elle-même. Cette ondulation est liée à la directivité résiduelle et cette dernière peut être déterminée comme étant égale à la demi-amplitude pic à pic de l'ondulation.

De la même manière, quand un court-circuit est connecté au bout du guide d'ondes de référence, l'ondulation obtenue qui est dans ce cas principalement liée à l'adaptation de source, est déterminée comme étant égale à la demi-amplitude pic à pic de l'ondulation, cette fois-ci générée par le court-circuit. Cependant, comme cela peut être déduit de la relation (2), ce terme inclut également l'effet de l'adaptation de source et de l'équilibre en réflexion ce qui majore la composante d'incertitude due à l'adaptation de source.

Finalement, à la composante d'incertitude due à la directivité résiduelle, s'ajoute la contribution de traçabilité obtenue par caractérisation dimensionnelle des interfaces (brides) du guide d'ondes de référence.

4 Caractérisation dimensionnelle

Deux aspects sont à prendre en compte dans la caractérisation dimensionnelle du guide d'ondes de référence. Le premier concerne les dimensions de la section de guide d'ondes, c'est-à-dire l'écart qui existe entre les valeurs mesurées et les valeurs normalisées pour les deux dimensions de la section rectangulaire. Le second concerne la forme de cette section rectangulaire, à savoir s'il existe un défaut d'orthogonalité entre les différents côtés de la section rectangulaire (rectangularité) et si celle-ci est bien positionnée par rapport à l'axe central de propagation de l'onde électromagnétique.

Tous les paramètres évoqués ci-dessus permettent de mettre en évidence un quelconque défaut d'alignement des parois internes du conduit de propagation à l'interface entre deux guides d'ondes. Tout défaut d'alignement va générer des réflexions dont le niveau traduit l'écart par rapport à un guide d'onde de référence idéal.

Sur ligne coaxiale, cela revient par analogie à évaluer l'écart qui existe entre l'impédance caractéristique de la ligne coaxiale de référence et une ligne idéale dont l'impédance caractéristique est égale à 50 Ω exactement.

Cette caractérisation dimensionnelle est réalisée à l'aide d'une machine à mesurer tridimensionnelle (MMT). Les différentes coordonnées qui sont relevées sont indiquées sur la Figure 2 ci-dessous. Il s'agit des quatre coins *a*, *b*, *c* et *d* de la section rectangulaire ainsi que les centres *e*, *f*, *g* et *h* des quatre trous d'alignement.

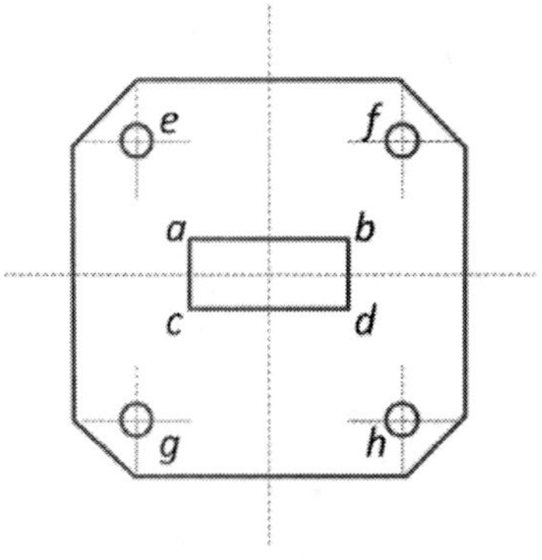

Figure 2. Interface (bride) du guide d'ondes de référence

5 Etude de sensibilité par simulation

Le logiciel de simulation électromagnétique 3D Microwave Studio de CST est utilisé pour évaluer la sensibilité du paramètre S_{11} (ou S_{22}) d'un guide d'ondes symétrique, aux variations des coordonnées *a*, *b*, *c*, *d*, *e*, *f*, *g* et *h*. Des scénarios de variation de ces coordonnées sont établis, où par exemple le grand côté de la section rectangulaire est varié dans une gamme de valeurs en rapport avec les écarts relevés lors de la caractérisation réalisées sur la MMT, en prenant en compte l'incertitude de mesure de cette dernière. Ces simulations sont effectuées pour toutes les bandes de fréquences d'intérêt.

Un pire cas est évalué à partir de tous les scénarios englobant les dimensions de la section rectangulaire, sa rectangularité et sa position par rapport à l'axe de propagation de l'onde électromagnétique. Une incertitude est alors attribuée pour chaque bande de fréquence en prenant une loi de distribution uniforme.

6 Conclusion

Nous avons présenté une méthode permettant au LNE d'établir la traçabilité des mesures de paramètres S sur guide d'ondes en s'appuyant sur l'expérience acquise dans le domaine des mesures de paramètres S sur ligne coaxiale. La méthode repose sur l'utilisation d'un guide d'ondes de référence caractérisé dimensionnellement afin d'évaluer la composante d'incertitude liée aux écarts par rapport aux valeurs normalisées.

La méthode utilisée est inspirée de la méthode dite du ripple déjà mise en place pour les mesures sur ligne coaxiale et permet d'intégrer dans le bilan d'incertitude une composante dite de traçabilité qui tient compte du raccordement d'un guide d'ondes de référence au SI via des mesures dimensionnelles.

Références

1. BIPM, IEC, IFCC, ISO, IUPAC, IUPAP, OIML, GUM, (2008)
2. BIPM, IEC, IFCC, ISO, IUPAC, IUPAP, OIML, GUM Supplement 1, (2008)
3. EURAMET/cg-12/v.01 (2010)
4. EURAMET/cg-12/v.03 (à paraître)
5. G.F. Engen, C.A. Hoer, IEEE MTT, **27**(12) (1979)

Calibration factor comparison between TÜBİTAK UME and SASO NMCC

Erkan Danaci[1,*], *Murat* Celep[1], *Handan* Sakarya[1], *Ozlen* Tuncel[1], *Khalid Saleh* AlDawood[2], *Ibrahim Mohammed* AlBoraih[2] and *Ahmed Hamad* AlJawan[2]

[1] TÜBİTAK Ulusal Metroloji Enstitüsü, Dr. Zeki Acar Cad. No:1, Gebze-Kocaeli, Turkey
[2] SASO National Measurement and Calibration Center, P.O. Box 3437, 11471, Riyadh, Kingdom of Saudi Arabia

Abstract. Bilateral comparison of calibration factor of microwave power sensor was carried out between National Metrology Institute of Turkey (TÜBİTAK UME) and National Measurement and Calibration Center at Saudi Standards, Metrology and Quality Organization of the Kingdom of Saudi Arabia (SASO NMCC). In this comparison, TÜBİTAK UME was pilot laboratory and supplied the travelling standard with N type connector. Nine different frequency points at 0 dBm power level were determined for this comparison in prepared technical protocol. Each participant used their own measurement standards and applied the direct comparison transfer method at comparison. There is a good agreement between TÜBİTAK UME and SASO NMCC results.

1 Introduction

Calibration factor (CF) is a parameter used for characterization of microwave power sensors. Power sensors have a fundamental importance for traceability of radio frequency (RF) and microwave power measurements. CF of a power sensor is evaluated by comparative measurements using a power sensor with known parameters [1, 2]. There are several methods for power sensor calibration used by calibration laboratories and national metrology institutes. One of the most popular method is called direct comparison transfer method and this method produces relatively low uncertainty [3-7].

This paper describes a bilateral comparison on power sensor calibration between National Metrology Institute of Turkey (TÜBİTAK UME) and National Measurement and Calibration Center at Saudi Standards, Metrology and Quality Organization of the Kingdom of Saudi Arabia (SASO NMCC). TÜBİTAK UME has a long standing experience in power sensor calibration and SASO NMCC RF & Microwave Laboratory has recently established a new power sensor calibration setup which is working from 100 kHz to 50 GHz with N type, 3.5 mm and 2.4 mm connectors. The main goal of the comparison is to verify newly installed SASO NMCC infrastructure and to assess the standing of SASO NMCC in RF & microwave measurement capability.

* Corresponding author: erkan.danaci@tubitak.gov.tr

2 Measured quantity and travelling standard

CF of a power sensor has been measured in this comparison and defined as;

$$CF = \frac{P_{DC}}{P_{IN}} \quad (1)$$

where; P_{DC} is the DC power measured by power meter and P_{IN} is the RF power incident to power sensor used as standard at selected frequencies.

TÜBİTAK UME which is pilot laboratory provided a power sensor as a travelling standard for this comparison. A technical protocol in accordance with the BIPM CCEM guidelines [8] was prepared and the both laboratories measured travelling standard according to this protocol. Beside CF, additionally the comparison covers the reflection coefficient measurement of the travelling standard.

HP 8481A model with type N connector power sensor was used as the travelling standard due to being in traceability chain and its stability. Both laboratories measured the travelling standard's CF at the following frequencies at 0 dBm reference power level: 10 MHz, 50 MHz, 500 MHz, 1 GHz, 4 GHz, 8 GHz, 12 GHz, 15 GHz and 18 GHz. The comparison lasted three months.

According to the protocol, the power sensor was measured at TÜBİTAK UME twice in total, before sending the standard to SASO NMCC and after it was returned to TÜBİTAK UME. The participants performed both connector reflection coefficients of travelling standard connector and CF measurements in controlled environmental conditions. For the reflection coefficient measurements, the laboratories used their own vector network analysers. Uncertainties of the CF measurements were calculated according to the Guide to the Expression of Uncertainty in Measurement (GUM), JCGM 100 [9] for the level of confidence of approximately 95%. All the measurement results and uncertainty contributions were evaluated by the pilot laboratory. Comparison reference values and associated uncertainties were analysed and calculated using the measurement results of TÜBİTAK UME.

3 Measurement methods

The direct comparison transfer method has been chosen as the preferred tool in this study since this method generates relatively low uncertainty. Functional diagram of direct comparison method setup is given in Figure 1. Both participants used their standards and measurement procedure during their measurements. Devices used during the measurements are listed in Table 1.

Table 1. Devices used during the measurements.

	TÜBİTAK UME	SASO NMCC
Device Category	Model	Model
Signal Generator	R&S SMP04	Keysight E8257D
Power Splitter	Weinschel 1870A	Agilent 11667A
MON Power Sensor	HP 8485A	Agilent N8481A
MON Powermeter	HP 437B	Agilent N1914A
STD Thermistor Mount	Agilent 8478B	Agilent 8478B
STD Powermeter+ Voltmeter	HP 432A + Keithley2182 (2 Ch)	Agilent N432A
DUT Powermeter	HP 437B	Agilent N1914A

 DOI: 10.1051/metrology/201707004

Both laboratories used complex reflection coefficient of the standard sensor (STD), travelling standard (device under test, DUT) and the effective reflection coefficient of the power splitter. They carried these values out with their own vector network analysers.

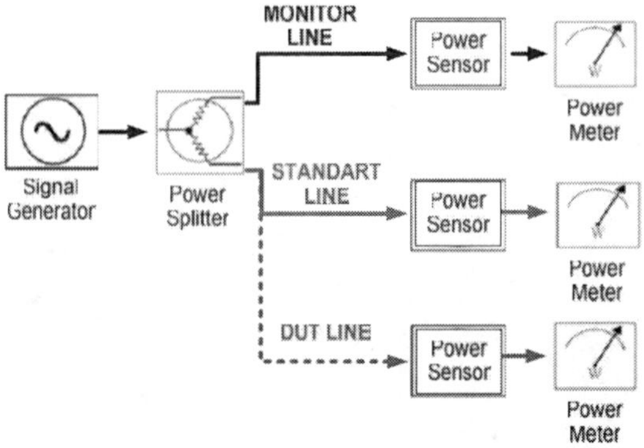

Fig. 1. Function diagram of CF calibration measurement system according to direct comparison transfer method.

In the direct comparison transfer method, standard power sensor and travelling standard were connected to one of output port of power splitter while monitor power sensor (MON) was attached to the other output port of power splitter. Microwave signal was applied to input port of the power splitter and standard then monitor power was measured. After finishing the measurement, STD was disconnected from power splitter port and DUT was connected immediately to same power splitter port. Then, again microwave power was applied to input port and output powers were measured using DUT and monitor power meters. STD, DUT and related monitor powers were used to calculate calibration factor of the DUT. The mismatch correction was applied to each measurement.

CF of DUT was calculated by Equation 2 in this method.

$$CF_{DUT} = CF_{STD} \cdot \frac{P_{DUT}}{P_{STD}} \cdot \frac{Pm_S \cdot M_D}{Pm_D \cdot M_S} \qquad (2)$$

where;

CF_{DUT} : Calibration factor of DUT,
CF_{STD} : Calibration factor of STD,
P_{DUT} : Power average of DUT,
P_{STD} : Power average of STD,
Pm_D : Measured monitor (MON) power while DUT power sensor is measuring,
Pm_S : Measured MON power while STD power sensor is measuring,
M_S : Mismatch between power splitter and STD power sensor,
M_D : Mismatch between power splitter and DUT power sensor.

4 Results

CF values of travelling standard and comparison reference values (X_{ref}) were given in Table 2 for all cycle of the comparison. Comparison reference values and associated uncertainties (U_{ref}) were calculated using the measurements result of TÜBİTAK UME as given Equation 3 and Equation 4.

$$X_{ref} = \frac{UME1 + UME2}{2} \quad (3)$$

$$U_{ref} = \frac{1}{2}\sqrt{U_{UME1}^{2} + U_{UME2}^{2}} \quad (4)$$

where, $UMEi$ is the CF_{DUT} value of ith measurement and U_{UMEi} is uncertainty of CF_{DUT} of ith measurement of comparison and i {1,2}.

Degrees of equivalence (DoE) is calculated by subtracting the reference value from the each measurements (in Equation 5) and its uncertainty is calculated according to the Equation 6. DoEs were given in Table 3.

$$DoE = X_{lab} - X_{ref} \quad (5)$$

$$U_D = \sqrt{U_{ref}^{2} + U_{lab}^{2}} \quad (6)$$

The measurement results and associated uncertainties together with the reference values and uncertainties are shown in Figure 2-5.

Table 2. Calibration factor measurement results of HP 8481A power sensor.

Labs	TÜBİTAK UME1		SASO NMCC		TÜBİTAK UME2		Reference Value	
Frequencies	CF_{DUT}	Unc. Of CF_{DUT}	CF_{DUT}	Unc. Of CF_{DUT}	CF_{DUT}	Unc. Of CF_{DUT}	X_{ref}	U_{ref}
10 MHz	0.9736	0.0097	0.9869	0.0084	0.9911	0.0099	0.9823	0.0069
500 MHz	0.9904	0.0082	0.9943	0.0084	0.9932	0.0082	0.9918	0.0058
1 GHz	0.9880	0.0083	0.9889	0.0085	0.9880	0.0083	0.9880	0.0059
4 GHz	0.9774	0.0083	0.9802	0.0089	0.9798	0.0082	0.9786	0.0058
8 GHz	0.9636	0.0107	0.9662	0.0132	0.9659	0.0105	0.9647	0.0075
12 GHz	0.9483	0.0095	0.9519	0.0127	0.9523	0.0097	0.9503	0.0068
15 GHz	0.9366	0.0083	0.9426	0.0100	0.9366	0.0087	0.9366	0.0060
18 GHz	0.9388	0.0184	0.9418	0.0242	0.9439	0.0172	0.9413	0.0126

Table 3. Degrees of equivalence and its uncertainty.

Labs	TÜBİTAK UME1		SASO NMCC		TÜBİTAK UME2	
Frequencies	DoE	U_D	DoE	U_D	DoE	U_D
10 MHz	-0.0088	0.0119	0.0046	0.0109	0.0088	0.0121
500 MHz	-0.0014	0.0101	0.0025	0.0102	0.0014	0.0101
1 GHz	0.0000	0.0101	0.0009	0.0104	0.0000	0.0102
4 GHz	-0.0012	0.0102	0.0016	0.0107	0.0012	0.0101
8 GHz	-0.0011	0.0131	0.0014	0.0152	0.0011	0.0129
12 GHz	-0.0020	0.0117	0.0016	0.0144	0.0020	0.0118
15 GHz	0.0000	0.0103	0.0060	0.0117	0.0000	0.0106
18 GHz	-0.0026	0.0223	0.0005	0.0273	0.0026	0.0213

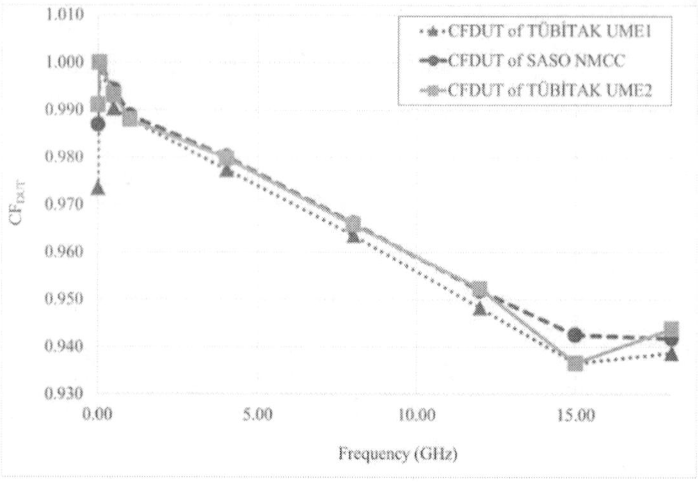

Fig. 2. Calibration factor of the travelling standard of comparison of TÜBİTAK UME and SASO NMCC.

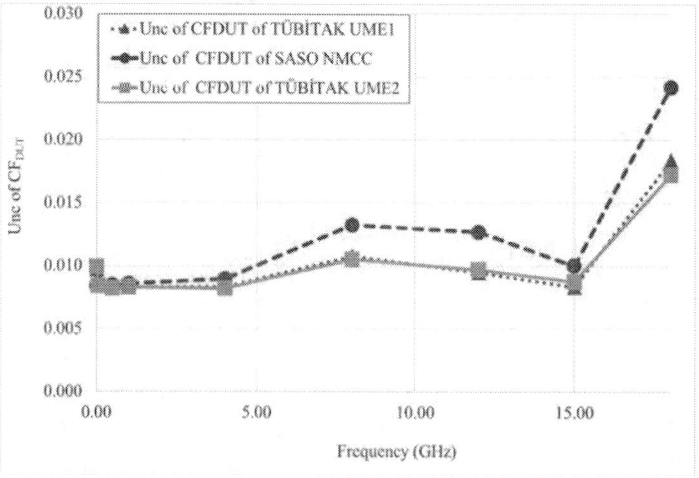

Fig. 3. Uncertainty values of calibration factor of the travelling standard of participants.

DOI: 10.1051/metrology/201707004

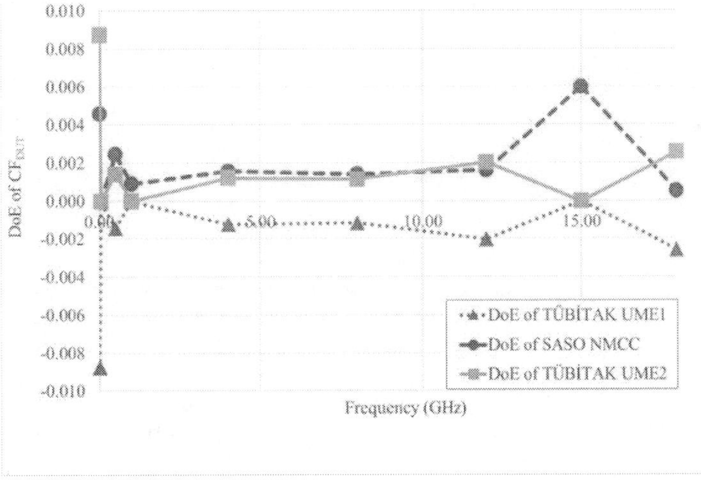

Fig. 4. DoE of calibration factors of the travelling standard.

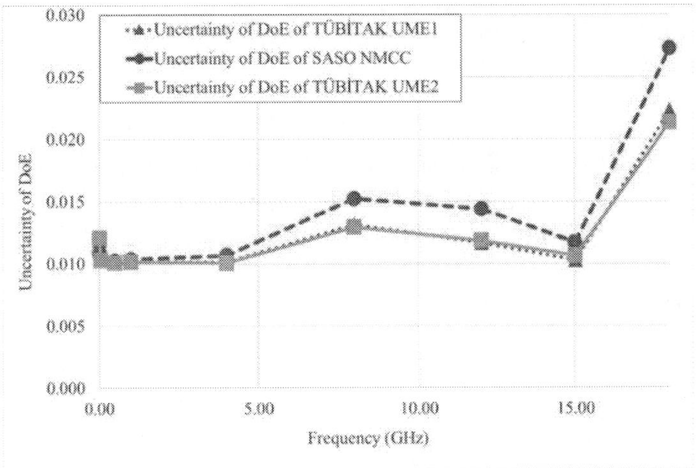

Fig. 5. Uncertainty of DoE.

5 Conclusion

Bilateral comparison between TÜBİTAK UME and SASO NMCC was organized. The comparison were completed in three months. Each laboratories measured the traveeling standard using their own measurement setup and procedure. The measurement results show a good agreement between TÜBİTAK UME and SASO NMCC as a conclusion. Degrees of equivalence and uncertainty were calculated. Maximum DoE value is lower than ±0.01 and uncertainty is lower than 0.03. The comparison is regarded as successful at all frequencies.

 DOI: 10.1051/metrology/201707004

This comparison proves the fact that SASO NMCC is a capable metrology institute in RF & microwave power sensor calibration.

References

1. A. Famton, "Radio frequency & microwave power measurement", *IEE Electrical Measurement Series* 7, Peter Peregrinus Ltd, London, UK (1990)
2. G.R. Orford, "RF power-review of current techniques for power sensor calibration", *Accreditation of RF Measurement, IEE Colloquium on*, pp:5/1–10 (1993)
3. M.P. Weidman, "Direct Comparison Transfer of Microwave Power Sensor Calibration", *NIST Technical Note 1379* (1996)
4. J. R. Juroshek, "NIST 0.05-50 GHz direct-comparison power calibration system", *CPEM Conference Proceeding*, pp.166-167, Sydney, Australia (2000)
5. K. Yhland, J.R. Judaschke, F. Rausche, C. Wingqvist, J. Stenarson, "Bilateral comparison on calibration factor of a 2.92 mm power sensor", *CPEM Conference Proceeding*, pp. 86-87, Maryland, USA (2012)
6. Y. Cai, Y. Shan, Z. Lin, H. Neo, "Coaxial power sensor calibration with adaptor by direct comparison transfer", *CPEM Conference Proceeding*, pp. 90-91, Maryland, USA (2012)
7. T.M. Wallis, T.P. Crowley, D.X. LeGolvan, R.A. Ginley, "A direct comparison system for power calibration up to 67 GHz", *CPEM Conference Proceeding*, pp. 726-727, Maryland, USA (2012)
8. CCEM Guidelines for Planning, Organizing, Conducting and Reporting Key, Supplementary and Pilot Comparisons, (available on the BIPM: http://www.bipm.org/utils/common/pdf/CC/CCEM/ccem_guidelines.pdf) (2007)
9. Evaluation of measurement data - Guide to the Expression of Uncertainty in Measurement (GUM), JCGM 100, First edition, (available on the BIPM : http://www.bipm.org/utils/common/documents/jcgm/JCGM_100_2008_E.pdf) (2008)

Inter-laboratory measurement comparison between INRIM and ESA on electrical quantities

Flavio Galliana[1,*], *Pier Paolo* Capra[2], *Roberto* Cerri[3], *Vincenzo* D'Elia[4], *Enrico* Gasparotto[5] *Luca* Roncaglione Tet[6], *Marco* Del Moro[7], and *Alessandro* Cozzani[8]

[1,2,3,4,5,6]National Institute of Metrological Research, strada delle Cacce 91, 10135 Turin, Italy
[7, 8]Serco Nederland BV for ESA - European Space Agency, Keplerlaan 1, 2201 AZ Noordwijk, The Netherlands

Abstract. Inter-laboratory comparisons (ILCs) are an effective mean to establish the compatibility of the measurements among laboratories. As consequence they are a mean to assure confidence in the competence and in the correctness of the dissemination processes from national Standards in different countries. This paper refers on a ILC between the National Institute of Metrological Research (INRIM-Italy) and the European space research and technology Centre (ESA- ESTEC), belonging to two different countries, on DC Voltage, DC Resistance and Electrical Capacitance carried out in 2016. The comparison showed a satisfactory agreement between the results of the two Laboratories.

1 Introduction

Today, most technical products, especially in aero-spatial sectors, are developed in more countries. For this reason, to assure that the various parts of the products can be correctly assembled, the production must be under control and the measurements made in different countries must be compatible. Every country has its own measurement system normally involving a National Metrology Institute (NMI) a network of calibration laboratories and a larger number of organizations for which the traceability of the measuring devices to national measurement standards has to be assured. The inter-laboratory comparisons (ILCs) are the most widely used mean to compare the results of the measurements carried out by calibration laboratories. They are also important to monitor the quality of calibration results according to [1]. ILCs can be carried out among NMIs as in [2-4]. Another kind of ILCs involves a NMI and secondary Laboratories of the same country accredited or not, so belonging to the same measurement system. The ILC reference values of these comparisons are the measurement values given by the NMI that is normally at an upper metrological level with respect the other Laboratories [5-8]. In this paper an ILC, made according to the EN ISO/IEC 17043 international Standard [9] between the National Institute of Metrological Research (INRIM) and the European space research and technology Centre (ESA- ESTEC) on DC Voltage, DC Resistance and Electrical Capacitance is presented.

2 INRIM and ESA-ESTEC

The National Institute of Metrological Research (INRIM) is the Italian National Metrology Institute. It realizes, maintains, improve and compare with other NMIs measurement standards for the majority of SI units. It carries out research focused on metrology and innovative technologies, disseminates and transfers scientific results, technology and know-how to scientific, industrial and service users. It participates in research programs and activities, also collaborating with universities and other public and private entities. The European Space Agency (ESA) coordinates the European space programs, develops space technologies and services. ESA also works with space organizations outside Europe. The European Space Research and Technology Centre (ESTEC) develops and co-ordinates most ESA projects on science, exploration, telecommunications, human spaceflight, satellite navigation and Earth observation. In ESTEC operates a metrology laboratory performing mechanical, opto-mechanical and dimensional measurements for the ESTEC Test Centre, ESA laboratories and ESA projects. The Laboratory has primary electrical standards traceable to national and international standards. The Laboratory is ISO 17025 accredited for DC voltage, resistance, electrical capacitance, temperature/humidity by the Dutch Accreditation Council RvA. This Laboratory made the measurements concerning the ILC described in the paper.

* Corresponding author: f.galliana@inrim.it

3 Standards to be calibrated in the ILC

The traveling standard for DC Voltage was a J. Fluke mod. 732 B Reference standard to be calibrated at 1.018 V and 10 V (see Fig. 1). The traveling standards for DC Resistance were respectively: a J. Fluke model 742A-1 Ω (Fig. 2), a 10 Ω Leeds & Northrup mod. 4030-B. (Fig. 3) and a 1 MΩ Leeds & Northrup mod. 4050-B. (Fig. 4) standard resistors. The traveling standard for electrical capacitance was an ESI mod. SC1000 1000 pF standard capacitor to be calibrated at 1 kHz (Fig. 5).

Fig.1. J. Fluke mod. 732 B DC Voltage standard.

Fig. 2. Fluke 742A 1 Ω standard resistor.

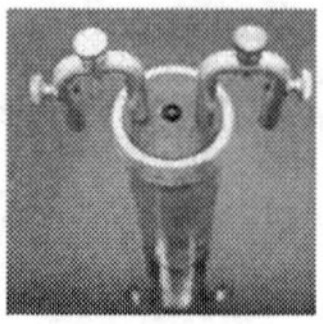

Fig. 3. 10 Ω L&N 4030-B.

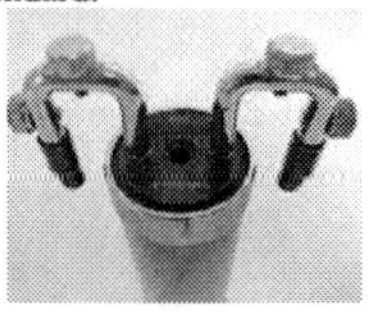

Fig. 4. 1 MΩ L&N 4050-B.

Fig. 5. 1000 pF ESI SC1000.

3.1. Measurements instructions for the ILC

The calibrations had to be performed at the following conditions: laboratory temperature of 23.0 °C ± 1 °C (or better). The Fluke mod. 732B DC Voltage standard had to be calibrated at 1.018 V and 10 V. It had to be supplied with a sinusoidal AC power supply with RMS voltage of 230 V ± 5 % (or better) and frequency 50 Hz ± 1 %. The power supply had to be applied 48 h beforeThe measurements had to be started after 1 h since the switching the instrument supply from mains to its rechargeable batteries. In these conditions, the standard outputs (at 1.018 V and 10 V), the Rt values provided by the instrument and the measurement time for each output had to be reported.

The 1 Ω and 10 Ω resistors had to be placed in a stable oil bath controlled at a temperature of 23.0 °C in order to insure a short-term instability of 0.1 °C or better, or in free air at a of 23.0 ± 0.3 °C and in four-terminal configuration at with preferably currents of 30 mA and 100 mA for the 1 Ω and 10 mA and 30 mA for the 10 Ω. The resistors had to be connected with shielded cables.

The 1 MΩ resistor had to be placed in free air or in an air bath. It had to be calibrated at 10 V in four terminal configuration.

The calibration of the standard capacitor, equipped with two coaxial connectors H and L with the external conductor of the H terminal insulated while that of the L terminal connected to the shield, had to be performed with the external conductor of the H and L terminals shorted together with the inner conductor of the L terminal set at the shield potential, but electrically-insulated from it and with a capacitor power supply of 1.5 V at 1 kHz. In these conditions, the capacitance between the H and L terminals had to be determined.

3.2 Reference values

As ILC reference values were considered the mean values of the INRIM calibrations obtained before and after the calibration at the ESA-ESTEC laboratory. The measurement results along with their uncertainties of the two laboratories were reported in regular calibration certificates according to their calibration procedures respectively approved by INRIM as signatory of the CIPM MRA[a] and by the Dutch Accreditation Council RvA.

4 Analysis of the results

The ILC results were evaluated by means of the normalized error *En*, according to [9]. Therefore, the INRIM reference values (as mean of two calibrations also to evaluate the stability of the traveling standards) and the values of the ESA-ESTEC laboratory were respectively defined as:

$$m_I \pm U_I \qquad (3)$$

$$m_L \pm U_L \qquad (4)$$

where U_I and U_L are the corresponding expanded uncertainties, respectively. From U_I and U_L the standard uncertainties were obtained: $u_I \cong \frac{1}{2}U_I$ and $u_L \cong \frac{1}{2}U_L$ The following differences were then calculated:

$$y = m_L - m_I \qquad (5)$$

whose standard uncertainties are:

$$u_y^2 = [u_L^2 + u_I^2 - 2u_L u_I \times r(m_L, m_I)] \qquad (6)$$

where $r(m_L, m_I)$ is the correlation coefficient between the measurements at INRIM and at the ESA-ESTEC laboratory. In this case r=0 as the measurements carried out by the two laboratories were independent as belonging to two different countries and the ESA-ESTEC reference Standards are calibrated at the Dutch NMI, VSL.

Finally, the normalized error E_n was evaluated as:

$$E_n = \frac{y}{U_y} \qquad (7)$$

[a] The CIPM Mutual Recognition Arrangement (CIPM MRA) is the framework through which National Metrology Institutes demonstrate the international equivalence of their measurement standards and the calibration and measurement certificates they issue. The outcomes of the Arrangement are the internationally recognized (peer-reviewed and approved) Calibration and Measurement Capabilities (CMCs) of the participating institutes.

An ILC result is considered satisfactory if $|E_n| \leq 1$. Normally, when in an ILC are involved an NMI and calibration Laboratories belonging to the same country, it is important to correctly evaluate the possible correlation between the measurements of the NMI and the secondary Laboratories as normally the Laboratories send their reference standards to the NMI for calibration. Suggestion for this evaluation can be found in [1,5-7,10]. The ILC results are reported in Tables 1-3

Table 1. Results of the ILC for DC Resistance.

(Ω)	m_I (Ω)	$U(m_I)$ (μΩ)	m_L (Ω)	$U(m_L)$ (μΩ)	y (μΩ)	$U(y)$) (μΩ)	E_n
1[b]	1.00001115	1.0	1.000003	45	–8.1	45	–0.2
10[c]	10.0004365	10	10.000444	450	7.5	450.0	0.0
(MΩ)	(MΩ)	(Ω)	(MΩ)	(Ω)	(Ω)	(Ω)	
1 M[d]	1.00004955	3.0	1.000044	30	–5.6	30.1	–0.2

Table 2. Results of the ILC for DC Voltage.

(V)	m_I (V)	$U(m_I)$ (μV)	m_L)	$U(m_L)$ (μV)	y (μV)	$U(y)$ (μV)	E_n
1.018	1.0181286	3.1	1.018129	5.1	0.4	5.8	0.1
10	10.0000279	5.0	10.00003	50	0.2	50	0.0

Table 3. Results of the ILC for electrical Capacitance.

(pF)	m_I (pF)	$U(m_I)$ (fF)	m_L (pF)	$U(m_L)$ fF)	y (fF)	$U(y)$ (fF)	E_n
1000	1000.04915	7.0	1000.047	10	–2.2	12.2	–0.2

[b] The laboratory made the measurement at 10 mA. This value was compared with the INRIM measurement at 30 mA.
[c] The laboratory made the measurement at 1 mA. This value was compared with the INRIM measurement at 10 mA.
[d] The laboratory made the measurement at 5V. This value was compared with the INRIM measurement at 10 V.

In figure 6-8 the same results are reported in graphical way. Uncertainty bars are related to a 2σ confidence level.

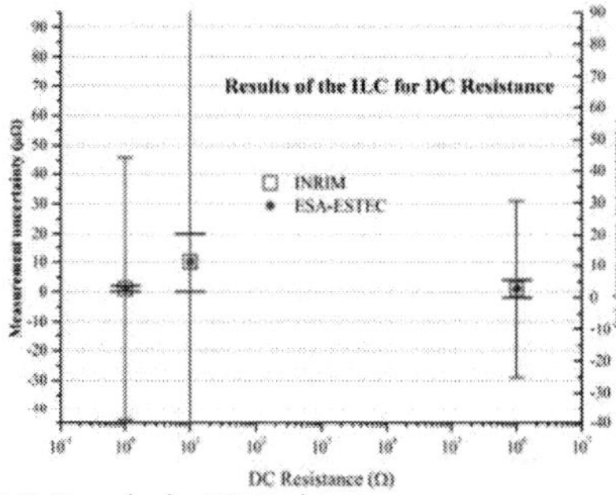

Fig. 6. ILC results for DC Resistance.

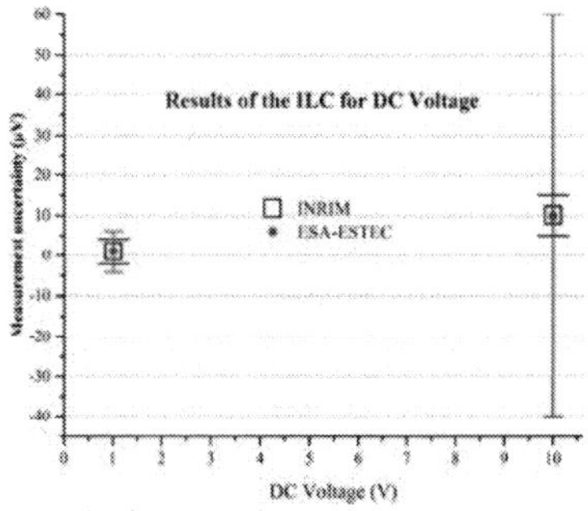

Fig. 7. ILC results for DC Voltage.

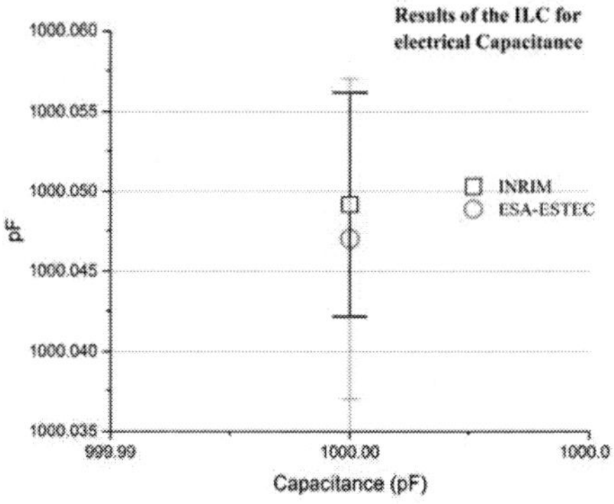

Fig. 8. ILC results for Electrical Capacitance.

5 Conclusions

From tables 1 to 3 and from Fig. 6-8 it can be observed that ILC had satisfactory results with extremely low values of the normalized errors E_n. This result means that the ESA-ESTEC laboratory has adequate competence, instrumentation and calibration procedures to sustain its capabilities as accredited by RvA but also shows the agreement between the measurements of two important scientific institutions belonging to different countries and therefore to different measurement systems. These Institutions play a strategic role in addressing scientific and industrial communities and research programs. In addition, this result is a further demonstration that international agreements such as the CIPM MRA or the

 DOI: 10.1051/metrology/201707005

EA MLA[e] are correctly implemented. Future aim of the collaboration between INRIM and ESA could be an ILC involving as traveling Standard a DC Voltage high accuracy multi-value transportable Standard developed at INRIM [11].

References

1. ISO/IEC17025:2005 "General requirements for the competence of testing and calibration laboratories.
2. C. Aupetit et al. Metrologia **41** Technical Supplement 07002, (2004)
3. R.F. Dziuba and D. G. Jarrett (2002) *Metrologia* **39** 01001 (1A) doi:10.1088/0026–1394/39/1A/1, (2002).
4. B. Jeckelmann, F.Galliana et al, Metrologia, **50**, ISSN: 0026-1394, (2013).
5. F. Galliana, P.P.Capra, E. Gasparotto Measurement **42** pp. 1532-1540, (2009).
6. F.Galliana, P.P. Capra, E. Gasparotto Measurement **45** (3) pp. 615-621, (2012).
7. F.Galliana, E. Gasparotto Measurement **52** pp. 64-70, (2014).
8. C. A Hamilton. IEEE Trans. Instrum. Meas. **54** (1), pp. 206-209(2001).
9. EN ISO/IEC 17043:2010 "Conformity assessment- General requirements for proficiency testing".
10. F. Galliana, M. Lanzillotti Measurement **103** pp. 353-360, (2017).
11. F. Galliana, R. Cerri, L. Roncaglione Tet. Measurement **102**, pp. 131-137, (2017).

[e] The EA Multilateral Agreement (EA MLA) is a signed agreement between the EA Full Members whereby the signatories recognise and accept the equivalence of the accreditation systems operated by the signing members, and also the reliability of the conformity assessment results provided by conformity assessment bodies accredited by the signing members.

10 V,1 Ω,10 kΩ high accuracy standard setup for calibration of multifunction electrical instruments and for inter-laboratory comparisons

Pier Paolo Capra[1], *Roberto* Cerri[2] *Flavio* Galliana[3,*] and *Marco* Lanzillotti[4]

[1,2,3,4]National Institute of Metrological Research, strada delle Cacce 91, 10135 Turin, Italy

Abstract. A temperature controlled 10 V, 1Ω and 10 kΩ transportable setup has been developed at National Institute of Metrological Research (INRIM) for the calibration and adjustment of multifunction electrical instruments as digital multimeters (DMMs) and multifunction calibrators (MFCs) and for high level inter-comparisons. The Resistance Standards are made of two 10 Ω and 100 kΩ resistors nets connected in parallel while the 10 V Standard is an ultra-low noise-drift based reference INRIM developed circuit. The project of the setup started from a previous realization revisiting it and adding a 10 V Standard. The resistors net of the 1 Ω is inserted in oil-bath along with the internal side of its connectors lowering the thermo-electromotive forces (emfs). The three Standards are further enclosed in a thermo-regulated copper enclosure and in an external aluminium case. The setup is also equipped with a high insulation switch to select the desired Standard. Preliminary results (3 h relative stabilities ranging from 5×10^{-8} to 7×10^{-8}) and temperature coefficients are satisfactory to the scope of the realization.

1 Introduction

Multifunction electrical instruments, such as digital multi-meters (DMMs) and multifunction calibrators (MFCs) operating in the five low frequency electrical quantities generally contain many electronic components. The circuit configuration and the values of the components determine the characteristics of the instrument. As the values of these components can vary during the time, instruments require periodic calibration to assure compliance with specifications. Until the advent of the microprocessor, periodic calibration generally required the physical adjustment of components into the instrument. For this process normally were necessary many hours and the employment of several reference Standards to be calibrated elsewhere increasing the calibration costs. Today, internal software corrections have eliminated the need to remove instrument covers to make adjustments in several instruments. Artifact calibration is the process to calibrate an instrument by comparison to a small number of standards assigning values to internally references or parameters. The widely used artifact standards are the 10 V DC Voltage Standard, the 1 Ω and 10 kΩ DC Resistance Standards [1–3]. Following two previous satisfactory attempts [3, 4], at National Institute of Metrological Research (INRIM) a temperature controlled high precision setup involving these three Standards was developed and now is in characterization phase. After the verification of its stability characteristics it could also be employed as travelling standard for high level inter-comparisons (ILCs) as made in the past [5, 6]. Its high performance temperature control allows to avoid the use of especially made thermal enclosures for the circulation of the Standards as [7,8].

2 The setup Standards

The 1 Ω and 10 kΩ are made with two 10 Ω and 100 kΩ parallel connected resistors nets made with ten resistors 10 Ω and 100 kΩ respectively. Details of Standards of similar type can be found in [3]. The 10 V Standard is a Linear LTZ1000 Temperature Stabilized Zener diode based reference visible in the complete circuit of Fig. 3. It is developed at INRIM and projected to operate at 23 °C, utilizing technical details built by means of 3D printer for temperature shield of the integrated at 48 °C, The Zener works over the environment temperature to do an heater inside the TO-5 metal can of the chip. Inside the reference chip a transistor (Qa) is used as temperature sensor and the collector voltage is the set point temperature to the not- inverting input of IC1/2. The net R4-R3 is a divider to set the Qa base voltage. The resulting voltage to the Qa collector fix the temperature of the device to about 50 °C, a good compromise between both the temperature stability in environment controlled laboratory and to the Zener aging effect. The output of IC1/2 close a loop through T1 that controls the heater current. The temperature effect on voltage Zener is compensated with the opposite

* Corresponding author: f.galliana@inrim.it

Article available at http://cfmetrologie.edpsciences.org or https://doi.org/10.1051/metrology/201707006

effect of transistor Qb through the loop involving IC1/1. The Zener sense signal is amplified by IC2 in order to achieve an output voltage as close as possible to the nominal 10 V. The output transistor allows the circuit to sink a current of about 10 mA.
The LTZ1000 is mounted on the board shown in Fig. 2, developed following [9].

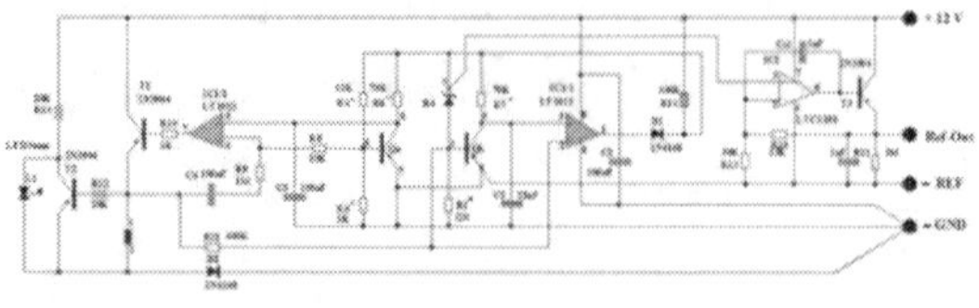

Fig. 1.– Electrical circuit of the Voltage Reference. The Heater is connected to the pins 1 and 2, while the Zener is connected to 3 and 4. Inside the chip there are also two transistors, the first to compensate the Zener temperature coefficient, the second act as a temperature sensor.

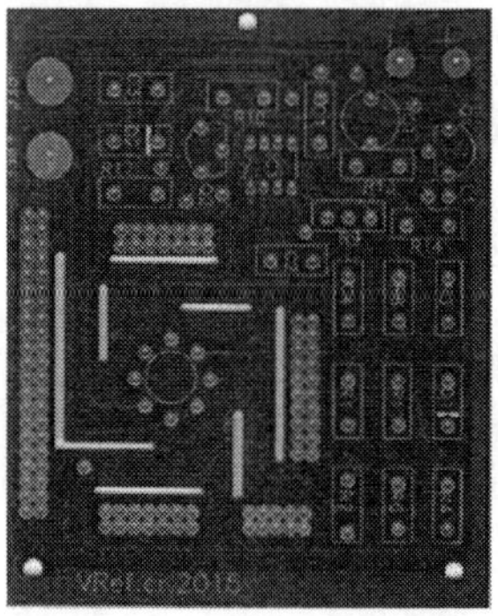

Fig. 2. Bottom view of the double sided pcb of the voltage reference. The tracks has been designed in a tree-wire configuration and the ground is connected in single point. The pads are golden to reduce emfs of the components connections.

The output voltage stability and the short term noise are compromised by thermal contact effects between the Zener pins and the board tracks and other effects related the temperature. The printed board has been designed with a set of solutions to minimize thermal effects. Copper tracks were golden and all welds were made with low emfs alloys. The area around the Zener doesn't contain electrical component so the LTZ1000 is closed inside a shield to minimize air flows effects. The ground lines are kept separate in order to reduce the cross-talk among the circuit stages. The net of the tracks has been designed in a three-wire configuration and the ground is connected in single point.

3. Structure of the setup

A copper box has been developed to house the three standards (Fig.3). The two nets of resistors are maintained inside an aluminum cylinder (in the figure the cylinder on the left) that acts as thermal equalizer. The 1 Ω net is put inside the cylinder and immersed in silicone oil. The net is configured as a four terminal resistor whose connectors are visible in Fig. 3. The second net, to form a 10 kΩ resistor, is placed around the cylinder and not immersed in oil. On the right of Fig. 3 it is possible to see the 10 V reference container and, above, it, the switch is placed. The main board of the voltage reference is housed inside the copper box. It works at 23 °C while the Zener (LTZ1000 is maintained at 48°C with its internal heater system in order to increase the temperature stability). All the signals of the three standards are connected to a low noise and low emfs switch that is managed by an outside micro controller. The switch is based on a set of latching relays connected to the control circuit via electrolytic capacitors. The capacitors both allow the passage of impulse currents to relay excitation and maintaining coils a good isolation dc level. The box of standards and the switch are thermally connected to the rear panel of the shield with a 5 mm thick strip, maintained at a temperature close to 23 °C by means of a Peltier module and a PID controller. The Stability of the whole shield is 0.05 °C, evaluated inside an electrical laboratory operating at a temperature of23 ±0.5 °C. The analogical signals output is a 4 pole Lemo connector inserted in a thermal collector visible in Fig. 4. The collector is thermally connected to the shield. This further temperature control minimizes the effects of emfs and performs a first step of temperature conditioning of the wires connected to the instruments. All the elements of the shield and the lemo are floating in order to define the guarding voltage through the instruments. The image shows also the power supply connector of the voltage reference and a D-type connector used for the temperature sensors and the logic control of the switch.

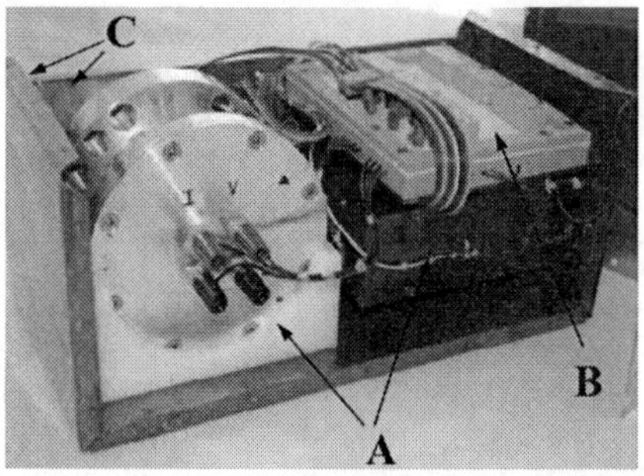

Fig. 3. Internal view of the system. A) voltage and resistors standards, B) switch, C) parts of the shield, the rear part is a 5 mm thick strip thermally connected to the Peltier module.

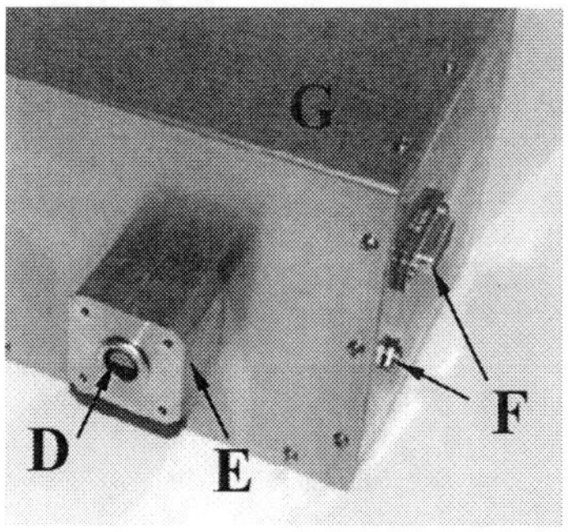

Fig. 4. I/O connectors of the setup. The analogical signals of the standard are available through a lemo 4 pole (D) whose shield is connected to the guard and temperature controlled (E). The power supply and the logical signals are insulated from the shield (F). The external shield (G) of the standards is built with two copper sheets bent and screwed to the back thicker strip.

The copper box is, in turn, inserted in an aluminum case connected to the ground potential. On its front panel, a unique connector, allows to connect the selected Standard to the instrument under calibration.

3.1. The temperature control

The temperature controller of the complete system is based on a hybrid proportional-integrative (PI) commercial circuit. This system, designed for laser stabilization, drive, through an H bridge output configuration, a Thermoelectric Cooler Peltier (TEC) using a 10 kΩ NTC thermistor as sensor. The PI temperature set point is defined by a voltage dc between 0 and 3.6 V provided by a DAC controlled with a microcontroller witch acts also as interface to the pc. The temperature of the complete system is measured with a platinum 100 Ω thermometer. A less accurate temperature is also possible with a digital electronic thermometer connected to the microcontroller. Both the thermometers are placed near the TEC copper collector.

3.2 The reference output

By means of the switch it is possible to select and obtain at on the four output terminals, the two resistance values and the reference dc voltage value alternatively. The switch configuration has been designed in order to fit with the input terminals of MFCs and DMMs. Figs 6 and 7 show the behaviour respectively of the two Resistance and of the DC Voltage Standards at the output four terminals with the setup temperature controller set at 23.0 °C. The measurements shown in the graphs concern a few hours of measurements, typical period due to the process for the calibration of a multifunction instrument.

Fig. 5. Hybrid PID circuit of the temperature controller. The temperature sensor is a 10 kΩ, NTC while the output is connected to a Peltier module.

The temperature stability of a calibration laboratory is normally within ± 1 °C, in this condition the stability of the reference is enough to achieve the best specification reported on the datasheet of high end instrument.

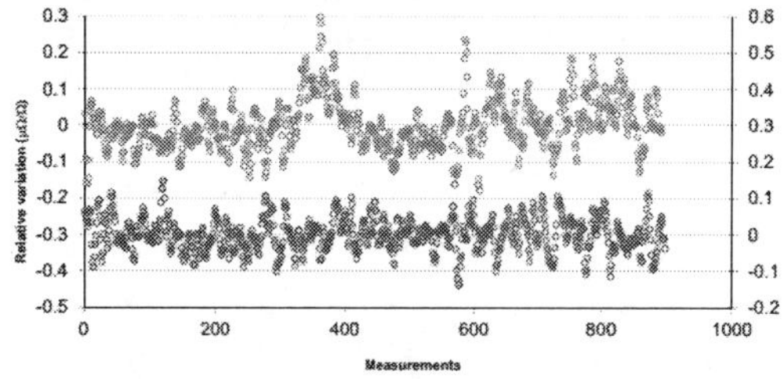

Fig. 6. Stability of the resistance standards, 10 kΩ (upper)and 1Ω (lower). The measurements showed a stability, evaluated as relative standard deviations, respectively of 7×10^{-8} and 5×10^{-8} evaluated during three hours of measurement.

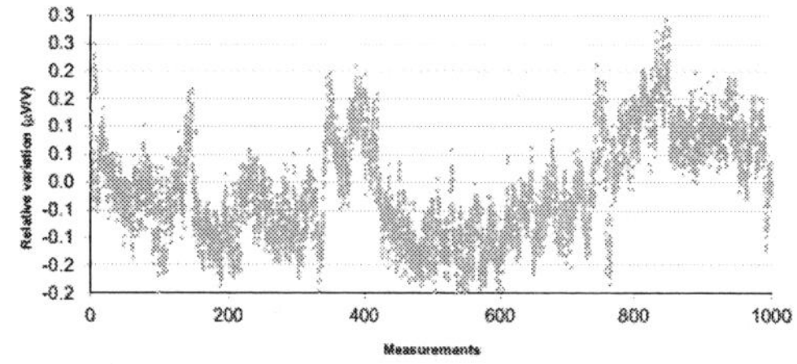

Fig. 7. Stability of 10 V standard, with a relative standard deviation of 6×10^{-8} during about three hours of measurement.

To evaluate the temperature coefficient (TCR) of the three Standards the entire setup of Fig. 3 was placed inside a climatic chamber with the possibility to change the temperature between 21 and 25 °C. Plot of Fig. 8 shows the behaviour of the 10 V and of the 10 kΩ. Their TCR are respectively 1.0×10^{-7}/°C and 3.0×10^{-8}/°C. This means that, when the setup temperature controller is active, granting an internal temperature stability of about 0.05 °C, the effect due to temperature instability on these standards can be considered negligible.

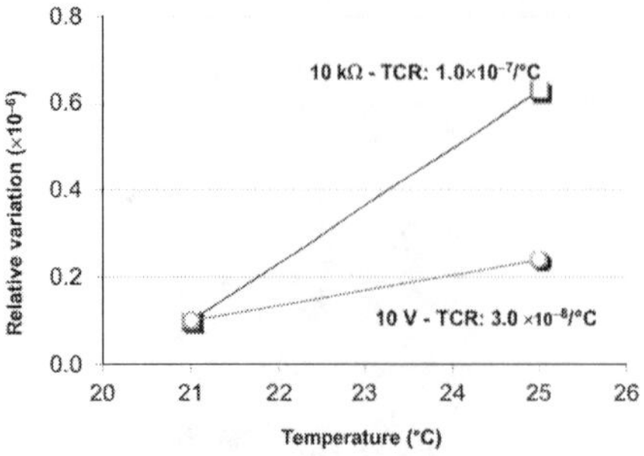

Fig. 8. Relative variation of the 10 kΩ and of the 10 V vs. temperature.

The 1 Ω resistor shows instead a TCR of about 2.0 $\times 10^{-6}$/°C and requires a resistors net to compensate it.

Conclusions

From preliminary characterization results the setup Standards seem suitable to the aim of the realization. In particular the short-term high stability of the Standards and the satisfactory temperature dependence (particularly of the 10 V and of the 10 kΩ) fit to the need of calibration and adjustment of multifunction electrical instruments. Future aims of this work will be an evaluation of the mid-long term stability of the setup Standards, the transport effect, calibration and use uncertainties.

References

1. Fluke Corporation, Calibration: Philosophy in Practice, Second Edition (1994).
2. G. Rietveld, Artifact calibration NCSL Workshop Symp., Monterey, CA USA, pp. 315–322, (1996).
3. P.P.Capra, F. Galliana, Measurement 82 pp. 367-374, (2015).
4. P.P. Capra, C. Cassiago, F. Galliana, M. Astrua, Metrol. Meas. Syst. 16 (1), pp. 183–191, 2009).
5. F Delahaye et al, Metrologia 29 pp. 153-174, (1992).
6. D.Reymann, et al., IEEE Trans. Instrum. Meas. 50 (2) 215-221, (2005).
7. R.Rolland, N.Goebel, A. Fletcher, Prec. El. Measur. Conf. CPEM, Digest, pp. 378–379, (2012).
8. D.Reymann, J. Phys.E : Sci. Rev. Instrum. 17, pp. 1142-1147, (1984).
9. Linear Technology, LTZ1000/LTZ1000A-Ultra ecision Reference, datasheet, (1987).

 DOI: 10.1051/metrology/201707007

Characterization of BNC Type Calibration Standards

Murat Celep*, *Erkan* Danacı, and *Handan* Sakarya

TÜBİTAK Ulusal Metroloji Enstitüsü, Dr. Zeki Acar Cad. No:1, Gebze-Kocaeli, Turkey

Abstract. In recent years, BNC type devices such as attenuator and termination are used for high frequency measurements. Unfortunately, there is no any primary standard to obtain traceability for BNC type devices. It is proposed type N to BNC adapter characterization approach to obtain traceability for BNC type calibration standards, opens, shorts and matched loads used for calibration of BNC type devices. Electrical delay is calculated to characterize adapter then it is used for measurement of BNC type calibration standards. To validate proposed approach, known type N standards are measured and compared with actual results. Obtained results show good agreement. Difference between measured and actual phase for type N opens and shorts is lower than 8° up to 10 GHz.

1 Introduction

The BNC (Bayonet Neill Concelman) connectors are used for coaxial cables since 1951. BNC is originally designed for military use and widely used in radio, television, radio frequency electronic equipment, test instruments and video signal applications and preferred due to easy connect/disconnect feature [1]. In general, maximum working frequency of BNC connectors is 3 GHz used for industrial applications. However, there are some devices and accessories with BNC connectors working more than 3 GHz in the market in recent years [2, 3]. Some of BNC connecterized devices are used for metrological manner such as attenuator and termination. Also, there are different type of BNC calibration kits working up to 4 GHz and 10 GHz [4, 5].

Reference plane is one of parameters to define connectors. It must be defined for each connector family. Although, definition of the metrological connector's reference plane can be found at IEEE 287 standard [6], there is no any information about reference plane for BNC connectors. Also, there are no traceable primary standards for equipment with BNC connectors but BNC connecterized devices must be calibrated through traceable standards for metrological applications. In this study, characterization of adapter through traceable standards to calibrate BNC loads such as opens, shorts and matched loads is described.

2 Characterization of standards

2.1 Type N to BNC adapter characterization

A type N to BNC adapter which is traceable to international reference standard is used to characterize BNC standards. To get traceability, N (m) to BNC (m) and BNC (f) to N (f) adapters (Maury microwave 8821D1 and 8821A1 model) are connected together and obtained N (m) to N (f) adapter pair. There are two parameters of the adapter pair. One of them is transmission magnitude and the other one is transmission phase. These parameters are measured with R&S ZVA50 vector network analyzer (VNA). First of all, type N phase stable VNA cables which are suitable with adapter pair connectors connected to the VNA and frequency range of the VNA has been set from 50 MHz to 10 GHz with 10 MHz step. Also, VNA IF bandwidth is settled to 10 Hz to obtain better result and 10 MHz external reference is applied to the VNA to avoid frequency shift. Then, measurement system is calibrated using short, open, matched load and through calibration technique using suitable type N calibration kit (Agilent 85052B). Aforementioned adapter pair measurement setup and calibrated reference plane are shown in Figure 1.a. Transmission signal magnitude and phase parameters through the adapter pair inserted between the reference plane 1 and 2 are measured using setup Figure 1.a. Measured phase parameter is given in Figure 1.b.

There are four phase changing points when analyze Figure 1.b. With an additional VNA calibration and adapter pair measurement, these frequency points are defined to produce exactly same phase for each point. Frequency difference between two sequential points is related to electrical length of the adapter pair. So, electrical length of the adapter pair can be calculated through calculated frequency difference. Three frequency differences are calculated from four phase changing points. Electrical delay is calculated for each frequency difference point. Calculated frequency differences and electrical delays are given in Table 1. To investigate repeatability, reproducibility and dielectric effect of the connector, eight different measurements are performed with different connector orientations at whole frequency range.

* Corresponding author: murat.celep@tubitak.gov.tr

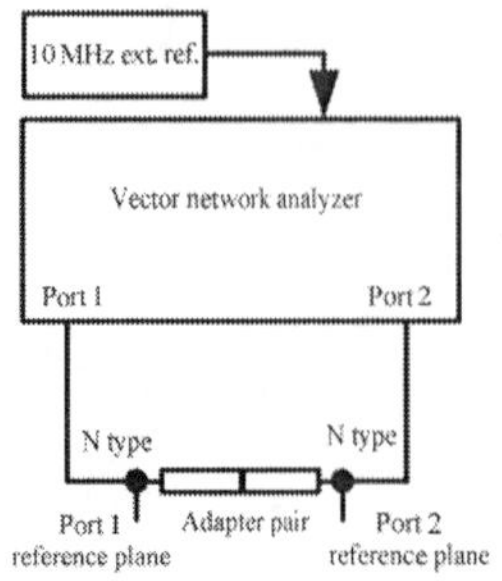

Fig. 1.a. Measurement setup of N (m) to BNC (m) and BNC (f) to N (f) adapter pair.

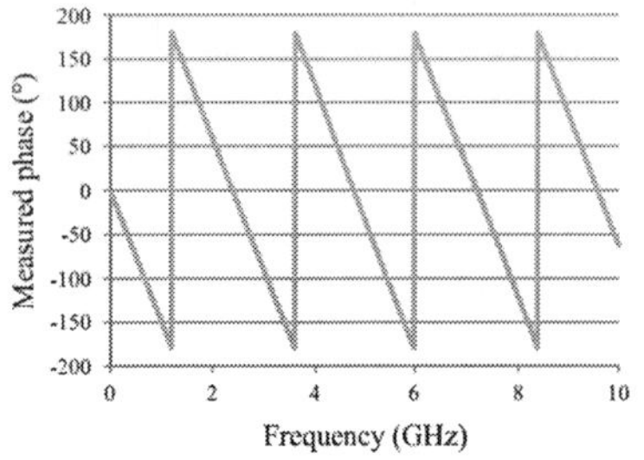

Fig. 1.b. Measured phase of N (m) to BNC (m) and BNC (f) to N (f) adapter pair up to 10 GHz.

Average and uncertainty which includes connector repeatability, reproducibility, dielectric effect, frequency drift and resolution are calculated from all delays as 417.36 ps and ±0.11 ps respectively for adapter pair given Figure 2. Then mechanical length of each adapter is measured from reference plane to reference plane. Reference plane for BNC side of the adapter is chosen similar to type N connector. Ratio of mechanical measurements of the adapters is determined to minimize effect coming from difference between mechanical and electrical length. Finally, electrical delay for each adapter is calculated from adapter pair's delay and mechanical measurement's ratio. Same measurement method is also applied to N (m) to BNC (f) and BNC (m) to N (f) adapters (Maury microwave 8821C1 and 8821B1 model) to calculate delay. Calculated delay and uncertainty for each adapter and manufacturer specifications are given in Table 2. Attenuation of the adapter pairs are also measured with the VNA. It is assumed that each adapter part of adapter pair has same attenuation. So, the measured attenuation (dB) is divided to two to find attenuation for each adapter.

Table 1. Calculated frequency differences and electrical delays for one orientation at whole frequency range for Maury microwave 8821A1 and 8821D1 model adapter pair.

Frequency difference (GHz)	Delay (ps)
2.396065107	417.35
2.395901090	417.38
2.396854185	417.21

Fig. 2. Measured N to BNC adapter pair.

Table 2. Calculated delays and manufacturer specifications for Maury microwave N to BNC adapters.

Model	Delay	Manufacturer specification
8821A1	194.34 ps ± 0.62 ps (k=2)	195 ps
8821B1	194.25 ps ± 0.87 ps (k=2)	193 ps
8821C1	222.94 ps ± 0.87 ps (k=2)	226 ps
8821D1	223.02 ps ± 0.62 ps (k=2)	223 ps

2.2 BNC standards characterization

Maury microwave 8550G model calibration kit which is specified up to 10 GHz including opens, shorts and matched loads with BNC male and female connectors is used as BNC standards. The type N to BNC adapters with calculated electrical delay and attenuation are used to characterize BNC standards. Measurement setup and model to measure opens, shorts and matched loads are given in Figure 3. The type N to BNC adapter is connected to the VNA reference plane to measure reflection coefficient of open, short and matched load connected to BNC port of the adapter.

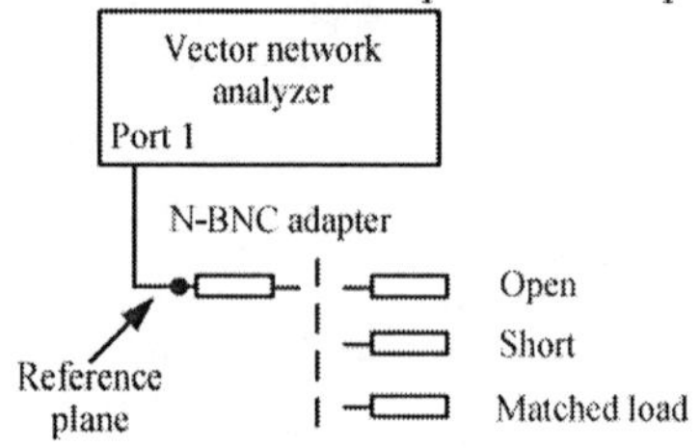

Fig. 3.a. Measurements setup

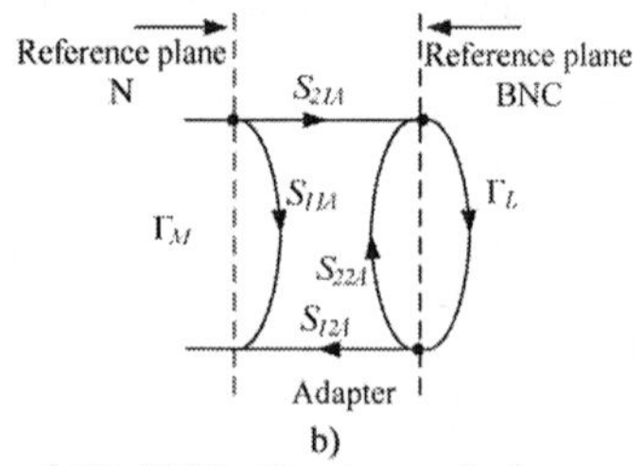

Fig. 3.b. model for BNC calibration standards.

Mathematical model of measurement setup given in Figure 3.b is known very well and its equation is given as,

$$\Gamma_M = S_{11A} + \frac{S_{12A} \cdot S_{21A} \cdot \Gamma_L}{1 - S_{22A} \cdot \Gamma_L}. \quad (1)$$

Where, Γ_M is measured equivalent reflection coefficient of the adapter and load (open, short or matched load) combination. S_{11A}, S_{12A}, S_{21A} and S_{22A} are S-parameters of the adapter and Γ_L is reflection coefficient of the measured load.

Reference plane in Figure 3.a is defined through type N calibration standards. If adapter's S-parameters are known, reflection coefficient of load can be calculated. Transmission coefficients ($S_{12A}= S_{21A}$) of the N to BNC adapter are already calculated but reflection coefficients are unknown. It is assumed that S_{11A} and S_{22A} are equal to zero for simplification ($S_{11A}=S_{22A}=0$). Phase of male open (open (m)), female open (open (f)), male short (short (m)) and female short (short (f)) are calculated using adapter transmission coefficient (S_{12A} and S_{21A}) and measured reflection coefficient (Γ_M). Calculated phases and manufacturer phase specifications of BNC opens and shorts for male- and female-connector are given in Figure 4.a and Figure 4.b respectively. Maximum phase uncertainty for measurements is 4.5°. Phase difference between measured and specification are given in Figure 5. Sharp peak and deep points are caused by phase change from -180° to +180°. Obtained maximum differences are 16°, 6°, 19°, 7° for open (m), open (f), short (m) and short (f) respectively. To calculate reflection coefficient of matched load, adapter reflection coefficient of each adapter's port is calculated by assuming that magnitude of reflection coefficient is 1 and then it is calculated using Equation 2.

$$\Gamma_L = \frac{1}{S_{22A} + \dfrac{S_{21A} \cdot S_{12A}}{\Gamma_M - S_{11A}}} \quad (2)$$

Calculated reflection coefficients of male and female matched loads are shown in Figure 6.

3 Method validation

To validate measurement and calculation method, type N calibration standards (Agilent 85054D calibration kit) are used as a characterized device. Type N (f) to type N (f) and type N (m) to type N (m) adapters, opens, shorts and matched loads with male and female connectors are used for validation. Type N (f) to type N (f) adapter is connected to type N (m) to type N (m) adapter to obtain adapter pair. The completely same described method is applied to measure adapter pair and delay is calculated as 330.65 ± 0.11 ps. Manufacturer specification for the adapter pair is given as 330.82 ps. Calculated delay for type N (f) to type N (f) and N (m) to type N (m) adapters are 196.85 ± 0.62 ps (specification is 196 ps) and 133.80 ± 0.62 ps (specification is 134.82 ps) respectively.

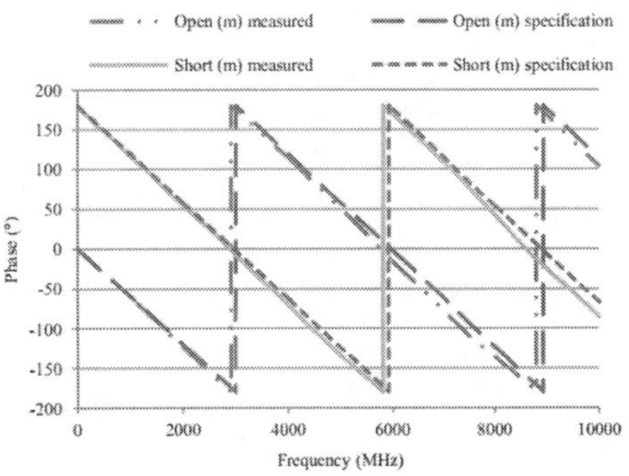

Fig. 4.a. Calculated and specification phase for BNC open (m) and BNC short (m) calibration standards.

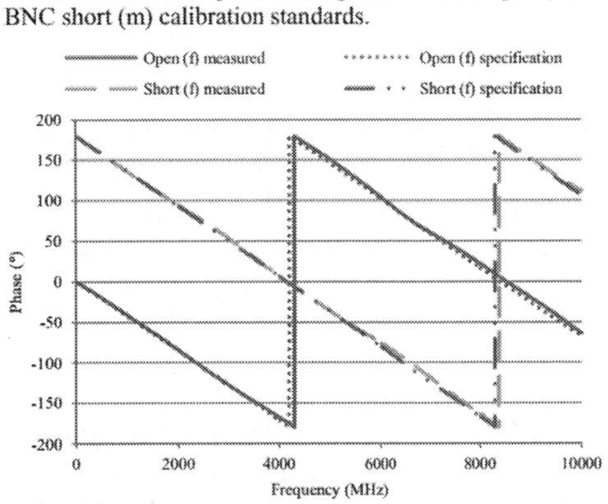

Fig. 4.b. Calculated and specification phase for BNC open (f) and BNC short (f) calibration standards.

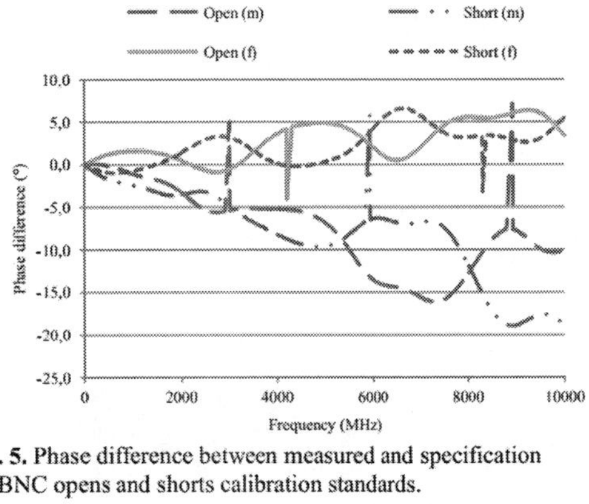

Fig. 5. Phase difference between measured and specification for BNC opens and shorts calibration standards.

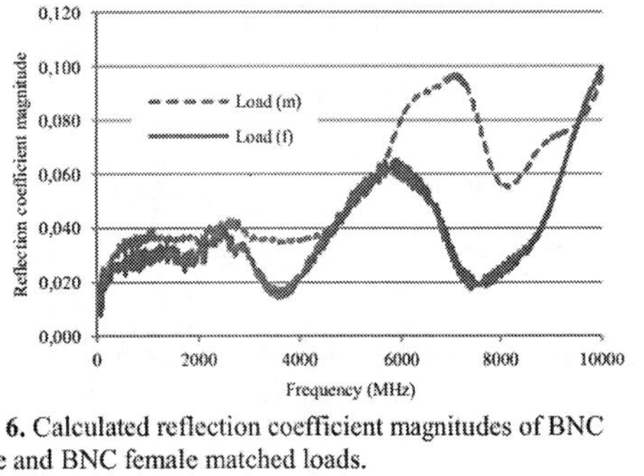

Fig. 6. Calculated reflection coefficient magnitudes of BNC male and BNC female matched loads.

After adapter measurement, open, short and matched load are alternately connected to suitable adapter and reflection coefficient of adapter side (Γ_M) is measured up to its maximum frequency (18 GHz) and then reflection coefficient of calibration standard is calculated.

To check the measurement result, calibration standards are also measured directly using calibrated VNA and it is called as actual result. Difference between measured and actual result for opens and shorts with male and female connectors are given in Figure 7.

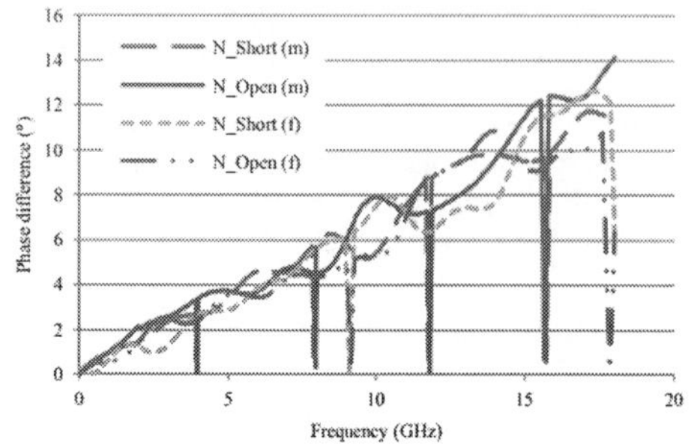

Fig 7. Difference between measured and actual result for type N standards.

Sharp peak and deep points in Figure 7 are caused by phase change from -180° to +180°. As seen from the Figure 7, maximum difference between measured and actual value is lower than 15° at 18 GHz. This difference (measurement error) is arisen by approximately 2.3 ps delay and it can be added to adapter delay uncertainty. Finally, total uncertainty including measurement error and uncertainty for adapter delay is obtained as 2.92 ps for type N adapter.

Same procedure as measurement of BNC type matched loads is also applied to type N matched loads. Measured and actual result for type N matched load have male and female connectors are given in Figure 8.

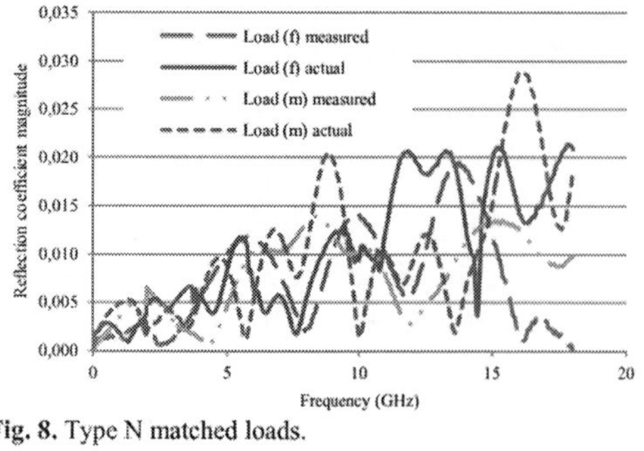

Fig. 8. Type N matched loads.

4 Conclusion

In this study, BNC type calibration standards for VNA are characterized through adapter characterization approach. Type N to BNC adapters are used to obtain traceability from the International System of Units (SI). Then BNC calibration standards are measured using traceable type N to BNC adapters to transfer traceability from reference standards to BNC calibration standards. Measured result of BNC opens and BNC shorts are compared with manufacturer specifications. Results are agreed in 19° up to 10 GHz. BNC and type N matched loads are also measured and magnitudes of results are compatible with actual results for type N connector.

To verify the method, known and traceable type N calibration standards are measured and compared with actual result. Differences between measured and actual results for opens and shorts are lower than 8° up to 10 GHz and it is arisen from 2.3 ps delay. This delay could be added to BNC adapter uncertainty as a measurement error. As a conclusion, the BNC type calibration standards are characterized for S-parameter measurement and these standards are traceable to SI through characterized adapters. Uncertainty of adapters could be analyzed regarding to the verification measurements and calibration standards uncertainty should be calculated.

References

1. MIL-PRF-39012E, "Performance specification for radio frequency coaxial connectors", (2005)
2. https://www.pasternack.com/images/ProductPDF/PE7049-20.pdf, (visiting date, 13th July 2017)
3. http://docs-europe.electrocomponents.com/webdocs/0ec1/0900766b80ec1bf6.pdf, (visiting date, 13th July 2017)
4. https://www.maurymw.com/Precision/BNC_Cal_Kits.php, (visiting date, 13th July 2017)
5. http://rosenberger.de/ok/images/documents/db/51CK010-150_DB.pdf, (visiting date, 13th July 2017)
6. IEEE 287, "IEEE Standard for precision coaxial connectors (DC to 110 GHz)", (2007)

Bilateral comparison on transmission coefficient measurements between TÜBİTAK UME and SASO NMCC

Handan Sakarya[1,*], *Murat* Celep[1], *Ahmed Hamad* AlJawan[2], *Ibrahim Mohammed* AlBoraih[2] and *Khalid* AlDawood[2]

[1]National Metrology Institute (TUBITAK UME), Baris Mah Dr. Zeki Acar Cad. No.1 Gebze-Kocaeli, Turkey
[2]National Measurement and Calibration Center (NMCC), Saudi Standards, Metrology and Quality Organization (SASO), Al Muhammadiyah-in front of King Saud University PO. B 3437 11471 Riyadh, Kingdom of Saudi Arabia

Abstract. This paper describes a bilateral comparison between two national metrology institutes, National Metrology Institute of Turkey (TÜBİTAK UME) and National Measurement and Calibration Center at Saudi Standards, Metrology and Quality Organization of the Kingdom of Saudi Arabia (SASO NMCC). The aim of the comparison is to check the newly installed SASO NMCC radio frequency and microwave laboratory infrastructure and assess compatibility between two institutes. Measured quantity of the comparison is transmission coefficient of fixed attenuators. The comparison was carried out in three months with 3 dB, 6 dB, 10 dB, 20 dB and 30 dB fixed attenuators. Measurements were performed using commercial Vector Network Analyzer in controlled environmental conditions. Two laboratories were used same measurement technique called as short, open, load and through. The analysis of the results provides good agreement between TÜBİTAK UME and SASO NMCC as a conclusion.

1 Introduction

National Measurement and Calibration Center of the Kingdom of Saudi Arabia (SASO NMCC) newly installed radio frequency (RF) and microwave laboratory. The laboratory frequency range is between 100 kHz to 50 GHz with type N, 3.5 mm and 2.4 mm connector types for scattering (S) parameters measurement. S-parameters are transmission coefficient and reflection coefficient with measurement range from 0 dB to -60 dB and from -1 to +1 respectively. In order to check S-parameters measurement infrastructure and establish international coherence of SASO NMCC, the National Metrology Institute of Turkey (TÜBİTAK UME) and SASO NMCC have organized and carried out a bilateral comparison on transmission coefficient measurement in 2016. Additionally, it is asked to measure reflection coefficient of the travelling standards. TÜBİTAK UME was acting as a

* Corresponding author: handan.sakarya@tubitak.gov.tr

pilot laboratory for the bilateral comparison and provided a technical protocol to define the measurement and organisational details according to BIPM guideline [1]. TÜBİTAK UME provided five travelling standards have type N connectors and traceable to the International System of Units (SI). The comparison was carried out in three months with 3 dB, 6 dB, 10 dB, 20 dB and 30 dB fixed attenuators. In this paper, results of this comparison exercise using attenuators are described.

2 Travelling standards and time schedule

Travelling standards belonging to the TÜBİTAK UME and identification of each fixed attenuator are described in Table 1. These standards were chosen for their high accuracy and stability in time.

Table 1. Travelling standards.

Device	Nominal value	Type	Serial number	Connector
Fixed attenuator	3 dB	Agilent 8491B	MY39265166	Male/Female
	6 dB		MY39265283	
	10 dB		MY39265254	
	20 dB		MY39265284	
	30 dB		MY39263978	

Circulation of the travelling standards was organized as 2 weeks to carry out measurements and 2 weeks for transportation. Travelling standards were measured totally two times by TÜBİTAK UME before (UME1) and after (UME2) the measurement of SASO NMCC.

3 S-Parameter measurement method and results

S-parameter measurements were made using commercial vector network analyzers (VNA) belonging to the TÜBİTAK UME (Rohde&Schwarz ZVA50) and SASO NMCC (Keysight N5225A) in controlled environmental conditions. VNA calibration was carried out using Agilent 85054B type N calibration kit with short-open-load-through (SOLT) calibration method at both of the NMIs. Male and female end of the travelling standards were connected to port 1 and port 2 of the VNA respectively for all measurements reported here.

Results were delivered to the pilot laboratory in the format of real, imaginary and logarithmic (dB) value. The uncertainties of measurement were calculated according to JCGM 100 "Guide to the expression of uncertainty measurement" and "EA-4/02 expression of the uncertainty of measurement calibration" documents for the coverage probability of approximately 95% [2, 3]. Since VNA was used in the measurements, the uncertainty was calculated in accordance with the EURAMET guidelines for VNA [4]. The uncertainty in S-parameter measurements was evaluated by using excel macro software developed by TÜBİTAK UME which is including uncertainty components, i.e. repeatability, reproducibility, VNA non-linearity, mismatch, cable stability etc.

Approved measurement frequencies and attenuation values for the comparison are 50 MHz, 100 MHz, 300 MHz, 500 MHz, 1 GHz to 18 GHz with 1 GHz step and 3 dB, 6 dB, 10 dB, 20 dB, 30 dB, 40 dB, 50 dB, 60 dB respectively. Although, attenuation values at aforementioned frequencies were measured and reported to the pilot laboratory, the uncertainty budget declared only for 50 MHz, 1 GHz, 10 GHz and 18 GHz frequency point measurements. Also reflection coefficient measurement results of the 40 dB, 50 dB and 60 dB attenuators were not declared because the connection order of the attenuators was not defined in the protocol.

Comparison reference values "x_{ref}" (Eq. 1) and associated uncertainties "U_{ref}" (Eq. 2) were calculated using the measurement results of TÜBİTAK UME.

$$x_{ref} = \frac{UME1+UME2}{2} \tag{1}$$

$$U_{ref} = \frac{1}{2}\sqrt{U_{UME1}^{2}+U_{UME2}^{2}} \tag{2}$$

Measurement results of the laboratories and comparison reference value with expanded uncertainties were given in Table 2.

Table 2. Measurement results of the laboratories and comparison reference value with expanded uncertainties.

Attn	Freq. (GHz)	UME1		SASO NMCC		UME2		Reference Value	
		$\lvert S_{21}\rvert$ (dB)	U (dB)	$\lvert S_{21}\rvert$ (dB)	U (dB)	$\lvert S_{21}\rvert$ (dB)	U (dB)	$\lvert S_{21}\rvert$ (dB)	U (dB)
3 dB	0.05	3.076	0.012	3.074	0.012	3.078	0.012	3.077	0.008
	1	3.097	0.012	3.100	0.012	3.098	0.012	3.098	0.008
	10	2.782	0.014	2.791	0.012	2.776	0.012	2.779	0.009
	18	2.817	0.033	2.817	0.032	2.840	0.032	2.829	0.023
6 dB	0.05	6.013	0.015	6.010	0.030	6.011	0.015	6.012	0.011
	1	6.045	0.015	6.048	0.030	6.042	0.015	6.044	0.011
	10	6.090	0.015	6.093	0.030	6.087	0.015	6.089	0.011
	18	5.848	0.021	5.855	0.031	5.843	0.021	5.846	0.015
10 dB	0.05	10.297	0.020	10.296	0.049	10.302	0.020	10.299	0.014
	1	10.341	0.021	10.347	0.049	10.345	0.021	10.343	0.015
	10	10.420	0.021	10.426	0.049	10.426	0.021	10.423	0.015
	18	10.427	0.032	10.408	0.050	10.414	0.032	10.420	0.023
20 dB	0.05	19.402	0.032	19.363	0.036	19.261	0.036	19.331	0.025
	1	19.749	0.036	19.809	0.036	19.768	0.036	19.758	0.025
	10	20.077	0.036	20.084	0.036	20.058	0.036	20.067	0.025
	18	20.097	0.036	20.095	0.036	20.104	0.036	20.101	0.025
30 dB	0.05	30.462	0.055	30.454	0.143	30.464	0.055	30.463	0.039
	1	30.485	0.055	30.494	0.141	30.487	0.055	30.486	0.039
	10	30.221	0.054	30.229	0.139	30.226	0.054	30.223	0.038
	18	30.758	0.057	30.766	0.142	30.765	0.057	30.761	0.040
40 dB	0.05	40.753	0.075	40.752	0.200	40.763	0.075	40.758	0.053
	1	40.830	0.076	40.842	0.188	40.835	0.076	40.833	0.053
	10	40.653	0.074	40.654	0.187	40.647	0.074	40.650	0.052
	18	41.195	0.074	41.226	0.187	41.193	0.074	41.194	0.052
50 dB	0.05	49.950	0.087	49.862	0.192	50.094	0.089	50.022	0.062
	1	50.139	0.087	50.099	0.090	50.167	0.087	50.153	0.062
	10	50.333	0.087	50.323	0.087	50.327	0.087	50.330	0.062
	18	50.858	0.091	50.886	0.091	50.866	0.091	50.862	0.064
60 dB	0.05	59.85	0.26	60.42	0.45	60.34	0.18	60.09	0.18
	1	60.54	0.11	60.53	0.28	60.52	0.11	60.53	0.08
	10	60.76	0.11	60.79	0.28	60.76	0.11	60.76	0.08
	18	61.23	0.12	61.24	0.29	61.29	0.12	61.26	0.09

Degrees of equivalence, DoE, is calculated by subtracting the reference value from the each measurements (Eq. 3) and its uncertainty is calculated according to the Equation 4.

$$DoE = x_{lab} - x_{ref} \tag{3}$$

$$U_{DoE} = \sqrt{U_{ref}^{2} + U_{lab}^{2}} \tag{4}$$

where,

x_{lab}: Participant laboratory measurement result

U_{lab}: Participant laboratory measurement uncertainty

Degrees of equivalence with respect to the reference value of each measurement can be found in Table 3.

Table 3. DoE with respect to the reference value.

Attn	Freq. (GHz)	UME1		SASO NMCC		UME2	
		DoE (dB)	U_{DoE} (dB)	DoE (dB)	U_{DoE} (dB)	DoE (dB)	U_{DoE} (dB)
3 dB	0.05	0.001	0.015	0.003	0.015	-0.001	0.015
	1	0.001	0.015	-0.003	0.015	-0.001	0.015
	10	-0.003	0.016	-0.012	0.015	0.003	0.015
	18	0.012	0.040	0.012	0.040	-0.012	0.039
6 dB	0.05	-0.001	0.018	0.002	0.031	0.001	0.018
	1	-0.001	0.018	-0.005	0.031	0.001	0.018
	10	-0.002	0.018	-0.004	0.032	0.002	0.018
	18	-0.003	0.026	-0.010	0.034	0.003	0.026
10 dB	0.05	0.002	0.025	0.003	0.051	-0.002	0.025
	1	0.002	0.025	-0.004	0.051	-0.002	0.025
	10	0.003	0.025	-0.003	0.051	-0.003	0.025
	18	-0.006	0.039	0.012	0.055	0.006	0.039
20 dB	0.05	-0.071	0.109	-0.032	0.109	0.071	0.109
	1	0.010	0.046	-0.050	0.046	-0.010	0.046
	10	-0.009	0.044	-0.017	0.044	0.009	0.044
	18	0.003	0.044	0.005	0.044	-0.003	0.044
30 dB	0.05	0.001	0.067	0.009	0.148	-0.001	0.067
	1	0.001	0.068	-0.008	0.146	-0.001	0.068
	10	0.003	0.066	-0.005	0.145	-0.003	0.066
	18	0.004	0.070	-0.005	0.147	-0.004	0.070
40 dB	0.05	0.005	0.092	0.006	0.207	-0.005	0.092
	1	0.002	0.092	-0.009	0.196	-0.002	0.093
	10	-0.003	0.091	-0.004	0.194	0.003	0.091
	18	-0.001	0.091	-0.032	0.194	0.001	0.091
50 dB	0.05	0.072	0.107	0.160	0.202	-0.072	0.109
	1	0.014	0.107	0.054	0.109	-0.014	0.107
	10	-0.003	0.107	0.007	0.107	0.003	0.107
	18	0.004	0.111	-0.024	0.112	-0.004	0.111
60 dB	0.05	0.245	0.314	-0.332	0.481	-0.245	0.318
	1	-0.010	0.136	0.001	0.291	0.010	0.136
	10	0.001	0.139	-0.035	0.292	-0.001	0.139
	18	0.030	0.147	0.021	0.298	-0.030	0.148

DoE for 1 GHz and 10 GHz of 10 dB and 60 dB fixed attenuators respectively are given in Figure 1.

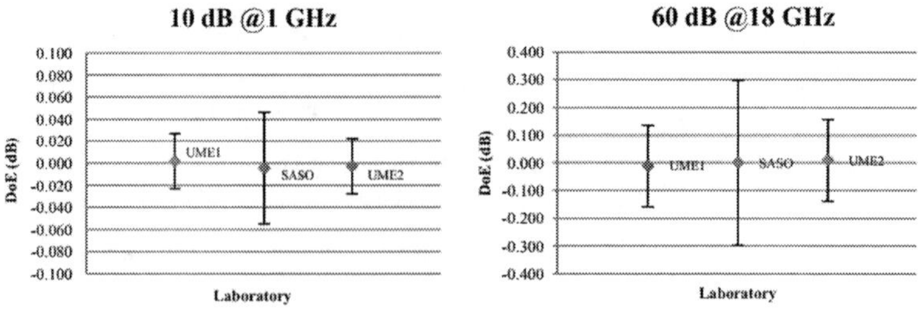

Fig. 1. DoE of 10 dB@1 GHz and 60 dB@10 GHz.

3 Conclusion

The results from a bilateral measurement comparison of fixed attenuators' transmission coefficient, performed between TÜBİTAK UME and SASO NMCC, are reported. . The comparison involved two port devices have type N connector as travelling standards and completed within three months. All the results are presented at Table 2 and Table 3 with corresponding uncertainties are compatible within the stated uncertainties. As stated in Table 3, while calculated maximum DoE value is lower than ±0.075 dB up to 50 dB fixed attenuator, this value is increasing ±0.34 dB for 60 dB fixed attenuator. Finally, the comparison is regarded as successfully and the newly installed SASO NMCC radio frequency and microwave laboratory S-parameters measurement infrastructure is sufficient and measurement results of two institutes are compatible.

References

1. CCEM Guidelines for Planning, Organizing, Conducting and Reporting Key, Supplementary and Pilot Comparisons (available on the BIPM website: http://www.bipm.org/utils/common/pdf/CC/CCEM/ccem_guidelines.pdf) (2007)
2. Evaluation of measurement data - Guide to the Expression of Uncertainty in Measurement (GUM), JCGM 100, First edition (available on the BIPM website: http://www.bipm.org/utils/common/documents/jcgm/JCGM_100_2008_E.pdf) (2008)
3. EA 4/02, "Evaluation of the uncertainty of measurement in calibration", Rev 01 (2013)
4. EURAMET cg-12, "Guidelines on the evaluation of vector network analyzers (VNA)", Ver. 2.0 (2011)

Designing coupled coplanar waveguide standards for on-wafer mixed-mode S-parameter measurement

Thi Dao Pham[1,2], *Djamel* Allal[1], *François* Ziadé[1] and *Eric* Bergeault[2]

[1]Laboratoire national de métrologie et d'essais (LNE), 29 Avenue Roger Hennequin, 78197, Trappes Cedex, France
[2]Télécom ParisTech, Université Paris-Saclay, 46 Rue Barrault, 75013, Paris, France

Abstract. This paper presents the designing of balanced calibration standards for the use of Multimode TRL technique involving the on-wafer Vector Network Analyzer (VNA) measurement of differential devices in the frequency band up to 67 GHz. These standards are based on the coupled coplanar waveguide (CCPW) lines in the configuration "Ground-Signal-Ground-Signal-Ground" (GSGSG). The application of the Multimode TRL algorithm on the simulated mixed-mode S-parameters of an attenuator shows the possibility to correct error terms then to de-embed their effects from the device under test (DUT).

1 Introduction

In high-frequency integrated circuit design, differential circuits have become common in various applications such as low-noise amplifiers (LNA), directional couplers, etc. Prior researches have demonstrated the advantages of a differential device compared to a single-ended circuit in terms of noise suppression and signal stability. Mixed-mode S-parameters were also introduced to describe the differential-mode and common-mode propagations as well as any mode conversions [1]. The symmetric devices are characterized through the mixed-mode S-parameter measurement using a 2- or multi-port VNA.

For the purpose of wafer-level mixed-mode S-parameter measurement, an on-wafer calibration method is essential for the determination and correction of systematic errors in the measurement system such as coaxial cables, radio frequency (RF) probes and imperfections of the VNA. Referencing to the well-known calibration method Thru-Reflect-Line (TRL) used for asymmetrical measurements [2], a Multimode TRL technique for the calibration of the differential signal measurement is developed to take the multimode propagation into account [3]. Analytical derivation for the Multimode TRL algorithm has been developed using the new generalized cascade matrices that are an extension of the ordinary scattering matrix used in waveguide theory [4].

From the perspective of high-frequency electric metrology, our work focuses on designing and fabricating the calibration kit that meets the error correction accuracy of mixed-mode S-parameters measurements for frequencies up to 67 GHz and allows establishing the S-parameter traceability to the International System of Units (SI).

2 Multimode TRL standards on CCPW structure

The Multimode TRL technique is briefly reviewed in the case of differential two-port network to highlight the major steps in the calibration algorithm and to determine the choice of its standards. In fact, the Thru and Line standards are simply the coupled transmission lines with different lengths and meet the requirement that the phase difference between these two standards should be greater than 20 degrees and less than 160 degrees [5]. On the contrary, the Reflect standard has the same high reflection at both VNA ports.

The measurement system is presented by an ideal VNA together with the error boxes A and B at each mixed-mode port that include the non-ideality of cables, RF probes, connectors and VNA itself. By presenting these networks in form of generalized cascade matrices, the uncorrected cascade matrix M_x is the product of three matrices including the corrected cascade matrix N_x of the DUT and two matrices A and B (**Fig. 1**).

$$M_x = A.N_x.\overline{B} \qquad (1)$$

The overbar of B in the equation (1) is used to describe the cascade matrix B from right to left to take advantage of the symmetry of the whole system.

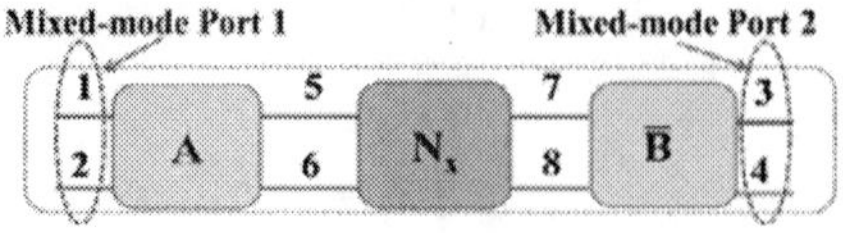

Fig. 1. Model of 4-port measurement system

* Corresponding author: thi-dao.bui@lne.fr

Article available at http://cfmetrologie.edpsciences.org or https://doi.org/10.1051/metrology/201707009

The calibration procedure allows determining the unknown error terms in the matrices A and B and then applying the correction to the measurement on the DUT. The Multimode TRL calibration algorithm can be grouped into two main parts.

The first part focuses on the determination of complex propagation constants of both common and differential modes from the measurements of the Thru and Line standards. By introducing two similar matrices (one partially unknown matrix P ($P = N_L.N_T^{-1}$) and one completely known matrix Q from the uncorrected data ($Q = M_L.M_T^{-1}$)) that share the same eigenvalues, propagation constants are derived as presented in the equations from (2) to (5).

$$P = \begin{bmatrix} e^{-\gamma_{dm}.\Delta l} & 0 & 0 & 0 \\ 0 & e^{-\gamma_{cm}.\Delta l} & 0 & 0 \\ 0 & 0 & e^{\gamma_{dm}.\Delta l} & 0 \\ 0 & 0 & 0 & e^{\gamma cm.\Delta l} \end{bmatrix} \quad (2)$$

Δl is the difference in lengths between Line and Thru standards ($\Delta l = L_L - L_T$).

$$eig(P) = (e^{-\gamma_{dm}.\Delta l}; e^{-\gamma_{cm}.\Delta l}; e^{\gamma_{dm}.\Delta l}; e^{-\gamma_{cm}.\Delta l}) \quad (3)$$

$$[Y_{0i}, \lambda_i] = eig(Q) = eig(P), i = 1,...,4 \quad (4)$$

where λ_i and Y_{0i} are the eigenvalue and eigenvector of the matrix Q, respectively.

$$\gamma_i = \frac{1}{\Delta l}\ln(\lambda_i) \quad (5)$$

Four values γ_i derived from the eigenvalues of the matrix Q correspond to the two pairs of propagation constants in the forward and backward directions of differential ($-\gamma_{dm}$, γ_{dm}) and common ($-\gamma_{cm}$, γ_{cm}) modes. The assignment of the calculated eigenvalues to the corresponding propagating modes and propagating directions is based on the estimated propagation constants of the simulation or of the analytical calculation. By using the eigenvector Y_{0i} of the matrix Q derived from the equation (4) and the eigenvalue decomposition of the matrices P and Q, four unknown constants remain in the determination of the matrices A and B after applying some matrix manipulations [4].

The second part uses the Reflect standard to find out the remaining unknowns in the matrices A and B mainly thanks to its identical reflection matrix Γ at each measurement port and its reciprocal property ($\Gamma = \Gamma^T$). Unlike in the case of traditional TRL calibration, the Reflect standard of the Multimode TRL approach for four-port vector network analyzer calibration is a two-port structure with all non-zero modal S-parameters. This criterion requires that the Reflect standard must be physically asymmetrical to yield mode conversions. In addition, all elements of the modal matrix of Reflect standard must be large enough to improve calibration accuracy. One possible choice for this standard composing of an Open at port 1 and a matched load Z_L connected to port 2 is shown in the **Fig. 2**. The theoretical modal reflection matrix of this Reflect standard is presented in the equation (6).

$$\begin{bmatrix} \Gamma_{dd} & \Gamma_{dc} \\ \Gamma_{cd} & \Gamma_{cc} \end{bmatrix} = \begin{bmatrix} 0.5 & -0.5 \\ -0.5 & 0.5 \end{bmatrix} \quad (6)$$

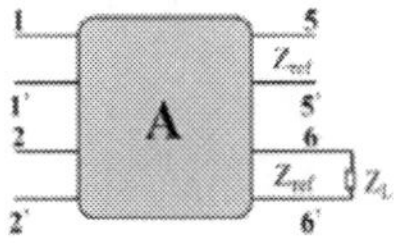

Fig. 2. Open-Load-Open (OLO) Reflect standard

From the analysis of Multimode TRL technique (see [4] for details), the calibration standards are proposed by using the coupled coplanar waveguide in the configuration GSGSG without a lower ground plane (**Fig. 3**). The advantage of having all of the ground planes (G_1, G_2 and G_3) and strip conductors (S_1 and S_2) on the same side of the substrate is to facilitate the on-wafer measurement in the term of deposing the probe's tips. Furthermore, eliminating the need for via holes to a plane on another side of the substrate helps to simplify the fabrication. In addition, a ground plane between the two strip lines minimizes the coupling effect between these conductors.

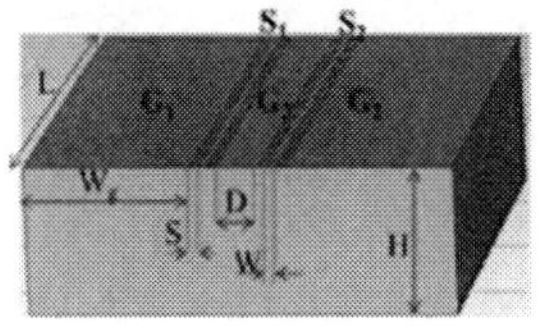

Fig. 3. CCPW in the configuration GSGSG

The dimension (**Table 2**) and materials (**Table 3**) of the standards are defined basing on the criteria of impedance matching, wafer surface, RF probe pitch as shown in the **Table 1**.

Table 1. Criteria for choosing of calibration standards

Criterion	Impedance matching	Wafer surface	Probe pitch
Value	50 Ω	2 inches	100 μm

Table 2. Dimension of CCPW lines

	S	W	D	W_g	H
Dimension (μm)	20	28	120	450	400

Table 3. Materials of CCPW lines

	Conductor	Substrate	Resistor
Materials	Gold	GaAs	Titan

For the traditional TRL calibration method, a single Line standard is usable just over an 8:1 frequency range. Therefore, for broader frequency range from 1 GHz up to 67 GHz, at least three Line standards with different lengths need to be used together with the Thru standard. The equation (7) is used to determine the length of these three lines in each frequency range [f_1:f_2] in condition that the effective dielectric constant of the differential and common modes $\varepsilon_{eff(dm,cm)}$ at the central frequency f_c ($\frac{f_1+f_2}{2}$) is known.

$$\Delta L_{(dm,cm)} = L_{Line} - L_{Thru} = \frac{c}{2\sqrt{\varepsilon_{eff(dm,cm)}}(f_1+f_2)} \quad (7)$$

where c is the speed of light in vacuum.

For the estimation of lines' length, we use only the static value of effective permittivity that is calculated as the ratio between the total capacitance per unit length $C_{t(dm,cm)}$ and the capacitance in the absence of the dielectric layer $C_{a(dm,cm)}$ for each mode.

$$\varepsilon_{eff(dm,cm)} = C_{t(dm,cm)} / C_{a(dm,cm)} \quad (8)$$

The estimated effective dielectric constants of differential and common modes are 6.948 and 6.949, respectively. In this case, $C_{t(dm,cm)}$ and $C_{a(dm,cm)}$ are simulated by the COMSOL Multiphysics software [6].

By fixing the length of Thru standard as 500 µm, the length of three Line standards L_1, L_2 and L_3 are summarized in the table below:

Table 4. Lines' length corresponding to each frequency range

	L_1	L_2	L_3
Length of lines (µm)	6823	3661	1202
Frequency range [f_1:f_2] (GHz)	1:8	2:16	9:67

Relating to the Reflect standard, an Ohmic resistance realized in titan is used to create the load R_L of 50 Ω.

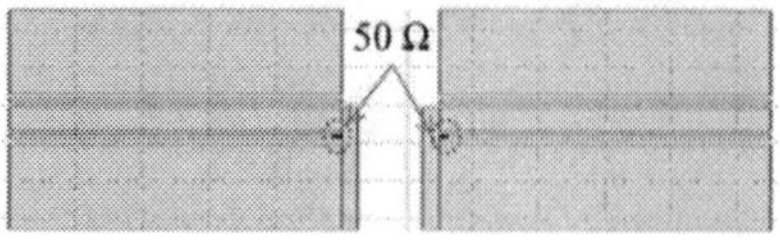

Fig. 4. OLO Reflect standard using CCPW

Since the sheet resistance per square R_S is also 50 Ω, the load in the square form spotted on the strip line has the same value of width (W_L) and length (L_L) (Fig. 4).

$$L_L = W_L.\frac{R_L}{R_S} = 28\frac{50}{50} = 28(\mu m) \quad (9)$$

3 Validation of the Multimode TRL algorithm

To demonstrate the feasibility of standards presented above for the error correction of Multimode TRL calibration method, different DUTs such as adapted CCPW lines, mismatched CCPW lines and attenuators are considered. In this paper, a doubled 10dB T-attenuator is used to verify the Multimode TRL algorithm (**Fig. 5**).

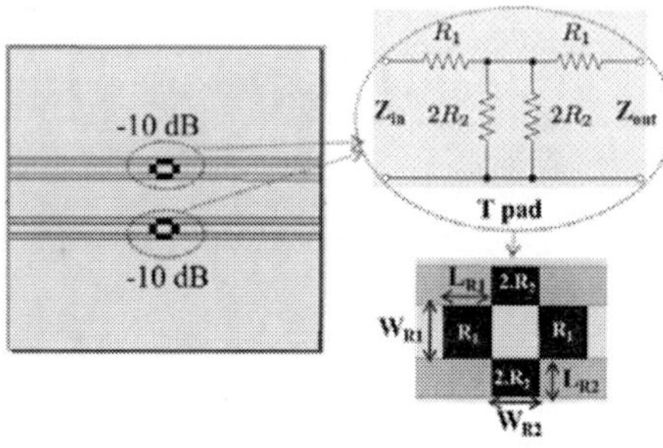

Fig. 5. Doubled 10 dB T-attenuator

With the same reference impedance Z_{ref} for the input and ouput sides ($Z_{ref} = Z_{in} = Z_{out}$), the value of the resistances R_1 and R_2 is calculated by the equation (10).

$$R_1 = Z_{ref}.\frac{1-N}{N+1} \ ; \ R_2 = 2.Z_{ref}.\frac{N}{1-N^2} \quad (10)$$

For a 10dB T-attenuator, the attenuation coefficient N is 0.316 ($N = 10^{-(10/20)}$). Assuming that Z_{ref} is equal to 50 Ω, the value of the resistances R_1 and R_2 are 25.97 Ω and 35.13 Ω. To form these resistance values, their dimension is as follows:

Table 5. Dimension of resistances R_1 and R_2

	W_{R1}	L_{R1}	W_{R2}	L_{R2}
Length (µm)	28	15	14	20

To obtain the DUT's mixed-mode S-parameters by simulation with CST Microwave Studio, the waveguide port with Multipin is used. This DUT is also simulated by putting it between two error boxes A and B at each mixed-mode port 1 and 2. For simplicity, the networks A and B are illustrated by the CCPW lines with the length of 5000 µm for each one (**Fig. 6**).

Fig. 6. Simulation of DUT and error networks A and B

The figure 7 and figure 8 show the comparison of the mixed-mode S-parameters in two cases: one is of the DUT simulation (denoted by red triangles); another is of the simulation for the whole system (DUT and error networks A and B) then applying the Multimode TRL algorithm (denoted by blue circles).

Here, S^{dd}_{12} and S^{cc}_{12} describe the differential and common transmissions from mixed-mode port 2 to mixed-mode port 1. Similarly, S^{dd}_{11} and S^{cc}_{11} describe differential and common mode reflections of the mixed-mode port 1.

As presented in **Fig. 7**, both cases provide the similar results of transmission factors. It can be interpreted that applying the Multimode TRL calibration helps remove errors introduced in the error boxes A and B.

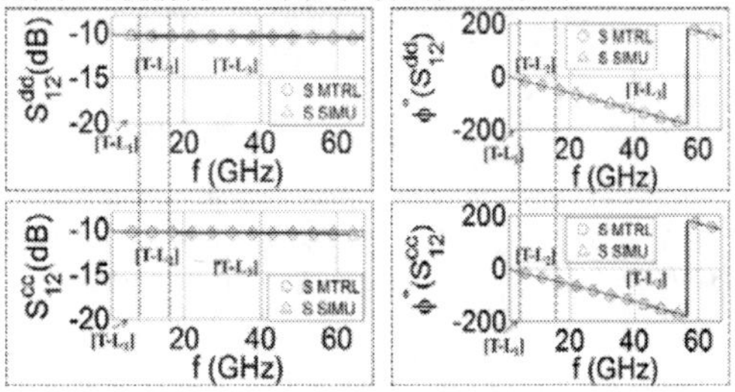

Fig. 7. Transmission coefficients: input port 1, output port 2

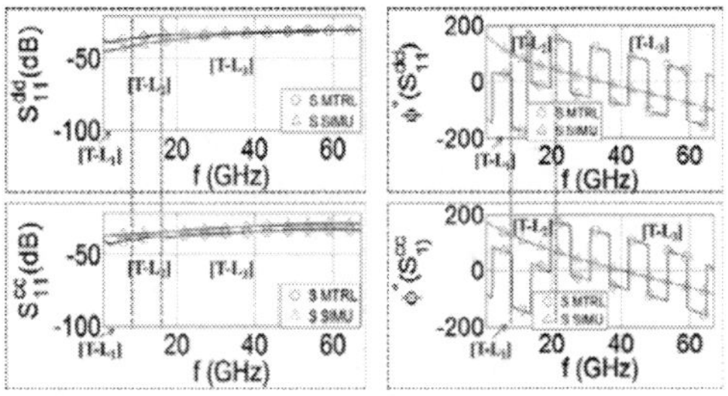

Fig. 8. Reflection coefficients of mixed-mode port 1

For the reflection coefficients, we may not be able immediately to draw the conclusion for the possibility of applying this calibration for the correction of error terms by using these simulated data. This problem can be explained that the simulated S-parameters in CST simulation depend on the definition and the nature of waveguide port, that doesn't take the frequency-dependent effects into account.

In regards to mode-conversion S-parameters, thanks to the symmetry of the DUT, the phenomenon of mode conversion is ignored (less than -100 dB in magnitude) in the frequency band of interest.

4 Conclusions

This paper presents the designing of Multimode TRL based on the coupled coplanar waveguide in the configuration GSGSG. Three CCPW transmission lines with different lengths are used together with the Thru and Reflect standards to cover the frequency band from 1 GHz to 67 GHz. The application of Multimode TRL algorithm on the simulated S-parameters of the doubled 10 dB T-attenuator as symmetric DUT demonstrates the feasibility of Multimode TRL calibration. This calibration method allows figuring out the propagation constants of both common and differential modes and then reducing error terms to obtain the corrected data. The results show the agreement between the simulated transmission factors of DUT and the transmission factors after applying the Multimode TRL on the uncorrected S-parameters. As the calibration kit is under fabrication, the next step is to work on the measurement data by using the on-wafer VNA measurement system to measure different types of DUTs in order to verify the possibility of Multimode TRL calibration to correct the whole mixed-mode S-parameters.

References

1. D.E. Bockelman, W.R. Eisenstadt, IEEE Trans. on MW Theory and Techniques **43(7)**, 1530-1539 (1995).
2. G.F. Engen, C.A. Hoer, IEEE Trans. on MW Theory and Techniques **27(12)**, 987-993 (1979).
3. C. Seguinot, P. Kennis et al., IEEE Trans. on MW Theory and Techniques **46(5)**, 536-542(1998).
4. M. Wojnowski, V. Issakov, G. Sommer, & R. Weigel, IEEE Trans. on MW Theory and Techniques **60(7)**, 2220-2247, (2012).
5. R.B. Marks, IEEE Trans. on MW Theory and Techniques **39(7)**, 1205-1215 (1991).
6. A.B. Comsol, "AC/DC Module–User's Guide." COMSOL **3**, 151 (2011).

Propriétés électromagnétiques matériaux par la mesure des paramètres S sur ligne de transmission

Michaël Charles[1] et Nesar Ahmad Hewad[1,2]

[1]LNE (Laboratoire National de métrologie et d'essais), 78197 Trappes, France

[2]ESIEE Paris, 93160 Noisy-le-Grand, France

Abstract. This paper presents a method allowing extracting high frequency electromagnetic properties (permittivity and permeability) of dielectric materials. From the coaxial cell dimensions and its S parameters, we can extract the electromagnetic characteristics of the material inserted inside the cell. The metrological approach presented in this paper shows weak uncertainty level, from 10 MHz up to 18 GHz. The cell has been designed in order to perform several measurements on different materials without any risk of damaging it.

1 Introduction

Les études menées dans le cadre de la caractérisation électromagnétique des matériaux ont pour origine l'intérêt toujours croissant des industriels à maitriser leurs propriétés électriques en fonction des fréquences d'utilisation. Plusieurs méthodes de mesures ont ainsi été développées afin d'extraire les caractéristiques électromagnétiques de matériaux jusqu'au terahertz. On distingue ainsi des techniques résonnantes [1], en espace libre [2], capacitives [3], en lignes de transmission [4] et en spectroscopie terahertz [5].
La méthode présentée dans cette étude utilise une topologie en ligne de transmission coaxiale classique dans le but de réaliser un kit de mesure métrologique étalon pour la caractérisation électromagnétique de matériaux diélectriques et/ou magnétiques jusqu'à 18 GHz. Le principe consiste à extraire les propriétés électromagnétiques d'un matériau, disposé arbitrairement le long d'une ligne de transmission coaxiale 7 mm, à partir des paramètres S mesurés à l'analyseur de réseaux vectoriels.

2 Des paramètres S aux propriétés électromagnétiques matériaux

Afin d'extraire les propriétés électromagnétiques d'un matériau dans le domaine des micro-ondes, nous utilisons une technique non-résonnante appliquée à une topologie en ligne de transmission coaxiale. Cette méthode, mis en œuvre par K. Chalapat et al. [6], est une approche combinant les travaux de Nicolson, Ross et Weir [7,8], et ceux de J. Barker-Jarvis [9]. Le matériau est disposé arbitrairement dans la cavité d'une ligne coaxiale comme illustré sur la Fig. 1. La propagation d'une onde électromagnétique dans une ligne coaxiale obéit à un mode TEM pour « transverse electromagnetic », il est donc possible de la définir par l'expression suivante :

$$P = exp(-\gamma L) \quad (1)$$

Avec γ la constante de propagation du milieu et L la distance de propagation de l'onde.

Fig. 1. Matériau dans la cavité d'une ligne coaxiale modélisée sous CST Microwave studio.

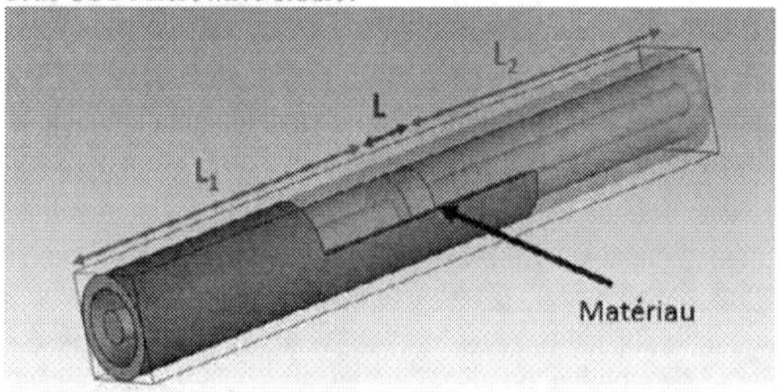

Dans cette configuration, de multiples réflexions apparaissent aux interfaces air – matériau. Les paramètres de réflexion et de transmission sont définis par les équations suivantes :

$$\Gamma_{tot}=\Gamma(1-P^2)/(1-\Gamma^2P^2) \quad (2)$$

$$T_{tot}=P(1-\Gamma^2)/(1-\Gamma^2P^2) \quad (3)$$

Avec Γ la première réflexion à l'interface air – matériau. Les paramètres S de la ligne coaxiale contenant le matériau sont donc définis par la matrice suivante :

$$\begin{bmatrix} S_{11} & S_{12} \\ S_{21} & S_{22} \end{bmatrix} = \begin{bmatrix} e^{-2\gamma_1 L_1}\Gamma_{tot} & e^{-\gamma_1(L_1+L_2)}T_{tot} \\ e^{-\gamma_1(L_1+L_2)}T_{tot} & e^{-2\gamma_1 L_2}\Gamma_{tot} \end{bmatrix} \quad (4)$$

* Corresponding author: michael.charles@lne.fr

DOI: 10.1051/metrology/201707010

Avec γ_1 la constante de propagation de l'air.
Sans la présence du matériau, nous obtenons $\Gamma=0$. Le paramètre de transmission s'écrit donc :

$$S_{21}^{0} = e^{-\gamma_1(L_1+L+L_2)} = e^{-\gamma_1 L_{air}} \quad (5)$$

Nous définissons deux expressions en fonction des paramètres S.

$$A=(S_{11}S_{22})/(S_{21}S_{12})= [\Gamma^2(1-P^2)^2]/[P^2(1-\Gamma^2)^2] \quad (6)$$

$$B=(S_{21}S_{12}-S_{11}S_{22})exp[2\gamma_1(L_{air}-L)] \quad (7)$$

Nous déterminons ainsi Γ :

$$\Gamma = \pm\sqrt{\frac{X-2\pm\sqrt{X(X-4)}}{2}}\ avec\ X = \frac{(1-A)(1-B)^2}{AB} \quad (8)$$

Le signe de Γ est choisi de façon à obtenir $|\Gamma| \leq 1$. Le facteur de propagation P est obtenu à partir du rapport entre les paramètres S_{21} avec et sans matériau.

$$\frac{S_{21}}{S_{21}^{0}} = \frac{e^{\gamma_1 L}P(1-\Gamma^2)}{1-P^2\Gamma^2} \quad (9)$$

$$P = \frac{S_{21}}{S_{21}^{0}}\frac{1+\Gamma^2}{1+B\Gamma^2}e^{-\gamma_1 L}\ avec\ P^2 = \frac{B+\Gamma^2}{1+B\Gamma^2} \quad (10)$$

A partir de (1), on détermine l'indice de réfraction complexe du matériau.

$$n = \sqrt{\varepsilon_r\mu_r} = \frac{1}{\gamma_1 L}ln\left(\frac{1}{P}\right) \quad (11)$$

Pour finir, nous déterminons la permittivité et la perméabilité du matériau.

$$\mu_r=nz,\ \varepsilon_r=n/z\ avec\ z=(1-\Gamma)/(1+\Gamma) \quad (12)$$

Cette approche algorithmique présente l'avantage de s'affranchir de la connaissance du positionnement du matériau le long de la ligne coaxiale.
Dans la perspective de la propagation des incertitudes, il convient d'affiner la pertinence de l'algorithme en dissociant les dimensions du matériau et ceux de la ligne coaxiale [10] comme présenté à la Fig. 2.

Fig. 2. Vue de coupe 2D de la ligne coaxiale.

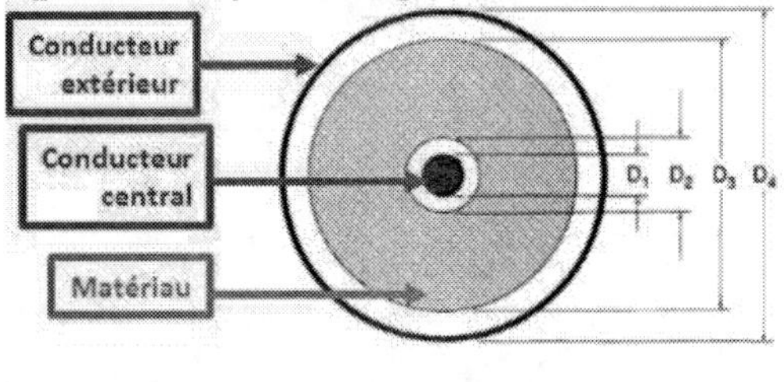

On définit 3 paramètres en fonction des différents diamètres.

$$L_1=ln(D_2/D_1)+ln(D_4/D_3)$$

$$L_2=ln(D_3/D_2) \quad (13)$$

$$L_3=ln(D_4/D_1)$$

Les paramètres électromagnétiques corrigés du matériau s'écrivent :

$$\varepsilon_c'=\varepsilon' L_2/(L_3-\varepsilon' L_1)\ ;\ \mu_c'=\mu'(L_3-L_1)/L_2 \quad (14)$$

$$\varepsilon_c''=(\varepsilon_c'\varepsilon''/\varepsilon')L_3/(L_3-\varepsilon' L_1(1+(\varepsilon''/\varepsilon')^2)\ ;\ \mu_c''=\mu'' L_3/L_2$$

Avec $\varepsilon=\varepsilon'+j\varepsilon''$ et $\mu=\mu'+j\mu''$

3 Validation de l'algorithme par simulation

Avant de réaliser les éléments d'un kit de mesure coaxial permettant l'ajout d'un matériau, il est indispensable de vérifier la pertinence de l'algorithme présenté précédemment. Pour cela, nous utilisons le logiciel de simulation électromagnétique 3D, CST microwave studio. Ce logiciel nous permet de simuler le comportement électromagnétique d'une ligne de transmission coaxiale 7 mm en y incluant ou non un matériau. Nous utilisons le quartz comme matériau test dont la permittivité est définie à 3,75 et la perméabilité à 1. A partir des paramètres S simulés avec et sans le matériau, nous déterminons les propriétés électromagnétiques du quartz. On constate sur la Fig. 3 que la permittivité et la perméabilité correspondent aux paramètres intrinsèques au logiciel pour le quartz jusqu'à 18 GHz.

Fig. 3. Permittivité et perméabilité du quartz obtenues par la simulation des paramètres S.

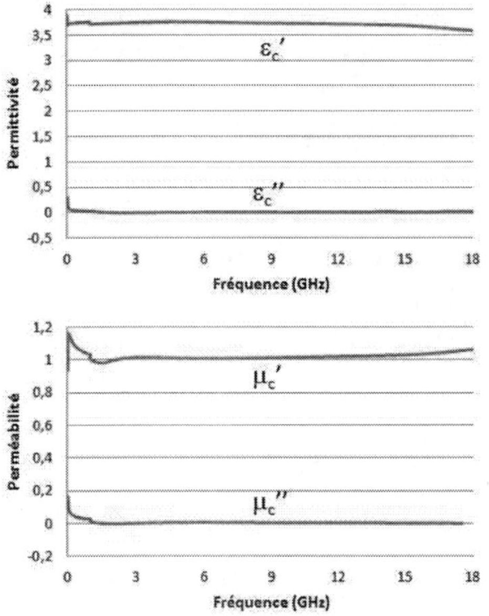

 DOI: 10.1051/metrology/201707010

4 Réalisation du dispositif coaxial

L'un des objectifs de ce projet consiste à fabriquer un kit de mesure métrologique étalon permettant d'effectuer des mesures sur différents matériaux. Il est donc indispensable de définir une topologie en ligne coaxiale afin d'obtenir à la fois des mesures en puissance efficientes et une interface mécanique permettant d'ajouter facilement un matériau sans endommager les différents éléments. La Fig. 4 montre les différentes parties constituant notre ligne coaxiale ainsi que son visuel après montage.

Fig. 4. Dispositif coaxial dédié à la caractérisation électromagnétique de matériaux.

5 Résultats expérimentaux

L'approche expérimentale mise en œuvre présente deux objectifs. Le premier est de vérifier expérimentalement la structure algorithmique déjà validée par simulation. La seconde est de proposer un résultat métrologique avec son incertitude de mesure. Nous utilisons le Téflon comme matériau à caractériser, dont la permittivité et la perméabilité théorique sont respectivement 2 et 1.
Nous procédons à la propagation des incertitudes comme définie par le GUM à partir des paramètres S mesurés et des paramètres dimensionnels de la ligne coaxiale.
La Fig. 5 montre la permittivité et la perméabilité du téflon jusqu'à 18 GHz obtenues sur la base de mesures de paramètres S réalisées sur la cellule coaxiale avec et sans matériau. On constate, sur la bande de fréquences considérée, une permittivité moyenne de 1,77 avec une incertitude maximale de 0,16 (k=2). De même, on observe une perméabilité moyenne de 0,98 avec une incertitude n'excédant pas 0,07 (k=2).

Fig. 5. Permittivité et perméabilité du téflon obtenues par la mesure des paramètres S.

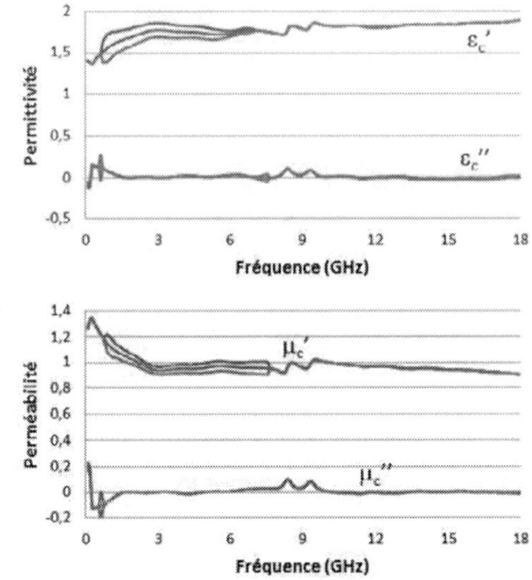

Observons maintenant le comportement de l'algorithme sur un matériau dont la permittivité est plus grande. Prenons le HIK dont la perméabilité vaut 1, mais la permittivité est théoriquement de 9,8 [11].

Fig. 6. Permittivité et perméabilité du HIK obtenues par la mesure des paramètres S.

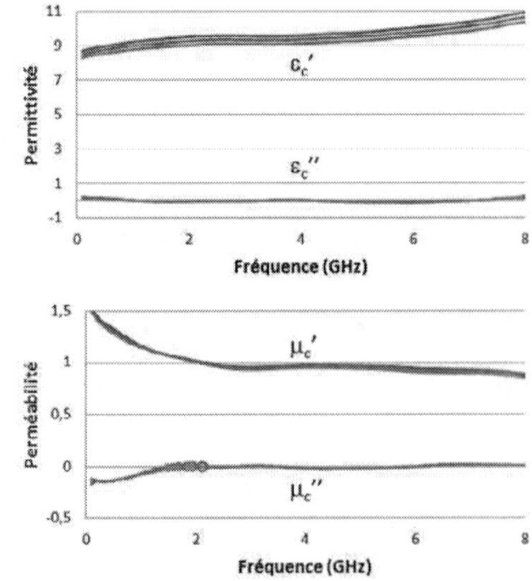

On constate sur la Fig. 6 que les paramètres électromagnétiques obtenus expérimentalement correspondent aux valeurs théoriques jusqu'à 8 GHz. On mesure une permittivité moyenne de 9,45 avec une incertitude maximale de 0,28, et une perméabilité moyenne de 1,01 avec une incertitude n'excédant pas 0,02. Au-delà de 8 GHz, des modes de résonnances apparaissent dues à l'épaisseur de matériau (3 mm) qui devient supérieure au quart de la longueur d'onde. Pour couvrir la bande de fréquences jusqu'à 18 GHz, il faudrait une épaisseur de HIK n'excédant pas 1,3 mm.

Conclusions et perspectives

Ce papier met en lumière une méthode permettant d'extraire les propriétés électromagnétiques de matériaux diélectriques jusqu'à 18 GHz à partir d'une cellule de mesure coaxiale 7 mm. Cette approche offre une flexibilité mécanique car la position du matériau le long de la ligne de transmission n'est pas considérée dans l'algorithme. Les résultats expérimentaux obtenus sur du téflon montrent la pertinence de la méthode avec des valeurs de permittivité et de perméabilité proches de la théorie sur toute la bande de fréquences jusqu'à 18 GHz. Les mesures effectuées sur du HIK présentent les mêmes conclusions, mais elles mettent en évidence la nécessité d'usiner les matériaux avec une faible épaisseur afin que cette dernière soit inférieure au quart de longueur d'onde à la fréquence la plus élevée.
Une étude similaire est en cours à partir de cellule en guides d'ondes rectangulaires dans le but de couvrir des bandes de fréquences plus importantes.

Références

1. M.D. Janezic, J.B. Jarvis, IEEE Transactions on microwave theory and techniques, **47**, 10 (1999)
2. G. Friedsam, E. Biebl, IEEE Transaction on instrumentation and measurement, 46, 2, (1997)
3. J.B. Jarvis, M. Janezic, B. Riddle, R. Johnk, P. Kabos, C. Holloway, R. Geyer, C. Grosvenor, NIST Technical note 1536, (2004)
4. O. Ndiaye-Tandia, M. Charles, D. Allal, B. Bocquet, CPEM, IEEE, (2014)
5. M. Charles, D. Allal, CPEM, IEEE, (2014)
6. K. Chalapat, K. Sarvala, J. Li, G. Paraoanu, Microwave theory and techniques, **57**, 19, (2009)
7. A.M. Nicolson, G.F. Ross, IEEE Trans. Instrum. Meas, **19**, (1970)
8. W.B. Weir, Proc. IEEE, **62**, (1974)
9. J. Baker-Jarvis, E.J. Vanzura, W.A. Kissick, IEEE Tran. Microw. Theory Tech., **38**, (1990)
10. K.C. Yaw, Application Note, Rohde & Schwarz, (2012)
11. http://www.eccosorb.eu/products/eccostock/eccostock-hik-500f

 DOI: 10.1051/metrology/201708001

Metrology for LNG custody transfer and transport fuel applications

Gerard Nieuwenkamp[1,*], *Nikola* Pelevic[1], *Jianrong* Li[1], *Oliver* Büker[2], *Karine* Arrhenius[2], *Krister* Stolt[2], *Kurt* Rasmussen[3], *Johan* Kondrup[3], *Rémy* Maury[4], *Markus* Richter[5], *Rafael* Lentner[5], *P. Alberto* Albo[6], *Simona* Lago[6], *Andrew* Brown[7], *Arul* Murugan[7], *Björn* Gieseking[7], *Jordan* Tompkins[7], *Peter* Eilts[8], *Lennart* Klare[8], *Kai* Moshammer[9], *Arnas* Lucassen[9] and *Kianoosh* Hadidi[10]

[1]VSL, Thijsseweg 11, 2629 JA Delft, the Netherlands
[2]RISE Research Institutes of Sweden, Brinellgatan 4, 504 62 Borås, Sweden
[3]FORCE technology, Park Allé 345, 2605 Brøndby, Denmark
[4]CESAME exadébit, 43 Route de l'aerodrome, 86036 Poitiers, France
[5]RUB Ruht-Universität Bochum, 44780 Bochum, Germany
[6]INRiM, Strada delle Cacce 91, 10135 Torino, Italy
[7]NPL, Hampton Road, Teddington Middlesex TW11 0LW, United Kingdom
[8]TU Braunschweig, Hermann-Blenk Straβe 42, 38108 Braunschweig, Germany
[9]PTB, Bundesallee 100, 38116 Braunschweig, Germany
[10]Justervesenet, Fetveien 99, 2007 Kjeller, Norway

Abstract. Liquefied natural gas (LNG) is a strategic and, in case of long distances, more economical alternative for pipeline natural gas. LNG is seen as the only alternative for diesel fuel for heavy duty transport (trucks, ships), with a better CO_2 footprint and less noise produced by the engine. To enable the large scale roll-out of LNG as a transport fuel, a well established metrological infrastructure for LNG has to be realized. Within the framework of the EMRP Joint research Project ENG60 "Metrology for LNG" (LNG II), a number of metrological challenges are faced. The goals are to provide traceable mass and volume flow calibrations up to 400m^3 LNG/h, to improve and validate sampling techniques for composition measurements, to improve the measurement of the LNG density and to prepare and validate an algorithm for the determination of the methane number. This paper gives an overview of the objectives that have been achieved and it provides an outlook to future activities that will be performed within a.o. the EMPIR 16ENG09 LNG III project.

1 Introduction

In view of a worldwide rise in energy consumption and the resulting increasing emission of greenhouse gases, there is a growing demand for natural gas. Liquefied natural gas (LNG) is a strategic and, in case of long distances, more economical alternative for pipeline natural gas. LNG is also addressed in the "Clean Power for Transport package" as one of the pillars of the European Clean fuel strategy [1]. LNG is seen as the only alternative for diesel for heavy duty transport (ships, trucks), having a better CO_2 footprint and less noise produced by the engine.
In recent years, the trade of pipeline natural gas declined, while LNG shipment trade increased [2,3]. The transportation of LNG by ship is, in comparison to pipeline transportation, nearly independent from political conditions and is expected to continue to grow in volume and to become as important (or even more) as pipeline transport of natural gas.

However, LNG as a product is technically and metrologically much more challenging then "common" natural gas. LNG is a liquefied mixture of hydrocarbons and it is stored and used at a temperature of approx. -162 °C, close to its boiling point. During transport the composition, and thereby the quality and all related physical and chemical properties of the LNG, will change due to evaporation of the lighter components, such as methane, from the LNG.
To enable the broad scale use of LNG, reliable measurements are needed in the complete custody transfer chain from source to engine. A validated and well established metrological infrastructure for LNG related measurements has to be in place, to support fair trade and scientific developments.

2 Energy measurement (custody transfer)

The trade of LNG is based on energy measurement. This means, when LNG is loaded or uploaded from a ship, the

* Corresponding author: gnieuwenkamp@vsl.nl

energy content is the crucial quantity. This energy content is commonly calculated from the volume, density and gross calorific value, according to the following equation from the GIIGNL handbook [4]:

$$E = V_{LNG} \cdot D_{LNG} \cdot GCV_{LNG} - E_{gas\ displaced} \quad (1)$$

Where:

E	Energy transferred (MMBTU)
V_{LNG}	Volume of the LNG (m^3)
D_{LNG}	Density of the LNG (kg/m^3)
GCV_{LNG}	Gross calorific value (MMBTU/kg)
$E_{gas\ displaced}$	Energy of the gas displaced during transfer (MMBTU)

Table 1 shows some typical estimated measurement uncertainties for the quantities in equation 1.

Table 1 : Estimated measurement uncertainties according to the GIIGNL handbook

Source of uncertainty	Typical uncertainty values $U(E)/E$ $(k=2)$
Volume	0.20 % – 0.54 %
Density	0.46 %
GCV	0.04 % – 0.07 %
$E_{gas,displaced}$	0.003 %
Energy (total):	0.50 % – 0.74 %

As can be seen in the table, the overall measurement uncertainty in determining the transferred LNG energy content is in a best case scenario in the order of 0.5% relative (based on k=2). In combination with the high quantities of LNG and the associated high value, this uncertainty represents a potential economic risk for the buyer and/or the seller of the product of many M€ per year. Reduction of the measurement uncertainty would be highly beneficial to the LNG market.

The (static) volume uncertainty of an LNG tank varies typically in the range of 0.20-0.54% (k=2) see table 1. There is almost a universal agreement that dynamic LNG flow metering has the potential to provide higher accuracy. In case LNG flow meters could be calibrated under operational conditions, measurement uncertainties in the range of 0.15-0.20% (k=2) should be possible.

Also, a more accurate determination of the density offers a great potential for a reduction of the measurement uncertainty. An improved Equation of State (EoS) would enable a better prediction of the LNG density in case the measurement instruments are calibrated with another species and/or at another temperature.

Another way to obtain the density is by calculation from its composition. The composition of (L)NG can be analyzed by techniques such as gas chromatography and Raman spectroscopy, however, reference materials to calibrate the instruments and to validate the sampling techniques used for the analyses are lacking. From the composition also the GCV can be calculated.

The uncertainty resulting from the calculation of the energy of the gas displaced is negligible and will not be taken into account in this project.

3 LNG calibration facility

Conventional volumetric gauging calibration techniques are the state of the art measurement principle for the volumetric determination of LNG ship cargo transfer. These conventional methods have several disadvantages. The level measurement only takes place before and after the loading or unloading process. For a proper correction regarding operation conditions so-called tank gauge tables are used. Tank gauge tables contain of correction tables for list and trim (inclinometer), volume corrections for the tank inclusive tank deformation, process temperatures and other corrections. The alternative use of flow meters appears to be very attractive to industry. In the meanwhile flow meters are used even more as secondary standards at some LNG terminals. These flow meters are commercially available. However, they are hardly used for custody transfer due to lack of direct traceability to a LNG flow standard at this scale and lack of an ISO standard. The need for such development is particularly high for small- and midscale distributions and the application of LNG as a transport fuel where there is no alternative to flow metering.

For this reason the development of novel and traceable calibration standards for in-line LNG mass and volume flow is an important part to support the use of flow metering technology throughout the LNG production and distribution chain. An essential component of the new mid-scale primary LNG flow calibration standard (see Figure 1 and 2) is the low-scale LNG flow calibration standard for flow rates up to 25 m^3/h (11250 kg/h) and measurement uncertainties (k=2) of 0.10 – 0.13%, developed and validated within the previous EMRP joint research project (JRP) ENG03, in the period from 2009 – 2013.

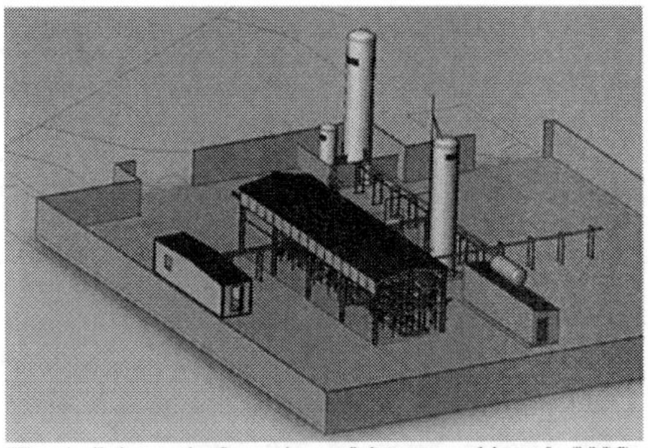

Fig. 1. Schematic Overview of the new mid-scale LNG flow facility (the building on the bottom right is the low-scale primary standard, the larger building in the middle contains the meter run package as well as the reference meters and working standards, the building on the left side of the figure is the control room).

Fig. 2. Picture of the current state of the new mid-scale LNG flow facility at the Maasvlakte, in the Rotterdam harbour area in the Netherlands.

The new mid-scale primary standard will build the next step towards full traceability of large scale flow metering. This concerns the design, construction and validation of a mid-scale mass and volume flow calibration standard operating for flow rates up to 200 m^3/h, with a possible extension to 400 m^3/h. Targeting on a measurement uncertainty of 0.15% for mass and 0.20% for volume. A (mass) flow meter operating with a measurement uncertainty ($k=2$) of e.g. 0.30% (incl. potential installation effects) will be a clear improvement compared to volume determined with tank gauging and conversion to mass through density, with an estimated combined measurement uncertainty of around 0.50 – 0.70% ($k=2$). With use of Coriolis mass flow meters (CFM) and Ultrasonic flow meters (UFM) two types of flow meters with great potential for use in custody transfer will be investigated. Both types of flow meters have their advantages and disadvantages. CMFs measure directly mass flow and do not require a density calculation. This is especially useful since the gross calorific value is expressed per unit mass. However, CMFs have size and pressure drop limitations. UFMs in turn require a density calculation but have no size limitations and providing only a very low pressure drop. UFMs are therefore well suited for transfer measurements of large volume of LNG. In the course of the project, the preparation of a new ISO standard for flow metering systems has started in ISO/TC 28 WG 20. This new standard will accelerate the application of flow meters in LNG custody transfer and lead to smaller uncertainties and simpler operations. Drafted standard will be ready for voting by the end of 2017. Finally the new mid-scale LNG facility will be used to carry out R&D programs to validate models for extrapolating flow meter calibrations from low to high flow rates and from water to LNG. In addition, currently LNG flow metering techniques are relying on water calibrations. The facility will also be used for research results on flow meter installation effects.

In addition, a prototype of Laser Doppler Velocimeter (LDV) developed in the (JRP) ENG03 project will be validated under cryogenic industrial conditions with a relative uncertainty of 0.2%. This technique forms an alternative route for establishing traceability of LNG volume flow measurements and strengthens the metrological framework.

4 Density

Besides volume determination, reliable LNG density predictions with small uncertainties are a prerequisite for the custody transfer of energy. Therefore, the aim is to measure LNG densities at the Ruhr-University Bochum (RUB) and at the national metrology institute of Italy (INRiM) in order to provide an improved model for LNG density prediction.

4.1 LNG density measurements using single-sinker densimeter based on the Archimedes (buoyancy) principle

An LNG densimeter was developed at RUB, based on the well-known single-sinker density measurement principle in conjunction with a magnetic suspension coupling. This principle was combined with a special VLE-cell allowing for liquid-density measurements at cryogenic temperatures without changing the composition of the liquid phase. In combination with a new way of operating the apparatus (e.g., supercritical filling), this feature enables measurements, which are much less affected by measurement uncertainties of the liquid-phase composition than measurements with other previous systems. After minimization of a well-known distorting effect – the force-transmission error of the magnetic suspension coupling – density measurements in the homogeneous liquid region of cryogenic liquid mixtures were carried out with relative combined expanded uncertainties of 0.044% (k=2) [5]. The densimeter has been deliberately revised to reduce the uncertainty to a value of 0.030%. The detailed design of the core apparatus of the new densimeter is shown by a sectional drawing in Fig. 3.

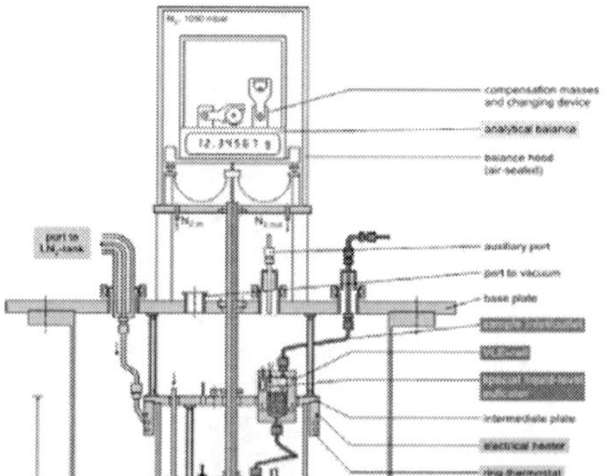

Fig. 3. Schematic diagram of the core apparatus of the densimeter for cryogenic liquid mixtures.

Densities of six different synthetic LNG mixtures were measured over a temperature range from 105 to 135 K at pressures up to 9 MPa. The measurements include saturated liquid densities and homogeneous liquid states as well as supercritical states. The maximum relative deviations of the measured LNG densities from values calculated with the GERG-2008 EOS [6] are between +0.05% and +0.22%, and the experimental saturated liquid densities agree well with the GERG-2008 EOS, in most cases even better with the "Revised Klosek and McKinley Method" (RKM).

4.2 Improvement of a selected equation of state (EOS) for the calculation of LNG densities

The LNG density is crucial for the custody transfer, and in most cases the density is calculated according to the GIIGNL handbook [4]. Therein, the RKM is recommended for density calculation, which is a pressure-independent equation to calculate saturated liquid densities within the temperature range relevant for the LNG custody transfer ($T < 115$ K). Today, it is known that this particular equation is in need of improvement with regard to pressure-dependent density calculations and the corresponding uncertainties. By comparing the new experimental data sets with the relevant equations of state (e.g., RKM and GERG-2008 EOS), RUB developed an enhanced Revised Klosek-McKinley-method (ERKM). The original RKM was supplemented by a new pressure-dependent term. The uncertainties of density calculations with the new ERKM are (independent of pressure) 0.10% for $100 \text{ K} \leq T \leq 115 \text{ K}$ and 0.15% for $115 \text{ K} < T \leq 135 \text{ K}$. RUB implemented the ERKM in their software tool called 'TREND', which also includes other models for the calculation of the thermodynamic properties of LNG.

4.3 LNG ultrasonic speed-of-sound and density sensor

INRiM developed a new type of sensor, which simultaneously determines densities and speed-of-sound (SoS) of LNG samples in the liquid phase at different cryogenic temperatures ($91 < (T/\text{K}) < 110$). The physical measurement principle consists of a dynamic measurement completely different and independent from densimeter developed by RUB, so that the inter-comparison and mutual validation of the experimental results is feasible.

The new SoS sensor (see Fig. 4) with a relative measurement uncertainty ($k=2$) of approx. 0.05% works on the principle of the double pulse-echo technique at cryogenic temperature and with a closed-loop cryostat appropriate to thermostat the sensor. This design differs from commercial ultrasonic flow-meters because the cell works completely immersed into the liquid (LNG), in this way density of the LNG sample is obtained (relative measurement uncertainty ($k=2$) approx. 0.2%) by measuring its acoustic impedance Z and the sound velocity w, $\rho=Z/w$.

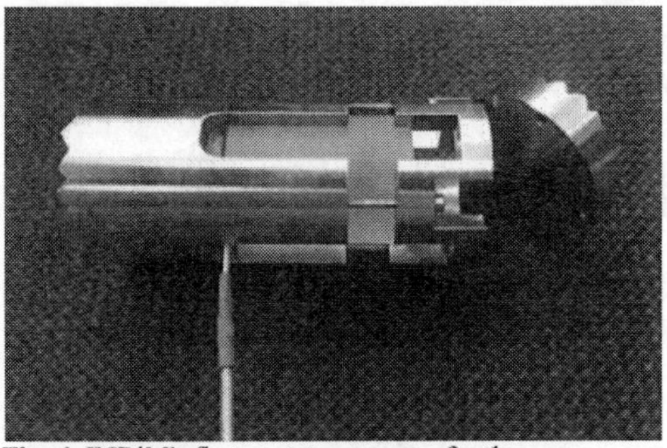

Fig. 4. INRiM's first prototype sensor for the simultaneous measurement of the density and speed of sound of a fluid based on the determination of the acoustic impedance of the sample.

Preliminary results obtained in n-nonane, n-undecane, toluene and water [7] are within 0.2% and thus show a good agreement between the measured density and literature data. Then the sensor will be validated at cryogenic temperature (in the LNG range) inside of the new laboratory cryostat. With the developed SoS sensor, densities and speed-of-sound of methane and, additionally, of LNG-like mixtures will be determined in liquid phase.

5 Sampling and composition measurement

The accurate and traceable determination of the LNG composition is crucial for the custody transfer as it allows for the accurate calculation of the physical properties as well as the methane number - both used in transport and trade. For natural gas the most accurate method for measuring the composition is gas chromatography (GC), however in the case of LNG the sampling from the liquid into a homogenous gaseous phase for analysis is challenging. An alternative envisaged for on-line testing in the LNG pipeline stream is Raman spectroscopy. Combined measurements using both GC and Raman will be performed when the calibration facility in the Netherlands is operational.

5.1 Mobile and compact sampler

One aim is to address the aforementioned issues by investigating methods to sample and vaporise LNG in a representative, homogeneous and reproducible fashion. In order to achieve this, a mobile and compact sampler has been developed and has been tested and validated on-site at an LBG storage facility in Gothenburg, Sweden.

In addition an accurate laboratory-based LNG sampling and composition measurement reference standard, consisting of sampler, vaporizer, gas standards and GC is being developed. The setup uses certified gas standards of known composition to provide traceability and will be cross-validated by a Raman spectrometer. Afterwards it will be used to validate commercially available LNG sampling and composition measurement systems. In addition the Raman system used for cross-validation will be calibrated by an independent party using a liquefier, before and after the validation measurements with GC.

5.2 Effect of long-term storage of LNG

A second topic that is being investigated is the effect of long-term storage of LNG on its composition. In general long-term storage of natural gas in the liquid phase is desirable due to the significant increase in the amount of substance that can be stored using the same storage volume. However, since the technique of storing cryogenically cooled liquefied natural gas is new, the effect of storage on the LNG composition is not well documented. It is expected that smaller molecules, such as methane and ethane, will evaporate faster than the heavier molecules, such as butane and pentane, leading to an enrichment of the LNG composition with heavier hydrocarbons. This process is called ageing. The change of composition will change the density, but also the methane number of the LNG and thereby changes the behaviour of the LNG as a fuel in the engine.
Therefore in order to get a better understanding of these aging effects, the aforementioned mobile sampler is used to take a set of samples from a storage facility at regular intervals. Afterwards the samples are being analysed using GC.

5.3 Particle measurement

Since LNG is used as engine fuel, industry, and in particular engine manufactures, have strict requirements regarding its composition and cleanliness. Depending on the technique deployed for supplying LNG and injecting the fuel into the engine, mechanical components like pumps are sensitive to the presence of micrometre-sized particles as they can cause premature wear. Therefore a method for determining the particle number and size distribution in LNG is being developed as part of the work package. In a field study in Gothenburg, Sweden, using the mobile sampler combined with an optical particle counter, a series of samples have been taken from a LBG storage site and analysed. The applied test procedure is being developed using representative gas reference standards and particle sources and the results of the field study will be compared with results of an independent gravimetric method for the measurement of particles.

5 Density, Enthalpy and calorific value

Uncertainties and the traceability of enthalpy and calorific-value calculations will be examined by the national metrology institute of Germany (PTB).
In the preceding EMRP JRP, the PTB calculated the calorific values and enthalpies of formation of typical LNG samples. A notable result of these calculations was the difference in energy content between the LNG in the real liquid state (-160°C, several bar pressure) and at pipeline reference conditions (15 or 25°C, atmospheric pressure). The monetary equivalence of this energy (enthalpy) difference can be up to 500 k€ per shipload. Additionally, the lack of uncertainties, state-of-the-art uncertainty budgets and doubtless traceability for many input quantities for the enthalpy and calorific value calculations, like heat capacities or enthalpies of formation force to critically examine the literature data used in the calculations with respect to the given uncertainties and to check the traceability of these data.

6 Methane number

The methane number (MN) is the natural gas counterpart of the octane number (ON) and describes the knocking resistance of a gas mixture to engine knocking. Knocking is a phenomenon in spark ignited internal combustion engines where ignition occurs at other points in time and space than the spark. This has to be avoided, because it can lead to higher stress on the engine and possibly destruction. To avoid problems the fuels are characterised by a fuel number which expresses the knocking propensity.
Similar to the ON a reference binary mixture is used for the scale were the value 100 corresponds to pure methane with low knocking propensity and the value 0 corresponds to pure hydrogen with a higher knocking propensity. Although widely used to validate the quality of LNG mixtures, there is no homogeneous method for calculating the MN. A main objective is to develop a standardized algorithm for calculating the MN. For the same reason, experimental measurements regarding knocking and ignition delay times will be performed for a further improvement of the calculation algorithm.

6.1 Algorithm for calculating the MN of a LNG mixture based on its composition

The algorithm developed in this work to calculate the methane number from the composition of a LNG mixture is based on the experimental data gathered by the "Anstalt für Verbrennungsmotoren Prof. H. List" (AVL). The AVL method [8] uses the ternary diagrams that summarise the results of the engine tests as an extensive data set for modelling the correlation between the composition of a natural gas mixture and its resulting methane number. The developed algorithm follows for the most part the steps described in the AVL report. One major difference is that the process of deriving the methane numbers for the two sub-mixtures by reading the respective ternary diagram is replaced by an automated procedure. This procedure mimics the way the aforementioned ternary diagrams are likely to be used by a reader. In order to increase the repeatability and reproducibility of the calculation of the MN by means of the new algorithm, a routine is used to minimise the difference in MN for the sub-mixtures ΔMN by varying the methane concentration of both mixtures. For the first time to our knowledge, the new algorithm also determines the uncertainty associated with the calculated MN. The uncertainty contributions mainly stem from the use of the ternary diagrams and in particular the limited resolution of the graphs. Calculated values strongly depend on the composition of LNG yielding expanded measurement uncertainties (k = 2) that vary between 0.2 and 0.7 MN or 0.3 and 0.8% relative. In order to validate the developed algorithm the calculated values for a set of exemplar LNG mixtures were compared with the results from other popular calculation tools developed by "Motorenwerke Mannheim" (MWM) [9] and "Danish Gas Company" (DGC) [10]. The results of the new algorithm show a good agreement with both methods with the difference between the new algorithm and the DGC method being almost negligible. The MWM method yields MN values that agree within ±1MN.

In order to check the linearity of the developed algorithm, the results for a set of gas mixtures covering a MN range between 60 and 99 were compared with the results derived from the DGC and MWM method. As a result, the newly developed algorithm correlates approximately linearly with the two other methods.

6.2 Spark-Ignition (SI) engine measurements

By definition, the MN can only be measured with the equipment originally used by AVL during the development of the method [8]. Unfortunately this equipment is not readily available. If a different engine or different operating conditions are employed the results are different. In order to make the results comparable the so-called service methane number (SMN) has been introduced. The SMN of a gas is defined as the percentage of methane in a mixture of methane and hydrogen which has the same knocking behaviour as the gas to be investigated in an arbitrary engine under arbitrary operating conditions. The SMN shows the same tendencies as the MN, but different absolute values. Depending on the boundary conditions chosen, the correlation between SMN and MN can be nearly linear. To determine the correlation between SMN and MN for the test engines to be used in this project a range of gases the MN of which is known from the work of AVL is measured. To determine the knock propensity the number of knocking events a defined operating point is compared to a calibration curve of methane hydrogen mixtures at the same operating point. On the other hand the operating point at which knocking starts to occur is compared. Subsequently a matrix of typical LNG mixtures has been investigated to determine the dependence of the SMN on the composition.

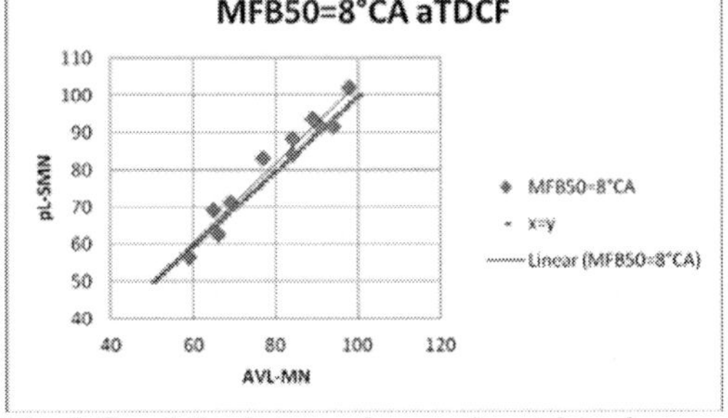

Fig. 5. Correlation between the experimental service methane number based on the intake manifold pressure (pL) and the theoretical methane number based on the AVL algorithm.

Figure 5 shows an example of the results of the determination of the SMN using the intake manifold pressure (pL) as a measure for the knocking propensity of the gases, compared to the MN calculated with the AVL algorithm.

6.3 Ignition delay time measurements

One important property of a gas mixture related to knock is the ignition delay time. The ignition delay time is the time between the point where a mixture of combustible gas and oxidizer reaches temperature and pressure conditions under which it is possible to ignite and the actual ignition event. The shorter the ignition delay time the higher the knock propensity of the mixture as hot surfaces for instance can lead to auto-ignition events before the ignition by the spark. Therefore the same mixtures measured in the engine experiments are measured in a rapid compression machine (see Fig. **6**) which is basically a single stroke single cylinder engine capable of reaching much defined pressure and temperature conditions very quickly in order to enable the accurate measurement of the ignition delay time.

Fig. 6. Rapid Compression Machine (RCM).

The results can then be used to crosscheck the engine experiments and the calculating algorithm for the MN.

As a next step in this work, the experimental data from the engine and ignition delay time measurements can be used as feedback to modify the algorithm and investigate the effect of higher hydrocarbons on the knocking resistance

7 Summary and outlook

Custody transfer of LNG is based on energy measurements of the LNG transferred. The energy is determined by volume, density and the gross calorific value of the LNG. The volume of ship tanks is measured (static) using tank level gauging. This measurement method is currently the only established procedure to measure the LNG volume transferred and therefore different to the custody transfer of oil. In the latter case (dynamic) flow measurement is, besides tank level gauging, a well-established procedure in order to determine the volume delivered. This has the advantage that the same, permanently installed infrastructure can be used for each ship which arrives in the port. In addition real-time flow data is available during the load or unload process which improves the handling and operation.

Moreover, it can be foreseen that dynamic flow metering of LNG will provide significant lower measurement uncertainties, if the flow meter could be calibrated under real LNG process conditions. Currently, a mid-scale calibration test facility is established, primarily to provide traceable flow measurements (flow rates up to 200 m^3/h, expandable to 400 m^3/h) under real process conditions, but also as infrastructure to test new approaches related to sampling, density measurement, etc.

The accurate and traceable determination of the LNG composition is important, since this is the foundation for the correct determination of the energy content and the calculation of the methane number of the transferred LNG. Furthermore the high-precision determination of density is based on accurate sampling and vaporization. One specific objective of the project was the development of a method for the determination of the methane number, including a correlation of the methane number to the LNG composition, with the aim to harmonize the definition and measurement methods used by gas engine manufacturers worldwide. Another major objective of the project is to provide validated and improved models for determination of LNG density with considerable higher accuracies. In this context improved correlation between density and composition will be established. Within the project a unique high accuracy (off-line) densimeter and a novel (in-line) speed-of-sound (SoS) and density measurement system were developed. That means two independent methods for the determination of the density are available. The SoS and density sensor will be finally used to improve the correlation between SoS and density.

Within the framework of the European Metrology Program for Innovation and Research (EMPIR) a new three years project on LNG has been granted and has started in June 2017. In this project studies will be performed to demonstrate the effects of flow disturbances, the presence of multi-phase flow and the effects of insulation and inclination on the flow measurements. This will result in lower uncertainties and improved reliability for field measurement results. In this new EMPIR project, also a liquefier will be constructed to prepare LNG samples with a known composition from a certified natural gas mixture. These LNG samples will be used to validate and calibrate samplers and composition analyzers such as gas chromatographs and Raman spectrometers.

To enable the large scale roll-out of LNG as a transport fuel, within the EMPIR project sensors will be developed, tested and validated to perform reliable on-line measurements of the density, methane number and the methane slip.

Acknowledgement

The authors would like to acknowledge that the work in this project was carried out with funding by the European Union. The EMRP is jointly funded by the EMRP participating countries within Euramet and the European Union.

References

[1] Clean Power for Transport Package and EU Clean fuel strategy: https://ec.europa.eu/transport/themes/urban/cpt_en

[2] BP, *Statistical review of world energy*, 65th edition (June 2016)

[3] OECD/IEA, *Medium-Term Gas Market Report 2016: Market Analysis and Forecasts to 2021* (2016)

[4] GIIGNL, *LNG custody transfer handbook*, 4th edition (version 4.00) (Paris (2015)

[5] M. Richter et al., *Development of a special single-sinker densimeter for cryogenic liquid mixtures and first results for a liquefied natural gas (LNG)*, J. Chem. Thermodynamics 93 (2016) 205–221

[6] O. Kunz, W. Wagner, *The GERG-2008 Wide-Range Equation of State for Natural Gases and Other Mixtures: An Expansion of GERG-2004*, J. Chem. Eng. Data 57 (2012) 3032–3091

[7] S. Lago, P.A. Giuliano Albo, *A Novel On-Line Ultrasonic Sensor for Simultaneous Density and Speed of Sound Measurements in High Pressure Fluids*, 19th Symposium on Thermophysical Properties, Boulder, CO, USA (21-26 June 2015)

[8] Forschungsvereinigung Verbrennungskraftmaschinen e.V., *Erweiterung der Energieerzeugung durch Kraftgase*, Teil 1-3, Forschungsberichte Verbrennungskraftmaschinen, Heft 81-82 & 120 (Frankfurt/Main – Niederrad, 1968-1971)

[9] European committee for standardization, prEN 16726:2014, *Gas infrastructure – Quality of gas – Group H* (Brussels, May 2014)

[10] P. Andersen, *Algorithm for methane number determination for natural gases*, Project Report (Danish Gas Technology Centre a/s, 1999)

Particulate content of biogas

Richard Högström[1,*], *Hannu* Vesala[2], and *Martti* Heinonen[1]

[1]VTT Technical Research Centre of Finland Ltd, Centre for Metrology MIKES, Tekniikantie 1, 02150 Espoo, Finland
[2]VTT Technical Research Centre of Finland Ltd, Biologinkuja 5, 02150 Espoo, Finland

Abstract. Increased use of biogas in energy production and transportation is necessary to reduce greenhouse gas emissions and dependency of imported fossil fuels in the EU. To support this, quality specifications for biogas is under development specifying, among other things, limit values for impurities including the requirement of particle free biogas. At the moment, however, the particle concentration of biogas is not monitored. In this study, the need and appropriate methods for measurement based quality control was investigated. Biogas was sampled at the Kujala biogas production and upgrading facility in Lahti, Finland. Both off-line measurements of bottled biogas and on-site measurements were performed. Results indicate that the particulate content of biogas is very low even before any processing, and thus measurement based quality control is not necessary. However, the particulate content probably depends on the specific biogas production process and thus it must be assessed for each process separately. The measurement of particulate content of biogas should preferably be performed on-line, because sampling and storing biogas in gas bottles results in significant particle losses.

1 Introduction

In order to tackle global warming and reduce the dependency on imported fossil fuels, EU has issued a Renewable Energy Directive 2009/28/EC dictating that 20 % of the energy consumption should come from renewable sources by 2020 [1]. Increased use of biogas in energy production and transportation is essential for reaching these goals.

To promote the use of biogas, a European standard CEN/TC 408 is under development which gives specification on the quality of biogas injected into natural gas grids and used as transport fuel. Among other parameters, limit values for key impurities are defined including the requirement that the produced biogas should be particle free [2]. At the moment, however, the particle concentration of biogas is not monitored.

Within the European Metrology Research Programme (EMRP) joint research project ENG54 Biogas, the need and appropriate methods for measurement based quality control of particulate content of biogas was investigated. In order to address these questions, the particulate content of biogas was measured at the Kujala production facility of GASUM in Lahti Finland using both on-line and off-line methods.

2 Methods

Many biogas production sites are quite small in terms of annual turnover, and hence there are limited resources for investing in measurement equipment. In practice, this implies using off-line measurement methods, which require sampling and storage of biogas in gas cylinders. Therefore, the feasibility of off-line analysis of particulate content was studied by sampling biogas into gas cylinders and analysing the particulate content in the laboratory.

2.1 Composition of biogas

The composition of raw (un-processed) biogas depends on the material from which it is produced and the type of production process. In the Kujala biogas production and upgrading facility, biogas is produced from bio-waste from households and industry by dry fermentation. The produced raw biogas is upgraded by high pressure water scrubbing (HPWS) in order to remove carbon dioxide and sulphates. The composition of the produced raw and processed biogas is shown in table 1.

Table 1. Composition of raw and processed biogas as determined by GASUM using gas chromatography.

Composition	Processed biogas	Raw biogas
Methane (CH_4)	97.3 %	55.7 %
Carbon dioxide (CO_2)	1.6 %	44.1 %
Nitrogen (NO_2)	0.7 %	NA
Oxygen (O_2)	0.4 %	0.1 %
Hydrogen sulfide (H_2S)	0 ppm	5 ppm

* Corresponding author: richard.hogstrom@vtt.fi

 DOI: 10.1051/metrology/201708002

2.2 Laboratory measurements

Both raw and processed biogas was sampled into 50 L steel cylinders up to a pressure of 5 bar and 40 bar, respectively. The sample cylinders were evacuated before sampling and the connecting lines were kept as short as possible in order to avoid ambient air from entering the cylinder.

The particle concentration and size distribution was measured with an Electrical Low Pressure Impactor (ELPI) aerosol measurement instrument [3]. The ELPI was connected to the sample cylinder after a pressure reducer maintaining the inlet pressure at the ambient pressure level. The outlet was connected to a vacuum pump so that the outlet pressure was 10 kPa. The flow rate was set to 10 L/min. With these settings the following nominal impactor stage cut-off sizes were obtained: 0.028 µm, 0.055 µm, 0.093 µm, 0.158 µm, 0.266 µm, 0.387 µm, 0.621 µm, 0.959 µm, 1.62 µm, 2.42 µm, 4.04 µm, 6.75 µm and 10.02 µm. Greased al-foils were used as a substrate on the impactor stages in order to avoid particle bouncing. Before starting measurements, zeroing was performed in order to adjust the offset of the electrometers.

The particle concentration of raw and processed biogas was measured subsequently by changing the sampling line between the two sample bottles. In between and after the measurements, the background reading of the ELPI was checked by measuring laboratory air that has been sampled through a high efficiency particulate filter (HEPA). Also, the particle concentration of laboratory air was measured for comparison in order to get a grasp of the magnitude of the biogas particle concentration. Each measurement lasted for at least 10 min.

2.3 On-site measurements

At the biogas production site, the ELPI was measuring at a location after the dry fermentation process, i.e. raw biogas was sampled. At this stage, the pressure level is quite low (1 mbar) and thus the ELPI could be connected to the process line without any pressure reducers in between. A Permapure Nafion® dryer (Dekati® Dryer DD-600) was connected at the input of the ELPI to remove water vapour from the gas in order to avoid water condensation at the ELPI impactor stages. Similar settings for the ELPI were used as in the laboratory measurements and zeroing was performed before starting measurements.

3 Results

3.1 Laboratory measurement results

The particle number concentration of processed biogas is very low and can barely be distinguished from the concentration of HEPA filtered laboratory air, which is practically particle free (figure 1). This is not surprising because the biogas upgrading process involves water scrubbing which effectively removes particles. Also a 1 micron particulate filter is included in the process for removing fine particles.

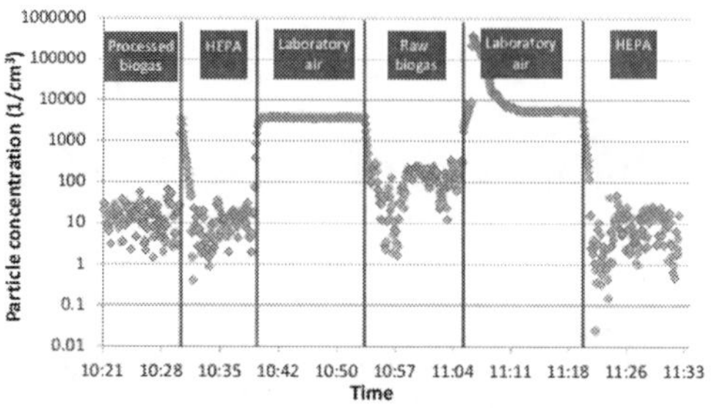

Fig. 1. Particle number concentration of raw and processed biogas as sampled from the sample cylinder. Particle concentration of laboratory air and HEPA filtered air is shown for comparison.

As expected, a higher particle concentration was found in raw (un-processed) biogas. However, the particle concentration is also very low (over one magnitude lower than the concentration found in laboratory air).

Based on the particle size distribution data (figure 2), most of the particles are below 100 nm in size. The concentration of particles larger than 100 nm is very low and cannot be distinguished from the background signal of the ELPI, which was measured by sampling HEPA filtered laboratory air. From figure 2 it can be seen that also processed biogas contains small amounts of particles in the size range below 100 nm.

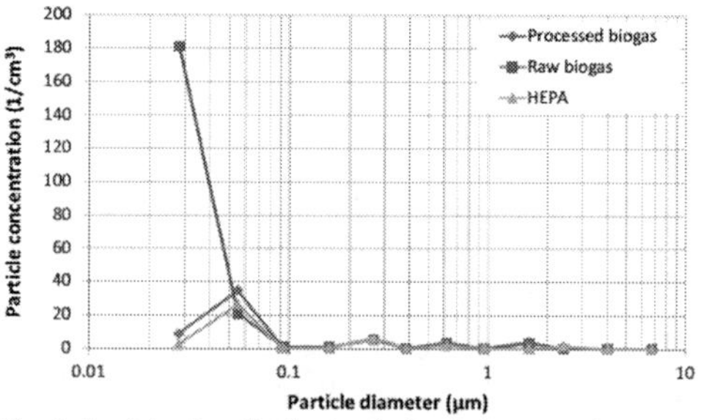

Fig. 2. Particle size distribution in bottled raw- and processed biogas. Results with HEPA filtered air is shown for comparison.

3.2 On-site measurement results

The particle concentration of raw biogas measured on-site (figure 3) is on average about 10 times higher than the concentration measured from the sample cylinder.

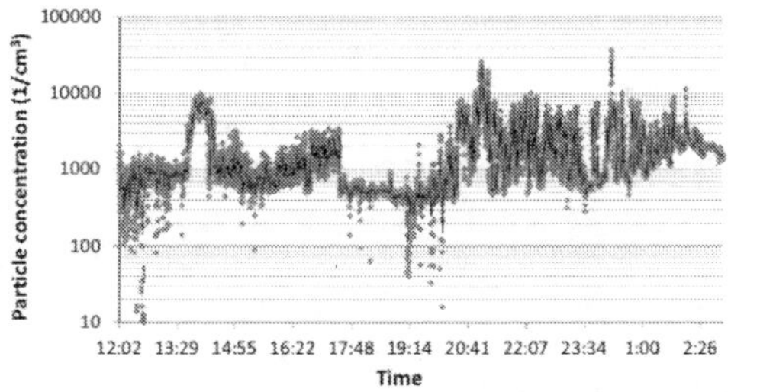

Fig. 3. Particle number concentration of raw biogas measured on-site. Solid line shows 1 min moving average.

This indicates that particulate losses caused by sampling and storing biogas into cylinders are considerable. Similarly to the laboratory measurements, most of the particles were below 100 nm in size (figure 4).

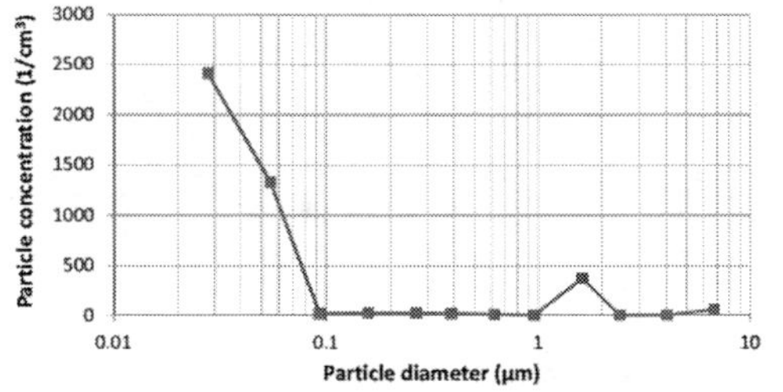

Fig. 4. Particle size distribution of raw biogas measured on-site.

Anyway, the particle concentration of raw biogas is on the order of 10 times lower than the particulate concentration of the air surrounding the site (measurements not shown here). This is reasonable considering that the dry fermentation process is an anaerobic process.

Although the average particle concentration of raw biogas is low, considerable temporal variations was observed. The reasons for these variations are not fully understood, but they are probably related to variations in the dry fermentation process.

4 Discussion

Offline measurements of particulate content of biogas are problematic due to particle losses in sample cylinders. Particles are lost by inertial impaction when filling the cylinder. Storage of the biogas in cylinders will lead to diffusional losses of fine particles onto the walls and losses of larger particles by gravitational settling. Therefore, it is recommended that the particle concentration of biogas is measured on-line. Moreover, on-site measurements using real-time aerosol measurement instrumentation, such as the ELPI, give an insight into the time dependent behaviour of the particle concentration in the process.

The particle concentration of biogas produced at the Kujala facility was found very low even before any processing. In any case, further processing is necessary to remove carbon dioxide and sulphur compounds so that the biogas can be used as a commercial fuel. This is achieved by the HPWS process, which effectively removes also particles. After this process, the biogas is sampled through a particulate filter. These process steps were found to effectively remove practically all particles from the biogas. Thus, at this specific facility, continuous particulate monitoring was found unnecessary. However, the particulate content probably depends on the biogas production process and therefore, the particulate content should be assessed for every process separately.

5 Conclusions

This study indicates that the particulate content of biogas is very low even before any processing. Based on these findings, measurement based quality control of particulate content is not necessary. However, the particle concentration probably depends on the production process, and therefore it should be assessed for every process separately. Measurements of particle concentration should preferably be performed on-line, because sampling into gas cylinders results in significant particle losses.

Acknowledgements

This work was supported by the European Metrology Research Programme (EMRP) jointly funded by the EMRP participating countries within EURAMET and by the European Union. The authors would like to thank Vesa Virtanen from GASUM for providing the biogas samples and for the assistance during the on-site measurements.

References

1. Directive 2009/28/EC of the European Parliament and of the Council on the promotion of the use of energy from renewable sources, Brussels, 23 April 2009
2. European Organization for Standardization, prEN 16723-2 - Natural gas and biomethane for use in transport and biomethane for injection in the natural gas network — Part 2: Automotive fuel specifications, 2014
3. J. Keskinen, K. Pietarinen, M. Lehtimäki, Electrical low pressure impactor, J. Aerosol Sci., **23**(4), 353-360 (1992).

Metrology for sustainable hydrogen energy applications. Hydrogen quality specification for fuel cell vehicles

Andrés Rojo[1,*], *Dolores* Del Campo[1], and *Teresa E.* Fernández[1]

[1]Centro Español de Metrología (CEM), Temperature Department, Reference Gas Laboratory, 28760 Tres Cantos, Spain

Abstract. Hydrogen, as an energy source, is a clean and storable solution that could meet the worldwide energy demands in the future. The rapid progress of the fuel cell electric vehicles and related technology will require revising the standards that are too generic to enable a sustainable implementation in this emerging sector. The Reference Gas Laboratory of the National Measurement Institute of Spain (CEM), with academic support from University of Valladolid (UVa), through the 2015 Call for The European Metrology Programme for Innovation and Research (EMPIR), participates in the project "15NRM03 - Hydrogen - Metrology for sustainable hydrogen energy applications" that is coordinated by the Laboratoire National de Métrologie et d'Essais (LNE). This project aims at evaluating the probability of hydrogen impurity affecting fuel cells and developing analytical techniques for traceable measurements of the hydrogen impurity. The project will contribute to the standardisation development works through presentations and informative or normative guides. The Reference Gas Laboratory of the National Measurement Institute of Spain (CEM) is developing optimised methods and gas standards for the hydrogen impurity analysis leading to the implementation of the ISO 14687-2 [1]. In this work, the results of the analysis of impurities of argon, nitrogen, oxygen and helium in first samples will be showed.

1 Introduction

The new European policy objectives in the transport and energy sectors defined in the Horizon 2020 Research and Innovation programme from the European Parliament [2], encourage the decarbonisation of the transport sector by the wide use of hydrogen and strongly promote normative research in order to respond to the specific needs identified in the new European Directive on the deployment of alternative fuels infrastructure 2014/94/EU [3]. Article 5 of the Directive 2014/94/EU establishes the framework of hydrogen supply for road transport by requiring that "the hydrogen refuelling points accessible to the public (...) comply with the specifications set out in point 2 of Annex II". The 2nd point of this referenced Annex II relates to the hydrogen purity dispensed by hydrogen refuelling points that is expected to comply with the technical specifications included in the ISO 14687-2 standard (section 2.2). The metrological needs are identified in ISO 14687-2 as "Since the Fuel Cell Vehicle (FCV) and related technology are developing rapidly, this part of ISO 14687 needs to be revised according to technological progress as necessary probably towards less constraining detection limits". This ISO 14687-2 standard lists the maximum impurity concentrations for particulates and 13 gaseous compounds (Ammonia, Ar, CO, CO_2, formaldehyde, formic acid, H_2O, He, N_2, O_2, total halogenated compounds (HCl), total hydrocarbons compounds, total sulphur compounds) that should not be exceeded in hydrogen supplying a Fuel Cell Electric Vehicle (FCEV). The current recommended methods are not suitable for all the 13 gaseous components mostly due to the very low detection limits which are too close to the specifications listed in the standard. Monitoring these parameters at these low levels of concentrations is both time consuming and expensive as it requires several sampling and analytical techniques to be set up. The performance of analytical methods, existing and under development, will be evaluated to perform hydrogen purity testing (number of parameters covered, uncertainties, risk for interferences, robustness...) with a high level of confidence. New methods will be developed when needed. By defining relevant performance characteristics for methods (selectivity, measurement uncertainties, quantification limits, working range, robustness, trueness and precision...), laboratories would be able to choose adequate analytical methods in terms of the parameter to be studied.

The Reference Gas Laboratory of National Measurement Institute of Spain (CEM) analyses the impurities of argon (Ar), helium (He), nitrogen (N_2) and oxygen (O_2) in real samples of hydrogen. The samples are supplied by hydrogen production plants that use steam methane reforming (SMR), electrolysis or chlor-alkali processes to obtain hydrogen. The analysis of hydrogen samples from a representative number of hydrogen production plants will corroborate the current

* Corresponding author: arojo@cem.minetur.es

Article available at http://cfmetrologie.edpsciences.org or https://doi.org/10.1051/metrology/201708003

 DOI: 10.1051/metrology/201708003

expertise and validate the production process risk assessment with analytical data. The 13 gaseous parameters of ISO 14687-2 (except particulates) will be measured in the hydrogen samples using state-of-the-art methods to reach the values specified in the mentioned standard with the highest precision. If the measured values are lower than the value specified, the analytical methods with the lowest limit of detection will be applied to measure the impurity concentration in the hydrogen samples.

2. Analysis technique

2.1 Preparation of gas standards

To perform the hydrogen purity analysis several calibration standards were prepared. These standards make the measurement traceable to national standards being considered primary reference gas mixtures (PRGMs). The preparation is according to ISO 6142 [4] using gravimetric method and the concentration of these standards was studied to be in a same range of the threshold shown in ISO 14687-2. Argon and nitrogen are added together in the same cylinder using helium as balance gas in order to save time in preparation. The balance gas used for oxygen and helium standards was nitrogen.

Table 1. Concentration of the PRGMs prepared.

Individual contaminant analysed by CEM	Maximum concentration ISO 14687-2 µmol/mol	Concentration of the PRGMs µmol/mol
Argon	100	80, 100, 150
Nitrogen	100	80, 100, 150
Oxygen	5	10, 15, 80
Helium	300	50, 80, 100

2.2 Sample analysis

The first three samples from SMR production process were received in 2 valves cylinder of 0.5 L and labelled as QE1005, QE1018 and QE1024. The cylinders were kept in the laboratory for stabilization during 24 hours before analysis. They are connected to the analyser by a pressure regulator and using stainless steel tubing. The analyser is a micro-GC with Thermal Conductivity Detector (TCD) using a 10 m Molsieve column with a 3 m PLOT-U as a pre-column. The carrier gas used is helium BIP® except when helium is the impurity to be analysed using argon BIP® as carrier gas in that case. The analysis is performed one by one in order of concentration starting with the sampling cylinders and then, the standards. The line is purged 30 s before every analysis.

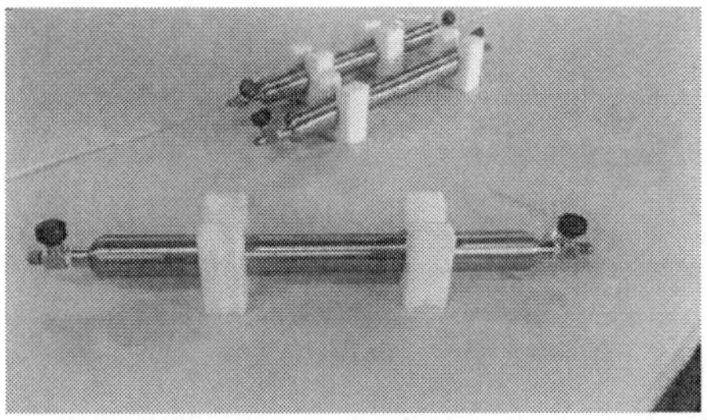

Fig. 1. Sampling cylinders at the laboratory.

3. Impurities analysis

3.1 Oxygen

Two of the samples are analysed and compared to the oxygen in nitrogen PRGMs. The efficiency of the line purging is critical because of the possible presence of oxygen from the ambient air. The number of injections has to be high to minimize the possible effect of the ambient air in the system. This situation can be seen when the chromatographic signal obtained and the number of injection is represented graphically, Fig. 2.

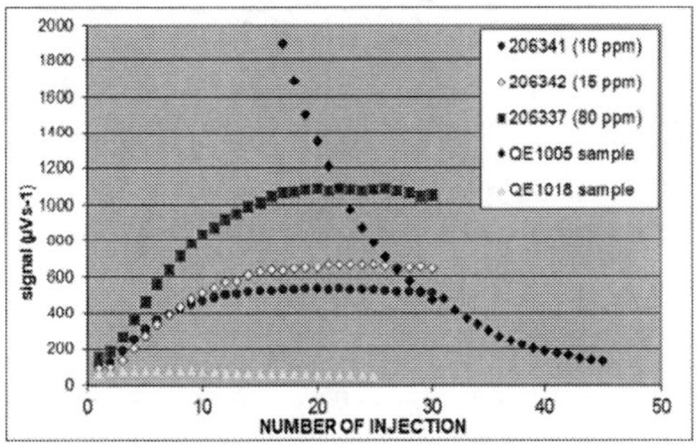

Fig. 2. Graphic presentation for chromatographic signal vs. number of injection for samples (QE1005, QE1018) and PRGMs (10, 15, 80) µmol/mol O_2 in nitrogen.

The graphic presentation of the data is in accordance to the chromatograms obtained. When the chromatograms of PRGMs (5 µmol/mol and 10 µmol/mol O_2 in nitrogen) are compared to samples, it can be seen that the response in the samples is lower than PRGMs response, Fig. 3. Although there is not consistency between the chromatographic signal for standards 5 µmol/mol and 10 µmol/mol, it could be assumed that the amount of oxygen in samples is below 5 µmol/mol, Fig. 2 and Fig. 3.

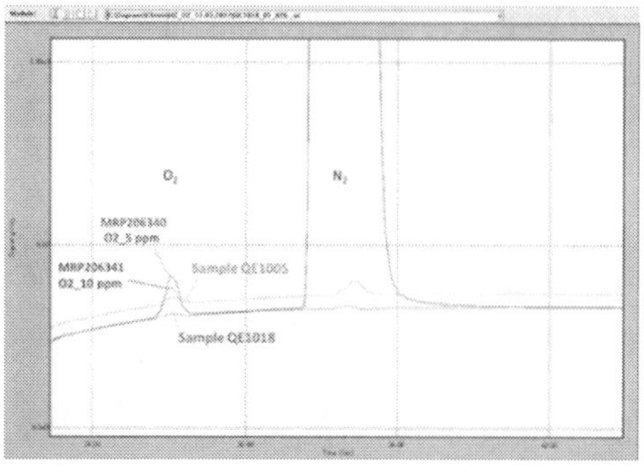

Fig. 3. Comparison of chromatograms for samples (QE1005 and QE1018) and 5 µmol/mol and 10 µmol/mol O_2 in nitrogen PRGMs.

3.2 Helium

The analysis of helium impurities is performed using argon BIP® as carrier gas. The sample QE1018 is analysed and compared with the PRGMs of He in nitrogen. The chromatographic separation of helium and hydrogen peaks in the sample is fundamental. This can be achieved reducing the temperature and the carrier gas pressure increasing the time both analytes are inside the column to force the separation, Fig. 4.

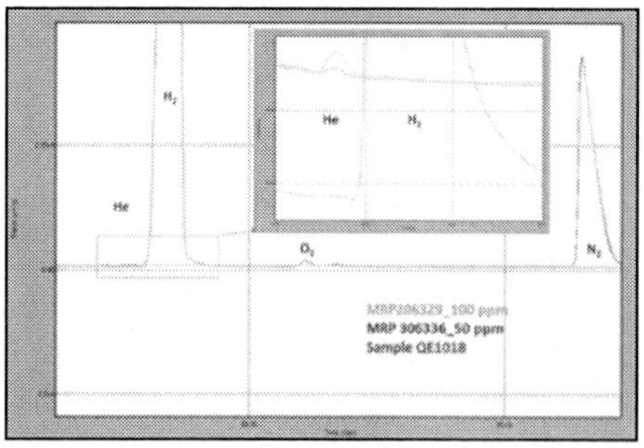

Fig. 4. Chromatograms comparison for sample (QE1018) and PRGMs (50 and 100) µmol/mol He in nitrogen.

If the signal and the number of injection are graphically represented it can be seen that the value of the sample is lower than the 50 µmol/mol PRGM, Fig. 5.

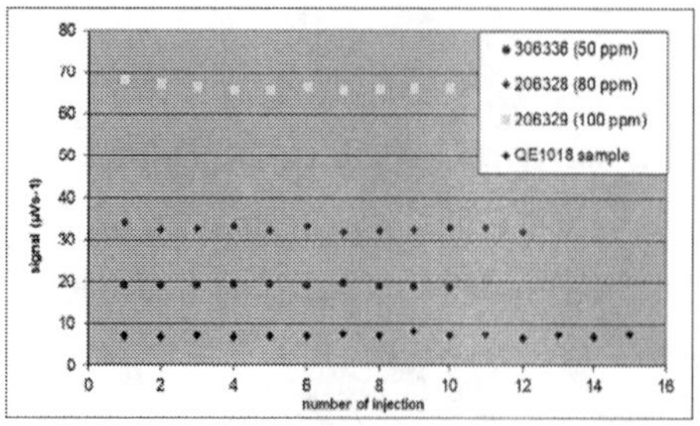

Fig. 5. Graphic presentation for chromatographic signal vs. number of injection for sample (QE1018) and PRGMs (50, 80, and 100) µmol/mol He in nitrogen.

3.3 Argon

The retention time for argon is similar to oxygen so the presence of ambient air in the system because of a poor purge of the lines, can increase the response for argon impurity in the sample. Again a possible solution could be to perform the analysis using a big number of injections, but despite of this, the drift is still too pronounced, Fig. 6.

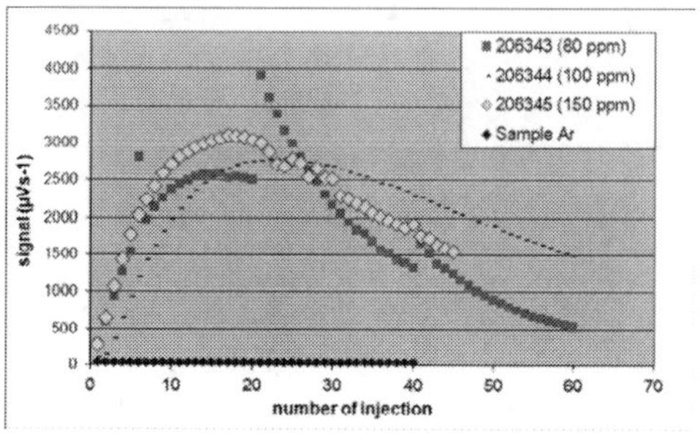

Fig. 6. Graphic presentation for chromatographic signal vs. number of injection for sample (QE1018) and PRGMs (80, 100 and 150) µmol/mol Ar in helium.

The chromatogram obtained for sample (QE1018) and PRGMs is in accordance to the Fig. 6, where it can be seen the value for Ar impurity in the sample is lower than to the PRGMs signals, Fig. 7.

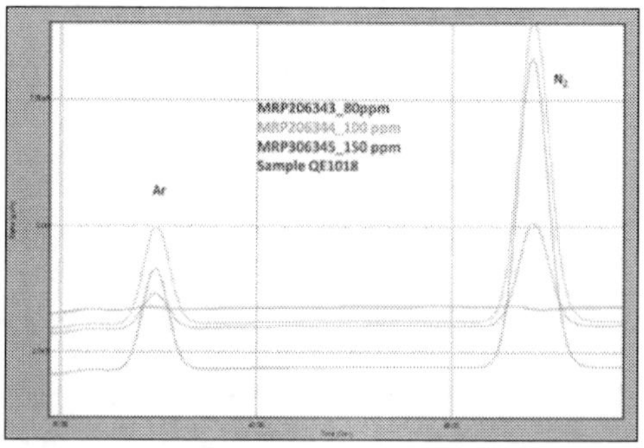

Fig. 7. Chromatograms comparison for sample (QE1018) and (80, 100 and 150) µmol/mol Ar and N_2 in helium PRGMs.

3.4 Nitrogen

With nitrogen the presence of ambient air in lines has the same effect as argon example. If the purge is not effective enough ambient nitrogen can make the signal larger in chromatograms. In this case, it also can be seen a drift in standards signal, Fig. 8. In accordance to chromatogram, the value for sample signal is once again lower than standards value, Fig. 7.

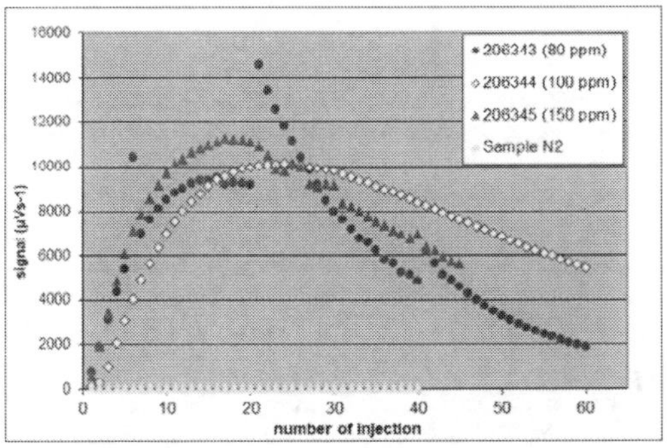

Fig. 8. Graphic presentation for chromatographic signal vs. number of injection for sample (QE1018) and PRGMs (80, 100 and 150) µmol/mol N_2 in helium.

4 Conclusion

The impurity analysis of the samples has been performed using a chromatography separation technique with a thermal conductivity detector. This technique has been shown as efficient in the qualitative determination of the impurities in samples. The gravimetrically prepared gas standards comparison to the samples determinates finally that the level of impurities of oxygen, helium, argon and nitrogen is lower than the threshold value in ISO 14687-2. During the analysis, the purge of the lines would have been fundamental in the achievement of the good results. The presence of ambient air in the system has affected the final results and has made difficult the quantification of the impurities in the samples. The methodology of ISO 6143 [5] using linear calibration with 3 PRGMs is applied to the four compounds. The Goodness-of-fit measure obtained is higher than 2 in all cases so the calibration model is assumed not to be suitable. Further work is required to analyse the next samples and ensure an effective line purging is essential.

This work is linked to the project "15NRM03 - Hydrogen - Metrology for Sustainable Hydrogen Energy Applications" of the European Metrology Programme for Innovation and Research (EMPIR), funded by EURAMET and European Union.

References

1. ISO 14687-2:2012 Hydrogen fuel - Product specification - Part 2: Proton exchange membrane (PEM) fuel cell applications for road vehicles
2. http://ec.europa.eu/programmes/horizon2020/
3. DIRECTIVE 2014/94/EU OF THE EUROPEAN PARLIAMENT AND OF THE COUNCIL of 22 October 2014 on the deployment of alternative fuels infrastructure
4. ISO 6142-1:2015 Gas analysis -- Preparation of calibration gas mixtures -- Part 1: Gravimetric method for Class I mixtures
5. ISO 6143:2001 -- Gas analysis --Comparison methods for determining and checking the composition of calibration gas mixtures

A full-scale thermo-hydraulic simulator for the characterization of building heat cost allocation methods

Fabio Saba[1,2,*], *Marco Carlo* Masoero[2] , and *Vito* Fernicola[1]

[1]INRIM, Istituto nazionale di ricerca metrologica, Strada delle Cacce 91, 10135 Torino, Italy
[2]Dipartimento Energia, Politecnico di Torino, Corso Duca degli Abruzzi 24, 10129 Torino, Italy

Abstract. An innovative heat accounting method for apartment buildings, named EcoThermo, based on the estimation of water flow rates at each radiator by thermo-hydraulic modelling of the hot water distribution system, has been developed in the framework of the EU Programme FP7-SME-2012. In order to validate this approach and to compare it with conventional Heat Cost Allocators (HCA), a full-scale thermo-hydraulic simulator has been recently built at INRIM. This INRIM test facility represents a real-scale hot water heating system consisting of a gas-fired boiler and 40 radiators of different characteristics, mimicking a four-story residential building. Each radiator is equipped with an electromagnetic flow meter and a pair of short-stem Pt100 PRTs immersed in the water flow for inlet and outlet water temperature measurement, such that the radiator thermal output can be determined by direct metering, providing an accurate reference value against which indirect allocation methods can be compared and assessed. The paper describes in detail the INRIM thermo-hydraulic simulator, highlighting its design features and metrological capabilities and discussing key results of the investigations carried out so far on different heat accounting approaches. The accuracy of the EcoThermo model has also been assessed against direct heat metering and HCA approach.

1 Introduction

Buildings account for about 40% of primary energy consumption and 36% of CO_2 emissions in the EU [1]. The European Directive on Energy Efficiency 2012/27/EU [2] targets energy savings in buildings with a number of actions, among which the provision of individual heat meters or heat allocators for measuring individual heating consumption in apartment buildings supplied by district heating or conventional central heating systems. Direct heat metering is certainly the preferred and most accurate accounting method, also providing SI-traceability to such measurements. This solution, which is customarily applied to new buildings with zonal (horizontal) water distribution, cannot be installed in most older buildings adopting the vertical water distribution layout, which implies several heat

* Corresponding author: f.saba@inrim.it, fabio.saba@polito.it

Article available at http://cfmetrologie.edpsciences.org or https://doi.org/10.1051/metrology/201708004

delivery points. In such cases, indirect heat accounting systems using heat cost allocators or insertion time counters are therefore used.

The direct measurement of the thermal energy exchanged by a fluid flow, by measuring its flow rate and temperature difference along a generic heat transfer circuit, is carried out by the Direct Heat Meters (DHM). These sensors are particularly important for district heating applications, since they are used for the measurement of the overall amount of thermal energy delivered to the users at the heat exchanger of the building substation. Moreover, in buildings with central heating systems characterized by typical multi-zone hot water distribution circuits, DHMs are used for measuring the individual heat consumption of each apartment, providing a correct allocation of heating costs. In particular, since the thermal energy bill can be split in a variable part, related to the actual heat consumption of the user, and a fixed part, related to the heat losses through the circuit and at the heater, DHMs installed at the apartment-zones of the hot water distribution network, in addition to the measurement of the overall thermal energy consumption of the building, allow providing a correct and fair evaluation of both the parts of the thermal energy bill. On the technical point of view, DHMs are regulated by the OIML R 75 [4] and the European Standard EN 1434 [5]. Moreover, in order to ensure customer protection through fair measurements and to eliminate trade barriers among member states, the 2004/22/CE Measuring Instrument Directive (MID) [6], which harmonizes the measuring instrument legislation in Europe, regulates and fixes the rules for the approval and initial verification of DHMs (Annex MI-004).

Wherever possible, DHMs should be used for heat accounting in multi-apartments and multi-purpose buildings with central heating/cooling systems supplied by either conventional sources or district heating/cooling networks. Anyway, in buildings with vertical hot water distribution networks (vertical risers central heating plant configuration), the use of DHMs for the correct allocation of heat consumption among the users can be practically and economically unfeasible because of installation constraints and high costs. In such cases, the Energy Efficiency Directive [2], recently implemented in Italy by the Decree 102/2014 [3], allows using indirect heat accounting systems, which carry out an estimation of thermal energy consumptions, based on the measurement of some parameters closely related, in particular, to the heat transfer from water radiators.

Indirect heat accounting systems provide an estimation of individual thermal energy consumptions in terms of number of "allocation units", allowing the sharing of the heating costs among the tenants, as a fraction of the whole thermal energy consumption of the building (usually measured by gas meters or DHMs). The two main typologies of indirect heat accounting systems available on the market are the heat cost allocators (HCA) and the insertion time counters (ITC). Both these devices are based on the indirect estimation of the heat output of water radiators, which are characterized according to the European Standard EN 442 [7, 8]. Such devices for indirect heat accounting, unlike DHMs, are not regulated by the MID, but are mandatory in order to improve energy efficiency and promote energy saving for those buildings in which the use of DHMs for heat cost allocation is unfeasible or not affordable. Of course, in order to ensure consumer protection, indirect heat accounting devices must be compliant to proper regulations and technical standards, like the EN 834 [9] for heat cost allocators and the UNI TR 11388 [10] for insertion time counters.

Since the "allocation units" provided by indirect heat accounting devices must be considered as rough estimations of the actual amount of thermal energy consumed by each user, they can be used, exclusively, to assess the sharing of the variable part of the thermal energy bill among the tenants of apartment buildings. According to the criteria for heat cost allocation in multi-apartment or multi-purpose buildings, in which is not possible to use DHMs for the evaluation of individual heat consumptions [11], the splitting up of the total heating cost in a fixed part, related to the heat losses through the circuit and the heater, and a variable part, related to the actual individual heat consumptions, should be based on the preliminary definition of proper constant fractions, which can be chosen taking into account the energy performance certificate of the building and the typical occupancy behaviour. Once such fixed and variable fractions have been defined, the fixed part of the overall thermal energy bill of the building is usually divided among the users according to the size of their apartments, while the variable part is divided among the tenants according to the corresponding number of "allocation units" provided by the indirect heat accounting devices.

The accuracy of HCAs or ITCs may be negatively affected by the inadequate knowledge of the thermal emission characteristics of water radiators and by installation effects in actual applications [12-14]. There is therefore room for improvement in the accuracy of heat cost allocation in older centralized systems by adopting innovative approaches [15]. Along this line, the EcoThermo heat accounting method has been developed and tested in the context of the EU 7th Framework Program for Small and Medium-sized Enterprises FP7-SME-2012 "Innovative green technology for smart energy saving on existing residential buildings with centralized heating/cooling generators" [16, 17]. It is based on the network modelling of the thermal-hydraulic circuit of a generic central heating system, where the hydraulic characteristics (head loss coefficients) of each branch of the water distribution network are preliminarily estimated by means of a suitable parameter identification procedure. Once the hydraulic characteristics of the circuit have been identified, the water volumetric flow rates circulating through each open radiator can be estimated from the measurements of the overall volumetric flow rate and head loss, by solving the hydraulic model of the hot water distribution network. Thus, in addition to the inlet and outlet water temperature measurements at each heating body, it is possible to directly evaluate the thermal energy exchanged by the heat conveying fluid at each water radiator, providing an estimation of the radiator thermal output, which is independent from installation effects that may occur at actual operating conditions, since it does not rely on the knowledge of the thermal emission characteristics of water radiators.

In order to validate this approach and to compare it with conventional HCAs, a full-scale central heating system simulator has been realized at INRIM, in the context of the EU 7th Framework Programme FP7-SME-2012, for testing heat cost allocation systems in the actual operating conditions of multi-apartment buildings [18]. The test facility consists of an automatically reconfigurable thermal-hydraulic circuit equipped with a sufficient number of sensors aimed at measuring all the physical quantities involved in direct heat metering. Namely, SI-traceable reference direct heat meter assemblies are installed on each of the 40 water radiators of the hot water distribution network, in order to provide the reference measurement of the thermal energy exchanged by the heat conveying fluid. The facility allows simulating typical central heating systems characterized by several types of water radiators as heat delivery points and different distribution circuit topologies.

The paper describes in detail the INRIM thermo-hydraulic simulator, pointing out its main design features and metrological capabilities. Furthermore, the results of the analysis carried out on different heat metering approaches are discussed, focusing on the comparison between the innovative EcoThermo heat accounting method and conventional HCAs.

2 The full-scale thermo-hydraulic simulator

A fully-instrumented and hydraulically-reconfigurable central heating system simulator has been designed and built at INRIM in order to test the measurement capabilities of thermal energy measurement devices and heat cost allocation systems, in a set of heat transfer conditions that are representative of the ones experienced in real applications, as in residential room heating by means of water radiators. Figure 1 shows an overview of the thermal-hydraulic circuit of the central heating system simulator, which has been installed into a 300 m^3 warehouse at INRIM.

Fig. 1. Overview of the thermo-hydraulic circuit of the INRIM central heating system simulator.

The laboratory consists of 40 radiators of different shapes, hydraulic connections, dimensions and materials (20 aluminum, 14 tubular steel and 6 cast iron radiators), deployed on the vertical walls of the laboratory in aligned arrangement; namely, the vertical walls are subdivided into 4 floors, in order to simulate 8 living units with 5 radiators each, separated by shelves of about 0.8 m depth, which prevent the mutual thermal interaction between adjacent water radiators. The thermal-hydraulic circuit is automatically reconfigurable, by means of 180 motorized valves, which allow simulating different water distribution network topologies (vertical risers, horizontal connections in series or parallel).

A conventional natural gas condensation boiler (thermal power modulation of the burner ranging from about 10 kW to 50 kW) and a centrifugal pump with electronic speed control are used for generating the desired water supply temperature, flow rate and pressure inside the thermal-hydraulic circuit. An adequate air exchange rate is ensured by a mechanical ventilation system (maximum air extraction of about 5200 m^3/h).

All the measurement signals are acquired and converted by a PLC, which also allows actuating the motorized valves for switching the hydraulic distribution modes and controlling the condensation boiler and the pump. The SCADA-HMI software Movicon™ enables to monitor and store the measurement data and to automatically control the operation of the central heating system. Furthermore, the SCADA enables the calculation of the thermal energy exchanged by each water radiator (Radiator Calculation Unit), implementing the reference IAPWS formulations for the assessment of the thermodynamic properties of water [19] and the time integration of the radiator thermal power.

The performance of heat cost allocation systems and heat metering devices can be evaluated at the INRIM central heating system test facility, by comparison against reference thermal energy measurements, provided at each heat delivery point. Namely, each water radiator of the thermal-hydraulic circuit is equipped with a SI-traceable direct heat meter, which provides the reference measurement of the thermal energy exchanged by the heat conveying fluid. In such a way, each water radiator represents a reference measurement system for thermal energy; furthermore, as far as the tests of heat accounting systems are concerned, the reference fractions of heat consumption associated to each water radiator can be obtained from the measurements provided by the radiator direct heat meters.

Every reference direct heat meter consists of an electromagnetic flow meter (8 mm internal diameter), two Pt100 platinum resistance thermometers (3 mm stem diameter and 50 mm stem length) and a thermal energy calculation unit directly implemented on the

 DOI: 10.1051/metrology/201708004

SCADA software, which receives the converted measurement signals from the PLC (Figure 2).

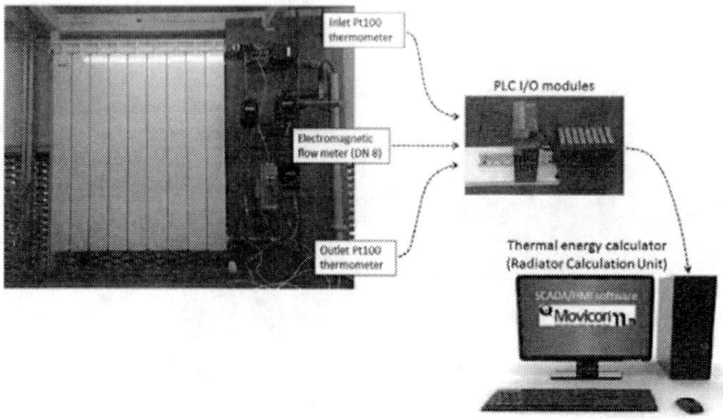

Fig. 2. Reference direct heat meter installed at a water radiator of the INRIM central heating system simulator.

The measurement of the overall water flow rate circulating in the hydraulic circuit is provided by an electromagnetic flow meter of 20 mm internal diameter, while the overall head loss through the circuit is obtained from the measurement of water pressure, provided by relative pressure transducers installed at the main supply and return pipe flows. Moreover, the head loss across each water radiator is measured by new differential pressure transducers, properly designed to compensate the effect of the water temperature difference between the inlet and outlet radiator flow sections on pressure difference measurement.

The measurement range and uncertainty for the reference measuring instruments used at the INRIM thermo-hydraulic simulator are listed in Table 1.

Table 1. Main characteristics of measuring instruments at the INRIM thermo-hydraulic simulator.

	Range	**Expanded Uncertainty (95% conf.int.)**
Temperature measurement chain (Pt100 sensor, 4-wire shielded cable, PLC module)	from 0 °C to 90 °C	0.06 °C
Electromagnetic flow meters (DN8)	from 90 L/h to 1800 L/h	0.2% (of the measured value)
	from 20 L/h to 90 L/h	from 0.2% (at 90 L/h) to 2% (at 20 L/h)
Electromagnetic flow meters (DN20)	from 500 L/h to 11500 L/h	0.2% (of the measured value)
Relative pressure transducers	0 ÷ 5 bar	0.15% (of the full scale)
Differential pressure transducers	0 ÷ 0.5 bar	0.1% (of the full scale)

The uncertainty of radiator thermal power measurements, as given by the reference direct heat meters, results from the propagation of the uncertainties associated with the input quantities through the measurement model. In addition to the uncertainties reported in Table 1, the uncertainty of thermal power measurement also takes into account the stability

 DOI: 10.1051/metrology/201708004

of measurements at the test facility and the uncertainty related to the equation of state for the estimation of the thermodynamic properties of water [19, 20]. Figure 3 shows an example of the stability of reference flow rate measurements (Figure 3a) and inlet-outlet temperature difference measurements (Figure 3b), as obtained for a particular water radiator of the thermal-hydraulic circuit. In Figure 3b, the time trend of the reference temperature difference measurement and the corresponding relative standard deviations (green bars), evaluated during the time intervals characterized by stable temperature measurements, are shown.

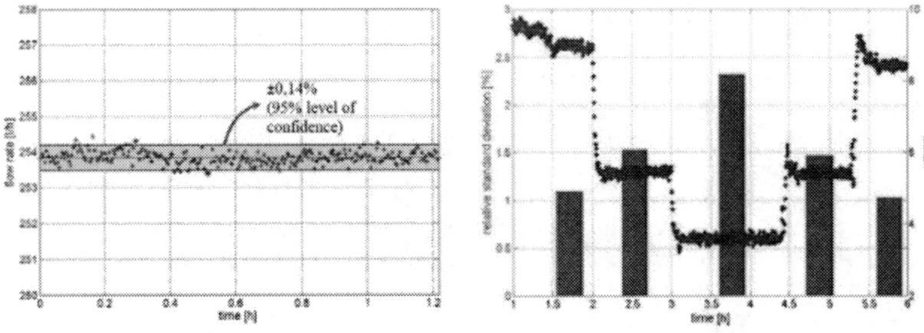

(a) (b)

Fig. 3. (a) Stability of reference water flow rate measurements at a water radiator; (b) reference inlet-outlet temperature difference measurements at a water radiator and corresponding relative standard deviations during the time periods characterized by stable temperature measurements.

The Monte Carlo Method has been used to evaluate the uncertainty associated with thermal power measurements, provided by the reference direct heat meters of the central heating system simulator, taking into account the uncertainty of the measuring instruments, the stability of measurements at the test facility and the uncertainty associated to the formulation of the water equation of state for the evaluation of the thermodynamic properties. Figure 4 shows the dependence of the relative standard uncertainty of thermal power measurement, with respect to the inlet-outlet water temperature difference, for a particular direct heat meter of the test facility.

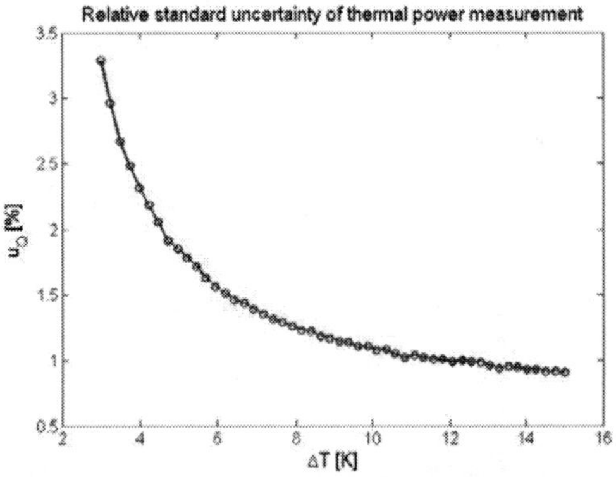

Fig. 4. Relative standard uncertainty associated with thermal power measurement provided by a particular reference direct heat meter at the INRIM central heating system simulator.

The sub-assemblies of the reference direct heat meters, installed on each water radiator of the test facility, are periodically calibrated in order to ensure the metrological traceability of the corresponding thermal energy measurements.

3 The EcoThermo heat accounting method

The EcoThermo heat accounting method aims to directly evaluate the thermal energy exchanged by each water radiator of a central heating system by means of:

- the model-based estimation of radiator flow rates (EcoThermo virtual flow sensor);
- the measurement of the inlet and outlet water temperature at each radiator.

The EcoThermo virtual flow sensor allows estimating the flow rates circulating through the branches of a water distribution network, by solving the hydraulic model of the circuit. Namely, conservation of mass and momentum are applied, respectively, at the nodes and branches of the network and the resulting system of equations is solved in order to determine the distribution of water flow rates in the circuit.

As far as the hot water distribution networks of typical central heating systems are concerned, the EcoThermo model allows determining the water flow rates circulating through the open radiators, from the measurements of the overall water flow rate and pressure loss through the circuit, as provided by a flow meter (or a sufficient number of flow meters of different sizes according to the measurement range to be covered) and two pressure transducers installed at the main pipe flow in the boiler room (Figure 5).

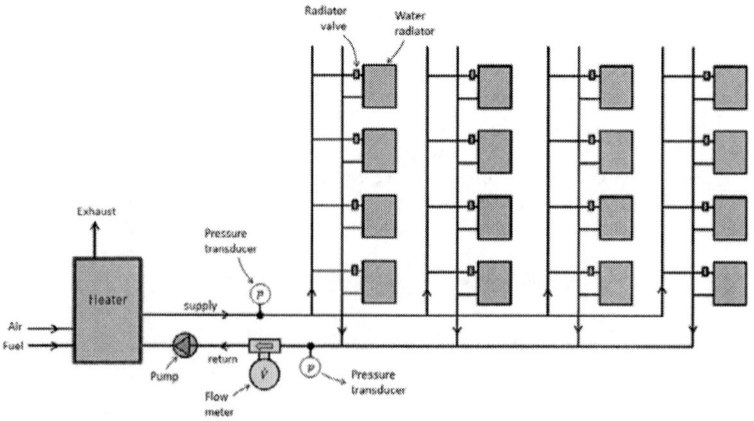

Fig. 5. Typical hot water distribution network of a central heating system (vertical distribution) with a flow meter and two pressure transducers installed at the main pipe flow.

Of course, the head loss characteristics of all the hydraulic elements and components of the circuit must be preliminarily determined. Along this line, in order to assess the radiator flow rates during a particular working condition of the central heating system, the EcoThermo model must receive, as input, also the opening degree of radiator valves, which is correlated to the corresponding pressure loss. The use of thermostatic valves could be more critical for the application of the EcoThermo virtual flow sensor, since the continuous modulation of the radiator flow rate, based on the desired indoor air temperature, would imply a more complex system for the measurement of the opening degree.

In the EcoThermo model, the total pressure loss between the inlet and outlet nodes of a generic branch (Δp) is described by the following approximated relation:

$$\Delta p = a\,\dot{V}^b \tag{1}$$

where $\dot{V}$ is the volume flow rate and the parameters a and b are the characteristic hydraulic coefficients of the branch. Equation (1) can be considered as a generalized and approximated relation for the evaluation of the total pressure loss along a generic branch of the network. In Equation (1), unlike the Darcy-Weisbach relation for the assessment of continuous pressure losses, the constant multiplication factor (a) does not consider the Reynolds dependence of the friction factor, in particular, for the laminar flow regime. The effect of the flow regime on pressure losses is taken into account by the constant volume flow rate exponent (b), which, as well as the other characteristic hydraulic coefficient (a), can be obtained by non-linear regression of measurement data for water volume flow rate and corresponding pressure loss, within a significant flow range, from the laminar to the turbulent regime.

A further approximation for the evaluation of the total pressure loss in a generic branch of the circuit can be carried out considering a quadratic dependence from the volume flow rate:

$$\Delta p = \beta\,\dot{V}^2 \tag{2}$$

where the branch is described by a single characteristic hydraulic coefficient (β), which must be determined by regression analysis of experimental data. Since the hydraulic coefficient (β) is a constant parameter, not depending on the Reynolds number of the pipe flow, Equation (2) better applies to the turbulent flow regime.

The electrical analogy can be effectively exploited for describing the hydraulic circuit, considering the total pressure loss and the mass flow rate, respectively, as the voltage and the current in an electric circuit. In such a way, the conservation of mass at the nodes of the hydraulic network and the conservation of momentum at the branches can be approximatively described, in the electrical analogy, by means of the Kirchhoff's circuit laws. The hydraulic resistance of each branch can be represented by means of a current-dependent electrical resistance and, consequently, the hydraulic circuit can be described as a non-linear electric circuit. Moreover, each branch containing a water radiator with the corresponding valve can be considered as a rheostat in the electrical analogy, since the function of radiator valves is to modulate the water flow rates by changing their hydraulic resistance.

An important issue for the EcoThermo virtual flow sensor is the preliminary identification of the characteristic hydraulic parameters of all the branches of the hot water distribution network, which is fundamental to determine the water flow rates circulating through each radiator, during the normal operation of the central heating system. This is accomplished by a parameter identification procedure, which can be applied to the most common hot water distribution networks, without knowing, a priori, the hydraulic scheme of the circuit, lengths and diameters of pipe branches and head loss characteristics of hydraulic components (junctions, valves, etc.).

The procedure for the parameter identification of the hydraulic circuit is the core of the EcoThermo virtual flow sensor and consists of the characterization of the minimum number of hydraulic loops or sub-circuits, whose inlet and outlet flow sections coincide with the main supply and return water flows from the pump. Namely, the equivalent pressure loss coefficients of each sub-circuit are estimated by non-linear regression analysis of the measurements of water flow rate and corresponding pressure loss at ambient temperature conditions, as provided by a fixed volumetric flow meter (or a sufficient number of flow meters of different sizes according to the measurement range to be covered) and two pressure transducers installed at the main supply and return pipe flows in the boiler room. Thus, since the equivalent pressure loss coefficients of each sub-circuit are correlated to the hydraulic characteristic coefficients of the branches that make up the particular loop, the identification of all the parameters of the water distribution network is possible.

The use of a suitable pump equipped with an inverter or other flow rate control systems is necessary in order to generate a representative set of water flow rates and head losses for the hydraulic characterization of the sub-circuits.

It is worth observing that, if Equation (2) is used for describing the functional dependence between volume flow rate and total pressure loss, then it is possible to solve the series and parallel connections between hydraulic resistances, obtaining equivalent characteristic hydraulic coefficients. Namely, considering a constant temperature water flow, the series connection between two hydraulic resistances results in the following equivalent characteristic coefficient:

$$\beta_{eq,S} = \beta_1 + \beta_2 \tag{3}$$

while, for the parallel connection:

$$\beta_{eq,P} = \frac{\beta_1 \, \beta_2}{\left(\sqrt{\beta_1} + \sqrt{\beta_2}\right)^2} \tag{4}$$

Thus, for a generic water distribution network or sub-circuit, using Equations (3-4), it is possible to determine an equivalent characteristic hydraulic coefficient, which is function of the characteristic pressure loss coefficients of the branches:

$$\beta_{eq} = g(\beta_1, \beta_2, \ldots, \beta_n) \tag{5}$$

The functional dependence between the total pressure loss (Δp_{tot}) and the overall volume flow rate ($\dot{V}_{tot}$) through a generic hydraulic network or sub-circuit can be expressed as follows:

$$\Delta p_{tot} = \beta_{eq} \, \dot{V}_{tot}^2 \tag{6}$$

The value of the equivalent characteristic coefficient (β_{eq}) can be determined by regression analysis of the measurement data for total pressure loss (Δp_{tot}) and overall volume flow rate ($\dot{V}_{tot}$), at ambient temperature conditions for the water flow, according to the phenomenological relation given by Equation (6). Figure 6 shows an example of the results of the regression analysis, carried out for a particular sub-circuit of a water distribution network.

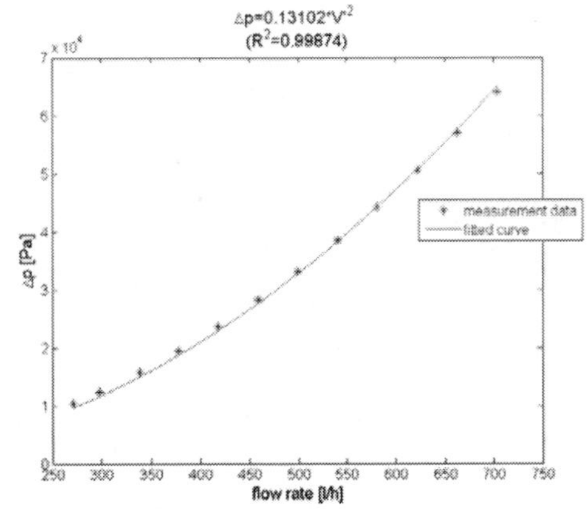

Fig. 6. Example of regression analysis for the pressure loss characteristic of a particular sub-circuit of a water distribution network.

In order to determine the characteristic hydraulic coefficients of all the branches of a generic network, a minimum number of sub-circuits, equal to the number of the unknown parameters of the branches, should be characterized in terms of equivalent pressure loss coefficients, by means of regression analysis of measurement data. Thus, the parameter identification of the branches is carried out by solving the non-linear system of equations, made up by the expressions that relates the equivalent characteristic coefficients of the sub-circuits, whose inlet and outlet flow sections coincide with the main supply and return water flows from the pump, to the unknown characteristic hydraulic coefficients of the branches.

$$\begin{cases} \beta_{eq,1} = g_1(\beta_1, \beta_2, \dots, \beta_n) \\ \beta_{eq,2} = g_2(\beta_1, \beta_2, \dots, \beta_n) \\ \vdots \\ \beta_{eq,n} = g_n(\beta_1, \beta_2, \dots, \beta_n) \end{cases} \quad (7)$$

The choice of the sub-circuits to be characterized for the identification of the hydraulic characteristic coefficients of the branches is based on the selection of the hydraulic loops, whose inlet and outlet flow sections coincide with the supply and return water flows from the pump. The selected sub-circuits must allow identifying all the hydraulic branches of the network and include different numbers of water radiators. For each hydraulic loop, a representative set of overall water flow rates and pressure losses is generated by the pump, at ambient water temperature, in order to determine the equivalent characteristic hydraulic coefficient of the sub-circuit by regression analysis.

Once the sub-circuits have been characterized and the pressure loss coefficients of the branches have been identified by solving the non-linear system of equations described by Equation (7), the radiator flow rates can be estimated for any operating condition of the central heating system. Namely, radiator flow rates are evaluated by solving the hydraulic model of the hot water distribution network, made up by the equations for mass conservation at the nodes and momentum conservation at the branches, taking as inputs the measurements of the overall water flow rate and pressure loss in the circuit and the opening degree of radiator valves.

 DOI: 10.1051/metrology/201708004

An important requirement for the EcoThermo model is the knowledge of the hydraulic characteristics of radiator inlet valves and automatic balancing valves, as function of their opening degree, in order to evaluate the additional concentrated pressure loss for the corresponding branches during the operation of the central heating system. Of course, all the manual valves, like radiator "lockshield" valves (the ones at the opposite end of the radiator with respect to the inlet valves), must be kept in the same opening position as during the parameter identification procedure, in order to avoid errors in the estimation of radiator flow rates.

The tests for the validation of the EcoThermo virtual flow sensor have been carried out on a wide set of distribution circuit topologies and operating conditions at the INRIM central heating system test facility, in order to significantly evaluate the performance of the EcoThermo virtual flow sensor. The results of a test case for the experimental validation of the EcoThermo model are presented, taking into account the Equation (2) for the volume flow rate dependence of the total pressure loss along the network branches and the parameter identification procedure described above.

A set of 14 water radiators, which consists of eleven aluminum, two cast iron and one tubular steel radiators distributed on four different risers, as shown in Figure 7, has been selected for the validation of the EcoThermo virtual flow sensor. It is worth observing that such a portion of the INRIM central heating system test facility has not been hydraulically balanced for the tests; this means, for instance, that water flow rates of radiators installed on the same vertical column, are different as function of the position of radiators along the riser.

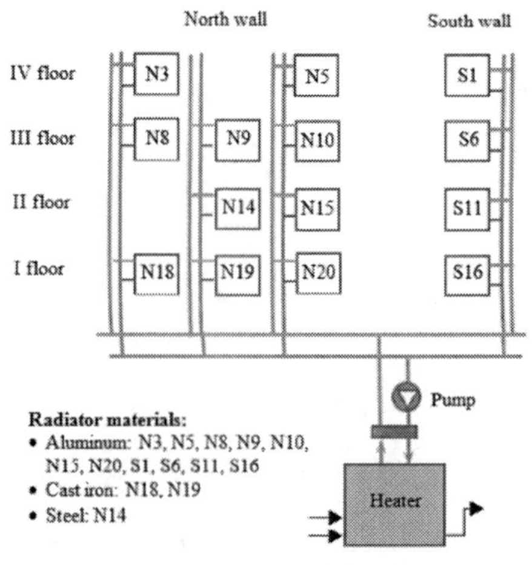

Fig. 7. Selected set of water radiators for the validation of the EcoThermo virtual flow sensor at the INRIM thermo-hydraulic simulator.

First, the parameter identification for the water distribution network of the INRIM central heating system test facility, made up by the 14 selected radiators, has been carried out. A minimum number of 27 branches or unknown hydraulic resistances (β) can be used for describing the water distribution network, as depicted in Figure 8.

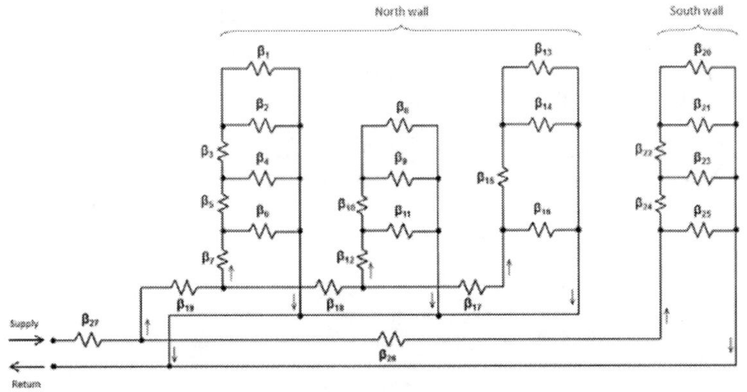

Fig. 8. Electrical analogy of the hot water distribution network consisting of the set of selected radiators.

In order to identify the characteristic hydraulic coefficients (β) of the branches, 27 sub-circuits have been properly selected and characterized by regression analysis of volume flow rate and pressure loss measurement data, at ambient water temperature conditions. A significant set of water flow rates and head losses have been generated by the centrifugal pump and its flow control system, while measurements have been provided by two electromagnetic flow meters of different sizes (20 mm and 8 mm internal diameters) and two pressure transducers installed at the main pipe flow.

The identification of the characteristic hydraulic coefficients of the 27 branches of the hot water distribution network has been carried out by solving the non-linear system of equations as given by Equation (7). The latter is made up by the expressions that relate the equivalent hydraulic coefficients of the 27 sub-circuits to the characteristic hydraulic coefficients of the branches.

Figure 9 shows the characteristic hydraulic coefficients of the 27 network branches, as obtained from the EcoThermo parameter identification procedure. Two distinct groups of characteristic coefficients can be observed: the one related to radiator branches (branches including a water radiator) and the one associated to pipe branches.

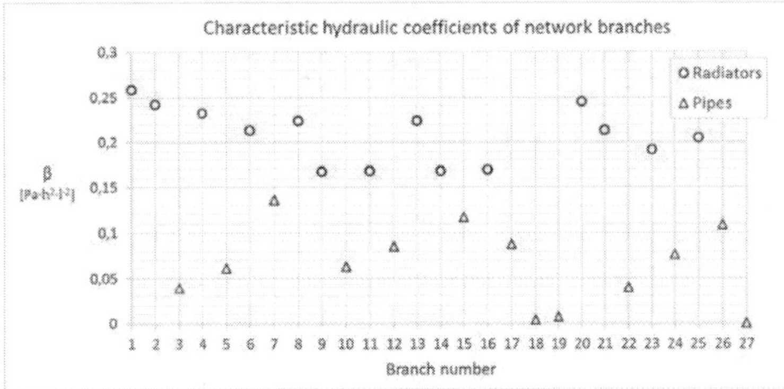

Fig. 9. Characteristic hydraulic coefficients of "radiator branches" and "pipe branches".

The accuracy of the EcoThermo virtual flow sensor has been evaluated under different operating conditions for the selected set of water radiators of the INRIM thermo-hydraulic simulator shown in Figure 7. In particular, the results of the validation of the virtual flow sensor presented herein are related to a water distribution circuit consisting of 9 water radiators (N20, N10, N5, N19, N9, N8, N3, S16, S1), which did not constitute any of the 27 sub-circuits used for the parameter identification procedure. Figure 10 shows the network configuration considered for the validation test case; the test has been carried out at ambient water temperature conditions (heater off) for different overall water flow rates and the radiator valves were kept in their fully-open position.

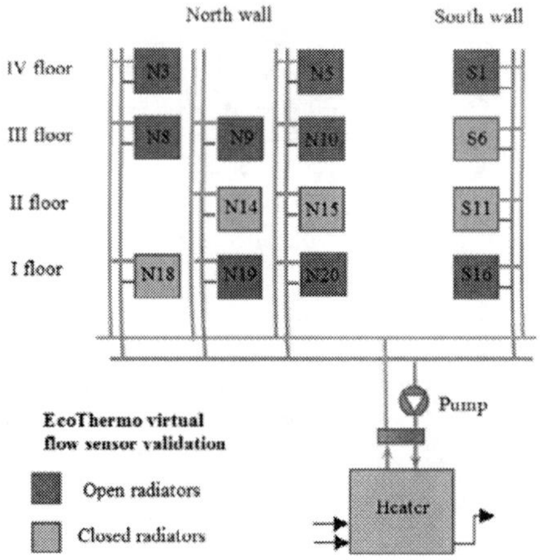

Fig. 10. Validation test case: configuration of the hydraulic network.

In Table 2, the reference measurements of radiator flow rates ($\dot{V}_{i,REF}$) are listed for such a test case. The seven measurement points are related to different overall water flow rates generated by the pump, at ambient water temperature conditions.

Table 2. Validation test case: reference measurements of radiator flow rates.

$\dot{V}_{i,REF}$ [L/h]		Radiators									TOT
		N20	**N10**	**N5**	**N19**	**N9**	**N8**	**N3**	**S16**	**S1**	
Measurement point	1	79.9	43.4	40.3	104.0	75.0	71.3	61.7	114.2	81.2	671.1
	2	110.0	59.5	56.6	144.0	104.0	100.2	84.7	156.8	112.9	928.6
	3	134.9	73.4	70.0	176.5	129.3	124.3	105.1	191.4	139.7	1144.6
	4	159.6	87.7	83.1	209.0	154.8	148.2	126.0	226.1	166.8	1361.2
	5	182.0	100.8	95.8	238.8	178.1	170.2	145.5	257.9	191.8	1560.9
	6	204.5	114.1	108.8	268.9	201.8	192.4	165.2	289.6	217.5	1762.9
	7	175.2	96.9	92.1	229.8	171.2	163.6	139.8	248.2	184.7	1501.7

For each measurement point, the percentage relative deviations between the radiator flow rates estimated by the EcoThermo virtual flow sensor ($\dot{V}_i$) and the corresponding reference measurements provided by the volume flow meters ($\dot{V}_{i,REF}$) have been evaluated.

$$\varepsilon_{\dot{V},i} = 100\,\frac{\dot{V}_i - \dot{V}_{i,REF}}{\dot{V}_{i,REF}} \tag{8}$$

Figure 11 shows the results of the validation, in terms of percentage relative deviations of the EcoThermo virtual flow sensor, with respect to the reference measurements of radiator flow rates.

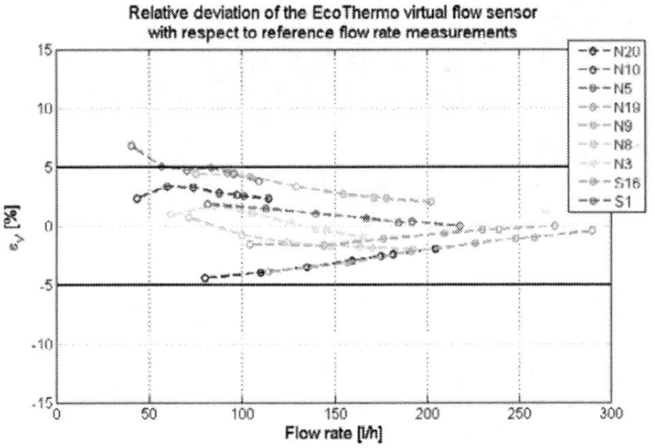

Fig. 11. Validation test case: relative deviations of the EcoThermo virtual flow sensor, with respect to the reference measurements of radiator flow rates, as function of radiator flow rates.

As can be observed from Figure 11, the relative deviations of the EcoThermo virtual flow sensor are higher for lower water flow rates, mainly because of the approximated model for the description of the volume flow rate dependence of pressure loss along the network branches. As discussed above, such a model better applies to the turbulent flow regime and its use for the description of laminar or transitional flow conditions, which may occur at the network branches, can lead to wrong flow rate estimations. Moreover, concerning water flow rates lower than 90 L/h, higher uncertainties for reference volume flow metering (up to 2% at 20 L/h) should be taken into account.

4 Validation of the EcoThermo method and comparison with conventional HCAs

The EcoThermo virtual flow sensor, in addition to the measurements of the inlet-outlet water temperature difference at each heating body, allows providing a direct evaluation of the thermal energy exchanged by water radiators. In such a way, the problems related to the installation effects, which significantly affect the accuracy of indirect methods for the evaluation of the heat output of water radiators, can be avoided and the resulting heat cost allocation would be safe from installation effects.

The EcoThermo heat accounting method has been tested at the INRIM central heating system simulator and compared against conventional HCAs (Figure 12).

Fig. 12. HCAs installed at the INRIM thermo-hydraulic simulator.

A set of 10 water radiators, consisting of seven aluminum, two cast iron and one tubular steel radiators distributed on four different risers, as shown in Figure 13, has been selected for the test.

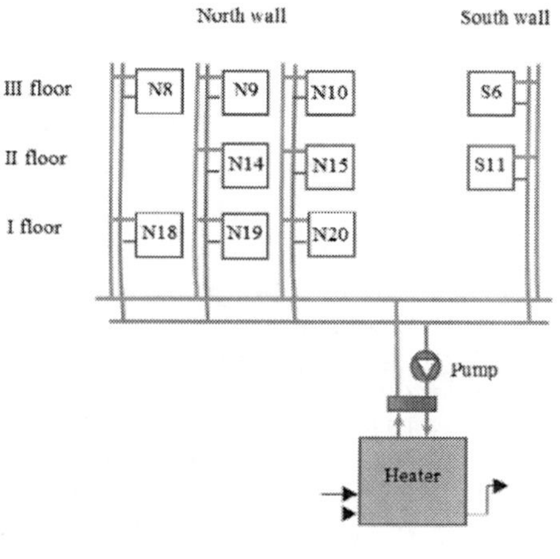

Fig. 13. Selected set of water radiators for the validation of the EcoThermo heat accounting method and the comparison against conventional HCAs.

The pump and the heater have been programmed to feed the 10 radiators of the network with the desired water flow rate and temperature, and the motorized radiator valves have been automatically controlled to set the desired opening/closing times.

The task for the EcoThermo heat accounting method and the set of HCAs is to provide the individual percentage fractions of thermal energy consumption for each water radiator, defined as:

$$f_i = 100 \frac{Q_i}{\sum_{j=1}^{10} Q_j} \quad (9)$$

where Q_i is the thermal energy exchanged by the *i-th* water radiator, as calculated by the EcoThermo heat accounting model during the test, or the number of allocation units totalized by the *i-th* HCA installed on the *i-th* water radiator during the same time. The summation of the radiator thermal energies estimated by the EcoThermo method, or the summation of the radiator allocation units provided by HCAs applies, of course, to the set of 10 water radiators selected for the test.

The two heat accounting systems have been compared between each other by evaluating, for each water radiator, the deviation between the estimated fraction of thermal energy consumption and the one obtained from the measurements provided by reference direct heat meters and calculated according to Equation (9) as well. The percentage relative deviations with respect to the reference measurements of the individual fractions of heat consumption ($f_{i,REF}$) can be expressed as follows:

$$\varepsilon_{f_i} = 100 \frac{f_i - f_{i,REF}}{f_{i,REF}} \quad (10)$$

HCAs have been programmed using the radiator characteristic coefficients listed in Table 3 (radiator nominal thermal power and exponent according to the EN 442 standard) and the rating factors for the HCA-radiator coupling provided by the manufacturer, according to the EN 834 standard [9].

Table 3. Characteristic coefficients of water radiators.

Radiator type	**Number of elements**	**Nominal thermal power of a single element at ΔT = 50 °C $\dot{q}_{N50}$ [W]**	**Exponent (n)**
Aluminum radiators	9	163	1.359
Cast iron radiators	10	142.7	1.3679
Tubular steel radiators	13	114	1.28

The accuracy of the EcoThermo heat accounting method has been evaluated taking into account the error on radiator flow rate estimation only, assuming the water temperature measurements at the inlet-outlet radiator flow sections equal to the corresponding temperature measurements provided by reference Pt100 platinum resistance thermometers.

The experiment for testing the EcoThermo heat accounting method and the conventional HCA system is characterized by the following operating conditions:

- balanced hydraulic network: the thermal-hydraulic circuit has been preliminarily balanced, in order to obtain a uniform flow rate distribution among the water radiators, and the parameter identification procedure of the EcoThermo virtual flow sensor has been carried out, in order to characterize the hydraulic branches of the network before starting the heat accounting test;
- automatic control of the opening/closing time of radiator valves: the motorized ON-OFF valves of the water radiators installed on the three floors of the thermo-hydraulic network (Figure 13) are preliminarily programmed in terms of

opening/closing times, simulating typical daily occupancy behaviours, as shown in Figure 14;

- constant water supply temperature and constant pump speed: the heater is set to ensure a constant hot water supply temperature of 65 °C, and the pump is set to operate at 45% of its maximum speed (the heater is ensured to operate within its thermal power modulation range, even in the case of operation with a small number of open radiators, by dissipating the excess heat);
- compensation of transient heat transfer conditions associated to the heating up and cooling down of radiator surfaces: the test is designed in order to allow the comparison between the outputs of indirect heat accounting methods (HCAs) and reference direct heat metering;
- long-time duration of the test: the test is characterized by long-time recording, such that the resolution error of the 10 HCAs becomes negligible if compared to the corresponding amount of totalized allocation units.

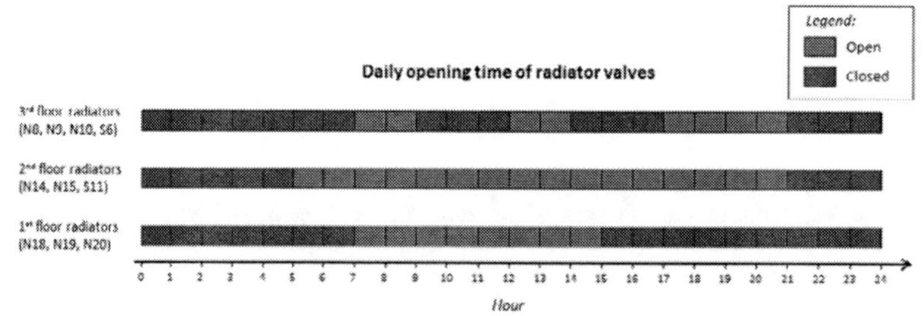

Fig. 14. Daily opening time of radiator valves programmed for the heat accounting test.

Figure 15 shows the time trend of the indoor air temperature measurements during the test, as given by five Pt100 platinum resistance thermometers installed at different heights inside the laboratory in proximity of the heating surfaces of the radiators. The time evolution follows the programmed opening/closing times of water radiators and highlights the vertical stratification of air temperature inside the laboratory.

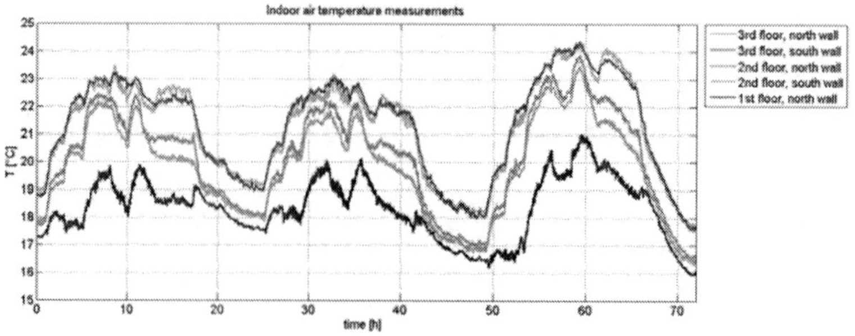

Fig. 15. Indoor air temperature measurements during the test.

The test conditions are such that the radiator water flow rates range from 70 L/h to 130 L/h, depending on the hydraulic circuit configuration defined by the programmed daily opening time of radiator valves, while the inlet-outlet water temperature differences at the radiators range from 8 °C to 15 °C, according to the type of heating body and the heat transfer conditions.

Figure 16 shows the results of the test in terms of percentage fractions of radiator thermal energy consumptions, as given by the reference direct heat meters, the EcoThermo heat accounting method and the HCAs.

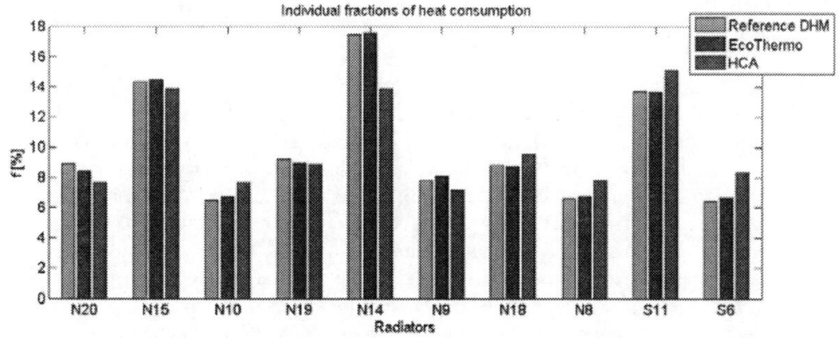

Fig. 16. Fractions of radiator heat consumption.

The percentage relative deviations of the individual fractions of radiator heat consumption with respect to the reference ones obtained by direct heat metering have been evaluated for the EcoThermo heat accounting method and the HCAs; the results are shown in Figure 17.

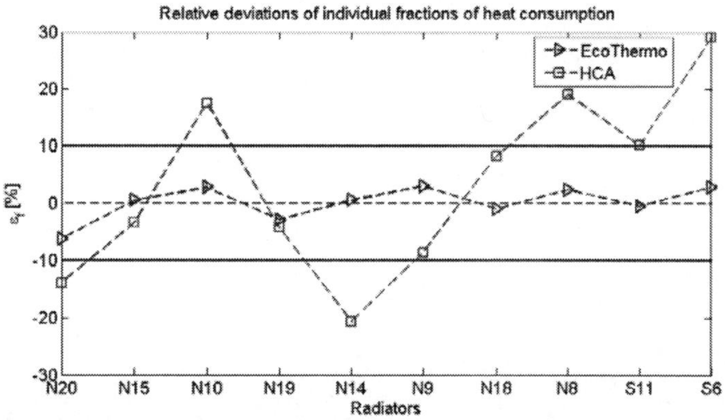

Fig. 17. Percentage relative deviations of the fractions of radiator heat consumption estimated by the EcoThermo heat accounting method and the HCA system, with respect to the reference ones evaluated by direct heat metering.

Unlike HCAs, the EcoThermo heat accounting method is not affected by the installation effects occurring at the water radiators of the INRIM thermo-hydraulic simulator, since it is based on the direct estimation of the thermal energy exchanged by the heat conveying fluid. As far as the EcoThermo heat accounting method is concerned, the percentage relative deviations on the fractions of heat consumption settle within the ±6% band for all the water radiators under test, while, concerning the system of HCAs, higher values for the percentage deviations of individual fractions of heat consumption (even up to 30%) have been obtained, confirming the strong influence of radiator installation effects on the accuracy of these kinds of indirect heat accounting systems.

5 Conclusions

The INRIM thermo-hydraulic simulator has allowed testing different heat accounting methods under actual operating conditions.

The knowledge of the contribution of the different installation effects occurring at water radiators in residential heating applications on the accuracy of indirect heat accounting systems, like the ones based on the use of HCAs, is a key point for the correct evaluation of the performances of such devices as far as heat cost allocation is concerned. The tests carried out at the INRIM thermo-hydraulic simulator have pointed out the expected heat cost allocation errors associated to the use of HCAs in a "vertical" hot water distribution network (vertical risers central heating plant configuration) consisting of 10 water radiators of different types, materials and installation conditions. Namely, high values of the percentage relative deviations with respect to the reference fractions of radiator heat consumption, even up to 30%, have been obtained for HCAs.

The accuracy of the heat cost allocation provided by HCAs has been compared with the performance of the innovative EcoThermo heat accounting method, which is based on the estimation of radiator flow rates by the solution of the hydraulic model of the hot water distribution network. The accuracy of the EcoThermo method has been evaluated taking into account the error on radiator flow rate estimation only, assuming the water temperature measurements at the inlet-outlet radiator flow sections equal to the corresponding temperature measurements provided by reference Pt100 platinum resistance thermometers. The results of the tests have confirmed the independence of the EcoThermo method from the different installation effects occurring at water radiators. Moreover, the percentage relative deviations of the fractions of radiator heat consumption provided by EcoThermo, with respect to the reference heat cost allocation obtained by direct heat metering, have been observed to settle within the ±6% band for all the water radiators under test, pointing out the effectiveness of the hydraulic model for the estimation of radiator flow rates.

Acknowledgments: The authors would like to thank Termoform Srl for providing the set of HCAs for the test, Federico Bari and Riccardo Tisseur for their fundamental contribution to the development and the improvement of the EcoThermo heat accounting method.

References

1. Buildings - European Commission. Available online: https://ec.europa.eu/energy/en/topics/energy-efficiency/buildings
2. Directive 2012/27/EU of The European Parliament and of the Council of 25 October 2012 on energy efficiency, amending Directives 2009/125/EC and 2010/30/EU and repealing Directives 2004/8/EC and 2006/32/EC, Official Journal of the European Union n. L 315/1 of the 14.11.2012
3. Decreto Legislativo 4 luglio, n. 102 "Attuazione della direttiva 2012/27/UE sull'efficienza energetica, che modifica le direttive 2009/125/CE e 2010/30/UE e abroga le direttive 2004/8/CE e 2006/32/CE", Gazzetta Ufficiale n. 165 del 18/7/2014
4. OIML R 75-1, Heat Meters - Part 1: General Requirements, International Organization of Legal Metrology, Paris, 2002

5. EN 1434-1, Heat Meters - Part 1: General Requirements, European Committee for Standardization, Brussels, 2007
6. Directive 2004/22/EC of the European Parliament and of the Council of 31 March 2004 on measuring instruments. Official Journal of the European Union
7. EN 442-1 Radiators and Convectors - Part 1: Technical Specification and Requirements; European Committee for Standardization: Brussels, Belgium, 2014
8. EN 442-2 Radiators and Convectors - Part 2: Test Methods and Rating; European Committee for Standardization: Brussels, Belgium, 2014
9. EN 834 Heat Cost Allocators for the Determination of the Consumption of Room Heating Radiators. Appliances with Electrical Energy Supply; European Committee for Standardization: Brussels, Belgium, 2013
10. UNI/TR 11388 Sistemi di Ripartizione Delle Spese di Climatizzazione Invernale Utilizzante Valvole di Corpo Scaldante e Totalizzatore dei Tempi di Inserzione; Ente Nazionale Italiano di Unificazione: Milano, Italy, 2010
11. UNI 10200, Impianti termici centralizzati di climatizzazione invernale e produzione di acqua calda sanitaria – Criteri di ripartizione delle spese di climatizzazione invernale ed acqua calda sanitaria, Ente Nazionale Italiano di unificazione, Milano, 2013
12. L. Celenza, M. Dell'Isola, G. Ficco, B.I. Palella, G. Riccio, Energy and Buildings, **95**, 47-56 (2015)
13. G. Ficco, L. Celenza, M. Dell'Isola, P. Vigo, Energy and Buildings, **130**, 477-487 (2016)
14. F. Arpino, G. Cortellessa, M. Dell'Isola, G. Ficco, R. Marchesi, C. Tarini, Energy Procedia, **101**, 74-80 (2016)
15. F. Saba, V. Fernicola, M.C. Masoero, S. Abramo, Buildings, **7**, 20 (2017)
16. F. Bari, D. Mereu, C. Damarco, C. Greco, S. Malan, G. Marchetto, S.R. Tirado, R. Tisseur, M. Violante, G. Zangari, et al., Energy Procedia, **78**, 2977-2982 (2015)
17. C. Marinari, F. Saba, M. Orio, *Preliminar Verification of the Functionality and the Accuracy of Heat Metering and Cost Allocation Devices at the INRIM Central Heating System Simulator: The EcoThermo Soft-Sensor Procedure* (Technical Report n°9/2015, INRIM, Torino, Italy, 2015)
18. C. Marinari, F. Saba, F. Grisotto, M. Orio, M. Masoero, Energy Procedia, **78**, 2304-2309 (2015)
19. IAPWS 2007 Revised Release on the IAPWS Industrial Formulation 1997 for the Thermodynamic Properties of Water and Steam; International Association for the Properties of Water and Steam, Lucerne, Switzerland, 2007
20. IAPWS Advisory Note No. 1 Uncertainties in Enthalpy for the IAPWS Formulation 1995 for the Thermodynamic Properties of Ordinary Water Substance for General and Scientific Use (IAPWS-95) and the IAPWS Industrial Formulation 1997 for the Thermodynamic Properties of Water and Steam (IAPWS-IF97); International Association for the Properties of Water and Steam, Vejle, Denmark, 2003

Calibration of primary measuring converter by using of modeling and experimental evaluation of the initial data

Vladimir Skliarov[1,2*], *Konstantin* Muentean[1], and *Eugen* Timofeev[1]

[1]National Scientific Centre „Institute of Metrology", 42, Myronosytska str., 61002, Kharkiv, Ukraine
[2]O.M. Beketov National University of Urban Economy in Kharkiv, 17, Marshal Bazhanov str., 610002, Kharkiv, Ukraine

Abstract. The main target of this work is to decrease the uncertainty of measurement of laser beam power by isoperibolic calorimeters. Measurement and calibration operating regimes of the isoperibolic calorimeter are investigated experimentally. Temperature transients during the heating and cooling of the calorimeter core are studied. The differences of transient parameters in measurement and calibration operating regimes of the calorimeter are described. Initial data for design of the calibration model of the isoperibolic calorimeter are determined. It is recommended to take into account the nonlinear thermal and physical characteristics of the core materials.

1 Statement of the problem

Monitoring of energy parameters of radiation is the dominant type of measurement in the field of laser metrology. In the power range above several watt fractions, the minimum measurement uncertainty is provided by calorimetric primary measuring transducers (PMTs) calibrated by the method of electrical substitution. Reducing the uncertainty of calibration of measuring transducers is an important part of the task of improving the national measurement standards of Ukraine.

2 Analysis of the state of the problem

The fundamentally unrecoverable contribution to the uncertainty budget of calibration of calorimetric PMTs is made by the nonequivalence of substitution of laser radiation by calibration heat flux.

The nonequivalence of substitution is caused by the following sources:
- Asymmetry of the PMTs design for measurement and calibration processes.
- Diversity in space of the receiving area and the calibration heating coil of the measuring transducer.
- Inequality of irradiated and heated areas of the receiving element.
- Inequality in the volumes of the PMTs heating winding and the absorption region of the radiation of the receiving element.
- Difference between the heat transfer mechanisms from the irradiated and heated surfaces of the receiving element.
- Difference in heat exchange conditions for irradiated and heated surfaces of the receiving element.
- Difference in time characteristics of heat release during irradiation and heating of the receiving element.
- Dependence of the thermal and physical characteristics of the material of the receiving element from the temperature.
- Inequality of the thermal and physical characteristics of the materials of the receiving element and the heating winding.;
- Need for electrical insulation of the heating winding.
- Uncertainty of the location of the measuring point of the effective temperature of the receiving element.

For the present, there are no proven methods for registration of the nonequivalence of substitution in the literature.

The non-homogeneous internal structure of the calorimetric measuring transducer, the non-linearity of the processes occurring in it, and the multifactor calibration process make the development of reference PMTs much more difficult. In order to simplify the determination of the optimum parameters of the measuring transducer, its adequate model can be developed that will allow to predict the PMT reaction on a specified external influence, with the specified action being either measured laser radiation or change of environmental parameters.

The task of building a model does not have a single-valued solution, since different theoretical approaches will lead to unequal models. The most valuable are the models reflecting, to a certain extent, the internal structure of PMT and its organization.

Such a model will allow to choose and justify the structural scheme of PMT, consisting of the simplest well-studied idealized elements.

* Corresponding author: vladimir.skliarov@metrology.kharkov.ua

Article available at http://cfmetrologie.edpsciences.org or https://doi.org/10.1051/metrology/201708005

3 Target of the work

The target of this work is to obtain the initial information for building a model of a measuring transducer by experimental determining the parameters of the laser radiation power measurement process and the PMT calibration process.

4 Description of the experiment

The measurement process of the laser radiation power consists in applying the measured radiation to the PMT receiving element, waiting for the end of the transient process, and measuring the output signal of the thermocouple battery. The calibration process differs from the measurement process only in that the calibration thermal flux generated by the internal electric heater is applied to the receiving element instead of the measured optical radiation.

An experimental study of a calorimetric PMT was carried out at the installation shown in Fig. 1, which included ATC-C3000-500-AMF-ATS-03H diode laser (λ = 0.806 μm) with LDD-10 control device, DM 3559 and DT-830B multimeters, JPS-3030 calibration voltage source and a computer.

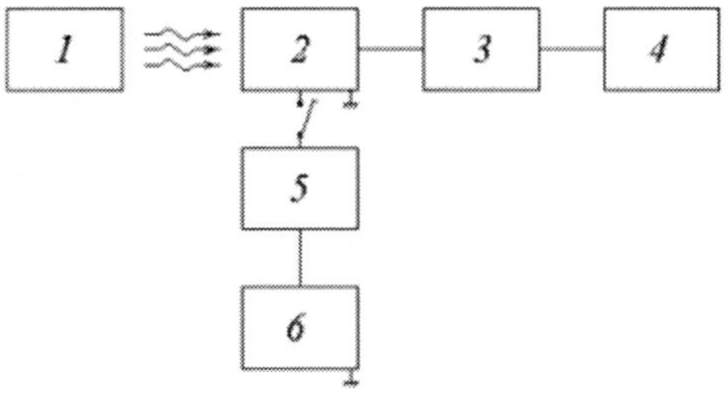

Fig. 1. The scheme of the experimental installation
1 - laser, 2 - PMT, 3 - DM 3559 millivolt meter, 4 - computer, 5 - DT-830B multimeters, 6 – voltage source.

The experimental procedure involved applying optical radiation of a constant power to the PMT receiving element and recording the voltage quantity U_i of the PMT output electric signal from the moment the radiation was applied until the setting of the PMT stationary thermal regime. After reaching the steady-state thermal regime, the radiation source was turned off and the PMT output signal was registered until the moment of complete cooling of the receiving element. Then the power of the optical radiation was changed and the heating-cooling measurement cycle, and the recording of the PMT output signal were repeated.

The similar measurement cycle was performed when the calibrated heat flux was applied to the PMT receiving element.

An essential condition for recording the PMT output signal is the equidistance of the measurement moments in time. The measurement period was set by the internal generator of the multimeter and was 0.393 s.

The typical graphs of the recorded transient processes are shown in Fig. 2.

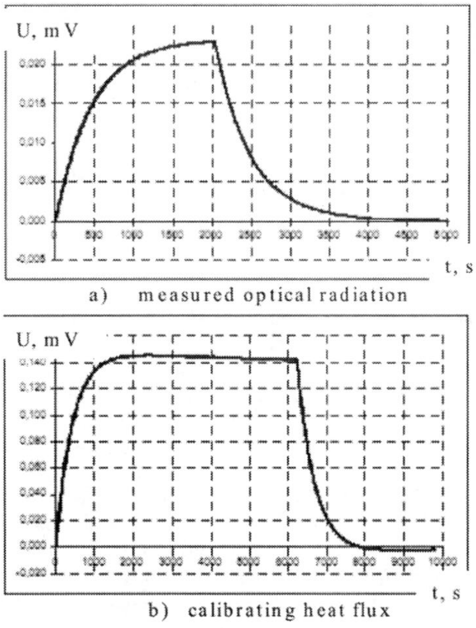

Fig. 2. The change in the output signal of the calorimetric transducer during the measurement cycle.

It is known from the theory [1] that transient processes in linear systems of the n-th order, which arise under external influence approximated by the Heaviside step function, are described by the sum of n exponents. From this, it follows that any linear system can be represented in the form of a model containing some set of simplest structural elements of the first order.

In accordance with the above, processing of the accumulated data array [2] was conducted in order to obtain correct values of equivalent time constants for transient processes.

The well-known procedure for approximating the experimental graphs of the studied transient processes by an exponential polynomial [3] proved to be ineffective, since it did not allow us to filter out the failed and noisy results of measurements, and, most importantly, due to the proximity of the transient process to the exponential, the matrix of the coefficients of the normal equations was close to degenerate one distorted by malfunctions and noise, and, consequently, the roots of the normal equations were calculated with a large error, which leaded to an unacceptably large error in determining the time constants.

The direct calculation of the time constant of the transient process when heating (cooling) of the PMT receiving element was more effective by the following algorithm:

- By the array of quantities U_i measured during the transient process, the array of quantities $\Delta U_i = U_{i+1} - U_i$ was calculated.
- By the array of quantities ΔU_i, the array of quantities $ln\Delta U_i$ was calculated.
- By the array of quantities $ln\Delta U_i$, the array of quantities $\Delta F_i = ln\Delta U_{i+1} - ln\Delta U_i$ was calculated.

- For the array of quantities ΔF_i, the linear trend equation $\Delta Fi = f(i)$ was calculated using the least squares method.
- The time constant of the transient process was calculated as the reciprocal to the constant term of the linear trend equation, and was reduced to the time units by multiplying by the sampling period of quantities U_i in seconds.

For an ideal exponential transition process, the linear trend calculated by this algorithm is a straight line parallel to the abscissa axis and displaced down from it by a quantity reciprocal to the time constant of the exponent.

An example of the experimental graph $\Delta Fi = f(i)$ for the calibrating transition process is shown in Fig. 3.
The linearity of the graph of the exponential region of the transient process indicates that, in the first approximation, the calorimetric PMT is a linear system of the first order. The coefficient of nonequivalence of substitution for the PMT sample studied in the experiment is equal to 1.023 with a confidence probability of 0.85. Estimation of the coefficient of the substitution nonequivalence coincides with the value obtained with direct measurements of the energy characteristics of the laser radiation and its substitutional thermal influence of the electric current, taking into account the PMT blackness factor.

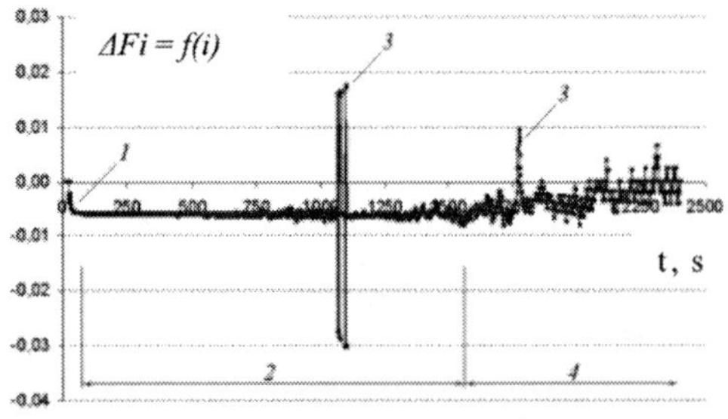

Fig. 3. Experimental dependence of the characteristics of the calibrating transition process from time
1 - initial non-exponential region of the transient process, 2 - exponential region of the transient process, 3 - malfunctions of the measuring equipment, 4 – region of dominance of the measurement noises.

The values of the time constants of transient processes obtained in the experiment, averaged over the entire data array, are given in Table 1.

Table 1. The experimental values of the time constants of transient processes.

The time constant of the transient process, s			
Measurement		Calibration	
Heating	Cooling	Heating	Cooling
178.73	182.78	167.76	190.66

5 Conclusions and recommendations

The obtained experimental results give grounds to state that the process of measuring the power of laser radiation can be described by an inhomogeneous differential equation of the first order. The calibration process for the isoperibolic calorimeter, due to a drop of the pulse, should be described by an inhomogeneous differential equation of the second order.

For further reduction of uncertainty of the PMT calibration, more complex model should be built based on the obtained initial data, in which the following experimental facts should be taken into account:
- The time constant of the transient heating process of the receiving element is bigger during measurement than during calibration.
- The time constant of the transient cooling process of the receiving element when measuring is smaller during measurement than during calibration.
- The time constants of all transient processes, measured in successive cycles, decrease monotonically.

The complication of the structure of the model, taking into account the nonlinearity of the thermal characteristics of the structural materials, requires joint application of the nonlinear heat equation and one of the numerical methods for the calculation of the temperature field of the receiving element of the calorimeter.

It should be noted that in order to simplify the model of the calibration process of the isoperibolic calorimeter, it is advisable to eliminate the drop of the calibration pulse by changing the design of the calorimeter.

The authors are grateful to Prof. Dr. Pavel Neyezhmakov for his valuable discussion and suggestions concerning the results of modeling for calibration of primary measuring converter by using of the initial data. The problems of adaptation and application of these results for international comparisons on the COOMET Projects were discussed.

References

1. M.F. Gardner, J.L. Burns. Transient processes in linear systems with lumped parameters. Moscow-Leningrad, GITTL, 1949, 528 pp.
2. K.I. Muntyan, E.P. Timofeev. Investigation of the error of substitution of the optical signal by electrical one during calibration of calorimetric transducers. Lighting and power engineering, No. 2(22), 2010, pp. 4 – 11.
3. Ya.S. Bezikovych. Approximate calculations. M.: Gostekhizdat, 1949, 463 pp.

Modeling and evaluation of the energy saving under the improvements of the calibrators of temperature using by finite element method

Vladimir Skliarov[1,3*], *Maxim* Zalohin[2], and *Svetlana* Fil[1]

[1]National Scientific Centre „Institute of Metrology", 42, Myronosytska str., 61002, Kharkiv, Ukraine
[2]Kharkiv National Automobile and Highway University, 25, Yaroslava Mudrogo str., 610002, Kharkiv, Ukraine
[3]O.M. Beketov National University of Urban Economy in Kharkiv, 17, Marshal Bazhanov str., 610002, Kharkiv, Ukraine

Abstract. Energy saving and rational use of energy resources is a priority direction for the development of the Ukrainian economy. Reduction of costs for production, performance of works and provision of services of specified quality is determined by the Law of Ukraine on energy saving [1]. The oil, gas and oil refining industry of Ukraine is one of the strategic sectors of the economy, which provides the needs of industrial enterprises, housing and motor transport complex. Metrological support of oil and gas wells for the assessment of their technical condition is carried out using the deep recording manometers. The pressure and temperature of the well are one of the main parameters that are used both to establish the working regime of the formation and the well, and to select the type and regime of the oilfield equipment.

1 Introduction

To automate the process of thermostating calibrated pressure gauges and to increase the accuracy of temperature control in the NSC "Institute of Metrology" calibrators of temperature with different temperature ranges have been developed. As a result of development, calibrators of temperature for calibration of pressure gauges for wells are manufactured and certified. The main parts of the calibrator are the thermostat and the control unit. The heating element of the thermostat is isolated from the environment by means of heat-insulating wool. Reproduction and maintenance of the set temperature is carried out by the control unit and the heating coil. The investigated temperature calibrator with the control unit is shown in Fig. 1.

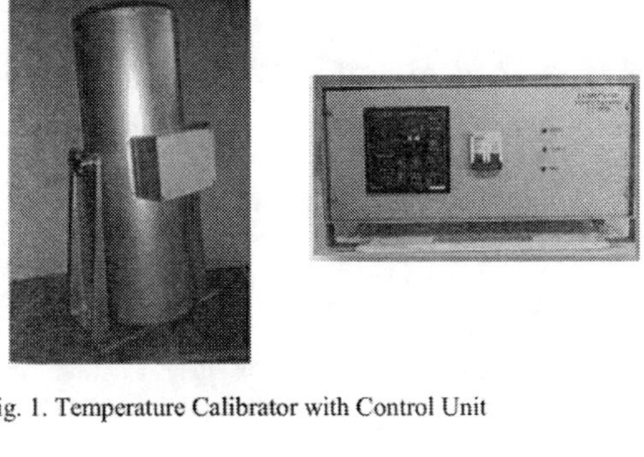

Fig. 1. Temperature Calibrator with Control Unit

Technical and metrological characteristics are presented in Table 1.

Table 1. Technical and metrological characteristics

Repeatable temperature range, K	from 373 to 1273
Limits of the permissible basic error of temperature reproduction over the range, K	from ± 273.5 to ± 274.2
Number of thermometric channels	6
Diameter of the channel in the leveling block, mm	12, 8, 6
Channel depth in the leveling block, mm	200
The number of channels in the control unit for measuring the calibrated measurement equipment	5
Depth of immersion the calibrated measurement equipment, mm	400

The purpose of this work is to improve the existing design of the temperature calibrator to determine the minimum time to enter into operation by applying an effective thermal screening of the volume of the temperature calibrator. Ensuring the stability of maintaining the specified temperature conditions of the calibrator without increasing the power consumption.

2 Statement of the thermal problem

Heat transfer processes occur in space and time. Therefore, the study of thermal conductivity reduces to the study of the space-time temperature change, i.e., to

*Corresponding author: vladimir.skliarov@metrology.kharkov.ua

finding the dependence $T = f(x, y, z, t)$, where (x, y, z) - the spatial coordinates in the Cartesian system - time. The set of temperature values at all points of the space under study is called a temperature field, t - time. To solve the problems associated with finding the temperature field, it is necessary to have a differential heat equation, which gives a relationship between temperature, time and the coordinates of the elementary volume. In the Cartesian coordinate system, for non-stationary thermal conductivity $\partial t / \partial \tau \neq 0$, the differential equation for isotropic materials and in the presence of internal heat sources is written in the form of a Poisson equation [2, 3]:

$$\frac{\partial^2 t}{\partial x^2} + \frac{\partial^2 t}{\partial y^2} + \frac{\partial^2 t}{\partial z^2} + \frac{q_v}{\lambda} = \frac{\partial t}{\partial \tau}, \qquad (1)$$

where λ - coefficient of thermal conductivity, $q_v = f(x, y, z, t)$- distributed heat source in the body.

The mathematical formulation of the presented problem includes the differential heat equation, which describes the heat transfer within the body, the geometric shape, the initial and boundary conditions. The initial conditions consist in setting the law of temperature distribution at the initial instant of time t_0. To solve the problem, it was assumed that the initial temperature is evenly distributed throughout the volume of the calibrator and is $t_0 = 20$°C. The geometry of the temperature calibrator is shown in Fig. 2.

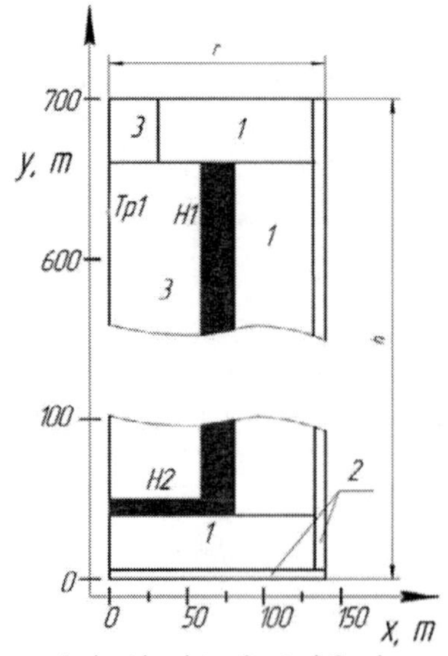

1 - heat insulator; 2 - steel, 3 - air;
H1, H2 - heating element;
Tp1 – control thermocouple

Fig. 2. Geometry of the temperature calibrator

In the presented form, the solution of the heat problem is a classical solution of a two-dimensional nonstationary problem with a boundary condition of the third kind. Boundary conditions determine the law of interaction between the environment and the surface of the body. The boundary condition of the third kind characterizes the law of heat exchange between the surface and the environment during cooling and heating. To describe the process of heat exchange between the body surface and the medium, the Newton-Richman law is used.

According to the Newton-Richman law, the amount of heat given by the unit of the surface of the body per unit time is proportional to the difference between the surface temperature of the body $t_{surface}$ (the surface of the wall of the temperature calibrator) and the environment t_{air}, and $t_{surface} > t_{air}$, then, according to [3]:

$$-\lambda\left(\frac{\partial t}{\partial x}\right)\Big|_{x=r} = \alpha\left(t_{surface} - t_{air}\right), \qquad (2)$$

where α - is the heat transfer coefficient $W/m^2 \cdot K$.

On the upper and lower walls, the boundary condition has the form:

$$-\lambda\left(\frac{\partial t}{\partial y}\right)\Big|_{y=0,\ y=h} = \alpha\left(t_{surface} - t_{air}\right), \qquad (3)$$

Due to the symmetry of the geometric shape along the Y axis, the boundary condition has the form [3]:

$$\frac{\partial t}{\partial y}\Big|_{x=0} = 0 \qquad (4)$$

According to the law of Joule-Lorentz, the intensity of volumetric thermal radiation in an electric heater when a current flows I along it along the length L, taking into account the specific resistance of the nichrome thread, is described by the well-known expression [3]:

$$\frac{q_v}{\lambda} = \frac{I^2 \cdot R}{V}, \left(W/m^3\right), \qquad (5)$$

where $R = \frac{\rho \cdot L}{S}$, (Ω), ($S = 0{,}785 \cdot d_н^2$ - the cross-sectional area of the nichrome thread, $d_н$ - diameter of nichrome thread); $V = \frac{\pi \cdot (D^2 - d^2)}{4} \cdot L$ - volume of nichrome spiral, m^3.

The greatest difficulty in the formation of the boundary condition (2) is the determination of the coefficient of heat transfer between the volume of the

 DOI: 10.1051/metrology/201708006

cylinder and the surrounding medium with the free movement of the fluid at a constant temperature $t_{air} = const$. A concrete numerical value for this pair of interactions is not given in the literature. Also, it is not correct to take it $\alpha = const$, since its value primarily depends on temperature. Therefore, to determine the function $\alpha = f(T_{surface})$, it is proposed to use the criterion Nusselt formula given in the literature [3, 4] in the form:

$$\overline{Nu}_{f,h} = 0{,}73 \cdot Ra_f^{0,25} \cdot \varepsilon_t, \quad (6)$$

where Ra - Rayleigh number under laminar flow ($10^3 < Ra \leq 10^9$), $\varepsilon_t = \left(\frac{Pr_t}{Pr_w}\right)^{0.25}$ - environmental emission factor, Pr_f - Prandtl's criterion for $t_{air} = const$, Pr_w - Prandtl's criterion for $t_{air} = var$, the indices f, w denote the fluid and the wall, respectively.

Taking into account that the heat exchange occurs with free convection between the air and the wall of the calibrator in a ventilated room, the emission factor can be taken to be equal to unity $\varepsilon_t \cong 1$, and the Rayleigh number $Ra \cong 10^9$.

In turn, the dependence of the Nusselt number on the heat transfer coefficient α has the form [3, 4]:

$$\overline{Nu}_{f,h} = \frac{\alpha \cdot R_0}{\lambda}, \quad (7)$$

where $R_0 = h$ - calibrator height, m; $\lambda = f(T_{surface})$ - coefficient of thermal conductivity of air in the border zone of the calibrator, when $t_{air} \cong t_{surface}$.

The specific heat output in the heater is controlled by the value of the current I on the basis of the indication of the control thermocouple Tp1 by means of a PID controller. The mathematical description of the heat dissipation control process is performed using a transfer function in the MATLAB environment of the Simulink application (Fig. 3). The transfer function is represented by an aperiodic link of the first order in the form $k/(T_S+1)$ [5]. The coefficients $k = 175$ and the time constant $T_S = 2800$ are chosen as follows.

At the first stage of modeling the heat generation workflow, in the ANSYS program, a constant value of the current I = 25 A was assigned at the ends of the nichrome filament, corresponding to the maximum heat release power W = 3300 W for the entire time interval t = 10800 s. Then, the numerical results of the heat generation simulation were imported into the MATLAB environment as an array of data, by which the function was determined $T = f(t)$ corresponding to the maximum possible heat release.

At the second stage of modeling for the function $T = f(t)$ the corresponding coefficients of the aperiodic link were chosen with an error of 1%. In the third stage of the simulation, a heating element control system with a PID controller and a current limiter was built in the MATLAB environment using the Saturation unit, which automatically limits the current strength above 25 A (Fig. 3) [5]. At the entrance to the control system, a temperature threshold T = 1000 ° C was set, which was determined on the basis of the reading of the control thermocouple Tp1.

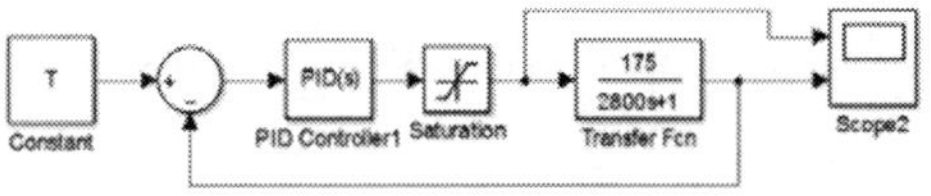

Fig. 3. Simulink-model of the calibrator heat dissipation working process

As a result of the control system simulation, a txt control file was generated as a function $I = f(T,t)$, which was imported into the ANSYS program. To achieve the goal, the PID regulator coefficients were selected in the manual tuning mode so that the maximum temperature of 1000°C was reached during the time t=7200 s, while the error of regulation did not exceed 5%. For this purpose, four variants of manual adjustment modes with corresponding PID regulator coefficients (Table 2) were calculated by the calculated MATLAB program.

Table 2. PID controller and heat dissipation parameters

	P	I	D	N	Rise time, *s*	Setting time, *s*	Power, *kW*h*
1	0,0324	$1{,}3\cdot10^{-5}$	-7,6	0,0042	412	4610	1,77
2	0,0125	$6.59\cdot10^{-6}$	-5,051	0,0024	2120	2200	0,98
3	0,0078	$4{,}96\cdot10^{-6}$	-4,33	0,0018	2000	7630	2,23
4	0,018	$7{,}03\cdot10^{-6}$	-7,29	0,0025	1170	2920	1,13

The result of the calculation of the control system is shown in Fig. 4.

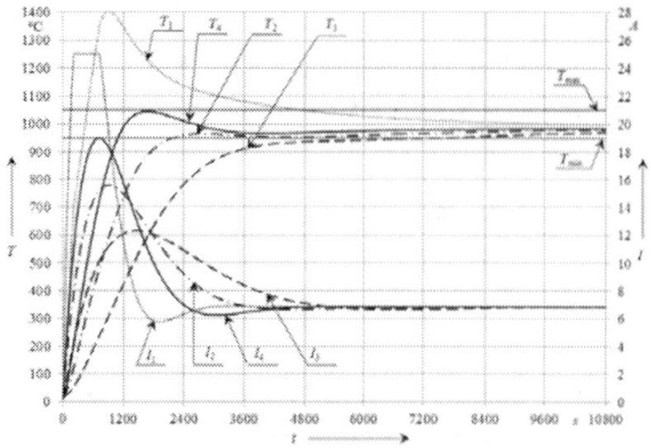

I_1, I_2, I_3, I_4 – the current dependence on time with the corresponding parameters of the PID controller;
T_1, T_2, T_3, T_4 – the temperature dependence on time with the corresponding parameters of the PID controller;
Tmin, Tmax – threshold values of the steady-state temperature.

Fig. 4. The results of the heat dissipation simulation with the corresponding parameters of the PID regulator (the index denotes the row parameter number in Table 2)

3 Building and solving 3-D finite element model

The classical heat conduction problem found a practical solution for determining the temperature distribution in the insulation wall. In this connection, using the ANSYS capabilities, an input file was created in the programming language APDL, the content of which reflects: geometry construction, finite element type specification and non-linear material properties, grid partitioning into finite elements, boundary conditions applications and adjustment of the solver options. The modeling problem was solved in a two-dimensional representation of the geometry of the temperature calibrator.

To reduce the amount of computing resources and increase the speed of solving the problem, the geometry of the temperature calibrator is made in the X-Y plane. In this case, the Y axis is the axis of symmetry. To create a finite-element model, a 4-node flat axis symmetric element with two-dimensional thermal conductivity and one degree of freedom was used - PLANE 55.

PLANE55 can be used as a plane element or as an axisymmetric ring element with a two-dimensional thermal conduction capability. The element has four nodes with a single degree of freedom, temperature, at each node.) The element is applicable to a two-dimensional, steady-state or transient thermal analysis. The element can also compensate for mass transport heat flow from a constant velocity field. [6, 7].

Using the above-described final element, the grid is automatically constructed with a given size of a finite element of 1 mm (see Fig. 5). For better convergence of the solution of the problem, the net of finite elements is thickened. Taking into account the axisymmetric of the model, for clarity, the temperature calibrator is shown in Fig. 5. As a result of the construction of the grid, 13734 finite elements and 15360 nodes were created.

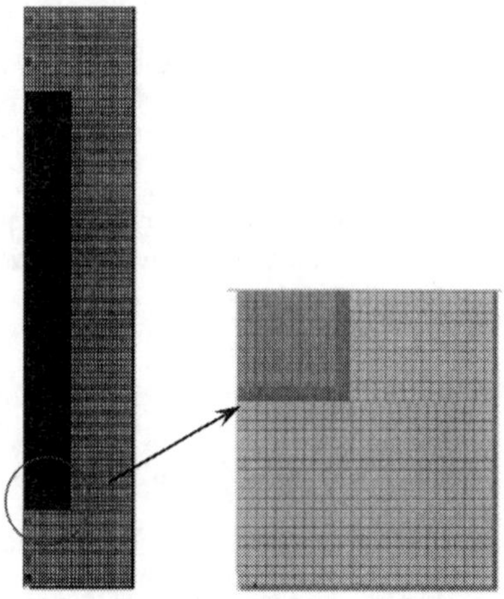

Fig. 5. The calibrator's FE model

As the thermal insulation, mullite is used for the siliceous fibrous material MKRP-340 (GOST 23619-79) [8].

When modeling the temperature field of the temperature calibrator, the temperature dependence of the material properties in the temperature range from 293 K to 1373 K was taken into account. Thermophysical properties of the temperature calibrator materials are presented
in Table 3 [9-12].

Table 3. Thermophysical properties

Material	Density of the material, ρ, kg/m³	Thermal conductivity, λ, W/m·K	Specific heat, c, J/kg·K
Air	1.205 - 0.277	0.0257 - 0.0807	1005 - 1185
Heating element	8500 - 8189	17.4 - 24.7	450 - 508
Insulator	180 - 242	0,09 - 0,62	800 - 1063
Outer casing	7850 - 7548	86 - 30	444 - 650

4 The results and analysis of the modeling

As a result of the simulated heat dissipation in the calibrator (Table 2), the following conclusions can be drawn:
- the time to reach the steady state can be reduced from 2 hours to 40 minutes by appropriately setting the parameters of the heater control system;
- the power that is consumed at the temperature output in the steady-state mode of 1000 ° C has almost halved;
- the simulation error does not exceed 5%.

In addition, the temperature dependences of the calibrator shell heating are obtained when placed inside different types of temperature sensors. Calculations using real operating temperatures with various convection coefficients on the surface of the calibrator case were carried out. An estimation of the calculation results for various types of finite elements of the 2D model of the temperature calibrator is carried out.

When specifying a finite element grid, both the finite element size selection mode and the Smart size mode were used. Modeling of operating modes was carried out in the educational version of the ANSYS software package using the APDL programming language.

Based on the proposed models of geometry, an analysis and calculation of the energy-saving shell for different number of simultaneously calibrated temperature sensors has been carried out.

5 Conclusions

On the basis of the performed modeling the constructive solution of the temperature calibrator is proposed to reduce (from 2 hours to 50 minutes) the time of reaching the operating mode of uniform thermal stabilization. The methodology of ensuring the stability of maintaining the set temperature conditions of the calibrator without increasing the power consumption is determined. The requirements for the power source of the heating element and its location are formulated.

As perspective directions of further work, it is possible to determine the design and experimental studies of the new design of the temperature calibrator using an additional low-power heating element. The proposed methodology for modeling temperature regimes is applicable in the study and study of the temperature regimes of national standards in the field of thermometry and calibration of deep recording gauges.

As a practical application, the proposed simulation and calculation algorithm is used to reduce the systematic error of national measurement standards in the field of thermometry during international comparisons of COOMET programs.

The authors are grateful to Prof. Dr. Pavel Neyezhmakov for his valuable discussion and suggestions concerning the results of modeling and evaluation of the energy saving under the improvements of the calibrators of temperature using by finite element method. The problems of adaptation and application of these results for international comparisons on the COOMET Projects were discussed. This inspired us to do research of the modeling and evaluation of the new design of calibrator of temperature. Special thanks to – Dr. Mikola Huriev and Dipl. eng. Andrew Zabelskyi for assistance in the installation of an academic version of the FEM software.

References

1. The Law of Ukraine On Energy Saving, www. zakon.rada.gov.ua/laws/show/74/94-вр.
2. A.V. Lykov Theory of heat conductivity. - Moscow: Higher School, 1967. - 598 p.
3. V.P. Isachenko Heat transfer / Isachenko V.P., Osipova V.A., Sukomel A.S.. -M.: Energoizdat, 1981. -416 p.
4. Webpage: http://www.ispu.ru/files/u2/SP._bez_nomera_-_Raschet_koefficienta_konvektivnoy_teplootdachi_osnov._kriter._uravneniya.pdf
5. Webpage: http://www.cta.ru/cms/f/342946.pdf
6. Webpage: http://www.cadfem.ru
7. Webpage: http://www.ansys.com/products/academic/ansys-student
8. Refractory heat-insulating Mullite-silica glass-fibrous materials and products. Specifications. (GOST 23619-79)
9. Thermophysical properties of substances, Handbook. Ed. N.B. Vargaftika. Leningrad: State Energy Publishing House. 1956 - 367 p.
10. Thermophysical properties of materials, Handbook. Ed. V.S. Chirkin. Moscow: State Publishing of physical-technical literatures. 1959 - 357 p.
11. Webpage: http://thermalinfo.ru
12. Webpage: http://www.lib.tpu.ru/fulltext/c/2009/C01/V2/160.pdf

The European Metrology Cloud

Florian Thiel*, *Marko* Esche, *Federico* Grasso Toro, *Alexander* Oppermann, *Jan* Wetzlich and *Daniel* Peters

Physikalisch-Technische Bundesanstalt (PTB), 10587 Berlin, Germany

Abstract. While facing an increasingly globalized market place, the ever-increasing drive for efficiency and rapidly developing consumer demands make the successful digital transformation of Legal Metrology unavoidable. This will include the use of contemporary technologies, such as embedded systems, Internet of Things, Cloud Computing and Big-data. There is a need for legally compatible system architectures, digital services and an appropriate infrastructure to benefit the industry, the notified bodies and the market surveillance authorities, by removing barriers to innovation and reducing costs and time to market for new products which use these technologies. This paper focuses on the development of a digital quality infrastructure; the "*European Metrology Cloud*", designed to support the processes of conformity assessment and market surveillance and the development of reference architectures and new technology- and data-driven services for this infrastructure, fostering the *digital single market* that the European Commission envisions.

1 Introduction

Developing technologies, such as Cloud Computing and Big Data, facilitate rapid changes that can be seen all over the measurement instrument market. The drivers of the change are an increasingly globalized market place and an ever-increasing drive for efficiency and the rapidly developing consumer demands. Products are being loaded on to ships in India and the corresponding legal transaction takes place in the Netherlands; automatic weighing instruments in Indonesia are monitored and controlled from the UK. The significance of this is that the changes and developments are most likely to continue independently of any Legal Metrology framework. External forces are driving them and the solutions to be developed in this framework must recognize this and must not seek to halt or prevent these changes. Instead, they must regulate the development for the benefit of all stakeholders [1]. Information and communication technologies (ICT) contribute not just to innovation in products, but also to innovation in processes and organizational arrangements. Software and IT-Technology will handle everything needed to allow products to be tracked and counted, while greatly reducing waste. According to the industry, it is high time that the opportunities for Legal Metrology inherent in the "Digital Single Market" [2, 3] start to be exploited [1, 4]. Only if the chance to maintain and even extend the central role of metrological IT is embraced, taking on the task of coordinating and promoting the digital transformation of Legal Metrology, will it be possible for all stakeholders (the Industry, the Notified Bodies and the Market Surveillance Authorities) to derive benefits. Otherwise, the typical inhibitors to innovation will continue to impede innovative technological concepts from entering the market [1, 4]. To this end we propose to set up a digital quality infrastructure; the "European Metrology Cloud", designed to support the processes of conformity assessment and market surveillance, as well as the development of reference architectures and new technology- and data-driven services for this infrastructure (s. fig. 1). This article will propose the necessary steps which the authors think should to be taken to achieve this goal.

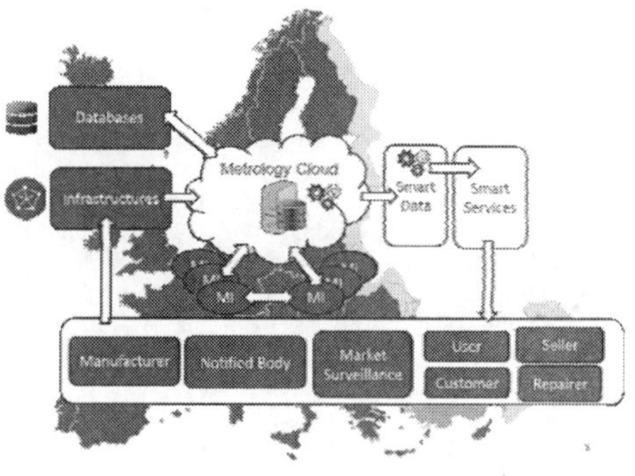

Fig. 1. Concept of the European Metrology Cloud

2 The European Perspective

The European Commission has been convinced by several studies that an enormous economic benefit could be gained from a digital single market [2, 3]. Hence, the Commission has issued a Digital Single Market Strategy for Europe to push the most essential aspects. These interwoven European initiatives aim at setting up an

* Corresponding author: florian.thiel@ptb.de

Article available at http://cfmetrologie.edpsciences.org or https://doi.org/10.1051/metrology/201709001

DOI: 10.1051/metrology/201709001

efficient infrastructure to support, for example, Cloud Computing and Big Data as the bases for Smart Services [4]. Within the Digital Single Market Strategy for Europe, Cloud Computing plays a key role through the *European Cloud Initiative*, the *European Free Flow of Data Initiative*, and through the emerging issues related to ownership, access, portability of data, and switching of cloud service providers [5]. The "*European Cloud Initiative – Building a competitive data and knowledge economy in Europe*" [6] aims to strengthen Europe's position in data-driven innovation, improves its competitiveness and cohesion, and helps create a Digital Single Market in Europe. As part of the package of measures for digitizing Europe's industry, the Commission has outlined a new strategy on Big Data, supporting and accelerating the transition towards a data-driven economy in Europe [7]. According to the EC-Cloud initiative, a data-driven economy will stimulate research and innovation on data-driven technologies, while leading to more business opportunities and an increased availability of knowledge and capital, in particular for SMEs across Europe [7]. The impact of these initiatives is already palpable in areas where innovations are subject to legal control, e.g. to ensure a certain level of quality and market acceptance of products. Such a field, where manufacturers and legal authorities are working closely together to reach mutual objectives, is Legal Metrology [8].

Seizing the chances of digitalization could resolve existing obstacles for innovation within the quality infrastructure set up by Legal Metrology and foster Legal Metrology's digital transformation. This will be beneficial for all collaborators in this area, while make Legal Metrology fit for the digital age. In the following, the required actions to reach this aim are identified and justified.

2.1. Inhibitors to Innovation in Legal Metrology

Manufacturers often consider regulations as an "inhibitor to innovation", due to the following reasons: Regulations are considered to increase the time to market. The costs for the requested IT security are not considered to be justified. A technology gap between manufacturers, the Notified Bodies and/or the Market Surveillance Authorities can be identified, i.e. the authorities are not acting on "eye level" with the manufacturers (or vice versa). It is felt that the authorities refuse innovative solutions and "bend" them to squeeze them into known concepts. Also, it is claimed that Notified Bodies require too much security or, on the contrary, do not require a sufficient security level. Additionally, the manufacturers complain that there are no actual harmonized processes in Europe, i.e. they feel that there is no coherency in conformity assessment and verification of measurement instruments in the field and no unified quality standard exists in the European single market.

3 Digital Transformation of Legal Metrology

The urgent needs of the manufacturers and the technological possibilities provide the guiding objectives that the European approach described here will address, whilst guaranteeing transparency appropriate for conformity assessment and market surveillance in an increasingly globalized economy [1, 4]. The authors propose a European virtual quality infrastructure, based on the possibilities that "measuring instruments of the future" will offer, incorporating the potentials of the existing distributed infrastructures and databases, and aiming at improving the coordination in Europe by technology- and data-driven Legal Metrology services.

The overall objectives of this proposal are the development of a quality infrastructure for data and reference architectures for new technology- and data-driven services for Legal Metrology, to foster the aims of the European Commission to establish a digital single market [2, 3]. This considers the needs of all stakeholder groups in Legal Metrology: Industry, Notified Bodies and Market Surveillance Authorities (see Fig. 1).

To achieve this, the following actions are proposed:

3.1. Join Infrastructures and Databases

To reduce the administrative burdens for businesses [3], and to expedite and harmonize the administrative process of conformity assessment and market surveillance, a digital quality infrastructure for European Legal Metrology needs to be developed that aggregates existing IT infrastructures and databases of the partners (Industry, Notified Bodies and Market Surveillance) towards a Legal Metrology Grid. For the interoperable interconnection of infrastructures and databases a secure and trustworthy "core"-platform needs to be established in every member state. A blueprint for the member states' platforms will be developed which serves as a communication and service platform rather than a data dumping environment (see Fig. 2).

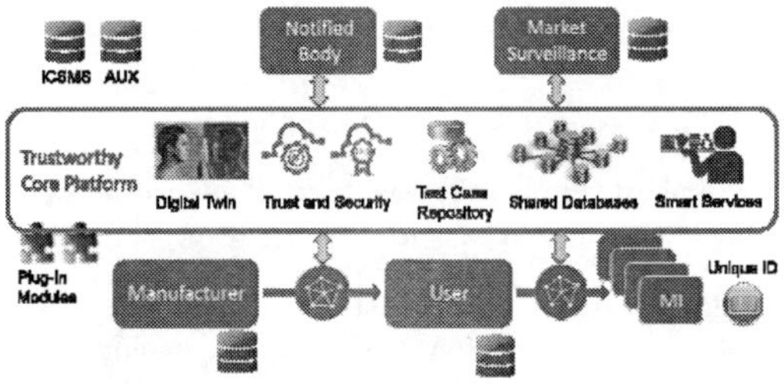

Fig. 2. Concept of the trustworthy core platform for the member states.

3.2. Reference Architectures

The industry and the notified bodies alike have voiced the need for the provision of broadly applicable

DOI: 10.1051/metrology/201709001

reference architectures for new, complex technologies such as Cyber-Physical Systems, the internet of things (IoT)components, Cloud Computing or Big-Data processing (see Fig. 3). These architectures will be the key elements of the future European digital quality infrastructure, fulfilling the "essential requirements" of European legislation on Legal Metrology and offering adequate security and easy verification of such technologies for market surveillance and verification authorities.

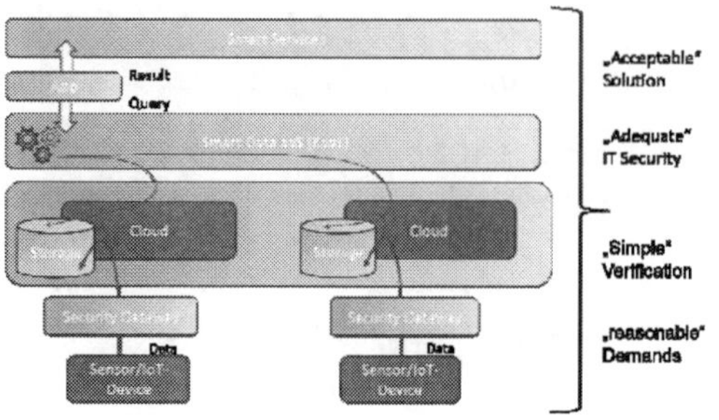

Fig. 3. Technology Stack of future metrological IoT-systems and the architectural needs to be fulfilled by the reference architectures for each level.

3.3. Streamlined and New Metrological Services

Based on the latter steps, new technology- and data-driven metrological services could be developed. Net-based services may include remote verification and diagnostics, condition monitoring, (predictive) maintenance and verification, i.e. e-market surveillance and e-compliance as suggested by the European Commission [3]. To realize these services, the concept of the "digital twin" known from the Industrial Internet may be used. An administrative shell containing descriptive information of the individual measuring instrument may hosted within digital quality infrastructure and accessed by all authorized parties.
The hundreds of millions of measuring instruments used in the EU single market create enormous data volumes over their life-cycle in separated data bases. Smart merging of these sources will create a metrological data lake from which new data-based services (smart services) could be derived [2] for the stakeholders to simplify the existing regulated processes.

3.4. European Centre of Excellence

Establishing a European center of excellence for metrological information technology to be constituted by experts from all stakeholder groups is the final step. These experts will take on relevant technological and legal issues surrounding new technologies and coordinate metrological services in Europe (e.g. by subcontracting). The main objectives of this center will be to strengthen the cooperation within Europe and maintain and advance the developed metrological infrastructure.

Finally, the developing digital infrastructure will contribute its findings to the key European and International Standards Developing Organizations in Legal Metroloby (the European Cooperation in Legal Metrology (WELMEC) and the International Organization of Legal Metrology (OIML)) The entire concept described here is designed to keep informed the standardization committees about its progress, parallel to its evolution. In this way, both committees - WELMEC WG 7 and OIML TC5/SC2 - will be actively involved and will be able to recommend further steps or investigations, to make the results even more beneficial for all partners.

4 Impact

The envisioned short-term impact of this project is the aggregation of existing data infrastructures of all stakeholders and the creation of a realistic concept for a pan-European IT infrastructure for Legal Metrology. The goal in doing so is to overcome the known obstacles in Legal Metrology described in Subsection 2.1, including the lack of a trustworthy core platform (see Fig.2).

The core-platform is designed to fulfil functions such as the confidential transfer of information between authorized partner organizations and systems. This will realize an initial quality infrastructure for data to prove the feasibility of the approach and to allow other infrastructures to join easily. Concurrently, reference architectures will be made available for the highest-priority technologies, such as IoT devices, Cloud Computing and testbeds for ecosystems that are needed for intelligent meters. Based on these reference architectures, metrological IT services will be made available, such as remote verification and maintenance of measuring instruments (to name only a few of many possible services). Data obtained from the administrative shell of each individual measuring instrument in service (and of all instruments of the same type) throughout its life cycle will be used to provide smart, data-based metrological services to stakeholders with the aim of optimizing administrative processes. These architectures and services lay the basis for the advancement of the quality infrastructure created within this project.

Furthermore, the European center of excellence will be established, where any stakeholder involved in Legal Metrology can receive advice and support on IT-related questions and processes. This center will also provide services for conformity assessment of advanced technologies. After an initial three-year phase, the concept for a pan-European IT infrastructure will be expanded by incorporating further existing infrastructures and, where possible, amended to include new opportunities presented by the developed reference architectures and the technology- and data-based metrological services. The developed concepts will be transferred to the standardization and harmonization committees of WELMEC and OIML (WELMEC WG 7 and OIML TC5/SC2), who in turn will establish them as technological standards. By doing so, beneficial concepts and findings will be made available internationally.

4.1. Impact at the European Level

The European center of excellence for metrological information technology will provide forensic support by analyzing complex incidences in the market, provide support for the evaluation of contemporary security risks within Legal Metrology and therewith provide a unified quality level across Europe. For improved impact, research activities for contemporary technological IT challenges, such as Cloud-Computing Services, software defined networks, network function virtualization, security issues or Big Data for measuring instruments will be coordinated on a European level at this center. The European industry may use the results of the research as support when new measuring instruments and measuring systems are to be designed.

5 Conclusion

Technologies such as embedded systems, the internet of things (IoT), cyber-physical systems, cloud computing and big-data concepts have evolved significantly over the past ten years. These technologies have converged to form completely new fields such as the industrial internet and smart services. The resultant technology – and data-based opportunities, if exploited, could benefit all stakeholders in Legal Metrology – for example, by reducing costs, removing typical barriers to innovation and expediting the time to market for new products.

The concept proposed here focuses on establishing a data infrastructure for European metrology using a trustworthy "core"-platform in the member states; this "European Metrology Cloud" is designed to support the processes of conformity assessment and market surveillance. The concept also focuses on developing new technology- and data-based metrological services for this infrastructure to promote manufacturer innovations and support harmonization in Europe.

In this way, the European Metrology Cloud directly addresses the main inhibitors to innovation, brings together all European partners, supports capacity building in Europe and fosters the digital single market the European Commission envisions.

A project proposal for developing and implementing the envisioned digital quality infrastructure was submitted within the Industry Call 2017 to the European Metrology Programme for Innovation and Research (EMPIR), which is jointly funded by the EMPIR participating countries within EURAMET and the European Union.

The proposal is supported by European manufacturers associations, e.g. CECIP, CECOD and FARECOGAZ, and WELMEC.

References

1. I. Turner, Recent Software Developments – The view of the weighing industry, PTB -Mitteilungen, 1/2017, page 3-6, doi: 10.7795/310.20170199
2. Digital Single Market, Bringing down barriers to unlock online opportunities, European Commission, Priorities, https://ec.europa.eu/priorities/digital-single-market_en, (retrieved: 2017-02-21)
3. A vision for the internal market for industrial products, European Commission, COM (2014) 25 final, http://cor.europa.eu/en/activities/stakeholders/Documents/Com%202014-25.pdf, (retrieved: 2017-02-21)
4. P. Cloutier, J. Meurer, CECOD vision of "new Big Data World" with metrology constraints, PTB - Mitteilungen, 1/2017, page 7-8, doi: 10.7795/310.20170199
5. Data economy strategy, European Commission, https://ec.europa.eu/digital-single-market/en/towards-thriving-data-driven-economy, (retrieved: 2017-02-21)
6. Cloud Computing, European Commission, https://ec.europa.eu/digital-single-market/en/cloud, (retrieved: 2017-02-21)
7. Digital Single Market – Digitizing European Industry Questions & Answers, European Commission - Fact Sheet, http://europa.eu/rapid/press-release_MEMO-16-1409_en.htm, (retrieved: 2017-02-21)
8. Towards a thriving data-driven economy, European Commission COM (2014) 442 final http://ec.europa.eu/newsroom/dae/document.cfm?action=display&doc_id=6210 (retrieved: 2017-02-21)
9. Legal Metrology, European Commission, http://ec.europa.eu/growth/single-market/goods/building-blocks/legal-metrology/, (retrieved: 2017-02-21)
10. Key Issues for digital Transformation in the G20, Report prepared for a joint G20 German Presidency / OECD conference, OECD (2017), http://www.bmwi.de/Redaktion/DE/Downloads/G/g20-key-issues.html, (retrieved: 2017-02-21)

Pragmatic Big Data and smart manufacturing

Amine Lies Benhenni[1,*]

[1]Dataswati, R&D Department, 91400 Orsay, France

Abstract. Smart manufacturing is usually associated with fancy cobots and automated production lines. But the Big Data ecosystem has a part to play, and is probably faster and cheaper to start with. The numerical revolution has dramatically accelerated these last years, with many implications in different industries. We propose in this article to present these new tools, and discuss some real use cases. We will also present the best practices and some of the inevitable challenges related to data projects.

The upcoming Industry 4.0 movement is full of promises. However, many still think it is the vision of a distant future, implying heavy changes and new fancy but expensive machines and tools. But it is first and foremost a digital transformation, and as such, will generate its share of data. It will therefore be possible to leverage the Big Data technological ecosystem to:
- harness and bring value out of the data,
- improve quality and conformance,
- automate controls on the production line,
- have a tight control on industrial and manufacturing processes as well as on the machinery and tools.

1 Big Data: a technological revolution

Since the first personal computer, every aspect of modern life was or is on the verge of being digitized with many evolutions and revolutions.

The Big Data ecosystem emerged as a technological solution to the challenges brought by the ongoing numerical transformation leading to:
- powerful computation capabilities,
- wired and wireless networks with high bandwidth,
- availability of storage resources at a massive scale (physical as well as on the cloud),
- higher adoption of smartphones.

The last decade was fruitful in the diversity of developed solutions, mainly to solve technological issues related to the now infamous 3V (Volume, Velocity, Variety).

While computers, chips, networks and storage are still going cheaper, connected objects are becoming a common commodity. New communication technologies and protocols are emerging to enable every single object to be connected to the internet in some way, with a growing popularity to for Low-Power Wide-Area Networks (LPWAN), specifically designed for IoT.

Today the ecosystem covers most of the technological needs, and starting a data project is more about choosing the right set of tools.

2 Data Science: a scientific revolution

The availability of data and resources at scale played a significant role in the ongoing acceleration in the Machine Learning and Artificial Intelligence fields, enabling fast experimentations with cheap resources.

Internet companies like Google and Facebook, are leading the movement, both on business and on R&D. Google is a pioneer in some of the key Big Data technologies [1,2], and is now a reference in AI with more than 200 journal or conference papers published in 2016 on AI related topics.

Nowadays, a larger set of open-source predictive tools for Machine Learning [3–6] and Deep Learning [7–10], which lead to an exploding adoption among data practitioners. These tools are very versatile and can be used for different tasks, depending on the data available and the questions asked. They can be formalized as:
- Supervised learning, which is about learning the mapping between a set of features (x_1, x_2, …, x_n) and a set of output (y_1, y_2, …, y_n) known from the available data. The x_i can be scalars as well as vector, or even higher dimensions tensors. The output can be a continuous value (regression) or a discrete label (classification). This is by far the easiest and most popular approach, as it minimizes the volume of data necessary to have decent predictive results. Regression can be used to predict measurements and sensors values, while classification will learn optimal decision boundaries, like the ones needed for predictive maintenance and quality control automation.
- Unsupervised learning, where there are no outputs related to our inputs. Instead, algorithms look for patterns, for instance by grouping similar types of failures into distinct groups to help diagnose and fix them. It is possible of course to have a mixed approach, where some of the data are labelled, and some are not. Semi-supervised learning techniques will leverage the

* Corresponding author: albenhenni@dataswati.com

available information from a small set of labelled data to improve the overall learning accuracy.
- Finally, reinforcement learning is about learning a specific behaviour directly from the environment through actions and rewards.

2.1 Deep Learning for Signal and Image Processing

The first types of neural networks have been known for more than half a century. The multilayer perceptron was already in use in industrial applications like computer vision, automated translations and speech recognition for quite a time. But many problems, like vanishing gradients, would limit their capacity to learn when multiple layers are stacked, restricting them to very specific and expert questions. The first steps to overcome these limitations can be traced back to the 90s, and since then, slow but steady successes were accumulated until reaching a tipping point, facilitated by the Big Data.

Deep neural networks are now a reality, with spectacular results in many complex data analysis and pattern recognition tasks, particularly with unstructured data.

Text data are an interesting source of knowledge in industry, and deserve an article on their own. Images and sensors data value on the other hand is immediate to grasp by analogies to other fields. Initiatives in medical data analysis show really promising adoptions of deep neural networks. Images are used to diagnose precisely various pathologies [11]. EEG analysis are also a good example when it comes to learning patterns on complex combination of sensors/time-series. There are also interesting works in the speech and audio data, as well as on smartphone sensors (some recent examples [12,13]). An interesting initiative to notice is the approach that mimics how a doctor or a sound engineer use their eyes to analyse the results of an ECG or a spectrogram, by transforming sensors data to image data [14]. These approaches are also useful when it is necessary to fusion multiple sensors sources [15–17].

Deep Learning is usually supposed to require large volume of data to be able to capture the various levels of information from raw data to the final output. But this is mostly true when working with raw data (like raw pixel in pictures and images). But the algorithms can be applied on higher level of information. For instance, in the audio case, the spectrogram is fed as input instead of the raw audio file (amplitudes).

The volume being a major concern, many ongoing researches are focusing on new methods like transfer learning, to use the learned information from one case to another, sharing similar data, or few-shot/one-shot learning, that aims at learning from few instances, preferably one.

2.2 Machine Learning as a modelling tool

Using neural networks to simulate an industrial process isn't new, and one can easily find early examples in the literature [18–20]. But the trend has clearly been accelerating lately, with many papers testing Machine Learning and Deep Learning models within a wide variety of fields (physics, chemistry, biology) [21–25]. The differences between statistical modelling and Machine Learning modelling were already extensively discussed, and a good reference can be found in [20].

One of the core feature of machine learning is the ability to capture complex behaviours and patterns, by learning them from within the data. The idea is to predict a value from the various available inputs. One can easily imagine complex combinations of signals from heterogeneous sources of data, like PLC, sensors and images to predict the target variable of any given industrial process, which is unimaginable with the classical approach.

This can prove useful when modelling complex processes in short times, or with limited resources, as the task of modelling from first principles at a sufficient precision level can be daunting, very long, and have a large cost. Even when a model is already available, it is usually built to capture the leading effects to understand the dynamic of the system, and there's always a trade-off between the time spent on building the model and the reached precision.

In the data-driven approach, the trade-off will be on the time and resources spent acquiring and storing the data, and the cost of the acquisition system is quickly paid back. If the system changes, there is no need to start the modelling process, as the learning algorithm will capture it from the new data.

3 The road to Smart Manufacturing

3.1 Data: a key resource

3.1.1 Data availability

Using data-driven methods requires data. As logical as it may sound, today this is still a major obstacle. To name a few:
- handwritten measurements are still very common on the shop floor, where many results are reported on paper cards or notebooks with a pen,
- complex proprietary machinery and protocols can be challenging to access, without the need of dedicated resources from the machines suppliers and manufacturers,
- low quality network can put some data beyond reach, or lead to packet loss. Wireless networks aren't always reliable in a factory. There are hopes that LPWAN will finally help bring stable wireless networking inside warehouses and factories. In the meantime, old-fashioned wired connections are still an interesting alternative to collect data from the production line.

3.1.2 Data quality

"Garbage in, garbage out" is a popular saying in the machine learning community. Having data is an important milestone, but the quality of the data is crucial. Predictive algorithms will have difficulties distinguishing between signal and noise if the data is messy, and the measurement process isn't under control. Rigorous measurement procedures can only improve predictions quality. Especially if there's a human in the loop, with a process requiring a complex know-how. It goes beyond instruments conformance. Repeatability must be guaranteed, and reproducibility can also play a key role among different processes and/or factories, to ensure that the same models can be used across different sites.

The best one can expect is a successful predictive algorithm within the uncertainty range of the predicted variable. If the uncertainty is beyond the specifications tolerances, there is still a chance the algorithm can correctly identify the central tendency, but only if there are enough data, and no bias between the real value and the sample mean of the learning dataset (as expected from basic statistics).

3.2 Quick overviews of the possibilities

3.2.1 Control of complex industrial processes

Many industrial processes can be long and complex, with various steps leading to the final product. Each step builds on the previous ones, and having a clear and precise supervision on every combination of parameters can be tedious. Being able to predict at each step the expected output early can help to better control the whole process (see for instance [27,28]. All the following points are linked somehow to this one, and they all represent a complementary piece for a complete supervision of the production and the tools, with an expected increase in throughput and quality.

3.2.2 Virtual metrology for all

Virtual metrology is already used in the semiconductor industry [29,30] to speed up the manufacturing process, by predicting some properties that can be blocking if not known at the right time. There are even cases of classical neural network usage [31]. This can easily be generalized to any process and really deserve to be better known.

To make clear the difference with the previous paragraph, in this case, instead of predicting an output in the future, the idea is to capture the dependency of a value that is hard or long to measure (usually samples in a laboratory far from the production line) from other variables easier to access, on the same time horizon.

3.2.3 Speed-up quality control and inspection

Having fast algorithms that can validate quickly the conformance and/or safety of a product can greatly boost the production output, and dramatically reduce defects. Instead of randomly sampling, it is now possible to have a systematic algorithmic control, and predicting pieces most likely to fail. A more thorough human control can then focus on the flagged cases, with an optimal allocation of human intelligence and know-how.

3.2.4 Easier image metrology

Numerous industrial processes rely on image analysis. Some quality controls in the previous paragraph can rely on microscopic imagery (metals, foams, etc). With new tools to analyse images at a level never known before, many scientific fields are experiencing a major shift in automated information and pattern extraction from images and videos. Once again, the medical field is interesting to look at, but many examples can be found for self-driving cars, spacecraft docking, etc [32–35].

The potential is nearly infinite when comparing to how many industrial processes require a visual human supervision.

3.2.5 Predictive maintenance

Many smart industry projects tend to focus on predictive maintenance. The advantage is that the value is clear, compared to a corrective maintenance that happens only once the failure has happened.

Predictive maintenance can be declined in diverse ways, but it isn't uncommon to have a misunderstanding of what it really is. For instance, having a planned schedule built from a global statistical analysis is hardly predictive. It doesn't account for daily operations impact per machine, and therefore doesn't optimize the maintenance operations.

Predictive maintenance should start with real-time monitoring. But this is not enough, and a common error is to condition maintenance operations based on fixed thresholds, calculated and fixed by hand. We are actually looking for a decision boundary, and machine learning based classification algorithms are built and designed specifically for this task. They are by far faster, and by definition, the decision boundaries they calculate are optimal for a given dataset.

Please note that as popular and straightforward this option seems, it is not necessarily the easiest one. Failures aren't so common in the data, and there's a risk that the algorithms will end up biased, potentially leading to many missed alarms.

3.3 From strategy to execution: methods and implementation

Having the tools of the trade is good, knowing how to use them is better. It is important to approach innovation pragmatically, otherwise the risk is to start with expectations that aren't aligned with the real potential of the tools, leading inevitably to failing projects and disillusion [36].

The examples above are presented in a generic manner, but each case can be implemented in numerous ways depending on the context, defined by the available data and their intrinsic quality, as well as operational and field constraints. Even small variations can lead to substantial changes from one process implementation to another. And two factories from the same group, manufacturing the same product, can exhibit large variations.

Moreover, Big Data and AI have their own specificities that require an adequate handling. The first being the uncertainty due to the strong dependency on the available data and their quality (usable information within). By definition, an algorithm is supposed to have a deterministic behaviour, but predictive algorithms are different animals. Their behaviour is mainly dictated by the data used during the learning phase, meaning that the same algorithm can exhibit different behaviours for the same use-case, but in different contexts. Implementing a predictive approach requires to go through a knowledge funnel, from the initial question to the eventual answer, reducing uncertainty along the way. Methods exist to handle the associated risks.

3.3.1 Defining precisely the question

The first factor that plays a key role in the success or failure of a data project is the formal definition and setting of the question to be answered.

The design thinking framework [37] is a good start to help identify operational pain points that are good candidates, helping managers to remember that real problems come from the field, and favour creative thinking to find innovative solutions.

The basic principles are easy to understand, but somewhat subtle to put in place. The general workflow consists of alternating phases of creative and analytical thinking, twice. The problem space is explored first, then analysed to sort and filter the most interesting pain points, then the same is done for the solution space. Despite its simplicity, a well-conducted design thinking workshop can do wonders, and help generate novel ideas with a strong potential to grow as innovative solutions.

3.3.2 Validate rigorously the answer

Once a candidate use-case is identified, a rigorous validation process must be put in place. A project must start by considering an optimal trade-off between risk exposure and innovation, and demonstrate its value rapidly with a functional piece of software, referred to as the Minimal Viable Product (MVP) in the Lean Start-Up philosophy [39,40].

The latter draws inspiration from the Lean Manufacturing movement, in the sense that it recommends eliminating anything that doesn't contribute directly to the value demonstration.

Once validated, the MVP constitutes the basis upon which the developing team iterates and incrementally adds new features.

Iterative and incremental approaches were introduced to manage unpredictability in software engineering. Agile project management [38] is the typical archetype in a fluid business environment, where all the requirement can't be defined upfront. It usually consists of teams with transverse competencies advancing in small steps, and validating each time a working piece of software with all the stakeholders (managers, field workers, final users, etc). This minimizes the risk of failures, by having regular feedback loops.

4 Synthesis

This paper provides a quick overview of the elements that should be considered when one wants to start experimenting with data, with a focus on industrial use-cases. The Big Data ecosystem comes as a technological layer exposing the raw data. Then the scientific tools, like Machine Learning and Deep Learning come into play to extract the value. This value is an actual answer to a real operational problem, and must validated using rigorous methods.

References

[1] J. Dean and S. Ghemawat, *Commun. ACM*, **51**, 107–113 (2008).
[2] S. Ghemawat, H. Gobioff, and S.-T. Leung, The Google file system, in: ACM SIGOPS Oper. Syst. Rev., ACM, (2003), pp. 29–43.
[3] F. Pedregosa, G. Varoquaux, A. Gramfort, V. Michel, B. Thirion, O. Grisel, M. Blondel, P. Prettenhofer, R. Weiss, V. Dubourg, and others, *J. Mach. Learn. Res.*, **12**, 2825–2830 (2011).
[4] T. Chen and C. Guestrin, Xgboost: A scalable tree boosting system, in: Proc. 22nd Acm Sigkdd Int. Conf. Knowl. Discov. Data Min., ACM, (2016), pp. 785–794.
[5] C.-C. Chang and C.-J. Lin, *ACM Trans. Intell. Syst. Technol. TIST*, **2**, 27 (2011).
[6] M. Hall, E. Frank, G. Holmes, B. Pfahringer, P. Reutemann, and I.H. Witten, *ACM SIGKDD Explor. Newsl.*, **11**, 10–18 (2009).
[7] J. Bergstra, O. Breuleux, P. Lamblin, R. Pascanu, O. Delalleau, G. Desjardins, I. Goodfellow, A. Bergeron, Y. Bengio, and P. Kaelbling, (2011).
[8] M. Abadi, A. Agarwal, P. Barham, E. Brevdo, Z. Chen, C. Citro, G.S. Corrado, A. Davis, J. Dean, M. Devin, and others, *ArXiv Prepr. ArXiv160304467*, (2016).
[9] Y. Jia, E. Shelhamer, J. Donahue, S. Karayev, J. Long, R. Girshick, S. Guadarrama, and T. Darrell, Caffe: Convolutional architecture for fast feature embedding, in: Proc. 22nd ACM Int. Conf. Multimed., ACM, (2014), pp. 675–678.
[10] F. Chollet and others, "Keras", (2015).
[11] G. Litjens, T. Kooi, B.E. Bejnordi, A.A.A. Setio, F. Ciompi, M. Ghafoorian, J.A.W.M. van der Laak, B. van Ginneken, and C.I. Sánchez, *ArXiv170205747 Cs*, (2017).
[12] C.A. Ronao and S.-B. Cho, *Expert Syst. Appl.*, **59**, 235–244 (2016).
[13] M.M.A. Rahhal, Y. Bazi, H. AlHichri, N. Alajlan, F. Melgani, and R.R. Yager, *Inf. Sci.*, **345**, 340–354 (2016).

[14] M.S. Singh, V. Pondenkandath, B. Zhou, P. Lukowicz, and M. Liwicki, *ArXiv170101077 Cs*, (2017).
[15] A. Jain, H.S. Koppula, S. Soh, B. Raghavan, A. Singh, and A. Saxena, *ArXiv160100740 Cs*, (2016).
[16] F.J. Ordóñez and D. Roggen, *Sensors*, **16**, 115 (2016).
[17] P. O'Connor, D. Neil, S.-C. Liu, T. Delbruck, and M. Pfeiffer, *Front. Neurosci.*, **7**, (2013).
[18] V. Venkatasubramanian and K. Chan, *AIChE J.*, **35**, 1993–2002 (1989).
[19] S.A. Mandavgane, M.A. Siddiqui, A. Dubey, and S.L. Pandharipande, *Chem. Eng. World*, **39**, 75–77 (2004).
[20] K. Yetilmezsoy and S. Demirel, *J. Hazard. Mater.*, **153**, 1288–1300 (2008).
[21] M. Paganini, L. de Oliveira, and B. Nachman, *ArXiv170502355 Hep-Ex Physicshep-Ph Stat*, (2017).
[22] G.B. Goh, C. Siegel, A. Vishnu, N.O. Hodas, and N. Baker, *ArXiv170606689 Cs Stat*, (2017).
[23] Y. Li, W. Zhao, and J. Pan, *IEEE Trans. Autom. Sci. Eng.*, **14**, 1256–1264 (2017).
[24] M. Tehrani and M. Ahmadi, *SciRate*, (2017).
[25] Z. Li, S. Wang, Y. Yu, and J. Xu, *ArXiv170407207 Cs Q-Bio*, (2017).
[26] L. Breiman, *Stat. Sci.*, **16**, 199–231 (2001).
[27] N. Rana, Y. Zhang, D. Wall, and B. Dirahoui, Predictive data analytics and machine learning enabling metrology and process control for advanced node IC fabrication, in: 2015 26th Annu. SEMI Adv. Semicond. Manuf. Conf. ASMC, (2015), pp. 313–319.
[28] J. Moyne, J. Samantaray, and M. Armacost, Big data emergence in semiconductor manufacturing advanced process control, in: 2015 26th Annu. SEMI Adv. Semicond. Manuf. Conf. ASMC, (2015), pp. 130–135.
[29] Y.-J. Chang, Y. Kang, C.-L. Hsu, C.-T. Chang, and T.Y. Chan, Virtual Metrology Technique for Semiconductor Manufacturing, in: 2006 IEEE Int. Jt. Conf. Neural Netw. Proc., (2006), pp. 5289–5293.
[30] J.C. Yung-Cheng and F.-T. Cheng, Application development of virtual metrology in semiconductor industry, in: 31st Annu. Conf. IEEE Ind. Electron. Soc. 2005 IECON 2005, (2005), p. 6 pp.-.
[31] M.H. Hung, T.H. Lin, F.T. Cheng, and R.C. Lin, *IEEEASME Trans. Mechatron.*, **12**, 308–316 (2007).
[32] S. Singh and V. Kumar, *ArXiv160907597 Cs*, (2016).
[33] F. Liao, X. Chen, X. Hu, and S. Song, *ArXiv170203833 Cs*, (2017).
[34] M. Ye, E. Johns, A. Handa, L. Zhang, P. Pratt, and G.-Z. Yang, *ArXiv170508260 Cs*, (2017).
[35] I.S. Fomin, A.V. Bakhshiev, and D.A. Gromoshinskii, *Procedia Comput. Sci.*, **103**, 59–66 (2017).
[36] J. Fenn and M. Raskino, "Mastering the hype cycle: how to choose the right innovation at the right time", Harvard Business Press, (2008).
[37] R.L. Martin, "The design of business: Why design thinking is the next competitive advantage", Harvard Business Press, (2009).
[38] K. Beck, M. Beedle, A. Van Bennekum, A. Cockburn, W. Cunningham, M. Fowler, J. Grenning, J. Highsmith, A. Hunt, R. Jeffries, and others, (2001).
[39] S. Blank, *Harv. Bus. Rev.*, **91**, 63–72 (2013).
[40] E. Ries, "The lean startup: How today's entrepreneurs use continuous innovation to create radically successful businesses", Crown Books, (2011).

The 4.0 metrology at PSA Group

For a more efficient industrial metrology

Soupala Gries[1], *Laurent* Selski[1]

[1]PSA Group, Site of Sochaux, Centre Technic Centre of Belchamp, 25218 Montbéliard Cedex, France

There are two types of metrology: the legal one and the industrial one. One of our biggest problem today, is the fact that the industrial metrology is a copy of the legal one. However, each one has different needs. We only discovered this difference quite soon. Industrials prefer to ignore this fact, saying that metrology costs a lot for them… It's not true! Metrologists just need to change their way to consider their work and have to renew it. Tomorrow's industrial metrology has to be justified by companies' needs only, and that what we are going to do in PSA Group.

1 Towards an optimized function

Currently, metrologist's work is mainly made of administrative actions like the management of periodic calibration, the control of reports, and the best way to please the auditor. His work is not highlighted and not gratified. Moreover, this deteriorates the image of metrology for companies. They don't see the value of this field. However, metrology is one of the *key of competitiveness* for companies! Metrology has indeed to be renewed in order to change the core business radically.

Tomorrow's metrology has to be a *real answer of companies' needs*, and not a multiplication of actions which are made of habits. Metrologists have to *control their park* of equipment and not suffer it. For that change to happen, this field will have to be transformed to become a work based on *analysis* and *critical mind*. It would be a real upgrading! At last, metrologists would be able to show their real added value to company.

2 PSA's metrology: change

The situation described above is not an utopia but reality. At PSA Group, *change starts*! Since 2015, there is a project for the next 3 years to renew metrology.

It was born from an assessment: in 7 years, with simple actions, an active management of the metrology network and an efficacy of fifty percent only, there was a *save of 60% of the calibration budget*. Moreover, this project is directly linked with PSA's strategy "Push To Pass". In fact, Mr. Tavares said: "We will increase our efficiency in particular with the reduction of our production costs as well as the development of projects". So, if we do good measurement at the first time and have faith in our process, we will save time and so, we will *reduce our production costs*.

To make a durable change, we had to think about the best way to deploy this big and important change, about practices and above all about the way we consider metrologist's work. This project is made of four important parts:

- Study of new tools to guarantee quality for the less cost;
- Test of these new tools on a site to see what happens when we change our way to do metrology;
- Rewrite our principal PSA's standard named A10 9000. It's based on ISO 17025;
- Deploy the new version of A10 9000 and formation of our metrological network;

3 What actions for what results?

As we said before, today, metrologist does mainly administrative actions and tomorrow, we would like metrologists be free to use their *knowledge* and *critical mind*. The goal is to have a cheaper controlled park of equipment.

So, actions to reach this goal will be:

- Get a software compatible with our new needs
- Have a real process of ECME management (Equipment for Control, Measurement and Test)
- Use metrological documents
- Optimize periodicities with OCEAN (Optimisation of Calibration Constraint Just Needed) for instance
- Analyse shift with FDX for instance
- Collaborate in a same network to use new collaborative tools like CIL (Inter-Laboratory Comparison) or C2I (Inter-Equipment Comparison)

* Corresponding author: author@e-mail.org

Article available at http://cfmetrologie.edpsciences.org or https://doi.org/10.1051/metrology/201709003

- Erase waste
- Have a visual management of measurement
- Make a transition from a periodic systematic calibration to a needful calibration
- Deployment of monitoring of ECME

All these areas for improvement will allow to know and to control the park of equipment while keeping the same quality. They can even improve it! It is important to notice that it won't be more expensive, even cheaper! Why? Because we will do just what we need when we'll need it, nothing more. The rest of the time, analysis and studies will be our everyday life. To resume, tomorrow's metrology will do better and will cost less.

4 Replacement of the ECME management software

The current software is used since 2002. There are two bases and it's made for Europe only. Nowadays, it becomes obsolete because of ergonomic and efficiency. We will change it in 2018 for a new software which corresponds with our new needs (links to existing informatics systems, multi languages, global management of measurement activity).

5 Management of ECME process

Processes have to be managed by a main service and to be presented with an active and permanent way. There is a *Measurement Pilot* in each site. He is not only a real contact for ECME users and owners, but also for a lot of professions, methods and maintenances. The pilot gets a description of job and has right to be trained. His mission is the key to reach the goal for change at PSA Group.
He has to make sure that each piece of equipment isn't verified yearly, but at least a piece of equipment each year in a period of 36 months for the totality.

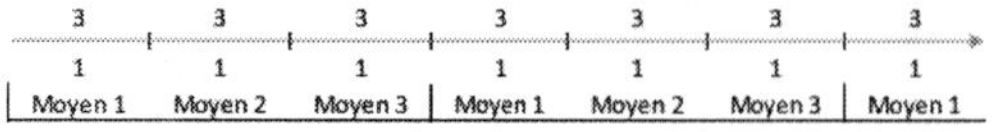

The principal benefit is to reduce calibration cost without deteriorating the measurement quality.

6 Exploitation of metrological documents

Metrological documents have to be accessible and to add a real value to the required service. Calibration reports have to contain *the modelling of calibration correction and the matched uncertainty*.

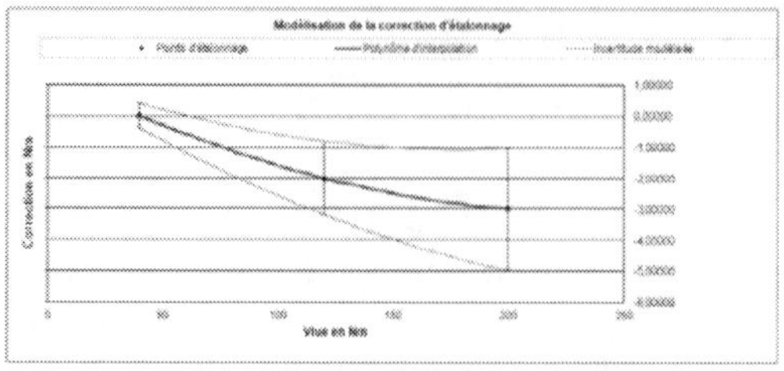

Too many times, we can read on verification reports "would fit requirements after calibration". We have all the needed tools to create this added value.

7 Optimisation of periodicities and analysis of shift

PSA Group developed an application named OCEAN (Optimisation of Calibration Constraint Just Needed). It has been deployed since 2008. This application uses a known method "average FMECA » (Failure Modes, Effects and Criticality Analysis). In May 2017, 5700 studies were made on production sites on all types of equipment. Currently, we study again each piece of equipment which has an "*unsatisfying*" solution. OCEAN allows to optimise periodicities and put on monitoring if it's not already done.

Meanwhile, we use another metrological tool to optimise periodicities. We called it FDX because it is based on the X07-014 documentation.FDX allows us to compute the optimal periodicity and to estimate calibration values at any time.

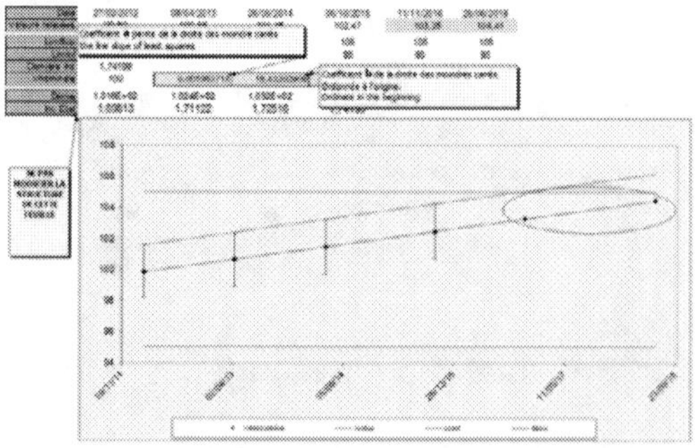

The issued results must help us to see future behaviour of one piece of equipment.
OCEAN and FDX studies are a part of the ECME life sheet, as verification or calibration reports.

8 Inter-Equipment Comparison (C2I)

The main interest here is to know the conformity of a batch of ECME in order to assess a global conformity of one process. From now on, we will not look only for the conformity of one piece of equipment anymore.

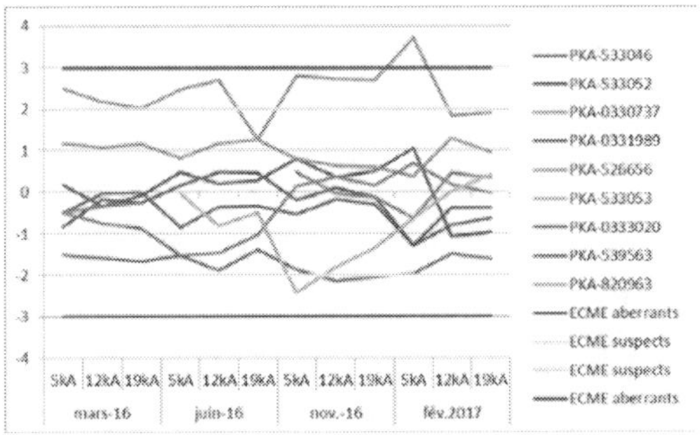

As you can see above, we calculate the Z-score on many dates thanks to the results of measurement. In that case, there are nine same ECME. One point is "out of line" if it matches with the rule: $|z|>3$. This way, we can demonstrate coherence between results despite the differences.

Crossed monitoring is an interesting way to avoid useless calibration of one or many ECME.

In the case below, we replaced a strength sensor on a traction or compression machine. Instead of making a calibration cost, the factory would prefer to do four measurements on these three machines.

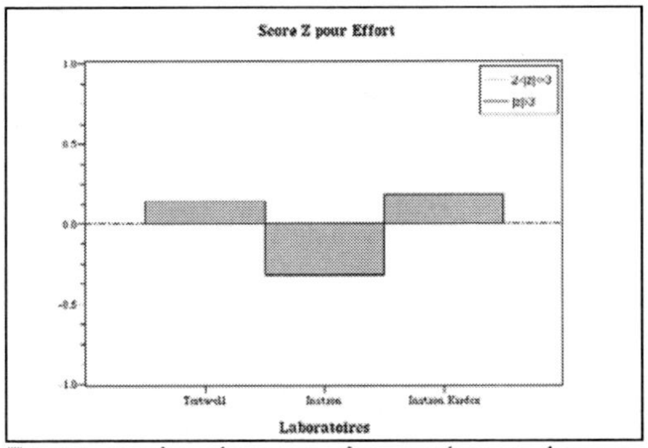

Z-score results show us the consistency between measurements, then we can conclude that the new sensor's machine is in accordance.

When a standard measurement is a part of C2I, we better calculate a standard deviation.

This important process upgrade is already used within some factories but it will become widespread in 2018 thanks to the rewriting of our reference documents.

9 To look for "mouda" and erase them

Too many things in our companies are still done only by habits and not by necessity. Here, metrology can help to transform what has to be transformed. First, metrological documents *have to be analysed*, then approved and finally archived. All traditional calibration, confirmation, measurement and test reports are concerned. In the automobile business, a lot of capabilities are made to take better decisions.

PSA Group created a tool to make metrological documents reliable. It allows us to *rate* every report in their administrative and technical parts. It is based on ISO 17025, 2005, §5.10. So, we can rate all national and international reports without being dependent on French standards, X07-011 and FD X07-012.

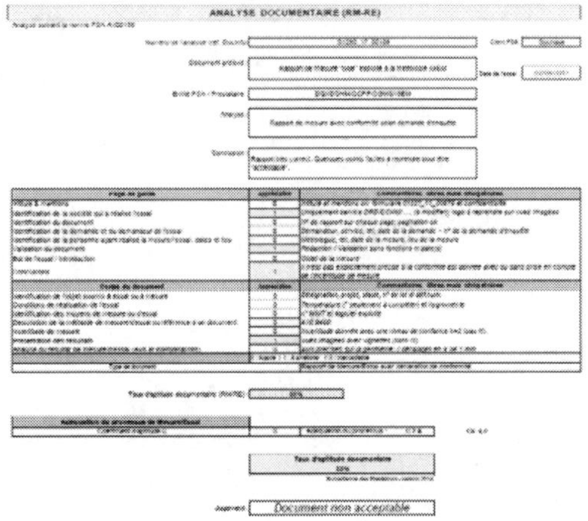

Thanks to this tool, evaluations of our service providers are more reliable. We currently evaluate them with our intern reference document A109000 which is based on ISO 17025. It is made of 52 points dispatched on 8 chapters:

- Quality, documents and team management
- Premises and environment
- Management and control of measurement equipment
- Measurement
- Application tests

10 Check maps for ECME

By systematically doing our periodic calibrations and verifications, we lose the metrologist's critical mind. Our goal is indeed to renew this method in order to reveal a process mistake before detecting any non conformity.

In the example below, we go further. We analyse annual calibration results of the last four years.

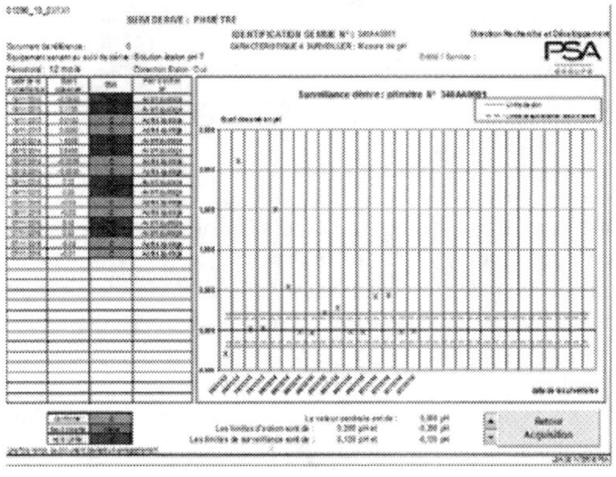

DOI: 10.1051/metrology/201709003

If a piece of equipment is yearly non-compliant, that means periodicity is not adapted. Moreover, the piece equipment being a pH-meter makes calibrations useless. According to the instructions sheet, this site does nothing more but a "*calibration before use*".
Subcontracting has settled within our company. Service providers have been calibrating our equipment for many years. Today, they have to discover with us the *visual management of measurement*. We all know that a graphic is easier to understand than a lot of numbers.

11 Conclusion

It's more and more obvious that conformity of parks of equipment or of processes is not due to periodic systematic calibrations and verifications.
Our machines are constantly monitored by our daily routine and calibrations are made during annual preventive maintenances. Therefore, another annual calibration of each machine is useless. At PSA Group, these annual calibrations are progressively being reduced. From now on, we will plan preventive maintenances instead of periodic verifications.
Some of our machines check also the compliance of products with control assemblies. As it is highly improbable that both deviations compensate each other, we do not need as many periodic verifications.
Periodic systematic calibration and verification don't assure daily conformity of products and processes, it's *products and processes monitoring* which are made every day by equipment users that guaranty it.

By this assessment, PSA Group makes *conditional calibration* its first choice. When a shift is detected by monitoring, we do a metrological intervention which is justified.

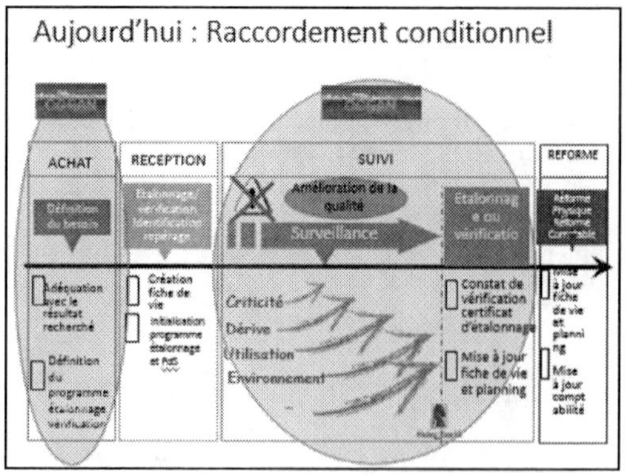

The new metrologist's leitmotiv will become: "any piece of measurement equipment involved in a product/process monitoring needn't to be periodically systematically calibrated and verified". The ECME is monitoring itself thanks to product and process monitoring (and of predictable results). Every extra operation becomes useless.
PSA Group just starts this revolution. Then nobody could say that metrology is useless anymore.

 DOI: 10.1051/metrology/201709004

Do our measurement devices speak the same language?

Michael Radeck

Q-DAS GmbH, Customer Service, 69469 Weinheim, Germany

Abstract. Online data recording is becoming more and more important. The current practice results in a large number of different company and plant specific solutions. Measurement device manufacturers have to invest plenty of time and effort for customer specific adaptions of their measurement solution. This article describes the AQDEF data exchange format, a standardized Interface for the management of measurement data, which will reduce this effort.

No standardization means effort

Online data recording and transfer helps to improve process quality and efficiency as well as to increase customer satisfaction. The existing procedure results in a large number of different company and plant specific individual solutions, which have a similar structure, like for example the SPC control of a production process or the acceptance of a facility. For this reason, the measurement device manufacturers have to invest plenty of time and effort for customer specific adaptations, as well as during the specification and control phase at the customers and with regard to investment cost for implementation or license fees.

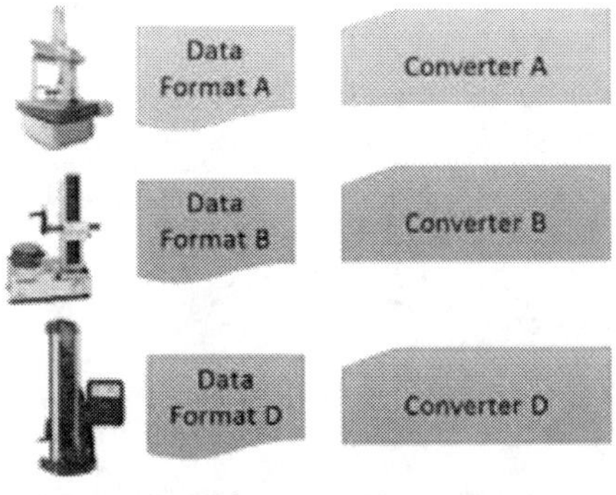

Fig. 1. Typical situation regarding the data format and the Interface of measurement devices for the quality data management in the production area.

Advantages of a standardized data format

The advantages of a companywide uniform data format are clear. We can combine easily and smoothly the data from different measurement systems. A uniform data format facilitates standardized data storage and the evaluation of measured values. This is a requirement to be able to compare results company-wide. No data conversion is required.

With the objective to find a satisfactory solution for all parties involved, a number of users of the software function "Data Interface" from the automotive production and supplier industry joined forces to create a standardized and coordinated specification

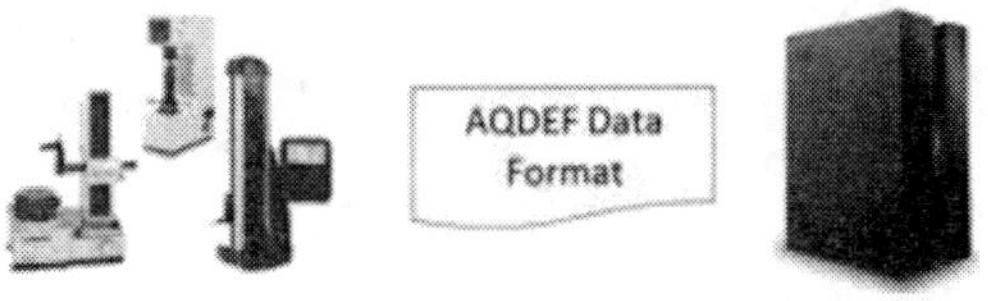

Fig. 2. The standardized data exchange format AQDEF reduces the effort for creating Interfaces and related tasks.

What is the AQDEF data exchange format?

The AQDEF Work group develops and maintains the **A**dvanced **Q**uality **D**ata **E**xchange **F**ormat (short: AQDEF), a standardized catalogue of data fields important to every user. The objective is to define the scope and interpretation of the key fields and their application.

The AQDEF File Structure

The data structure is defined in the specification "Advanced Quality Data Exchange Format".

The main features of this data format are:

- A simple, transparent ASCII-based structure
- Flexible (required and optional data fields)
- Space saving
- Easily transferred
- Language independent

In its core, an AQDEF-File is a list of key-value-pairs. Each key starts with the letter K followed by a four digit numeric value. Its values range groups the key fields according to the following group structure.

* Author: Michael.radeck@q-das.de

AQDEF-File - Structure Overview

Table 1. The structure of the content of an AQDEF-File

Header	
Data Block of the first Part	
	Part Data of the first part
	Characteristic data of the first part
⋮	
	⋮
	⋮
Data Block of the nth part	
	Part data of the nth part
	Characteristic Data of nth part
Measurement Data	

Header Block

The first line is the header line and contains only one Key-Field: K0100. The content of this K-Field is an integer value, which sets the overall number of characteristics given in the file.

Part- and Characteristic-Data Block

Part data and part related characteristic data are written block-wise (see Table 1). The field- range from K1000 to K1999 is reserved for part related data. The AQDEF-specification has currently defined 38 K-fields for the Part.

The field-range from K2000 to K2999 is reserved for characteristics data. The AQDEF-specification currently uses 64 characteristic related K-Fields.

Table 3 shows a small example of an AQDEF-file - one part, one characteristic and five measurements. This example demonstrates the block structure of the file. The headline has a yellow background color. All cells with a light gray background color belong to the block 'part and characteristic'. The last block is for the measurement data and has no background color.

Table 3. The example shows the typical data-structure of an AQDEF-File

K-Field	*Description*
K0100 1	Header (= Number of Characteristics)
K1001 EP-1	Part Number
K1002 Part # 1	Part Name
K1004 AD-001	Amendment-Status of the Part
K1900 Description	Remark for the Part
K2001/1 Chr-01	Number of the first Characteristic
K2002/1 Hole M1	Name of the first Characteristic
K2004/1 0	Data Type
K2005/1 3	Characteristic Class
K2006/1 0	Control Item flag
K2009/1 202	Measured Quantity
K2022/1 3	Number of decimal places
K2101/1 30.000	Nominal Value of the first Character.
K2110/1 29.970	Lower Limit of the 1st Characteristic
K2111/1 30.03	Upper Limit of the 1st Characteristic
K2112/1 -0.03	Lower Allowance of the 1st Charac.
K2113/1 0.03	Upper Allowance of the 1st Charac.
K2120/1 1	Lower Boundary Type
K2121/1 1	Upper Boundary Type
K2142/1 mm	Unit of the first Characteristic
K2404/1 0.001	Gage Resolution
K2900/1 Description	Description of the 1st Characteristic
K0001/1/1 30.001	1st Measurement of the 1st Character.
K0002/1/1 0	Attribute of the 1st Measurement
K0001/1/2 30.008	2nd Measurement of the 1st Character.
K0002/1/2 0	Attribute of the 2nd Measurement
K0001/1/3 30.002	3rd Measurement of the 1st Character.
K0002/1/3 0	Attribute of the 3rd Measurement
K0001/1/4 30.003	4th Measurement of the 1st Character.
K0002/1/4 0	Attribute of the 4th Measurement
K0001/1/5 29.994	5th Measurement of the 1st Character.
K0002/1/5 0	Attribute of the 5th Measurement

AQDEF Certification Categories

One focus of the AQDEF work group is the definition of requirements of multiple specifications for interfaces and data formats. The intended application dictates the range of supported Key-Fields. The AQDEF work group has defined five categories of use cases:

Table 2. Certification categories based on use cases for the AQDEF-Data Interface

Category	*Description*	*Remark*
A	Variable and attribute characteristics including positional deviations	Full certification scope
B	Variable characteristics including positional deviations	
C	Variable characteristics (without positional deviations)	
D	Discrete characteristics (no variable characteristics)	
E	Header Data	

The choice of a specific use case category becomes handy when customer and supplier have to specify the data interface for a new measurement solution.

Conclusion

A key task in all production companies is the management of measurement data and related information. The AQDEF data exchange format provides a common language that makes it easy to handle the structure and content of measurement data. The user specification of the AQDEF work group offers recommendations for the development of an AQDEF interface.

Reference

1. AQDEF working group: AQDEF-Specification

Avoiding AI Armageddon with metrologically-oriented psychometrics

Matt Barney[1,*], *William* Fisher[2]

[1]Leaderamp.com, Vacaville, California 95688 USA
[2]LivingCapitalMetrics.com, Sausalito, California 94965 USA

Abstract. With the rapid advancement of powerful artificial intelligence, visionaries such as Stephen Hawking warn that we could be architecting our own extinction. Visionary efforts such as the OpenAI project, and the Ethics and Governance of Artificial Intelligence Fund are key lifeboats to proactively engineer ethics into our technological children, and create other safety strategies to mitigate the likelihood of dangerous AI. Engineering a science of safe AI requires, as a foundational element, an approach to measurement that allows subsequent risk analysis and mitigation methods to be evaluated with meaningful, linear, accurate and precise methods that span a variety of disciplines that contribute to risk variance in organizational, process and team outcomes.

1 Introduction

Specialists in AI are often unaware of organizational and psychological science that is anchored in metrologically oriented psychometrics that are central to mitigating risks of AI harming or killing people. While this social science is powerful, it is largely locked in academic peer-reviewed vaults and proprietary black box applications. Crucially, it also usually lacks the metrological foundations prominent in the physical, biological and agricultural sciences. Ignoring the need for objective measurement in typical high-risk organizational situations has been catastrophic in other domains. For example, Enron, Bernie Maddoff Associates, and MCI/Worldcom collapses lacked the measurement to detect unethical cultures, climates and leadership actions that destroyed these billion-dollar organizations. Similarly, the largest bankruptcy in history, Lehman Brothers, crumbled from lack of visibility to fatal market risks. When organizations fail to anticipate these types of high impact, low probability events, they are fragile [1]. With advanced, dangerous AI we cannot afford to make mistakes [2].

This paper makes the case for a holistic, and interdisciplinary approach to mitigating AI risks based on metrology and metrologically oriented psychometrics. First, we review the transdisciplinary literature on measurement and risk management. Second, we summarize the latest work done jointly by metrologists and psychometricians on the compatibility of measurement across the human sciences. Third, we review the Cue See model of individual, team and organization effectiveness that is anchored in the science of Organizational Psychology, and give examples of computer-adaptive measurement that should be used to screen computer scientists, develop teams, and increase the odds that safe AI organizations and projects realize their goals.

* Corresponding author: matt@leaderamp.com

2 Measurement and risk management

The discipline of Enterprise Risk Management is anchored on the estimation and management of uncertainty. These risks include hazards, such as liability and property damage; financial risks such as liquidity or pricing risk; operational risks such as product failure or customer satisfaction; and strategic risks such as social trends and competitor intellectual property [22]. One principle in risk management is to design organizations and processes to be robust or anti-fragile to organizations. In part, this means that organizations need to be comprised of people and processes that are adaptable to changing environmental circumstances. It also means that organizations need to be able to detect and measure risks, so that prevention and remedy actions are commensurate with their impact and likelihood. No risk management is possible without proper measurement instruments to estimate the uncertainties that may have deleterious consequences on the organization. And some of the biggest possible risks are "intangible" - human resource, senior leader, and culture risks of the sort that destroyed Enron. Consequently, social science measurement is important to detecting and mitigating enterprise risks.

3 Metrologically-oriented psychometrics

Efforts towards applying fundamental measurement theory in psychology date back to Thurstone's work in the 1920s, and made significant advances with the work of Rasch in the 1950s, Luce and Tukey in the 1960s, and others, before and since [4]. Much of this work was produced by Benjamin Wright (1926-2015) and his students. Wright started his career as a physicist, worked with Nobelists Townes and Mullikan, and shifted to psychology in the 1950s. Dissatisfied with the factor analytic methods of the time, Wright sought data and measures that would be "stable in terms that a physicist would accept" [5]. He found that stability in the work of Georg Rasch [6], and helped develop the models, methods, software, and applications putting it into practice, saying years later, "Today there is no methodological reason why social science cannot become as stable, as reproducible, and hence as useful as physics" [4].

Metrology engineers and psychometricians have recently together expressed their agreement with Wright, identifying a basis for a shared language of standards and traceability spanning the natural and social sciences [7,8]. In a special invited address to the international standards laboratories community (NCSLi), Leslie Pendrill, a past chair of the European Association of National Metrology Institutes, said, "The Rasch approach...is not simply a mathematical or statistical approach, but instead [is] a specifically metrological approach to human-based measurement" [9]. Experimentally tested, theoretically explained, and metrologically traceable measures [10] are still more the exception than the rule in psychology and the social sciences, but there are clear trends toward more coherent coordinations and alignment of measures across applications in education, for instance [11-13].

4 Organizational measurement to mitigate AI risk

One approach to organizing the science required to reduce the risks of safe AI teams is an interdisciplinary approach called The Cue See Model [3]. It represents a synthesis of several scientific disciplines to design and lead organizations to be anti-fragile [1]. It posits that while AI researchers and organizations have specific objectives, they require a variety of assets to realize safety goals. This includes physical, human, and technological assets that must perform together brilliantly to realize goals. But these factors of production are stochastic, and produce emergent outcomes. To achieve those outcomes in a probabilistic system, their performance requirements must be specified at each level of analysis (individual, team and organization) to produce the desired Quality, Cost, Quantity and Cycle Time (QCQC) that ultimately are required for strategic goals to be realized.

In mitigating the risks of evil AI, the primary factor of production and therefore source of variation is creative, ethical problem solving by individuals and teams, which is the focus of study of Organizational Psychology and Organizational Behavior. There is a long, rich study of team problem solving and decision making, with known solutions for mitigating the risks of teams, and leveraging their benefits, through the development of shared mental models, and other forms of team coordination toward shared objectives4. These individual level cognitive, affective, personality and knowledge factors are the key drivers of individual and then team performance that is required in ethical AI efforts. Team communication, mutual performance monitoring, and back-up behavior is similarly required. Ultimately, the organization-level results are an emergent effect of each team, working in their processes, and there are cultural, leadership and governance factors that mitigate the team, process, and individual risks. To manage these complex factors, engineering-worthy measurements must be developed, such as the Rasch family of psychometrics, to detect and mitigate cross-level organizational risks.

Because AI safety innovations are pioneered by individuals, teams and organizations, they are subject to the same sorts of error, and frailty as any other probabilistic human system. Modeling these systems requires good instrumentation to ensure low levels of uncertainty in the inferences we make about individual computer scientists, teams or organizations. While some organizations use metrologically-oriented screening processes for personnel, such as Pilots, with excellent reliability and availability, other high-stakes organizational systems designed to save lives are notoriously unreliable. For example, Johns Hopkins patient safety experts estimate that medical errors are the third biggest cause of death in the USA, causing more than 250,000 unnecessary deaths [14]. And the defect density in Healthcare is an improvement over centuries of healthcare quality improvement efforts, in contrast with AI's rapid and recent advances. Healthcare system risks to safety come from many sources, but the vast majority are from the well-meaning caregivers that lack skills, make mistakes, miscommunicate, or are fatigued.

For organizations building advanced AI, these sources of risk come from individual AI experts, social networks and teams, and from the organizational context itself. Two frameworks have already been proposed to deal with the sort of "Societal Grand Challenge" that strong AI poses, and in this proposal we underscore the need to implement new science and technology to mitigate these risks at the micro, meso and macro levels of analysis, consistent with the Cue See Model of Organizational Effectiveness [3].

4.1 Micro: Individual risks

The United States Department of Labor's (DoL) description of a computer scientist's work and personal attributes identifies many job requirements [15] for an AI expert that may risk their ability to create safe AI. This includes their ability to engineer moral reasoning into strong AI; or invent novel ways to contain the risks of evil AI escaping their laboratories. Many organizations use the DoL as a resource to define work and worker requirements. If that resource is insufficiently broad to account for the worker and job attributes needed for safe AI, that correctable systemic risk should be addressed. While the DoL correctly highlights knowledge and skills that one would expect—mathematics, computers, complex problem solving, and decision making—they do not explicitly include moral reasoning, creativity or persuasion. Because the risks of dangerous AI include ethical and moral considerations, along with innovative safety options and the need to influence non-AI experts to implement solutions, there is a strong case to be made that moral development of AI experts and their colleagues is core to ensuring that Strong AI is as contained as possible.

Fortunately, there is a body of science in psychology around measuring and developing moral reasoning, from psychopathological origins with Anti-Social Personality Disorder, to the highest levels of ethical decision making. Crucially, the best approaches [16-18] employ a measurement approach that is on-par with physical, chemical and biological science requirements for measurement [4-13]. The measurability of a latent trait like moral reasoning is a crucial beginning to being able to cultivate it on mass scales, especially for the ethical decision making skills paramount for individuals working with AI. Advances with computer-adaptive measurement [19] have made it easier to incorporate metrologically aligned psychometrics into everyday work.

4.2 Meso: Team risks

Individual AI skills and ethical decision making may be necessary to increase the odds of creating safe AI, but will still be insufficient to fully mitigate risks. Like the Manhattan project, it will require creative problem solving from a wide range of experts, not limited to AI specialists, on a global scale to solve such a complex problem. For example, it may be that early genetic engineering efforts neglected the need to proactively influence the public for their safety and efficacy, so much that they unintentionally created a large anti-Genetically Modified Organisms (GMOs) movement with backlash and resistance to multiple forms of biotechnology that are sometimes unrelated to real risks with genome-level GMOs.

Unfortunately, the very type of interdisciplinary teams that will be required to address AI risks also notoriously underperform the sum of the contributions of their individuals. They are subject to numerous biases and threats to effective and ethical decision making, such as GroupThink, polarization of decision making, and the Abilene Paradox. For example, when the Nixon Administration officials who funded the 1971 Watergate break-in were questioned about why they approved G. Gordon Liddy's proposal to rob the Democratic headquarters, they explained that his early requests were much worse, and they rejected them all, feeling bad to say no to all his requests, they agreed to the smallest. Eminent persuasion scientist Robert Cialdini notes that Watergate is an example of unethical group decision making that is predictable from his research. Republican leaders felt the pain that everyone feels by rejecting Liddy's biggest, most immoral requests, and felt that they had to agree to his smallest request because they had rejected him so many times [20]. Conversely, in the right circumstances, team members can provide risk reduction, in the same way as parallel redundant systems do in concurrent engineering. A team with a climate around mutual back-up behavior, can catch AI-related mistakes before they fester, and can challenge flawed moral reasoning that individuals cannot overcome [14].

4.3 Macro: Organizational risks

After Enron, MCI/Worldcom, and Lehman Brother's debacles, the enterprise risk management community has increasingly looked toward interdisciplinary approaches to detecting and mitigating a holistic set of macro-economic, competitor and board/senior leader risks to an organization, where AI is just a special case. But these efforts are still largely ad-hoc, uni-disciplinary and pre-scientific. Enterprise Risk Management (ERM) is dominated by actuarial and financial risk experts who often are unaware of the team, leadership, and organizational cultural risk mitigation science and technology that has developed in psychology and Organizational Behavior. And current methods are grossly insufficient to mitigate the risks of technology that is smarter than humans. For example, with today's technology, estimates suggest that organizations confront at least one serious information security incident per year, and these are often caused indirectly by employees who violate or neglect these policies [21]. Consequently, organization-level risks are threatened by individual employees who make mistakes, breach policy, or make bad decisions.

5 New technologies to mitigate organizational AI risk

Detecting and mitigating these cross-level forms of human risk have historically been difficult because metrologically sophisticated psychometric skills are rare and in high demand with the advent of "Big Data", and the models such as the "Cue See Model", designed to integrate multidisciplinary information about ultimate organizational risks, were cumbersome to implement.

New technologies include three patent-pending applications for mobile platforms incorporating computer-adaptive psychometrics, calibrated coaching, and journaling. These applications support mass-personalization of scarce leadership skills, like the high ethical standards individual Computer Scientists must have to inoculate AI methods with human values; and the ability of highly technical experts to inspire and persuade others to adopt their recommendations. These applications deploy, via iOS and Android, the latest computer-adaptive assessments, and then mass-personalize a psychometrically calibrated form of coaching to help people practice in their daily work. Ideally, this complements expert coaching, to help individuals maximize their potential and performance. An experimental version also blends natural language processing, machine learning and psychometrics to make it even easier for individuals to develop.

These same measurement and coaching methods can be deployed for team, and organization-level interventions, to proactively mitigate the risks of strong AI.

6 Limitations

All novel research efforts have risks, and in this paper we have outlines a variety of hypotheses that we have not explicitly tested. There are a number of limits and risks to the approach we have outlined. First, while we have strong theory from a variety of scientific disciplines to inform our recommended approach, and some of our work is using the latest cloud/mobile technologies to serving live clients, suggesting practical utility. But we have not explicitly tested this approach in the AI organizational domain. It will be crucial to pilot test these approaches, and refine before scaling to a larger audience. Second, without a senior, highly credible AI colleague or visionary such as Elon Musk willing to advocate and sponsor the value of our effort, there will likely be reluctance on the part of AI experts to use our recommendations.

References

1. N. Taleb, *Antifragile: Things that gain from disorder* (Random House, New York, 2012)
2. G. George, J. Howard-Grenville, A. Joshi, L. Tihanyi, Acad. Manag. J. **59**, 1880 (2016)
3. M. Barney, *Leading Value Creation: Organizational Science, Bioinspiration and the Cue See Model* (Palgrave Macmillan, New York, 2013)
4. B. D. Wright, Educ. Meas. Issues and Pract. **16**, 33 (1997)
5. B. D. Wright, Rasch Meas. Trans. **2**, 25 (1988)
6. G. Rasch, *Probabilistic models for some intelligence and attainment tests* (Danmarks Paedogogiske Institut, Copenhagen, 1960)
7. L. Mari, M. Wilson, Measurement **51**, 315 (2014)
8. L. Pendrill, W. P. Fisher, Jr., Measurement **71**, 46 (2015)
9. L. Pendrill, NCSLi Meas.: The J. Meas. Sci. **9**, 22 (2014)
10. W. P. Fisher, Jr., A. J. Stenner, Measurement **92**, 489 (2016)
11. J. Gorin, R. Mislevy R, *Inherent measurement challenges in the next generation science standards for both formative and summative assessment* (ETS, Princeton, New Jersey, 2013)
12. M. Wilson M 2004 *Towards coherence between classroom assessment and accountability* (University of Chicago Press, Chicago, 2004)
13. National Research Council, *Systems for state science assessment* eds M R Wilson and M W Bertenthal (The National Academies Press, Washington, DC, 2006)
14. M. A. Makary, M. Daniel, BMJ **353**, i2139 (2016)
15. National Center for O*NET Development. 15-1111.00. O*NET OnLine. Retrieved June 21, 2017, from https://www.onetonline.org/link/summary/15-1111.00
16. T. Dawson, Internat. J. Behav. Devel. **26**,154 (2002)
17. E. A. Giammarco, Personality Individ. Develop. **88**, 26 (2015)
18. J. J. Haidt, Moral Education **42**, 281 (2013)
19. M. F. Barney, W. P. Fisher, Jr., Ann. Rev. Organiz. Psychol. Organiz. Behav. **3**, 469 (2016)
20. R. Cialdini, *Pre-Suasion: A revolutionary way to influence and persuade* (Simon & Schuster, New York, 2016)
21. L. Myyry, M. Siponen, S. Pahnila, T. Vartiainen, A. Vance, Euro. J. Info. Sys. **18**, 126 (2009)
22. P. Curtis, M. Carey. COSO Risk Assess. in Practice (2012).

Topical Metrology Problems in the Era of Cyber-physical Systems and Internet of Things

Roald Taymanov[1], *Kseniia* Sapozhnikova[1,*], and *Anton* Ionov[2]

[1] D.I.Mendeleyev Institute for Metrology, 190005 St.Petersburg, 19 Moskovsky pr., Russia
[2] Omsk State Technical University, 644050 Omsk, 11 Mira av., Russia

Abstract. The paper deals with metrological tasks conditioned by the coming technological revolution that is connected with the application of cyber-physical systems (CPSs) and Internet of Things (IoT). The need for terminology standardization in this field is shown and definitions of the main terms are proposed. CPSs and IoT can be economically efficient only in case of the transition to a qualitatively new level of metrological maintenance in the course of operation. It is necessary to abandon conventional methods of periodic calibrations. Topical metrology problems with regard to multi-channel systems including the necessity to check the reliability of measurement results automatically, are formulated. A number of examples demonstrate that to solve such problems it is possible to rely on the experience gained in the development of measuring systems with the metrological self-check and on the first national documentary standards in this field.

1 Introduction

In recent years, scientific and technical literature has often focused on cyber-physical systems (CPSs) and Internet of Things (IoT) that "will bring advances in personalized health care, emergency response, traffic flow management, and electric power generation and delivery, as well as in many other areas now just being envisioned" [1].

Such projects as "smart manufacturing", "smart energetics", "smart transport", "smart healthcare", "safe smart city", etc., are at the stage of development and, in some cases, at the stage of experimental operation. Wide and prompt introduction of the projects of such a type is inevitable and predetermined by economic reasons, but if their metrological challenges are underestimated, it can be dangerous.

2 Specific problems of metrology

2.1 Problems of terminology

CPSs and the IoT are not something fundamentally new. They characterize a new stage in the development of technologies. Different companies develop various systems and devices depending on their own plans. Therefore, the transition to CPSs and IoT is decentralized [2-4].

The decentralized development, in its turn, leads to the emergence of a large number of terms offered by various authors, which describe concepts in this field, e.g., Internet of Things, Cyber-Physical Systems, Internet of Everything, Industrial Internet, Pervasive Computing, Pervasive Sensing, Ubiquitous Computing, Wireless Sensor Networks, Smart Objects, Cooperating Objects, Machine-to-Machine, Ambient Intelligence, and Operational Technology / Information Technology convergence [3], Smart Grid, World Wide Sensor Net, Smart Building Environment, etc.

Most of people consider basic terms "Cyber-Physical System" and "Internet of Things" to be synonyms. However, the analysis of literature shows that although they are close to each other, significant differences exist.

Practically, all the CFC definitions include integration of calculation algorithms with physical components [1, 4-9]. For example, CPSs are:

- "engineered systems that are built from, and depend upon, the seamless integration of computational algorithms and physical components" [7];
- systems "of collaborating computational elements controlling physical entities" [4];
- "co-engineered interacting networks of physical and computational components [1];
- "complex, multi-disciplinary, physically-aware next generation engineered systems that integrate embedded computing technology (cyber part) into the physical phenomena by using transformative research approaches" [5];
- "systems consisted of various natural objects, artificial sub-systems, and controllers, enabling forming integrated whole from such a set". Human can be either outside the CPS (human out of loop) or inside it ((human in the loop) [9]:

From the context of the publications mentioned it is clear that they imply large systems solving a certain technical or social task.

* Corresponding author: k.v.s@vniim.ru

In the IoT definitions the authors usually emphasize the availability of "things" identifiers and their connections with the Internet [1, 4, 10, 11- 17], e.g.:

- "a global infrastructure for the information society, enabling advanced services by interconnecting (physical and virtual) things based on existing and evolving interoperable information and communication technologies. The term "thing" is treated here in the broadest sense of the word. The "thing" can be material (physical) or immaterial (virtual), it can be an object (for example, a production) or a product, animate and inanimate, but it should be necessarily "capable of being identified in time and space and integrated into communication networks" [10, 11];
- "a network that connects uniquely identifiable "Things" to the Internet. The "Things" have sensing/actuation and potential programmability capabilities. Through the exploitation of unique identification and sensing, information about the "Thing" can be collected and the state of the 'Thing' can be changed from anywhere, anytime, by anything" [4].
- "a dynamic global network with self-configuring capabilities based on standard and interoperable communication protocols where physical and virtual "things" have identities, physical attributes, and virtual personalities and use intelligent interfaces, and are seamlessly integrated into the information network" [14].
- "a framework in which all things have a representation and a presence in the Internet…." [16].
- "a network of physical objects ("things") that are provided with unique identifiers, which makes it possible to transfer data over a network without human-to-human interaction" [13].

In accordance with [4], "a CPS starts from the interconnection and collaboration of objects in an intranet scenario and can grow to the level of interconnecting objects over the Internet…", while "IoT that starts from the lowest level of identifying an object to read …data on RFID tags and can grow to the level of networking … to do collaborative work where, in this case, it grows to the level of CPS. All in all, "IoT targets a broader view of connecting objects in a global aspect" whereas CPS is aimed "at coordinating networked objects to achieve a specific goal".

The authors of the present paper propose the following definitions of two basic terms:

- cyber-physical system is a network of interacting physical and computational components solving certain technical or social tasks. Such systems can be open (with the access to any number of unspecified people), close, and semi-open;
- Internet of Things is a technology that enables connecting uniquely identifiable "things" with the Internet, whereas the state of the 'Thing' can be changed from anywhere, anytime, by any means.

The current situation demonstrates that there is a need for normative support of works in the field of CPSs and IoT, including the development of a specialized terminological dictionary accepted by all interested sides [13, 18]. The dictionaries will allow engineers, who develop equipment in this field, and consumers to understand each other.

2.2 The issue of measurement information reliability in CPSs and IoT

From the position of metrology, the CPSs have a number of features that distinguish them from conventional multichannel measuring systems widely used at present. These features, in the first place, are as follows:

- The number of measuring channels in one CPS even in the coming years can range from hundreds to many hundreds of thousands of units.
- Measuring channels can include sensors measuring various quantities, both electrical and non-electrical, and they can be spaced far apart.
- In many cases, operating conditions of sensors are harsh, the environment being not sufficiently strictly determined.
- During operation, such CPSs can develop, and the number of measuring channels and the variety of measurands can grow.
- In such systems, as a rule, "cloud technologies" are involved.
- Measurement information is transmitted over long distances via wired or wireless channels.
- Measurement results should be transmitted according to standardized protocols, the electronic exchange of measurement data being consistent with SI units and GUM [13].
- Real time processing of data should be carried out.
- Access to sensors for their maintenance, including metrological maintenance, is impeded in many cases.

The listed features of the CPSs pose new tasks for metrology specialists. Without solving them, the coming era of cyber-physical systems and Internet of Things will bring more dangers that hopes.

Analysis of papers and reports on CFSs and IoT shows that, as a rule, the authors of publications emphasize their attention on the algorithms of processing measurement information (or, more accurately, on a virtual model of the object / situation, which is realized using the algorithms in question) [19-21].

At the same time, the idea of minimizing human intervention in the process of collecting information is implicitly postulated, since the number of channels in the CFSs increases so much that their maintenance becomes unrealistic [2, 19, 22].

However, the most part of information which is processed in the CFSs is measurement information and comes from sensors.

Measurement information is a kind of product having a cost and consumer properties that determine this cost. The most important of them are the accuracy, characterized by an attributed uncertainty, and metrological reliability.

The metrological reliability of information is estimated by the probability with which the measurement data coming for further processing during a calibration (verification) interval can be considered reliable.

At the same time, measurement information is recognized to be reliable if its uncertainty lies within the limits established in the documentation for a measurement procedure and / or an appropriate measuring instrument, including a sensor.

In section 1 it is noted that in the CFSs the operating conditions of the sensors cannot be determined quite strictly. During the calibration interval, changes in measurement conditions may take place, which go beyond the limits specified for operating conditions. Besides, the parameters of the measuring instrument may change in comparison with those stated during the calibration. These changes may occur due to:

• deviation of the metrological characteristics of the sensor used or of those of the measuring channel as a whole, for example, due to ageing;

• changes of environment parameters in the area between the sensor and the measurement object, for example, changes of humidity;

• deviation of parameters of the object itself, e.g., the deviation of its magnetic properties;

• a set of such deviations.

As a result, measurement information coming from a measuring instrument will become unreliable. This circumstance may create the risk of a manufacturing defect, accident, or even crash.

According to some estimations, at present the causes of consequences of such a type are metrological (gradual) failures in 60 % of cases. In practice, however, attempts to avoid such failures using the traditional methods of calibration or verification (even for 2-3 year calibration or verification intervals) are not a key to success. Up to 12 % of measuring instruments coming for regular calibration in the course of their operation, have the uncertainty that exceeds permissible limits.

Therefore, it is clear that the concept of the "metrological reliability of measurement information" is broader than the concept of the "metrological reliability" of a measuring instrument, which according to [23], is defined "as the reliability of a measurement instrument in terms of maintaining its metrological "health". Measurement information can be unreliable even in case if it has been obtained using a measuring instrument that is "healthy" in a metrological sense.

Even simple automation of equipment control, reducing the amount of process control carried out by an operator, increases the requirements for metrological reliability of measurement information used.

It becomes less and less acceptable:

• to check the metrological "health" of measuring instruments by conventional methods of periodic calibration or verification;

• to enhance the reliability of measurement results by shortening calibration (verification) intervals.

In addition, the need arises more and more frequently not to interrupt the operation process of sensors embedded in equipment during 10-15 years due to safety requirements. Therefore, investigations have originated with the aim to search simplified methods of metrological health checking [24].

Creation of CPSs and transition to the IoT implies a sharp increase of the intervals between the maintenance of built-in measuring instruments and the means for processing measurement information. This fact incommensurably increases the requirements for the metrological reliability of measurement information, and actualizes the development of methods and means that ensure their implementation. Metrological failures in large systems can lead to very serious consequences.

However, engineers who are developing the equipment, often believe that the reliability of measurement information is guaranteed by sensor manufacturers, and an additional role of filtering and rejecting measurement results can be performed by the data processing algorithms [2, 20, 25, 26].

Actually, qualitatively new methods for checking the reliability of measurement information are necessary here. New concept of metrological maintenance should take into account fast decrease in cost and acceleration of moral ageing of sensors and other measuring instruments.

Since the expected lifetime of many CPSs will be equal to decades, their modernization should be performed without stopping their operation. The periodic calibration procedures in the course of the operation process should be excluded, as a rule. Instead, gradual replacement of outdated components with newer ones calibrated should be done.

Such an approach stipulates tightening up the requirements for the metrological reliability of CPS components. Fulfillment of these requirements should be provided based on technology, manufacturing culture, and results of accelerated tests. Such tests are applied in metrology practice.

Documentary standards are known, in particular, [27], aimed at metrological comparability of test results. The data on the metrological reliability of sensors intended for operation in the CPS should be included in specifications as mandatory characteristics.

This action will enable shifting towards the ensurance of objects facing with danger due to CPS failures that can lead to significant economic losses. As a result, the responsibility of engineers developing CPSs and IoT and manufacturers will increase.

The steps aimed at enhancing the metrological reliability of sensors and other network components are very important.

However, checking the reliability of measurement information used continued to be a challenge. The metrological failure of a system component is not the only cause for defects in system operation.

To solution of the task by an economically efficient way can be found based on special features of CPSs and other IoT systems as the objects of metrological maintenance.

2.3 Features of CPSs and other IoT systems as the objects of metrological maintenance

In different CFSs and other components built using the IoT technology, huge amounts of data are generated, transmitted and received, including those data that characterize the quality of functioning.

As it was explained above, if measurement information is unreliable (inaccurate), this situation may be dangerous. However, analysis of human bio-sensory systems testifies that development of systems characterized by reliable measurement information is possible. The main features of such systems are:

• predicting the future state by automatic revealing of defects at an early stage of their formation (by the feeling of pain, understanding that sensitivity is worsening or perception is inadequate, etc,);

• sensor redundancy;

• application of compensating information from other sensor systems or supplementary means.

If one relies upon the Nature experience, it is possible to conclude that to ensure the reliability of measurement information, it becomes necessary to predict the metrological state of such systems and, if necessary, to correct measurement results.

In other words, the task of predicting the state of sensors, measuring channels as the whole and measurement objects becomes urgent. Then, on the basis of results obtained, the task arises to develop some correction methods that will allow prolonging the process of functioning a CPS and components of the IoT.

Galar in [28] singles out 4 consequent steps of scientific solution of such a task:

• descriptive analytics (what happened?);

• diagnostic analytics (why did it happened?)

• predictive analytics (what will happen?)

• prescriptive analytics (how can we make it happen?).

With regard to sensors and measuring channels, realization of these steps should stipulate:

• development of methods and, if necessary, embedded measuring instruments providing detection of the growth of uncertainty of sensors and measuring channels;

• determination of the uncertainty growth causes;

• estimation of the term when measurement uncertainty will exceed permissible limits (with high probability) stated in specifications;

• analysis of opportunities and necessity for measurement result correction:

✓ if correction is necessary and possible, development of correction algorithms;

✓ if correction is impossible, in particular, due to economic reasons, development of methods and instruments informing customers about a coming metrological failure.

For sensors, CPS measuring channels and systems (components) of IoT in the course of their operation process, all the above procedures should be made automatically.

The main difficulty in solving these tasks is connected with detecting the increase in measurement information uncertainty. It is necessary to have reference values with which it is possible to compare the values of corresponding quantities obtained after processing the signals coming from sensors and measuring channels. As a result of such a comparison, to reveal an undesirable effect is possible. It should be noted that the application of a reference standard, as a rule, is excluded since keeping a comparable cost, to provide a higher metrological reliability for a complicated reference standard seems to be unreachable.

However, CPS development was preceded by numerous developments of measuring systems of responsible designation. Usually, they had less measuring channels than CPSs, but like CPSs they were characterized by difficult access to measuring channels and sensors which prevented metrology specialists from performing calibrations (verifications) during many years.

The experience obtained in carrying out these works has demonstrated that under certain conditions for the considered goal, reference values of special quantities formed on the basis of redundancy (applied to a special situation) in a CPS or other systems based on the IoT, can be used. The redundancy can be of structural (space), temporal, or functional (informational) type. It is important that the quantity, the value of which is accepted as the reference one, depends on the main sources of the uncertainty growth to a significantly lesser extent than the measurand.

Taking into account the above-said, a concept of metrological self-check (MSC) was formulated. The MSC is an automatic check of metrological "health" of sensors and measuring systems [29. 30]. It enables detecting and evaluating deviations of the main metrological characteristics from their values stated at a previous calibration. Processing of MSC result sequences in the course of the operation process makes it possible to predict the time interval during which the metrological characteristics of each channel will correspond to those given in specifications.

In a number of cases, MSC enables correcting uncertainty or shifting to another operation algorithm to decrease this uncertainty. Such a way results in an opportunity to substantiate an increase in operation durability of a system measuring channel (without calibration or sensor replacement) in comparison with an analogous channel without the MSC function.

The development of the MSC theory, based on the redundancy application as well as documentary standards contributing to its implementation has been carried out in Russia since the early 80s. In accordance with the Russian documentary standards [31, 32], measuring systems with MSC and sensors with MSC are called intelligent ones.

In various countries, teams dealing with the development of intelligent measuring systems and sensors were formed. For example, in Russia such teams were organized in Chelyabinsk, Ufa, Omsk, St. Petersburg, etc. Interesting works have been performed in Great Britain, Germany, USA, Ukraine, China, and other countries [17]. These approaches are applied in a number of sensors and measuring systems, e.g., described in [33-37].

Fig.1 illustrates the increase of interest, the specialists show in the development of intelligent measuring instruments corresponding to the above definition. The statistical data were obtained using the bibliographic database "Scopus". The vertical axis presents the percentage of publications in the field of "measurement", which contain the term "metrological self-check" or words close to it in meaning.

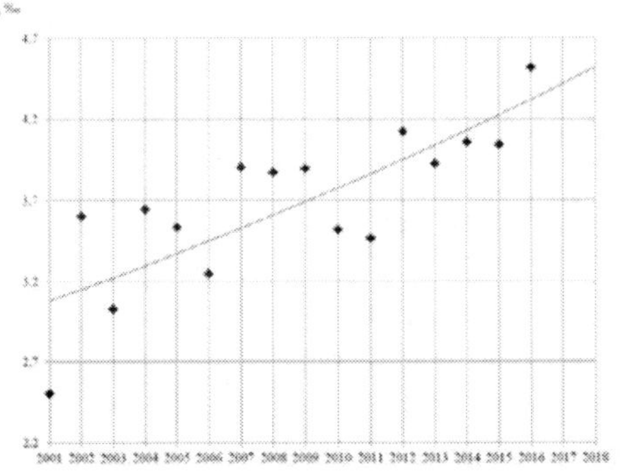

Fig.1. The level of interest the specialist show in the development of intelligent measuring instruments

Intelligent measuring system (IMS) can be built based on intelligent sensors included in measuring channels, but at present, a product range is very limited. However, IMS can be created also in the case if all the measuring channels contain sensors of conventional types (without any redundancy). Moreover, the MSC can reveal the growth of uncertainty caused by unexpected variation of measurement conditions.

In particular, MSC can be provided based on checking the correspondence between the sequences of results of measuring technological process parameters and patterns inherent in both the technological process and parameter interconnections. The MSC of such a type usually enables checking the level of critical uncertainty components, i.e., the components that are dominating or growing comparatively quickly.

To develop IMSs, at the starting stage, it is necessary to fulfill a metrological analysis of uncertainty components. It stipulates the studies of:

- expected operation conditions (including both a transient mode and steady run);
- operation experience of analogous sensors and measuring channels to estimate the character of uncertainty variations;
- "weak points" of analogs (design elements and units that are "responsible" for the uncertainty growth);
- features of design and manufacturing technology of measuring channels.

Results of additional tests (including forced tests) of analogs as well as units and prototypes of measuring channels under development can be supplemented to this list.

After such an analysis, uncertainty components should be ranked by the grade of danger in the course of long-term operation. Then, the critical uncertainty components should be chosen from them [29-32]. Developing CPSs, such a set of procedures is also necessary.

In a multichannel measuring system and, especially, in IMS or CPS, as a rule, a significant volume of calculations is carried out using measurement results characterized by uncertainties. Therefore, in the systems mentioned, realization of metrological auto-support of the metrological software is expedient. Such a support makes it possible to decrease the uncertainty and, as a result, to enhance the system metrological reliability too [38]. Besides, the metrological auto-support of software, which relies upon the patterns of information flow variations in a number of measuring channels and upon a time delay of these flows, should reveal and block hacker attacks.

3 Measuring system with MSC as a model of CPS

One of the multichannel systems that can be considered as a CPS simplified model is a system for measurement of pure water flow intended for water commercial accounting within a town or several its districts.

The channels with flowmeters are connected, practically, to the input of each house. A node flowmeter evaluates a total consumption of water in all apartments located in the house. Measurement information from each house is transmitted to a remote server of the measuring system, which calculates the cost of the water consumed.

The MSC can be organized using the comparison between information from flowmeters installed in apartments and the node one, analysis of flow dynamics as well as data obtained if the redundant but known information passes through a communication channel to the server. The MSC enables detecting flowmeters that need metrological maintenance, revealing sections of water supply requiring a priority checking, or, perhaps, immediate repairing as well as decreasing the risk of conflicts [37].

MSC of a system measuring tension of reinforcing steel ropes located on the concrete vessel of nuclear reactor, enhances the reliability of measurement information with regard to each rope. Thereby, taking into account climatic and other impacts, the MSC contributes to extension of safe operation lifetime of nuclear power plant.

As a simplest analogous system, it is possible to consider a system intended for providing diagnostics of threaded connections fastening a cover to a turbine unit body at a hydroelectric power plant. The thing is that a changing water pressure and vibration of the turbine body can weaken these connections. The early warning about a starting breakout process is the guarantee of safe operation.

IMS includes a set of 8 load washers (LW) mounted under internal screws on double-end bolts fastening the cover and an electronic unit connected with the load washers by high frequency cables [37, 39]. Each LW contains three measuring channels, each of them being made based on a quartz resonator. The LWs operate using surface acoustic waves.

The detailed analysis has shown that MSC can be organized using the following "redundant" information:

• variations of a compression force for various LWs of this multichannelsystem, really, correlate with each other;

• in case of a defect in some measuring channel or in case of weakening of some threaded connection, variations of the values of the force measured, do not take place in all the LWs concurrently;

• a channel measuring the maximum compression force, is for the most part, the most stable; therefore, for each LW it can be used as a reference one.

Organization of the MSC enables enhancing a calibration interval for this system, and thereby, to decrease greatly the risk of accidents.

4 Conclusion

The era of cyber-physical systems and the Internet of Things is inevitably approaching, many people write about its attractive opportunities, but until present, there is still no unity in defining these terms.

The process of designing networks of interacting physical and computational components, which form the basis of "smart and safe cities", "smart healthcare" and other "smart" facilities, has already begun in a number of countries.

Nevertheless, attention to new metrological tasks related to ensuring the economic efficiency and safety of these networks is nit suficient.

In the networks, big volumes of information are generated, transmitted, received and processed. They are applied for making control decisions and actions as well. Traditional methods of metrological maintenance of measuring instruments in the course of their operation, stipulating 2- or 3-year intervals between metrological maintenance operations, are not economically acceptable for cyber-physical systems. At the same time, these methods unable providing the reliability of measurement information with the required probability.

It is necessary to develop international documentary standards, as well as methods and means (both hardware and software) focused on:

- improving the metrological reliability of CPSs components and organizing automatic continuous monitoring of the reliability of measurement information in cyber-physical systems and other IoT systems;
- protecting these systems from unauthorized access.

Methods of metrological self-check, which are developed for sensors and measuring systems of responsible designation, as well as national documentary standards in this field, should become, in our opinion, the basis of these developments.

References

1. Cyber-physical-systems [Internet]. Available: https://www.nist.gov/el/cyber-physical-systems.
2. F. Mattern, C. Floerkemeier, Lecture Notes in Comput. Sci., **6462**, 242 (2010).
3. K. Lonergan, *Taming the IoT terminology zoo: what does it all mean?* [Internet]. Available: http://www.information-age.com/taming-iot-terminology-zoo-what-does-it-all-mean-123459907/.
4. R. Minerva, A. Biru, D. Rotondi, *Towards a definition of the Internet of Things (IoT)* (Telecom Italia S.p.A., 2015).
5. V. Gunes, S. Peter, T. Givargis, F. Vahid, KSII T Internet Info, **8 (12)**, 4242 (2014).
6. R. Rajkumar, I. Lee, L. Sha, J. Stankovic, *Proc. of 47th Design Autom. Conf.*, 731 (CA, USA, 2010).
7. Cyber-Physical Systems: Overview [Internet]. Available: http://www.sei.cmu.edu/cyber-physical/.
8. Ed. S. Yatsyshyn, B. Stadnyk, *Cyber-Physical Systems: Metrological Issues* (IFSA Publ., 2016).
9. L. Chernyak, Otkrytye Sistemy (Open Systems J), **2**, 10 (2014). *In Russian.*
10. Recommend. ITU-T Y.2060: *Overview of the Internet of Things* (ITU-T, 2012).
11. Recommend. ITU-T Y.2069: *Terms and definitions for the Internet of Things* (ITU-T, 2012).
12. *The Internet of Things: Opportunities and Applications across Industries* (SAS, 2016).
13. EURAMET SRT-n02: *Uniform communication interfaces in metrology for the Internet of Things* (2015).
14. Enabling Consumer Connectivity Through Consensus Building [Internet]. Available: http://standardsinsight.com/ieee_company_detail/consensus-building.
15. IAB RFC 7452, *Architectural Considerations in Smart Object Networking* (2015).
16. *The Internet of Things: Overview* (Internet Society, 2015).
17. Internet of Things: Features, Challenges, and Vulnerabilities. [Internet]. Available: http://elvedit.com/journals/IJACSIT/wp-content/uploads/2015/02/internet-of-things.pdf
18. K. Sapozhnikova, A. Pronin, I. Druzhinin, R. Taymanov, *Proc. of 14th IMEKO TC10 Workshop*, 181 (Italy, 2016).
19. M. Chui, M. Loffler, R. Roberts, McKinsey Quaterly (March 2010).
20. Y. Sun, H. Song, A. J. Jara, R. Bie, IEEE Access: Spec. sect. on smart cities, **4**, 766 (2016).
21. O. Vermesan, P. Friess, *Internet of Things – From Research and Innovation to Market Deployment* (River Publish., Denmark, 2014).

22. Z. Javeed, *Sensors, Environment and Internet of Things (IoT)* [Internet]. Available: https://www.talend.com/blog/2016/12/08/sensors-environment-and-internet-of-things-iot/.

23. Recommend. RMG 29-2013: *Metrology. Basic terms and definitions* (Moscow, Russia, 2014).

24. H.M. Hashemian, *Sensor Performance and Reliability* (ISA, USA, 2005).

25. Y.-K. Chen, *17th ASP-DAC*, 383 (IEEE, Australia, 2012).

26. J. Gubbi, R. Buyya, S. Marusic, M. Palaniswami, Future Gener. Comput. Syst., **29 (7)**, 1645 (2013).

27. GOST R 8.825-2013: *Intelligent Sensors and Intelligent Measuring Systems. Methods of accelerated tests* (Moscow, 2014). *In Russian*.

28. D. Galar, *Proc. of 14th IMEKO TC10 Workshop*, 8 (Italy, 2016).

29. R. Taymanov, K. Sapozhnikova, Measurement **43 (7)**, 869 (2010).

30. R. Taymanov, K. Sapozhnikova, Ch. 1 in: S. Nihtianov, A. L. Estepa, *Smart Sensors and MEMS for Industrial Applications* (Woodhead Publ. Ltd., 2014), 3.

31. GOST R 8.673-2009: *Intelligent Sensors and Intelligent Measuring Systems. Basic Terms and Definitions* (Moscow, 2010). *In Russian*.

32. GOST R 8.734–2011: *Intelligent Sensors and Intelligent Measuring Systems. Methods of Metrological Self-checking* (Moscow, 2011). *In Russian*.

33. A. Ionov, B. Ionov, N. Chernysheva, E. Plotkin, Key Eng. Mater., **613**, 307 (2014).

34. V. Gurevich, K. Sapozhnikova, R. Taymanov, *Proc of 10th ISMTII*, D5-4, (S. Korea, 2011).

35. T. Watanabe, *Proc. of 11th ISMTII* (Germany, 2013).

36. R. Taymanov, K. Sapozhnikova, I. Druzhinin, Sensors&Transducers J., **10 (2)**, 30 (2011).

37. R. Taymanov, K. Sapozhnikova, I. Danilova, I. Druzhinin, *Proc. of XXI IMEKO WC* (Czech Rep., 2015).

38. K. K. Semenov, G. N. Solopchenko, *Proc. of XXI IMEKO WC*, 2035 (Czech Rep., 2015).

39. K. Sapozhnikova, R. Taymanov, I. Danilova, I. Druzhinin, *Proc. of 12th ISMTII*, 59 (Taiwan, 2015).

Metrology, psychometrics, and new horizons for innovation

William P. Fisher, Jr.[1,*]

[1]LivingCapitalMetrics.com, Sausalito, California 94965 USA, and BEAR Center, University of California, Berkeley, California, 94720 USA

Abstract. The vital roles of common languages, metrics, and standards in team-based innovation are well established. The historical success of science has depended extensively on mathematically rigorous, theoretically explained, experimentally evaluated, and socially distributed communications networks comprised of metrologically traceable measuring instruments. Recent descriptions of practical and theoretical correspondences between metrology and psychometrics extend scientific model-based reasoning into education and other fields. Realizing psychometrics' metrological potentials requires attending to interrelated ethical, technical, and social issues. First, measurement must embody the ethics of the Golden Rule in support of compassionate and tolerant comparisons. Technically, effective measurement systems involve (a) invariant units, with known uncertainties, (b) scientific laws modelling substantive relationships in the world, (c) hypotheses experimentally tested against data, (d) explanatory theories providing predictive control over the construct, and (e) methods for ensuring traceability to the standard unit. But to be effective, measurement systems incorporating these features will need to be situated in a larger social context cognizant of needs for the relevant standards bodies, educational programs and textbooks, professional societies, legal and regulatory oversight, accounting and economic applications, etc. Paraphrasing Rasch, the challenges are huge, but having formulated the problem, human ingenuity will likely find a way to solve it.

1 Introduction

Over the last several decades, two (TC-1 on Metrology Education and TC-7 on Measurement Science), and then three (adding in TC-13 on Measures in Medicine and Biology), of the International Measurement Confederation (IMEKO) technical committees have held Joint Symposia on the human and social sides of measurement. These meetings take place in the two years between the tri-annual IMEKO World Congresses. The participants have largely been metrology engineers and physicists interested in the larger philosophical and theoretical issues of measurement and quantification, especially as concerns the possibility of establishing a common conceptual frame of reference across the

* Corresponding author: william@livingcapitalmetrics.com or wfisher@berkeley.edu

Article available at http://cfmetrologie.edpsciences.org or https://doi.org/10.1051/metrology/201709007

natural and social sciences [1-12]. There have also been significant contributions from medical laboratorians, educators, psychologists, economists, and others [13-15].

Since the 2008 IMEKO Joint Symposium in Annecy, France, participation of researchers in education and health care making use of Rasch's probabilistic models of measurement has grown markedly [16-32]. A number of engineer-psychometrician collaborations have emerged from this work [33-39]. The role of psychometricians in the Joint Symposia has expanded, with the 2016 Joint Symposium hosted by the Berkeley Evaluation and Assessment Research (BEAR) Center in the Graduate School of Education at the University of California, Berkeley [40]. On this occasion, there were about equal numbers of engineers and psychometricians presenting and in attendance, with over 70 registrations. The 2017 Joint Symposium in Rio de Janeiro, Brazil, again has a number of psychometric presentations on the program, including a keynote from David Andrich [41], an early leader in theoretical and practical developments in Rasch measurement [42-45].

2 Psychometric metrology: Challenges and opportunities

Realization of psychometrics' metrological potentials will require close attention to interrelated ethical, technical, and social issues. First and foremost, measurement must embody the ethics of the Golden Rule, treating others in a way that is sensitive not just to how I would want to be treated but to how I would want to be treated if I were them. The technical challenges associated with realizing a social ethic based on the Golden Rule must resolve the paradox of aiming "at two opposed things: human totality and human singularity" [46]. In accord with Ricoeur, it is essential to resolve the paradox by integrating the apparently opposed things at a higher level of metasystematic complexity [47]. Systems are typically conceived mechanically, such that aggregations are sums of parts, when what are needed are organic wholes greater than the sums of their parts. Technical and social solutions to this kind of multilevel problem take living language as their model [48], and are perhaps more accessible and feasible than is generally realized [24,36,38,49-51].

2.1 The Golden Rule

Compassionate and tolerant comparisons avoid committing the violence of the premature conclusion, as the philosopher Paul Ricoeur called it [52]. The Golden Rule [53] provides the model for proceeding. It requires some way of knowing that the way I treat others is equivalent to the way I would want to be treated. To know this, I need to be able to project a basis for comparison, a kind of virtual, qualitative measuring system that keeps things in proportion by showing what counts as the same thing for different people.

Just as the whole of many religious and philosophical approaches to life is captured in admonitions to not do to others what you would not want them to do to you [53], at root, all violence is the violence of the premature conclusion [52]. When prejudices, hegemonic agendas, fear, impatience, greed, etc. dominate relationships, we leap to unjustified conclusions and unfairly reduce others to caricatures of what they really are. This kind of reductionism and imposition of power is a choice in favor of violence over discourse. But if we choose discourse and the possibility of keeping the conversation going, then we have to stay open to seeking better representations of others and their positions. Of course, though we can remain open in principle to new information, it will be necessary at some point to make a decision. And so things are complicated when we stop short of physical violence, but then shut down the conversation in various ways, preventing others from representing their social, economic, and political interests under the uniform rule of law.

So, recognizing that our judgments are always provisional and that no sample of evidence is ever absolutely conclusive, we have to be able to tell when our evidence is *sufficient* to the task of representing where someone stands. The technical challenges may be intimidating, but the sufficiency and necessity of Rasch's models [45,54] for integrating information across levels of complexity [50,55] is well established. The social challenges will likely be more difficult to overcome than the technical ones.

2.2 Technical considerations

To apply the Golden Rule there has to be some way of knowing when a service or action provided to others is the same as the one provided to me. The Golden Rule could then be enacted via comparisons based in analogies between people's values and what is valued. The usual way in which measurement information systems are conceived involves imposing rigid criteria onto situations to make them adhere to some kind of a law [48].

That is, systems for distributing and supporting the communication of measurement information have not typically taken into account all-pervasive discontinuities between denotative, metalinguistic, and metacommunicative levels of discourse [51,56]. To be able to say that my values are to one aspect of a situation as yours are to that or another aspect requires proportions of this kind to hold constant, within a known range of uncertainty, no matter which particular persons are addressed and no matter which aspects of the situation are involved. Furthermore, to be able to maintain the meaningfulness of these kinds of comparisons across levels of complexity, individual-level responses must organize themselves into repeatable invariant patterns at a group level, patterns that cannot be imposed from outside of the self-organizing process and that are not intended by any individual. The constructs measured and managed via Rasch models are these kinds of self-organized group-level phenomena , opening the door to potential resolutions of Ricoeur's paradox of human totality and human singularity.

These kinds of repeatable, invariant, and proportionate relationships are built into everyday model-based reasoning and have been extended into science via processes of analogy and metaphor [57-63]. The scientific status of psychology and the social sciences has long been conceived as contingent on shallow imitations of the methods and mathematics used in the natural sciences. Beginning from the routine cognitive processes used by humanity in general offers a far more promising path for enhanced creativity and innovation in these fields. And so it happens that Rasch [64] employed, in a limited and incomplete way [25,65], the method of analogy devised by Maxwell that was crucial to his successes in thermodynamics and electric field theory [57].

Statistically sufficient, invariant, and separable model parameters are the fundamental requirement of Rasch's probabilistic models for unidimensional measurement [43,44,64,66-71]. The probabilistic form of psychometric models of measurement facilitates development of new ways of keeping the question open while still supporting decision processes and comparability. Provisional ways of not leaping to premature conclusions are built into probabilistic approaches to measurement in that survey, assessment, or test questions can be added or dropped, or adaptively administered, without compromising the comparability of the unit of measurement [72].

Technically, effective measurement systems involve (a) invariant units, with known uncertainties, (b) scientific laws modelling substantive relationships in the world, (c) hypotheses experimentally tested against data, (d) explanatory theories providing predictive control over the construct, and (e) methods for ensuring traceability to the standard unit. Information systems in education, health care, and many other fields incorporating measures have been available and in use for decades. Incomplete conceptualization of the social processes by which measures become integrated into everyday routines [73] have hampered the fulfilment of the potential these systems have for resolving many outstanding issues of our time.

2.3 Social issues

Alder [74] points out that

> To do their job, standards must operate as a set of shared assumptions, the unexamined background against which we strike agreements and make distinctions. So it is not surprising that we take measurement for granted and consider it banal. Yet the use a society makes of its measures expresses its sense of fair dealing. That is why the balance scale is a widespread symbol of justice. ... Our methods of measurement define who we are and what we value.

He continues, saying that

> Just as the French Revolution had proclaimed universal rights for all people, the savants argued, so too should it proclaim universal measures.

Ricoeur [75] explains how it happens that standardized symbol systems inform the background assumptions that make social life possible:

> ...the function of substituting signs for things and of representing things by the means of signs, appears to be more than a mere effect in social life. It is its very foundation. We should have to say...not only that the symbolic function is social, but that social reality is fundamentally symbolic.

Science extends everyday language and model-based reasoning by systematically using them to format processes and outcomes in ways that make them manageable and communicable [57,58]. This is not a new idea. Huxley wrote in 1862 that "The method of scientific investigation is nothing but the expression of the necessary mode of working of the human mind" [76]. Einstein similarly held that "The whole of science is nothing more than a refinement of everyday thinking" [77]. Natural language's cognitive ecosystems provide the model for scientific language's metrology networks [80-82]. Duncan accordingly [83] comments that "All measurement is...social measurement. Physical measures are made for social purposes" and that "The social roots of social measurement are in the social process itself."

The questions that arise in this context concern how the social processes giving rise to metrological traceability and unit standards can be extended into psychology and the social sciences. We have had in hand in psychology for decades mathematical proofs of sufficiency [45,54], experimental evidence of invariance [84], explanatory causal theories [85], and networks of instruments measuring in common units [26]. So why have economists and accountants been proposing models of human, social, natural, and manufactured capital for years—as alternatives to the traditional models of land, labour, and manufactured capital [86-88]—with no concomitant interest in the scientific measures needed to manage those stocks and flows? Why are the concepts of private property—and the capacity to profit from investments in it—not yet extended to the various forms of human, social, and natural capital? With over 50 years of successful high quality measurement of literacy, health, social, community, and natural capital, why does research into these forms of capital [89-93] not even raise the question as to if or how common currencies for the exchange of value might be devised?

How can we have universal human rights without universal measures of most forms of the capital needed for a functioning economy? Why is it impossible to know how many shares of literacy or health capital stocks we own, or what they are worth? Why are there no legally defensible and financially fungible forms of legal title to those shares? Why are investments in social capital not accountable to those providing the funds? Why must philanthropic capital markets remain so dysfunctional [94]?

3 Conclusion

Answers to these questions and widely use of alternatives to existing mainstream psychometric methods and systems will emerge only when a science of precision measures connected via metrological traceability is complemented by effective legal, communications, and financial networks [24,49,95]. The barriers preventing realizations of these systems likely stem from insufficiently complex understandings of, and institutional processes accounting for, the discontinuities separating levels of complexity in language use [51,56,96,97].

To be effective, measurement systems, or better, metasystems, spanning scientific, legal, communications, and financial domains must be capable of functioning across multiple levels of complexity. These metasystems will need to be situated in a larger social context cognizant of needs for the relevant standards bodies, educational programs and textbooks, professional societies, legal and regulatory oversight, accounting and economic applications, etc. Those standards bodies, programs, societies, etc. can be expected to emerge as metrologically traceable implementations of these models gain traction in measuring and managing human [98], social , and natural capital [101,102]. As that happens, it will become increasingly apparent that many of today's political, regulatory, and business failings are functions of social capital market inefficiencies. When any individual's, community's, firm's, or government's stock of social capital is routinely measured and traded in public markets, and public opinion gets solidly behind the economics of scientifically tuned and calibrated Genuine Progress Indicators and Happiness Indexes [103], it will be easier to detect and prevent the kinds of failings and abuses economies repeatedly suffer [24,49,104,105].

If our methods of measurement define who we are and what we value, who are we when we willingly continue measuring educational, health, human resource, social service, and environmental quality outcomes in units that vary wildly in quality and size? Who would we be if we were using methods that provide meaningful, constant units with known uncertainties? What do we value when we allow unfair measurements to dictate policies and practices that surely could be improved if higher quality information was available to decision makers? Is this our sense of fair dealing? Or should we redouble our efforts to establish ethical comparisons as our standard background assumptions, taking advantage of recent technical accomplishments and insights into the need for balancing harmony and dissonance, consensus and disagreement, across multiple levels of complexity in our fundamentally symbolic social systems of systems?

References

1. L. Finkelstein, Kybernetes **4**(4), 215 (1975)
2. L. Finkelstein, Measurement **34**(1), 39(10) (July, 2003)
3. L. Finkelstein, Measurement **38**(4), 267 (2005)
4. L. Finkelstein, Measurement **42**(9), 1270 (2009)
5. L. Finkelstein M.S. Leaning, Measurement **2**(1), 25 (1984)
6. L. Mari, Measurement **27**, 71 (2000)
7. L. Mari, P. Carbone, D. Petri, in Modern Measurements: Fundamentals and Applications (eds A. Ferrero, D. Petri, P. Carbone, M. Catalani) 203 (John Wiley & Sons, Inc., 2015)
8. L. Mari, V. Lazzarotti, R. Manzini, Measurement **42**(2), 241 (2009)
9. L. Mari, L. Sartori, L. Measurement **40**, 233 (2007)

10. G.B. Rossi, Measurement and Probability: A Probabilistic Theory of Measurement with Applications (eds M.G. Cain, J. Tesar, M. van Veghel), Springer Series in Measurement Science and Technology (Springer, New York, 2013)
11. L. R. Pendrill, R. Emardson, B. Berglund, M. Gröning, A. Höglund, A. Cancedda, G. Quinti, F. Crenna, G.B. Rossi, J. Drnovsek, G., Gersak, G. van der Heijden, K. Kallinen, N. Ravaja, NCSLi Measure: The J. Meas. Sci. **5**(2), 34 (2010)
12. K. Sapozhnikova, R. Taymanov, Meas. Sci. Rev. **10**(3), 78 (2010)
13. M. Boumans, Philos. Sci. **72**(5), 850 (2005)
14. J. Michell, Measurement **38**, 285 (2005)
15. K. Sijtsma, Measurement **42**, 1209 (2011)
16. N. Bezruczko, N. J. Physics Conf. Series **459**, 012020 (2013)
17. N. Bezruczko, S.-P. Chen, C. Hill, J.M. Chesniak, International Measurement Confederation (IMEKO) (Www.db-thueringen.de/servlets/DerivateServlet/Derivate-24575/IMEKO2011_TOC.pdf, Jena, Germany, August 31 to September 2, 2011)
18. N. Bezruczko, S.S. Fatani, J. Physics Conf. Series **238**(1) (2010)
19. F.R. Camargo, B.J. Henson, J. Physics Conf. Series **459**(1), 012009 (2013)
20. F.R. Camargo, B.J. Henson, J. Physics Conf. Series **588**(1), 012012 (2015)
21. W.P. Fisher Jr., Rasch Meas. Trans. **22**(1), 1147 (2008)
22. W.P. Fisher Jr., Rasch Meas. Trans. **24**(2), 1278 (2010)
23. W.P. Fisher Jr., Rasch Meas. Trans. **25**(4), 1349 (2012)
24. W.P. Fisher Jr., Measurement **42**(9), 1278 (2009)
25. W.P. Fisher Jr., J. Physics Conf. Series **238**(1), 012016 (2010)
26. W.P. Fisher Jr., A. J. Stenner, Measurement **92**, 489 (2016)
27. R.J. Lange, Physics Conf. Series **588**(1), 012028 (2015)
28. R.W. Massof, K. Schmidt, D.M. Laby, D. Kirschen, D. Meadows, J. Physics Conf. Series **459**(1), 012027 (2013)
29. A.J. Stenner, W.P. Fisher Jr., J. Physics Conf. Series **459** 012025 (2013)
30. A. Stephanou, W.P. Fisher Jr., J. Physics Conf. Series **459**, 012026 (2013)
31. D. Torres Irribarra, R. Freund, W.P. Fisher Jr., M. Wilson, J. Physics Conf. Series **588** 012042 (2015)
32. M.R. Wilson, Measurement **46**, 3766 (2013)
33. L. Mari, A. Maul, D.T. Irribarra, M. Wilson, Measurement **100**, 115 (2016)
34. L. Mari, M. Wilson, J. Physics Conf. Series **459**(1), 012002 (2013)
35. L. Mari, M. Wilson, Measurement **51**, 315 (2014)
36. L. Mari, M. Wilson, Instrumentation and Measurement Technology Conference (I2MTC), 2015 IEEE International, 1522 (11-14 May, 2015)
37. L. Pendrill, W.P. Fisher Jr., J. Physics Conf. Series **459**, 012057 (2013)
38. L. Pendrill, W.P. Fisher Jr., Measurement **71**, 46 (2015)
39. M. Wilson, L. Mari, A. Maul, D. Torres Irribara, J. Physics Conf. Series **588** 012034 (2015)
40. M. Wilson, W.P. Fisher Jr., J. Physics Conf. Series **772**(1), 011001 (2016)
41. D. Andrich, J. Physics Conf. Series, in press (2017)
42. D. Andrich, Psychometrika **43**(4), 561 (1978)
43. D. Andrich, Rasch Models for Measurement, Sage University Paper Series on Quantitative Applications in the Social Sciences, vol. series no. 07-068 (Sage Publications, Beverly Hills, California, 1988)
44. D. Andrich, Medical Care **42**(1), I-7 (2004)
45. D. Andrich, Psychometrika **75**(2), 292 (2010)
46. P. Ricoeur, Political and Social Essays (eds Stewart, D. & Bien, J.) (Ohio University Press, Athens, Ohio, 1974)

47. T. Dawson, Internat. J. Behav. Develop. **26**(2), 154 (2002)
48. J.C. Scott, Seeing Like a State (Yale University Press, New Haven, 1998)
49. W.P. Fisher Jr., Standards Engineering **64**(3), 1 (2012)
50. W.P. Fisher Jr., Procedia Computer Science, In review (2017)
51. W.P. Fisher Jr., E. P.-T. Oon, S.J. Benson, Physics Conf. Series, in review (2017)
52. P. Ricoeur, in Political and Social Essays by Paul Ricoeur (eds Stewart, D. & Bien, J.) 88-101 (Ohio University Press, Athens, Ohio, 1974)
53. L. Dossey, Explore: J. Science and Healing **3**(1), 1 (2007)
54. E.B. Andersen, Psychometrika **42**(1), 69 (1977)
55. T.L. Dawson, K.W. Fischer, Z. Stein, New Ideas in Psychology **24**, 229 (2006)
56. S.L. Star, K. Ruhleder, Information Systems Research **7**(1), 111-134 (1996)
57. N.J. Nersessian, in Reading Natural Philosophy: Essays in the History and Philosophy of Science and Mathematics (ed Malament, D.) 129-166 (Open Court, Lasalle, Illinois, 2002)
58. N.J. Nersessian, Philosophy of Science **73**, 699 (2006)
59. N.J. Nersessian, Mind, Culture, and Activity **19**, 222 (2012)
60. M. Black, Models and Metaphors (Cornell University Press, Ithaca, New York, 1962)
61. M. Black, in Metaphor and Thought (ed Ortony, A.) 19 (Cambridge University Press, Cambridge, 1979)
62. M. Hesse, Models and Analogies in Science (Notre Dame University Press, Notre Dame, Indiana, 1970)
63. T.S. Kuhn, in Metaphor and Thought (ed Ortony, A.) 409 (Cambridge University Press, Cambridge, 1979)
64. G. Rasch, Probabilistic Models for Some Intelligence and Attainment Tests, (reprint, University of Chicago Press, 1980) (Danmarks Paedogogiske Institut, Copenhagen, Denmark, 1960)
65. W.P. Fisher Jr., A.J. Stenner, in Pacific Rim Objective Measurement Symposium 2012 Conference Proceedings (eds Zhang, Q. & Yang, H.) 1 (Springer-Verlag, Berlin, Germany, 2013)
66. T. Bond, C. Fox, Applying the Rasch Model: Fundamental Measurement in the Human Sciences, 3d Edition (Routledge, New York, 2015)
67. W.P. Fisher Jr., B.D. Wright, Internat. J. Educ. Res. **21**(6), 559 (1994)
68. E.V. Smith Jr., R.M. Smith, Introduction to Rasch Measurement (JAM Press, Maple Grove, MN, 2004)
69. M. Wilson, Constructing Measures: An Item Response Modeling Approach (Lawrence Erlbaum Associates, Mahwah, New Jersey, 2005)
70. B.D. Wright, J. Educ. Meas. **14**(2), 97 (1977)
71. B.D. Wright, in The New Rules of Measurement: What Every Educator and Psychologist Should Know (eds S.E. Embretson, S.L. Hershberger) 65-104 (Lawrence Erlbaum Associates, Hillsdale, New Jersey, 1999)
72. M. Barney, W.P. Fisher Jr., Ann. Rev. Organiz. Psychol. Organiz. Behav. **3**, 469 (2016)
73. W.P. Fisher Jr., M. Wilson, Pensamiento Educativo **52**(2), 58 (2015)
74. K. Alder, The Measure of All Things (The Free Press, New York, 2002)
75. P. Ricoeur, Hermeneutics and the Human Sciences (Cambridge University Press, Cambridge, England, 1981)
76. T.H. Huxley, On Our Knowledge of the Causes of the Phenomena of Organic Nature (Robert Hardwicke, London, 1862)
77. A. Einstein, in Ideas and Opinions (eds Seelig, C. & and others) (trans Bargmann, S.) 290-323 (Bonanza Books, New York, 1954)

78. E. Hutchins, Cognition in the Wild (MIT Press, Cambridge, Massachusetts, 1995)
79. E. Hutchins, Mind, Culture, and Activity **19**, 314 (2012)
80. B. Latour, Science in Action: How to Follow Scientists and Engineers Through Society (Harvard University Press, New York, 1987)
81. B. Latour, Mind, Culture, and Activity: An International Journal **3**(192), 54 (1995)
82. B. Latour, Reassembling the Social (Oxford University Press, Oxford, England, 2005)
83. O.D. Duncan, Notes on Social Measurement (Russell Sage Foundation, New York, 1984)
84. B. Engelhard, G., Jr. Invariant Measurement (Routledge Academic, New York, 2012)
85. A.J. Stenner, W.P. Fisher Jr., M.H. Stone, D.S. Burdick, Frontiers in Psychol.: Quantit. Psychol. Meas. **4**(536), 1 (2013)
86. P. Ekins, in Real-Life Economics: Understanding Wealth Creation (eds Ekins, P. & Max-Neef, M.) 147-155 (Routledge, London, 1992)
87. P. Ekins, S. Dresner, K. Dahlstrom, European Environment **18**(2), 63 (2008)
88. J. Gleeson-White, Six Capitals, or Can Accountants Save the Planet? Rethinking Capitalism for the 21st Century (Norton, New York, 2015)
89. U.-G. Gerdthama, M. Johannessona, L. Lundberg, D. Isacson, Europ. J. Polit. Econ. **15**(3), 501 (1999)
90. T.J. Galama, A Contribution to Health-Capital Theory. Human Capital and Economic Opportunity Global Working Group, 2015-008 (Economics Research Center, University of Chicago, Chicago, 2015) (55 pp.)
91. T. Hancock, Health Promotion International **16**(3), 275-80 (2001)
92. R.D. Putnam, Democracies in Flux: The Evolution of Social Capital in Contemporary Society (Oxford University Press, New York, 2002)
93. P. Hawken, A. Lovins, H.L. Lovins, Natural Capitalism: Creating the Next Industrial Revolution (Little, Brown, and Co., New York, 1999)
94. S.H. Goldberg, Billions of Drops in Millions of Buckets: Why Philanthropy Doesn't Advance Social Progress (Wiley, New York, 2009)
95. W.P. Fisher Jr., in Business Administration Education: Changes in Management and Leadership Strategies (eds Marques, J., Dhiman, S. & Holt, S.) 43-63 (Palgrave Macmillan, New York, 2012)
96. G. Bateson, Steps to an Ecology of Mind (University of Chicago Press, Chicago, 1972)
97. A. Woolley, E. Fuchs, Organization Science **22**(5), 1359 (2011)
98. S. Cano, L. Pendrill, S. Barbic, W.P. Fisher Jr., J. Physics: Conf. Series, in press (2017)
99. N. Roczen, F.G. Kaiser, F. X. Bogner, M. Wilson, Environ. Behav. **46**(8), 972 (2014)
100. M. Van der Gaag, T.A.B. Snijders, in Creation and Returns of Social Capital (eds H. Flap, B. Völker) 199 (Routledge, London, 2003)
101. F.J. Moral, F. J. Rebollo, M. Paniagua, M. Murillo, Ecolog. Indicat. **46**, 253-259 (2014)
102. V. Yanes-Estévez, J.R. Oreja-Rodríguez, P. Alvarez, WSEAS Trans. Bus. Econ. **4**(1), 281 (2004)
103. M. Anielski, The Economics of Happiness: Building Genuine Wealth (New Society Publishers, Gabriola, British Columbia, 2007)
104. W.P. Fisher Jr., Rasch Meas. Trans. **21**(1), 1092 (2007)
105. W.P. Fisher Jr., J. Appl. Meas. **12**(1), 49 (2011)

Metrology for the protection of individuals and workers in the field of radiation

La métrologie au service de la protection des particuliers et des travailleurs dans le domaine des rayonnements

François SUDER[1] et Sophie VERHAEGHE[2]

[1]COFRAC Section Laboratoires Pôle Physique-Mécanique 52 rue Jacques Hillairet 75012 PARIS France
[2]COFRAC Section Laboratoires Pôle Bâtiment-Electricité 52 rue Jacques Hillairet 75012 PARIS France

Key Words / Mots Clés: regulation scheme, accreditation, protection, radiation / schéma réglementaire, accreditation, protection, rayonnements

- **Abstract.** *The authors will offer to present the purpose of metrology in the regulation scheme to protect the individuals and workers in the field of radiations, from ionizing radiation to electro-magnetic ones. Calibration ways and measurement methods will be introduced for three types of radiations: ionising radiation, visible radiation and electro-magnetic radiation. For each wavelength domain the authors will develop the cooperation between the regulation and the accreditation schemes to guarantee the quality of measurements, with some information about the specific metrology developed to assure traceability to the international system and some specific methods of measurement.*

1. Introduction

To assure the protection of individuals and workers in the field of radiation, some accreditation and regular schemes had been developed. For each wavelength domain specific metrological aspects had to be solve to be able to assure traceability to the International System (SI). In these regular domains, accredited laboratories had to be able to give secured results with high level metrology.

Three wavelength domains will be developed in this article:

- Ionising radiation: worker dosimetry (external dosimetry and anthroporadiometry) with the connection between accreditation and regulation with specific traceability using consensus standards (anthropomorphic phantom) and specific measurement. Accreditation in environmental field is also available to give information to individuals including measurement of Radon radiation.
- optical radiation: traceability of UV radiometer used in measurement for the control of tanning booth in an inspection scheme or measurement rules in the frame of ROA (artificial optical radiation) regulation scheme or calibration of Elisa test plate for serology (allergen) measurement for food
- Electromagnetic radiation: SAR measurement and on-site radiation field measurement in regulatory and accreditation scheme

2. Ionising radiations

2.1 Regular scheme

To begin, in the field of ionising radiation, a regular scheme with an agreement treated by the French Nuclear Safety Authority (ASN) linked with an accreditation is presented. The approach allows an efficient following of the protection of workers. Sub-domains in this regular field are: external dosimetry (passive dosimetry), anthroporadiometry and radiotoxicology.

Radiotoxicology field is linked with Biomedical laboratories, accredited with the standard NF EN ISO 15189 and will not be developed in this article.

To follow the exposition of workers to the ionising radiation, the regular scheme asks for an accreditation. Measurement was done by accredited laboratories. An agreement was given by the ASN to give a legal value to these measurements. As usual in an accreditation scheme, periodical evaluation was done by the accreditation body following the standard NF EN ISO/CEI 17025. Regular aspects were checked by some ASN inspections. This combination of coupled evaluations is able to validate good measurements with correct accuracy and adapted metrology.

Worker dosimetry is done through personal equivalent dose measurements. These measurements need the use of anthropomorphic phantoms. So for anthroporadiometry measurement, anthropomorphic phantom are use for traceability to SI. These phantoms are well defined in some international publication. These phantoms are also used for interlaboratory comparisons, organised in the regular field or even in voluntary field to give guaranties in measurement results. Local phantoms can also be used. The results of measurements done with these phantoms are examined during periodical evaluation linked with interlaboratory comparisons done with some consensual phantoms.

On another hand, some parameters had been defined as non critical measurement and it allows laboratories to avoid a traceability scheme in compliance with accreditation rules. For example the temperature of the measurement room for anthroporadiometry had be considered as a non critical environmental parameter taking into account data from manufacturer of the sensor elements and the energy peak due to the radiation from the potassium ^{40}K from bones. The energy of this peak is well known and any effect of temperature or sensor drift can easily be detected.

These specifics points in traceability scheme of measurement allow sufficient accuracy to have pertinent data for the following of the survey of the exposition of workers to ionising radiation.

2.2 environmental scheme

Some accreditations cover also measurement in environmental radionuclide research scheme in liquid, solid and gaseous matrix. A great number of laboratories accredited for these measurements cover the surface of our country.

These environmental measurements allow the following of the radiation and contamination applied on French individuals.

Some laboratories asked also to be accredited in Radon radiation measurements used in some geographic well defined places in France.

3. Optical radiations

In the field of optical radiations, some specific domains will be shortly developed with accreditations in regular schemes.

3.1 Tanning booth

To protect individuals, a regular scheme had been developed to check radiation issued from artificial ultra-violet radiation in tanning booth. Regulation well defined UV radiation limit in tanning booth. Accredited inspection organisms were mandated to perform these technical controls (initial and periodic). In the frame of these inspections, they need specific UV radiometer to perform measurements to check these tanning installations by artificial UV radiations using UV1 to UV3 apparatus. For these specific measurements, inspectors need specific instrument with a correct traceability to SI. Accredited laboratories had to develop specific calibration for these instruments in the complete wavelength range to be able to cover regular requirement for tanning booth control. Corresponding scope of accreditation for calibration of UV radiometer had to be extended.

Accredited calibration offer had to be improved to be able to answer to the requirement of the inspector in charge of the application of the control of the regulation.

Traceable measurements for the control of tanning installations improve the protection of individuals against artificial UV radiation.

3.2 Artificial optical radiation

Following the directive n° 2006/25/CE from European parliament, a new regulation scheme had been developed in France. This scheme asks for an accreditation for measurements in the field of artificial optical radiation (ROA). The requirements cover optical radiation from infrared radiation to ultra-violet including visible radiations. This double scheme (regulation and accreditation) is applicable for incoherent radiation and laser radiation.

The aim of this scheme is to have some accredited laboratories for measurement of level of exposition to ROA on working place.

Some metrological aspects have to be solved like the covering of the wavelength range (in one or more domains) and the equipment adapted for these measurements. Two types of instruments had been focused: radiometer and spetroradiometer. Equilibrium between the cost of the instruments and the number of measurement needed to cover all situations in the working place need a real reflexion taking into account metrological aspect including traceability to SI.

An exposition to UV radiation, infrared radiation or visible radiation could have different effect. But in all case, the evaluation of the risk for a worker shall have to be estimate and in some cases some measurement should be done in specific conditions representative of the work conditions. This evaluation of the risk and/or measurement must be compare with limits defined in regulation.

Specific metrology had to be taking into account depending of the choice of the instrument and methods of measurement linked with the regulation to protect workers against an exposition to ROA.

3.3 food safety

Some laboratories are accredited for measurement for food safety to look for some allergen in food. These laboratories used optical measurements (ELISA). These instruments have to give results traceable to SI. Some specific standards have to be calibrated for transmission quantities. Calibration equipments and procedures in calibration accredited laboratories had to be adapted to be able to calibrate standard in geometry similar to those used in ELISA instruments.

The quality of these measurements and the linked metrology allow high accurate evaluation of the data to protect individuals about different allergen in food.

4. Electromagnetic field

Nowadays, different accreditation programs exist, dealing with non-visible and non-ionising radiation in the electromagnetic spectrum. They are basically entitled to gather the following tests:

- electromagnetic emission and immunity
- telecommunications terminals equipments testing
- specific absorption rate (SAR) measurements
- electromagnetic fields measurement for human exposure
- on-site electromagnetic fields measurements
- radar fields measurement

All those types of electromagnetic tests are very useful for any consumer. Nonetheless, only one small part of those programs is written in a regular scheme: on-site electromagnetic fields measurements, close to transmitting stations.

Dealing with this program, accreditation has been made mandatory by the authority in charge of the regulation of the radiofrequencies in France, the ANFR (Frequencies National Agency). It means that anyone who wants to be publicly recognised to measure on-site radiofrequencies needs to be accredited as a testing laboratory by the Cofrac and, prior to this procedure, has to file a record with the ANFR.

The regulation is not only limited to mobile phone frequencies (GSM, UMTS, LTE), but also includes Wi-Fi wavelengths, Professional Mobile Radio (PMR) services or FM broadcasting. Furthermore, the last version of the measurement protocol created by the ANFR and mandatory for the accredited laboratories of the domain includes smart networked meters (Linky smart meters) working out at lower frequencies.

To perform this type of tests, laboratories must invest in some essential equipment, as spectrum analysers, antennas and field probes. Currently, other laboratories across the world are accredited for the calibration of these electrical devices, so that traceability to the International System can be proven anytime. Also, uncertainties linked to the measurement ought to be jotted down into the tests reports, so that metrology can be applied from the beginning to the end.

Considering the other programs, even if they are not linked to any regular scheme, they are essential for our modern society. Indeed, they allow controlling that the equipment sold in our countries respect the norms and don't harm the population. For instance, accrediting some laboratories for the SAR measurements allow to control that the tests performed on mobile phones or tablets accord with the rules defined for launching new products.

To perform SAR tests, laboratories used to buy phantoms filled with some liquid, to respond to the various phone frequencies as the human body or head uses to do. However, for those measurements, not only electrical skills are required, but also chemistry ones, because of the dielectric liquids employed. The control of the phantom is only a visual one, and the virtual network analyser or the measurement probes can be calibrated by accredited laboratories. Furthermore, each instrument is cautiously verified before any use, to perform the best tests anytime.

However, lately another type of measuring equipment has arrived on the market, simulating the human body without using all those interchangeable liquids. Indeed, the brand new phantom consists in a device using a vector probe-array technology able to measure any Device Under Test among a large range of frequencies. Even if the calibration of this type of device is still hard to perform as it is some multi-skill machinery, the possibilities offered by those devices are bright.

Finally, another program corresponding to a regular scheme has to be developed in accordance with the French General Labour Directorate, in order to protect not the individuals as described in the two previous programs, but the workers. Indeed, a law text has been published in August 2016 in France, stipulating that any firm employing people near transmitting stations must comply with electromagnetic fields limitations.

For the majority of companies, these guidelines don't affect the way employees are managed, but it changes everything for people working on rooftops, or close to antennas. Indeed, for those critical working spots, employers ought to protect their workers (particularly pregnant women, or teenage employees) not to be overexposed to environmental electromagnetic fields during their working shifts.

Nevertheless, even if the rule has already entered the French law, no accreditation program has been developed for the moment. This evolution could lead to a wave of new laboratories candidate for accreditation recognition.

5. Conclusions

In different wavelength domains, radiation could have an effect on the health of individuals and workers.

Regulation linked with some accreditation schemes work together to offer laboratories which are able to perform measurements of high accuracy and high level of traceability to SI to protect individuals and workers.

It is not possible to avoid all radiation in our environment but with adapted protections (individual or structural) and correct measurements, it's possible to know and limit the effects of this radiations.

The quality of the measurements and the linked metrology given by accredited laboratories in the frame of regular schemes is a good tool to protect individuals and workers.

 DOI: 10.1051/metrology/201710002

Metrology in Thermal cyclers: a new approach

Robert Cherpin[1] and *Didier* Bozonnet[2]

[1] APoDis Technologies S.A.S, RD 2020 Locon, 41600 Chaumon-sur-Tharonne, France
[2] Tumorothèque Caen Basse Normandie, 3 avenue du Général Harris 14076 Caen cedex 5

Abstract. Metrological laboratories propose different protocols to qualify thermal cyclers, each depending on a different approach. But all these protocols may not match the laboratory need. Some questions must be answered before any metrological test. Has the qualification protocol be performed with a fixed temperature program? What must be done if the metrological qualification is out of specification? Can specifications be set already?
With reference to standardised publications [1-3], we are going to try to focus on the current state of art about metrological qualification. It seems to be necessary to confirm any metrological test by a biological one. And to conclude that a difference between measured value and fixed value does not necessary lead to an end-of-life your thermal cycler even a false genetic analysis.

Introduction

Biological or pathological laboratories may have the opportunity to conduct genetic analyses to improve patient's diagnostic. Among them may be conducted: structural chromosomes study, expression profile and test for cancer prognosis, … Specific DNA or RNA sequences are amplified to create thousands to millions of copies; then, the focused segment of DNA/RNA can be studied. A common and powerful technology to achieve these high specific sequences, is called PCR (Polymerase Chain Reaction). This technology relies on a thermal cycling program with three steps: DNA/RNA denaturation, annealing and elongation. Many factors can influence the reaction yield and among them, temperature is critical due to enzymatical reactions.

Technical aspects of PCR

PCR is mainly constituted of 3 steps: denaturation; annealing and elongation. But Pre-PCR steps may have an impact on the final result (f.i. reverse transcription). Each of the PCR steps have they own robustness. Denaturation is a very robust step, but a too high temperature may have a nasty effect on the Taq polymerase. Annealing seems to be the more critical step for PCR yield and specificity [4]. Elongation is dependent on the polymerase activity range. Thermal cyclers are used to automatized these three steps. As all measurement apparatus, temperature and times are quantities to be qualified with metrological protocols which ensure quantities to be relied on the International System.

Potential variability factors

Thermal cyclers are the result of a quite complex technology, as shown in Figure 1, so that comply it against specification (maximum permissible measurement error) is not so easy.

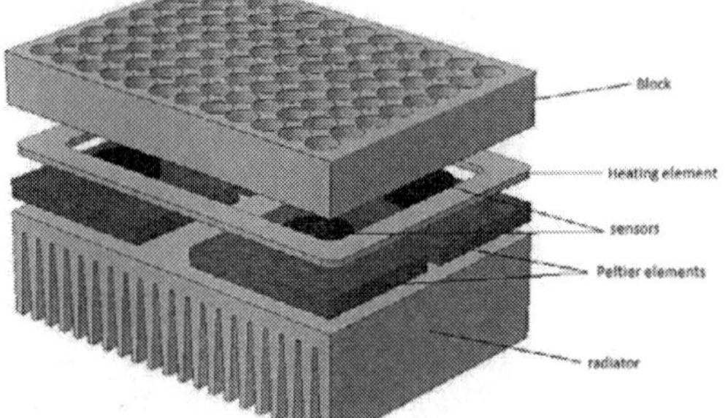

Fig. 1. Detail of thermal cycler generating heat system

There is a great variability into thermal cyclers brand to brand, model to model but also into the same model of instrument, as shown in Figure 2 [5-6]. A lot of factors may influence the temperature profile: The use frequency; environmental conditions; quality of integrated elements (Peltiers elements; temperature sensors …)

 DOI: 10.1051/metrology/201710002

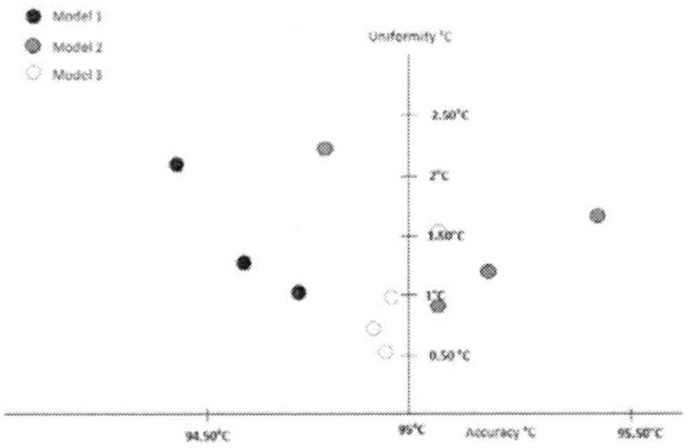

Fig.2. Uniformity versus accuracy in different thermal cyclers

Metrology in a thermal cycler

In order to rule on the conformity of thermal cyclers, it is necessary to control several temperature parameters on the instrument. Several factors may have an influence on the PCR result:

Uniformity is one of the most critical parameter. Instrument uniformity is defined as the difference between the hottest spot and the coldest one for each controlled temperature. This parameter is important to be sure that all samples are treated in a similar way.

Overshoot / Undershoot: Overshoot and undershoot are due to the block inertia, after heating or cooling ramps, the metallic block need to be stabilized at the desired temperature. This factor is depending on the thermal cycler regulation and we will see later that this may have a great impact on the PCR quality.

Accuracy: This parameter is defined by the ability of the instrument to give the desired temperature. The difference between the measured average temperature and the requested temperature is the accuracy deviation.

Other parameters such as ramp rates are good indicators for instrument wornness. The temperature control of the heated lid is also useful to get a full overview of the instrument health.

As shown in Figure 3, uniformity and accuracy are then compared to specifications, if they have been defined by the laboratory, to fix with the metrological conformity of thermal cyclers.

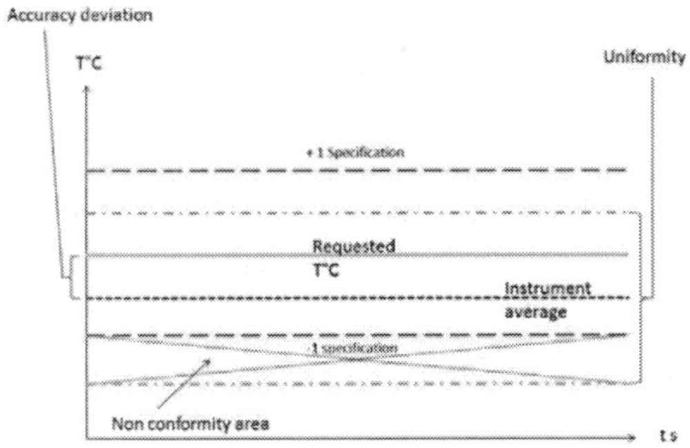

Fig. 3. Conformity area in a metrological qualification

Biological impact of a metrological non-conformity

The most important deviation in a thermal cycler is the overshoot at beginning of denaturation. It may affect the polymerase efficiency. Possible consequences may be loss of yield and elevation of the crossing point. In case of very high and long overshoot, no detectable amplification may occur.

Undershoots at beginning of annealing may induce non specific amplification products. As for overshoots, height and duration have to be considered, to identify risks.

Uniformity is also a critical point. As denaturation is a robust step, it has mainly a strong influence on the annealing steps. A good uniformity insures you that all your samples or PCR points are treated in the same way. It is necessary to be sure that no points of the PCR block will lead you to non specific products; no loss of yield or no polymerase inactivation.

Accuracy is important to be sure that your instrument delivers a correct average temperature at each PCR steps.

A biological test to confirm

In order to confirm instrument conformity, it is recommended to test (when possible) the most deviating points of the block to verify that the PCR is not affected by the thermal cycler temperature profile. Two different cases: The laboratory has defined specifications that can be compared to the instrument temperature profile, but as it has been described before, the conformity depends on several factors. The laboratory did not define specifications; in that case, the conformity can be verified by testing positive controls in the hottest and the coldest points of the block, these points should be defined during the instrument metrology. In real time PCR, it is recommended to test positive controls at 3 times the detection limit. In this case, the crossing points have to be compared to the expected value. This gives a good overview of PCR yield in the worth points of the instrument.

Conclusion

A metrological decision (conformity versus non-conformity) of a thermal cycler seem to be not sufficient to conclude if a PCR reaction can achieve the expected result. As each PCR reaction has its own requirements (different temperature programs), it may be necessary to dedicated a thermal cycler with poor performance with a less specific PCR reaction.

Both metrology and biology must coexist to qualify thermal cyclers, and master the analysis.

References

1. FD V03-112, *Produits alimentaires – Qualification des thermocycleurs et maintien de leur performance –*

Mise en œuvre des tests et indicateurs de performances, (AFNOR, La plaine St Denis, 2013)

2. NF U47-600-1, *Méthode d'analyse en santé animale – PCR (réaction de polymérisation en chaîne) Partie 1 : Exigences et recommandations pour la mise en œuvre de la PCR en santé animale*, (AFNOR, La plaine St Denis, 2015)

3. NF U47-600-2, *Méthode d'analyse en santé animale – PCR (réaction de polymérisation en chaîne) Partie 1 : Exigences et recommandations pour le développement et la validation de la PCR en santé animale*, (AFNOR, La plaine St Denis, 2015)

4. I. Yang, Y.Kim, J.Y. Byun, S.R. Park *Use of multiplex polymerase chain reactions to indicate the accuracy of the annealing temperature of thermal cycling* , Anal. Biochem., **338**, 192-200 (2005)

5. D. Schoder, A.Schmalwieser, G. Schauberger, M. Kuhn, J. Hoorfar, M. Wagner, *Physical characteristic of six new thermocyclers*, Clin. Chem., **49**, 6, 960-963 (2003)

6. G.C. Saunders, J. Dukes, H.C. Parkes, J.H. Cornett *Interlaboratory Study on Thermal Cycler Performance in Controlled PCR and Random Amplified Polymorphic DNA Analyses*, Clinical chemistry, **47**,1, 47-55 (2001).

Metrology of the vitamin-D-synthetic activity of UV lamps

Irina Terenetskaya[1*] and *Tetiana* Orlova[1,2]

[1]Institute of Physics, National Academy of Sciences of Ukraine, 03028, Kiev, Ukraine
[2]Laboratoire Ondes et Matiere d'Aquitaine, University of Bordeaux, CNRS, 33400, Talence, France

Abstract. Ultraviolet lamps are widely used in phototherapy, and positive health effect of UV irradiation is associated with the synthesis of vitamin D in human skin. Nevertheless, to avoid harmful effects of UV radiation a variety of commonly used broadband UV detectors have an output in erythema units. Therefore the measurement of the vitamin-D-synthetic capacity is a missing link in the metrology of UV lamps that are used for medical and/or cosmetic purposes. This paper presents original UV measuring device based on the same photoreaction *in vitro* by which vitamin D is synthesized in human skin *via* photo- and thermo- induced conversions of 7-Dehydrocholesterol (provitamin D_3). Thus the targets for UV photons are provitamin D molecules embedded in specially designed UV transparent and stable matrix mimicking biological samples. Three operation modes of varying complexity are developed to follow the photoreaction course in real time.

1 Introduction

It is generally accepted to divide UV radiation into three spectral ranges, i.e., UV-C (100-280 nm), UV-B (280-320 nm), and UV-A (320-400 nm).

Metrology of UV lamps includes measuring a number of physical parameters such as wavelength, intensity, irradiance, etc., and many certified instruments for these measurements are available on the market.

Since the biological effectiveness of UV radiation depends significantly on the radiation wavelength (increasing with increasing energy of UV photons), the measurement of a biological effectiveness of a UV radiation source requires special tool whose spectral sensitivity is correlated with the action spectrum (AS) of a specific biological effect. This goal is served by special biodosimeters which directly measure the integrated biological effect but the result is expressed in specific biological units.

Naturally, most attention is paid to the measurements of erythemic and mutagenic (carcinogenic) biological activity of UV radiation to prevent possible negative effects. The Robertson-Berger (RB) meter is widely used to measure erythemal effectiveness because its spectral sensitivity is similar to the standard erythema action spectrum [1]. And, since carcinogenic biological effectiveness of UV radiation is associated with photoinduced mutations of DNA molecule in living organisms, the measurements of mutagenic (carcinogenic) biological activity are based on the photoinduced DNA damage [2].

However, UV radiation has also a very important beneficial effect, namely, the vitamin D_3 synthesis in human skin which is produced photochemically from 7-Dehydrocholesterol under solar UV-B radiation.

The measurement of the vitamin-D-synthetic ability (or antirachitic activity) of UV lamps used for medical and/or cosmetic purposes is especially important given the essential role of vitamin D in maintaining health [3], as well as taking into account the observed pandemic of vitamin D deficiency among the world's population [4].

1.1. Main features of vitamin D synthesis

As is known, the synthesis of vitamin D occurs in two stages. First, under UV irradiation within the absorption band of provitamin D (**Pro**) it photochemically turns into previtamin D (**Pre**), which is further thermally converted into vitamin D (**D**) (Fig. 1). Thus to measure the vitamin-D-synthetic activity of a UV lamp it is necessary to follow the photoconversion **Pro** → **Pre** and to measure the amount of previtamin D accumulated during an UV exposure. It is this quantity that determines biologically active "antirachitic" UV dose.

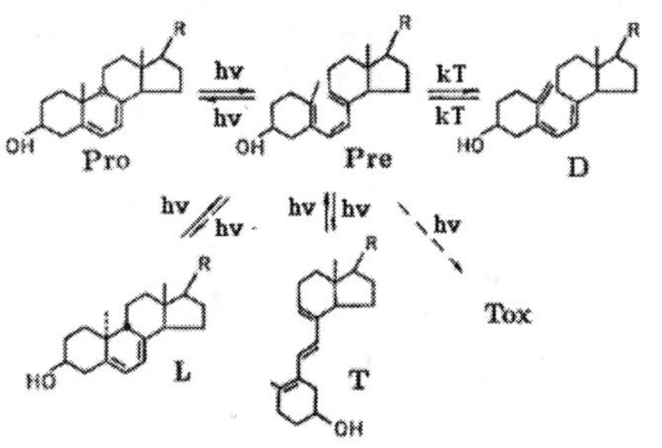

Fig.1. The reaction scheme of vitamin D synthesis. T, L and Tox are by-products tachysterol, lumisterol and toxisterols. Dashed line shows irreversible photoconversions. R=C_9H_{17}, vitamin D_2 series; R=C_8H_{17}, vitamin D_3 series.

* Corresponding author: teren@iop.kiev.ua

 DOI: 10.1051/metrology/201710003

But the task is complicated by the fact that previtamin D itself is not stable to UV radiation and undergoes a number of side photoconversions. As a result, UV irradiation of initial provitamin D gives rise to the formation of a multicomponent photoisomer mixture.

It is necessary to emphasize the important features of the photoreaction [5]: (1) the accumulation of previtamin is nonlinearly dependent on a UV dose, (2) the maximum achievable concentration of previtamin D is highly dependent on irradiation wavelength (for monochromatic irradiation) or on the spectral composition of the UV lamp radiation (Fig.2).

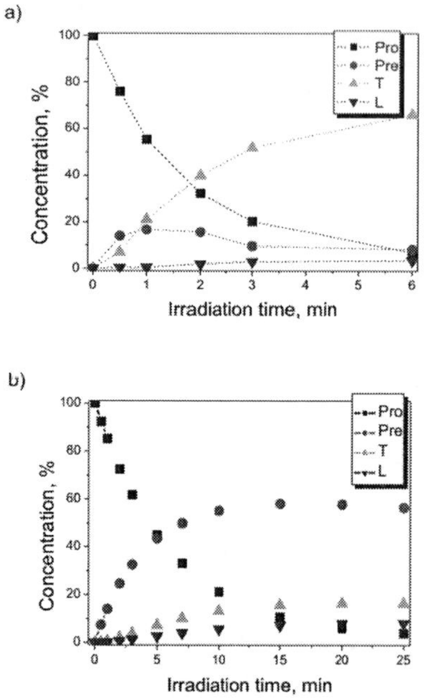

Fig. 2. Kinetics of 7-Dehydrocholesterol (7-DHC, provitamin D_3) photoisomerization under UV irradiation (a) by the low pressure mercury lamp (254 nm) and (b) by the XeCl excimer lamp (308 nm).

It seems unlikely that an optoelectronic device or a photosensitive polymer film could display correctly the above features and adequately measure the vitamin-D-synthetic activity, even if their spectral sensitivity corresponds to the action spectrum of vitamin D synthesis. Obviously, the best tool for this metrology is the *in vitro* model of vitamin D synthesis.

2 Methods

For the first time the *in vitro* model of vitamin D synthesis (cylindrical ampoule with ethanol solution of 7-Dehydrocholesterol) was used to clarify the effect of seasonal and latitudinal changes in solar UVB radiation on vitamin D_3 synthesis [6]. In this study the concentration of accumulated previtamin D was determined using high-performance liquid chromatography (HPLC) which is not suitable for UV measurements *in situ*.

A significant step towards the widespread practical use of the *in vitro* model for on-site measurements was the development of original spectrophotometric analysis of the photoisomer mixture formed under UV irradiation of 7-Dehydrocholesterol [7,8].

Moreover, owing to the detailed studies of the photoreaction using a tunable dye-laser [9] the adequate mathematical model was developed enabling calculation of the photoreaction kinetics for any UV radiation source. The validity of spectral analysis and the mathematical model was confirmed by simultaneous UV measurements using a spectroradiometer within the framework of the EC BIODOS Project [10].

To date, there are three possible measurement methods in which the targets for UV photons are 7-DHC molecules either in solution or embedded in specially designed UV transparent and stable matrix.

2.1. Measurement of Previtamin D concentration using spectrophotometric analysis

Ethanol solution of 7-Dehydrocholesterol is exposed in standard rectangular quartz cuvette. The concentration of 7-DHC (10 ÷ 20 μg/ml) and the cuvette thickness (0.2 ÷ 1.0 cm) are chosen to ensure the conditions of the optically thin layer, i.e. to provide almost uniform illumination of the solution and exclude necessity of its stirring during the UV irradiation.

Before the beginning of an irradiation and after the certain exposures, the absorption spectrum of the solution is registered by a spectrophotometer within a range of 230-330 nm with a 1 nm step. Then for concentration analysis the recorded spectra are processed by computer using original software [8], and the concentration of accumulated previtamin D, which determines 'antirachitic' UV dose, is obtained.

To avoid the inconvenience associated with the use of liquid solution, 7-DHC molecules were incorporated into the hydrogel matrices in the form of 2 mm thick films [11]. It appeared that the absorption spectrum of 7-DHC in the film is almost identical to its spectrum in ethanol that allowed the concentration analysis (Fig. 3) [12].

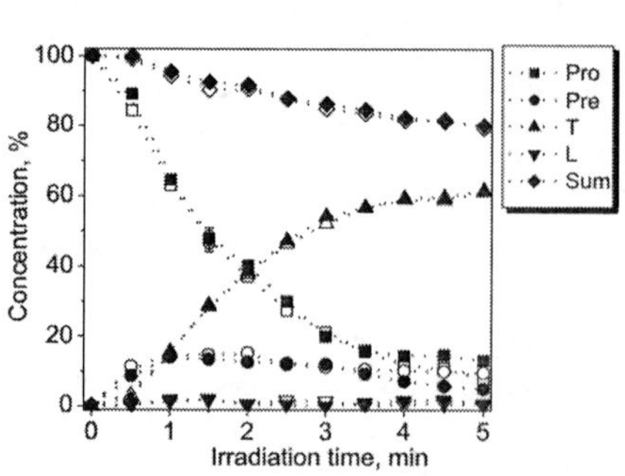

Fig. 3. Comparison of the 7-DHC photoisomerization kinetics in hydrogel matrix (solid symbols) and in ethanol (open symbols) under irradiation with TUV-300 lamp: **Sum = Pro+Pre +T+L.**

DOI: 10.1051/metrology/201710003

2.2. Measurement of Previtamin D concentration using calibration graph

The spectrophotometric analysis requires a modern spectrophotometer and an experienced professional, that hampers its widespread use. Therefore, for general use, a method can be applied that is similar to measuring erythemic activity with a polysulphone film by the absorbance change at a fixed wavelength [13].

With this aim portable optoelectronic device 'VITA-D' was developed to measure the transparency changes of the film (polymeric or hydrogel) with embedded 7-DHC molecules as a result of UV exposure (Fig. 4). In the device, the film is placed between the photodiode and the LED emitting at the wavelength almost coinciding with the maximum of 7-DHC absorption band [14].

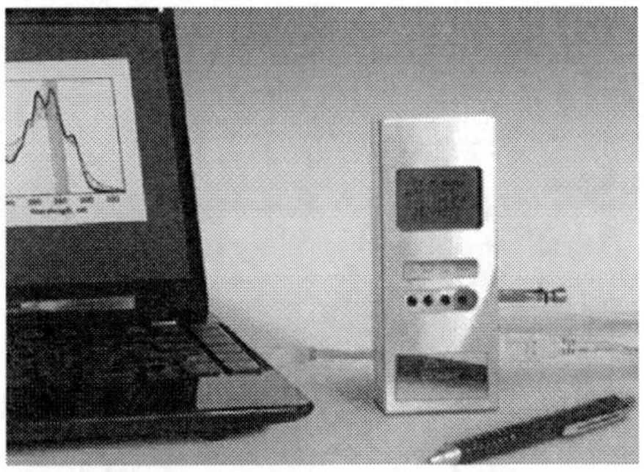

Fig. 4. The external view of the 'Vita-D'. On the laptop screen the LED emission band is shown in relation to the provitamin D absorption spectra transformed due to UV exposure.

It is important to note that for each UV lamp with its unique radiation spectrum, the calibration procedure must be performed, establishing a relationship between the change in the film transmission and the concentration of accumulated previtamin D.

2.3. Visual detection of the vitamin-D-synthetic activity

To provide visual detection, we use the well-known sensitivity of cholesteric mesophase to the smallest changes in molecular structure.

It was found that dissolution of optically active 7-DHC molecules in nematic liquid crystal (LC) induces cholesteric phase with right-handed helix [15]. Under UV irradiation, the alteration of molecular geometry of provitamin D by the photoinduced conversion into previtamin D (with its further *cis-trans* isomerization into tachysterol) significantly affects its helical twisting power, resulting in changes of helical pitch value and allowing visual detection of previtamin D synthesis by color change (like a litmus paper measures pH) (Fig. 5).

Laboratory tests revealed a linear relationship between the shift of the selective reflection band (color change) and the accumulation of previtamin D *in vitro* [16].

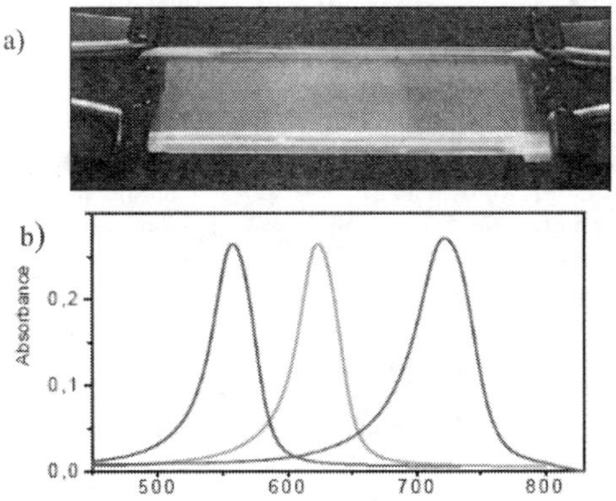

Fig. 5. Photo of personal UV D-biodosimeter with three areas of different UV exposures (a) and corresponding spectra of each section (b)

Recently another method of visual detection of previtamin D photosynthesis has been introduced using the so-called θ-cell in which the rubbing of a front face is parallel to the x-axis and is circular on a rear face. As a result, a topological defect occurs in the form of a disclination line.

When a θ-cell is filled by nematic LC doped with 7-DHC and is irradiated by a UV, the angular deviation of disclination line from its initial position increases (Fig. 6) providing visual detection of antirachitic UV biodose (like measuring the time interval by the deviation of the clockwise arrow) [17].

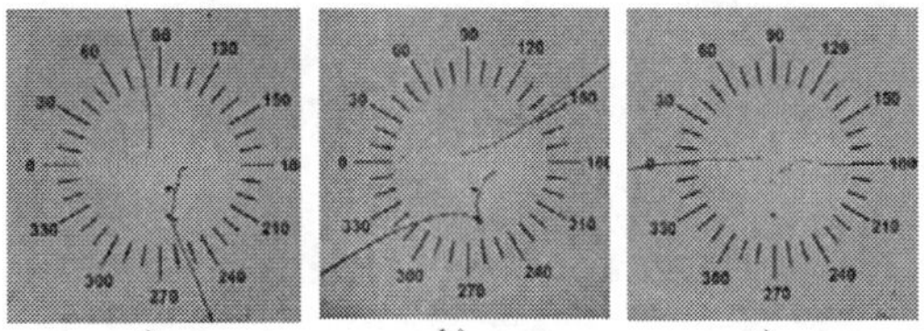

a) b) c)

Fig. 6. Polarized optical microscopic image of the θ-cell filled by ZhK-805 doped with 7-DHC (C = 0.2 wt.%) before UV irradiation (a) and after 5 min (b) and 10 min (c) irradiation by the lamp EL-30.

Note that concentration of 7-DHC should be chosen according to a UV lamp intensity for the calibration dependence so that the deviation angle of disclination line during an exposure does not exceed 360 degrees.

3 Results and discussion

A number of laboratory tests were carried out using various UV sources, the radiation of each of them was measured by a spectroradiometer. In addition, the vitamin-D-synthesizing activity of the UV lamp widely used for sanitation was tested. In this section we briefly summarize these results published earlier in various journals, as well as the result of the biomedical research, establishing a link between the measurements *in vitro* and *in vivo*.

3.1 Testing using the spectroradiometric data

As mentioned above, a significant advantage of the method based on an *in vitro* model of vitamin D synthesis (D-biodosimeter) is the availability of the mathematical model that can provide a link between the biological and physical units. We investigated the validity of this model by measuring and calculating the kinetics of 7-DHC photoisomerization under UV irradiation by UV lamps with available spectro-radiometric data.

3.1.1 Verification of the reciprocity law

The D-biodosimeter was tested with the standard lamp BBH4 (1000W FEL, Osram Sylvania Ltd) which is commonly used for spectroradiometer calibration [18]. Solution of 7-DHC (Sigma) in ethanol (20μg/ml) was irradiated in quartz cuvette (Helma) of 0.5cm thickness at the distance of 50 cm. The absorption spectra were recorded by the Perkin-Elmer Lambda 15 UV/VIS spectrophotometer before and after several exposures, and were further processed by computer to obtain the photoisomer concentrations.

Additionally, the photoreaction kinetics was calculated using the spectral data of the BBH4 lamp at the input of the mathematical model which is the system of differential equations defining time-dependences of the photoisomers concentrations [10]. The same experiment was performed for a 25cm distance between the lamp and the cuvette to increase UV doses without requiring excessively long exposures (Fig. 7).

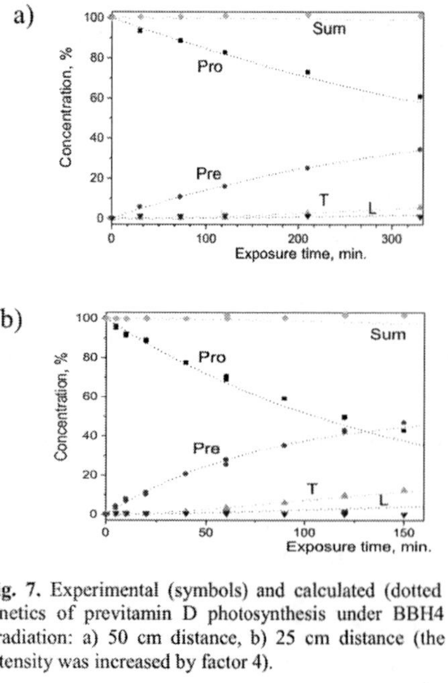

Fig. 7. Experimental (symbols) and calculated (dotted lines) kinetics of previtamin D photosynthesis under BBH4 lamp irradiation: a) 50 cm distance, b) 25 cm distance (the lamp intensity was increased by factor 4).

It is evident from Fig. 7 that there is a close match between the measured and calculated concentrations. Moreover, it was found that doubling the distance between the lamp and cuvette led to a four-fold increase of the exposure time to get the same concentration of previtamin D (Fig.7b). Hence the laboratory test confirmed both the validity of the mathematical model and the implementation of the reciprocity law.

3.1.2 The calibration using narrow band filters

Radiometric characterization of the method has been performed using UV irradiation from the xenon arc lamp with a number of narrow band filters ($\Delta\lambda = 2$ nm). Special calibration facility was used to establish the relation between physical, erythemal and antirachitic UV doses for quasi-monochromatic UV irradiation [19].

As mentioned above, the time-dependence of previtamin D accumulation is linear only at the beginning of UV exposure, and this linear part of the dependence was used to relate physical, erythemal dose and previtamin D concentration, i.e. for all the wavelengths the doses needed for 5% formation of previtamin D were calculated using the spectroradio-metric data (Table 1).

Table 1. Relationship between antirachitic, physical and erythemal doses depending on the radiation wavelength

Wavelength (nm)	Antirachitic dose (% Pre)	Physical dose (J/m^2)	Erythemal dose (MED)
260	5	55	0.275
270	5	42.7	0.213
280	5	40	0.2
290	5	95	0.475
300	5	205	0.703
310	5	10400	3.874

More clearly dramatic change in the ratio between antirachitic and erythemal doses in the longwave region is shown in Fig.8.

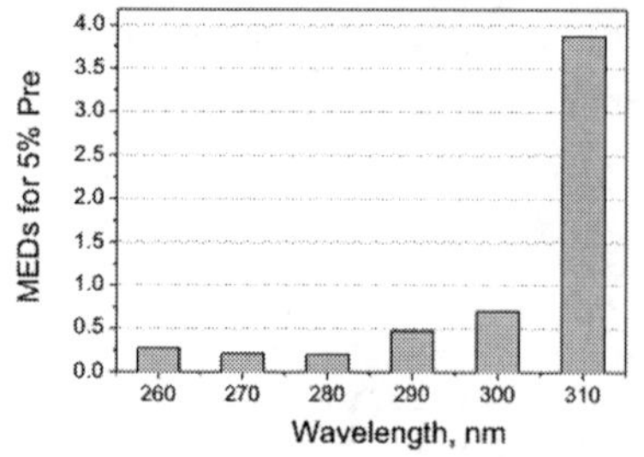

Fig. 8. The wavelength dependence of the MEDs quantity required to yield 5% of previtamin D

Since the ethanol solution of 7-DHC (C = 20 μg/ml) was irradiated in the cuvette of 0.5 cm thickness, the amount of 7-DHC 10 μg/cm^2 was 10 times more than the amount of 7-DHC in the skin (1μg/cm^2) of a 20-year-old person [20]. Since the rate of photochemical processes does not depend on the concentration of the initial substance and, in accordance with the law of photochemical equivalence, is determined only by the intensity of the absorbed light, from these data it is possible to obtain the relations MED/Pre *in vivo*, taking into account the transmission of the skin for every UV wavelength.

3.1.3 Comparison of two UV lamps emitting UV-B and UV-A radiation

Exceptional sensitivity of previtamin D formation to the spectral composition of UV radiation was demonstrated during the laboratory test using the UV lamps FS20 and TL01 whose radiation spectrum were measured by a spectroradiometer (Fig. 9).

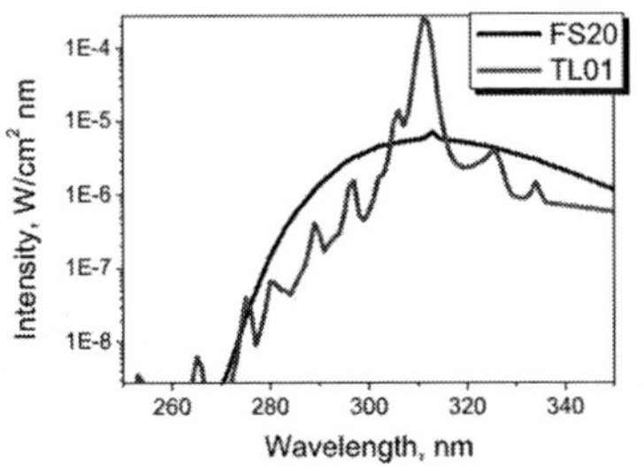

Fig. 9. Radiation spectra of the two UV lamps

At first glance, both lamps have approximately equal radiation intensity in the UV-B region of the spectrum, but in fact intensity of TL01 is 6 times higher due to the intensive line at 313nm. But it turned out that the rates of previtamin D accumulation are very different, and not in favor of the TL01 lamp. (Fig. 10). In addition, the photoreaction kinetics was calculated using the spectro-radiometer data at the imput of the photoreaction model [10]. These calculated kinetics of previtamin D accumulation are shown in Fig. 10 together with the experimental data. A good agreement between the calculated and experimental data proves the adequacy of the model and, furthermore, shows that this method can have practical significance in UV-B-actinometry.

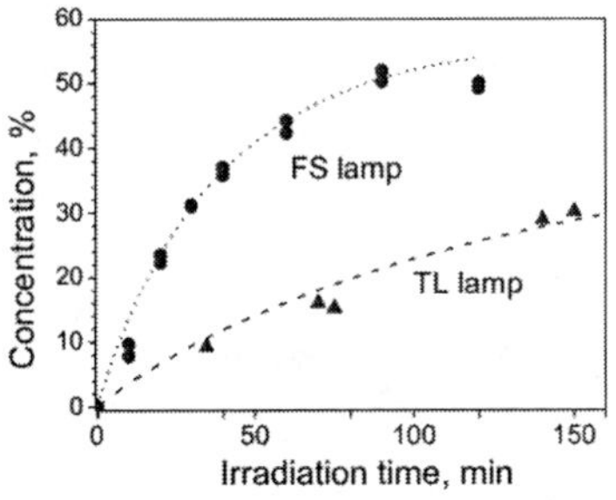

Fig. 10. Experimental *(symbols)* and calculated *(lines)* kinetics of previtamin D formation under irradiation by the UV lamps.

3.2 Biomedical testing of UV lamps

For the first time the method described in section 2.1 was applied for the measurement of the vitamin-D-synthetic activity of the UV lamps recommended for health exposure at home and also used in a solarium with the cosmetic purposes (tanning).

3.2.1 Testing of high pressure mercury lamp

The UV arc discharge mercury lamp of high pressure DRT-125-1 is used in many household appliances of UV irradiation in the FSU countries. Taking into account that in the lamp spectrum there is UV radiation of three ranges (UV-A, UV-B and UV-C) (Table 2), it can be assumed that at certain doses UV irradiation can provoke bactericidal, erythemal and/or antirachitic effects.

Table 2. The intensity distribution in the UV radiation spectrum of the lamp DRT125-1

Intensity distribution in spectral regions (W/m²)		
UV-A	UV-B	UV-C
1,57	1,85	1,45

In the manual to this lamp, in addition to the recommendations for its use for sanitary purposes, it is also mentioned that UV irradiation contributes to the production of vitamin D in the skin. We measured the accumulation of previtamin D *in vitro* at two distances (90 and 180 cm) recommended. The corresponding concentration dependences are shown in Fig. 11 a) and 11 b) [21].

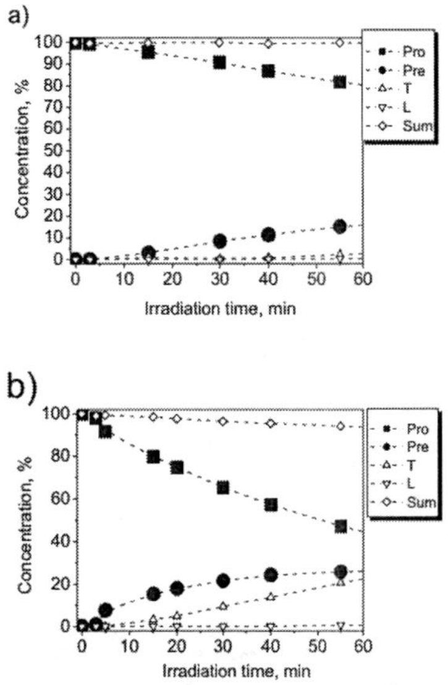

Fig.11. Change in the concentration of the initial 7-DHC (squares) and formed previtamin D (circles) under irradiation by the lamp DRT-125-1 at the distances of 180 (a) and 90 cm (b).

As can be seen from Fig. 10b), the previtamin D accumulation can be approximated by a linear dependence only with short exposures (up to 10 min). With further irradiation, the curve goes to the saturation, mainly due to the side photoconversion of previtamin D into tachysterol.

If we assume that only 10% of the UV-B radiation penetrates the epidermis [22] and all previtamin D formed during UV irradiation completely turns into Vitamin D then a simple calculation shows that the irradiation of 1 m^2 surface of a human body with the DRT-125 lamp for 10 minutes can ensure the formation of the required amount of vitamin D.

However, measurements of the spatial distribution of light intensity showed that, due to the small size of the DRT-125 lamp, it is impossible to obtain uniform illumination over an area of 1 m^2. Therefore, irradiation at the distance of 180 cm cannot provide even a minimum daily dose of vitamin D. But with the decrease in distance, the presence of a bactericidal component in the lamp emission spectrum can have a negative (mutagenic) effect.

Therefore, in addition we measured the vitamin-D synthesizing power of the Philips TL 20W / 01 RS SLV and Philips TL 20W / 12 RS SLV lamps recommended for the treatment of psoriasis. As can be concluded from Fig. 12, where formation of previtamin D is shown with respect to converted provitamin D, these lamps are more favorable for the synthesis of previtamin D. The lamp Philips TL 20W / 12 RS SLV is especially good, since 60% of the previtamin is produced at 90% conversion of initial provitamin D.

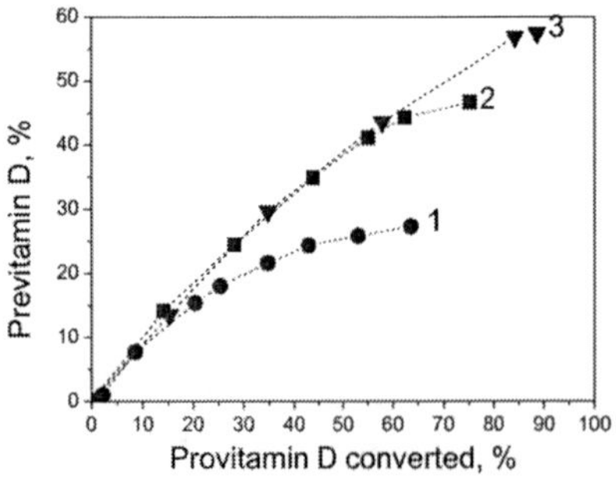

Fig.12. Comparative dependencies of previtamin D photosynthesis relative to converted provitamin D for three lamps: 1 - DRT-125-1, 2 - Philips TL 20W / 01 RS SLV, 3 - Philips TL 20W / 12 RS SLV.

3.2.2 Testing of a sunbed

Direct measurements of the vitamin D level in blood of healthy volunteers exposed to artificial UV source (sunbed) in parallel with measurements of vitamin D generation *in vitro* were performed to provide a missing link between *in vivo* and *in vitro* measurements [23].

As is known, after its formation in skin vitamin D_3 is metabolized to 25-hydroxyvitamin D (25(OH)D) in liver and in several other tissues [24]. The *in vivo* level of 25(OH)D measured in the blood serum of 22 healthy volunteers exposed to UV radiation in the sunbed was compared with *in vitro* measurements of previtamin D formation.

The UV source was a commercially available and approved sunbed Wolff Suveren 53IG (Wolff System, Basel, Switzerland).

It was found that the increase in 25(OH)D concentration depended both on the initial 25(OH)D level and on the cumulative sunbed exposure time.

It is interesting to note that the non-linear character of 25(OH)D formation observed *in vivo* is similar to non-linear previtamin D accumulation *in vitro,* and, as a result, a linear correlation with high correlation coefficients R has been revealed between the *in vivo* and *in vitro* data for the three groups of volunteers with different initial 25(OH)D levels (Fig.13).

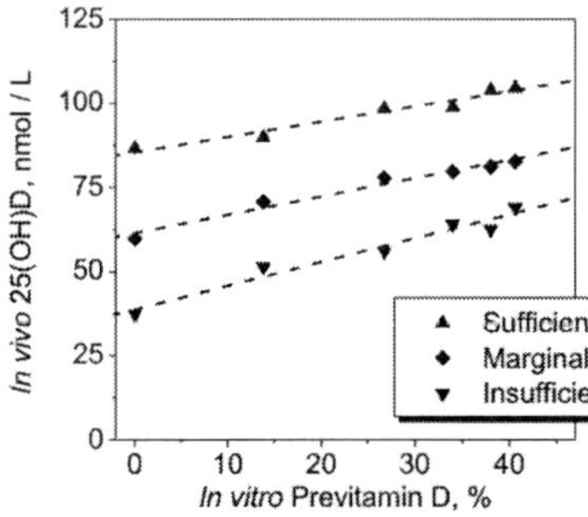

Fig. 13. Linear correlations between the *in vivo* changes in the median of 25(OH)D distribution for three volunteer groups and *in vitro* photosynthesis of previtamin D.

As seen, the overall growth of 25(OH)D level under sunbed exposures is more noticeable for people with initially lower vitamin-D status.

It is important to note that observed linear correlations between *in vivo* and *in vitro* data allow predicting the changes of vitamin D status after UV exposures using only one pre-exposure blood sample analysis combined with further measurements of previtamin D accumulation *in vitro*. Certainly, correlations obtained in this study should be re-measured for each sunbed equipped with other fluorescent lamps.

4 Conclusions

Wide use of UV radiation in medicine requires reliable control because high energy UV photons initiate a variety of photochemical reactions that have both negative and positive consequences.

Little attention is still given to the determination of the lowest healthy UV doses that are extremely necessary to overcome the vitamin D deficiency by maintaining optimal levels of 25-hydroxyvitamin D in the human blood. This is especially important in view of its role against many types of cancers, in regulating cell growth and modulating the immune system [25].

In view of strong wavelength dependence of vitamin D synthesis, the specification of artificial UV radiation in radiometric units is of limited value if the spectral content is not taken into account. As illustrated in Fig. 8, most of broad-band UV detectors measuring erythemal activity of UV lamps are unsuitable for determining the specific antirachitic UV exposures.

It is hoped that the results given in this article confirm the ability of the presented methods to provide a reliable measure of the antirachitic radiation of UV sources and will form a basis for the future mandatory metrology of the vitamin D synthetic activity of UV lamps used both for medical and cosmetic purposes.

This work was supported by the EU *(*Grant No.IC20-CT96-0026*)* and by the Science and Technology Center in Ukraine (Projects Gr-50 and P344). The work of Dr. Tetiana Orlova at the Oslo University Hospital was supported by The Research Council of Norway, Yggdrasyl programme, Personal mobility Grant 202615.

References

1. D.S. Berger, Photochem. Photobiol. **24**, 587 (1976)
2. J.D. Regan, H. Yoshida, J. Photochem. Photobiol. B: Biology **31**, 57 (1995)
3. A.W. Norman, Am. J. Clin. Nutr. **88**, 491S (2008)
4. M.F. Holick, T.C. Chen, Am. J. Clin. Nutr. **87**, 1080 (2008)
5. E. Havinga, Experientia **29**, 1181 (1973)
6. A.R. Webb, L.W. Kline, M.F. Holick, J. Clin. Endocrinol. Metabol. **67**, 373 (1988).
7. I.P. Terenetskaya, Proc. SPIE **2134B**, 135 (1994)
8. I. Terenetskaya, Talanta **53**, 195 (2000)
9. S.I. Gundorov, V.A. Davydenko, I.P. Terenetskaya, O.I. Yuschuk, Quantum Electronics 21, 339 (1991)
10. O.N. Galkin, I.P. Terenetskaya, J. Photochem. Photobiol. B: Biology **53**, 12 (1999)
11. I.P. Terenetskaya, Yu.M. Samchenko, T.N. Orlova, N.A. Pasmurceva, P.S. Kapinos, I.E. Boldeskul, Z.R. Ulberg, Soft **2**, 8 (2013)
12. I.P. Terenetskaya, Yu.M. Samchenko, T.N. Orlova, P.S. Kapinos, I.E. Boldeskul, Z.R. Ulberg, Patent of Ukraine № 84586 (2013)
13. A. Davis, G.H.W. Deane, B.L. Diffey, Nature **261**, 169 (1976)
14. I.P. Terenetska, T.M. Orlova, E.K. Kirilenko, G.A. Galich, A.M. Eremenko, Patent US 8,552,391 B2 (2013)
15. I. Terenetskaya, I. Gvozdovsky, Mol. Cryst. Liq. Cryst. **368**, 551 (2001)
16. T.N. Orlova, I.P. Terenetskaya, Proc. SPIE **7003**, 70031 (2008)
17. P.S. Kapinos, T.N. Orlova, I.P. Terenetskaya, Mol. Cryst. Liq. Cryst., 615, 1 (2015)
18. A.R. Webb, I.P. Terenetskaya, *Biologic Effects of Light* (Kluver Acad. Publishers, 1999)
19. D. Bolsée, A. R. Webb, D. Gillotay, B. Dörschel, P. Knuschke, A. Krins, I. Terenetskaya, Applied Optics, **39**, 2813 (2000)
20. A.R. Webb, M.F. Holick, Ann. Rev. Nutr. **8**, 375 (1988)
21. P. Kapinos, T. Orlova, I. Terenetskaya, Light. Tech. **1(29)**, 25 (2012)
22. W.A.G. Bruls, H. Slaper, J.C. Van der Leun, L. Berrens, Photochem. Photobiol. **40**, 485 (1984)
23. T. Orlova, J. Moan, Z. Lagunova, L. Aksnes, I. Terenetskaya, A. Juzeniene, J. Photochem. Photobiol. B: Biology 122, 32 (2013)
24. B. Lehmann, M. Meurer, Dermatologic Therapy **23**, 2 (2010)
25. A. Mayar, A. W. Norman, *Vitamin D* (Encyclopedia of Human Biology, Academic Press Inc., 1991)

Forensic metrology: its importance and evolution

Alessandro Ferrero[1,*] and *Veronica* Scotti[1,**]

[1] *Politecnico di Milano - DEIB - Piazza Leonardo da Vinci 32 - 20133 Milano, Italy*

Abstract. Measurements play a fundamental role in nowadays forensic activities, especially in criminal justice. Guilt or innocence and the severity of a sentence do often depend upon the results of measurements. On the other hand, it is well-known that measurement results are always affected by uncertainty, so that any decision based on measurement results carries an implicit risk of being wrong: uncertainty helps in estimating this risk. If this concept is translated into the juridical world, it is quite immediate to recognize that uncertainty may quantify how reasonable is the doubt with which a verdict is rendered by the trier of facts. Unfortunately, forensic disciplines are still largely unaware of the basic, fundamental concepts of metrology. This paper is aimed at showing how forensic metrology is developing in different countries and reporting a few cases where metrology played a key role.

1 Introduction

The law reports of the last few decades have consistently shown that justice, and in particular criminal justice, is more and more often referring to scientific evidence to solve the cases. Scientific evidence is the result of experimental activity, so that guilt or innocence and the severity of a sentence do often depend upon the results of measurements. It is common knowledge that sanctions against speed limit violations are issued on the basis of speed measurements performed by radars or other instruments, that sanctions (and sentences to imprisonment) for driving under the influence (DUI) of alcohol or drugs are issued on the basis of breath or blood tests, and that the perpetrators of crimes are very often identified through DNA analysis, bitemark analysis or hair analysis.

The main reason for this is that science is generally considered by non scientists, such as the triers of facts are, as capable of providing a more certain reconstruction of the facts than the one that could be obtained with more traditional methods, such as testimonies. On the other hand, scientists are well aware that science has intrinsic limitations, and cannot represent reality with full certainty. In particular, when scientific evidence is obtained through measurement results, it is well-known that these results can never provide the true value of the measurand, but only incomplete information about the measurand itself. Metrology quantifies this lack of complete information with measurement uncertainty [1, 2].

It can be therefore assumed, as the Guide to the Expression of Uncertainty in Measurement (GUM) [3] clearly states, that uncertainty in measurement is a synonym for *doubt*, that is it means doubt about the validity of the result of a measurement. On the other hand, one of the principles on which all law systems are based is that any decision rendered by the trier of facts must be rendered *beyond any reasonable doubt*. Since one of the pillars on which metrology is based is the capability of evaluating and expressing uncertainty, a measurement result, if correctly expressed together with its associated uncertainty, provides also an evaluation of the inherent doubt about its validity. Consequently, when the trier of facts bases his or her decision on a measurement result, if uncertainty is provided, he or she is given an important piece of information to consider whether the remaining doubt about the correctness of the decision is reasonable or not.

Scientific evidence has gained such an importance in the courts of justice, that the validity of the forensic science methods, as applied in tribunals, has been widely discussed in the USA, where a recent document has been published by the President's Council of Advisors on Science and Technology (PCAST) [4]. Yet, this important document neglects the importance of metrology in assessing the validity of these methods, and neglects the recent application field of metrology, *forensic metrology* [5–8], that is more and more referred to by all figures working in the forensic field.

This paper is aimed at proposing a short survey on how forensic metrology developed and how it can provide good answers to the questions raised by the PCAST report. At last, a few examples of cases where scientific evidence played a key role and have been solved thanks to metrology will be reported.

2 The evolution of forensic metrology

Forensic disciplines have been, and still are, largely unaware of the basic, fundamental concepts of metrology.

*e-mail: alessandro.ferrero@polimi.it
**e-mail: veronica.scotti@gmail.com

Law people (judges, prosecutors and lawyers) tend to trust science and the results of scientific tests (such as DNA analysis) as ultimate and conclusive evidence and do believe that verdicts based on such results are always rendered "beyond any reasonable doubt". This was the firm common belief in the late 70s of the 20th century, when the International Association for Identification (I.A.I.) adopted a resolution, as reported in [9], where providing courtroom testimony describing an identification through latent prints as "possible, probable or likely", rather than "certain", was considered a professional misconduct for its members.

This conviction that experts called to testify in a trial must provide certainty to the trier of facts remained deep-rooted for a long period of time, at least until judge Blackmun of the US Supreme Court, in the famous Daubert case, stated, in 1993, that "*[I]t would be unreasonable to conclude that the subject of scientific testimony must be 'known' to a certainty; arguably there are no certainties in science*" [9].

As a consequence of this sentence, also the US lower courts began to consider the experts who testified taking into account uncertainty, or a safety margin, more reliable than those who did not. According to this new trend, some US lawyers started to openly refer to measurement uncertainty whenever measurement results were considered as pieces of evidence [10]. It is not surprising that the cases where uncertainty has first become an important additional piece of evidence were those related to driving under the influence (DUI) of alcohol or drugs, since the amount of alcohol or drug in the driver's blood is measured by dedicated instruments, whose uncertainty should be preliminarily evaluated and considered in assessing whether the alcohol or drug content has exceeded the tolerated limit [11].

Such cases represent a typical example of how, absent an uncertainty value, the measured values may lead to an incorrect decision. Let us suppose, for instance, that a value x_m is measured for a quantity x on a given scale, as shown in Fig. 1, where uncertainty is not given.

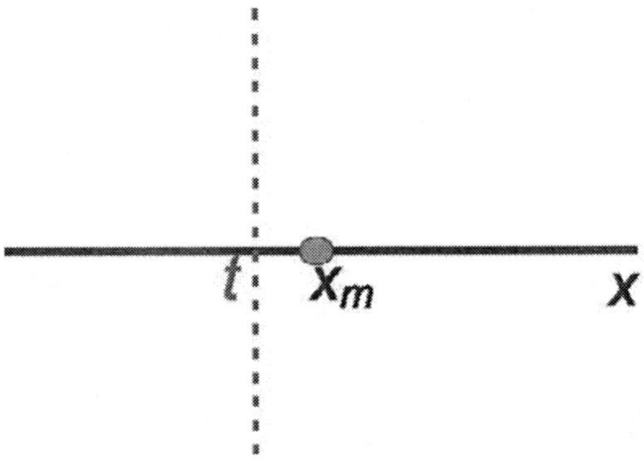

Figure 1. Example of measured value with no uncertainty declared. t: threshold value

If quantity x is prescribed not to exceed a threshold value t, such situation is apparently showing that the threshold value has been exceeded with full certainty, so that the trier of fact will quite likely render a verdict of guilt beyond any reasonable doubt.

However, once the standard uncertainty is evaluated and expressed, it is possible, according to the GUM [3] recommendation, to build an interval, about the measured value, into which the measurand value is supposed to lie with a given coverage probability, that depends on the assumed coverage factor and probability distribution. Fig. 2 shows the same situation as that of Fig. 1, where uncertainty is declared, and a normal probability distribution is assumed for the distribution of values that could be reasonably attributed to the measurand x.

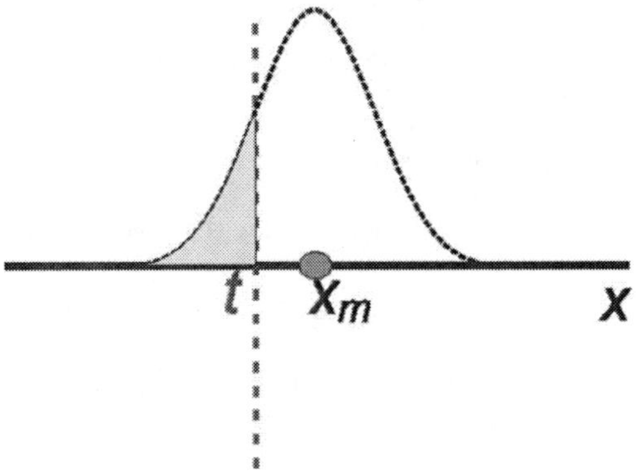

Figure 2. Example of measured value where uncertainty is declared. t: threshold value. Yellow area: probability that the value of the measurand falls below the threshold

It can be immediately recognized that a probability exists that the measurand value is lower than the given threshold, and this probability is given by:

$$P\{x \le t\} = \int_{-\infty}^{t} p(x)dx \tag{1}$$

where $p(x)$ is the considered probability density function. This probability is graphically represented, in Fig. 2, by the yellow-shaded area under $p(x)$.

It can be readily perceived that, the closer is the measured value to the threshold and the higher is uncertainty, the higher is the probability that the measurand is below the threshold even if the measured value is above the threshold. In other words, the trier of facts might not be able to render a decision beyond any reasonable doubt, and uncertainty, if properly evaluated and used, can help him or her in quantifying this doubt. It is evident that not providing uncertainty is the same as hiding an important piece of evidence to the trier of facts.

3 Forensic metrology and the PCAST report

As stated in the last section, the methods of the forensic metrology have been initially adopted by lawyers, particularly in fields where the triers of facts base their decisions directly on measurement results (such as in DUI cases), and have been positively considered mainly by the courts of common law countries, where the adopted law system empowers judges with more discretionary power than other law systems.

More recently, a debate has started in the US, about the validity of the forensic science methods adopted in the courts of justice. The already mentioned PCAST report [4] is the most recent and pondered answer to the questions raised. Nevertheless, this report does not yet consider metrology in an explicit way, and this is, probably, its major weak point.

Indeed, this report was originated by a 2009 report on forensic science, issued by the National Research Council [12], which was quite critical on the real validity of the employed methods and caused a sensation. In the attempt to answer to the critical comments moved by this report, the PCAST report considers the most used feature-comparison methods and considers general rules to establish the scientific validity of DNA analysis, latent fingerprint analysis, bitemark analysis, firearm analysis, footwear analysis and hair analysis.

In particular, scientific validity is defined considering two different aspects: *foundational validity* and *validity as applied*. The following definitions are given.

- *Foundational validity* for a forensic-science method requires that it be shown, based on empirical studies, to be *repeatable*, *reproducible*, and *accurate*, at levels that have been measured and are appropriate to the intended application. Foundational validity, then, means that a method can, *in principle, be reliable*.
- *Validity as applied* means that the method has been reliably applied *in practice*.

Despite the extensive discussion on how the validity of the considered feature-comparison methods can be assessed in terms of the two above definitions, the report fails to provide a quantitative evaluation on *how valid* these methods are. However, this would have been relatively easy if also *uncertainty* were considered, together with the already mentioned concepts of *repeatability*, *reproducibility* and *accuracy*.

Indeed, both given definitions of foundational validity and validity as applied can be interpreted in terms of uncertainty contributions. Let us consider, first, the definition of *definitional uncertainty* given by the International Vocabulary of Metrology (VIM) [13]: *component of measurement uncertainty resulting from the finite amount of detail in the definition of a measurand*. Considering that this component of measurement uncertainty represents also the practical minimum measurement uncertainty achievable in any measurement of a given measurand, since it depends on the limited knowledge about the measurand, it does quantify also how a *method can, in principle, be reliable*. Therefore, the definitional uncertainty can be seen as the metrological counterpart of the definitional validity defined by the PCAST report, with the additional advantage that methods are available to quantify it.

Let us now consider the definition of *instrumental uncertainty* given by the VIM [13]: *component of measurement uncertainty arising from a measuring instrument or measuring system in use*. It is evident that this uncertainty contribution is the most relevant one in assessing whether a method can be reliably applied in practice and is, therefore, the metrological counterpart of the validity as applied. Strictly speaking, the validity as applied can be quantified by the combination of the definitional and instrumental uncertainty contributions.

To better qualify these concepts, let us briefly consider the validity of the DNA analysis used in DNA profiling, that represents, nowadays, one of the most relevant pieces of evidence in crime solution. Validity of DNA profiling is generally discussed only in terms of wrong match probability, that is the probability that two individuals share the same DNA components used to profile a single individual. It has been proven [14] that the wrong match probability represents only the definitional uncertainty, and that this contribution might be order of magnitude lower than all other uncertainty contributions that might be originated in the references used in the analysis, as well as in the possible sample contamination, amplified by the DNA amplification methods employed when the available material is not enough to run the test [14, 15].

It is then possible to conclude that metrology can provide a solid contribution toward a quantitative evaluation of the validity of forensic science methods and the provided results. Consequently, it helps the trier of facts to estimate the remaining doubt on the validity of a decision rendered on the basis of these results, as the cases reported in the following section show.

4 Case studies

The following three cases, two based on DNA profiling and one on breath alcohol tests, show, in a quite significant way, the problems that neglecting uncertainty may cause.

4.1 The case of the bartender in Liverpool

In Litherland, a small village north of Liverpool, UK, a bartender was quietly attending at his duties when, on a day of February 2003, the police collared him under indictment for murdering a 24 year-old Italian girl during a robbery attempt in Castiglioncello, a small village on the Tuscany coast, not far from Florence, Italy, on the previous August. The DNA found in the abundant trail of blood left on the crime scene by the mugger, after the victim's boyfriend hit his face with a stone, in the attempt to protect the victim, was found compatible with that of the bartender with full certainty, and the poor bartender was considered guilty beyond any reasonable doubt [16].

The bartender protested his innocence, stating that he never went to Italy, but nobody believed him, since the DNA was considered conclusive and undeniable evidence. Luckily for the bartender, the regular customers of the pub where he worked gave evidence that they saw him at work on the day the murder was committed. Even more luckily, on that same day, the pub's owner was at the funeral ceremony of a relative. The pub was open, the bartender was the only employee, so he was the person behind the bar, on that day, without any possible doubt. In the end, he was cleared from the charge, despite the DNA analysis.

This is one of the best-known examples that scientific tests may provide incorrect results. In this case, measurement uncertainty was not considered, and nobody considered whether the performed test had scientific validity or not. However, after this case, the foundational validity of the DNA profiling tests was reconsidered, and the number of DNA alleles considered by UK labs was increased from 9 to 13, and uniformed to the number used in the USA to profile individuals.

A more careful consideration of both the definitional and instrumental uncertainty contributions would have saved the bartender from a big fear and, most importantly, could have avoided a big miscarriage of justice that only the presence of so many undeniable witnesses avoided.

4.2 The Perugia case

This case had a large resonance on the crime news in Italy, UK and US, due to the nationality of the involved people [7]. A young British student, Meredith, attending the University in Perugia, Italy, was was killed, in 2007, with several stab wounds inflicted by a kitchen knife. The initial investigation led to the discovery of such a knife in the house of two school mates of Meredith, Raffaele, an Italian student, and Amanda, his American girl-friend. The coroners who examined the victim assessed that this knife was compatible with her wounds, so it could have been the murder weapon.

A DNA analysis was ordered and the report filed by the expert who was asked to perform the analysis stated that Raffaele's and Amanda's DNA were present on the knife handle (which was not surprising at all, since this was their kitchen knife), and that Meredith's DNA was present on the blade. The report stated also that the quantity of biological material present on the knife blade was quite small and insufficient to repeat the test. The important point, here, is that uncertainty was estimated, but was reported without the necessary emphasis, so that it was not considered during the trial.

As a consequence of this test and the way it was reported to the trier of facts, the presence of Meredith's DNA on the blade of Amanda's and Raffaele's knife was considered conclusive evidence that Amanda and Raffaele killed Meredith, and they were convicted of murder and sentenced to twenty-six years imprisonment.

The defense appealed against this verdict, and a second trial started in front of a different judge. According to the Italian law system, the judge of the second trial can order the repetition of the experimental tests considered during the first trial or, if this is not possible, a new analysis of the results can be requested.

Since the repetition of the DNA analysis was not possible, the judge asked a team of experts to re-analyze the report filed by the expert who performed the DNA analysis and provide their opinion on the results. This team considered the estimation of measurement uncertainty done by the expert who performed the DNA analysis and discussed it and the different contributions to uncertainty in deep details. The conclusion was that the values measured during the test were below the uncertainty value, and therefore, it was not possible to state whether the DNA on the blade was that of Meredith beyond the reasonable doubt quantified by measurement uncertainty. Surprisingly enough, this conclusion was already present, though not clearly exposed, in the original report, but was totally ignored by the trier of facts of the first trial.

The judge accepted the fact that the DNA test could not be considered conclusive evidence and returned a verdict of not guilt for Amanda and Raffaele, who were released after four years of imprisonment. Unfortunately, this was not the end of the story, because three more proceedings were celebrated before a final verdict of not guilt was returned.

For the sake of brevity, we do not consider, here, the judicial details of these proceedings, since, in the end, they confirmed the verdict of the first appeal trial. On the other hand, it is worth noting that the absence of a clear indication about measurement uncertainty led the trier of facts to assign the DNA test the importance of fully certain conclusive evidence, thus rendering a verdict beyond any reasonable doubt, whilst the doubt existed and was way more than reasonable, as recognized by the judge of the appeal trial and those of the Italian Supreme Court (Corte di Cassazione) who, finally, accepted those conclusions and rendered a verdict of not guilt.

In other words, measurement uncertainty, in this case, represented a major and important piece of evidence, and having neglected it led to an unfair verdict toward the two defendants.

4.3 The case of the alcohol test

As aforementioned, the DUI cases represented the first cases of successful application of forensic metrology in the USA [10, 11, 17]. This is no exception also in Europe. In the past, the punishment was reduced, or not at all inflicted, only when tests could prove that the instrument used to perform a breath alcohol test was not working properly. A recent Italian verdict, however, reduced a DUI charge on the basis of mere metrological considerations about uncertainty associated with the measurement result [18].

A driver was stopped and a breath alcohol concentration (BAC) test was run. The resulting BAC was 1.51 g/l of equivalent blood alcohol concentration. The Italian law considers imprisonment up to 12 months, confiscation of the driving license up to 2 years, confiscation of the vehicle and a fine up to $6,000$ € if the alcohol concentration in blood exceeds 1.5 g/l.

The defense proved that, according to the laws in force and absent any valid calibration of the instrument used for the BAC test, the manufacturer specification could be used to evaluate how good the measured alcohol concentration was.

The expert witness called by the defense proved that, according to the manufacturer specifications, the instrument might drift for up to ±0.02 g/l per month after calibration. Moreover, the manufacturer declared a standard uncertainty of 0.023 g/l for the considered range. It was easy to prove that one month after calibration (whose date was unknown), the instrument might have measured an alcohol concentration value above the 1.5 g/l threshold even with a concentration value of 1.49 g/l, below the 1.5 g/l threshold.

Moreover, assuming a normal probability distribution for the values that can be reasonably attributed to the measurand, the uncertainty value provided by the manufacturer returns a probability of 32.5% that the value of the measurand is below the 1.5 g/l threshold for a measured value of 1.51 g/l.

The trier of facts accepted the defense reasoning, supported by the related uncertainty evaluation, and reduced the charge as if the measured blood alcohol concentration was in the range immediately below 1.50 g/l, thus proving that, when uncertainty is correctly evaluated and explained, its importance is correctly understood by the triers of facts.

5 Conclusions

Forensic metrology is a new field of application of metrology and is gaining importance as scientific evidence is becoming more and more relevant in establishing facts to identify the perpetrators of a crime or misconduct.

People working in the administration of justice are slowly becoming aware that science cannot always provide a fully certain interpretation of the facts, especially when this interpretation is based on measurement results. On the other hand, as proved by the PCAST report, evaluating how "*reliable*" a forensic science method is, in order to quantify the risk of unfair decision, is not an easy task.

In this respect, metrology is a very helpful tool, since, through the evaluation of the definitional and instrumental uncertainty contributions, it is capable of quantifying the *foundational validity* and the *validity as applied* of forensic science methods.

Therefore, it can be concluded that measurement uncertainty is an important piece of evidence and does always play in favor of good and fair decisions and, therefore, it favors the certainty of law. On the other hand, disregarding uncertainty can be seen as if an important piece of evidence is kept hidden to, or not at all considered by the trier of facts. This opens important ethical, and not only technical or juridical issues.

References

[1] A. Ferrero, Instrumentation Measurement Magazine, IEEE **18**, 7 (2015)

[2] A. Ferrero, S. Salicone, Instrumentation Measurement Magazine, IEEE **9**, 44 (2006)

[3] JCGM 100:2008, *Evaluation of Measurement Data – Guide to the Expression of Uncertainty in Measurement, (GUM 1995 with minor corrections)*, Joint Committee for Guides in Metrology (2008), `http://www.bipm.org/en/publications/guides/gum.html`

[4] President's Council of Advisors on Science and Technology (PCAST), *Forensic Science in Criminal Courts: Ensuring Scientific Validity of Feature–Comparison Methods* (2016), `https://obamawhitehouse.archives.gov/sites/default/files/microsites/ostp/PCAST/pcast_forensic_science_report_final.pdf`

[5] T. Vosk, in *Encyclopedia of forensic sciences*, edited by J.A. Siegel, P.J. Saukko (Academic Press, Waltham, MA, USA, 2013), Vol. 3, pp. 322–331, ISBN 9780123821652

[6] T. Vosk, A.F. Emery, E. Fitzgerald, *Forensic Metrology: A Primer on Scientific Measurement for Lawyers, Judges, and Forensic Scientists* (Taylor & Francis, New York, NY, USA, 2014), ISBN 9781439826195

[7] A. Ferrero, V. Scotti, Instrumentation Measurement Magazine, IEEE **16**, 14 (2013)

[8] V. Scotti, *Forensic Metrology: Where Law Meets Measurements*, in *20th IMEKO TC4 Symposium Measurements of Electrical Quantities* (2014), pp. 385–389, ISBN 9781634394253

[9] E.J. Imwinkelried, UC Davis Legal Studies Research Paper No. 317 pp. 1–33 (2012)

[10] T. Vosk, Journal of Physics: Conference Series **772**, 1 (2016)

[11] T. Vosk, The champion pp. 48–56 (2010)

[12] N.R.C. Committee on Identifying the Needs of the Forensic Sciences Community, *Strengthening Forensic Science in the United States: A Path Forward* (2009), `http://www.nap.edu/catalog/12589.html`

[13] JCGM 200:2012, *International Vocabulary of Metrology – Basic and General Concepts and Associated Terms (VIM 2008 with minor corrections)*, Joint Committee for Guides in Metrology (2012), `http://www.bipm.org/en/publications/guides/vim.html`

[14] A. Ferrero, Instrumentation Measurement Magazine, IEEE **20**, 4 (2017)

[15] C.M. Cale, M.E. Earll, K.E. Latham, G.L. Bush, Journal of Forensic Sciences **61**, 196 (2016)

[16] A. Ferrero, V. Scotti, Instrumentation Measurement Magazine, IEEE **18**, 18 (2015)

[17] T. Vosk, E.J. Imwinkelried, Criminal Law Bulletin **53**, 532 (2017)

[18] A. Ferrero, V. Scotti, Tutto_Misure (in Italian) **18**, 259 (2016)

Development of an alternative method for the calibration of ECG simulators

Roberto Benitez[1,*], *Romi* Uresti[2,**], and *Carolina* Solorzano[3,***]

[1] *ETALONS, S.A. de C.V., 64640 Monterrey, Mexico*

Abstract. In Mexico, the concern on improving the healthcare system has always been of great importance. The relevance of this development is the impact on the improvement of the quality of health system along with human health condition. An ECG simulator oversees calibrating ECG machines, including monitoring, and diagnose. Thus, it is important to be completely sure if an ECG simulator is working according to their specifications, in order to assure the good performance of electrocardiographs. The aim of this method is to describe a calibration procedure for ECG simulators.
A home-designed amplifier was built to amplify the small signal from the ECG simulator for the oscilloscope to display to be able to measure its amplitude and frequency, and compare it with manufacturer's specifications. The amplifier was calibrated using Fluke ProSim 8, as a result a calibration curve and equation was obtained. The restlessness arises from experience and investigations from other authors where they have reported misdiagnosis in certain diseases due to misreading of ECGs, noticing that medical staff base their diagnosis on medical devices. For that reason, an erroneous diagnosis can lead to wrong treatments for patients representing a waste of medical resources and more important potential death.

KEYWORDS

Metrology / Biomedical Engineering / ECG / ECG simulator / Calibration procedure / Amplificator / Misdiagnosis

1 Introduction

Etalons is a company that performs calibrations of not only industrial machinery but also medical equipment, always worried about generating new ideas and protocols to calibrate different technologies. Etalons has more than twenty years of experience in metrology field and five years working in the integration of metrology and biomedical sciences,

The importance of this type of procedures is the enhancement of the health system along with the quality of human life as a consequence of the improvement of medical attention.

Next, a calibration procedure for ECG simulators is described along with some cardiophysiology and electronics background needed to completely understand the importance, objective and steps of the calibration of ECG simulators proposed by Etalons.

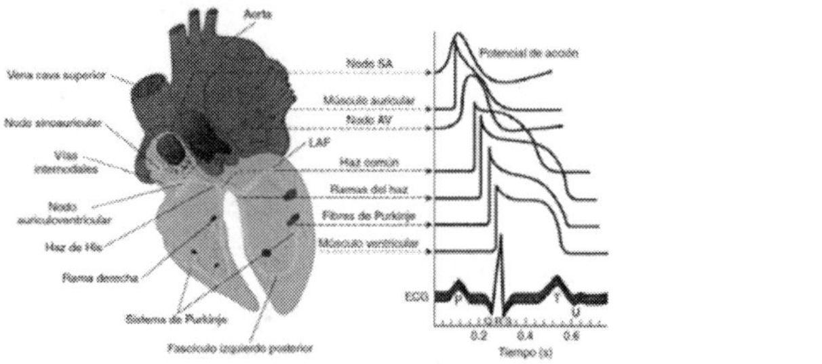

Figure 1: **Electrical activity system of the heart.** Visual representation of a human heart with its electrical propagation following blood circulation. Each electrical waveform of cardiac cells are represented. The summation of each one of those waveforms according time represents the characteristic ECG wave. Taken from "Origin of the Heartbeat and the Electrical Activity of the Heart", by K. Barret, S.M. Barman, S. Boitano and H.L. Brooks, 2012, Ganong's Review of Medical Physiology, 29, p. 522. Copyright 2012 by the McGraw-Hill Companies, Inc.

1.1 Background

The heart is a muscle perfectly shaped to work as a pump that creates the necessary force to impulse blood into the whole body. To do that, cardiac muscles have to contract under the command of an electrical stimulus called action potential, which is on the range of 0.2 to 1 mV. This action potential spreads around the heart as blood circulates through it. Those changes in action potential during time adds up forming a characteristic wave known as an electrocardiogram [1], (see figure 1).

* e-mail: roberto@etalons.com.mx
** e-mail: romi.uresti@etalons.com.mx
*** e-mail: carolina.sb94@hotmail.com

To see and register the electrical activity of the heart, an electrocardiograph (ECG) is used with the help of electrodes placed on the skin at different locations of the body. Each position, commonly known as leads, records differences in potential between two points. There are 12 common leads: precordial leads V1-V6 (see figure 2a), limb leads L1-LIII (see figure 2b) and augmented leads aVR, aVL and aVF [2]. Each lead has a characteristic wave and amplitude (see figure 3).

Depending on the position of the electrodes, the physician is able to diagnose a disease, predict a heart attack, know the history of the heart and many more heart related information. Any failure can be harmful to the patient or can provoke a misdiagnosis (see section 1.2), this is why it is important to know if the electrocardiogram is working well. To do that, an ECG simulator is needed.

An ECG simulator is a device used to calibrate electrocardiographs by creating the characteristic action potential wave, shown in figure 1, with electrical components such as resistors and capacitors. Basically, it is a "heart simulator" with small amplitudes and frequencies.

1.2 Justification

The importance of these type of experiments and researches is mainly the impact on the improvement of quality of health systems around the world. A non-calibrated device can cause misreadings leading to misdiagnosis and give the patient wrong treatments. Studies, such as (In Bogun F, et al.,) showed that 10% of total ECG's evaluations were incorrectly mistaken for atrial fibrillation (AFib), affecting 14% of patients in this experiment [3]. Moreover, 40 patients were affected with a misdiagnosis due to an artifact. It is mentioned that artifacts are the main cause AFib is commonly misdiagnosed. In another article [4], 19% of ECGs were misdiagnosed with AFib, affecting 35% of the patients.

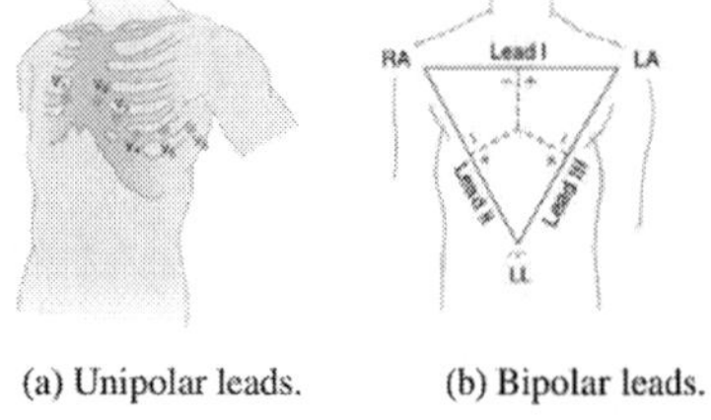

(a) Unipolar leads. (b) Bipolar leads.

Figure 2: **Precordial leads and Einthoven triangle.** a) Visual representation of standard unipolar electrode placement on the chest. b) Visual representation of bipolar leads polarization to connect correctly into the body. Taken from "Origin of the Heartbeat and the Electrical Activity of the Heart", by K. Barret, S.M. Barman, S. Boitano and H.L. Brooks, 2012, Ganong's Review of Medical Physiology, 29, p. 526 and 528. Copyright 2012 by the McGraw-Hill Companies, Inc.

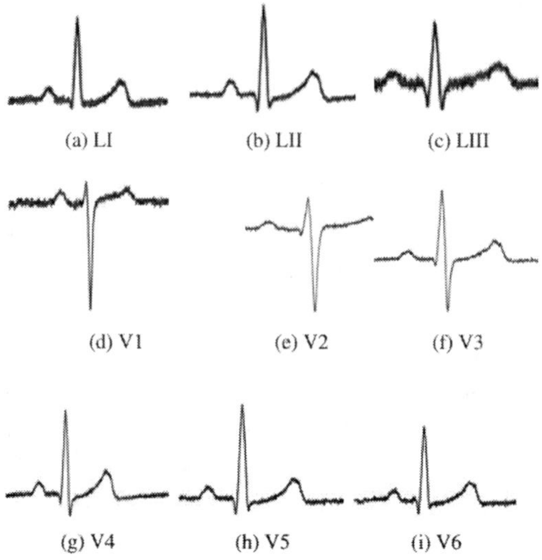

(a) LI (b) LII (c) LIII

(d) V1 (e) V2 (f) V3

(g) V4 (h) V5 (i) V6

Figure 3: **ECG waves representation for each lead.** All images for the waveform leads are obtained from the actual amplification of the ECG simulator Fluke ProSim 8 waves, retrieved using the calibration system designed by Etalons. a) LI = Bipolar Lead 1; b) LII = Bipolar Lead 2; c) LIII = Bipolar Lead 3; d) V1 = Unipolar Lead 1; e) V2 = Unipolar Lead 2; f) V3 = Unipolar Lead 3; g) V4 = Unipolar Lead 4; h) V5 = Unipolar Lead 5; i) V6 = Unipolar Lead 6

This is just one particular case involving AFib misdiagnosis, but there are many others where patients were treated for a disease that they don't really have. Thus the importance for calibration of not only a biomedical device but its simulator as well to assure a satisfying functioning.

1.3 Method Summary

The following procedure consists of three main components: an ECG Simulator, seen as the unit under test; an amplifier, which is a home-designed circuitry with operational amplifiers (op-amp). This circuitry is used to amplify the small voltages from the ECG simulators for the oscilloscope to display, from 0.2 mV to 1 V approximately, depending on the brand and model of the ECG simulators different specifications will be found. The third main component is an oscilloscope, a device where characteristic waves are going to be displayed and used to measure amplitudes and periods. Then, data will be collected and analyzed on a special MS-Excel format to know the specific amplification value of the amplifier, get the voltage value from ECG simulators and, finally, obtain a judgment if the unit under test is within the specifications.

On figure 4a and 4b, a visual representation and a block diagram of the array to amplify and display the waves from ECG simulators.

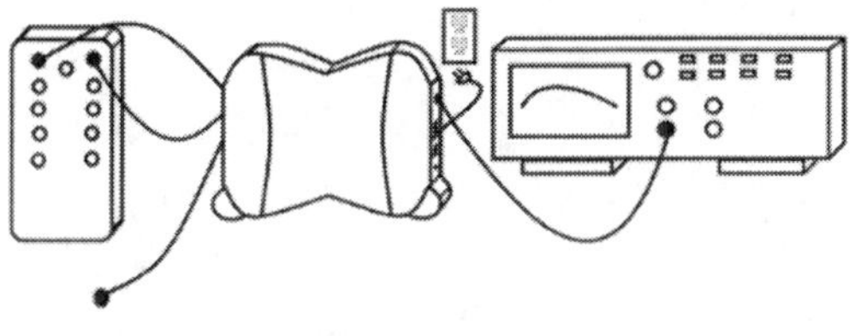

(a) Array for the calibration of ECG simulators.

(b) Block diagram for the calibration method of ECG simulators created by Etalons.

Figure 4: **Visual representation of the a) array and b) block diagram of the method for ECG simulator calibration**

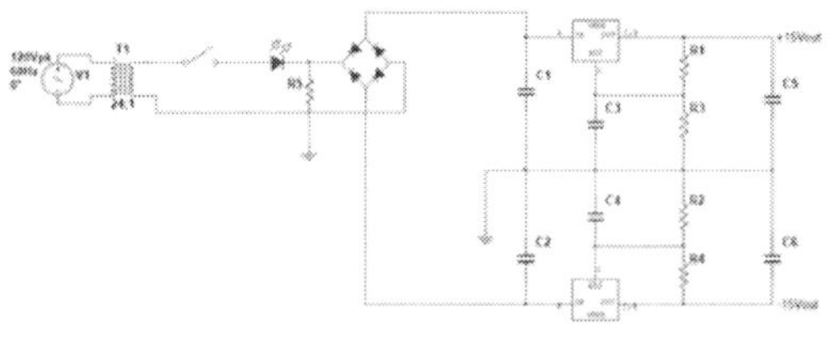

(a) **Power supply schematic.** Schematic of the double power supply. Done with Multisim.

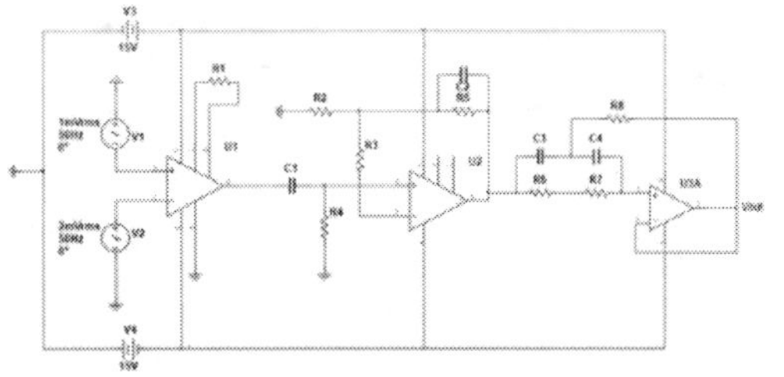

(b) **Amplifier schematic.** Schematic of operational amplifier with notch filter. Done with Multisim.

Figure 5: **Schematics.**

2 Method

In order to complete the ECG simulators calibration, a procedure was created. It starts by identifying the type of simulator depending on the amount of leads. As mentioned before, there are 12 different common leads and each one of them has its own characteristic wave and some of them with a positive and negative side which is important to differentiate to place the connections correctly. The most common are 12 leads simulators that have 10 outputs, less common are 3 leads simulators that have 5 outputs.

ECG simulators can give not only the ECG characteristic waveform but also sine, square and triangular waveforms at different frequencies. This will be important to consider for the amplifier's calibration curve.

2.1 Circuit design for the amplifier

2.1.1 Power Supply, amplifiers and filters

The ECG amplifier consists of an arrange of op-amps to amplify the input signal from the ECG simulator. Each op-amp must be supplied by a power source of around +/-15 V DC which is taken from the 120V/60Hz of the power wall, converted to DC using a transformer and corrected to get DC. On figure 5a, the power supply schematic is represented.

Three kinds of op-amps were used to amplify the signal from the ECG simulator. An instrumentation amplifier and two general purpose amplifiers; one with a gain of 1000 and one that operates as a notch filter.

Voltage sources represented as V3 and V4 in figure 5b are the ones created with the double power supply discussed previously. Voltage sources represented as V1 and V2 are inputs from the ECG simulator. Vout is the output signal which will be connected to the oscilloscope.

2.1.2 Amplifier calibration curve

A calibration curve had to be developed in order to obtain the amplification that the amplifier is giving to ECG simulators and be able to make the comparison between the amplified data and the manufacturer information, better known as nominal data, and finally get the real time amplitudes values.

A graph with amplitude values (see figure 6) was obtained by applying a sine wave of small amplitude within a voltage range between 0.05 mV and 0.5 mV with steps of 0.05 mV and between 0.5 mV and 5 mV with steps of 0.25 mV from a Fluke equipment model ProSim 8.

The input for the amplifier is represented in the y-axis and the output from the oscilloscope on the x-axis. An Equation 1 was developed showing linear behavior.

$$y = 0.0006x - 0.00008 \quad (1)$$

2.2 Measurement

The output signal from the amplifier goes directly to the oscilloscope's input where the measurement is done. Displaying the ECG curve using the oscilloscope gives extra information about the waveform; for example, by observing the exact output waveform, compare it with the physiologically correct to confirm good performance and obtain accuracy for the complete wave not only the highest voltage.

Amplitudes are measured by using the cursor function from the oscilloscope (see figure 7) and connecting the leads following the order presented on table 1

Due to physiological reasons, amplitudes are different on each lead but always following the relation LII > LIII >LI. Depending on the brand and model of the simulator

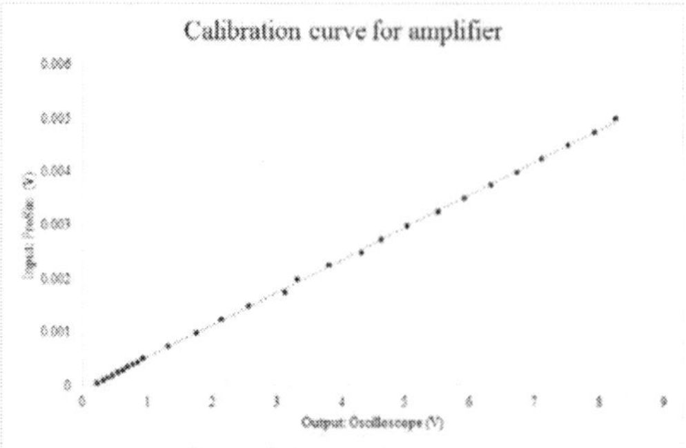

Figure 6: **Calibration curve.** Calibration curve for the home-designed amplifier. It was done by taking as input the sinusoidal waves from Fluke ProSim 8 within the voltages amplitudes of an ECG simulator, displaying the output on the oscilloscope to measure amplitudes. By knowing the input to the amplifier, calculations could be done to obtain the exact amplification.

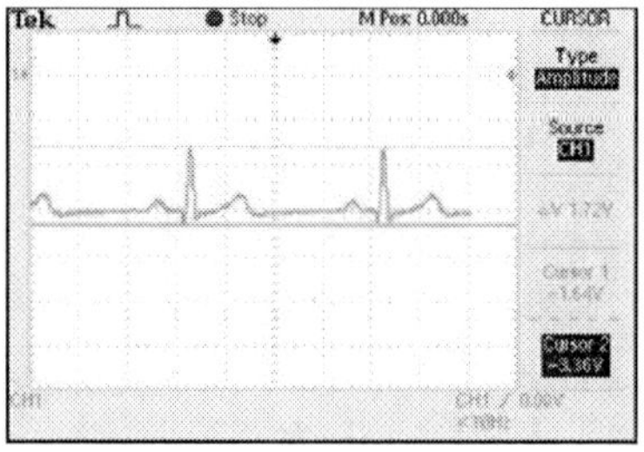

Figure 7: **Amplitude cursor function on oscilloscope.**

Table 1: **Lead connection according to its polarity following the Einthoven Triangle.** Note: Ref = Reference lead; RL = Right Leg; RA = Right Arm; LA = Left Arm; LL = Left Leg; LI = Lead number 1; LII = Lead number 2; LIII = Lead number 3; V1 = Unipolar lead number 1; V2 = Unipolar lead number 2; V3 = Unipolar lead number 3; V4 = Unipolar lead number 4; V5 = Unipolar lead number 5; V6 = Unipolar lead number 6.

Ref:RL	+	-		+	-
LI	RA	LA	**V3**	LA	V3
LII	LL	RA	**V4**	LA	V4
LIII	LA	LL	**V5**	LA	V5
V1	LA	V1	**V6**	LA	V6
V2	LA	V2			

V1 to V6 can have different behaviors, for example, they can change from smaller to greater or smaller to greater and again smaller.

When doing measurements on the oscilloscope, amplitude measurement is done in Volts on the y-axis on each one of the leads. For frequency measurement, it is done in Hertz on the x-axis, specifically, in 60 BPM in the LII, because frequencies in all leads are the same. To be sure that the given frequency matches with the one established by the manufacturer specifications in BPM (Beats Per Minute), some conversions have to be done.

Where $T = \frac{1}{f}$, then $BPM = T * 60$. On the next table (see table 2), a summary of the oscilloscope measurement is shown for better understanding of what is being measured.

Five repetitions of the measurements from LI to V6 are done to complete the calibration, an average is obtained. Then, by using equation 1, the specific amplification for each of the leads are calculated. This represents the corrected voltage that is going to be compared with the nominal value. Also, on the same format uncertainty is calculated.

Even for equipments that do not have manufacturer specifications, either for obsolescence or lack of information, these calculation can still be performed.

2.3 Uncertainty Calculation

Given the definition of uncertainty from the International Vocabulary of Metrology by the JCGM, where uncertainty is a parameter that cannot be negative and characterize the dispersion of certain values associated to a standard or measurand, including corrections and values of standards measurement uncertainty already given by a certificate of calibration [5]. To complete the calculation of uncertainty of a given measured value, there has to be included the uncertainty added by all the equipment that helps to get information from a certain unit under test or instrument that is going to be calibrated, in this case ECG simulators.

The uncertainty added to the voltage and frequency measurement of ECG simulators comes from, in order of appearance, the amplifier which includes uncertainty from the small sinusoidal voltage generator Fluke ProSim 8 and the oscilloscope where the ECG wave is displayed; also, the expanded uncertainty includes the uncertainty added by the equation calculation, the amplification factor uncertainty and the oscilloscope's uncertainty. Figure 8 shows a diagram to visualize the uncertainty calculations for better understanding.

Equations 2 and 3 are to calculate the combined uncertainty of the amplifier, given the data from the calibration of the amplifier with the sine wave input from Fluke ProSim 8 and output observed in the oscilloscope after the amplifier. Both equations include the uncertainty given by the repeatability of the measurement, the resolution

Table 2: **Oscilloscope measurement, axes and units.** Note: Hz = Hertz; BPM = Beats Per Minute.

Oscilloscope measurement		
Amplitude	y-axis	Volts
Frequency	x-axis	Hz -> BPM

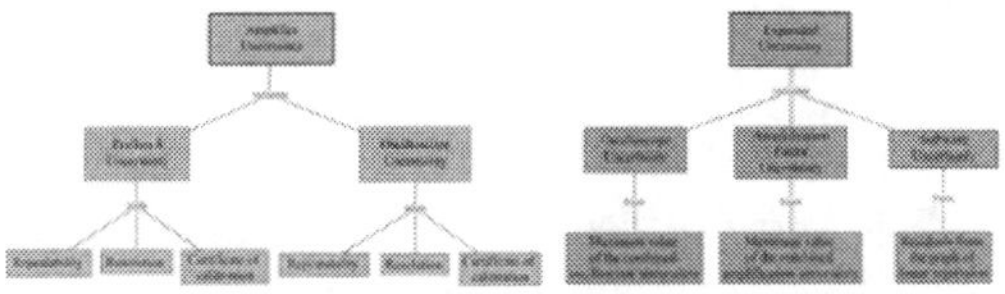

Figure 8: **Diagram for ECG simulators uncertainty calculations.**

of the standard that is taking the measures and the value for uncertainty given at the certificate of calibration from the manufacturer specifications. Equation 4 represents the combined uncertainty adding the coefficient of sensitivity for each of the uncertainty values from ProSim 8 and oscilloscope.

$$\mu_{ProSim} = \sqrt{\mu_{rep}^2 + \mu_{cert}^2 + \mu_{res}^2} \quad (2)$$

$$\mu_{Osc} = \sqrt{\mu_{rep}^2 + \mu_{cert}^2 + \mu_{res}^2} \quad (3)$$

$$\mu_{Amp} = \sqrt{(\mu_{ProSim} * C_{iProSim})^2 + (\mu_{Osc} * C_{iOsc})^2} \quad (4)$$

To obtain the expanded uncertainty more equations have to be found. Equation 5 is to obtain uncertainty of the amplification factor (AmpF) by taking the maximum value from the combined amplification uncertainty obtained before. Equation 6 is for uncertainty of the oscilloscope to finally get the expanded uncertainty, it is obtained by taking the maximum value of the combined oscilloscope uncertainty that was calculated before. To obtain the Equation 1 and the calibration curve, MS-Excel was needed for data processing because this procedure adds uncertainty Equation 7 [6] had to be established, which is determined by evaluating the standard deviation of residuals errors, for the whole interval of data [6].

$$\mu_{AmpF} = \max(\mu_{Amp}) \quad (5)$$

$$\mu_{Osc1} = \max(\mu_{Osc}) \quad (6)$$

$$\mu_{Residuals} = \sqrt{\frac{\sum_{i=1}^{N}(Residual_i)^2}{N-m-1}} \quad (7)$$

To obtain the combined uncertainty for each lead of ECG simulators, Equation 8 was developed along with the coefficients of sensitivity for the uncertainty of the amplifier factor, the oscilloscope and the uncertainty from the standard deviation of residuals errors. The final Equation 9 is to obtain the expanded uncertainty which is done by multiplying by 2 the uncertainty from the ECG simulators in order to include the 95% of data given certain standard deviation, using a coverage factor (k) equal to two.

$$\mu_{ECGsim} = \sqrt{(\mu_{AF} * C_{iAF})^2 + (\mu_{Osc1} * C_{iOsc1})^2 + \mu_{Residuals}^2} \quad (8)$$

$$U_{ECGsim} = \mu_{ECGsim} * 2, for : k = 2 \quad (9)$$

3 Results

3.1 Advantages

The main advantage of this project is the low-cost building. For that reason, the consideration of this project as an excellent prototype to design and build for academic undergraduate students such as biomedical or electrical engineers in order to understand some principles of metrology, and at the same time apply and combine electrical and human physiology concepts.

The system can be easily transport to calibrate off-site equipment when needed. Once you completely understand the concept, the importance and the physiological aspects; it is really easy to replicate and systematize the process of calibration.

3.2 Problems encountered and improvements

During the experimentations and development of the method some problems were encountered and areas of opportunity were identified for further work.

One of the main problems that were found when performing the first tests of the amplifier prototype was a phase change in the output signal on the oscilloscope. It is not a problem that affects the measurements, since the oscilloscope has a function to change the signal position to better view. However, this problem can be improved in the future.

All of the circuits were done on copper breadboards and hand-welded. Due to this, the amplifier became a fragile object, although its case protects it very well and isolates external noise. Other mechanical waves or even loud sounds can have an affection on the signal output, but most of the time the amplifier prototype performs adequately. This can be fixed by printing the circuits and weld the components with a special machine to avoid mistakes to reduce any external noise and fragility.

The most important problem that was overcome When developing the calibration curve of the amplifier was; firstly, that the amplifier calibration was tried to be done with a wave generator that was not able to give voltages lower than 1 mV, due to that all data under 1 mV were excluded and miscalculations inside that range were found. To solve that problem, a sine wave source able to give voltages under 1 mV was located in the Fluke ProSim 8 system and applied to the amplifier to obtain good information inside the ECG simulator voltage range.

All ECG simulators are different and give different ranges of voltages amplitudes, for that reason it cannot be possible to assume data and it is completely necessary to look for manufacturer manuals in order to get those values. Commonly, those values could be in reference to LI or LII, given in percentages. If the ECG simulator is old or obsolete to find its manufacturer manual becomes an obstacle.

4 Summary

This paper discussed physiological and electronics principles of an ECG and ECG simulators to fully explain and understand the calibration procedure for an ECG simulator. This method required the building of an electrical amplifier to see the waveform on an oscilloscope in real time and measure ECG parameters, such as amplitude and period. It also required extensive uncertainty calculations in order to have a proper calibration. The whole system (p.e. amplifier) can be built by electrical or biomedical students with basic knowledge on cardiovascular physiology and electronics, meaning this could be optimal for learning purposes on biometrology.

Biometrology is an unexplored area of study which has a lot of potential for improvement the medical attention at hospitals and clinics. During all the process, since the entry to the hospital, the patient, is in constant interaction with medical equipment that must be calibrated to assure its good performance and avoid any misreading and misdiagnoses.

References

[1] J. Carr, J. Brown, eds., *Electrocardiography*, Vol. 4 of *Introduction to Biomedical Equipment Technology*. (Prentice Hall, New Jersey, EUA, 2001)

[2] K. Barret, S. Barman, S. Boitano, H. Brooks., eds., *Origin of the heartbeat and the electrical activity of the heart.*, Vol. 24 of *Ganong's Review of Medical Physiology*. (McGraw Hill., New York, EUA, 2012)

[3] F.M. Bogun, R. Bazzi, E. Wissner, G. Kalahasty, C. Schuger, eds., *Atrial Fibrillation: Misdiagnosis and Clinical Consequences* (J Am Coll Cardiol, 2003)

[4] F.M. Bogun, D. Anh, G. Kalahasty, E. Wissner, C. Serhal, R. Bazzi, C. Schuger, eds., *Misdiagnosis of Atrial Fibrillation and Its Clinical Consequences.* (The American Journal of Medicine, 2004)

[5] JCGM, ed., *"Uncertainty"*. (International Vocabulary of Metrology., Geneva, Switzerland, 2012)

[6] MetAs., ed., *Linealidad; Curvas de ajuste, Interpolación y Extrapolación.* (La Guía MetAs., D.F., Mexico, 2008)

Metrological Approach to Measurements of Emotions Being Expected in Response to Acoustic Impacts

Kseniia Sapozhnikova[1,*], *Roald* Taymanov[1], *Iuliia* Baksheeva[2], *Svetlana* Kostromina[3], *Daria* Gnedykh[3], *Irina* Danilova[1]

[1]D. I. Mendeleyev Institute for Metrology, 19 Moskovsky pr., St. Petersburg, Russia, 190005
[2]St. Petersburg State University of Aerospace Instrumentation, 67 Bolshaya Morskaya str., St. Petersburg, Russia, 190000
[3] St. Petersburg State University, The Department of Psychology, 7/9 Universitetskaya emb., St. Petersburg, 199034

Abstract. The paper deals with the task of measuring emotions that most likely arise as a result of certain acoustic impacts. This task is of interest for musicology, philology, medicine, robotics, etc. A measurement model is presented that reflects a "mechanism" of forming the emotions. Analysis of evolution of animal's bioacoustic signals, calculations, and experiments have made it possible to justify the model. The subjectivity of well-known emotion scales is shown. For the model, a new scale is proposed and grounded that can provide the metrological traceability of measurement results. The model enables explaining changes in emotional perception of acoustic impacts. A method is proposed to diagnose infant's emotional development based on sounds of cry and other vocalizations.

1 Introduction

Emotion is a sensory reaction that arises in a subject in response to a new impact. Emotion (proto-emotion) ability has emerged together with life origination and can be considered as its identifier.

According to [1, 2], emotions motivate, organize and direct perception, thinking and actions, contributing to preservation and development of population. In the course of human evolution and development of society, the number of emotions has been increased.

In addition to the most ancient emotions, inherent in humans and animals, emotions have arisen that are characteristic only for people, and then emotions have originated distinguishing some socio-cultural groups of the population from others.

Naturally, any emotion is preceded by a certain neurophysiological reaction that can be the simplest or a complex one.

The emotion, arising most likely in humans and animals under an acoustic impact, i.e. the expected one, is one of the multi-dimensional (multiparametric) quantities, measurements of which (in a strictly metrological interpretation) became of current interest in the 21st century.

Measurements of expected emotions can help a performer of a musical composition in the process of rehearsals to take into account the national-cultural and social specifics of probable listeners in a better way and, thereby, achieve a greater success.

For a philologist, measurements of emotions in speech sounds will allow students studying a foreign language to realize the peculiarities of its tonal coloring.

In the future, development of efficient measuring systems performing the automatic simultaneous interpretation of speech from one language to another, will be impossible without embedding instruments measuring emotions. Taking into account the results of such measurements, it will be necessary to select synonyms required and to clarify a phrase structure.

Emotion measurements will be needed while developing robots capable to active communication with human.

The solution of the listed tasks and a number of others related to the results of measuring the emotions that arise (with the greatest probability) in response to acoustic impacts, has became possible due to the development of an appropriate measurement model.

In the process of research, the emotion was defined by the authors of this paper as a neurophysiological reaction (below, this reaction will be called emotiogenic one) due to some impact, which causes the transition of a person to a state that allows us to identify the emotion character by the sensation or behavior of a person.

Initially, this model contained one step and was justified by the results of a theoretical analysis of the evolution of biolinguistic signals and differences between the major and minor keys. Later on, the model was supplemented by the second and third steps, and its justification was strengthened by experiments performed with the participation of neurophysiologists, psychologists, and musicians.

These experiments included:

- analysis of the correspondence between listener's encephalograms obtained under the influence of certain sounds and those reactions that the model predicted.
- study of the correspondence between bio-linguistic signals of animals and the interpretation, which follows from the impact results of the according to the model;

* Corresponding author: author@e-mail.org

Article available at http://cfmetrologie.edpsciences.org or https://doi.org/10.1051/metrology/201710006

DOI: 10.1051/metrology/201710006

• experiment- calculated analysis of excerpts of ethnic and bell music, etc.

The developed measurement model can be considered as a model of the "mechanism" of forming the emotions. That is why it allows us to explain some effects in the field of neurophysiology, psychology, and musicology.

2 Emotion scales

The measurement model consists of 3 steps. Its 1st step demonstrates the "mechanism" of the basic emotion formation. It is shown in Fig. 1 and contains a preselector of sound range oscillations (the preselector reflects an auricle with a membrane), nonlinear converter, delay unit (based on an operative memory), frequency selector of the sounding energy maximum zone, selector of oscillations with frequencies in the zone of the brain biorhythms, as well as units that provide the identification of basic emotions.

Complex emotions named here as emotional images are formed in subsequent steps of the model. In the 2nd step, the basic emotional images (BEI) that have a general human character are generated, and in the 3rd step the formation of culture dependent emotional images (CEI), takes place (Fig. 2). They are associated with the cognitive human activity, upbringing, education, national history, as well as belonging to a certain socio-cultural group.

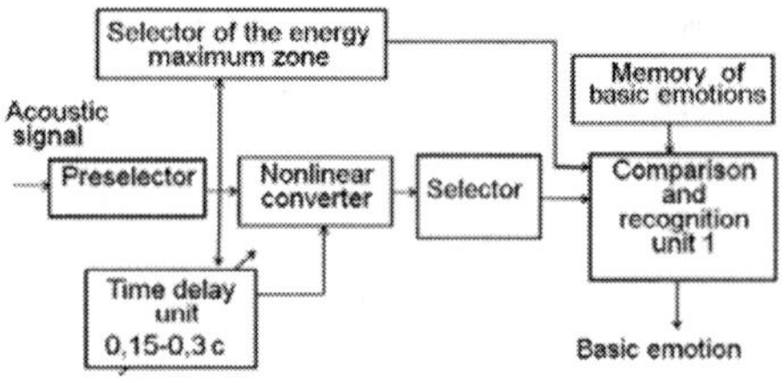

Fig. 1. The 1st step of the measurement model [3].

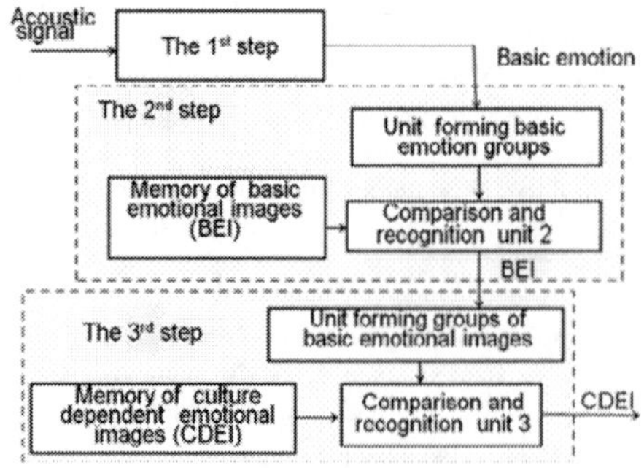

Fig. 2. Three-steps measurement model [3].

Calculation-experimental studies were performed with the participation of neurophysiologists, psychologists, mathematicians, metrologists, an art-therapist, and a composer. These investigations have confirmed that the proposed model corresponds to the processes that occur when emotions are generated in response to a certain acoustic stimulus [3-10].

It follows from the analysis of the model given above that the earliest (the most ancient) emotions that are usually called basic ones, are associated with the frequencies of the brain biorhythms, their difference being identified by the frequencies of delta-, theta-, or alpha-brain biorhythms. The enrichment of emotion spectrum is connected, firstly, with combination of the corresponding biorhythm frequency and a sound carrier frequency; secondly, with simultaneous excitation of 2-3 biorhythms, thirdly, with the sequence of several biorhythm groups.

The scale of basic emotions proposed by Izard [1] includes 10 gradations: "anger", "contempt", "disgust", "distress", "fear", "guilt", "interest", "joy", "shame", and "surprise". Ekman in [11] singles out 6 gradations: "fear", "anger", "disgust", "sadness", and "happiness". In [12] 8 basic emotions are proposed: "anger" - "fear", "approval" - "disgust", "happiness" - "sadness", "expectation" - "surprise". Kulikov in [13] notes the necessity to include "excitement" ("gambling") and "vigour". In the Ilyin's opinion, "shame", guilt", and "interest" should be excluded from the list [14].

A unified idea of the basic emotion scale has not been formed until present. Subjectivity and inconsistency of the scales considered above, in our view, is caused by the fact that their authors did not rely upon the concept of bioacoustic signals of living creatures in the course of evolution.

The measurement model can be used as a model of emotion formation "mechanism" as well. This statement is the result of the analysis of bioacoustic signal evolution and evolution of basic emotions colouring these bioacoustic signals. The correspondence between these signals and basic emotions was obtained in experiments [15]. This basis enables connecting "threat emotion", which was not mentioned above, with the neurophysiological reaction within the delta-rhythm zone.

Since, as it follows from the model, an expected emotion potentially contained in sounding is associated with both a modulating infrasound component frequency and carrier frequency, it is possible to divide this gradation into two parts "fear" and "anger" (fearsome emotion). At the same time it should be noted that:

- high carrier frequency (higher than, approximately, 10 kHz) is characteristic for a sounding aimed at warning somebody against danger in the maximum large space (this is "fear");
- low carrier frequency (lower than, approximately, 1 kHz) indentifies the emotion addressed to somebody being at a close vicinity (this is "anger").

Similarly, it is logical to define the neurophysiological reaction with the theta-rhythm frequency as reflex emotion "alertness" singling out "surprise" and "expectation" in accordance with a carrier frequency.

Finally, the neurophysiological reaction with the alpha-rhythm frequency can be identified as reflex

DOI: 10.1051/metrology/201710006

emotion "exitation" with its possible manifestations (stimulated by a carrier frequency) such as "happiness" and singling out "passion" ("gambling").

The proposed structure of basic emotion scale provides the metrological traceability (of course, within the uncertainty of biorhythm boundaries) while measuring expected emotions. It is characteristic that the number of emotions here is limited by the number of the brain biorhythms that participate in their formation, but it approximately corresponds to the number of basic emotions, considered by some psychologists using other motives.

In accordance with the model, the total number of emotions that are common for human and developed animals (mammals) is significantly higher than 6, since it is determined by the number of possible combinations of a few (usually, up to 3) basic emotions. It is interesting that many years ago Plutchik came to the same idea [12], but his choice of basic emotions has no justification.

It should be noticed that the basic emotion scales are not the only scale type applied in investigations of subjective perception of such acoustic impacts as music.

One-dimensional (discrete) scales are well-known that include up to 45 emotions [16, 17].

However, the choice of emotions is subjective and does not take into account the influence of a specific culture on emotional perception. In the view of the present paper authors, the development of scales with a great number of gradations is reasonable only for complicated emotions, emerging as a result of consecutive origination of basic emotion groups. Taking into account that time of emotion origination is very short, the complicated emotion formation can be considered as the process of origination of a feeling, i.e., integral estimating reaction caused by emotional perception of acoustic impacts.

Other one-dimensional scales are given in [18, 19]. Multi-dimensional scales are widely used as well [19, 20].

Drawbacks of all these scales are as follows:

- Non-equivalent reactions are integrated, i.e., emotions of a reflectory character (fear, surprise, etc.) are combined with emotions formed after realizing the reason of an emotion arisen (e.g., nostalgia, peacefulness, etc.) and emotions, originated in developed society (e.g., contempt, shame);
- Estimation of emotions is formed as a conscious one, and the border between "emotion" and "feeling" disappeared;
- Objective criteria based on measurement (e.g., relations with neurophysiological reactions) are not applied in emotion scales. The metrological traceability does not take place with regard to the results of quantitative estimations.

3 Model of measuring emotions as the means for researching the human brain

The result of measuring expected emotions depends not only on listener's social-cultural features, but also on his/her age. Investigations fulfilled with the help of representative statistical data confirm this fact. However, the causes of the ageing effect on the emotional perception of surrounding world are under discussion because many people are well-known that are distinguished by active emotional life in a very elderly age.

The model developed enables coming to the solution of this effect.

Psychological investigations show that, as applied to music, with age:

- sensitivity to sad and scary music drops [21, 22]; scary music is assessed more positively; sad music is perceived as less sad [23]; negative music causes less emotional tension [24];
- happy music seems a little less happy [23], but overall, the recognition of happiness and peacefulness depends on age only a little [21, 22].

As hypothetical reasons for these changes the authors of [22] call:

- age-related cognitive losses associated with attention and memory;
- age-related sensory distortions associated with worsening vision and hearing;
- neural deterioration in structures involved in the process of emotion processing, and, since distortions in the structures associated with different sensory systems may differ, the recognition of emotions by sight and hearing can also be different;
- change of the top-down processing emotional information (according to the socio-emotional selectivity theory, ageing results in "increased prioritization of goals related to emotional well-being, resulting in increased efforts to allocate cognitive resources towards positive information and away from negative one").

A significant number of publications on this issue indicate its actuality, but there is no experimental evidence of the hypotheses put forward. The mechanism of the age-related change in the recognition of emotions, as well as the mechanism of the emotion formation, remains incomprehensible.

As a first approximation, the deterioration of hearing with age can be characterized by a change in the frequency response of the preselector of the measurement model (Fig. 1) as shown in Fig. 3.

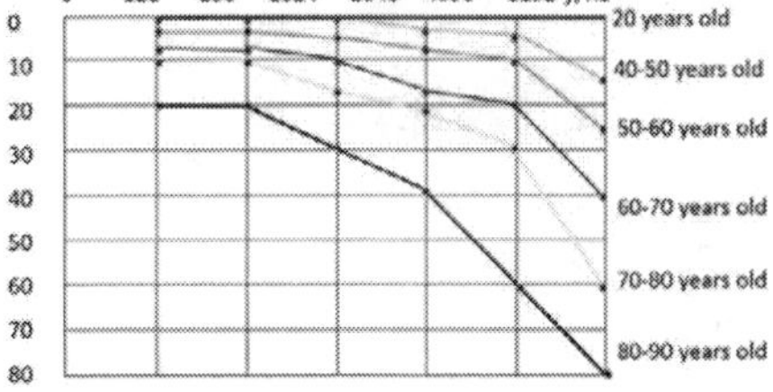

Fig. 3. Decreasing of the hearing sensitivity with age.

Due to the age limitation of the sensitivity of an ear membrane, when a musical fragment, bio-acoustic signals, or speech is sounding, at the output of the non-linear converter, as a rule, a smaller number of infrasound intermodulation products that give birth to emotions will be formed [25]. Of course, this effect can be different for various excerpts, the difference being greater if the higher frequency part of the sound range is occupied by the sound spectrum.

The age differences concerning the expected emotions while perceiving a funeral ringing of bells (knell), shown in Fig. 4, are characteristic.

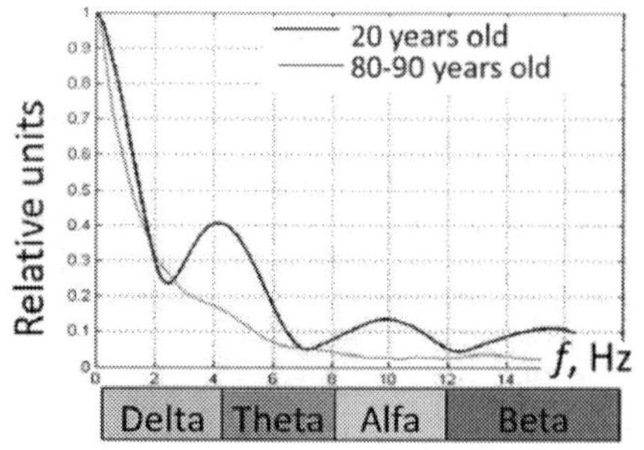

Fig.4. Infrasonic spectrum selected from the music excerpt after non-linear conversion (Funeral ringing of bells (knell).

For a twenty-year-old believer, in this ringing there is an emotion of the fear of death (a rise in the delta-rhythm zone), emotion of meeting with something unknown (rise in the theta-rhythm zone), emotion of hope for the best for a dead (rise in the alpha-rhythm zone). However, for the eighty-year-old person all these emotions are smoothed and expressed significantly weaker.

The excerpt presented below in Fig. 5, shows that a twenty-year-old person will perceive much stronger the emotion of fear in a scream of a yellow ground squirrel taken out of a hole. The eighty-year-old person will feel even a tint of a positive coloration in this scream.

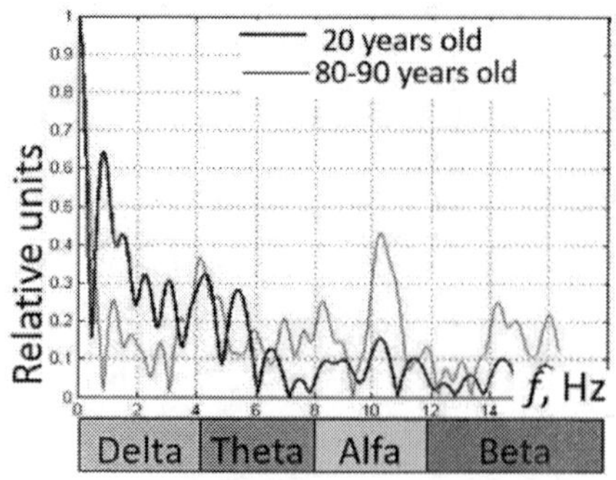

Fig. 5. Infrasonic spectrum selected from a bioacoustics signal excerpt after non-linear conversion (Scream of a yellow ground squirrel taken out of a hole).

Fig.6 is an illustrative example, in which an expected difference in emotional perception of infant's cry is shown. A young potential listener should sharply feel fear (the level of reaction within the delta-rhythm zone is maximum), but an elderly person, practically, should not feel fear. For a young "listener", two different peaks take place in the theta-rhythm zone, the maximum peak is narrower and shifted to the delta-rhythm zone. The last feature will likely stimulate the desire, first of all, to stop infant's cry.

For an elderly person, the difference of similar peaks is not so significant, their maximum being twice less than in the previous case. It seems that the cry will cause alertness and increased attention to an infant, but the actions will be quieter. The difference in the alpha-rhythm zone makes it possible to suppose that the level of excitation accompanied by corresponding muscle tension should be higher and less smoothed. Such features demonstrate the focus on the specific result.

The proposed interpretation explains the proportion of the infrasound component levels, which stimulate emotiogenic reactions of listeners of different age. At the same time, it is much in line with the most likely emotional reactions and actions.

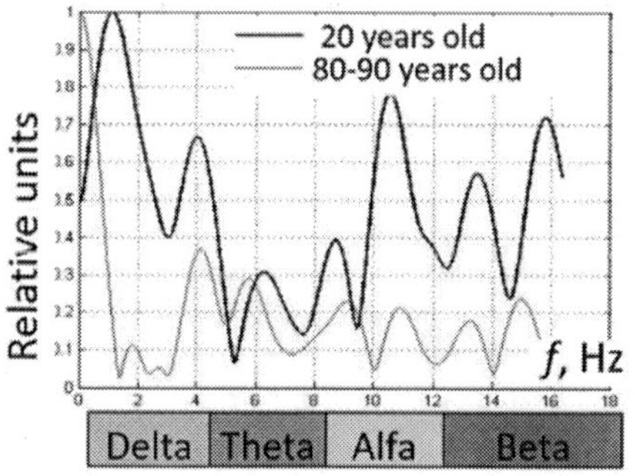

Fig.6. Infrasonic spectrum selected for an infant cry after non-linear conversion

Similar (qualitatively) age effects are illustrated in Fig. 7 by the infrasound spectrum singled out from the excerpt of "The Little Night Serenade" by V. A. Mozart (a decrease in the energy of the delta- rhythm zone, a slight increase in theta-rhythm zone, a relative equalization of the energy in all the zones studied).

But even in this case, relative changes in the spectrum are noticeably reduced with an increase of the age, causing a drop of the variety of emotional colours being perceived.

The examples given confirm the above observations concerning age influence:

- decrease in the emotion recognition accuracy (decrease in the variety of emotion tints),
- drop of the sensitivity to sounds that are associated with fear,
- and even perception of these sounds as a little more positive.

The origination of the age changes in emotional perception revealed by psychologists can be, to a significant extent, explained by deterioration of hearing.

 DOI: 10.1051/metrology/201710006

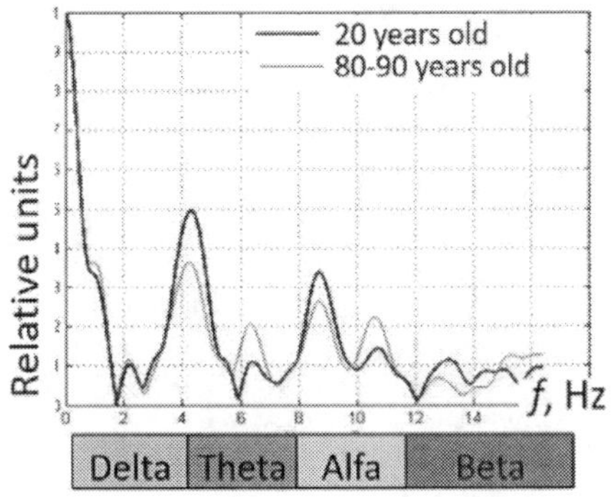

Fig. 7. Infrasonic spectrum selected from a music excerpt after non-linear conversion (V. A. Mozart's "Little Night Serenade").

It can be additionally assumed that the gradual reduction of the flow of infrasonic oscillations in the brain, caused by such a deterioration, leads to a decrease in the sensitivity during the process of forming the neurophysiological reactions that give rise to emotions in a limbic-reticular complex. Accordingly, this assumption makes it possible to explain the drop of the acuity of the reaction while perceiving emotional information entering over other sensory channels.

The example of Beethoven, who fell ill with the titanite and went deaf after writing the Moon Sonata and the Pathetic Sonata, but continued creating masterpieces, provides food for thoughts. Almost completely without hearing, he wrote many musical compositions, including such brilliant creations as the Third (Heroic) and Ninth Symphonies as well as Missa solemnis.

The above facts testify that everything is not so simple with regard to the age changes in the emotional sphere of a person.

If the considered measurement model is analyzed as the model of the "mechanism" of some brain part interacting with other brain parts, it enables offering an explanation for these facts too.

The formation of emotions by means of vision is associated with the recognition of images, their logical comprehension and with the appearance of an emotiogenic reaction only after that. In other words, this process is much more complicated and slow than in case of forming emotiogenic reaction to an acoustic impact. The role of vision in forming the emotional sphere has effectively manifested itself at relatively late stages of evolution.

Unlike the visual impact, music creates a flow of neurophysiological reactions that form the basic emotions in the limbic-reticular complex. First and foremost, it is music that develops the ability to detect differences between various reactions inside this flow and contributes to increasing the sensitivity to these differences in the process of emotion formation.

People who have had a developed emotional sphere since their childhood, often hear "sounds" in their mind.

Caused by music, sequences of neurophysiological reactions from the cerebral cortex, enter the limbic-reticular complex, form emotional reactions in it, which returning, are combined with other neurophysiological reactions, forming new emotional images.

That is the way Beethoven created his works.

At that, the neurophysiological reactions entering the limbic-reticular complex, stimulate its work, regardless of where they have originated.

This circumstance makes it possible to explain a sociological phenomenon that has been recently discovered: from a large number of representatives of various specialties, the greatest duration of life distinguishes conductors, artists associated with music and scientists taking great interest in their researches. (The emergence of the latter in this list among the leaders can be associated not only with their rich emotional life, but also with the fact that among them the percentage of active music lovers is high).

Hence, the physiological reasons of music influence on human health become clear. In its turn, their understanding allows formulating arguments that justify the need to apply music at the earliest stages of child upbringing and to develop musical culture of schoolchildren and students, regardless of their future specialization.

Being emotionally saturated throughout the whole life, should result in an increase in life expectancy.

The proved link between acoustic signals with neurophysiological reactions shown in Fig. 1 and Fig. 2 enables proposing a hypothesis about the formation of infant's cry sounding and other vocalizations. According to this hypothesis, the brain emotiogenic reactions (with the frequencies within delta-, theta-, and alpha- brain biorhythms) stimulating basic emotions, affect the non-linear converter and modulate oscillations with the sound frequencies that also enter this converter.

It follows from this hypothesis that the analysis of cry with the help of the model proposed allows evaluating the brain activity within the infrasound range, which characterize the infant's level of the emotional sphere development. To test the hypothesis experimentally, variation of the sound spectrum converted into the infrasound range was studied with regard to the cry of several infants (girls) 1-2 days and 2 months old.

The results have demonstrated certain trends. During 2 months, the average value of relative power of components with the delta-rhythm frequencies decreased from 59.1 % to 57.5 %, with theta-rhythm frequencies increased from 26.4 % to 28.1 %, whereas within the alpha-rhythm frequencies this value kept near 14.4 %. At the same time, the standard deviation of the value of relative power for the same 2 months increases approximately twice: for delta-rhythms from 3.8 % to 8.9 %, for theta-rhythms from 2.9 % to 6.1 %, for alpha-rhythms from 1.6 % to 3.3 % (the higher the frequency, the lower this increase).

The power increase within the theta-rhythm zone reflects the process of emotion understanding.

It is symptomatic that the evolutional development of animal's emotions was associated with consecutive growth in neurophysiological activity at higher frequencies.

The standard deviation of the value of biorhythm relative power for a group of infants and its time variation can be considered as parameters characterizing differences related to the level and pace of development of individual infant emotionality features in an infant group under investigation.

Similar parameters obtained for a representative set of vocalizations of an infant and the results of their comparison with the values taken from a reference database can be used as the diagnostic ones. It is important that such an approach enables not only diagnosing diseases, but also detecting deviations that can contribute to development of talents and abilities under some conditions.

4 Conclusion

In the coming era of the Internet of Things, measurements of quantities characterizing properties of human should be recognized as one of the most important metrology tasks. In this field, development of measurement models that concern functions of the human organs, especially, the brain, are of special interest. Specialists dealing with various fields of knowledge should take part in these works. Such developments are very complicated, but they open new horizons. In particular, the present paper gives the analysis of some new tasks that can be solved with the help of the model intended for measuring expected emotions caused by acoustic impacts.

A distinctive feature of this model conditioning its efficiency is the fact that it has been developed as a model of "mechanism" of forming neuropsychological reactions causing emotions caused by acoustic impacts. In previous publications, the efficiency of the model was demonstrated for music theory and philology as well as for automatic translation of speech and creative work of musicians.

In the present paper, with the help of the model, the proposed list of earliest (basic) emotions is justified and the zones of biorhythms are determined that activate these emotions.

The model enabled explaining typical changes in emotional music perception with age and long life of representatives of certain professions. The model also made it possible to justify the diagnostic method of infant's emotional development based on sounds of cry and other vocalizations.

The considered approach to the measurement model reflecting the mechanism of forming measurands, has also demonstrated its efficiency for studying some social processes.

The research is supported by the Russian Foundation for Basic Research (RFBR), project "Forming of a measurement model interrelating musical influence and emotions of listeners" (No. 15-04-00565).

References

1. C.E. Izard, *The Psychology of Emotions* (Springer US, 1991)
2. G.A. Golitsyn, *Information and Creativity* (Russkiy Mir, Moscow, 1997)
3. R. Taymanov, Y. Baksheeva, K. Sapozhnikova, A. Chunovkina, JPCS, 772 (2016). http://iopscience.iop.org/article/10.1088/1742-6596/772/1/012036
4. Y. Baksheeva, O. Bazanova, S. Kostromina, E. Nikolenko, K. Sapozhnikova, R. Taymanov, *Proc. the Ninth Triennial Conference of the European Society for the Cognitive Sciences of Music* (Manchester, UK, 2015)
5. Yu. Baksheeva, K. Sapozhnikova, R. Taymanov, *Advances in Mathematical and Computational Tools in Metrology and Testing X. Series on Advances in Mathematics for Applied Sciences*, **86**, 90-97 (Singapore, World Scientific, 2015a)
6. K. Sapozhnikova, R. Taymanov, *Proc. XVII IMEKO World Congress*, 2049-2053 (Dubrovnik, Croatia, 2003)
7. K. Sapozhnikova, R. Taymanov, Measurement Science Review, **10**, No 3, 78-88 (2010)
8. R. Taymanov, K. Sapozhnikova, EPJ Web of Conferences, **77** (2014). http://www.epj-conferences.org/articles/epjconf/pdf/2014/14/epjconf_icm2014_00016.pdf
9. R. Taymanov, K. Sapozhnikova, KEM, **613**, 482-491 (2014)
10. R. Taymanov, Y. Baksheeva, K. Sapozhnikova, *Proc. 12th International Symposium on Measurement Technology and Intelligent Instruments (ISMTII 2015)* (Taipei, Taiwan, 2015)
11. P. Ekman, *Emotions Revealed: Recognizing Faces and Feelings to Improve Communication and Emotional Life [Psikhologiya emotsiy. Ya znayu, chto ty chuvstvuesh]* (St. Petersburg, Piter, 2010)
12. R. Plutchik, Annul. N.-Y. Acad.Science, **134**, No 2, 776-781 (1966)
13. L.V. Kulikov, *Psychology of Mood [Psihologiya nastroeniya]* (St. Petersburg, 1997)
14. E.P. Il'in, *Emotions and Feelings [Emotsii i chuvstva]* (St. Petersburg, Piter, 2013)
15. K. Sapozhnikova, R. Taymanov, *Proc. of the 10th International Symposium on Measurement Technology and Intelligent Instruments (ISMTII-2011)* (Daejeon, Korea, 2011)
16. M. Zentner, D. Grandjean, K.R. Scherer, Emotion, **8**, No 4, 494-521 (2008)
17. E. Coutinho, K.R. Scherer, *Proc. of the 12th International Conference of Music Perception and Cognition (ICMPC12)* (Thessaloniki, Greece, 2012)
18. Basic Emotions. http://changingminds.org/explanations/emotions/basic%20emotions.htm

19. T. Eerola, J.K. Vuoskoski, Music Perception, **30**, No 3, 307–340 (2013)
20. J. Russell, A. Weiss, G. Mendelsohn, J. Personality and Soc. Psychol., **57**, No 3, 493–502 (1989)
21. C.F. Lima, S.L. Castro, Cognition and Emotion, **25** (4), 585-598 (2011)
22. S.L. Castro, C.F. Lima, Music Perception, **32** (2), 125-142 (2014)
23. M.T. Pearce, A.R. Halpern, Psychol. of Aesthetics, Creativity, and the Arts, **9**, No 3, 248–253 (2015)
24. S. Vieillard, J. Harm, E. Bigand, Frontiers in Aging Neuroscience, **7** (FEB), art. no. 11, 1-14 (2015)
25. K. Sapozhnikova, I. Baksheeva, R. Taymanov, A. Tanonov, *Proc. Symposium on music research "Music, ageing, technology"* (Joensuu, Finland, 2016)

Analyse de données d'étalonnage sur un parc d'anémomètres

Sullivan Lechêne[1,*], *Bertrand* Blanquart[2], et *Jean-Raymond* Fontaine[1]

[1]Institut National de Recherche et de Sécurité, 54500 Vandoeuvre-Lès-Nancy, France
[2][mƏzyR], 54600 Villers-Lès-Nancy, France

Résumé. De 2008 à 2014, l'INRS a disposé d'une soufflerie d'étalonnage accréditée, principalement utilisée pour le compte des CARSAT. Au cours de ces années de fonctionnement, l'INRS a accumulé une importante base de données, représentant environ 3700 points de mesure de vitesses. Suite à l'arrêt de l'accréditation de cette soufflerie, l'INRS a décidé d'exploiter cette base de données en vue d'optimiser le suivi et le contrôle des anémomètres des CARSAT. L'analyse de ces données d'étalonnage s'est attachée à évaluer les principales tendances sur le comportement des anémomètres, en vue de répondre aux questions suivantes : quels sont les niveaux moyens des erreurs de justesse des anémomètres et les spécifications fournies par les constructeurs sont-elles un indicateur fiable de ces erreurs ? Quelle est la dérive de ces appareils au cours du temps et peut-on définir une périodicité d'étalonnage optimale ? Il ressort de l'analyse que les erreurs de justesse et les dérives moyennes des anémomètres sont généralement conformes aux besoins spécifiés. Toutefois, il s'avère tout de même indispensable de vérifier périodiquement la performance des appareils à cause de dérives accidentelles non prévisibles, observées sur environ 10 % du parc. La périodicité d'étalonnage devra par ailleurs être fixée « arbitrairement » puisqu'aucune périodicité optimale n'a pu être dégagée.

1 Introduction

De 2008 à 2014, l'INRS (Institut National de Recherche et de Sécurité pour la prévention des accidents du travail et des maladies professionnelles) a disposé d'une soufflerie d'étalonnage [1] accréditée COFRAC [2], principalement utilisée pour l'étalonnage des anémomètres des Centres de Mesures Physiques des CARSAT (Caisses d'Assurance Retraite et de Santé au Travail).

Les Centres de Mesures Physiques interviennent en entreprise pour identifier, mesurer et analyser les différents risques auxquels les salariés sont exposés et proposent les solutions de prévention les plus adaptées à la situation de travail. Durant leurs campagnes de mesures sur site, les contrôleurs de sécurité sont amenés à utiliser divers instruments de mesure et notamment des anémomètres. Ces centres doivent par conséquent mettre en place une surveillance métrologique de leurs équipements, afin de garantir la confiance dans les valeurs mesurées.

Suite à l'arrêt de l'accréditation de sa soufflerie, l'INRS a décidé d'accompagner les CARSAT dans la gestion de leur parc d'anémomètres, en vue d'optimiser le coût global des étalonnages, en cherchant à limiter le nombre de points de contrôle et leur fréquence. Pour ce faire, l'INRS a décidé dans un premier temps d'analyser les résultats d'étalonnage accumulés pendant la période de fonctionnement de la soufflerie. Les objectifs sont de dégager des tendances sur le comportement du parc d'anémomètres et, si possible, d'en ressortir une périodicité d'étalonnage optimale. Les conclusions tirées de cette analyse serviront ensuite de base pour définir une stratégie de contrôle des anémomètres à proposer aux Centres de Mesures Physiques.

Les équipements de mesure concernés sont des anémomètres à fil chaud pour lesquels il n'existe pas d'exigence réglementaire sur la périodicité d'étalonnage. Par ailleurs, les Centres de Mesures Physiques ne sont pas eux-mêmes soumis aux exigences d'accréditation, et les seules exigences externes sont celles de la norme NF EN ISO 9001 [3] : « lorsqu'il est nécessaire d'assurer des résultats valables, les équipements de mesure doivent être étalonnés et/ou vérifiés à intervalles spécifiés ou avant leur utilisation, par rapport à des étalons de mesure reliés à des étalons de mesure internationaux ou nationaux ». La norme NF EN ISO 10012 [4] évoque le concept d'intervalles de confirmation métrologique en précisant, là encore, qu'ils ne sont pas obligatoirement fixes et qu'ils peuvent être ajustés si nécessaire.

Le présent document présentera tout d'abord une description de la soufflerie d'étalonnage de l'INRS et les incertitudes d'étalonnage associées. Des données générales sur les étalonnages menés pendant la période de fonctionnement de la soufflerie seront ensuite fournies avant de rentrer dans l'analyse plus fine des résultats, en se basant sur les lignes directrices suivantes : examen des erreurs de justesse et des dérives, périodicité optimale d'étalonnage, spécifications des constructeurs.

2 Soufflerie d'étalonnage

La méthode d'étalonnage est basée sur le mesurage simultané de deux vitesses d'air dans la veine de mesure de la soufflerie : la vitesse de référence fournie par anémométrie laser et la vitesse fournie par l'anémomètre soumis à étalonnage. L'erreur de justesse de l'anémomètre est la différence entre la vitesse relevée sur l'anémomètre à étalonner et la vitesse de référence.

La soufflerie d'étalonnage (Figure 1) est composée de deux circuits aérauliques distincts. Le premier circuit (Figure 2) est utilisé pour des vitesses d'étalonnage faibles, comprises entre 0,2 $m.s^{-1}$ et 1,5 $m.s^{-1}$. La deuxième boucle (Figure 3) est dédiée aux étalonnages à des vitesses plus élevées, comprises entre 1,5 $m.s^{-1}$ et 30 $m.s^{-1}$. Le système complet est régulé en température afin de maintenir l'écoulement d'air dans des conditions identiques pour tous les points de mesure de vitesse réalisés. Cette consigne de température est fixée à 21°C ± 1°C et la soufflerie est elle-même placée dans une pièce climatisée.

L'anémomètre à étalonner est placé dans la veine de mesure, de section carrée de 250 mm par 250 mm et d'une longueur de 400 mm.

Fig. 1. Soufflerie d'étalonnage de l'INRS.

La vitesse de référence est mesurée par anémométrie laser. Cette technique optique permet de mesurer localement la vitesse du fluide grâce à de fines particules utilisées comme traceur de l'écoulement. Le principe consiste à interférer deux faisceaux laser à la position de mesure souhaitée, ce qui créé un volume de contrôle. Les particules traversant ce volume de contrôle diffusent un signal lumineux. La fréquence de ce signal permet de connaître la vitesse des particules et ainsi la vitesse locale du fluide. Dans le cas de la soufflerie d'étalonnage, la veine de mesure est ensemencée par des gouttelettes d'huile.

La vitesse de référence est établie en apportant trois corrections aux mesures fournies par l'anémomètre laser. La première est la correction d'étalonnage de l'anémomètre laser (étalonnage réalisé au CETIAT, référence nationale sur cette grandeur). La deuxième correction est destinée à compenser l'augmentation de vitesse engendrée par la mise en place de l'anémomètre à étalonner, qui va réduire la surface de passage de l'écoulement dans la veine. La dernière correction permet de compenser la différence entre la vitesse mesurée par le laser au point de référence et la vitesse mesurée à l'endroit où est placé l'anémomètre à étalonner, c'est-à-dire au centre du volume de mesure. Dans notre étude, il s'avère que les premiers étalonnages n'ont pas subi l'ensemble de ces corrections. Ces corrections étant négligeables, ou constantes au cours du temps pour un anémomètre donné, nous avons décidé de travailler avec la vitesse de référence brute mesurée par laser sans application de ces corrections, afin de rendre l'ensemble des résultats plus homogènes et comparables.

La réponse de l'anémomètre thermique à étalonner est influencée par la masse volumique de l'air, donc par la température, l'humidité et la pression. Les étalonnages sont tous réalisés à la température standard (21 °C) et une étude expérimentale menée dans la soufflerie a montré que l'humidité a une influence négligeable. En conséquence, seule la pression est prise en compte dans la correction de la masse volumique.

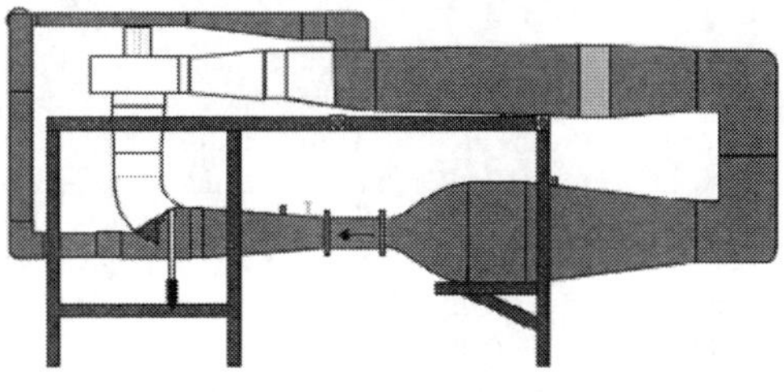

Fig. 2. Boucle petite vitesse : circuit aéraulique.

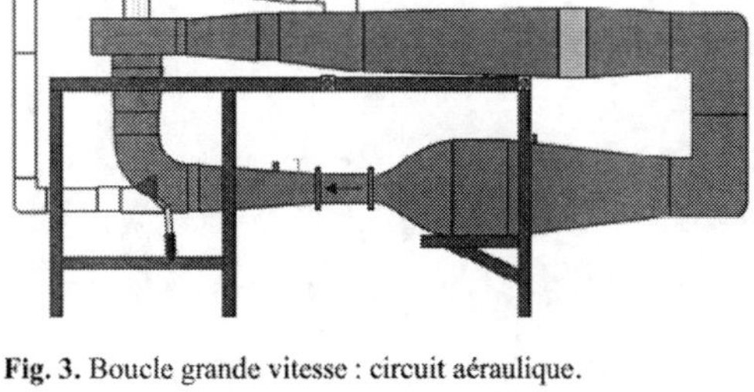

Fig. 3. Boucle grande vitesse : circuit aéraulique.

Les incertitudes d'étalonnage ont été estimées en tenant compte des différentes composantes d'incertitudes sur l'ensemble du processus de mesure [5] : anémomètre de référence (étalonnage, dérive, résolution), soufflerie (stabilité et homogénéité de la vitesse dans la veine de mesure, alignement de l'écoulement dans la veine), mesure de la pression dans la veine (étalonnage, dérive, résolution, dispersion), anémomètre client (fidélité, résolution), méthode de mesure (alignement du système d'axe de l'anémomètre laser avec l'écoulement dans la veine, différence des lieux de mesure entre le laser et l'anémomètre à étalonner).

Les incertitudes d'étalonnage établies pour un anémomètre standard sont fournies dans la Table 1, pour quatre vitesses. Les valeurs des incertitudes démontrent le niveau de métrologie de la soufflerie et permettent d'avoir confiance dans les résultats d'étalonnage.

Table 1. Incertitudes d'étalonnage de la soufflerie.

Vitesse (m/s)	Incertitude (m/s) (95 %)	Incertitude (%)
0,2	0,011	5,7
1	0,033	3,3
5	0,14	2,8
30	0,82	2,7

3 Données générales

Au total, 323 étalonnages ont été réalisés durant la période de fonctionnement de la soufflerie (2008-2014), sur 110 anémomètres différents, ce qui représente environ 3700 points de mesure de vitesse répartis sur une gamme allant de 0,2 m.s^{-1} à 30 m.s^{-1}.

Le nombre d'étalonnages a augmenté progressivement d'année en année (Fig. 4) avec un facteur quasiment de 2,5 entre la première et la dernière année d'étalonnage. Cette évolution indique tout d'abord une meilleure prise en considération du besoin de vérification des appareils de mesure utilisés. Par ailleurs, cette croissance signifie que les anémomètres étudiés n'ont pas tous été étalonnés périodiquement de manière systématique. En effet, une périodicité d'étalonnage a été observée sur environ 55 % des anémomètres (un étalonnage par an pour environ 25 % des appareils et un étalonnage tous les 2 ans sur environ 30 % des appareils). A noter que le nombre élevé d'étalonnages de la dernière année est probablement impacté en partie par l'annonce de l'arrêt de la soufflerie d'étalonnage.

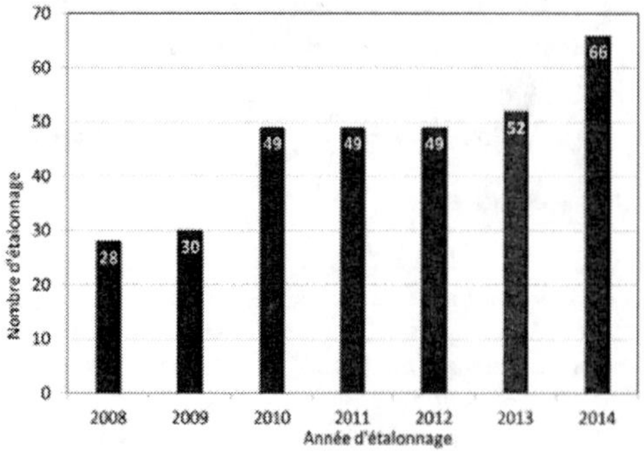

Fig. 4. Nombre d'étalonnages par année.

Sur ce parc d'anémomètres, 10 constructeurs différents ont été identifiés. La répartition du nombre d'anémomètres par constructeur est très inhomogène avec un constructeur largement surreprésenté : 53 % des appareils sont issus de cette marque (58 % des points d'étalonnage). A titre d'information, la deuxième marque la plus représentée ne concerne que 12 % des anémomètres (12 % des points d'étalonnage). De ce fait, il a été décidé qu'une analyse par constructeur n'était pas opportune, les nombres d'anémomètres de chaque constructeur étant trop différents les uns des autres pour fournir des conclusions représentatives.

4 Analyse

4.1 Justesse et dérive

4.1.1 Calcul des erreurs de justesse et de la dérive

Les certificats d'étalonnage nous fournissent directement les erreurs de justesse en m.s^{-1}, écarts entre la vitesse mesurée par l'anémomètre client V_i et la vitesse de référence mesurée par laser V_r tels que :

$$\Delta V_n = V_i - V_r \quad (1)$$

Dans le cadre de notre étude, la dérive peut être évaluée par rapport à un état de référence ou par l'écart entre deux étalonnages successifs. Nous avons privilégié l'écart par rapport à un état de référence, qui est le premier étalonnage de l'appareil à l'INRS. Ce choix a été fait pour éviter qu'un écart important lors d'un étalonnage impacte directement deux dérives successives, et pour s'affranchir de la courbure liée à l'allure de la réponse nominale de l'anémomètre. La dérive se calcule alors comme suit :

$$D_n = \Delta V_n - \Delta V_{ref} \quad (2)$$

Où ΔV_{ref} représente l'erreur de justesse de référence pour un anémomètre donné à une vitesse donnée, lors du premier étalonnage réalisé dans la soufflerie ;

Et ΔV_n représente l'erreur de justesse mesurée pendant un étalonnage ultérieur de ce même anémomètre, pour la même vitesse.

4.1.2 Réponses type et familles de réponse

Les figures 5 et 6 fournissent un exemple de réponse type d'un anémomètre lors de son étalonnage (évolution des erreurs de justesse sur la figure 5 et évolution des dérives sur la figure 6).

Sur cet exemple type, l'allure de la courbe d'évolution des erreurs de justesse présente un profil incurvé avec un point d'inflexion aux alentours de 5 m.s^{-1}. Même si les erreurs de justesse restent dans l'ensemble relativement faibles (toujours inférieures à 5 %), les niveaux atteints sont plus élevés et inhomogènes dans la gamme des faibles vitesses (inférieures à 1,5 m.s^{-1}), en raison pour partie des incertitudes d'étalonnage et pour partie des performances intrinsèques des anémomètres. Au-delà de cette vitesse, les erreurs de justesse se stabilisent et restent faibles.

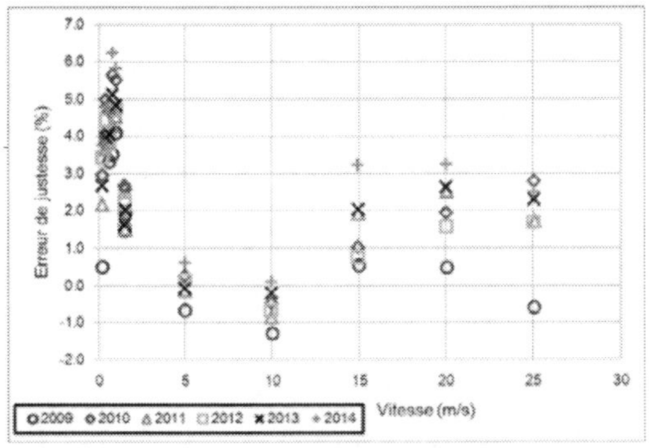

Fig. 5. Réponse type d'un anémomètre (erreur de justesse).

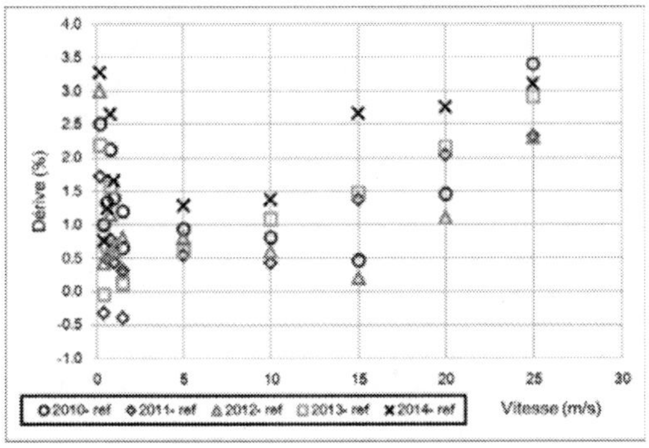

Fig. 6. Réponse type d'un anémomètre (dérive).

Ces évolutions se ressentent également sur les dérives, où une allure similaire de courbe est observée. Là encore, les niveaux de dérives restent relativement faibles, en étant toujours inférieurs à 5 %. Une zone dans les faibles vitesses où les dérives sont plus disparates est de nouveau observée. En revanche, le comportement est différent dans la gamme des grandes vitesses avec une augmentation progressive de la dérive. Cela s'explique principalement par le calcul de la dérive, qui considère la première année d'étalonnage comme référence. De ce fait, comme la valeur de l'erreur de justesse de référence (en 2009, marqueurs de type cercle) est légèrement différente par rapport aux autres étalonnages, la dérive augmente obligatoirement. Toutefois, les niveaux restent très proches d'année en année, signe que l'appareil dérive peu dans cette plage de vitesse.

Cet exemple illustre les difficultés d'interprétation rencontrées au cours de l'analyse de chaque anémomètre.

Un travail de synthèse a été mené pour distinguer des familles de réponses, pour les erreurs de justesse d'une part (Fig. 8) et pour les dérives d'autre part (Fig. 9), en fonction de la vitesse.

En ce qui concerne les erreurs de justesse, l'analyse des courbes d'évolution nous permet de dégager trois familles de réponses, dont l'une d'entre elles est largement représentée. En effet, près de 80 % des anémomètres ont une réponse similaire à l'exemple type présenté précédemment et correspondant à l'allure 1 sur la figure 8. Cette famille de réponse se caractérise par des erreurs de justesse plus importantes pour les faibles vitesses, suivis d'une inflexion plus ou moins marquée, généralement comprise entre 1 $m.s^{-1}$ et 2 $m.s^{-1}$ (55 % des cas). Les deux autres familles de réponse sont minoritaires. Environ 12 % des anémomètres ont une réponse quasiment inverse de la réponse majoritaire avec cette fois-ci un point maximum, là encore généralement compris entre 1 $m.s^{-1}$ et 2 $m.s^{-1}$. Le reste des anémomètres présente une réponse croissante plus ou moins incurvée.

Du point de vue des dérives (Fig. 9), les résultats sont moins tranchés, avec une répartition en trois familles distinctes : 45 % des anémomètres ont une réponse incurvée avec un point maximum, 35 % ont une réponse incurvée avec un point d'inflexion et 20 % ont une réponse relativement rectiligne, qu'elle soit croissante ou décroissante.

Pour les vitesses moyennes et fortes, une évolution globale de l'anémomètre est visible entre deux étalonnages. Par contre, pour les faibles vitesses, les dérives observées sont généralement très disparates, ce qui est imputable en partie aux incertitudes d'étalonnage, plus élevées pour les faibles vitesses.

Si une dérive globale de l'anémomètre est visible d'un étalonnage au suivant, il n'y a pas de tendance claire au cours des années et l'évolution générale au cours du temps présente un caractère « aléatoire ». En effet, comme illustré sur la figure 7 pour plusieurs anémomètres, les dérives des appareils ne sont pas progressives d'année en année. Ce comportement se retrouve sur l'ensemble des anémomètres, avec une dérive qui augmente ou diminue au cours des étalonnages, sans qu'il ne se dégage une évolution précise. De ce fait, il n'est pas possible de prédire l'évolution future de l'anémomètre, ce qui ne permet pas de définir une périodicité d'étalonnage optimale sur la base d'un calcul statistique [6].

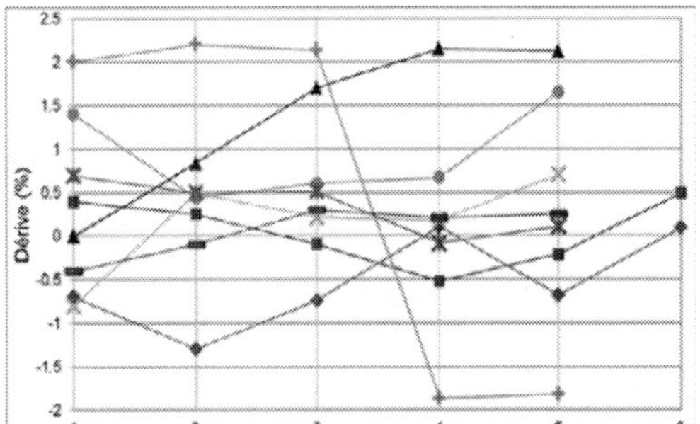

Fig. 7. Evolution de la dérive suivant plusieurs étalonnages successifs pour une vitesse de mesure de 1 $m.s^{-1}$.

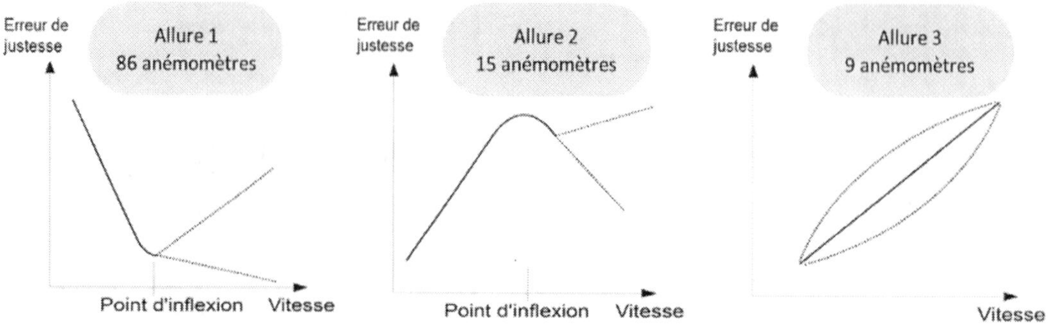

Fig. 8. Familles de réponse sur l'évolution des erreurs de justesse.

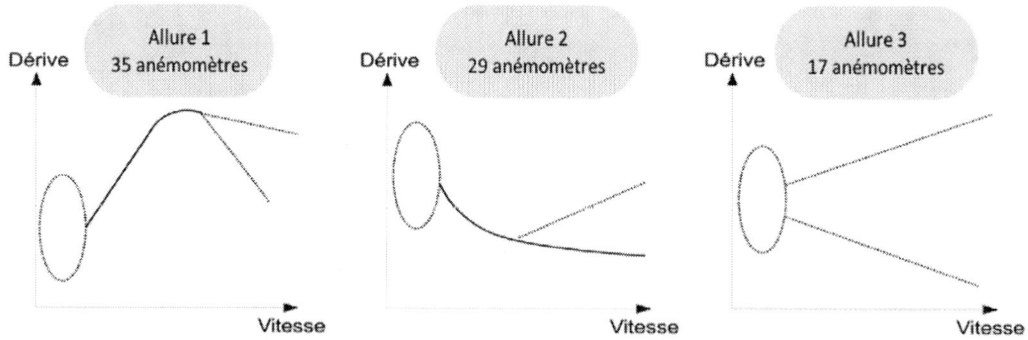

Fig. 9. Familles de réponse sur l'évolution des dérives.

4.1.3 Niveaux des erreurs de justesse et des dérives

Les valeurs moyennes des erreurs de justesse et des dérives obtenues sont répertoriées respectivement dans les tables 2 et 3 pour plusieurs plages de vitesse, en relatif (% de la vitesse de référence).

Pour les vitesses supérieures à 1 m/s, les erreurs sont relativement stables, avec des niveaux moyens autour de 4 %, et des dérives autour de 2 %. Cette tendance vient confirmer les allures de courbes d'évolutions présentées dans la section précédente. Toutefois, ces valeurs sont très dispersées puisque les écarts-types sont respectivement de 6 % et 3 % environ.

Pour les vitesses inférieures à 0,5 $m.s^{-1}$, les erreurs de justesse sont les plus élevées, avec un niveau moyen de quasiment 8 % alors qu'il est deux fois plus faible pour les autres vitesses. Dans cette gamme de vitesse, seulement 46 % des points de mesure présentent une erreur de justesse inférieure à 5 % alors qu'il est de l'ordre de 80 % pour les vitesses au-delà de 0,5 $m.s^{-1}$. Si nous observons le pourcentage de points de mesure dont l'erreur de justesse est inférieure à 10 %, la tendance est similaire même si la différence est plus réduite. En effet, environ 80 % de ces points ont une erreur inférieure à 10 % alors qu'on dépasse les 90 % dans les autres gammes de vitesses.

Du côté des dérives, les évolutions sont comparables, bien que moins marquées. Comme attendu, les dérives les plus élevées se situent là encore dans les basses vitesses (inférieures 0,5 $m.s^{-1}$). La donnée importante à retenir est que les dérives sont généralement inférieures à 5 % quelle que soit la gamme de vitesse, sauf pour les dérives accidentelles (présentées en 4.2).

4.1.4 Premières conclusions

L'analyse des erreurs de justesse et des dérives du parc d'anémomètres considéré a mis en évidence des particularités essentielles sur leur comportement au cours du temps.

La gamme des basses vitesses, inférieures à 0,5 $m.s^{-1}$, présente les erreurs de justesse et les dérives les plus élevées. Il conviendra donc d'être particulièrement vigilant pour une utilisation des appareils dans cette gamme de mesure. Il sera également essentiel qu'un point de vérification métrologique se situe dans cette plage de vitesse.

Au-delà de cette vitesse, les erreurs de justesse et les dérives sont plus réduites avec respectivement des niveaux généralement inférieurs à 10 % et 5 %, ce qui représente des niveaux compatibles avec les besoins des utilisateurs pour leurs campagnes de mesure en entreprise.

Par ailleurs, le comportement « aléatoire » de la dérive au cours du temps ne permet pas de définir une périodicité optimale d'étalonnage. L'existence de ces dérives aléatoires, non détectables en l'absence d'un étalonnage, confirme cependant la nécessité d'un suivi métrologique des anémomètres.

4.2 Accidents

L'exploitation des données a mis en évidence plusieurs « accidents », se caractérisant par une forte sous-estimation ou surestimation de la vitesse par l'anémomètre.

Un exemple-type d'accident est fourni sur la figure 9. L'évolution « classique » des erreurs de justesse est retrouvée pour les courbes qui ne concernent pas l'accident : erreurs plus élevées sur les faibles vitesses (mais toujours inférieur à 10 %), erreurs homogènes et faibles (environ 2 %) sur les plus fortes vitesses. Les dérives restent faibles sur l'ensemble de la gamme de vitesse avec un niveau largement inférieur à 2 %. Les niveaux atteints sont par conséquent très satisfaisants sur cet anémomètre qui ne présente pas à priori de dysfonctionnement particulier.

Toutefois, sur un étalonnage (courbe de l'année 2013 sur la Fig.9), les écarts vis-à-vis de la vitesse de référence ont soudainement augmentés pour atteindre au maximum 20 % sur les vitesses les plus élevées.

Sur l'ensemble du parc d'anémomètres, ce type d'accident a été identifié pour environ 10 % des appareils. Vu sous un autre angle, cette statistique peut s'interpréter de la manière suivante : en l'absence d'étalonnages périodiques permettant de détecter ces dérives accidentelles, le risque de mesures fortement erronées lors d'une campagne s'élèverait à 1 chance sur 10, ce qui est évidemment non négligeable. Il est également important de préciser que ces accidents ne sont pas tributaires d'un constructeur en particulier.

Cette statistique renforce la nécessité d'effectuer des vérifications régulières des anémomètres.

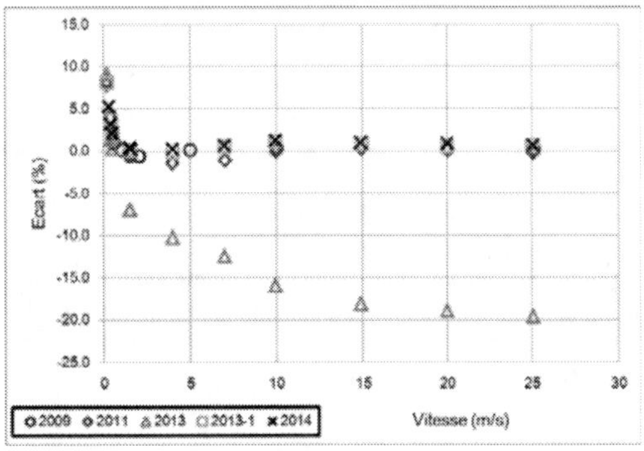

Fig. 9. Réponse type d'un anémomètre présentant un accident.

Table 2. Niveaux des erreurs de justesse pour plusieurs plages de vitesse

Plage de vitesse (m/s)	Nombre de points de mesure (%)	Erreur de justesse moyenne (%)	Écart-type (%)	Nombre de points avec une erreur < 1 % (%)	Nombre de points avec une erreur < 5 % (%)	Nombre de points avec une erreur < 10 % (%)
V ≤ 0,5	27	7,6	7,9	8	46	79
0,5 < V ≤ 1	15	3,9	4,4	21	78	92
1 < V ≤ 2	22	3,3	4,6	30	83	93
2 < V ≤ 10	17	2,8	3,6	33	86	95
V > 10	19	2,9	3,1	26	84	94

Table 3. Niveaux de dérive atteints pour plusieurs plages de vitesse

Plage de vitesse (m/s)	Nombre de points de mesure (%)	Dérive moyenne (%)	Ecart-type (%)	Nombre de points avec dérive < 1 % (%)	Nombre de points avec dérive < 5 % (%)	Nombre de points avec dérive < 10 % (%)
V ≤ 0,5	26	2,8	4,3	41	86	96
0,5 < V ≤ 1	16	1,6	3,0	62	95	98
1 < V ≤ 2	22	2,0	3,4	59	91	96
2 < V ≤ 10	17	1,9	2,6	53	90	97
V > 10	19	1,8	2,0	48	89	99

Table 4. Impact des dérives accidentelles

	Plage de vitesse (m/s)	Nombre de points de mesure (%)	Nombre de points avec dérive < 5 % (%)	Nombre de points avec dérive < 10 % (%)
Avec anomalies	V ≤ 1	42	89	96
	V > 1	58	81	88
Sans anomalie	V ≤ 1	42	89	96
	V > 1	58	90	97

La Table 4 indique quelles gammes de vitesses sont majoritairement impactées par ces dérives accidentelles. Alors que les erreurs de justesse et dérives sont généralement plus élevées dans les basses vitesses, les accidents influent plus particulièrement sur les vitesses plus élevées, avec une erreur qui augmente quasi-proportionnellement à la vitesse. En effet, en prenant en considération ces accidents dans l'analyse de données, il y a une baisse de quasiment 10 % sur le nombre de points de mesure dont la dérive est inférieure à 5 % (ce taux est de 90 % sans prendre en compte les accidents alors qu'il n'est que de 81 % en les considérant).
Cette information est essentielle puisque ce sont ces gammes de vitesse qui sont majoritairement utilisées lors des campagnes sur site industriel. Il conviendra donc, lors d'un étalonnage d'un anémomètre, de réaliser des points de contrôle dans les vitesses élevées pour garantir la détection de ces situations.

L'origine de ces accidents est complexe à identifier puisque peu de données ont été recensées sur ce point lors des étalonnages. Sur les quelques cas où l'information est disponible, l'origine est souvent un encrassement de la sonde de mesure. Une opération de nettoyage de la sonde, si celle-ci n'a pas été endommagée, permet de retrouver des performances proches des performances initiales (étalonnages 2013-1 et 2014 sur la figure 9).

Bien que ces accidents ne soient pas prévisibles, ils peuvent tout de même être grandement limités. En effet, l'encrassement de la sonde de mesure ne peut être consécutif qu'à une utilisation de l'appareil dans des conditions critiques. Pour réduire ces éventuels dysfonctionnements, il peut être envisagé de contrôler systématiquement les anémomètres après une utilisation pouvant amener à un encrassement de la sonde ou d'éviter une utilisation de ce type d'appareil dans des conditions sévères.

4.3 Spécifications des constructeurs

Une mise en parallèle entre les valeurs de vitesse mesurées dans la soufflerie et les spécifications fournies par les constructeurs a été menée. Pour ce faire, les spécifications des constructeurs de chaque sonde de mesure ont été répertoriées et transcrites en un intervalle d' « erreur maximale garantie ». Cet intervalle a été appliqué à la valeur de vitesse fournie par l'anémomètre client, pour chaque point de mesure. Puis, l'analyse a consisté à observer si la vitesse de référence était bien comprise dans cet intervalle.

Au total, 70 % des points de mesure sont conformes à la spécification indiquée par les constructeurs. Les faibles vitesses (inférieures à 1 $m.s^{-1}$) sont les plus impactées avec uniquement 59 % de points de mesure compris dans l'intervalle spécifié (Table 5). Pour des vitesses supérieures, quasiment 75 % des points de mesure sont conformes. Cette statistique par plage de vitesse coïncide de manière logique avec les résultats obtenus précédemment et qui montraient des niveaux d'écarts bien supérieurs dans la gamme des faibles vitesses.

Cette information est rassurante sur les performances moyennes du parc d'anémomètre étudié puisqu'une majorité des points de mesure sont conformes. En revanche, la statistique complémentaire - c'est-à-dire que 30 % des points de mesure sont non conformes, et quasiment 40 % dans la gamme des faibles vitesses - nous invite à la prudence et renforce de nouveau la nécessité d'opérations métrologiques pour s'assurer de la performance individuelle de chaque instrument.

Table 5. Conformité vis-à-vis des spécifications des constructeurs

Plage de vitesse (m/s)	Nombre de points de mesure (%)	Nombre de points conformes (%)
V ≤ 1	42	59
V > 1	58	73

5 Conclusion générale

L'INRS a accumulé un grand nombre de données d'étalonnage d'anémomètres durant la période de fonctionnement de sa soufflerie. Les incertitudes très basses de la soufflerie permettent d'avoir confiance dans les résultats d'étalonnage et dans les diverses conclusions issues de l'étude. L'objectif initial de cette étude consistait à appréhender le comportement des anémomètres au cours du temps afin d'améliorer la gestion de ce parc d'appareils.

Dans l'ensemble, les performances obtenues sur ces anémomètres confirment leur adéquation avec les besoins des utilisateurs dans leurs missions en entreprise. Dans le détail, les erreurs de justesse et les dérives sont plus élevées dans la gamme des vitesses faibles (inférieures à 0,5 $m.s^{-1}$), en raison des performances intrinsèques des anémomètres mais également en raison de la plus forte influence des incertitudes d'étalonnage dans cette zone, avec des différences beaucoup moins marquées pour la dérive.

Par ailleurs, le caractère aléatoire de la dérive ne permet pas de prévoir son évolution et par conséquent de définir une périodicité optimale d'étalonnage.

Bien que les dérives soient relativement faibles en moyenne, plusieurs anémomètres ont connu des accidents synonymes d'une forte modification de la courbe de réponse de l'anémomètre. Au total, 10 % des appareils étudiés ont subi ce type de désagrément. L'origine provient principalement d'un encrassement de la sonde. Il est important de souligner que ces accidents impactent plus particulièrement les vitesses élevées. Rappelons que, dans le contexte particulier des missions en entreprise, l'utilisation de plusieurs anémomètres afin de détecter une dérive accidentelle de l'un d'entre eux n'est pas envisageable.

Côté spécifications des constructeurs, les intervalles d'erreur maximale indiqués sont plutôt cohérents puisque 70 % des points de mesure sont conformes. Là encore, ce sont les points de mesures dans les vitesses faibles qui sont les plus impactés.

Toutes ces statistiques amènent au même constat : il est nécessaire de vérifier périodiquement les anémomètres pour s'assurer de leur performance et limiter les risques de réaliser des mesurages avec de fortes erreurs de mesure, liées à des dérives accidentelles. Par contre, la définition d'une période « optimale » se heurte d'une part au fait que ces dérives accidentelles ne sont pas ou peu prévisibles et d'autre part que les dérives « normales » ont un caractère aléatoire en direction et en amplitude.

En vue de développer une méthode de vérification, plusieurs éléments essentiels à considérer sont issus de l'analyse des données d'étalonnage. En premier lieu, il sera nécessaire de définir une périodicité fixe puisqu'il n'est pas possible de se baser sur la dérive des appareils et l'ajuster en fonction des besoins. Si les faibles niveaux de dérive permettent d'envisager des périodicités plus larges, il faudra tout de même être vigilant à d'éventuelles dérives accidentelles. A ce sujet, il pourrait être opportun de réaliser des contrôles en-dehors de la périodicité définie, suivant l'utilisation faite ou prévue de l'anémomètre : par exemple après une campagne de mesure dans des conditions sévères pour vérifier le bon fonctionnement de l'appareil ou avant une campagne de mesures sensible. Par ailleurs, les erreurs de justesse et dérives n'étant pas homogènes sur toute la gamme de vitesses, il sera nécessaire de contrôler l'anémomètre à plusieurs points de vitesse. Cet aspect est renforcé d'une part, par des erreurs de justesse plus fortes sur les vitesses faibles et d'autre part, par un impact des accidents plus important dans les vitesses élevées. Le choix de ces points pourra évidemment être ajusté en fonction de l'utilisation des anémomètres.

Références

1. INRS, Manuel Qualité de la soufflerie d'étalonnage, Référence Q-730-08S-M-01, Version 12, Avril 2013.
2. COFRAC, Rapport d'évaluation NLABO-13-0035, référentiel : document Cofrac LAB REF 02 (NF EN ISO/CEI 17025), Juin 2013.
3. AFNOR, Système de management de la qualité – Exigences, Norme NF EN ISO 9001, Indice de classement : X 50-131 (Novembre 2008).
4. AFNOR, Systèmes de management de la mesure – Exigences pour les processus et les équipements de mesure, Norme NF EN ISO 10012, Indice de classement : X07-009 (septembre 2003).
5. INRS, Détermination des incertitudes d'étalonnage des anémomètres, Référence Q-730-08S-PR-21, Version 8, Février 2012.
6. AFNOR, Métrologie - Optimisation des intervalles de confirmation métrologique des équipements de mesure, Fascicule de Documentation FD X 07-014, Indice de classement : X07-014 (novembre 2006).

Study of Traffic Real Driving Emissions in Madrid in 2015 and conclusions

Josefina de la FUENTE*, Aida DOMÍNGUEZ-SÁEZ** & Manuel PUJADAS**
** OPUS REMOTE SENSING EUROPE, Madrid, 28015, Spain.*
Tel +34 658 579 766 / +34 91 559 28 68 - email: josefina.fuente@rslab.es
*** CIEMAT, Avda. Complutense, 40, 28040, Madrid, Spain*

Abstract

Concerns about high levels of air pollutants, together with the observed differences between the vehicle emission running under normal operating conditions and the limits specified in the homologation tests, has encouraged to conduct in Spain a study to meet the actual emissions of the circulating vehicle fleet. For this purpose Madrid metropolitan area was selected to carry on this study, considering that the characteristics of its circulating park can be extrapolated to the rest of the country fleet. The measuring technology used was optical remote sensing that allows to measure the emissions in terms of ratios of each emitted pollutant versus CO_2 in the exhaust plume. Some of the most relevant results are the high levels of NO/CO_2 registered for euro 5 and euro 6 diesel vehicles, and the big differences among the emissions when they are evaluated comparing the results of brands of the Spanish fleet.

Keys-words: *RSD, Remote Sensing-Laboratory, traffic emissions.*

Introduction

The use of remote emission measurements for characterizing emissions vehicles running in real traffic conditions has grew in the last two decades. The main applications of these remote sensing techniques are: fleet monitoring emissions, inspection and maintenance programs (I/M), and detection of high emitters. Due to the most demanding application of emission standards and technological developments especially focused on after-treatment systems, it is necessary to conduct periodic reviews of the characterizations of fleet emissions. The use of remote sensing devices has been and is a quick and economical tool for the characterization of fleets operating in real traffic conditions and also allows a characterization in-situ and in a non-intrusively mode. Remote sensing equipment of emissions can be used to analyze how an expected emission reductions (conditional on the introduction of a stricter emission regulations) result in a change in the trend of emissions on the road. Its use is particularly widespread in the US as inventors and precursors of this methodology are installed there. Some of the most significant recent work has shown the collection of data acquired during a decade (Bishop and Stedman, 2008) showing among its main conclusions a significant reduction in global emissions and a high reliance on these emissions with the VSP ("Vehicle Specific Power"). Other remarkable campaigns were conducted by Kuhns et al, 2004 or Fujita et al, 2012. The results of those campaigns cannot be extrapolated to Europe because the weight of diesel vehicles in the European passenger car fleets is very higher. In Europe, remote sensing measurements of emissions have also been used for the characterization of fleets, highlighting Switzerland, Sweden and England. During 2000-2013, in a unique location in Zurich in the same season of year, emissions data they were taken using remote sensing devices (Chen and Borken-Kleefeld, 2014). In total more than 100,000 vehicles were registered, dominated by diesel vehicles, making the classification by type of emission regulations and fuel type. The main conclusion of this study emphasizes that, as other authors (Weiss et al, 2011) had indicated, new NO_x emission controls are not effective in actual driving. They also indicated that it is necessary to determine the amount of primary NO_2 and identify systematic differences among emissions of the different dominant brands in European fleets. Along the same lines highlight the work done by the King's College London (Carslaw et al, 2011; Carslaw et al, 2013a, Carslaw et al, 2013b). The campaign was conducted from 2007 to 2010 (7 campaigns at different points) with a total of more than 80,000 valid records, the high values of the emission of NO_x/CO_2 for modern vehicles (Euro 4/5) were also detected contrary to expected emissions due to stricter emissions standards. All studies emphasize that recent technologies do not adequately reduce this type of emission. These studies also found that for the post-2000 vehicles (Euro 3, Euro 4 and Euro 5) diesel vehicles show a high dependence on the VSP in NOx emissions, which was not observed in previous models or other contaminants. Other campaigns have been conducted in Europe have been Sjödin and Jerksjö, 2008 in Sweden (15,000 vehicles).

Article available at http://cfmetrologie.edpsciences.org or https://doi.org/10.1051/metrology/201711001

This work presents a part of the results of CORETRA project (Control Remoto de Emisiones de Tráfico) devoted to assess the performance of Remote Sensing Devices and also to apply this kind of technology to study the Spanish circulating fleet. This paper is specifically focused on presenting and discussing the results of the current park that mostly is formed by diesel vehicles (in a much higher proportion than those presented in the rest of the works). The measurements were developed in Madrid region and the sample is very representative of the national fleet. The work also includes a comparison of results considering the different brands.

1. Methodology

This on-road emission study has been based on remote measurements implemented with an AccuScanTM RSD4600 instrument. This remote sensing device allows performing emissions measurements of vehicles in real road traffic conditions by non-intrusive optical technology. The system uses two light beams, one in the ultraviolet (UV) and other one in the infrared range (IR), so that these beams crossing the street or highway on a path perpendicular to the axis of the road on which the measurements are made emissions and more or less in a path parallel to the surface. The beams are reflected in a Corner Cube Mirror (CCM) and return where a similar way to the measurement equipment where they are detected and analyzed. Emission specific concentrations of Hydrocarbon (HC), carbon oxide (CO), carbon dioxide (CO2) and nitrogen oxide (NO) in the vehicle exhaust are calculated based on the absorption of characteristic frequencies of IR/UV light. During the measurement process the system also collects information on the speed and acceleration of each vehicle registered and takes pictures of it (OCR or optical character recognition). The emissions and other related data are merged into an individual vehicle record stored in a computer housed in a roadside van. This entire process is accomplished in less than a single second. Trained operators customarily monitor and periodically audit mobile roadside units to ensure data integrity. Through the study of number plates it is possible to obtain the technical characteristics of all registered vehicles.

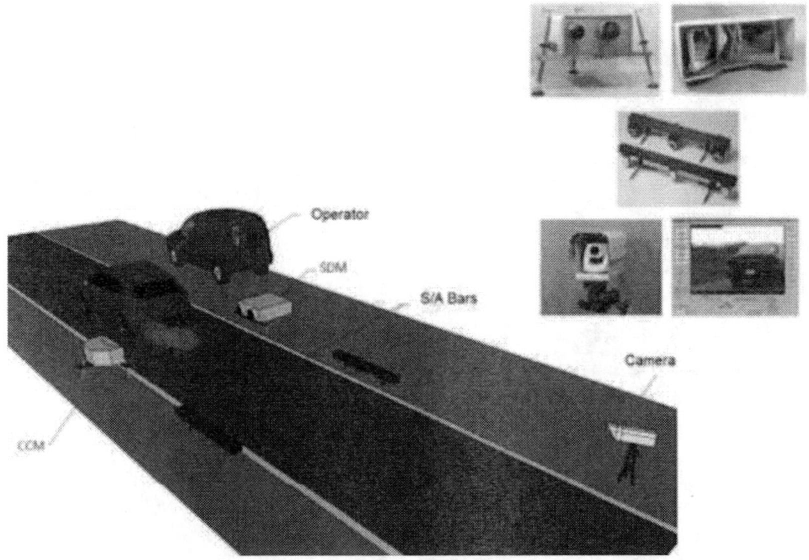

Figure 1. RSD configuration in the road. CCM: Corner Cube Mirror. SDM: Enclosed Source/Detector Module. S/A: Speed Acceleration

The RSD 4600 equipment provides as output ratios of the concentrations of CO/CO_2, NO/CO_2 and HC/CO_2 present in each measured plume and the manufacturer's technical information (table 1) provides the uncertainty of these data to two possible situations:

Table 1. Static background conditions and mean value CO_2 plume (>20 and <20)

CO_2 plume > 20%-cm	
CO% / CO_2%	+/- 0.007 or 10% of reading, whichever is greater
HC ppm /CO_2%	+/- 6.6 or 10% of reading, whichever is greater
NO ppm /CO_2%	+/- 10 or 10% of reading, whichever is greater
CO_2 plume < 20%-cm	
CO% / CO_2%	+/- 0.015 or 15% of reading, whichever is greater
HC ppm /CO_2%	+/- 10 or 15% of reading, whichever is greater
NO ppm /CO_2%	+/- 10 or 15% of reading, whichever is greater

The Quality Assurance and Quality Control protocols applied during the campaigns were based on the use of on-site calibration procedure with audited "puff" release of reference blended gas (13.6% CO2 , NO 1000 ppm, 2% CO, propane 1000ppm). The response of the instrument was periodically verified in situ every 4 hours, following the specific procedure designed by the manufacturer. The device used was the RSD 4600 and the fieldwork according to ISO 17025 methodologies was performed by RSLAB.

The field work was conducted in 25 different locations around Madrid City during two experimental campaigns (2014 and 2015). The 25 locations are shown in figure 2. A total number of 191,632 vehicles were registered of which 139,450 were unique (no repetitions) and the rest were representing 73% of the total measurements. The vehicle number distributions of these vehicles in the different points are shown in figure 3.

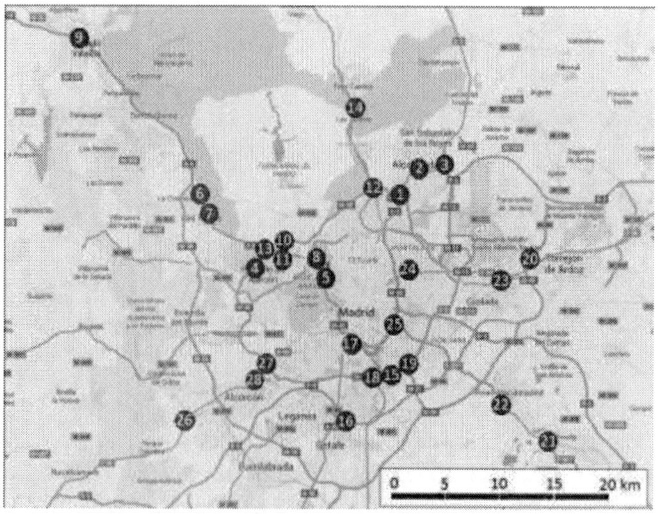

Figure 2. Geographical locations of the 25 measurement points in Madrid region.

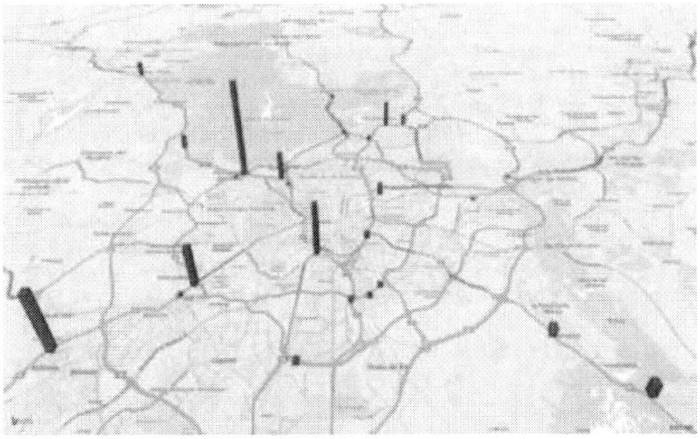

Figure 3. Vehicle number distributions in each of the 25 locations.

Diesel vehicles are a large part of the fleet (78%), while 22% represent the gasoline vehicles. It is noteworthy that the vast majority of measured vehicles (92%) were passenger cars (M1), having a small percentage (7% and 1%) of light commercial vehicles (N1-I ≤ 1305 kg, N1-II between 1305 and 1760 kg, N1-III between 1760 and 3500 kg) and heavy commercial vehicles (M2, M3, N2, N3 ≥ 3500 kg) respectively. 67% of registered vehicles during the campaigns were Euro 4 or Euro 5 and most of the registered vehicles circulated with speeds in the range 16-70 km/h.

Table 2. Number of vehicles depending on European emission standard, type of fuel and vehicle category.

	PRE EURO		EURO 1		EURO 2		EURO 3		EURO 4		EURO 5		EURO 6		Total Nº Veh	Total % Veh
	Nº Veh	% Veh	Nº Veh	% Veh	Nº Veh	% Veh	Nº Veh	% Veh	Nº Veh	% Veh	Nº Veh	% Veh	Nº Veh	% Veh		
DIÉSEL	219	0.15%	521	0.33%	4576	3.03%	24541	17.06%	40959	29.11%	38258	27.51%	2691	1.81%	111765	78.97%
M1	96	0.06%	334	0.22%	4096	2.74%	21920	15.40%	37238	26.72%	34788	25.11%	2443	1.62%	100915	71.86%
N1-I	30	0.02%	52	0.03%	59	0.04%	447	0.27%	1032	0.66%	906	0.60%	116	0.07%	2642	1.69%
N1-II	48	0.03%	64	0.04%	138	0.08%	793	0.51%	1010	0.64%	1023	0.69%	0	0.00%	3076	2.00%
N1-III	22	0.01%	48	0.03%	197	0.12%	1038	0.65%	1311	0.81%	1158	0.77%	0	0.00%	3774	2.39%
M2,M3,N2,N3	23	0.01%	23	0.01%	86	0.06%	343	0.23%	368	0.28%	383	0.33%	132	0.12%	1358	1.04%
GAS	679	0.39%	879	0.59%	3024	1.96%	8632	5.84%	9004	6.28%	8143	5.59%	559	0.37%	30920	21.03%
M1	653	0.38%	870	0.59%	3020	1.96%	8601	5.82%	8950	6.25%	8126	5.58%	558	0.37%	30778	20.94%
N1-I	24	0.01%	7	0.00%	2	0.00%	28	0.02%	42	0.03%	9	0.01%	1	0.00%	113	0.07%
N1-II	0	0.00%	2	0.00%	2	0.00%	3	0.00%	4	0.00%	2	0.00%	0	0.00%	13	0.01%
N1-III	2	0.00%	0	0.00%	0	0.00%	0	0.00%	8	0.01%	6	0.00%	0	0.00%	16	0.01%
Total	898	0.52%	1400	0.92%	7600	4.99%	33173	22.90%	49963	35.40%	46401	33.09%	3250	2.18%	142685	100.00%

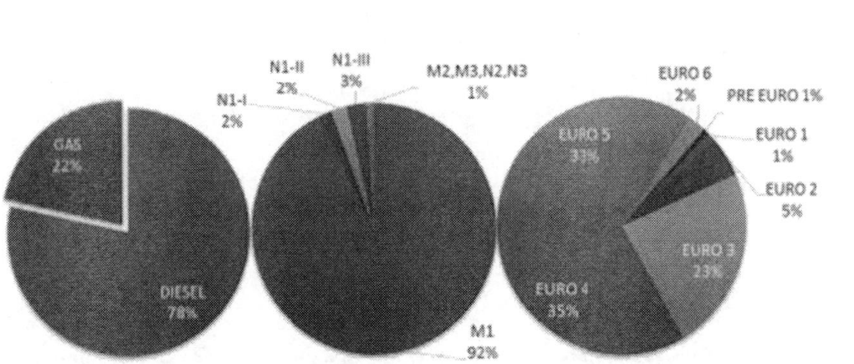

Figure 4. Vehicle distribution depending on fuel, vehicle category, and European emission standard.

2. Results

The average values of the emission ratios of all registered vehicles are shown in table 3. In Figure 5 are shown the mean ratio emission for M1 category versus the European emission standard. The general trend is that average vehicle emissions have been reduced with the application of each newer European emission standards, although some exceptions have been observed. In the case of CO, Heavy commercial vehicles (M2, M3, N2 and N3) exceed the limit established from Euro 3. In the case of HC, the average emissions are above a certain level, however, for vehicles belonging to the Euro 5 and 6 Standards, the emission ratios are below.

NO is a separate case. In general, since before the existence of any Euro standard to the current standard the NOx has been consecutively reduced, but it should be stressed that the actual emission levels are well above those thresholds, except for some gasoline vehicle group.

In the case of M1 diesel vehicles, the behavior of NO/CO2 average ratios for modern cars is very similar to pre-Euro models.

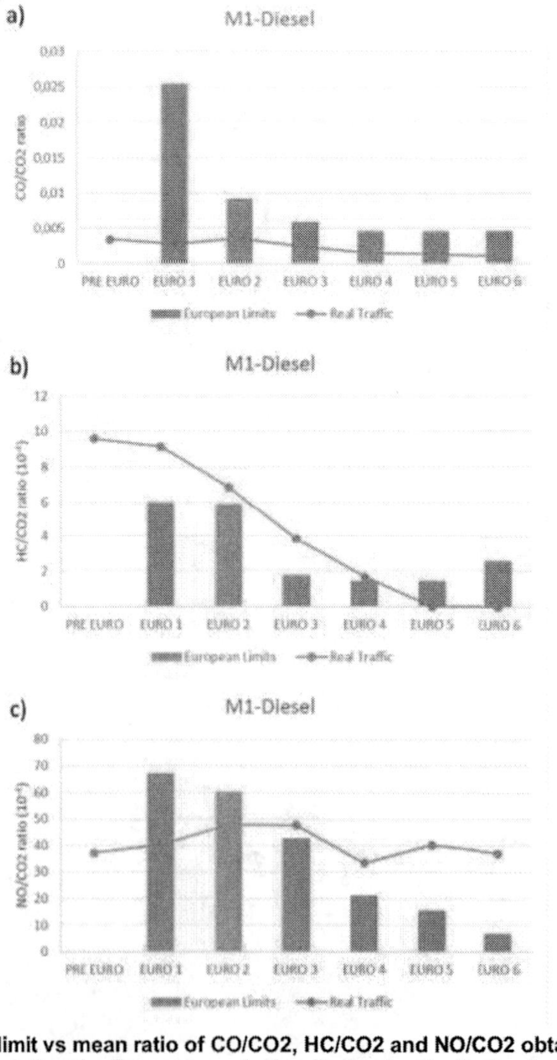

Figure 5. European limit vs mean ratio of CO/CO2, HC/CO2 and NO/CO2 obtained in real traffic conditions. For calculating the European emission limit ratio, the limit value of this legislation for each pollutant, by the average CO2 emitted in the NEDC cycle for this legislation has been used. Converting all values to volume concentrations.

DOI: 10.1051/metrology/201711001

Table 3. Values of average emissions from vehicles by fuel type, category and standard Euro (shaded in blue). Limit set by the Euro standard (shaded in orange).

DIESEL	M1			N1-I			N1-II			N1-III			M2,M3,N2,N3		
	CO/CO_2	HC/CO_2	NO/CO_2	CO/CO_2	HC/CO_2	NO/CO_2	CO/CO2	HC/CO_2	NO/CO_2	CO/CO_2	HC/CO_2	NO/CO_2	CO/CO_2	HC/CO_2	NO/CO_2
PRE EURO	0,0034	9,60	37,21	0,0037	7,94	37,52	0,0082	12,48	60,05	0,01	16,49	87,22	0,01	14,69	134,80
EURO 1	0,0028	9,14	40,09	0,0051	4,93	41,37	0,0104	9,64	41,49	0,01	9,29	85,06	0,01	10,28	116,93
Limit	0,0254	5,95	67,23	*	*	*	*	*	*	*	*	*	0,01	6,82	145,44
EURO 2	0,0036	6,85	47,77	0,0011	4,72	38,26	0,0047	7,91	44,76	0,00	8,01	78,47	0,01	6,77	99,05
Limit	0,0092	5,86	60,15	*	*	*	*	*	*	*	*	*	0,01	6,81	127,13
EURO 3	0,0024	3,82	47,48	0,0014	3,88	42,91	0,0023	5,06	43,07	0,01	7,02	63,92	0,01	4,36	80,57
Limit	0,0059	1,75	42,72	0,0040	1,20	29,30	0,0050	1,40	38,14	0,01	1,60	45,82	0,00	4,06	90,33
EURO 4	0,0016	1,67	33,36	0,0013	2,67	34,88	0,0020	3,46	31,98	0,00	3,67	40,80	0,01	3,75	73,67
Limit	0,0046	1,45	21,33	0,0031	1,00	14,64	0,0040	1,20	19,34	0,00	1,40	22,87	0,00	2,83	63,11
EURO 5	0,0014	<<	40,19	0,0013	0,14	47,08	0,0022	0,38	41,96	0,00	1,48	51,41	0,01	2,41	52,67
Limit	0,0046	1,45	15,36	0,0031	1,00	10,54	0,0040	1,20	13,77	0,00	1,40	16,42	0,00	2,83	36,06
EURO 6	0,0009	<<	37,00	0,0014	<<	47,71	**	**	**	**	**	**	0,00	1,69	33,97
Limit	0,0046	2,62	6,83	0,0031	1,80	4,69	0,0040	1,80	6,16	0,00	1,80	7,33	0,00	0,80	7,20

GAS	M1			N1-I			N1-II			N1-III		
	CO/CO_2	HC/CO_2	NO/CO_2	CO/CO_2	HC/CO_2	NO/CO_2	CO/CO_2	HC/CO_2	NO/CO_2	CO/CO_2	HC/CO_2	NO/CO_2
PRE EURO	0,1562	70,11	95,43	0,2933	88,44	83,11	***	***	***	0,01	10,97	107,88
EURO 1	0,0714	35,18	55,56	0,1682	111,47	38,79	0,0072	0,60	49,66	***	***	***
Limit	0,0250	5,31	65,97	*	*	*	*	*	*	*	*	*
EURO 2	0,0314	13,57	34,20	0,0025	-0,33	29,59	0,0004	2,26	36,91	***	***	***
Limit	*	*	*	*	*	*	*	*	*	*	*	*
EURO 3	0,0133	4,76	16,42	0,0392	34,41	25,93	0,0027	1,73	42,99	***	***	***
Limit	0,0210	5,29	12,80	0,0117	2,93	7,09	0,0213	3,70	8,60	0,03	4,32	10,09
EURO 4	0,0067	0,54	6,61	0,0365	16,11	8,37	0,0007	1,30	19,34	0,00	4,24	38,83
Limit	0,0090	2,61	6,74	0,0050	1,45	3,76	0,0091	1,90	4,71	0,01	2,34	5,20
EURO 5	0,0041	0,16	3,76	0,0007	<<	16,73	<<	<<	10,09	0,00	<<	40,63
Limit	0,0090	2,61	5,05	0,0050	1,45	2,82	0,0091	1,90	3,54	0,01	2,34	3,88
EURO 6	0,0020	2,06	3,87	0,0000	<<	48,60	**	**	**	**	**	**
Limit	0,0090	2,61	5,05	0,0050	1,45	2,82	0,0091	1,90	3,54	0,01	2,34	3,88

<<: The value of average emission tends to zero.

*: There is no limit to the three types of pollutant separately for Euro 1 and Euro 2 standards, the values of hydrocarbons and nitrogen oxides (HC + NOx) were added.

**: There are no vehicles for the category and standard Euro, as it enters into force in September 2015.

***: No registered vehicles for the category and Euro standard

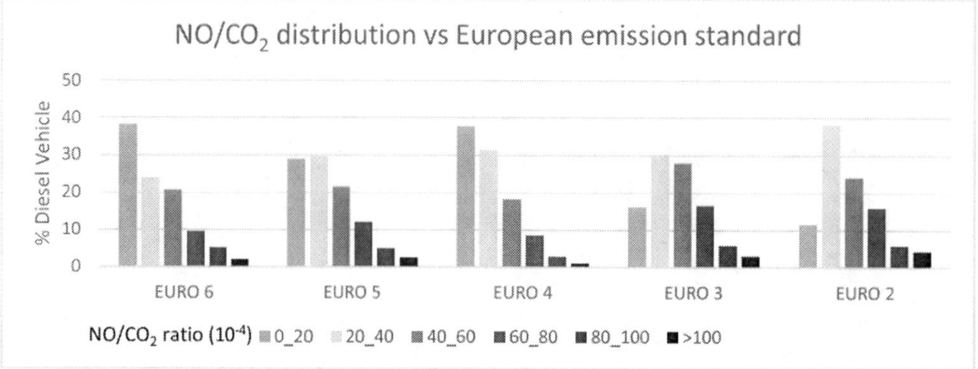

Figure 6. NO/CO2 distribution depending on European emission standard and emission range of the ratio NO/CO2 for diesel vehicles

Furthermore, as shown in Figure 6, there is a great dispersion in the NO/CO2 ratio values that is very significant. The graph shows the distribution of ratios only from Euro 2, since for the Euro 1 and PREEURO there is a no significant number of vehicles. Euro 5 has more than 40% of their vehicles with ratios that exceed the value of 40. 10-4, while the Euro 4 standard only 30% of the registered vehicles showed this behavior. From a technological point, there are differences among the abatement pollutant solutions adopted for the last three Euro standards. Oxidation catalyst and DPF was used in Euro 4, in the Euro 5, EGR, DPF and complex electronic control were the most common technologies, and finally DPF, LNT or SCR and EGR for Euro 6. Kadijk et al (2016) report that no NOx reduction in modern engines, especially Euro 5, might be the result of failing emission control at high power demand. This high dispersion in the emission ratios could point to failures in some control technologies due to cost reduction and technology differences between vehicle manufacturers. To test this hypothesis, the values of NO/CO2 ratios of diesel vehicles corresponding to the most numerous brands in the circulating fleet registered in the campaigns are shown in the following figures.

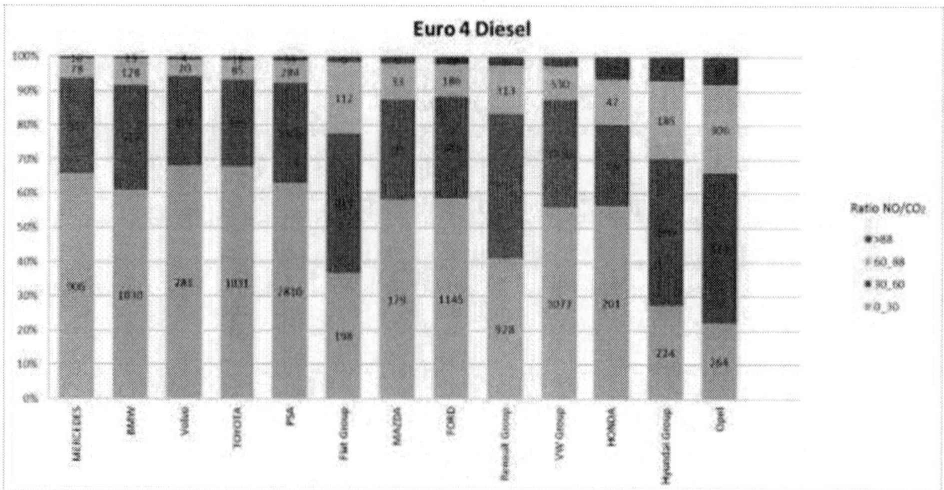

Figure 7. NO/CO$_2$ ratio distribution of diesel Euro 4 vehicle by brand. In the bars is shown the vehicle number registered of each brand and each ratio group.

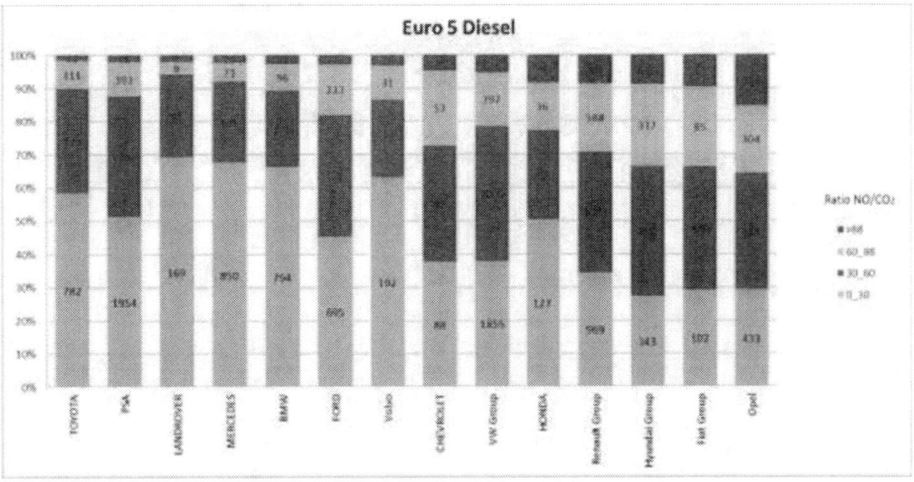

Figure 8. NO/CO$_2$ ratio distribution of diesel Euro 5 vehicle by brand. In the bars is shown the vehicle number registered of each brand and each ratio group.

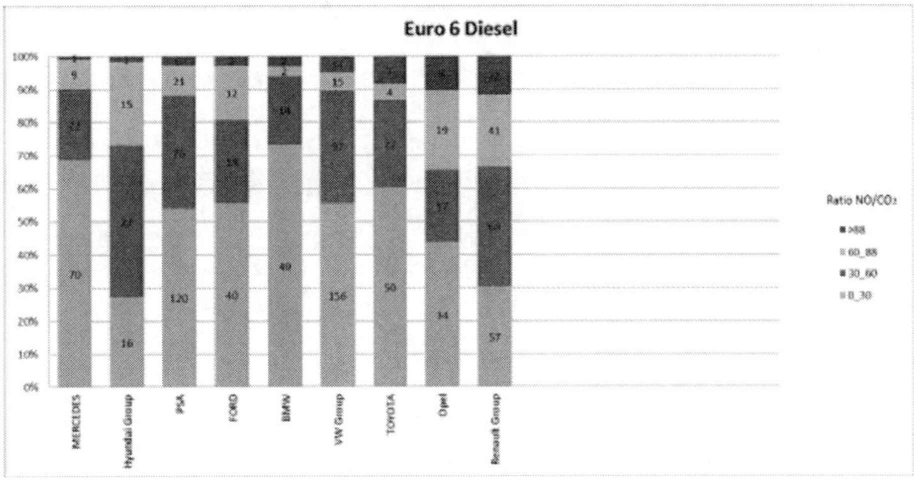

Figure 9. NO/CO$_2$ ratio distribution of diesel Euro 6 vehicle by brand. In the bars is shown the vehicle number registered of each brand and each ratio group.

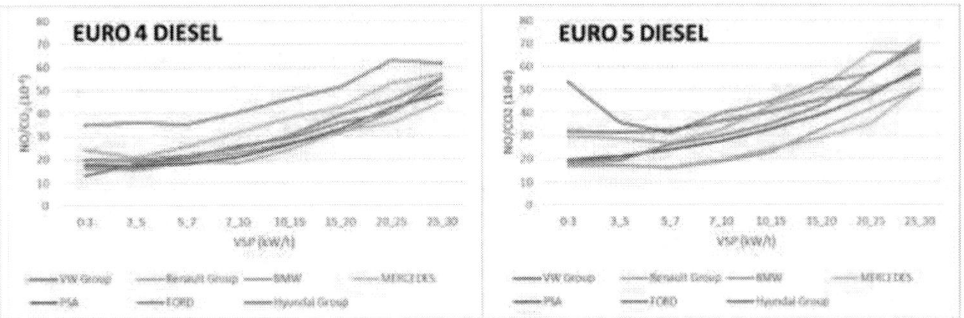

Figure 10. Average NO/CO$_2$ ratio vs VSP and brand. Only a few representative brands have been represented.

Some general remarks can be concluded from these results: Opel diesel vehicles have high emissions in all regulations (figures); Group Hyundai engines were the most pollutants with Euro 4 standard, and while remaining the most pollutants in the Euro 5 and Euro 6 standards they came closer to other manufacturers, especially with high VSP. Renault group's vehicles have high emissions, especially in the Euro 6. Mercedes, BMW and Volvo pollute the least, but with the entry of the EURO 5 standard, the difference became more evident. Ford and PSA group have average emissions in both EURO 4 and EURO 5. Volkswagen group in Euro 4 standard presents a mean NO/CO2 ratio none especially high but after the approval of Euro 5 standard its engines present a clear increase in the general pollutant level of the brand even under low VSP conditions as shown in figure 10.

Conclusions

Remote sensing has been demonstrated as an effective technology to update vehicle emission inventories, to study trends and to detect abnormalities of the circulating fleet. The emitting behavior of a representative sample of the Spanish circulating fleet has been studied with a RSD 4600 instrument in Madrid region during 2014 and 2015. One of the most relevant results of this study is related to the trends of the NO_x emissions produced by diesel cars that present clear anomalies because the average NO/CO_2 ratios do not correlate with the Euro standards and have certain dependency from the vehicle brands. In Euro 5 and Euro 6 diesel vehicles, these ratios are too high regarding the expected NO_x emission levels determined by the correspondent standards.

Given that emissions of nitrogen oxides are very high in European cities and considering that diesel vehicles are predominant in the Spanish fleet, it is necessary to deepen the study of these emissions and determine why vehicles in real traffic conditions emit more than expected.

Acknowledgments

The measurement campaigns were developed in the framework of CORETRA project funded by Fundación Biodiversidad (Ministerio de Agricultura, Alimentación y Medio Ambiente of Spain) under Grant CA 2014.

References

Bishop, G.A., Stedman, D.H., 2008. A decade of on-road emissions measurements. Environ. Sci. Technol. 42 (5), 1651-1656.

Carslaw, D.C., et al., 2011. Recent evidence concerning higher NOx emissions from passenger cars and light duty vehicles. Atmos. Environ. 45 (39), 7053-7063.

Carslaw, D.C., et al., 2013a. The importance of high vehicle power for passenger car emissions. Atmos. Environ. 68, 8-16.

Carslaw, D.C., Rhys-Tyler, G., 2013b. New insights from comprehensive on-road measurements of NOx, NO2 and NH3 from vehicle emission remote sensing in London, UK. Atmos. Environ. 81, 339-347.

Chen, Y., Borken-Kleefeld, J. (2014) Real-driving emissions from cars and light commercial vehicles - Results from 13 years remote sensing at Zurich/CH. Atmospheric Environment, 88:157-16

Fujita, E. M., Campbell, D. E., Zielinska, B., Chow, J. C., Lindhjem, C. E., DenBleyker, A., Bishop, G. A., Schuchmann, B. G., Stedman, D., Lawson, D. R. (2012) Comparison of the MOVES2010a, MOBILE6.2, and EMFAC2007 mobile source emission models with on-road traffic tunnel and remote sensing measurements, Journal of the Air & Waste Management Association, 62:10, 1134-1149, DOI: 0.1080/10962247.2012.699016

Kadijk, G., Ligterink, N., Mensch P., Smokers, R. (2016). TNO 2016 R10083 NOx emissions of Euro 5 and Euro 6 diesel passenger cars – test results in the lab and on the road. TNO report | TNO 2016 R10083 | 9 March 2016.

Kuhns, H.D., Mazzoleni, C., Moosmüller, H., Nikolic, D., Keislar, R.E., Barber, P.W., Li, Z., Etyemezian, V., Watson, J.G., 2004. Remote sensing of PM, NO, CO, and HC emission factors for on-road gasoline and diesel engine vehicles in Las Vegas, NV. Science of the Total Environment 322, 123–137.

McClintock, P, 2011. "Enhanced Remote Sensing Performance Based Pilot Program". Tiburon, CA/USA: Environmental Systems Products Inc.

Sjödin, \AA., and M. Jerksjö. 2008. "Evaluation of European Road Transport Emission Models Against On-road Emission Data as Measured by Optical Remote Sensing." In 17th International Transport and Air Pollution Conference.

Weiss, M., et al., 2011. On-road emissions of light-duty vehicles in europe. Environ. Sci. Technol. 45 (19), 8575e8581.

New outlook in BOD measurement and bioprocess management: the Enverdi® kit

Mathieu Muller[1,*], *Solenn* Bellaton[1], *Alison* Yoris[1], *Sabrina* Guérin-Rechdaoui[2], *Laurent* Clousier[1,3], and *Vincent* Rocher[2]

[1]AMS Envolure, Cap Delta, 1682 rue de la Valsière, 34790 Grabels, France
[2]SIAAP, Direction du Développement et de la Prospective, 82 avenue Kléber, 92700 Colombes, France
[3]AMS France, 10 avenue Charles de Gaulle, 95740 Frépillon, France

Abstract. Knowing the quantity and biodegradability of wastewater organic matter (OM) is really essential for the optimization of modern biological treatment processes, particularly when considering the highly challenging context for sewage treatment plant operators. However, the current standard methods for wastewater characterisation, as for 5-days biochemical oxygen demand (BOD5) measurement, OM fractionation analysis and bacterial inhibitor detection, show very poor suitability for routine operational use. In this paper, the efficiency of the commercial Enverdi® method (fluorimetric respirometry) for such analytical applications is investigated, especially for the BOD5-equivalent measurement in municipal wastewater samples. The result of numerous experiments showed that the BOD5 values obtained from the alternative Enverdi® method and the main standard methods are statistically equivalent. The analytical performances of the Enverdi® method was found similar to the standard BOD5 method specifications and perfectly matched the French regulatory requirements in force. The regulatory acceptance of this method is presently under consideration. Such an outlook would be really valuable for end-users given the main advantages of this analytical solution which is time- and space-saving, user-friendly and financially competitive. In addition to BOD5 measurement, the fluorimetric respirometry displayed very promising abilities for the OM fractionation and the detection of bacterial inhibitors in wastewater.

1 Introduction

Organic matter (OM) is one of the major pollutants in wastewater including both biodegradable and non-biodegradable fractions. Usually, the total organic matter in wastewater is described by the Chemical Oxygen Demand (COD) while the Biochemical Oxygen Demand (BOD) is used to appraise the biodegradable fraction of organic matter (BOM) [1]. In order to preserve the aquatic environments, the European authorities have established COD and BOD quality standards for controlling the effluent discharges in freshwater or in the sewer network [2]. Otherwise, the COD/BOD ratio is a well-known index to assess the organic pollution biodegradability in wastewater [1].

Besides the control of effluent conformity, the BOD measurement in wastewater is particularly crucial for sewage treatment plant (STP) operation given the wide use of biological processes in wastewater treatment. However, the analytical methods currently available for the BOD measurement drastically suffer from a lack of operational suitability. These methods are lengthy and tedious while the operation of modern STP requires a high responsiveness through fast and easy-to-use analytical tools [3-4]. In the last decades, the biological processes for wastewater treatment have substantially changed to match the stricter and stricter effluent quality standards decreed by the European authorities. Thus, the traditional activated sludge process was progressively replaced with advanced biological filters and membrane bioreactors [1, 5]. Such compact and intensive biological processes are faster and more efficient than the classic aeration tanks for pollution removal but they are also more complex to manage, costly and energy intensive. Presently, the STP operation must lead to high quality effluents while minimizing the operating cost and the environmental footprint of the treatment (energy and reagent consumption, greenhouse gas emission) [5]. Consequently, the STP operation should be continuously adapted to the wastewater characteristics but, amazingly, the analytical methods for characterisation of wastewater did not evolve in the same extent than the effluent quality standards, the biological treatment processes and the operating constraints did.

Besides faster BOD measurement, the operation of modern STP needs mathematical modelling to adjust the treatment parameters according to the wastewater characteristics. However, such models require data from advanced OM fractionation analysis to fully describe the biological kinetics during wastewater treatment [1].

* Corresponding author: mathieu.muller@envolure.com

Article available at http://cfmetrologie.edpsciences.org or https://doi.org/10.1051/metrology/201711002

Otherwise, the occurrence of bacterial inhibitors in wastewater which can affect the efficiency of biological treatment, especially nitrogen removal, should require a particular attention in highly industrialised area [6].

This article reviews the ability of the innovative Enverdi® technology, based on the fluorimetric detection of bacterial respiration, for quickly measuring the wastewater BOD. Additionally, an overview is given regarding further useful applications for bioprocess management like the biological fractionation of OM according to biodegradability criteria and the detection of bacterial inhibitors in wastewater.

1.1 BOD measurement

1.1.1 Definition and history

The BOD parameter is closely related to the effect of the organic pollution on the DO concentration in freshwater. When mineralizing BOM under aerobic conditions, heterotrophic bacteria consume the DO through the respiration mechanism. This natural process causes DO depletion but ensure the self-purification of water bodies. However, the release of high loads of BOM in freshwater can result in a harmful asphyxia of the aquatic ecosystems which decreases the biodiversity and leads to unusable and non-drinkable water resources [7].

The BOD is defined as the DO concentration, in mg $O_2.L^{-1}$, required by heterotrophic bacteria, in specified conditions, for BOM mineralization [8]. This index of water quality focussing on the biodegradable organic pollution was suggested in 1912, in UK, by the Royal Commission on Sewage Disposal [9]. Back then, the selected conditions for BOD determination were a 5 days incubation period at 18.3°C. The origin of these conditions was so unclear that the time and temperature of incubation were sharply criticized in the following years [10]. Even through alternative conditions (2 or 7 days and 15 or 27°C) were rapidly suggested, the 5 days period has persisted up to day while the temperature was standardized later at 20°C. In these conditions, 5 days at 20°C, the BOD is known as the BOD5 parameter.

1.1.2 Standard analytical methods

The main BOD measurement method for wastewater is described quite similarly in the European EN 1899-1, the international ISO 5815-1 and the American 5210-B standards. Basically, the water sample is diluted in an oxygen-saturated pH and salt buffer and seeded with bacteria in a 150 or 300 mL flask. The DO is measured at the initial time, before to hermetically close the flask, and after the incubation period in darkness. Initially the DO was measured by titrimetric analysis which was replaced later with electrochemical probes [3]. The EN and ISO standards are now considering the DO measurement using optical probes.

The "5 d / 20°C" incubation period is the most common condition used in the world. However, in some European Nordic and Baltic countries, a 7 days period at 20°C (BOD7), also described by the EN 1899-1 European standard, was adopted [4]. In India, the standard method IS 3025-44 opts for a "3 d / 27°C" incubation period resulting in similar BOD values than the "5 d / 20°C" standard method. Indeed, according to the well-known biochemical model which govern oxygen uptake by bacteria, the influence of the incubation time and temperature on the BOD value is illustrated in equation (1) [11]. At a specified temperature *T*, the *BOD(t,T)* increases exponentially over the time *t* up to the ultimate BOD value (*uBOD*) which is an intrinsic property of the analysed sample. Usually, the *BODu*, corresponding to the complete mineralization of the BOM, is reached after 15 to 30 days at 20°C while the BOD5 value represents about 60 to 70% of the *uBOD* [12].

$$BOD(t,T) = uBOD\ .\ [1- e^{-k(T)\ .\ t}] \qquad (1)$$

$$k(T) = k(20°C)\ .\ \theta^{(T-20°C)} \qquad (2)$$

On another hand, the reaction rate *k(T)* is dependant of the temperature *T* according to the equation (2), with the temperature coefficient θ showing a constant value in the range of 10-35°C [11, 13]. Whereas the reaction rate at 20°C, *k(20°C)*, is ranging from 0.20 to 0.25 d^{-1}, the *k(T)* value increases when the temperature rises, up to a maximum around 35°C for mesophilic bacteria [11-13]. This means that the BOM mineralization and the resulting oxygen uptake are faster at 27°C than at 20°C. That is why the BOD value obtained after a "3 d / 27°C" incubation period is similar to the one obtained after a "5 d / 20°C" incubation period. As shown in Fig. 1, data from the literature clearly highlights this point. Thus, a "5 d / 20°C" BOD-equivalent value could be obtained after "30 d / 5°C" or "2 d / 30°C" incubation periods as well. Inversely, the DBO value obtained after 7 days at 20°C is higher than the one obtained at the same temperature after 5 days. According to the EN 1899-1 standard, the BOD7 value is about 1.1 to 1.2 the BOD5 value.

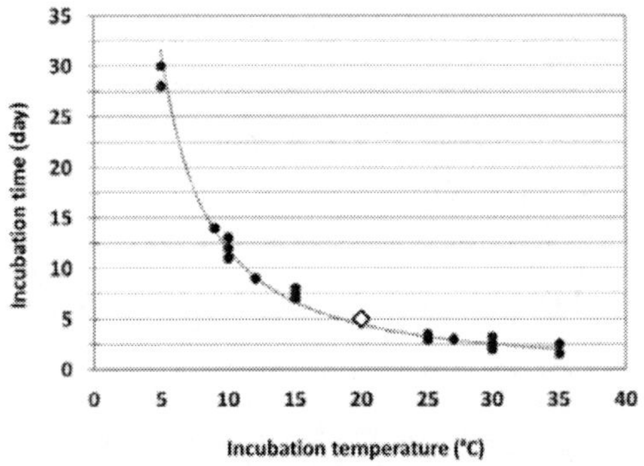

Fig. 1. Time-temperature binomials leading to a "5 d / 20°C" BOD-equivalent value according to published data [11, 13-17].

Some national standards also described a manometric method for BOD measurement as the Norwegian NS 4758 and the American 5210-D standards. In this case, the hermetically closed flask shows a gaseous headspace and oxygen uptake is appraised by the air pressure decrease in presence of sodium hydroxide pellets [3]. These pellets insure the removal of gaseous carbon dioxide resulting from bacterial respiration. In addition to a continuous measurement of oxygen uptake, the main advantage of the manometric method over the traditional approach is the wider linear range of the response. This is due to the high quantity of oxygen available for bacteria (dissolved and gaseous) while, in the traditional approach, the available oxygen is limited to the dissolved phase which is around 9 mg $O_2.L^{-1}$ at 20°C. Consequently, the manometric method requires lower sample dilution before analysis which could result in lower dilution errors. Moreover, according to the 5210-D standard, only 2 to 3 days are needed at 20°C to obtain a BOD value which is similar to the traditional BOD5. It can be assume that the higher quantity of available oxygen in the manometric method could increase the reaction rate of BOM mineralization by bacteria.

1.1.3 Regulatory framework and shortcomings

In the field of wastewater BOD measurement, the French regulation is very restrictive regarding the analytical methods. Only the EN 1899-1 standard method is allowed by the French decree dealing with wastewater treatment plant monitoring [18]. The corresponding European directive is quite less restrictive because any standard method is specified but the "5 d / 20°C" incubation period is clearly pointed out [2]. However, as detailed previously, some Nordic and Baltic countries depart from this European obligation by using the BOD7. In a similar way, in Italy, the use of the 5210-D American standard with a "5 d / 20°C" incubation period is allowed by the national regulations [19].

Whatever the method used, the 5 days incubation period required by the European directive and by most of the current standards, is fast enough for long time surveys of the STP effluent conformity. However, for an efficient management of biological treatment processes which requires highly responsive analytical tools, a 5 days incubation period is too long. Moreover, the current BOD measurement methods are really labour-intensive as well as time- and space-consuming [3-4].

1.2 Organic matter fractionation

Even though BOD is used worldwide since a long time as an index of the biodegradable organic pollution, this parameter is not sufficient enough to describe in details the BOM in wastewater. Today, a better knowledge of the wastewater OM is vital for the optimisation of modern biological treatment processes through the use of relevant mathematical models [1].

Up to now, the best way to describe the different fractions of wastewater OM is the fractionation model supplied by the Activated Sludge Model n°1 (ASM1) [20]. ASM1 splits the total OM (*tCOD*) into BOM (*bCOD*) and inert (i.e. non-biodegradable) OM (*iCOD*). In addition, the *bCOD* fraction is spitted into readily BOM (*Ss*) and slowly BOM (*Sx*). For instance, knowing the part of *Ss* and *Sx* fractions in wastewater is particularly useful for the regulation of organic substrate addition in biological post-denitrification processes.

The determination of the *bCOD* can be appraised through the measurement of the *uBOD*. The *uBOD* is usually measured by analyzing the raw wastewater using the manometric BOD method with an incubation period at 20°C, in darkness, for at least 15 days. The analysis by this same method of the filtered wastewater in similar conditions can be used to assess the *Ss* fraction but, in this case, the filter pore size could greatly influence the result. Given than *tCOD* is obtained by measuring the COD of the raw wastewater, *iCOD* and *Sx* fractions are obtained by difference between, respectively, the *tCOD* and *bCOD* fractions and the *bCOD* and *Ss* fractions. The other method commonly used for the determination of *Ss*, *Sx* and *bCOD* is measuring the Oxygen Uptake Rate of an activated sludge in presence of the wastewater sample, using an electrochemical respirometer (OUR test). In this case, *iCOD* is also obtained by difference between the *tCOD* and *bCOD* fractions [21].

Although the manometric BOD is quite easy-to-use and inexpensive, the main shortcoming is the long time required for *uBOD* measurement (> 15 d). This makes the method not suitable enough for operational applications. Inversely, the electrochemical respirometry can give results in less than 48h but this method is quite expensive and really labour-intensive.

1.3 Detection of bacterial inhibitors

The efficiency of pollution removal by biological treatment processes does not result only from the wastewater OM characteristics and the fine–tuning of the bioprocess. Indeed, some organic or inorganic compounds occurring in wastewater are able to inhibit the metabolism of the exploited bacteria or to lead to the cell lysis of these micro-organisms. Most of the time, the potential inhibitors do not occur at sufficient concentrations in municipal wastewater to generate such inhibition or cell lysis. However, in industrial wastewater and in municipal wastewater from highly industrial area, the concentrations found could be significant enough [22-23]. In order to prevent STP dysfunction in case of accidental releases of industrial effluents in municipal sewer network, or previously to authorise such release in routine, it should be relevant to assess the impact of these industrial effluents on the metabolism of the exploited bacteria. By this way, it would be possible to determine an acceptable flow rate of potential risky industrial effluents inside the municipal sewer network.

Very few methods can be easily used in the field by STP operators. The ISO 11348 or the NF T 90-320 standards described an analytical method based on the inhibition of the bioluminescence from *Vibrio sp.* Bacteria [23]. However, the relevancy of such bacterial strains which come from marine environment could be subjected to great doubts when using it in the wastewater field. The inhibition effect of wastewater components could also be appraised through the electrochemical respiratory, according to the 209 OCDE guideline, using a relevant bacterial consortia collected on a real STP [22-23]. However, as previously mentioned, this technique is too expensive and labour-intensive to be used in routine.

Consequently, the inexpediency of the current analytical methods with the operational constraints makes that the inhibitory effect of industrial effluents are rarely assessed by STP operators despite an obvious interest for this kind of analysis.

2 Fluorimetric respirometry

2.1 Origin of the method

In the first decade of the present century, a collaborative work carried out by French research institutes and universities led to a particularly innovative method to assess the biodegradability of OM by soil bacteria [24]. They used a fluorescent resazurin-based indicator, which is highly sensitive to the respiration of living organisms, in order to quantify the extent of the OM mineralization (Fig. 2). Even though this indicator was previously used for biomedical and agri-food applications [25-26], it was never use for testing the biodegradability of OM by environmental bacteria. Consequently, this invention was patented [27].

In 2010, a start-up company was founded with the goal to turn this original idea into a reliable and commercial analytical solution for BOD measurement in water sample. This development was led in collaboration with the Public Sewerage Service of the Greater Paris (SIAAP) within the framework of the Mocopee research program (www.mocopee.fr). As a result of this applied research, new patent applications was submitted in 2011 and 2015 [28-29]. Today, this product, which is sold as an analytical kit to be used in combination with a 96-wells fluorescence microplate reader, is delivered under the trademark Enverdi® by the AMS alliance group (www.amsalliance.com) in Europe, Asia and North America.

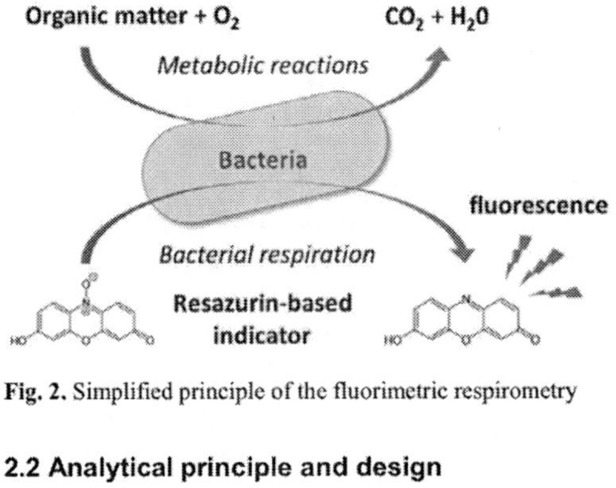

Fig. 2. Simplified principle of the fluorimetric respirometry

2.2 Analytical principle and design

The analytical principle is based on the natural mineralization of BOM by heterotrophic aerobe bacteria (Fig. 2). When OM is mineralized by such bacteria, the oxygen needed at the final respiration step could be partially replaced by the resazurin-based indicator. Actually, this indicator acts as a final electron acceptor, instead of the oxygen in the bacterial electron transport chain [26, 30-31]. When the indicator is reduced by bacteria, the original molecule is converted into a highly fluorescent product. Given that the indicator reduction is proportional to the bacterial oxygen uptake, the bacterial respiration activity can be quantify through fluorescence intensity measurement [32-34]. This analytical approache can be used to assess the positive or negative effect of a particular substance or an unknown mixture on the bacterial respiration. Exploiting the positive effects we can measure a BOD5-equivalent and achieve OM fractionation analysis while the detection of bacterial inhibitors relies on the negative effects. Calibration standards of known BOD5 values and blank controls are analysed together with the samples in order to convert the fluorescence intensity into exploitable results (e.g. BOD5-equivalent and OM fractions in mg of $O_2.L^{-1}$ or EC50 inhibition index in mg of inhibitors.L^{-1}). The BOD5 of the calibration standards is determined using the EN 1899-1 standard method.

Thanks to this innovative detection method, the developed analytical solution was easily miniaturised inside a 96-wells microplate which is a standard in numerous analytical field (molecular biology, medical diagnostic, microbiology). Actually, each well of the microplate acts as a mini-bioreactor. Due to the miniaturisation, it was highly conceivable to increase the incubation temperature from 20 to 30°C to faster the bacterial mineralization of OM (as explained previously in 1.1.2). Moreover, given that the bacterial respiration is not measured through DO or pressure measurements in the surrounding environment, it was not necessary to hermetically close the wells of the microplate. Consequently, there is absolutely no limitation of the bacterial metabolism by the DO availability since atmospheric oxygen continuously feeds the wells. In these conditions, up-to 96 samples can be analysed simultaneously and results, such like BOD5-equivalent, OM fractions or EC50 index, can be obtained faster than with the usual standard methods. In addition, incubation and agitation of the microplate can be achieved directly in the fluorescence microplate reader. By this way, bacterial respiration can be continuously measured during the time of the test, providing the highest possible responsiveness for operational application in STP.

2.3 Analytical protocol

The commercial Enverdi® kit is available for the BOD measurement of municipal wastewater samples (inflow and outflow of municipal STP). This kit contains the resazurin-based reagent, the buffer solution, the calibration standards and some consumables required for the test (96-wells microplates, microplate films, syringes and filters). The pH and salt buffer solution supplied in the kit is quite similar to the one described in the EN 1899-1 standard. When required, the samples are diluted in a 50-fold diluted buffer (according to the sample

COD) and the pH is adjusted between 6 and 8. Then, the sample are pre-treated to inhibit the activity of indigenous bacteria by heating them at 120°C for 10 min followed by cooling them at 4°C for 10 min. By this way, all the samples, calibration standards and quality controls are inoculated in a similar manner. During this time, the bacterial inoculum is prepared by filtering a freshly collected raw wastewater at 1.2 µm. Afterwards, the wells of the microplate are filled with 20 µL of the resazurin-based reagent, 60 µL of the buffer solution, 170 µl of a calibration standard or a pre-treated sample or a quality control, and 20 µL of the raw wastewater filtrate as inoculum. The microplate is immediately sealed with a gas permeable film which permits the oxygen transfer but limits the water evaporation. The fluorescent intensity is recorded every 30 min for 48h when the incubation and agitation of the microplate are carried out inside the microplate reader or every 24h for 48h when external incubation in preferred (e.g. multi-plate analysis using one microplate reader). Calibration and sample quantification are processed automatically through a dedicated computing program. As suggested by the EN 1899-1 and the 5210-B standards, a glucose-glutamic acid mixture can be used as a routine quality control when measuring BOD5-equivalent.

Analytical kits for OM fractionation analysis or bacterial inhibitor detection are not commercialized yet. These analytical applications are under development in collaboration with the SIAAP. The analytical protocol for OM fractionation is quite similar except that the calibration standards was completed with a very slowly biodegradable hemi-cellulosic compound in addition to the readily and slowly carbohydrates and proteins used for BOD5 calibration. As a consequence, the incubation period is extended by 24h to reach 72h in total. Bacterial inhibitor detection is achieved under both inoculum and organic substrate overloaded conditions. The occurrence of inhibitors in wastewater in appraised by spiking different quantity of the wastewater sample in the organic substrate-bacteria mixture. Usually, an incubation period lower than 24h is sufficient to observe inhibition or biocide effects. The final fluorescence intensity is compared to a non-inhibiting control and an EC50 inhibition index can be determined by building the dose-response curve.

3 Method validation for BOD analysis

3.1 Initial validation with pilot end-users

In 2014, a first work was published regarding the BOD result equivalence between the Enverdi® kit and the main BOD5 standard methods (EN 1899-1 and 5210-B) [35]. Around a hundred of municipal wastewater samples were collected and analysed by the SIAAP (Greater Paris, France) and the MMSD (Milwaukee Metropolitan Sewerage District, USA). The results obtained from the Enverdi® and standard methods were compared using different statistical tests according to the international ISO/TS 16489 standard. All these statistical tests showed no significant differences between BOD results obtained from the fluorimetric respirometry and DBO5 values obtained from the European and American standard methods. This conclusion was confirmed later through another comparison study which was published in 2015 [36]. Considering 261 municipal wastewater samples collected and analysed by 4 laboratories (3 in France and 1 in USA), no significant differences were found again. The results obtained from 393 municipal wastewater samples collected and analysed from 2013 to 2016 by 6 laboratories (5 in France and 1 in USA) are shown in Fig. 3. Using the same statistical tests than in the previously published papers, we showed that the y-intercept of the regression curve ($r^2 > 0.94$) was not significantly different from 0 with a 95% confidence interval (95% CI) of [-3; 5] and that the slope was not significantly different from 1 with a 95% CI of [0.98; 1.02]. These results proved the absence of, respectively, systematic and proportional bias between the results obtained from both analytical approaches. Based on the Bland and Altman test, similar conclusions can be made. The correlation curve between the normalized error and the average BOD5 of the samples ($r^2 = 0.01$, not illustrated) displayed a slope which was not significantly different from 0 with a 95% CI of [-0.0002; 0.0424]. Besides, the median normalized error of the Enverdi® BOD against the standard BOD5 values was equal to 0 and the average normalized error was not significantly different from 0 with a 95% CI of [-5; 0.3]. Consequently, when using the Enverdi® kit, no significant over- or underestimation of the BOD5 result was detected. With a p value of 0.8 ($\alpha = 0.05$), the Wilcoxon test reinforced the fact that the differences between the results from both methods are really negligible.

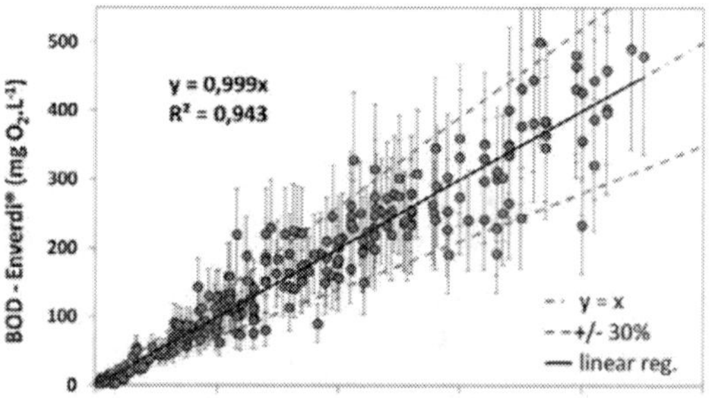

Fig. 3. Correlation between the Enverdi® DBO results and the standard DBO5 values obtained from the analysis of 393 municipal wastewater samples. The "+/- 30%" dashed lines illustrate the expanded uncertainty range of the standard BOD5 methods.

The statistical comparison of the BOD results obtained by the Enverdi® and the standards method on quite 400 samples of municipal wastewater clearly showed a strong equivalence. For about 98% of the analysed samples, the Enverdi® DBO result felt in the uncertainty range of the standard methods. This conclusion is consistent with the previous studies carried out with lower sample populations [35, 36]. In addition, this equivalence demonstration is based on analysis performed over long time periods (from several months to 1 year), in different locations in France and USA, with sample BOD5 values ranging from 3 to 500 mg $O_2.L^{-1}$. As a consequence, this comparison takes in account the potential geographical and temporal variability of the wastewater characteristics, including the metabolic properties of the bacterial consortia used as inoculum, as well as the diversity of practices and skills occurring in laboratories. Otherwise, the strong equivalence between the Enverdi® BOD, obtained after a "2 d / 30°C" incubation period, and the standard BOD5, obtained after a "5 d / 20°C" incubation period, is in accordance with the time-temperature binomials studies carried out by other researchers using the standard method (Fig. 1). This strong equivalence also confirms concomitant works showing that the fluorescence intensity resulting from the reduction by bacteria of a resazurin-based reagent is clearly correlated to the bacterial oxygen uptake for BOM mineralisation [32-34].

Additionally to the equivalence studies between the Enverdi® BOD results and the BOD5 values obtained from standard methods, the analytical specifications of the Enverdi® BOD kit were assessed. This work was carried out by two different laboratories in France according to the validation standards in force in the water quality field (NF T90-210 and ISO 11352). The analytical specifications are summarized in Table 1. Such results match the European and French regulation requirements and are comparable to the analytical specifications of the EN 1899-1 standard method. Regarding the calibration range, wastewater samples can be analysed without dilution by the Enverdi® method up to BOD5 values of 90 $mgO_2.L^{-1}$. Comparatively, considering the DO limitation of the standard method, the recommended dilution factor for a BOD5 value of 90 $mgO_2.L^{-1}$ is around 20. The absence of DO limitation in the Enverdi® method leads to a larger linear calibration range and 20-fold lower sample dilutions. Consequently, the calibration range of the Enverdi® method could greatly reduce the risk of dilution errors.

Table 1. Analytical specifications of the Enverdi® BOD kit.

Specification tested	Result
Limit of quantification *NF T90-210*	3 mg $O_2.L^{-1}$
Calibration range *NF T90-210*	*linear up to :* 90 mg $O_2.L^{-1}$
Accuracy *NF T90-210*	*satisfactory at :* 3, 9, 15, 37, 50, 160 mg $O_2.L^{-1}$
Expanded uncertainty *ISO 11352*	*from 3 to 6 mg $O_2.L^{-1}$:* ± 1.8 mg $O_2.L^{-1}$ *above 6 mg $O_2.L^{-1}$:* ± 30%

To complete the validation of the fluorimetric respirometry for BOD5 measurement, four analysis were realized within the framework of inter-laboratory comparisons (ILC) run by two French accredited bodies (A and B). Three of these ILC were based on real municipal wastewater samples with BOD5 values at 6, 67 and 168 $mgO_2.L^{-1}$ (Fig. 4). In these conditions, highly satisfactory z-score (< ± 1) were obtained for both the Enverdi® kit and the standard method. For unidentified reasons, the last ILC, based on a spiked municipal wastewater at 40 $mgO_2.L^{-1}$, led to unsatisfactory z-score for the Enverdi® kit while the standard method matched the laboratory average value (not illustrated). Nevertheless, further internal studies, involving different bacterial inocula, collected in different locations in France and during different seasons, have ascertained the efficiency of the Enverdi® BOD kit to accurately quantify such spiked municipal wastewater samples at 25 and 50 $mgO_2.L^{-1}$ (not illustrated).

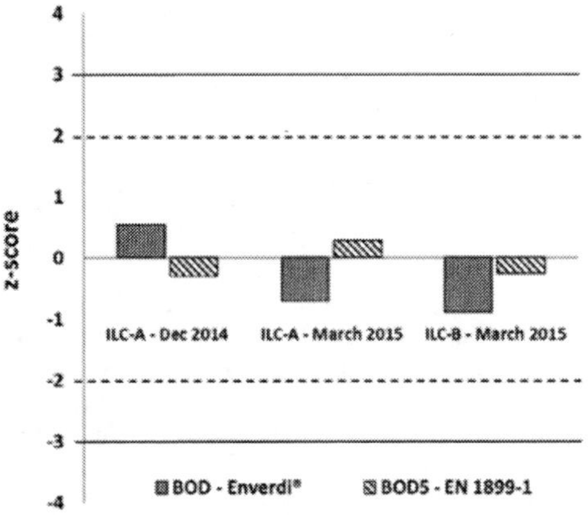

Fig. 4. Results of inter-laboratory comparisons including both Enverdi® BOD and EN 1899-1 standard analysis of real municipal wastewater samples. Satisfactory results were obtained when the z-score range from -2 to 2.

The initial validation of the Enverdi® method for BOD5 measurement which involved pilot end-users was really successful. Result equivalence with the standard methods and high analytical performances on municipal wastewater was clearly shown.

3.2 final validation for regulatory acceptance

Despite the good results obtained during the 4 years initial validation, the routine use of the Enverdi® kit by laboratories for BOD5 measurement was stopped by the French and European regulatory framework. Indeed, only the EN 1899-1 standard is allowed in France and any procedure exists for the regulatory acceptance of innovative methods in the field of water analysis. In order to address such shortcomings, the French authorities started a new program in 2016 called "France Experimentation". Thanks to this program, based on an article of the French constitution, temporary decrees can be adopted by derogation to experiment innovative methods, processes or services and assess the effect of future regulation changes. Thus, such a decree will be published in 2017 for the national experimentation of the BOD monitoring in municipal STP through the fluorimetric respirometry. In agreement with the European regulations, the experiment will last for 2 years and will concern the municipal STP located in four of the six hydrographic districts of the mainland France. The laboratories taking part in this experiment must be accredited on the standard BOD5 method. After preliminary characterisation and validation assays (analytical specifications, result equivalence and ILC), the involved laboratories will be able to substitute the EN 1899-1 standard method with the Enverdi® BOD method for up to 50% of the BOD5 inspections required by the French regulation in municipal STP. Both methods will be alternated at least monthly (or more frequently if possible) in order to avoid bias due to seasonal variations or changes in STP operation. This experiment will be overseen and appraised by a special national committee. If the results are satisfactory, the experimental regulation could be fully and durably included in the French regulations. Consequently, the innovative method could be use in routine by laboratories for BOD5 measurement in municipal STP.

3.3 Limitations and further improvements

Regarding the biological interference due to nitrifying bacteria using the Enverdi® method, comparative analysis were performed with and without allylthiourea (ATU). No significant differences were found between results obtained from both protocols over a variety of real STP samples (inflow and outflow) and standard solutions (not illustrated). This means that the nitrifying bacteria show insignificant activity before 48h when incubated at 30°C. This conclusion is consistent with previous published results indicating that, even though 30°C is an optimal temperature for nitrifying bacteria, nitrification does not start before the seventh day in DBO tests carried out at such temperature [13].

Besides, no significant chemical interferences with the resazurin-based reagent were found for a large panel of chemicals at expected concentrations in municipal wastewater or STP effluents (not illustrated). This panel included metals, salts, nutrients and organic surfactants. However, in industrial wastewater, some of these chemicals could occur in sufficient concentration to induce bias in BOD measurement. For such samples, preliminary studies should be carefully realized previous to use the Enverdi® kit in routine. Nevertheless, consistent results were obtained when measuring BOD5-aquivalent of industrial wastewaters in fluorimetric respirometry, particularly with paper mill effluents, agri-food effluents and landfill leachates. The Enverdi® BOD kit was used with success for the BOD5 measurement of pig slurry samples also [37].

Samples with high content of particulate matter, like pig slurries, must be homogenised before analysis by dispersing the particulate fraction (as recommended by the EN 1899-1 standard). However, such a pre-treatment is useless for municipal wastewater samples. Indeed, given the microvolumes used with the Enverdi® method, the representativeness of the test sample is of particular concern. However, the results of Enverdi® BOD analysis on different granulometric fractions (< 0.1 μm, < 1 μm and total) of a municipal wastewater from the Greater Paris (collected at three different dates: I, II and III) perfectly matched the BOD5 results obtained with the standard method on the same fractions (Fig. 5). These results proved that the Enverdi® kit is rigorously sensitive to the particulate BOM which is mineralized during the BOD5 analysis and that the test sample microvolume is representative enough.

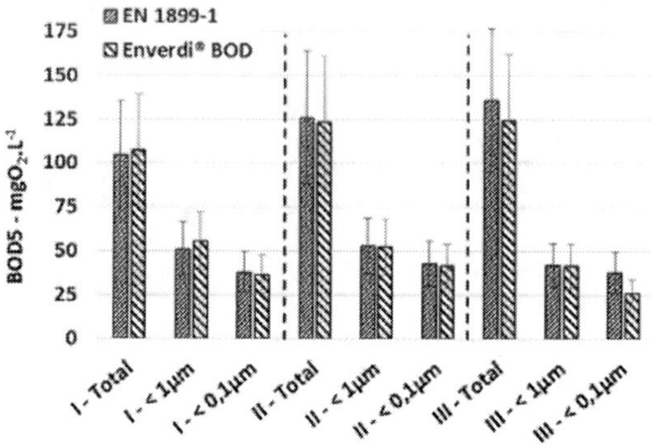

Fig. 5. Results of Enverdi® BOD and EN 1899-1 standard analysis on different granulometric fractions (< 0.1 μm, < 1 μm and total) of the same municipal wastewater sample collected at three different dates (I, II and III). Error bars = expanded uncertainty (± 30%).

Up to now, the Enverdi® method is not sensitive enough for BOD measurement in freshwater. For that purpose, the limit of quantification (LOQ) should be 0.5 $mgO_2.L^{-1}$ while the current LOQ is 3 $mgO_2.L^{-1}$. However, a more sensitive version of the Enverdi® BOD kit, especially designed for freshwater analysis, is under development. A first porotype will be available for pilot tests at the end of 2017.

Two other improvements are currently investigated. The first issue is about the automatization of the analytical protocol including both sample dilutions and microplate preparation. In addition to be time-saving, such a technical outlook could greatly contribute to reduce the dilution and operator errors resulting in more accurate results. The second issue deals with the development of a standard bacterial consortium for sample inoculation. Indeed, the commercial freeze-dried inocula currently available for BOD5 measurement (e.g. PolySeed® supplied by InterLab® is the most common in France) are not efficient enough to be used with the Enverdi® kit. Even though such products perfectly work under the standard conditions, the bacteria found in these products are probably not adapted to the Enverdi® conditions (i.e. short incubation period at 30°C). Moreover, preliminary acclimation periods did not improve their capacities. Consequently, a standard inoculum solution, especially designed for the Enverdi® BOD kit, was developed and will be available for pilot tests at the end of 2017. This standard inoculum could be used with the standard BOD5 methods as well.

4 Applications for bioprocess operation

4.1 Organic matter fractionation

Besides the BOD5-equivalent measurement, the fluorimetric respirometry could be used for wastewater OM fractionation according the ASM1 fractionation model (see 1.2). In 2016, within the framework of the Mocopee research program, three different analytical methods were compared for that purpose. Analysis were carried out on a wastewater from the Greater Paris collected at three different dates (February, March and April). The analytical methods used were the manometric respirometry (i.e. manometric BOD), the electrochemical respirometry (i.e. OUR test) and the fluorimetric respirometry (Enverdi®). Both manometric and electrochemical respirometric methods were performed at 20°C for, respectively, 15 and 2 days. The fluorimetric respirometry was performed at 30°C for 3 days. No wastewater filtration was required in electrochemical respirometry while filtrations at 0.1 and 1 µm were applied for *Ss* determination using the manometric and fluorimetric methods. Oxygen demand of each fractions was expressed as a percentage of the *tCOD*. The OM fractionation profiles obtained by each of these methods are illustrated in Fig. 6.

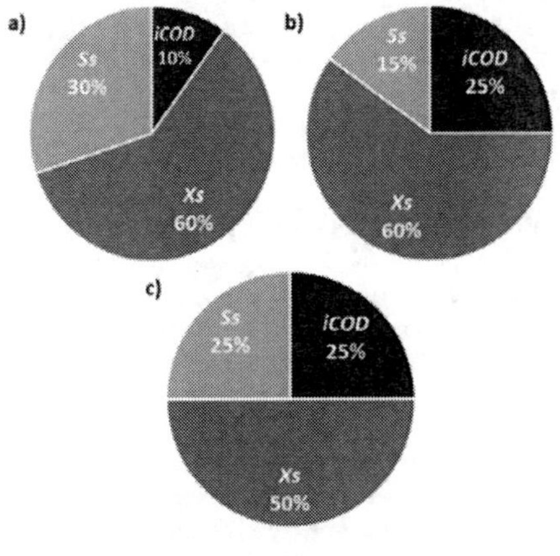

Fig. 6. Results of wastewater OM fractionation analysis using the manometric respirometry (a), the electrochemical respirometry (b) and the fluorimetric respirometry (c). The oxygen demand of each fractions is expressed as a percentage of the *tCOD*. Each OM fractionation profile results from three experiments carried out with the same wastewater collected at three different dates.

The results showed that the OM fractionation profile obtained with the Enverdi® method is consistent with the ones obtained by the reference methods. Both electrochemical and fluorimetric methods led to *bCOD* and *iCOD* fraction counting for, respectively 75% and 25% of the *tCOD*. Comparatively, *bCOD* counted for 90% using the manometric respirometry while *iCOD* counted for only 10%. The *Ss* and *Xs* fractions found with Enverdi® are quite similar to the ones obtained by the manometric respirometry (respectively, 25 and 50% versus 30% and 60%). Inversely, the *Ss* fraction counted for only 15% with the electrochemical respirometry. To sum-up, both electrochemical and fluorimetric approaches tend to underestimate the *bCOD* fraction but, unlike the electrochemical respirometry, the bias with Enverdi® is constant over the different campaigns and could be supressed using a correction factor. Nevertheless, the *Ss/Xs* ratio found with Enverdi® is similar to the one found with the manometric method (around 1:2). This ratio is significantly different when using the electrochemical respirometry (around 1:4). Thus, even though improvements should be made to match better the fractionation profile obtained from the manometric method, the results obtained by Enverdi® are in the same order of magnitude than the ones obtained by the main reference methods. In addition, the Enverdi® protocol is much faster than the manometric respirometry and largely less tedious, expensive and time consuming than the electrochemical respirometry. Thus, the wastewater OM fractionation through the Enverdi® method constitutes an interesting compromise between result accuracy and operational suitability.

4.2 Detection of bacterial inhibitors

The use of resazurin-based reagents for the detection of biocide or metabolic inhibition effects is not really a new issue. This application is common in the bio-medical field [38-40] and progressively arises in environmental research [41-43]. Even in wastewater treatment some investigations were made [34] but knowledge about it is still poor. Consequently, in collaboration with the SIAAP, the application of the Enverdi® method for the detection and assessment of inhibitory effects in wastewater was studied. First of all, the Enverdi® method was compared to the electrochemical respirometry as a reference method using standard solutions of inhibitors at different concentrations. As an example, the EC50 index of copper ion and 3,5-dichlorophenol (3,5DCP) on activated sludge activity is shown in Fig. 7. For each compounds, three analysis were performed at different dates using for both methods a fresh sample of activated sludge collected from a STP in the Greater Paris.

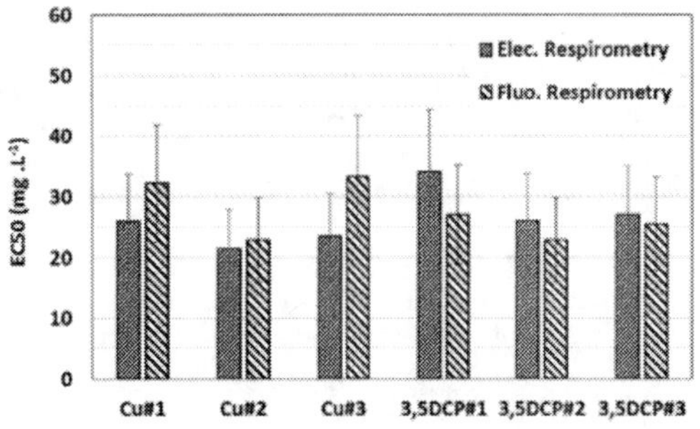

Fig. 7. EC50 index of copper ion (Cu) and 3,5-dichlorophenol (3,5DCP) on activated sludge activity obtained by the electrochemical respirometer (Elec. Respirometry) and the Enverdi® method (Fluo. Respirometry). Error bars = expanded uncertainty (± 30%).

These results showed that the EC50 index obtained by the two methods are quite similar, ranging from 20 to 35 mg.L^{-1} for both inhibitors. Further experiments are planned for 2018 in order to complete this comparison with real industrial wastewater samples. Moreover, the extrapolation of the test result to a real biological treatment process will be investigated more accurately. Nevertheless, the fluorimetric respirometry could be a relevant alternative to the electrochemical respirometry for the detection and assessment of biocide inhibitory effects in wastewater. In addition, this method is much less tedious and costly than the reference method.

5 Conclusions

Given the operational challenges for STP operators due to high quality freshwater, energy saving and global warming control demands at once, the optimization of biological treatment processes according to wastewater characteristics is a major issue. For such optimization, STP operators need fast and easy-to-use analytical methods as well as finely tuned mathematical models. Particularly, the BOD measurement, the OM fractionation and the bacterial inhibition effect detection are essential. In this paper, we shown that the fluorimetric respirometry, commercialized as a patented analytical kit under the trademark Enverdi®, constitutes a very interesting solution to satisfy these needs. The result equivalence of the Enverdi® BOD kit in comparison with the main standard BOD5 methods have been clearly demonstrated on municipal wastewater and effluents. This alternative method has shown satisfactory analytical performances on such samples as well. Further improvements will enable soon the analysis of freshwater samples, the use of a standard bacterial consortium as inoculum and the complete automatization of the analytical protocol. Besides the scientific and technical aspects, the next step is the regulatory acceptance in France, in accordance with the European directives, which is essential to hope for a routine use in laboratories. For this goal, we feel very confident about the success that will be met by the imminent 2-years experiment under the French authorities' supervision.

In addition to the BOD5 measurement application, this technology has shown promising abilities for wastewater OM fractionation according to the ASM1 fractionation model as well as for detection and assessment of bacterial inhibitory effects in municipal STP inflow and in industrial wastewater. Such supplementary applications could be very useful to reach an optimal operation of biological treatment processes in municipal STP.

The major advantages of the fluorimetric respirometry in comparison to the standard methods currently used for each applications investigated is mainly the time- and space-saving, the low investment required as well as the user-friendliness.

The authors are grateful to Laure Menjou, Jean-Francois Moisan, Audrey Janot, Perrine Meche, Amandine Bavouzet, Jean Bernier and Jialu Zhu from the SIAAP for their great technical and scientific contribution to this work. We are thankful to Yves Dudal, Romy-Alice Goy, Nathalie Pautremat, Audrey Magnin, Margot Rodriguez and Vincent Ferrandini which were valuable and vital collaborators to succeed. We also thank André Pauss from the Technical University of Compiegne (UTC) for its scientific advice. Finally, we acknowledge the research program "MOCOPEE" (MOdeling, Control and Optimization of wastewater treatment ProcEssEs) for its financial support as well as the French National Institute for Agricultural Research (INRA) for the benefit from the exclusive licence patent agreement.

References

1. M. Henz. *Biological Wastewater Treatment: Principles Modelling and Design* (IWA Publishing, London, 2008).
2. Council Directive 91/271/EEC. *Urban wastewater treatment* (JO L 135, p. 40–52, 1991)
3. S. Jouanneau, L. Recoules, M.J. Durand, A. Boukabache, V. Picot, Y. Primault, A. Lakel, M. Sengelin, B. Barillon, G. Thouand. Water Research, **49**, p. 62-82 (2014).
4. J. Liu, B. Mattiasson. Water Research, **36**, p. 3786-3802 (2002).
5. S. Azimi, V. Rocher. Water Practice and Technology, **12**, p. 104-116 (2017).
6. R. D. Tyagi, D. Couillard. The Canadian Journal of Chemical Engineering, **66**, p. 97–106 (1988).
7. R.M. Harrison. *Pollution: Causes, Effects and Control* (Royal Society of Chemistry, Cambridge, 2001).
8. D. Mara, N.J. Horan. *Handbook of Water and Wastewater Microbiology* (Academic Press/Elsevier, London, 2003).
9. Royal Commission on Sewage Disposal. *Treating and disposing of sewage. Final report* (Her Majesty's Stationery Office, London, 1915).
10. H.T. Calvert. Journal of the Society of Chemical Industry, **32**, p. 265–274 (1913).
11. M.P. de Matos, A.C. Borges, A.T. de Matos, E.F. da Silva, M.A. Martinez. Engenharia Agrícola, **34**, p. 332-340 (2014).
12. A. van Haandel, J. van der Lubbe. *Handbook of Biological Wastewater Treatment: Design and Optimisation of Activated Sludge Systems* (IWA Publishing, London, 2012).
13. A.E. Zanoni. Water Research, **1**, p. 543-566 (1967)
14. S.S. Dhage, A.A. Dalvi, D.V. Prabhu. Environmental Monitoring and Assessment, **184**, p. 5301–5310 (2012).
15. E. J. Theriault. US Public Health Reports, **41**, p. 207-217 (1926).
16. E. J. Theriault. US Public health Bulletin, **173** (1927).
17. H.B. Gotaas. Sewage Works Journal, **20**, p. 441-477 (1948).
18. French Decree DEVL1429608A. *Relatif aux systèmes d'assainissement* (JORF 0190, p. 14457, 2015).
19. S. Cavalieri, V. Giacomelli, M. Mazzoni. *I macrodescrittori del decreto legislativo 152/99.*

Rassegnat Dei Metodi Analitici e di camionamento (Agenzia Nazionale per la Protezione dell'Ambiente, Roma, 2000).
20. M. Henze, W. Gujer, T Mino, M. van Loosdrecht. *Activated Sludge models ASM1, ASM2, ASM2d and ASM3* (IWA Publishing, London, 2000).
21. S. Gillot, J.M. Choubert. Water Science and Technology, **62**, p. 630-639 (2010).
22. V. Surerus, G. Giordano, L.A.C. Teixeira. Brazilian Journal of Chemical Engineering, **31**, p. 385-392 (2014).
23. P. Foladori, L. Bruni, S. Tamburinic. Journal of Hazardous Materials, **280**, p. 758–766 (2014).
24. Y. Dudal, R. Holgado, K. Knoth, M. Debroux. Analytical and Bioanalytical Chemistry, **384**, p. 175–179 (2006).
25. J. O'Brien, I. Wilson, T. Orton, F. Pognan. European Journal of Biochemistry, **267**, p. 5421-5426 (2000).
26. S.N. Rampersad. Sensors, **12**, p. 12347-12360 (2012).
27. Y. Dudal, E. Guillon, L. Dupont, H. Quiquanpoix, J.L. Boudenne. European Patent **1844330** (2007).
28. N. Pautremat, R.A. Goy, Z. El Amraoui, Y. Dudal. European Patent **2597461** (2013).
29. M. Muller, R.A. Goy, A. Yoris, A. Magnin, Y. Dudal. International Patent **2016184848** (2016).
30. E.M. Larson, D.J. Doughman, D.S. Gregerson, W.F. Obritsch Investigative Ophthalmology & Visual Science, **38**, p 1929-1933 (1997).
31. D. Karakashev, D. Galabova, I Simeonov. World Journal of Microbiology & Biotechnology, **19**, p 233–238 (2003).
32. R. González-Pinzón, R. Haggerty, D.D. Myrold. Journal of Geophysical Research, **117**, p 1-10 (2012).
33. R. González-Pinzón, M. Peipoch, R. Haggerty, E. Martí, J.H. Fleckenstein. Ecohydrology, **9**, p 93-100 (2015).
34. B.P. McNicholl, J.W. McGrath, J.P. Quinn. Water Research, **41**, p 127–133 (2007).
35. M. Muller, S. Bouguelia, R.A. Goy, A. Yoris, J. Berlin, P. Meche, R. Rocher, S. Mertens, Y. Dudal Environmental Science and Pollution Research. **21**, p. 13642-13645 (2014).
36. A. Magnin, M. Muller, A. Yoris, S. Guérin, V. Rocher, Y. Dudal. *17th International Congress of Metrology* (EDP Sciences, Les Ulis, 2015).
37. J. Nehmtow, J. Rabier, R. Giguel, B. Coulomb, A.M. Farnet, C. Perissol, A. Alary, I. Laffont-Schwob. Environmental Science and Pollution Research, **23**, p 16383–16395 (2016).
38. N. Lall, C.J. Henley-Smith, M.N. De Canha, C.B. Oosthuizen, D. Berrington. International Journal of Microbiology, doi:**10.1155/2013/420601** (2013).
39. A. Gahlaut, A.K. Chhillar. International Journal of Pharmacy and Pharmaceutical Sciences, **5**, p. 372-376 (2013).
40. M.J. Natto, F. Savioli, N.B. Quashie, C. Dardonville, B. Rodenko, H.P. de Koning. Journal of Antimicrobial Chemotherapy, **67**, pp. 933-943 (2012).
41. P.B. Fai, A. Grant. Chemosphere, **74**, p. 1165–1170 (2009).
42. P.B. Fai, A. Grant. Chemosphere, **75**, p. 289–296 (2009).
43. R.N. Montagnolli, P.R.M Lopes, E.D. Bidoia. Archives of Environmental Contamination and Toxicology, **68**, p. 342–353 (2015).

Production and validation of primary carbon dioxide reference standards at INRIM

Francesca Rolle[1,*], *Francesca* Pennecchi[1], *Enrica* Pessana[1] and *Michela* Sega[1]

[1]Istituto Nazionale di Ricerca Metrologica (INRIM), Strada delle Cacce 91, 10135, Torino, Italy

Abstract. The accurate and reliable determination of carbon dioxide (CO_2) levels in atmosphere is important for the role of this gas in the greenhouse effect. In addition, the rising level of CO_2 absorbed by the oceans from the atmosphere causes an acidification of the marine waters, with fallouts on the global ecosystem. In this framework, the application of the metrological concepts is necessary to assure the reliability of the measurement results. At INRIM, activities for the preparation and verification of CO_2 primary reference mixtures are carried out. A facility for the production of primary CO_2 standards by gravimetry has been used since 2004. Due to the huge amount of gas mixtures that are needed to cover different ranges of molar fractions during the calibration of instrumentation, a new system for dynamic dilution was recently set up. An overview of the above-mentioned activities, with a focus on some crucial issues related to mixture verification and stability studies, is presented in this work.

1 Introduction

The accurate and reliable determination of carbon dioxide (CO_2) levels in atmosphere is important for the role of this gas in the greenhouse effect: the monitoring of CO_2 trends is fundamental to obtain significant information about the current pollution levels and the future trends on a global scale. The choice of addressing the metrological traceability of CO_2 measurement results derives from CO_2 relevance for the World Meteorological Organisation (WMO), an intergovernmental organisation that promotes observation of atmospheric environment through programmes such as the "Global Atmosphere Watch" (GAW) [1].

At the same time, the rising level of atmospheric CO_2 results in a higher amount of CO_2 absorbed by the oceans, causing an acidification of the marine waters, with fallouts on the global ecosystem [2]. The partial pressure of CO_2 (pCO_2) in seawater is considered an Essential Climate Variable which can be monitored in situ with networked sensors. In this framework it is fundamental the establishment of metrologically sound approaches to assure the reliability of pCO_2 measurement results.

The availability of suitable reference standards and proper analytical procedures represents the basis for a reliable quantification of CO_2 in both the environmental compartments. This work presents the activities carried out at INRIM in this framework focusing on some crucial issues related to mixture verification and stability studies.

2 Experimental activity

At INRIM, CO_2 primary reference mixtures are prepared and verified. A facility for the production of primary CO_2 standards by gravimetry has been used since 2004 [3]. Primary reference mixtures of CO_2 in matrices of nitrogen (N_2) or synthetic air are prepared by gravimetry in high pressure cylinders of aluminium alloy, having an internal volume of 5 L. Figure 1 shows two primary reference gas mixtures produced at INRIM.

A system for dynamic dilution was recently set up [4] to cover different ranges of molar fractions both for instrument calibration and gravimetric mixture verifications.

The CO_2 mixtures are prepared in a wide range of molar fractions, from 50 µmol mol^{-1} up to 15 cmol mol^{-1}. Particular interest is paid to the preparation of CO_2 reference gas mixtures at ambient level, thus covering the molar fraction range (50-1000) µmol mol^{-1}. The relative standard uncertainty associated with these mixtures decreases with increasing molar fraction and is in the range (0.5-0.01) %, for both the primary methods.

* Corresponding author: f.rolle@inrim.it

Article available at http://cfmetrologie.edpsciences.org or https://doi.org/10.1051/metrology/201711003

Fig. 1. Primary reference gas mixtures of CO_2 in synthetic air gravimetrically prepared at INRIM.

2.1 Primary methods for the preparation of reference gas mixtures

2.1.1 Gravimetry

Gravimetry is a primary method which is used for the preparation of primary reference standards in high pressure cylinders by weighing and it gives direct traceability to mass standards and purity of the parent gases. The preparation procedure followed at INRIM is based on [5]. It consists of two parts: the conditioning and the preparation phase. During the second part of the procedure, the mass of the cylinder in which the mixture is being prepared (target cylinder) is compared with the mass of an empty reference cylinder carrying out a high precision weighing. Calibrated mass standards are arranged on the top of the lighter cylinder to maintain the difference between the target cylinder and the reference gas cylinder within 1 g, thus optimising the mass comparator performance [6]. The use of calibrated mass standards also assures the metrological traceability of the mass measurement. The reference cylinder and the target cylinder are alternatively weighed according to the double substitution scheme (A-B-B-A) to minimise the correction for the buoyancy effect.

Each mixture is individually prepared: its gravimetric molar fraction and the associated uncertainty are assigned according to [5]. After the preparation, each mixture is analytically verified by means of a specific analyser calibrated with independent reference gas mixtures. The verification aims at validating the gravimetric procedure, also excluding the presence of gross mistakes during the preparation. The subsequent analyses of the mixtures are also used to determine the stability of the mixtures over time.

For these reasons, a large number of independent gas mixtures covering a wide range of molar fractions is needed. In addition, particular care has to be paid to the composition of the reference mixtures used to calibrate the analysers, both in terms of molar fraction of the analytes and of the matrix constituents. The whole preparation process is quite complex and time consuming. For these reasons, the set-up of an alternative and complementary procedure for a rapid and accurate preparation of metrologically traceable reference gas mixtures was implemented at INRIM, namely the dynamic dilution (see par. 2.1.2).

2.1.2 Dynamic dilution

Dynamic dilution is used to prepare in real time a gas mixture, by mixing two gases together in order to reach the desired molar fraction, starting from a more concentrated gas mixture and a matrix gas. With respect to gravimetry, dynamic dilution has the advantage that a gas mixture can be diluted in real time on a range of different molar fractions. The reference gases obtained by dynamic dilution can be used for instrumental calibration, hence are also useful to check and verify gas standards prepared by gravimetry.

At INRIM a dynamic dilution system composed of Mass Flow Controllers (MFCs) and a mixing chamber was developed. Different pairs of MFCs are used depending on the dilution needed to prepare mixtures at the desired molar fractions. MFCs are calibrated at INRIM obtaining polynomial regression curves which give a correction for the nominal flow displayed by the MFCs.

2.2. Analytical verification and stability study

Different analytical techniques can be used for the determination of the molar fractions of CO_2. Non Dispersive Infrared (NDIR) photometry is an analytical technique widely used for CO_2 determination, being a robust and selective one, easily applicable to portable instruments. A NDIR photometer Advance Optima Uras 14 (ABB, Switzerland) is used at INRIM for the verification of the molar fraction of the prepared mixtures. A three-point calibration is carried out choosing reference gas mixtures in a molar fraction range that covers the nominal analytical value. The calibration mixtures must be independent from the mixtures to be verified. Recently a NDIR calibration procedure involving the use of reference mixtures generated by dynamic dilution has been put in place. For the calibration curve determination, an approach based on Weighted Total Least Squares (WTLS) regression has been adopted. The WTLS has the advantage of taking into account uncertainties both on the independent and dependent variables. In particular, the software used, namely CCC-software [7], allows to directly obtain the analysis curve and the uncertainties associated with the regression parameters.

At present, research is ongoing to study the different interferences and undesired effects which can occur during the analysis of CO_2 mixtures by NDIR, mainly due to the matrices of the mixtures. During the analytical verification of the mixtures it was highlighted that NDIR analysers can have different responses depending on the

 DOI: 10.1051/metrology/201711003

matrix of the reference mixtures used for their calibration. Figure 2 shows the analytical reassignment of the molar fraction of a CO_2 mixture in synthetic air prepared at INRIM having nominal value of 480.0 μmol mol^{-1}. It can be seen that the NDIR calibration with reference mixtures in synthetic air gives analytical values in agreement with the gravimetric value of the analysed mixture. On the other hand, a calibration with reference mixtures in a N_2 matrix leads to an underestimation of the molar fraction value of the mixture.

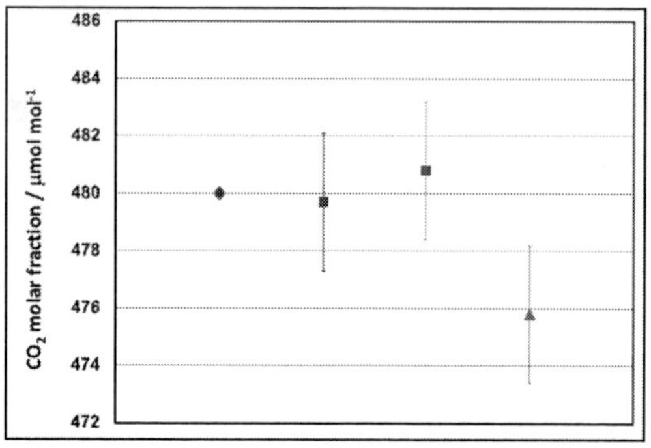

Fig. 2. Verification by NDIR analysis of the molar fraction of CO_2 for a gravimetrically prepared mixture of CO_2 at 480.0 μmol mol^{-1} in synthetic air. ●: gravimetric value; ■: analytical value determined by NDIR calibrated with mixtures of CO_2 in synthetic air; ▲: analytical value determined by NDIR calibrated with mixtures of CO_2 in N_2.

The opposite behaviour can be seen in figure 3: the molar fraction of a CO_2 mixture in N_2 purchased from a commercial supplier and having nominal value of 500.6 μmol mol^{-1} was analytically reassigned. The values obtained after calibrating the NDIR with reference mixtures in N_2 are in agreement with the certified value of the analysed mixture. A calibration with reference mixtures in synthetic air matrix leads instead to an overestimation of the molar fraction value of the mixture.

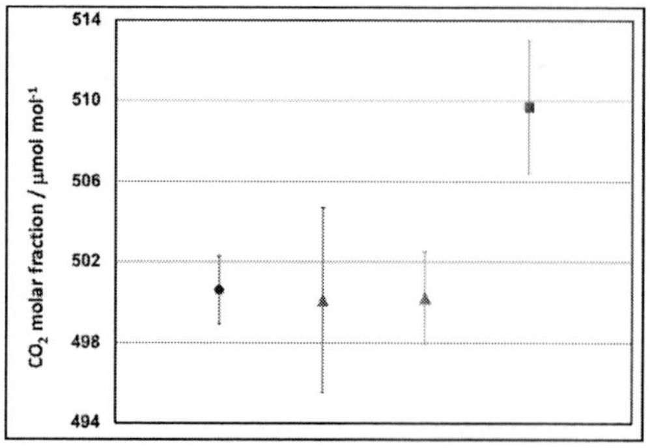

Fig. 3. Verification by NDIR analysis of the molar fraction of CO_2 for a gravimetrically prepared mixture of CO_2 at 500.6 μmol mol^{-1} in N_2. ●: gravimetric value; ▲: analytical value determined by NDIR calibrated with mixtures of CO_2 in N_2; ■: analytical value determined by NDIR calibrated with mixtures of CO_2 in synthetic air.

The data shown in Figures 2 and 3 prove that the matrix composition of the mixtures influences the analytical response of the NDIR photometers, hence they have to be calibrated by using suitable reference standards having a matrix as closest as possible to the mixture to be analysed or verified.

NDIR photometry is used to carry out stability studies on mixtures gravimetrically prepared at INRIM and also on standard mixtures commercially available. Figure 4 shows an example of the stability study on a mixture of CO_2 at 360.0 μmol mol^{-1} in synthetic air prepared at INRIM by gravimetry. It can be seen that the mixture shows long-term stability over a period of about 8 years.

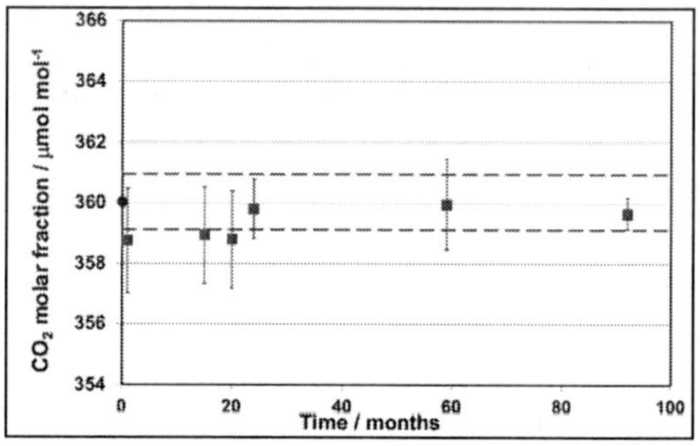

Fig. 4. Stability study of a mixture of CO_2 at 360.0 μmol mol^{-1} in synthetic air gravimetrically prepared at INRIM.
●: gravimetric value; ■: analytical value determined by NDIR.

3 Conclusions

At INRIM, the dynamic dilution approach to generate CO_2 reference gas mixtures at ambient level has recently been developed to support the well-established gravimetric preparation. NDIR is currently used to analytically verify and to carry out stability studies on gravimetric mixtures. The dynamic dilution can be applied to calibrate the NDIR photometers. A crucial point is the choice of suitable calibration mixtures both in terms of molar fraction and matrix composition. Research activities are also ongoing to improve different crucial points that might impact on the uncertainty evaluation, in particular on the verification and stability contributions: the identification of impurities represents a major issue. NDIR is selective to CO_2 and can be easily used to determine the presence of CO_2 impurities in matrix gases. Fourier Transform Infrared spectrometry can be applied for the identification of other impurities and degradation products both in the parent gases and in the prepared gas mixtures. Those compounds might affect the nominal concentration of the mixtures, their stability and also the response of the analysers.

Acknowledgements

The authors would like to thank Dr. Pier Giorgio Spazzini for his fundamental contribution in the development of the dynamic dilution system.

References

1. World Meteorological Organization website http://www.wmo.int/pages/prog/arep/gaw/gaw_home_en.html (accessed on 30.06.2017)
2. V. Kitidis, I. Brown, N. Hardman-Mountford, N. Lefèvre, Prog. Oceanogr., (2016), http://dx.doi.org/10.1016/j.pocean.2016.08.005
3. E. Amico di Meane, M. Plassa, F. Rolle, M. Sega, Accred Qual Assur, **14**, 607–611 (2009)
4. P. G. Spazzini, F. Pennecchi, E. Pessana, A. Piccato *9th International Symposium on Fluid Flow Measurement*, Arlington (Virginia) (2015)
5. International Standard ISO 6142-1 "Gas analysis – Preparation of calibration gas mixtures – Part 1 : Gravimetric method for Class I mixtures", Geneva ISO (2015)
6. F. Rolle, E. Pessana, M. Sega, J. Phys.: Conf. Ser. **841**, 012032 (2017)
7. A. Malengo, F. Pennecchi, P. G. Spazzini, Calibration Curves Computing - Software for the evaluation of instrument calibration curves, Version 1.3, (2015), https://www.inrim.eu/research-development/quality-life/ccc-software (accessed on 30.06.2017)

Verification of ^{137}Cs determination in seawater using Cu-hexacyanoferrates filters

Suputtra Visetpotjanakit[1] and *Chitsanupong Khrautongkieo*[1]

[1]Office of Atoms for Peace, Bureau of Technical Support for Safety and Regulation, 10900 Bangkok, Thailand

Abstract. A rapid method to determine ^{137}Cs in seawater using Cu-hexacyanoferrates ion exchanger has been developed and verified for purpose of Thailand routine and emergency environmental radiation monitoring. The Cu-hexacyanoferrate supported cotton-wound cartridge filters were used to absorb ^{137}Cs from spiked synthesis seawater by passing various large volumes i.e. 200 L, 300 L and 400 L over the filters with slow flow rate at 240 L/hr. The filter samples were converted to ash through a heating step and directly measured with gamma ray analysis using HPGe detector. The result showed acceptable accuracy with bias below ± 25%, in the range from - 24.63% to + 3.29%. This developed method is cost-effective and easily to performed in sampling fields and can be optimised its accuracy with analysis time when it needed.

1 Introduction

Cs-137 is one of the fission products which can be released from a nuclear accident, nuclear waste discharge and atomic bomb test. It has a long half life of 30 years which can be dispersed as global fallout over the oceans. Therefore ^{137}Cs is regarded as important indicator of radioactive pollution in the marine environment and it is one of our monitored radionuclides in environmental samples especially in seawater. Caesium usually exists and migrates in monovalent state in an aquatic environment. The ^{137}Cs determination in seawater in the region can be applied to monitor a release of any radiological incident in the pacific region [1]. Routinely the classical ammonium molybdophosphate (AMP) pre-concentration method has been used to determine ^{137}Cs in seawater. Seawater samples are collected from the field and brought to our laboratory for Cs radiochemical separation.

Recently a rapid method to determine ^{137}Cs in seawater has been developed based on hexacyanoferrates ion exchanger. Hexacyanoferretes have advantage of being selective of Cs. In addition, it is easily to prepare in three forms i.e. intrinsic, supported and composite [2]. According to Gaur [3] Cu-hexacyanoferrates (in the following text abbreviation CuHCF) exhibited stability in seawater when compared with other transit element such as Co, Ni and Zn. CuHCF therefore has been widely used for caesium determination in seawater in different forms and supporters. Terada [4] and Su [1] used silica gel as supporting bed for CuHCF packed in small column for sample volume of 40 - 60 L with low flowrate at 20 - 30 L/hr. They found that sample volume had to be increased to obtain more ^{137}Cs activity but flowrate and amount of ion exchanger had to be optimised. Yii [5] used polyethylene filter as supporting bed for CuHCF for very large sample volume of 2000 L with fast flowrate at 900 L/hr. The results showed quite low Cs collection efficiency in a range of 55 - 66% due to the high flowrate. Our work therefore tried to optimise amount of ^{137}Cs detection, sample volume and flowrate to obtain accurate ^{137}Cs concentration in seawater. To verify our analytical performance CuHCF supported on cotton filters was used to absorb ^{137}Cs in various amount of spiked synthesis seawater i.e. 200 L, 300 L and 400 L with flowrate at 240 L/hr.

2 Experimental

2.1 Chemicals and standard for CuHCF filter method

$K_4[FeCN_6]$. $3H_2O$ and $Cu(NO_3)_2$. $3H_2O$ used were analytical grade. The synthetic sea salt was purchased from Marinium. The ^{137}Cs certified reference solution used to prepare the calibration source was obtained from Eckert and Ziegler Isotope Product.

2.2 CuHCF filter preparation

To determine total ceasium composing of dissolved and suspended forms [6], the 1-μm cotton-wound cartridge filters which had a stainless steel core were used. The filters were submerged in 3% $K_4[FeCN_6]$ solution for a few days. The filters were removed from the solution and were dried in an oven at 80°C. The dried filters were soaked in 3% $Cu(NO_3)_2$ solution for at least one day. The filters were removed from the solution and washed with deionised water. The washed filters were dried at 80°C. The dried filters were separately packed in plastic bags to be ready for using as Cs ion exchanger.

Article available at http://cfmetrologie.edpsciences.org or https://doi.org/10.1051/metrology/201711004

2.3 Spiked sea water preparation

The synthetic sea water samples were prepared using the synthetic sea salt dissolved in tap water at 35 ppt. The parallel sea water samples with volume of 200 L, 300 L and 400 L were prepared. The samples were spiked with the known activity solution of ^{137}Cs to obtain concentration of 0.191 ± 0.002 Bq/L.

2.4 CuHCF filter method

Sets of cartridge filter contained three filters i.e. pre filtered cotton-wound cartridge filter and the two CuHCF filters in series in filter housing were fabricated. The various amounts of seawater samples were pumped through the filter sets with flow rate at 240 L/hr. The CuHCF filter samples contained Cs were packed separately in plastic bag and labelled "A" and "B" as the first and second CuHCF filters respectively. The both filters were dried and ashed at 400°C for 15 hours. It should be noted that radiocaesium will be significantly loss at temperature above 400°C [7]. The ash samples were transferred into a calibrated container (the same shape and type as the prepared calibration source i.e. 100-ml transparent polypropylene bottle). The pictures of CuHCF filter method are shown in Figure 1.

Fig. 1. The CuHCF filter method; (A) Prepared CuHCF filters, (B) CuHCF filter set for ^{137}Cs absorption in seawater, (C) CuHCF filter samples after ashing and (D) Calibration source and samples for gamma-ray measurement.

2.5 Calibration source preparation for CuHCF filter method

The ashed CuHCF filter in the calibrated container (100-ml transparent polypropylene bottle) was added with the certified reference solution containing 38.188± 0.977 Bq of ^{137}Cs.

2.6 Counting equipment and measurement

Gamma-ray spectrometry system, HPGe detector (CANBERRA) with MAESTRO was used. The prepared calibration source was used to calibrate counting efficiencies. Then the CuHCF ash samples in calibrated containers were measured with the same gamma spectrometry system.

3 Results and discussion

The verification results of CuHCF filter analysis are shown Table 1.

Table 1. The validation results of CuHCF filter method.

Sample	Sample volume (L)	Efficiency of Cs collection	Activity (Bq/L)	Accuracy (%)
Sample 1 200L	200	85.97	0.156 ± 0.004	- 18.65
Sample 2 200L	200	48.09	0.144± 0.004	- 24.63
Average 200 L	**200**	**67.03**	**0.150 ± 0.004**	**- 21.64**
Sample 1 300L	300	72.39	0.172 ± 0.005	- 10.24
Sample 2 300L	300	87.48	0.161 ± 0.004	- 16.01
Average 300 L	**300**	**79.94**	**0.167 ± 0.005**	**- 13.13**
Sample 1 400L	400	94.82	0.161 ± 0.004	- 15.71
Sample 2 400L	400	52.99	0.198 ± 0.005	+ 3.29
Average 400 L	**400**	**73.91**	**0.180 ± 0.005**	**- 6.21**

The ^{137}Cs collection efficiency onto the ion exchanger of each sample shown in Table 1. was calculated from the activity of filter A (front filter) and B (back filter) described below [1].

$$E = \frac{[F]-[B]}{[F]} \quad (1)$$

When E is the absolute collection efficiency. [F] and [B] are the ^{137}Cs activity in the front and back filters respectively.

And the final ^{137}Cs concentration activity in seawater samples is referred to the following equation.

$$A = \frac{[F]}{E \times V} \quad (2)$$

When A is the final ^{137}Cs concentration activity in seawater samples. V is the volume of seawater samples.

Differences in Cs collection efficiencies of each repeated samples can be possibly due to the two main reasons i.e. difference in quality of prepared CuHCF filters and unstable flowrate of seawater pass through the filters [1]. First quality of prepared CuHCF filters were not identical i.e. various amount of CuHCF supported on filters. Second seawater passing through filter controlled by an outlet valve was not perfectly constant at 240 L/hr during sample collection. These could potentially affect different Cs collection efficiencies between each sample. It should be noted that the collection efficiency in a range of 48.09 - 94.82% with flowrate at 240 L/hr agreed well with Yii [5] and Ross [8]. Yuii's work obtained 66 - 55% efficiency with higher flowrate at 900 L/hr and Ross suggested a very low flowrate at 60 - 120 L/hr to obtain efficiency more than 90%. For accuracy aspect, the repeated samples resulted various accuracy with bias between - 18.65 and - 24.63 for 200 L samples, between - 10.24 and - 16.01 for 300 L samples and between - 15.71 and + 3.29 for 400 L samples. The negative bias presented the loss of caesium especially sample 2 200 L with 48.09% collection efficiency and - 24.63% bias. Unabsorbed radiocaesium on the filters could be explained with a combination of low quality of prepared CuHCF filters and the high flowrate passing through the filters at 240 L/hr. It should be noted that sample 2 400 L had positive bias i.e. + 3.29 but quite low collection efficiency. It can be an effect of the loss of CuHCF from the first cartridge and trapped on the second one during filtering. This was possibly poor rinse of prepared filter with DI water before drying. In conclusion the repeated samples for 200 L, 300 L and 400 L with different Cs collection efficiencies had fairly acceptable accuracies in a range of ± 25%. This means that the two CuHCF filters in series were suitable to absorb caesium in the seawater samples and the minimum 200 L seawater samples can be adequate to perform the CuHCF filter method within accuracy of ± 25%. The accuracy can be improved with enhancing the quality of prepared CuHCF filters and lowering the flowrate. However reducing flowrate effects longer filtration time and then limits number of samples that can be processed within a certain time period. The method should be optimised for accuracy and time needed. For example, routine monitoring method when time is not strictly limited may lower flowrate to obtain higher accuracy. In case of emergency situations when time is limited this method i.e. at less 200 L sample volume and flowrate at 240 L/hr seems to be sufficient to perform the determination of contaminated caesium in seawater within ± 25% bias.

3 Conclusion

A rapid method to determine ^{137}Cs in seawater which is cost-effective and less time consuming, has been developed based on CuHCF ion exchanger. This method was verified using known activity spiked samples with various volumes i.e. 200 L, 300 L and 400 L and the performing flowrate at 240 L/hr. The results were shown accuracies were in the acceptable range of ± 25% bias i.e. - 24.63% to + 3.29%. It means that the minimum 200 L samples can successfully perform ^{137}Cs determination in seawater with bias range of ± 25%. It should be noted that most sample results had negative bias due to loss of unabsorbed caesium which can be improved by enhancing quality of prepared CuHCF filters and reducing flowrate. Therefore this method could be optimised its accuracy with analysis time, depending upon situations such as routine monitoring and emergency accident.

References

1. C.C. Su, C.A. Huh, J.C. Chen, Terr Atmos Ocean Sci., **11**, 753-764 (2000)
2. H.C. Teng, C.H. Sun, C.L. Chen, Iner Quarterly., **33**, 80-89 (1999)
3. S. Gaur, J Chromatogr A., **733**, 57-71, (1996)
4. K. Terada, H. Hayakawa, K. Sawada, T. Kiba, Talanta., **17**, 955-963 (1970)
5. M.W. Yii, K.I. Abdul, A. Zaharudin, J Nucl Rel Tec., **3**, 51-58 (2006)
6. J.T. Cullen, M.P. Field, R.M. Sherrell, J Anal At Spectrom., **16**, 1307-1312 (2001)
7. IAEA, *Measurement of radionuclides in food and the environment. Technical Report Series no. 295* , International Atomic Energy Agency, Vienna, (1989)
8. P. Ross, E. Holm, R.B.R. Persson, Nucl Instru Meth Phy Rsh A. **339**, 282-286 (1994)

Les comparaisons Interlaboratoires sont incontournables !

David LELONG, PSA Peugeot Citroën 78 301 Poissy

Résumé. Les Comparaisons Inter laboratoires ont plusieurs objectifs et finalités dans de nombreux secteurs de l'industrie et s'appliquent pour tout processus de mesure fournissant une grandeur physique chiffrée ou non mais surtout exploitable !
Les Comparaisons Inter laboratoires permettent de :

- Déterminer une valeur à un matériau de référence,
- Caractériser des performances d'une méthode de mesure : justesse et fidélité
- Evaluer la performance d'un laboratoire, essais d'aptitude
- Qualifier et Habiliter le personnel
- Optimiser le raccordement métrologique des instruments de mesures.
- Surveiller un processus de mesure.
- Réaliser des comparaisons inter-instruments (un GT est actuellement en cours à l'AFNOR)

Abstract. The Keys Comparisons have several objectives and purposes in many sectors of the industry and apply to any measurement process providing a quantified physical quantity or not, but especially exploitable!
Keys Comparisons allow to:

- Determine a value to a reference material,
- Characterize the performance of a measurement method : accuracy and fidelity
- Assessing the performance of a laboratory, proficiency testing
- Qualify and Empower staff
- Optimize the metrological calibration of measuring instrument
- Survey a measurement process.
- Carrying out inter-instrument key comparisons (a WG is currently under way at AFNOR)x

1 Introduction

La pratique des comparaisons entre laboratoires est un axe clé pour le contrôle des processus de mesure.
Jusqu'à présent, les comparaisons inter laboratoires sont considérées comme les outils les plus efficaces afin d'évaluer la qualité globale des processus de mesure. L'évolution de l'organisation PSA dans une entreprise étendue exige que nos fournisseurs et prestataires de services appliquent le standard CIL et démontrent la qualité de leur processus de mesure.

Participer à des comparaisons entre laboratoires devient une nécessité pour l'entreprise afin de prouver la maitrise des processus mis en œuvre. La comparaison Inter laboratoires devient un juge de paix permettant de donner un niveau de confiance du laboratoire.
Les enjeux sont bien sur liés à la Qualité mais aussi économiques !

PSA organise des audits de laboratoires d'essais et des métrologies selon la norme de référence A109000 issue de la norme ISO17025.

Dans le cadre de ces audits A109000, nous vérifions la capacité des laboratoires de métrologie ou d'essais à maitriser leur processus de mesure. Les comparaisons inter laboratoires font partie des exigences incontournables du référentiel.

Aujourd'hui, nous suivons cette maitrise via les habilitations du personnel, et les essais qui font partie intégrante des compétences techniques de l'équipe et valident l'aptitude des laboratoires. C'est aussi une méthode efficace pour estimer les incertitudes de mesure des processus de tests complexes.

Les résultats sont régulièrement présentés en rituel Qualité pour engager les plans d'action nécessaires.

PSA déploie cette culture au moyen d'une norme de référence et d'une formation pour amener au bon niveau la maturité du groupe.

Différents outils ont été mis en place pour fédérer la pratique et l'harmonisation des analyses.

Besoin d'accompagner et d'orienter les opérationnels

Le métier expertise de la mesure accompagne les métiers de la mise en place à l'exploitation des résultats :

- Mise en place de la méthodologie
- Exploitation des calculs statistiques.
- Analyse et orientation des actions à engager
- Suivi et contrôle du solde des écarts

Tout cela dans une démarche de progrés permanent type PDCA.

Synoptique sur l'accompagnement et le suivi des Laboratoires

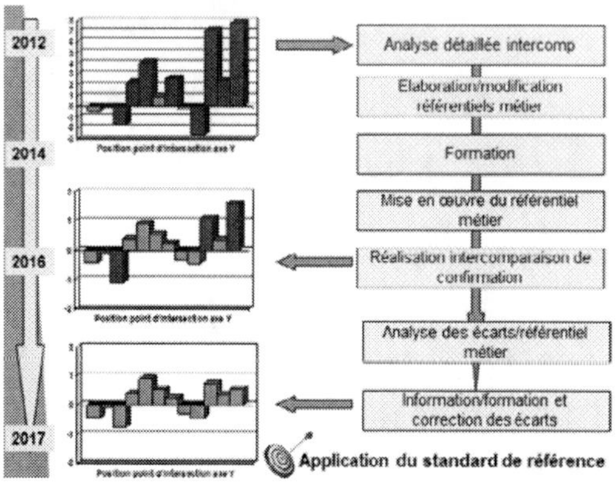

Besoin d'un outil d'analyse et d'aide à la décision dans l'entreprise étendue

Dans un contexte industriel d'entreprise étendue, PSA a besoin de s'appuyer sur un outil permettant de faire les calculs et graphiques associés ainsi qu'un rapport en automatique.. L'objectif est d'harmoniser la méthode d'évaluation et les critères au sein des différents métiers du groupe.

- Graphique sur Résultats En

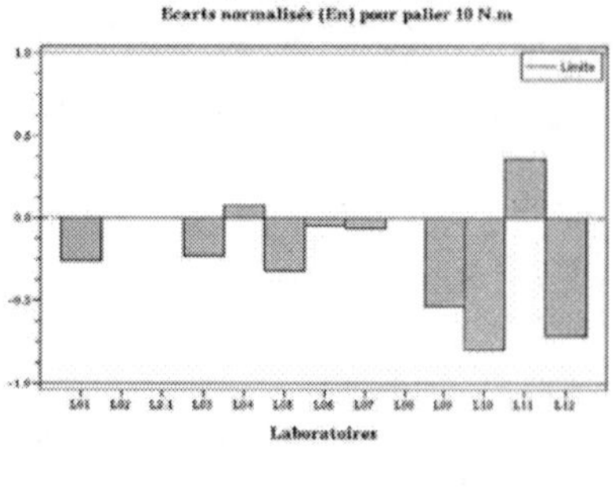

Graphique sur Résultats Erreur de justesse /Incertitudes

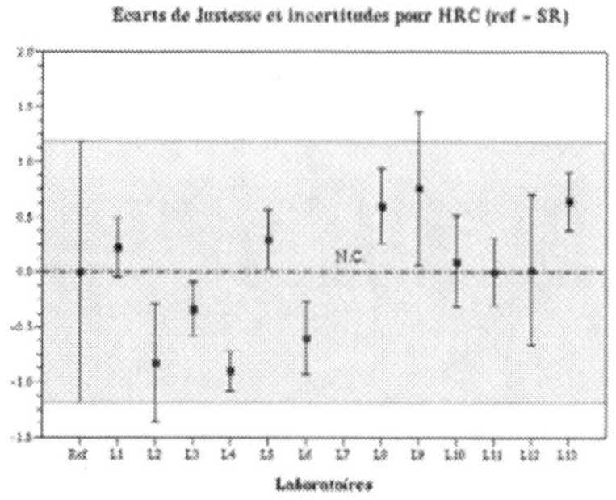

Dans le cadre des plans de progrès PSA Groupe des études sont en cours pour rechercher des solutions du marché afin de remplacer les outils actuels vieillissants.
Cet outil devra embarquer l'ensemble des besoins Mesures dont les Comparaisons Inter laboratoires :

- Outil intégrant CIL, Incertitudes, Acceptation des Processus Utilisation des modèles, Analyse des données
- Facilité de prise en main avec intégration des calculs statistiques (En , Grubbs , Cohran ,Monte Carlo ,....)
- Intégration Graphiques
- Edition de rapport en Automatique

Participer à des comparaisons inter laboratoires devient une nécessité pour l'entreprise afin de garantir la qualité des processus de mesure mis en œuvre aussi bien en interne qu'en externe. C'est devenu un incontournable reconnue au niveau international (cf ISO17025) !

Organiser les comparaisons au sein de son entreprise est une démarche pertinente mais n'est pas encore une pratique totalement répandue.

Method of the drift: More than just an optimization method

Olivier Demars[1] and *Christophe* Dubois[1]

[1]Deltamu, Metrology Consulting & training, 63800 Cournon d'Auvergne, France

Abstract. The French guidelines FD X07-014[1] give different methods of calibration interval which allow to justify intervals of metrological confirmation for the measuring instruments used in a company. It offers three concrete methods. One of them is "Method of the drift". It is a method based on the equipment drift. The first stage of this method consists in modelling the drift observed for every equipment by the method of least squares. Then, all the instruments of a same family are grouped, in order to determine the maximal drift of the family (statistically). Then, the periodicity of every instrument can be calculated according to its last value of calibration and the maximal drift of its family. This method is used for instruments having a known drift, and essentially for the gauges. So the first aim of this method is to determine the calibration interval. But the purpose of this article is to show that a more detailed analysis can give lots of information and increase the value of the calibration operation. We propose some examples of applications actually implemented in the industry and other that could be easily implemented.

1 Presentation of the method of the drift

The AFNOR (Association Française de Normalisation - French national organization for standardization) proposes a guide, published in 2006, about the optimization and the justification of metrological confirmation for the measuring instruments: FD X017-014. This guidelines proposes three concrete methods to calculate the optimum calibration periodicity. Among these three methods, one of them, the « Method of the drift », offers to estimate the periodicity of the measuring instruments by using the drift of the measuring instruments. This method is adapted to every instrument having a known drift and mainly for the gauges.
Since the « real » drift of a measuring instrument is impossible to determine (use of the instrument between two calibrations, measurement uncertainties of the calibration laboratories, inhomogeneity of measuring equipments,...), the guide offers to determine the maximum wear (the drift) of an equipment family (same sort). This maximum wear will then be used to determine the individual periodicity of each instrument of the family regarding the last calibration result of one equipment.

2 Setting up of the method

The implementation of the drift method is carried out in several stages.

2.1 Individual wear factor

The first stage consists in determining the individual wear for each measuring instrument and each measuring group (for example side Go in and side Not Go In for a double instrument), typically by the method of least squares. The wear factor, given by the right slope, represents the observed drift of the measuring instrument over time.

Figure 1: Modeling the drift of a gauge

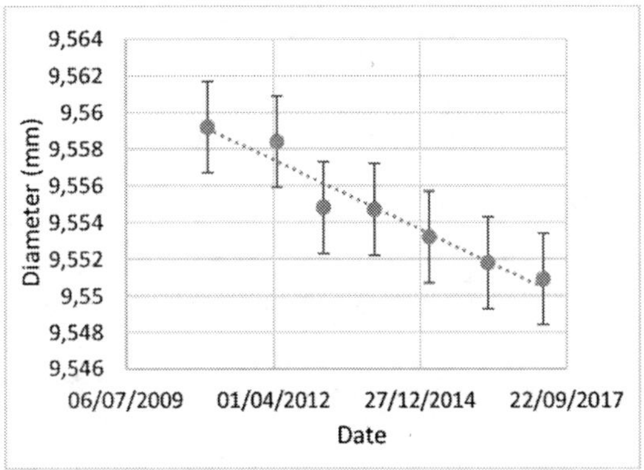

To determine the individual wear factor, it is recommended to have a historical low of three calibration by instrument over a period between the first and the last calibration above a year in order to limit the impact of the calibration uncertainty of the laboratory (a larger number of calibration or a higher duration will allow to refine this cause of wear).

---
* Corresponding author: metrologie@deltamu.com

Article available at http://cfmetrologie.edpsciences.org or https://doi.org/10.1051/metrology/201712002

2.2 Family grouping

Once the drift of each instrument has been determinated, the equipments are grouping by family (designation, type, group, …) in order to determine the maximum wear of the aforesaid family.

Figure 2: Example of distribution of the drifts of a family

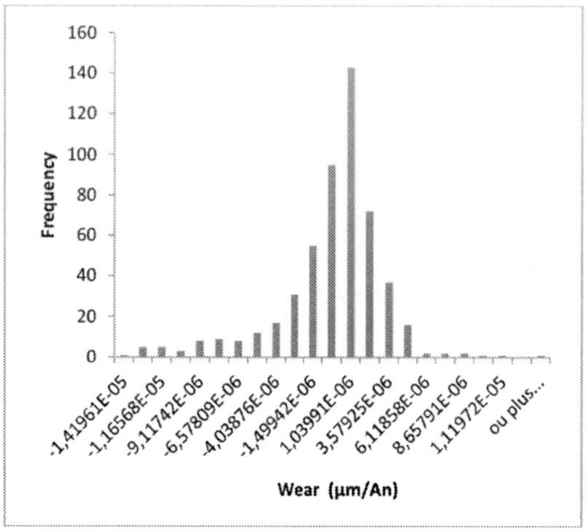

2.3 Maximal wear factor of a family

Under the assumption of a normal probability distribution of the drifts, the maximum drift is then calculated by the following formula:

$$FUmax = FUmoy \pm 2s \quad (1)$$

Avec :

- FUmax : Maximum drift of the family
- FUmoy : Medium drift of the family
- s : Standard deviation of the drift of the family
- ± : If the theoretical drift of the family is positive (example of the rings, snap gauges) the + sign will be used

The factor 2 allows to define a maximum value to the population at 97.5%. Only the 2.5% of the drifts can be superior to this *FUmax*.

2.4 Individual optimal periodicity

The optimal periodicity of each instrument can then be determined from this maximal drift.

Figure 3 : Use of the maximal drift of a family to determine the calibration periodicity

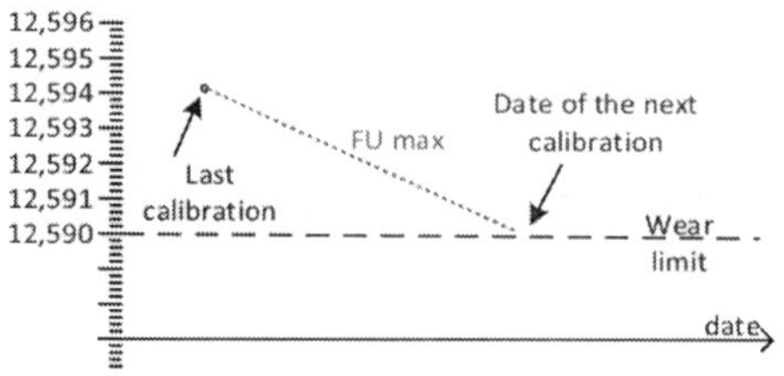

The optimal periodicity is calculated according to the following formula:

$$PERopti = (Limit - Vmes) / FUmax \quad (2)$$

With:

- PERopti : Optimal periodicity of the instrument
- Limit : Limit of use of the instrument
- Vmes : Last value measured for the instrument

Using this maximal drift ensures that the instrument will still be in the limits of conformity during the next calibration (on the condition of use in compliance with the recommendations of use)

It is however preferable not to wait for the term calculated, since statistically, 2.5% of gauges can wear out faster. It is then advised to use an arbitrary safety factor based on the gravity of the consequences of an erroneous measurement. This safety factor can also be a percentage of the periodicity previously calculated:

$$PER = k.PERopti \quad (3)$$

With :

- PER: Final periodicity of the instrument
- K: Safety factor. This safety factor can for example be equal to 50% for the side Go In and 80% for the side Not Go In.

The objective of this method is to propose to companies a solution allowing to determine the optimal periodicities of instruments and thus most of the time to calibrate less often while insuring the conformity of the instrument. The collected information and the work made to set up the method can be easily used to go farther and identify problems before they have an impact on the production.

3 Smart Metrology: use the available information

The analysis presented above allows naturally to choose a wise periodicity but it is possible to collect a lot of others interesting information.

Various strategies of analysis are proposed in this paragraph.

3.1 Atypical family

In the step of grouping by family (cf. §2.2), it is possible that the histogram of synthesis reveals one subfamily, a group of equipment which has a wear factor different from others (generally stronger).

Figure 4 : presence of a subfamily

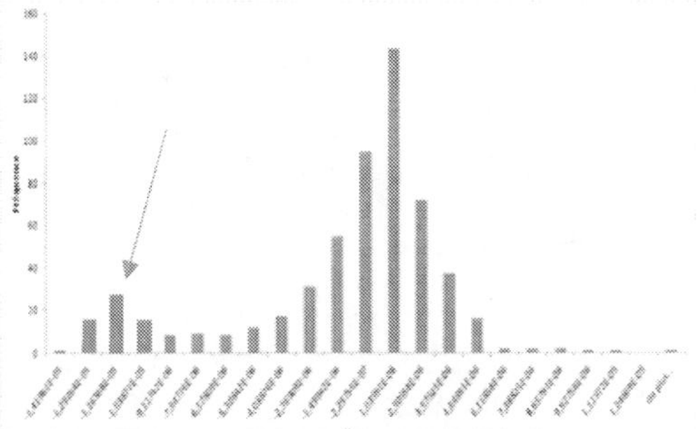

It is then important to understand the origin of this difference: error of grouping, different behavior in a particular service, a type of poor quality gauge, …

3.2 Periodicity too short

To understand, let's take the case of a standard measuring rod, unused. By calibrating it in 1 month apart with an uncertainty of calibration of 1 µm (standard uncertainty of a COFRAC calibration laboratory), it is easy to obtain with the calibration results a wear grade of 7 µm/year which could let think of a very fast wear of the rod while this one did not evolve since it was not used.

Figure 5 : Case of a calibration periodicity too short (1 month)

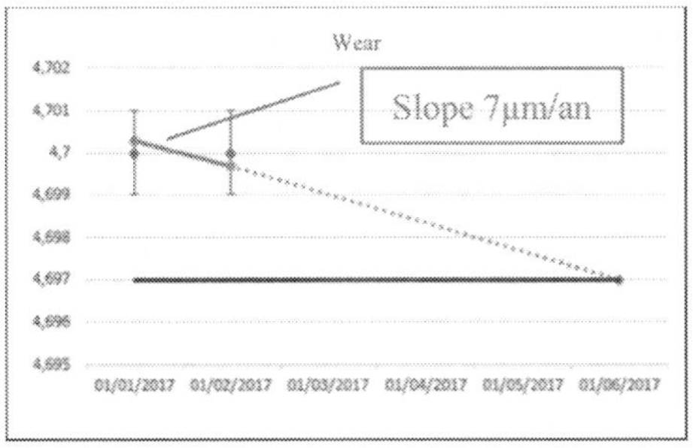

The implementation of a study of the drift, on several gauges and several calibration results, will allow to notice that this calculated "wear" is owed in fact to the uncertainty of the laboratory which, when calibrations are too regularly realized, will have an important impact on this calculated « wear ».

Figure 6 : periodicity longer (1 year), with the same calibration results

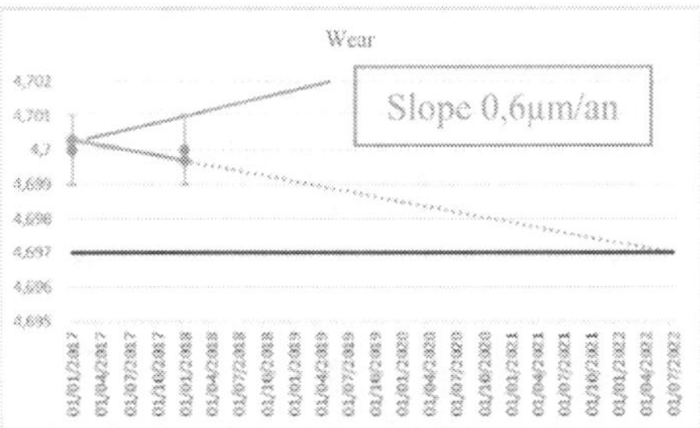

Calibrating the gauges too often can tend to alarm metrologists while there is no reason. Thus a too short periodicity is not inevitably well adapted for this kind of instruments.

3.3 Monitoring of calibration results

1.1.1 Unitarian result "suspect"

Calibrations are realized by specialists of the measure, so it should not be necessary to verify the values registered on the certificate of calibration.
Nevertheless, the error is human. The measures being realized and often noted by individuals, it is completely possible, for an accredited laboratory or not, to make an error during the measurement or even to measure differently from usually. So, by following the drift of equipments, it is possible to verify the relevance of the results and so prevent any possible atypical deviation of calibration results.
By taking the example of a plain plug gauge, the value of the moderate diameter is supposed normally always to decrease. If the diameter measured (to see figure below) goes back up, it is then possible that there is an error of measurement.

Figure 7 : Case of the evolution of the diameter of a plain plug gauge with a potential measurement error from the laboratory

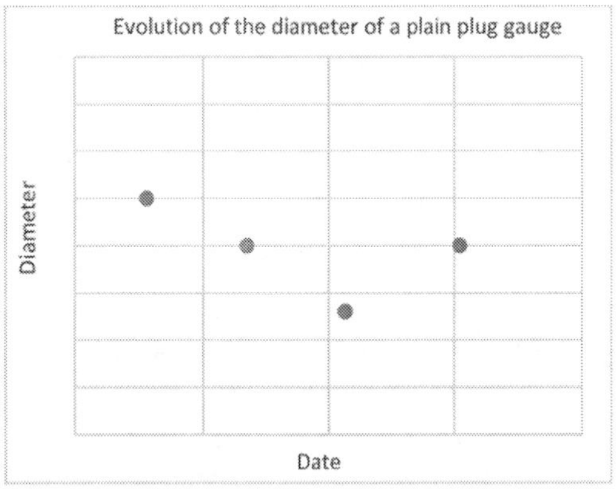

Before questioning the calibration, it is however advisable to take into account its uncertainty of measure. Indeed if the uncertainties measurement recover widely

on the moderate values, the calibration result cannot be considered atypical.
In the case Figure 8, the uncertainties measurements recover, so there is nothing abnormal to obtain such an evolution of the drift.

Figure 8 : Case of a plain plug gauge with a normal evolution of diameter considering the laboratory uncertainties

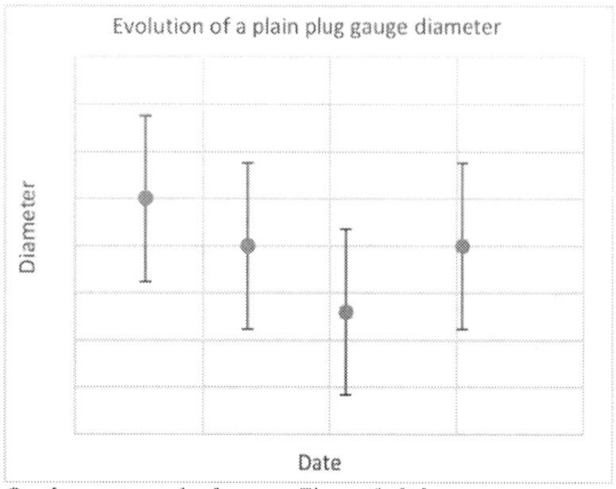

On the contrary in the case Figure 9, it is necessary to lead an investigation and doubtless to ask the laboratory to redo the measure of the equipment.

Figure 9 : Case of a plain plug gauge which diameter evolution can be suspect because of the laboratory uncertainties

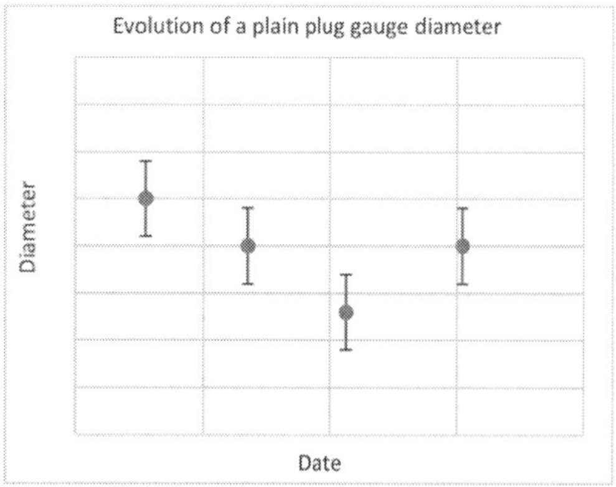

1.1.2 Several "suspect" results

It is not rare while sending the instruments in calibration to see, thanks to the implementation of the method of the drift, a whole instrument batches with the same name with the measure results showing the same trend (Increase / decrease of the diameter since the last calibration of the same value, evolution of the instrument in the opposite sense to that waited). If the production did not change since the last calibration, there is a strong probability that these evolutions by family result from modifications which would have been realized within the laboratory of calibration.
The reasons proposed below can be justifications of these evolutions

- Modification of the value of the standard of the laboratory
- Bad regulation of the bench of measure
- Change of the operator
- Change of calibration laboratory

Often, these suspect results have only few impacts on the production but it is however advisable to see with the laboratory if it has a reason to justify them.

3.4 Wear too fast

Once the FUmax identified for the implementation of the calibration periodicity, we might as well use them.
During a calibration result of a gauge, it can be interesting to compare the wear of the last calibration with the FUmax. If the wear is superior to the FUmax then there might be a problem:

- The calibration laboratory made a mistake
- There is a problem with the gauge in the company (bad use, bad quality gauge…) mauvaise qualité, …)

Figure 10 : Wear too fast

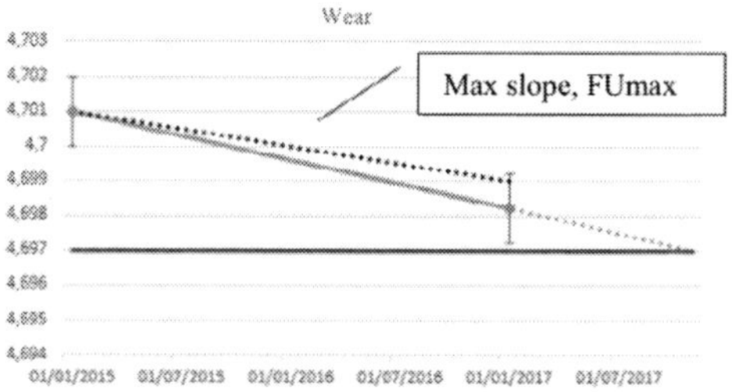

This analysis allows to identify a potential problem on a gauge before its unconformity in order to avoid a bad impact on the production.
Remark: in the application of this method at our customers, for the moment all the noticed atypical grades had for origin an error of calibration.

3.5 Work with number of use

The method was introduced with a use of the wear in the time of the gauges. It is completely possible to use the same principle but to argue in wear according to the number of use. This approach is possible when the gauge is associated with a production measurement very precise. From the number of produced pieces, we can deduct a number of use of the gauge. The periodicity of calibration is expressed then not in date, but in number of remaining use.
This information can be then used in the choice of an equipment when an order of manufacturing is made. If I have to produce 5000 pieces and the gauge has a remaining use of 8000 then I can use it. However if the

same order of manufacturing is made again I will not be able to use this gauge without any risk.
This approach in at least 2 advantages. It allows to avoid calibrating the unused gauges. And it allows to choose a way adapted to the production volume, and to avoid finding itself with a not conform mean at the end of production.
On the other hand it requires a management of the ways associated with the order of manufacturing.

3.6 Capitalization and improvement

3.6.1 Refin the FUmax

During the implementation of the method, the first FUmax calculated is generally not optimum. Indeed, the study is generally made over a short period (2 years) because the history is either difficult to access (with difficulty exploitable paper format), or doubtful (the company judges that things were able to evolve and do not wish to use information too old). In this case, the uncertainty of the laboratory is strongly present in the FUmax (see §3.2). The FUmax is increased.
Over time and a wise capitalization of calibration data, it becomes possible to re-estimate the FUmax with more data and at a longer time.
The impact of the uncertainty of calibration of the laboratory is reduced, so as the FUmax.

Example: by simulation Monte Carlo [2], it is possible to estimate the impact of the calibration uncertainty on the estimation of FUmax.

1- Suppose a family of rods not used and calibrated in 1 year of interval by a laboratory with an uncertainty of 1 µm. Because of the uncertainties, the successive calibrations do not give an identical result, a wear factor (artificial because rods are not used) can be estimated. The FUmax outcome of such a study, by simulation Monte Carlo, is of -1,4 µm/year (owed only to the calibration uncertainties).
2- Let us suppose now that we have 2 additional calibrations (total history over 3 years) and that we decide to redo the study. The FUmax, still by simulation Monte Carlo, then passed to -0,4 µm/year. The calibration uncertainties have less impact.

This study gives a rough estimate of the impact of the calibration uncertainty. In the reality, on the real family of used rods, it is normal to see the FUmax decreasing when the FUmax is re-estimated after a few years and with a history more consequent of calibration.

3.6.2 Inter compagnies comparisons

Sharing of FUmax of several companies can be an interesting source of improvement.
Each company can compare its FUmax with the other ones[3] and identify a possible abnormal behavior (unjustified important wear for example) and set axes of improvement (training, investment in gauges carbides).
A company having a not exploitable history (few calibres, CV of calibration in paper) could use an upper bound FUmax of a similar company and, later, recalculate its own FUmax.
These are two commonly used uses by Deltamu during the park management of its customers.

4 Smart Metrology: a tool for the production

The implementation of an optimization by the method of the drift can also allow to identify abnormal behavior in production. An instrument which would have an individual wear very superior to the maximal drift of the family it belongs to could alert the metrologist on a concern during the measure with this equipment. Various problems can be highlighted:

- 100% controls of a production with a means. In this case the wear is necessarily very important and a periodic calibration seems then useless. It is necessary to anticipate these particularly aggressive uses for the equipment to avoid non-compliance inconvenient.
- A change of behavior of wear of the calibre can highlight a change of the production: formation defect of new operators, change of the nature of the piece produced (decrease of diameter, more abrasive material…)

In its history, it happened to Deltamu to meet that kind of production concern. For example, during a study of optimization for a customer, Deltamu highlighted a group of instruments which tended to derive more quickly than the other instruments of the same family. The customer produced tappings with drills, which he controlled then to 100% with thread plug gauges. Drills wearing out slowly, they produced smaller and smaller holes.
Gradually, the diameter of the hole gets closer to the diameter of the thread which is enormously used when diameters are "synchronized" without the operator notices it, the phenomenon being very progressive. At the end, the thread accepted too narrow holes.
The implementation of an expertise and a study of the drift allowed to set up corrective actions needed to correct this detected problem.

5 Conclusion

Metrology is not only the management of the park or the calibration of measuring instruments. This is only a minor part of its work. This article shows that by exploiting the data and the provided tools, the metrologist can supply a lot of useful information [4] for the whole company.

References

1. Afnor, FD X07-014, *Métrologie - Optimisation des intervalles de confirmation métrologique des équipements de mesure* (2006)
2. ISO/CEI GUIDE 98-3/S1, *Uncertainty of measurement -- Part 3: Guide to the expression of uncertainty in measurement (GUM:1995) -*

DOI: 10.1051/metrology/201712002

Propagation of distributions using a Monte Carlo method (2008)

3. ISO 5725, *Accuracy (trueness and precision) of measurement methods and results* (1994)
4. J.M. Pou, http://www.smart-metrology.com, *Les étalonnages coûtent chers, autant qu'ils servent !* (2014)

Analysis of interlaboratory comparison when the measurements are not normally distributed

Alexandre Allard[1,*], *Soraya* Amarouche[1*]

[1]Laboratoire National de métrologie et d'Essais, 1 rue Gaston Boissier 75724 Paris Cedex 15, France

Abstract. Testing laboratories are more and more concerned with the characterization of their measurement processes. In particular, the standard ISO 17025[2] requires the accredited laboratories to participate to interlaboratory comparisons to evaluate their proficiency to realize the measurement. Different statistical methods are available to exploit the results of this type of comparisons. In our study, first we have evaluated the reference value and the proficiency standard deviation with ISO 5725-2 standard [1] and in second part the calculation of statistical indicator Z-score with ISO13528 [5] standard to assess of proficiency of laboratory with the first estimated parameters. However, these statistical methods rely on the assumption that the measurement results are normally distributed. Based on measurements expressed in dBµV/m, which is a log transformation of an electric field level expressed in µV/m, this paper aims at the comparison between the statistical analysis of data expressed in the two different units and relates these results to the assumed statistical assumptions.

1. Introduction

1.1. The objectives of an interlaboratory comparison

The interlaboratory comparisons are defined as the organization, the execution and the exploitation of measurements, testing or calibrations on similar items (samples, standards, reference solutions) by at least two different laboratories in predetermined conditions. The implementation of an interlaboratory comparison has different objectives (cf.Fig 1):

-Evaluation of the performance of the laboratories. The objective consists to estimate and to demonstrate the proficiency of laboratories to realize the measurement. Each participant implemented his routinely measurement method.

-Estimation of accuracy (trueness and precision) of measurement method. The objective consists to evaluate the performance of the measurement method through repeatability and reproducibility standard deviation. Each participant implemented the same measurement method.

* Corresponding authors: alexandre.allard@lne.fr; soraya.amarouche@lne.fr

Article available at http://cfmetrologie.edpsciences.org or https://doi.org/10.1051/metrology/201712003

-Attribution of a consensual value to a characteristic of a material. The objective consists to assign a reference value to a material. The participating laboratories must be specialized in the determination of the concerned characteristic.

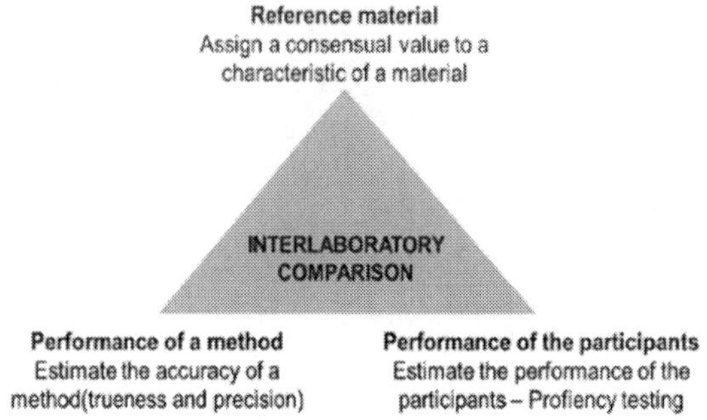

Fig.1. Objectives of interlaboratory comparisons

In this study, several objectives are realized: The performance of the method, the performance of the participants and the measurement uncertainty evaluation. This is possible with the implementation of the same testing method by all participants described in the next section.
First, with the results of participants, we have applied the method describe in ISO 5725 part2 standard [1] to evaluate the overall mean, repeatability standard deviation and reproducibility standard deviation. Second, using the statistical parameters above, the performance of each participant is evaluated with a Zscore, a statistical indicator from ISO 17043[4]. At the end, in accordance with ISO 21748[6] standard, the evaluation of uncertainty of measurement are calculated with reproducibility standard deviation.

However, all these statistical methods are conditioned to some assumptions which are often made without being checked, in particular the Gaussian behaviour of the observations.

1.2. Testing method of all participants

In order to ensure quality control, the participants in the Eurolab France (a professional association of laboratory) dedicated to Electromagnetic Compatibility (EMC) regularly organise interlaboratory comparison scheme. For each scheme, a protocol is defined for a specific measurand. In this paper, we consider the measurement of the electric field emitted by an electronic device according to the standard EN 55016-2-3:2010[9]. To this extent, the device (a comb generator coupled with an omnidirectional antenna) shown in Fig.2 was circulated between the participants who performed the required measurement within their own facilities.

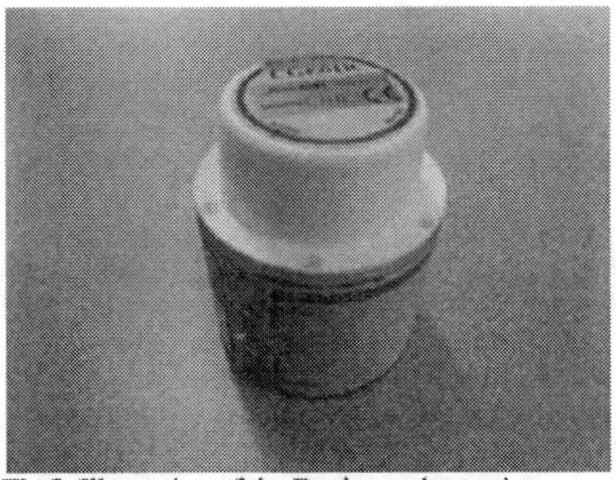

Fig.2. Illustration of the Device under testing

The measurement is performed in an anechoic room to avoid electromagnetic perturbations of the surroundings. The device is positioned at a distance d = 3 m from the reference point of the antenna, which is at a height denoted as h (see Fig.3).

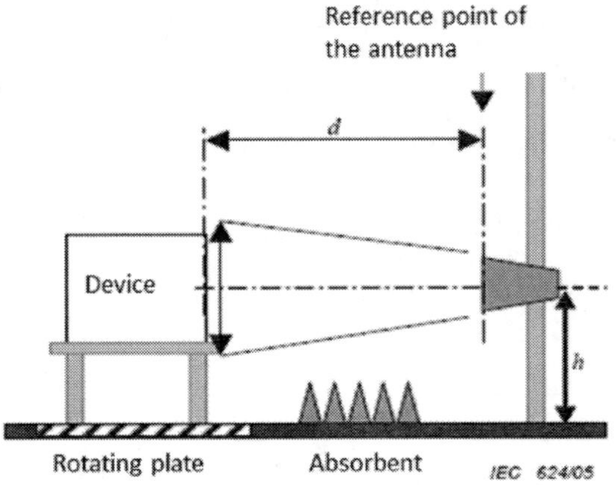

Fig. 3. Representation of the measurement setup

The participants are asked to perform the measurement both in vertical and horizontal polarisations. For each polarisation, a set of 9 frequencies is chosen and the maximum value for the electric field is reported for each of the 9 frequencies.

The measurement results are expressed in dBμV/m, which is a nonlinear transformation of the corresponding SI unit for an electric field: μV/m.
Let y be the measurement expressed in dBμV/m and x the one expressed in μV/m:

$$\begin{cases} y = 20\, log(x) \\ x = 10^{\frac{y}{20}} \end{cases}$$

In order to evaluate the repeatability and reproducibility of the measurement method, 4 independent and repeated measurements are performed for each polarization and each frequency.

DOI: 10.1051/metrology/201712003

As a consequence, the statistical analysis is performed for each polarization and each frequency: 18 levels are available for the comparison. In this paper, we will focus on the results for some of these 18 levels to illustrate our purpose.

2. Implementation of the interlaboratory comparison

This interlaboratory comparison follows a process defines in a plan of campaign that described the collect of the participants' results, the statistical methods of exploitation and the parameters to be estimated. This process is realized on the mesurande in its two expressions: dBμV/m and μV/m.

The final objective aims at raising awareness of the underlying assumptions when using a statistical method and describes the implications of their inappropriate use. Finally, we discuss the choice of the suitable unit of the measurand to apply the statistical analysis for our example.

2.1. Results of interlaboratory comparison organized by Eurolab

The results of the interlaboratory comparison were expressed in dBμV/m, which is not a SI unit, but a convenient working unit in the field of EMC. However, a request was made to perform the analysis in μV/m. In this section, we present the results when considering the data in both units and we will conclude in the discussion regarding the best choice for the purpose of the statistical analysis.

2.1.1.Data

Each of the 22 participating laboratories performed a set of 4 repeated measurements for 9 frequencies of the measurement domain and in 2 polarizations. For clarity, we only present in this paper the results obtained in the horizontal polarization, for the frequency 2.25 GHz (cf. Table 1).

Table 1. : Results in horizontal polarization, at 2.25 GHz, in dBμV/m and in μV/m.

	dBμV/m				**μV/m**			
Lab 1	64.6	64.4	64.2	64.8	1704.1	1665.3	1621.8	1729.8
Lab 2	56.5	57.5	57.9	56.4	671.4	746.4	780.7	657.7
Lab 3	52.6	52.9	48.2	44.0	426.6	441.6	257.0	158.5
Lab 4	60.7	65.5	65.6	64.3	1083.9	1883.6	1905.5	1640.6
Lab 5	54.8	55.3	58.5	59.5	551.4	582.1	841.4	940.8
Lab 6	57.7	53.4	52.8	55.2	766.1	468.4	434.2	573.3
Lab 7	61.8	62.1	60.9	60.6	1230.3	1273.5	1109.2	1071.5
Lab 8	51.0	41.1	42.2	38.3	354.8	113.5	128.8	82.2
Lab 9	55.4	54.5	55.2	54.4	588.8	530.9	575.4	524.8
Lab 10	49.8	49.7	49.9	50.0	309.0	305.5	312.6	316.2
Lab 11	61.7	63.7	63.4	61.3	1216.2	1531.1	1479.1	1161.4
Lab 12	63.0	62.6	63.3	63.2	1404.6	1349.7	1455.6	1439.5
Lab 13	56.1	54.4	60.5	55.1	638.3	524.8	1059.3	568.9
Lab 14	57.0	57.9	57.3	57.9	707.9	785.2	732.8	785.2
Lab 15	50.0	54.7	56.7	54.0	317.0	543.9	680.8	501.8
Lab 16	58.4	58.4	57.8	58.1	831.8	831.8	776.2	803.5
Lab 17	46.7	45.9	46.7	48.2	216.3	196.6	215.8	256.4
Lab 18	68.2	67.3	68.1	68.9	2570.4	2317.4	2541.0	2786.1
Lab 19	52.1	52.5	53.7	52.4	402.7	421.7	484.2	416.9
Lab 20	59.5	60.3	59.2	57.9	944.1	1035.1	912.0	785.2
Lab 21	69.2	68.1	67.8	69.0	2884.0	2541.0	2454.7	2818.4
Lab 22	51.9	49.1	41.9	47.3	393.6	285.1	124.5	231.7

First, it can be observed that the data can be considered as normally distributed when expressed in dBμV/m, but not when expressed in μV/m, as pointed out by the two statistical tests for normality in Table 2 : Lilliefors and Anderson-Darling [7,8].

Table 2. Result of the normality tests.

Normality Tests	***Lilliefors***	***Anderson-Darling***
p-value in dBμV/m	0.50	0.70
p-value in μV/m	**< 0.001**	**< 0.0005**

A p-value lowers than 0.05 indicates a significant deviation of the sample from the Gaussian assumption.

2.2. Evaluation of the performance of a measurement method (ISO 5725-2)

2.2.1. Statistical procedures

In order to evaluate the performance of a measurement method, guidance is provided in the standard ISO 5725-2. Before exploiting the results of the participants, it is necessary to make sure that the results arise from the same process of measurement by applying test of homogeneity. This homogeneity tests are performed to detect potential outliers among the results.

First, the Cochran's test must conclude to homogeneity of the variances of the participants. If not, this means that one of the variances associated with a laboratory is considered as significantly different from the others. In this case, the repeated measurements of the laboratory are investigated: if they are consistent, then the laboratory is removed from the statistical analysis (because of a too high variance) whereas if an outlier is found, only this outlier value is discarded and the other results are kept in the analysis with updated mean value and standard deviation for the laboratory. The same procedure is then applied until all the variances are homogeneous.

In a second step, a Grubbs' test is performed to ensure that all the mean values from the different laboratories are consistent. If not, outlier laboratories are also discarded from the statistical analysis. The goal of this procedure is to avoid the impact of outliers on the estimation of the overall mean value and the repeatability and reproducibility standard deviations.

2.2.2. Cochran's homogeneity test for the variances

Let p denote the number of participants, the principle of Cochran's test is to test the assumption $H_0 : \sigma_1^2 = \cdots = \sigma_i^2 = \cdots = \sigma_p^2$ against the assumption $H_1 : \max(\sigma_i^2) > \sigma_j^2, j \neq i$.
To this extent, the following Cochran's statistic is obtained thanks to the results of the comparison:

$$C = \frac{s_{max}^2}{\sum_{i=1}^{p} s_i^2}$$

Under the assumption H_0 of an equality of the variances, C is supposed to be distributed as a Cochran's distribution. As a result, the observed value C is compared with the critical value in the Cochran's table for p participants and n repeated measurements.
This test is commonly used in the analysis of interlaboratory comparisons. However, its conclusions are valid under the assumption that the measurements are distributed as a Gaussian distribution.

2.2.3. Grubbs' homogeneity test for the mean values

The Grubb's test aims at the identification of an outlier, either among the mean values of the different laboratories or among the repeated measurements of a single laboratory.

If $\bar{x}$ denotes the mean values of the set of observations and s their standard deviation, the test statistic may be either $G_p = \frac{x_p - \bar{x}}{s}$, if one wants to test whether the maximal value is an outlier, or $G_1 = \frac{\bar{x}-x_1}{s}$, if one is interested in the minimal value. Then the considered quantity is compared with the critical value in the Grubbs' table. However, the validity of the Grubbs' test is also conditioned to the Gaussian behaviour of the observations.

In Fig.4 & Fig5, we provide a representation of all results expressed in both units. The red dots (laboratory 8: figure 4 and Laboratory 4 figure 5) correspond to observations which were discarded after the homogeneity tests (Cochran and Grubbs).

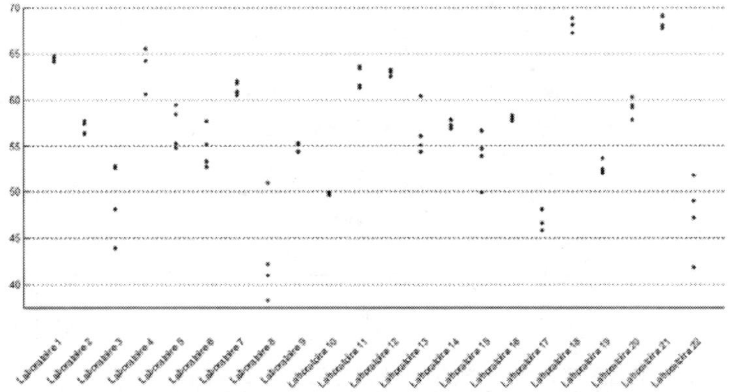

Fig. 4. Graph of the results from each laboratory with analysis in dBμV/m

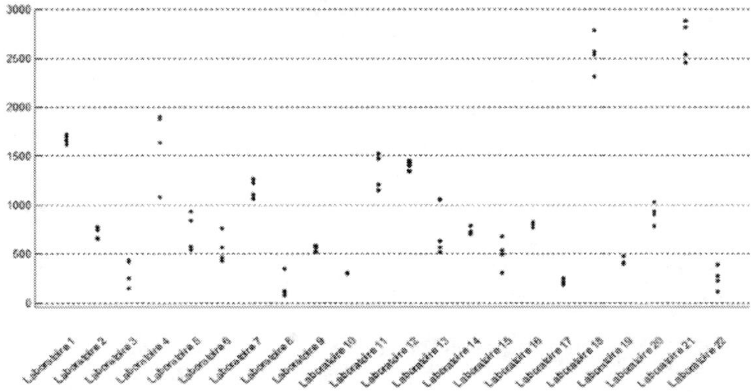

Fig. 5. Graph of the results from each laboratory with analysis in μV/m

In both cases, the outlier laboratory has a too large variance and has been discarded through the Cochran's test. However, it is not the same laboratory in both cases. Indeed, as the transformation is nonlinear, it has an effect on the variances. It can be observed also that a transformation in μV/m results in a higher spread of the measurement results.

2.2.4.Statistical parameters of performance of measurement method

Table 3: Results of the participants

Laboratory	**Results**
Labo1	y11, y12, y13, y14,........,y1n
Labo 2	y21, y22, y23, y24,........,y2n
Labo 3	y31, y32, y33, y34,........,y3n
....	....
Labo p	yp1, yp2, yp3, yp4,........,ypn

After elimination with the tests of homogeneity, we obtain p ' participating laboratories with p ' <= p.

Table 4. Results of the participants after homogeneity tests

Laboratory	**Results after homogeneity tests (Cochran and Grubbs)**
Labo1	y11, y12, y13, y14,........,y1n
Labo 2	y21, y22, y23, y24,........,y2n
Labo 3	y31, y32, y33, y34,........,y3n
....	....
Labo p'	yp'1, yp'2, yp'3, yp'4,........,yp'n

With the following descriptive statistics, table 5.

Table 5. Results of the participants after homogeneity tests

mean	**standard-deviation**
y1	**S1**
y2	**S2**
y3	**S3**
...	**...**
yp'	**Sp'**

The Evaluation of the parameters of precision (standard deviation of repeatability S_r and reproducibility S_R) also the parameter of position (the overall average) on the results on table 4 using formulas (1), (2) and (3) below.

Overall Average (1)

$$\bar{\bar{y}} = \frac{\sum_{p'} \bar{y}_i}{p'}$$

Repeatability standard deviation (2)

$$S_r = \sqrt{\frac{\sum_{p'} s_i^2}{p'}}$$

Reproducibility standard deviation (3)

$$s_R = \sqrt{\frac{1}{p'-1}\sum_{p'}(\bar{y}_i - \bar{\bar{y}})^2 + \frac{n-1}{n} s_r^2}$$

The corresponding evaluated parameters are presented in Table 6.

Table 6. The evaluation of the performance of the measurement method in dBµV/m and in µV/m.

Statistical parameters	dBµV/m	µV/m
Overall average	57.5	895.32
Repeatability standard deviation s_r	1.86	126.59
Reproducibility standard deviation s_R	6.48	710.48

2.3. Evaluation of uncertainty of measurement

Alternately to the GUM [3] ,Guide for the expression of the uncertainty of measure (reference method for the evaluation of the uncertainty of measure), we can use the standard deviation of reproducibility obtained in a study of interlaboratory comparison using the standard ISO 5725-2 as an estimation of the standard uncertainty.
So, for every studied frequency, we have:

$$u(y) = S_R$$

The direct calculation in µV/m seems unrealistic in the sense that the standard deviation is of the order of magnitude of the overall mean. However, when data are expressed in dBµV/m, it is possible to compute an approximately 95% coverage interval using a coverage factor $k = 2$, which is adequate because of the Gaussian behaviour of the results.

In case it is required to express the measurement result in µV/m, care should be taken while applying the transformation. Indeed, Measurements expressed in dBVµ/m can be transformed in µV/m, but such transformation is not allowed for the variance (and thus for the standard uncertainty), as it is a nonlinear transformation. The corresponding results are represented in Fig.6, with the individual mean value for each participant.

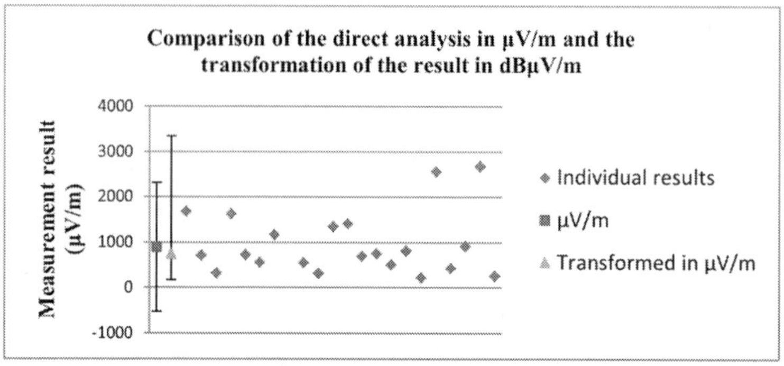

Fig. 6. Comparison of the coverage intervals obtained with a direct analysis in µV/m or with an analysis in dBµV/m followed by a transformation of the coverage interval

First, the coverage interval obtained for a direct analysis in µV/m overlaps 0, whereas the intensity of the electrical field is supposed to have a positive value. Of course, such a coverage interval was obtained with a "naïve" assumption of a Gaussian behaviour, which is false as explained above. On the other hand, the transformation of the coverage interval obtained in dBµV/m encloses only positive values, which makes it already more reliable. But it also has an asymmetric shape: the lower bound is closer to the overall mean than the upper bound. This is a consequence of the nonlinear transformation used. Moreover, Fig 6 shows that this last coverage interval is consistent with all individual data when expressed in µV/m.

Table 6. The evaluation of the performance of the measurement method (dBµV/m andvµV/m)

Frequency (GHz)	Horizontal Polarization				
	Mean (dBµV/m)	Expanded Uncertainty *k*=2 (dBµV/m)	Uncertainty interval (dBµV/m)	Mean (µV/m)	Uncertainty interval (µV/m)
1,15	58,0	10,0	[47.9; 68.1]	792.5	[248.3; 2529.3]
1,5	52,4	14,7	[37.3; 66.2]	386.8	[73.2; 2044.1]
1,8	53,1	9,5	[43.4; 62.0]	432.0	[148.4; 1257.5]
2,25	58,5	12,3	[44.5; 70.5]	749.9	[168.7; 3334.3]
2,6	56,7	10,3	[45.2; 65.7]	592.9	[182.0; 1932.0]
3,4	57,6	7,6	[49.8; 65.1]	746.4	[309.0; 1803.0]
3,95	54,7	12,0	[42.6; 65.9]	515.8	[134.4; 1979.2]
4,55	56,4	8,3	[48.0; 64.4]	644.2	[250.6; 1655.8]
5,35	56,4	13,7	[42.5; 69.4]	625.9	[132.6; 2954.6]

2.4. Results of the proficiency testing (ISO 13528)

The evaluation of the proficiency of laboratories bases on:

-An assigned value *Xpt* who can be calculated by several methods. For this study the assigned value will be taken equal to the overall average from the exploitation of the results above (Table 6). $X_{pt} = \bar{\bar{y}}$

-A proficiency standard deviation can be fixed or calculated. In our case, we have used the standard deviation of reproducibility SR estimated below in table 6. $\hat{\sigma}_{pt} = S_R$

The statistic of performance estimates the proficiency of the participant to realize the testing measurement. There are various statistics of performance (Zscore, Difference). In the configuration of this interlaboratory comparison, we used Zscore as formula (4) below.

$$Z_{score} = \frac{X_{lab} - X_{pt}}{\hat{\sigma}_{pt}}$$

The interpretation of Z-score :

- If |z| <= 2: the performance of the laboratory is satisfactory.
- If 2<|z |<= 3: then the performance of the laboratory is debatable, we generate a signal of warning;
- If |z |> 3, then the performance of the laboratory is "unsatisfactory", and we generate a signal of action

The table 7 below is an example represents Z-scores of every laboratory for one frequency and horizontal polarization by using results on both units.

DOI: 10.1051/metrology/201712003

Table 7. The evaluation of the performance of the measurement method (dBµV/m andvµV/m) at frequency 2,25 GHz

Frequency : 2.25GHz				
Reference value dBµV/m : 57,50			Reference value dBµV/m : 895,32	
proficiency testing standard deviation dBµV/m : 6,48			proficiency testing standard deviation µV/m : 710,48	
Laboratory	Result	Zscore	Result	Zscore
labo 1	64,51	1,1	1680,25	1,1
labo 2	57,05	-0,1	714,05	-0,3
labo 3	49,43	-1,2	320,92	-0,8
labo 4	64,03	1		
labo 5	57,03	-0,1	728,92	-0,2
labo 6	54,75	-0,4	560,5	-0,5
labo 7	61,35	0,6	1171,12	0,4
labo 8	43,15	-2,2	169,82	-1,0
labo 9	54,88	-0,4	554,98	-0,5
labo 10	49,85	-1,2	310,83	-0,8
labo 11	62,53	0,8	1346,95	0,6
labo 12	63	0,8	1412,35	0,7
labo 13	56,53	-0,2	697,82	-0,3
labo 14	57,53	0	752,78	-0,2
labo 15	53,85	-0,6	510,88	-0,5
labo 16	58,18	0,1	810,82	-0,1
labo 17	46,86	-1,6	221,28	-0,9
labo 18	68,13	1,6	2553,73	2,3
labo 19	52,68	-0,7	431,38	-0,7
labo 20	59,23	0,3	919,1	0,0
labo 21	68,53	1,7	2674,52	2,5
labo 22	47,55	-1,5	258,73	-0,9

Conclusion

As a conclusion, our article aims at pointing out the importance of the verification of the assumptions underlying the use of statistical methods. In metrology, a wide majority of the statistical methods commonly used implicitly assume that the data are normally distributed. This is the case when applying the GUM [2] with the common usage of a coverage factor $k = 2$, and this is also the case in the analysis of interlaboratory comparisons, whether the objective is to characterize the measurement method or to evaluate the proficiency of a laboratory.

In the first case, Cochran's and Grubbs' test have in common to be accurate for Gaussian data. In the second case, the comparison of a Z-score with the values 2 or 3 also relies on a Gaussian assumption as they correspond to a 95% or 99% confidence level (the true values for a Gaussian distribution are then 1.96 and 2.58).

Another warning of this paper is to be careful when applying nonlinear transformations to data. In particular, such transformations cannot be applied to variance or standard deviation calculations.

Acknowledgements: The authors wish to thank the members of the workgroup CEM of Eurolab France, for the authorization to use the results of their interlaboratory comparison Eurolab

 DOI: 10.1051/metrology/201712003

References

1. ISO 5725-2:1994, Application of statistics – Accuracy (and trueness) of measurement methods and results – Part 2: Basic method for the determination of repeatability and reproducibility of a standard measurement method.

2. ISO/CEI 17025 2005 : General requirements for the competence of testing and calibration laboratories

3. JCGM 100 (2008) ,Evaluation of measurement data — Guide to the expression of uncertainty in measurement (GUM)

4. ISO/IEC 17043:2010, Conformity assessment - General requirements for proficiency testing

5. ISO 13528:2015 Statistical methods for use in proficiency testing by interlaboratory comparison

6. ISO 21748:2017 Guidance for the use of repeatability, reproducibility and trueness estimates in measurement uncertainty evaluation

7. H. Lilliefors, "On the Kolmogorov–Smirnov test for normality with mean and variance unknown", J. Am. Stat. Ass., **62**, pp. 399–402 (1967).

8. T.W. Anderson, D.A. Darling, "A Test of Goodness-of-Fit", J. Am. Stat. Ass., **49**, 765–769 (1954).

9. EN 55016-2-3 2010 : Specification for radio disturbance and immunity measuring apparatus and methods. Methods of measurement of disturbances and immunity. Radiated disturbance measurements.

Towards an alignment of engineering and psychometric approaches to uncertainty in measurement: Consequences for the future

William P. Fisher, Jr.[1,*], *A. Jackson* Stenner[2]

[1]LivingCapitalMetrics.com, Sausalito, California 94965 USA & BEAR Center, University of California, Berkeley, California 94720 USA

[2]MetaMetrics, Inc., Durham, North Carolina 27713 USA

Abstract. The International Vocabulary of Measurement (VIM) and the Guide to Uncertainty in Measurement (GUM) shift the terms and concepts of measurement information quality away from an Error Approach toward a model-based Uncertainty Approach. An analogous shift has taken place in psychometrics with the decreasing use of True Score Theory and increasing attention to probabilistic models for unidimensional measurement. These corresponding shifts emerge from shared roots in cognitive processes common across the sciences and they point toward new opportunities for an art and science of living complex adaptive systems. The psychology of model-based reasoning sets the stage for not just a new consensus on measurement and uncertainty, and not just for a new valuation of the scientific status of psychology and the social sciences, but for an appreciation of how to harness the energy of self-organizing processes in ways that harmonize human relationships.

1 Introduction

While only rarely ever thinking about it, we use language to manage the uncertainty of the future. Everyone benefits from being able to connect words, ideas, and things in the world—to communicate—but without knowing very much about how the language in use came to be, or why it is written, pronounced, or structured as it is. We have simply learned that we can rely on our words to mean about the same thing the next time we use them as they did the last time. We derive a great deal of security from knowing we can manage the uncertain future using words that have served us well in the past. If memory failed us all, or if it was impossible to link concepts and things with some material visual or auditory representation, we would have to invent new words for things in a constant process of re-invention. In that kind of world, life's unpredictability would make experience very different from what it has been for humanity.

Science extends and refines language in ways enabling the management of new, previously inaccessible tasks. Theoretical conceptualizations and experimental

* Corresponding author: william@livingcapitalmetrics.com or wfisher@berkeley.edu

Article available at http://cfmetrologie.edpsciences.org or https://doi.org/10.1051/metrology/201712004

 DOI: 10.1051/metrology/201712004

substantiations of new phenomena, such as disease-causing germs and electricity, are embodied in technologies like vaccines and appliances distributed throughout interconnected networks [1,2]. Science systematically associates new words with new concepts in order to bring new things into the social world [3,4]. These word-concept-thing assemblages are kept in close contact with standards by technicians trained in the creation and use of the relevant tools. But all of this effort is expended so that end users can employ the new words and ideas in the same way as any other words, which is to say, without understanding the technical details of exactly how specifically unforeseeable future connections with something real in the world were made predictable and manageable.

Though it is not often articulated in this way, uncertainty and its management are plainly a matter of central importance in science. Measurement is the crucial activity that brings together in a portable technology (an instrument) what was learned in the past from data. That learning hinges, first, on the data being explained well enough by theory to predict future observations, and second, on the reduction in uncertainty realized in the precision of the instrument calibration. The calibration of new classes of instruments intended to measure previously unknown phenomena is, then, fundamentally a process of bringing new things into language by establishing consistent and reproducible relationships between their properties and the theoretical ideas and words instrumental to their communication. Science goes beyond everyday language in ascertaining and systematically reducing the uncertainty of the number words representing quantities, and in so doing opens up new opportunities for the creation of shared meanings and communities.

2 Uncertainty in metrology and psychometrics

It is in this context that we come to the most recent editions of the International Vocabulary of Metrology (VIM) and the Guide to Uncertainty in Measurement (GUM), which document a shift in the terms and concepts used in communications on uncertainty and measurement information quality [5,6]. The change is away from an Error Approach (also known as the Traditional Approach or the True Value Approach) and in favour of an Uncertainty Approach. Instead of assuming that the goal of measurement is the closest possible estimation of an unknown true value (the Error Approach), metrology now holds that measurement information supports only an assignment of a range of values, given that no mistakes have been made. This range varies depending on what information is taken into account, leading to the development of uncertainty budgets [7,8].

An analogous shift has taken place in psychometrics, where recent research presented at a series of symposia jointly sponsored by several International Measurement Confederation (IMEKO) technical committees (TC-1, TC-7, and TC-13) suggests provocative new practical and theoretical correspondences between metrology and psychometrics [9-12]. In accord with those similarities, differences between the psychometric binomial model's True Score Theory (and associated Classical Test Theory) and measurement theoretical approaches to error/uncertainty [9] parallel aspects of the shift documented in the VIM and GUM.

First, both metrology's Error Approach and psychometrics' True Score Theory focus on an assumed distinction between random and systematic errors. In both metrology and psychometrics, these sources of error are always assumed distinguishable, should be treated differently, and cannot be combined to form a total error. Second, both metrology's Uncertainty Approach and developments in psychometrics involving the evaluation of uncertainty relative to interval units of measurement focus on mathematical treatments of measurement uncertainty by employing an explicit measurement model characterizing the measurand in terms of an essentially unique value.

The GUM and IEC documents provide guidance on the Uncertainty Approach to end users as to the case of a single reading of a calibrated instrument. No such guidance has yet been systematically available in psychometrics, in large part because instruments calibrated and traceable to uniform and universally available consensus unit standards are still unusual, though not unknown [10]. Routine estimation of individual measurand uncertainties is, then, encumbered by widespread reliance on True Score Theory's scale- and sample-dependent ordinal score units, and associated statistical methods. True Score Theory's sampling approach to group-level uncertainty supports one motivation for the probabilistic form of statistical models evaluated via significance tests, while measurement theory is instead motivated by the response process itself in deriving a scientific model evaluated in terms of explanatory theory, meaningfulness, ethical criteria, and practical utility [13-16]. The latter is then able to characterize unit traceability in terms of a unique value systematically qualified relative to the effects of local uncertainty, model fit, bias and DIF, range restriction, etc.

3 The contrasting shapes of uncertainty

One especially salient contrast between True Score Theory's and psychometric measurement theory's approaches to uncertainty concerns their different U-shaped vs arch shaped error distributions (Fig. 1) [17]. This contrast stems from the lack of expectations concerning the response structure in True Score Theory, and the explicit expectations for it

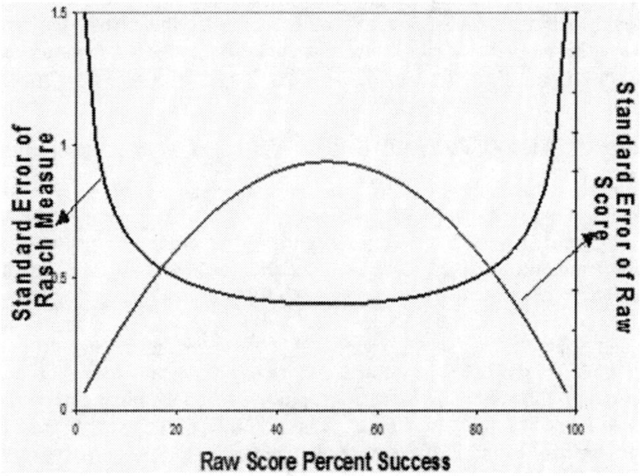

Fig. 1. Standard errors of measures vs scores [17].

in measurement theory [18]. In True Score Theory, the motivation for making models probabilistic is rooted in statistical sampling. Items are assumed to be of equal difficulty. The normal distribution is assumed, meaning that the tendency toward the mean dominates model conceptualization. Uncertainty is contingent on the probability of a response being near the middle part of the distribution, where there are 50-50 odds of success, and not toward one extreme or the other, where scores of 0% or 100% have the lowest possible uncertainty.

In measurement, in contrast, variation in item difficulties is expected and modelled, with the goal of obtaining a sufficient statistic, one "that summarizes the whole of the relevant information," as Ronald Fisher put it in 1922 [19]. Statistical sufficiency formulated at the individual level, per Rasch [20,21], is conceptually identical with invariance in measurement [22,23].

The identification of invariant profiles in the difficulty or agreeability of test and survey items enables use of the item location hierarchy in qualitative, substantive interpretation and theory-building otherwise inaccessible to psychological and social measurement [24-27]. A close match between a student's measure and a test item's difficulty, for instance, indicates the border between the instructional materials the student has mastered (the easier items on which the student has a high probability of success), and those not yet mastered (the harder items on which the student has a low probability of success).

Uncertainty in this context becomes useful in allocating resources appropriate to the budgeting constraints of varying applications. Instructionally useful formative applications in the classroom, for instance, may be diagnostically valid for day to day use within wider confidence limits than can be tolerated for quality improvement, research, or accountability applications. Fewer test items and more uncertainty can be tolerated in individual applications given the background knowledge and familiarity with the student possessed by the teacher. High stakes assessments in which new interventions are being evaluated, or that are used as the basis for graduation, admissions, or other decisions, must necessarily obtain more and higher quality information with less uncertainty, typically by asking more questions in a more rigorously controlled environment.

The statistical sampling approach to uncertainty taken by True Score Theory, in contrast, is less applicable to instructional problems. Uncertainty is lowest when scores are at the extremes, when the student knows nothing or everything, but this minimal uncertainty does nothing to indicate either how much too difficult the test items are, or how much too easy they are.

4 The role of uncertainty in unit definition

Andrich [9] shows the role played by randomly unimodal error distributions with smooth density functions in the formulation and realization of measurement invariance using Rasch's probabilistic models. Ordered categories for scoring responses to test and survey items are required to partition a range of variation meaningfully to be useful as a basis for measurement. True Score Theory stops with these ordinal categories and scores, manipulating the numbers as though they stand for a qualitatively meaningful and substantive property (intelligence, achievement, health, etc.) that adds up like the numbers do. Rasch models interval properties in a way useful for experimentally testing ordinal data to assess its capacity for substantiating the hypothesis of an additive, invariant unit. Asserting the need for such a model, and for experimental tests of the existence of a unit of comparison, goes against the grain of the methods typically employed in psychology and the social sciences. Considerable resistance to the use of Rasch's models has come from those wedded to simpler and less demanding numerical methods, though the scientific defensibility and practical utility of Rasch-based results has led to the routine use of the models in many high-stakes domains of research and practice.

Broader scale applications of Rasch's models are likely to follow from the results described by Andrich [9]. What he proposes should decisively resolve the "attenuation paradox" [28,29], namely, that higher reliability coefficients are not necessarily associated with better measurement. In True Score Theory, a perfectly discriminating test, for instance, is one that separates all examinees into two groups, one with no correct responses and the other with all correct responses. This can be seen to follow from True Score

Theory's peaked uncertainty distribution, where uncertainty is lowest at the extremes (Fig. 1).

The situation becomes more complex in the context of Guttman's deterministic approach to measurement. Here, the expectation of an ordered sequence of item difficulties contrasts with True Score Theory's supposition of equal item difficulties. But after an incorrect response is obtained, Guttman expects there to be no further correct responses to more difficult items. This rarely occurs in practice, so large percentages of data are often deemed unscalable in Guttman applications, leading to the method's rare application.

Rasch's models are basically a probabilistic formulation of Guttman's requirement of monotonic consistency in item responses [30,31]. The attenuation paradox takes a more specific form in the Guttman context than it does in True Score Theory. Guttman requires perfect reliability and discrimination in every score group, so that everyone with a score of 3 correct responses to 10 questions has exactly the same pattern. The end result, however, is that it becomes impossible to formulate any method for estimating how much more difficult one item is than another. This problem follows from the lack of information, the absence of any kind of a stochastic resonance, from which the magnitude of the difference might be estimated.

Duncan [32] accordingly observes that "It is curious that the stochastic model of Rasch, which might be said to involve weaker assumptions than Guttman uses [in his deterministic models], actually leads to a stronger measurement model." Andrich's [9] explanation of the role randomly unimodal error distributions play in applications of Rasch's models may satisfy Duncan's curiosity. It seems to me that Andrich's account is likely to turn out to be an image of the deep structure of how certain kinds of noise-induced order [33, 34] come about. To what extent are the "sufficient conditions for a system to exhibit stochastic resonance" [35] the same as or different from the conditions sufficient for fit to a stochastic Rasch measurement model [15,16,20,21,23]? How similar or different from the True Score Theory-Rasch or Guttman-Rasch contrasts is "the transition from chaotic behavior to ordered behavior induced by external noise...observed in a certain class of one-dimensional mappings" [33]? To what extent could individual-based ecological models and agent-based economic models [36] be informed by Rasch's individual-level stochastic measurement models based in sufficient statistics?

This phenomenon of stochastic resonance provides a metaphor that meets the terms of Galison's [37] search for a way to talk about the unity-through-disunity observed in the social and conceptual discontinuities characterizing some complex systems, such as science [38-41]. Galison notes the insufficiency of Peirce's and Wittgenstein's multistrand cable and thread analogies as images of how communities of theoreticians, experimentalists, and instrumentarians interact. He suggests that instead of these homogenous images in which the whole is the sum of the parts, we need images of discontinuous structures, like amorphous semiconductors with disordered atomic properties, or laminated structural engineering materials. In these cases, microscopic failure and disorder provide otherwise-unattainable signal-noise ratios and structural integrity. A great deal more research and study is needed to see if the resonance properties exhibited in Rasch's stochastic measurement models' randomly unimodal error distributions [9] provide the combined harmonies and discordances needed to coordinate the varied material and symbolic processes creating the binding culture of science [37-41].

5 Uncertainty budgets

Andrich [9] notes that

Measurement in the social sciences has not reached a level where the degree of precision is routinely stated in advance. To be able to do so, substantive research in the

 DOI: 10.1051/metrology/201712004

> construction of ordered categories will require the same detailed empirical research that natural scientists carry out in constructing their instruments. The PRM [Polytomous Rasch Model] provides a basis for assessing the precision of measurement achieved.

Theory-informed empirical research on reading ability has begun to approximate the level of detail obtained in the construction of instruments in the natural sciences [9-12,20,27,42]. Implications for uncertainty budgets and the practical interpretation of psychometric measures begin from a distinction between Type A and Type B uncertainties [5,8].

Type A uncertainties are statistical and random, whereas Type B uncertainties are usually systematic. The True Value Approach did not allow uncertainties to be combined, but the more recent Uncertainty Approach allows the estimation of a total uncertainty from the accumulation of Type A and Type B uncertainties. Uncertainty components are no longer classified as random or systematic because of this capacity to bring all uncertainty estimates together into a single frame of reference in which they are comparable.

What might an uncertainty budget for psychometric measures look like? Table 2 proposes some elements, following the model provided by Bucher [7]. Type A uncertainties may emerge primarily from sampling considerations. As to Type B, the usual modelled measurement uncertainty, estimated as a function of the number of items administered, is complemented by a version inflated by positive values of the mean square model fit statistic (a chi-square divided by the degrees of freedom) [43]. Additional sources of uncertainty introduced by range restriction or bias might be imagined.

Table 2. A possible psychometric uncertainty budget [modelled from example in 7]: How to fill in the blanks?

Type A Uncertainty						
	Uncertainty description	**Uncertainty**	**Distribution**	**Divisor**	**Standard uncertainty**	**Variance**
1	Repeatability					
2						
	Combined Type A Uncertainty					
	Type B Uncertainty					
	Uncertainty description	**Uncertainty**	**Distribution**	**Divisor**	**Standard uncertainty**	**Variance**
1	Modeled	1 / sqrt(√∑(Pni(1 -Pni))	Randomly unimodal			
2	Fit-inflated	Modeled * MnSq>1				
3	Range restriction					
4	Bias					
	Combined Type B Uncertainty					

Before uncertainty contributors can be combined (using a root sum square method), they must be random, independent, and normalized to a standard uncertainty using the divisor suited to the relevant distribution, as specified in the GUM [5].

6 Implications for a new art and science of self-organizing complex adaptive systems

Chaitin [44] observes that the deterministic conceptualizations of Newtonian mechanics and the arithmetic of the natural numbers have given way to chaos and randomness. Reductionist approaches can no longer tenably posit that information on individuals will aggregate into reliable information on groups. The whole is no longer the sum of the parts, even in the areas of life where that seems most obviously true [45]. Instead of fully unique, independent, and separable individual elements, even in physical phenomena like the combined gas law, structural presuppositions at the microlevel are unavoidable.

It seems as though a transition is occurring in fundamental concepts, a transition analogous to the difference between True Score Theory and Guttman, on the one hand, and Rasch models, on the other. True Score Theory and Guttman assume all individuals are interchangeable, that the whole is the sum of the parts, and that there is no need for structural presuppositions. Rasch, in contrast, shows that individuals are not entirely unique, that they exhibit interdependencies, that the whole is more than the sum of the parts, and that group-level structure consistently emerges whether or not one is looking for it. The question is how to set up media for the self-organized, bottom-up repeatable and reproducible display and communication of these complex adaptive multilevel structures [38,46]. New opportunities are opening up in this direction across the sciences. For instance, in a recent book on complexity economics, Arthur [46] points out that

> Science and mathematics are shedding their certainties and embracing openness…there is no reason to expect that economics will differ in this regard.

New agent-based models re-orient psychology and social science away from policies imposing mechanically aggregated statistical results from the top down toward bottom-up initiations of grassroots efforts. The overall effect is akin to the difference between quality control and continuous quality improvement methods in industry [47]. The former were characterized by "tail-chopping" methods that merely removed the undesired end of a quality distribution, just to have it filled again in the next iteration. The latter, "curve-shifting" methods empower everyone on the front line to act to improve the production system itself via bottom-up, organic, self-organizing approaches to creating genuine value [38,46]. Providing teachers, clinicians, and managers with the coherent information tools they need to manage their responsibilities across the discontinuities inherent to multilevel communications systems [47-49] will likely result in quality revolutions in education, health care, human resource management, and other areas equal to or greater than that experienced in manufacturing [50-52]. Realizing the practical value of measurements as objective bases for decision supports demands close attention to uncertainty [53-54]. Communicating the value of educational, health, human resource, and other psychological and social measures in common units with known uncertainties coordinated across levels of complexity is essential to grasping the opportunities for improved outcomes we have within our reach.

References

1. B. Latour, *The Pasteurization of France* (Harvard University Press, Cambridge, Massachusetts, 1988)
2. B. Latour, *Reassembling the social* (Oxford University Press, Oxford, England, 2005)
3. E. Hutchins, Philosophical Psychology **27**, 34 (2014)
4. N. Nersessian, Mind, Culture, and Activity **19**, 222 (2012)

5. Joint Committee for Guides in Metrology (JCGM/WG 1) *Evaluation of measurement data--Guide to the expression of uncertainty in measurement* (International Bureau of Weights and Measures—BIPM, Sevres, France, 2008)
6. Joint Committee for Guides in Metrology (JCGM/WG 2) *International vocabulary of metrology: basic and general concepts and associated terms, 3rd ed (with minor corrections)* (International Bureau of Weights and Measures—BIPM, Sevres, France, 2012)
7. J. L. Bucher, *The metrology handbook* (ASQ Quality Press, Milwaukee, Wisconsin, 2012)
8. C. Ratcliffe, B. Ratcliffe, pp. 33-37 in *Doubt-free uncertainty in measurement* (Springer International Publishing, Zurich, Switzerland, 2015)
9. D. Andrich, J Phys.: Conf. Series in press (2017)
10. W. P. Fisher, Jr., A. J. Stenner, Measurement **92**, 489 (2016)
11. L. Mari, M. Wilson, Measurement **51**, 315 (2014)
12. L. Pendrill, W. P. Fisher, Jr., Measurement **71**, 46 (2015)
13. O. D. Duncan, Contemp. Sociol. **21**, 667 (1992)
14. O. D. Duncan, M. Stenbeck, pp. 1-35 in C. C. Clogg (Ed.), *Sociological Methodology 1988* (American Sociological Association, Washington, DC, 1988)
15. M. R. Wilson, Psychometrika **78**, 211 (2013)
16. D. Andrich, pp. 7-16 in J. A. Keats, R. Taft, R. A. Heath & S. H. Lovibond (Eds.), *Mathematical and Theoretical Systems* (Elsevier Science Publishers, North Holland, 1989)
17. J. M. Linacre, Rasch Meas. Trans. **20**, 1086 (2007)
18. M. R. Wilson, Measurement **46**, 3766 (2013)
19. R. A. Fisher, Philos. Trans. Royal Soc. London A **222**, 309 (1922)
20. B. D. Wright, Educ. Meas. Issues and Pract. **16**, 33 (1997)
21. G. Rasch, *Probabilistic models for some intelligence and attainment tests* (Danmarks Paedogogiske Institut, Copenhagen, 1960)
22. W. J. Hall, R. A. Wijsman, J. K. Ghosh, Annals Math. Statistics **36**, 575 (1965)
23. E. B. Andersen, Psychometrika **42**, 69 (1977)
24. B. D. Wright, M. H. Stone, *Best test design* (MESA Press, Chicago, 1979)
25. B. D. Wright, G. N. Masters, *Rating scale analysis* (MESA Press, Chicago, 1982)
26. M. Wilson, *Constructing measures* (Lawrence Erlbaum, Mahwah, New Jersey, 2005)
27. A. J. Stenner, W. P. Fisher, Jr., M. H. Stone, D. S. Burdick, Frontiers in Psychol.: Quantit. Psychol. Meas. **4**, 1 (2013)
28. J. Loevinger, Psychological Bulletin **51**, 493 (1954)
29. G. Engelhard, Rasch Meas. Trans. **6**, 257 (1993)
30. D. Andrich, Educ. Res. Persp. **9**, 95 (1982)
31. D. Andrich, p. 33-80 in N. B. Tuma (Ed.), *Sociological methodology 1985* (Jossey-Bass, San Francisco, 1985)
32. O. D. Duncan, *Notes on social measurement* (Russell Sage Foundation, New York, 1984)
33. K. Matsumoto, I. Tsuda, I. J. Statistical Physics **31**, 87 (1983)

34. L. Gammaitoni, P. Hanggi, P. Jung, F. Marchesoni, Reviews of Modern Physics **70**, 223 (1998)
35. S. M. Hess, A. M. Albano, Internat. J. Bifurcat. Chaos **8**, 395 (1998)
36. V. Grimm, S. F. Railsback, *Individual-based modeling and ecology* (Princeton University Press, Princeton, New Jersey, 2013)
37. P. Galison, *Image and logic* (University of Chicago Press, Chicago, 1997)
38. W. P. Fisher Jr, Procedia Computer Science in press (2017)
39. W. P. Fisher Jr, M Wilson, Pensamiento Educativo **52**, 55 (2015)
40. W. P. Fisher Jr, Measurement: Interdisc. Res. & Persp. **9**, 46 (2011)
41. W. P. Fisher Jr, Rasch Meas. Trans. **5**, 186 (1992)
42. L. Pendrill, NCSLi Meas.: The J. Meas. Sci. **9**, 22 (2014)
43. B. D. Wright, Rasch Meas. Trans. **9**, 436 (1995)
44. G. J. Chaitin, Internat. J. Bifurcat. Chaos **4**, 3 (1994)
45. A. Garfinkel, Reductionism pp. 443-459 in R. Boyd, P. Gasper, J. D. Trout (Eds.), *The philosophy of science* (pp. 443-459) (MIT Press, Cambridge, Massachusetts, 1991)
46. W. B. Arthur, *Complexity and the economy* (Oxford University Press, New York, 2014)
47. W. P. Fisher Jr, Assessment and Learning **2**, 6 (2013)
48. W. P. Fisher Jr., E. P.-T. Oon, S. Benson, J. Physics: Conf. Series in press (2017)
49. S. L. Star, K. Ruhleder, Info. Sys. Res. **7**, 111 (1996)
50. W. P. Fisher Jr., Standards Engineering **64**, 1 (2012)
51. W. P. Fisher Jr., Measurement **42**, 1278 (2009)
52. W. P. Fisher Jr., J. Appl. Meas. **12**, 49 (2011)
53. L. Pendrill, Metrologia **51**, S206 (2014)
54. W. P. Fisher Jr., B. Elbaum, W. A. Coulter, J Physics Conf. Series **238**, 012036 (2010)

The use of autoregression model for maintaining the national time scale of Ukraine

Pavel Neyezhmakov[1,*], *Eduard* Koretskyi[1]

[1]National Scientific Centre "Institute of Metrology", Myronosytska Str. 42, 61002 Kharkiv, Ukraine.

Abstract. The report presents the results of maintaining the national time scale of Ukraine, UTC (UA), using the prediction recursive lattice filters that indicate high effectiveness results of the proposed algorithms for internal comparisons. Analysis of the data shows that the use of lattice filters allows to keep the national time scale within ± 10 ns, that is comparable with the time scales of countries, which have about ten and more hydrogen and cesium standards as well as cesium fountains and generators on cold strontium atoms as part of their primary measurement standards of time and frequency. In the future, the results will be used by the Service of Universal Time and Reference Frequencies of Ukraine.

1 The statement of the problem

One of the functions laid upon the Head Center of the Service of Universal Time and Reference Frequencies of Ukraine, which is the structural department of the National Scientific Centre "Institute of Metrology", is maintaining the national scale of coordinated time UTC (UA). The Center has been successfully fulfilling this task. Over the past few years, the maximum deviation of the scale UTC (UA) from UTC did not exceed 70 ns [1]. But the indicators obtained were provided by almost daily analysis of the measurement results of internal and external comparisons of the measurement standard, the introduction, if necessary, amendments and trends as well as calculations and introduction of weighting coefficients for each standard. It should be noted that the modern phase comparators and synthesizer of the physical time scale are absent in the composition of the measurement standard of Ukraine, thus all the calculations and monitoring of the scale are carried out on the daily measurement points. But it is planned to introduce the abovementioned equipment into the composition of the national measurement standard in the nearest future, and after that the generation of the national scale should be conducted in the automatic mode. Such a mode can be provided with the use of more advanced algorithms for processing the measurement results of the system of internal and external comparisons of the national measurement standard of the units of time and frequency of Ukraine.

2 The analysis of recent researches and publications

The accuracy of maintaining the time scale is directly dependent on the accuracy of prediction of the scale for a certain period of time [2].

One of the most simple conventional prediction models can be represented in the following form

$$\hat{x}(t+\tau) = x_k(t) + \left[y_k(t) + \frac{D_k \tau}{2} \right] \tau + \ldots \quad (1)$$

where $\hat{x}(t+\tau)$ is the prediction of time difference of the scale of kth clock in relation to the group scale for the time $t+\tau$;

$x_k(t)$ is known time difference of kth clock (standard) in relation to the group scale at time t;

$y_k(t)$ is the relative difference in the frequency of kth clock in relation to the group frequency;

D_k is the constant that determines the linear systematic frequency variation of kth clock (standard) in relation to the group frequency.

It is obvious that the predicted value of the scale, which has been calculated at time t for the time $t+\tau$, does not necessarily equal to the value of the scale for the time $t+\tau$. But with this algorithm, the prediction for $t+\tau$ can be corrected using time differences that have been measured at time $t+\tau$ using the equation

$$x_k(t+\tau) = \sum_{j=1}^{N} \omega_i \left[\hat{x}(t+\tau) - x_{jk}(t+\tau) \right] \quad (2)$$

where ω_i is the weighting coefficient of ith standard in the group, which is determined by the statistical characteristics of the standard.

It follows from the equation (2) that the quality of maintenance of the time scale, primarily, is determined by the ability to predict the behavior of the scale over time. It can be hour, day and other time intervals. Prediction is based on the behavior of individual time

* Corresponding author: pavel.neyezhmakov@metrology.kharkov.ua

and frequency standards that are the part of the group. Behavior is determined by the correlation dependencies of the frequency and the scale of the measurement standards at a certain prehistory interval. According to the conventional approach, cesium frequency standards do not have a systematic frequency variation, and hydrogen standards have a linear systematic variation. This particular approach is now used to determine the prediction of scales or frequencies of the standards in relation to the group. In addition, weight coefficients of standards are inserted by the scientist-keeper of the measurement standard in a manual mode and are determined as inversely proportional to the value of the prediction error of a particular standard at a certain time interval.

The analysis of internal and external comparisons of the standards of the measurement standard during several years shows that the behavior of standards is subject to rather complicated laws and is described by polynomials of higher order. In addition, it has been established that the statistical characteristics of the standards are not stationary and may change over time. This is due to the aging of the equipment, the influence of external factors, random frequency variations of the standards etc. From all this it can be concluded that the behavior of the particular standards is a non-stationary correlated random process, for the prediction of which it is required to apply adaptive processing algorithms. Behavior is determined by the correlation dependencies of frequency and scale of the standards on a certain prehistory interval. Therefore, when developing effective algorithms for maintaining the time scale of the standard, it was decided to use already well-known autoregression model, with which it has long been possible to solve tasks of prediction of time series.

In this regard, it is appropriate to use an autoregression model for the maintenance of the time scale, at the basis of which prediction adaptive autoregressive (AR) or lattice filters (LF) can be developed [3].

The autoregression model of random signals has several advantages over other models that makes it widely used for solving a variety of tasks. The main advantages of this model include its constructability, which makes it possible to synthesize schemes and algorithms that allow to generate random processes with given properties. Parameters of AR model of random signals are AR coefficients and the model order. In addition, the model parameters coincide with the coefficients of recursive digital filters. This property greatly simplifies the process of synthesis of this type of filters by a given amplitude-frequency characteristic.

AR model is based on the existence of correlation dependence of the sample of random signal in the current moment of time with some finite number of samples at previous moments of time. Correlation is expressed by the presence of regression of the current sample of the random process on the previous ones. This type of regression is called autoregression. The AR equation can be written in the following form

$$X_t = \sum_{j=1}^{p} A_j X_{t-j} + n_t \qquad (3)$$

where A_j are AR coefficients;
n_t are uncorrelated random samples of white noise type;
p is the order of AR model.
The value

$$\tilde{X}_t = \sum_{j=1}^{p} A_j X_{t-j} \qquad (4)$$

is called the prediction of a random value. The difference between the current value of the sample and its prediction is called the prediction error

$$n_t = X_t - \tilde{X}_t \qquad (5)$$

Building of AR model of a random process is reduced to finding AR coefficients and p order. The Yule-Walker equations allow to determine the unknown AR coefficients A_j.

The development of the theory of prediction of time series led to the synthesis of so-called lattice filters. Building of AR model or the synthesis of AR filters requires calculating the AR coefficients. To do this, it is needed to rotate the correlation matrix, and this operation is associated with a large amount of calculations. The search for effective algorithms of calculating AR coefficients led to the synthesis of lattice structures. LF parameters are the reflection coefficients and the number of filter sections. The number of sections is equal to the order of AR model. Like AR filters, LF ones are also prediction filters that minimize the dispersion of prediction error. The values of reflection coefficients are mutually simultaneously related to AR coefficients and finally determined by the correlation function. The transformations that link a set of reflectance coefficients to AR coefficients are nonlinear ones. For realization of specific prediction filter by means of software or hardware, both direct implementation and lattice structure can be used. Both realizations are mathematically equivalent, but there are a number of practical differences between them that make the lattice structure a preferable option.

When building AR models, either block or adaptive processing of input data is used. Block processing is that the array of input data of a certain size is memorized, then it is processed and AR model is built. Block processing makes sense in the case when the random process is stationary, that is, the form of autocorrelation function does not change over time. But in our case, we deal with non-stationary random processes, as the correlation properties of time and frequency standards that are part of the standard change over time. First of all, this is manifested in random frequency variations of the standards. Therefore, it is necessary to use adaptive data processing, which is that the coefficients of the prediction model need to be updated as often as possible so that they would be in time with changes of the correlation properties of the input processes.

 DOI: 10.1051/metrology/201712005

An adaptive algorithm is developed for whitening LF, which updates its reflection coefficients with every new input sample of random process [3]. In the scientific literature, it is called the recursive least squares lattice algorithm. The performed additional comparative studies indicate that the lattice recursive structure has the highest convergence rate compared to other similar adaptive algorithms [4].

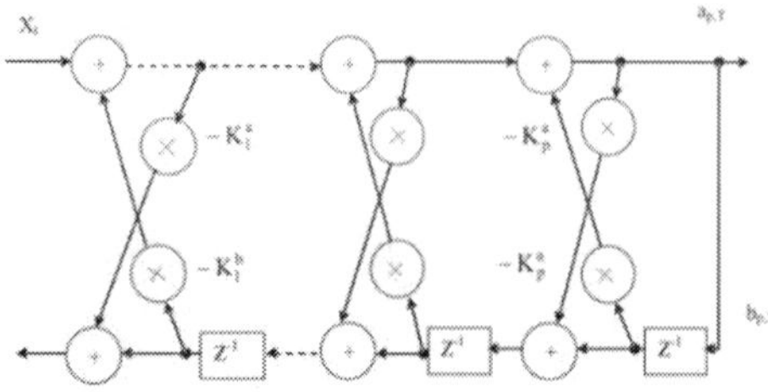

Fig. 1. Synthesizing lattice filter

Figure 1 shows a block diagram of a synthesizing lattice filter or a prediction filter.

3 The results of experimental studies

When maintaining a national time scale, it is necessary to ensure that two conflicting requirements are met. On the one hand, the maximum accuracy, that is, the minimum deviation from UTC scale. On the other hand, the ability to independently maintain the scale for a certain period of time, without falling outside the set deviations from UTC scale. By autonomy we mean the absence of any external comparisons. In the autonomous operation mode, for the maximum deviations of the scale, the requirements specified in the certificate of the national primary measurement standard of Ukraine can be accepted, namely, the differences between the national coordinated time scale of Ukraine UTC (UA) and the international coordinated time scale UTC should be within ± 1 μs.

Figure 2 shows the national time scale UTC (UA), which was obtained using a recursive lattice prediction algorithm. The scale was built on the time interval of more than two years on the basis of daily averaging points. It should be emphasized that the scale was built in a fully automatic operation mode. The maximum deviation from UTC scale was 75 ns. It became possible to achieve such a result only at the expense of more effective prediction algorithm. At the same time, the weighting factors of the standards of the group were unchanged, and corrections did not apply to the trends of changing the group frequency of the measurement standard and individual standards in the group.

At this stage, studies were performed on the effectiveness of applying autoregression prediction algorithms in comparison with conventional algorithms based on assumptions that hydrogen standards have a linear systematic frequency variation, that is absent in cesium standards. The main criterion for efficiency evaluation can be the root-mean-square (RMS) deviation of a prediction error for each standard in the group in relation to the group frequency. In application of autoregression algorithms, the RMS deviation for three hydrogen standards was $1.7 \cdot 10^{-14}$, $1.9 \cdot 10^{-14}$, $2.2 \cdot 10^{-14}$ relative units and $3.9 \cdot 10^{-14}$ for cesium standard. When applying the conventional prediction algorithms, these values were almost 2 times worse for hydrogen standards and 3 times worse for cesium one. At the same time, also the issues related to determining the optimal orders of prediction filters were studied. For determining the best orders, there are many criteria that are described in detail in the literature, for example in [4]. But in our case, the most simple but effective criterion was used, which calculates the minimum of prediction error depending on the order of the filter. It was determined that for prediction of the behavior of hydrogen standards, the 3rd order of the recursive lattice filter is the best, and for the cesium ones, the 2nd order of the daily averaging points is the best. The third order of the prediction filter for hydrogen standards shows that the behavior of these standards corresponds to more complicated laws than is assumed by the conventional theory.

At the second stage, the issues of development of more efficient algorithms for calculating the trends of group frequency of the standard were studied. They arise due to the fact that sometimes there are situations when the frequencies of several standards in the group at the same time immediately change in one direction. It is naturally that the group frequency of the standard also changes in the same direction, but to find out such a situation by the analysis of the results of internal comparisons is quite difficult and, in most cases, is completely impossible. In this case, it is necessary to use the results of external comparisons, on the basis of which the group frequency trend is calculated and the trend corrections are introduced. The process of trend determining also includes the prediction problem, so for the calculation and introduction of corrections, a lattice filter at the daily points has also been used.

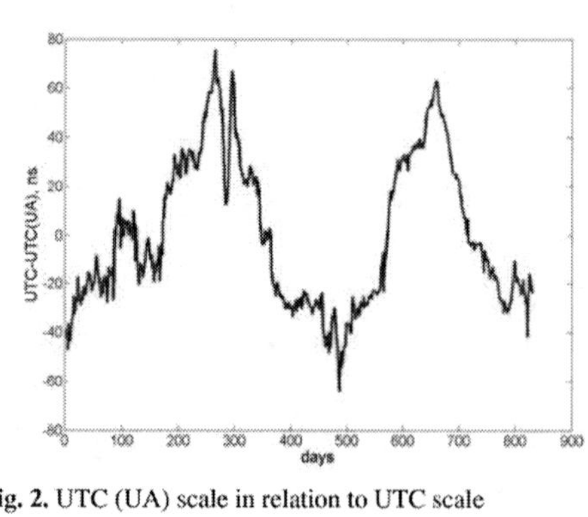

Fig. 2. UTC (UA) scale in relation to UTC scale

Figure 3 shows the difference between UTC (UA) and UTC scales in the same time interval with the automatic deletion of the group frequency trend of the measurement standard every day with a lattice recursive prediction filter. Analysis of Fig. 3 indicates that, in this case, the maximum deviation of UTC (UA) scale from UTC scale does not exceed 10 ns.

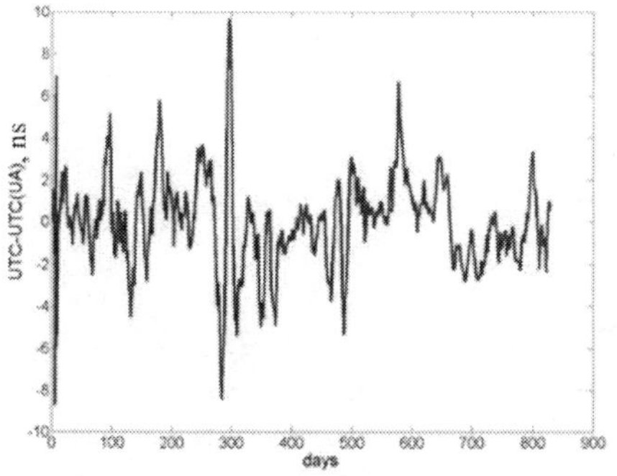

Fig. 3. UTC (UA) scale in relation to UTC scale after the introduction of corrections for the group frequency trend

4 Conclusion

Thus, the results of experimental researches indicate that the use of lattice recursive prediction filters for maintenance of the national scale UTC (UA) is effective and allows to ensure the accuracy of maintenance of the scale within ± 10 ns in relation to UTC scale. In addition, due to the adaptive properties of the proposed algorithm, it is possible to independently maintain the national scale for more than two years with a maximum deviation from UTC that does not exceed 100 ns. The proposed and investigated algorithms can be effectively used for the national primary measurement standards for the maintenance of the national time scales.

References

1. P. Neyezhmakov, A. Prokopov, V. Romanko, The Time and Frequency Measurement Standards of Ukraine // 16-th Int. Congress of Metrology, 17002 (2013)
2. J. M. Lopez-Romero, N. Diaz-Munoz, M. A. Lombardi, Simp. of metrology, (2008), 34-41
3. P.M. Grant, C. F. Cowan at all. *Adaptive filters:* Transl. from Eng. (M., Mir, 1990).
4. B. Friedlander, TIIER, (1982), **8**, 70.

La C2I ou rendre l'étalonnage conditionnel

IIC, a monitoring method for conditional calibrations

Pascal COQUET

ACEI, 6 bis rue Jean Zay, 64000 Pau, France
LA Métrologie, 36 rue des frères Wright, 64000 Pau, France

Inspirée des comparaisons inter-laboratoires, la comparaison inter-instruments (C2I) est une méthode de surveillance d'équipements de mesure au sens large. Détection de dérive ou de dégradation de caractéristiques métrologiques, optimisation de périodicités d'étalonnage... Plus puissante qu'une carte de contrôle individuelle, la méthode traite un lot d'instruments de même famille. L'article présente la méthode telle qu'elle a été pensée et développée par le groupe de travail de la commission de métrologie de l'AFNOR (fascicule FD X07-41).

Note : le terme « instrument » utilisé en C2I est à prendre au sens large, la méthode s'appliquant à tous types d'équipements de mesure.

1. Principe

Basée sur le principe que des instruments de mesure de même famille n'ont statistiquement aucune raison de dériver dans le même sens et de la même valeur durant le même intervalle de temps, la C2I emprunte à l'ISO 5725 ses tests de valeurs aberrantes pour détecter d'éventuels instruments « douteux ».

2. Applications

Son application la plus évidente est la surveillance de dérive d'instruments entre deux confirmations métrologiques ; mais son potentiel est nettement plus élevé : selon la manière dont elle est mise en œuvre, elle peut répondre à certains cas de raccordements difficiles, lever un doute sur un instrument ou encore optimiser les périodicités d'étalonnage.

1.1. Détection de dérive

Comparer un lot d'instruments permet de détecter celui ou ceux qui sont statistiquement différents. Si ces instruments n'ont pas été détectés lors de la précédente confirmation (étalonnage, C2I...), c'est qu'ils ont probablement dérivé.

1.2. Levée de doute

Si un instrument est mis en doute lors d'un mesurage, la C2I peut, en l'absence d'étalon, confirmer ou infirmer ce doute.

1.3. Optimisation de la périodicité

Le fait de réaliser des C2I sur une famille d'instruments permet d'optimiser leur périodicité d'étalonnage d'une manière inédite : supposons un lot d'instruments ayant été étalonnés au moins une fois (au minimum à la mise en service), tant que les résultats de C2I successives ne montrent pas de différence statistique entre eux, on peut légitimement penser que leur raccordement n'est pas remis en question et que, dans ces conditions, le réétalonnage n'est pas nécessaire, au moins jusqu'à la prochaine comparaison. La C2I devient alors un outil d'optimisation d'une périodicité devenue **conditionnelle**.

Note : Il faut évidemment, dans ce cas, être en mesure de prouver que tous les instruments ne risquent pas de dériver de la même quantité, dans le même sens. Ce cas est peu probable mais doit être considéré.

1.4. Surveillance d'étalons

Il est également possible d'optimiser la périodicité d'étalonnage d'étalons ou d'équipements dont l'incertitude d'utilisation est connue et utilisée. Dans ce cas, il convient, au terme de la comparaison, de calculer la variance inter-instruments et de s'assurer que sa racine carrée est inférieure à l'incertitude cible. Dans le cas contraire, il existe un risque que la C2I ne soit pas à même de détecter un problème potentiel sur l'un des étalons.

1.5. Etalonnage dans les cas difficiles

Il existe de nombreux cas d'instruments installés sur des process industriels, dont la dépose s'avère difficile ou coûteuse ; des cas où l'étalonnage sur site n'étant pas possible, il faut « sectionner » la chaine de mesure pour n'envoyer que le capteur en étalonnage (lecture sur système d'acquisition) ; des cas où le fait même de déposer un instrument modifie les paramètres du process (par exemple une sonde de régulation qui ne serait pas replacée exactement au même endroit).

Dans tous ces cas, la C2I peut apporter une solution adaptée.

Il est par exemple possible de comparer des thermomètres montés sur des lignes de process. Dans ce cas précis, l'objet à mesurer (milieu de comparaison) n'étant pas commun, un thermomètre supplémentaire, appelé intermédiaire, est nécessaire ; la comparaison porte alors sur les écarts mesurés entre celui-ci et chacun des thermomètres en ligne.

3. Sélection des participants

La méthode repose sur une hypothèse forte : un lot d'instruments n'a statistiquement aucune raison de dériver dans le même sens et dans la même proportion durant le même intervalle de temps.

La sélection des instruments participant à la comparaison doit être réalisée avec le plus grand soin de manière à respecter cette hypothèse : on évitera par exemple de ne choisir que des instruments issus du même lot de fabrication car ils auraient précisément des chances de porter en eux les mêmes défauts, voire de dériver de manière quelque peu synchronisée. Cette étape est primordiale ; le non respect de l'hypothèse de départ peut mener à des décisions préjudiciables sur le plan du management de qualité.

Exemples de conditions à respecter :

- Instruments de même famille (mesurant la même grandeur)
- Instruments de caractéristiques métrologiques équivalentes[1] (résolutions, exactitude, etc... comparables).
- Instruments hétérogènes (marques et modèles différents) de manière à éviter le risque de dérive synchronisée

4. Méthode

Sachant que la comparaison doit faire ressortir uniquement les défauts intrinsèques aux instruments, il est impératif de définir une méthode maîtrisée, établie afin de garantir la stabilité de tous les facteurs d'influence.

Lorsque certains facteurs ne peuvent être maîtrisés, ils devront être déterminés et pris en compte dans les calculs, voir par exemple l'exemple des cas difficiles (cf. §1.5) où l'on intègre un instrument supplémentaire, appelé intermédiaire, pour mesurer la température du produit qui n'est pas forcément identique en tous points du process. Il convient d'ailleurs de distinguer deux cas. Soit les températures mesurées sont sensiblement les mêmes et un instrument intermédiaire non raccordé conviendra, soit elles sont très différentes et il faudra alors s'assurer que l'erreur de justesse de l'instrument intermédiaire est suffisamment constante sur la plage de température considérée pour ne pas introduire de biais dans l'estimation des écarts moyens.

5. Les tests

Cette partie est illustrée par une C2I menée sur un lot de 7 pipettes automatiques de 2 ml. Chacune prélève un volume de 2 ml d'eau dans un récipient puis le déverse dans un second récipient posé sur une balance à 0,1 mg dont on ne se soucie pas du raccordement. Les conditions suivantes sont réalisées :

- Le laboratoire est régulé en température et hygrométrie
- L'eau a reposé suffisamment longtemps dans le premier récipient pour être en équilibre thermique
- Le second récipient est vidé après chaque série et la balance remise à zéro entre chaque mesure
- Les cônes sont saturés et les pipettes utilisées selon les BPL (bonnes pratiques de laboratoire).

La méthode retenue consiste en un test de Mandel qui se déroule en 2 étapes : un test des variances (statistique k) et un test des moyennes (statistique h).

Le test de Mandel est un test graphique particulièrement pratique et simple à interpréter. Un autre avantage est que son test k recherche uniquement les variances trop élevées, la détection d'une variance anormalement faible n'ayant, dans le cadre d'une C2I, pas d'intérêt. En revanche, le test de Mandel impose une condition : que le nombre de mesures réalisées soit identique pour chaque instrument.

Résultats :

M012	M014	M015	M060	M061	M062	M068
2,0103	1,9676	1,9731	2,0087	2,0041	2,0199	1,9990
2,0129	1,9689	1,9654	1,9981	2,0112	1,9958	2,0072
2,0112	1,9667	1,9593	2,0089	2,0197	2,0049	2,0161
1,9945	1,9985	1,9664	1,9961	2,0107	1,9957	2,0219
2,0130	1,9588	1,9764	1,9824	2,0107	2,0008	1,9964
2,0282	1,9606	1,9623	2,0031	2,0179	1,9912	2,0085
2,0231	1,9827	1,9719	2,0172	1,9992	2,0045	2,0076

[1] Il faut garder à l'esprit que la C2I ne pourra mettre en évidence des défauts inférieurs aux performances du moins performant des instruments

2,0217	1,9627	2,0183	2,0003	2,0056	2,0090	2,0127
2,0322	1,9833	2,0214	2,0071	2,0133	2,0066	2,0177
2,0283	1,9626	1,9903	2,0075	2,0147	2,0106	2,0113

Note : dans un souci de simplification et afin de se concentrer sur les propriétés de la C2I,

Note : la variation maximale de température de l'eau estimée au cours de la comparaison (1°C) entraîne une variation potentielle de 0,0004 ml, valeur qui, même si elle était atteinte, serait noyée dans les écarts-types intra-instruments, donc négligeable. La température de l'eau est donc supposée constante.

Note : la température de l'eau n'étant pas mesurée, on travaille directement sur les valeurs de masses, images du volume à température constante.

Statistique k (variances) :

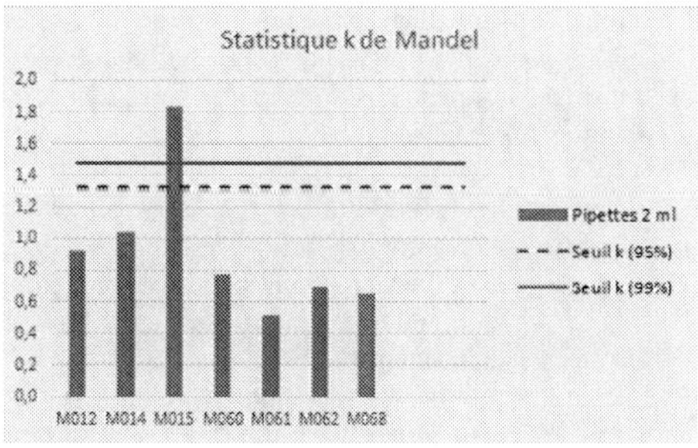

Statistique h (moyennes) :

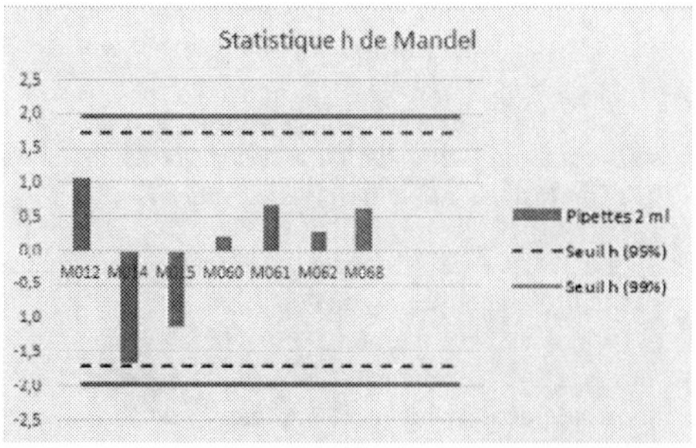

Le test k fait ressortir que la dispersion de la pipette M015 est anormalement élevée au regard des autres. Cette pipette nécessitant un examen approfondi, elle est écartée du test, lequel est poursuivi sans elle.

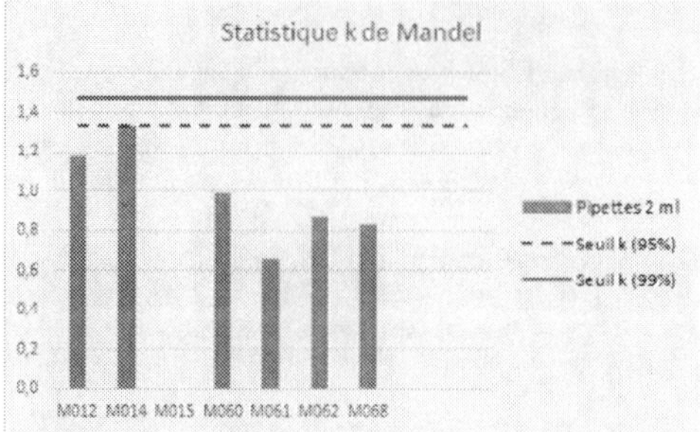

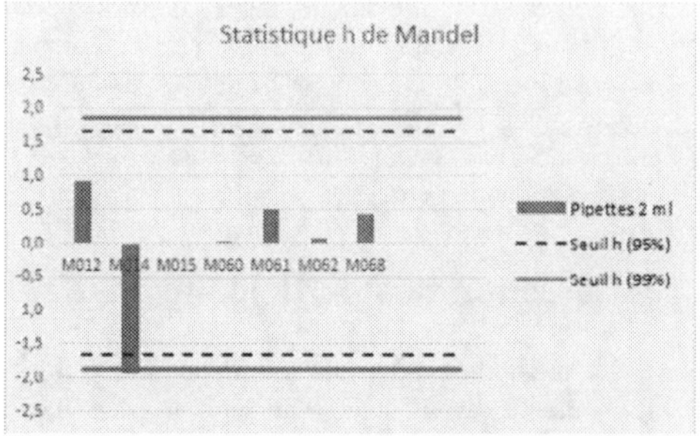

Le nouveau test k (sans M015) détecte la pipette M014 sur le seuil à 95%, confirmé par le test h sur les moyennes (dépassement du seuil à 99%).

La pipette M014 écartée à son tour, le test est poursuivi :

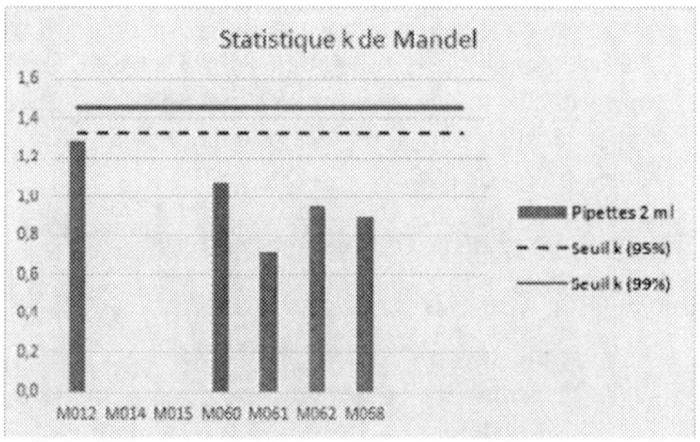

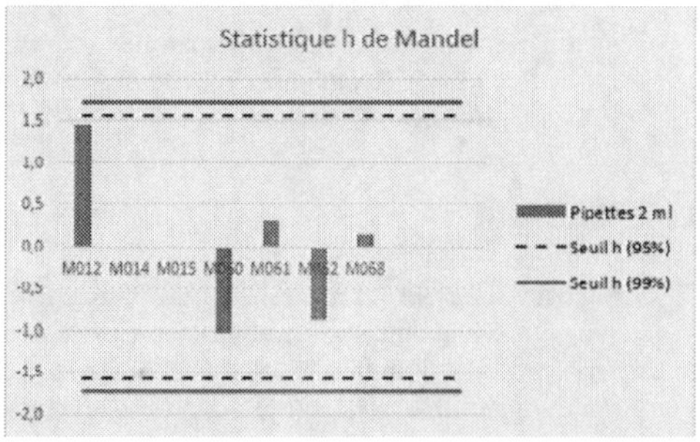

Les tests k et h valident le fait que les pipettes restantes ne sont pas statistiquement différentes.

 DOI: 10.1051/metrology/201712006

6. Reproductibilité

Selon le but de la C2I, Il peut être intéressant, afin de compléter le résultat du test, d'évaluer l'écart-type de reproductibilité de la famille étudiée.

Dans notre exemple, on calcule un écart-type moyen de répétabilité sr = 0,0123 ml et un écart-type de reproductibilité de 0,0166 ml.

Note : la moyenne générale des mesures réalisées (1,9995 ml) n'a de sens que si la balance utilisée est raccordée.

7. Le résultat

Deux constats s'imposent à l'issue de la comparaison :

- Les pipettes M014 et M015 sont détectées comme différentes des autres
- Les 5 pipettes restantes ne sont statistiquement pas différentes entre elles

Que signifie ce résultat ? Que faire des pipettes détectées ? Comment interpréter la « non différence » des pipettes restantes ?

8. L'interprétation

Tout dépend du but recherché !

Quelques exemples :

Dans le cas d'une simple comparaison, d'une étude de l'homogénéité d'une production par exemple, le test de Mandel suffit à conclure : les instruments statistiquement semblables peuvent être déclarés conformes, les autres rebutés ou dégradés.

Si la C2I participe d'une surveillance d'étalons, la reproductibilité des instruments ayant passé les tests semble être une donnée importante, à comparer avec leur incertitude d'utilisation. En effet, si la reproductibilité est supérieure à l'incertitude, on peut craindre que la C2I ne soit pas apte à vérifier les qualités attendues des étalons.

Note : afin d'en faciliter la compréhension, le test présenté porte sur un seul niveau (2 ml). En toute rigueur, il devrait porter sur 2 niveaux pour détecter la part variable d'une éventuelle dérive.

9. Conclusion

Il est convenu que si la sélection a été correctement réalisée, les instruments écartés devraient en principe faire l'objet d'un étalonnage, voire d'une maintenance.

Les instruments restant à l'issue des tests n'ayant eu, d'une part, aucune raison de dériver de la même manière (hypothèse de départ) et ayant été, d'autre part, étalonnés dans le passé, ne se sont pas « éparpillés » dans le temps du fait qu'ils ne sont pas statistiquement différents (résultat des tests). Leur raccordement est donc encore assuré au moment de la C2I.

En outre, si nous pouvons admettre que les instruments ayant passé les tests sont toujours raccordés, il devient possible, comme nous l'avons vu au paragraphe §6, de déterminer la variance liée à ce type d'instruments, variance qui peut alors être utilisée dans un calcul d'incertitude d'un processus qui met en œuvre un tel type de moyen. Cette variance, déterminée expérimentalement, semble plus pertinente qu'une évaluation de type B souvent calculée à partir des résultats d'étalonnage (Erreur maximale constatée) ou de vérification (Erreur Maximale Tolérée). Par ailleurs, il semblerait qu'on puisse régler en partie la question récurrente des « limites d'acceptation (E.M.T) ». En effet, une C2I permet finalement de conclure quant à l'homogénéité d'une famille d'instruments, ce qui revient à dire que tous les instruments sont statistiquement identiques entre eux, donc « conformes ». Il serait en effet curieux qu'une entreprise ne se soit pas rendu compte que les moyens de mesure qu'elle utilise au quotidien ne sont pas adaptés à son besoin.

Reconstruction of a signal from time-averaged data

Alistair B Forbes[1,*]
[1]National Physical Laboratory, Hampton Road, Teddington, Middlesex, TW11 0LW, UK

Abstract. In measurement applications such as air quality monitoring, sensors record the average of a signal of over a fixed time period, for example, every hour or every day. Sensor networks may involve a number of different types of sensors with different temporal resolutions, for instance, expensive reference sensors recording accurate, hourly averages and inexpensive sensors recording noisy averages every ten minutes. In addition, readings for some time periods may be missing. In this paper, we discuss methods to combine sensor data representing heterogeneous time averages in order to i) reconstruct an estimate and associated uncertainty of signal at any given time, and ii) use data from reference sensors to calibrate low cost sensors *in situ*.

1 Introduction

Many monitoring instruments gather time-averaged data. For example, the London Air Quality Network of reference sensors [6] provides 15 minute or hourly averages. Often we wish to combine knowledge gathered from instruments using different time-windows, e.g., reference sensors providing hourly averages along with low-cost sensor providing less accurate data at finer time resolutions. There are often problems with how to interpret time-averaged data where it is known that some of the averages are taken over a partial period due to missing data. We may also want a construct the signal in finer time-resolved steps in order to make comparisons with other variates. In this paper, we present a general approach for constructing a signal from time-averaged data. We make almost no assumptions about the regularity of the averaging process and the algorithm works for data representing averages over completely random sets of time steps. Instead, we make an assumption that at least part of the underlying process evolves smoothly so that the responses at nearby times are correlated to some extent. In section 2 we describe a general model for time-averaged data related to a temporally-correlated signal and in section 3 we describe how the model parameters can be determined from time-averaged data. In section 4, we illustrate how the signal reconstruction process behaves on problems that occur in practice. Our concluding remarks are given in section 5.

2 General model for time-averaged data

We assume that a signal x_q at time t_q can be modelled as

$$\boldsymbol{x} = C\boldsymbol{a} + \boldsymbol{e} + \boldsymbol{\delta}, \tag{1}$$

where $\boldsymbol{x} = (x_1, \ldots, x_q, \ldots x_M)^{\mathrm{T}}$ is the signal at times $\boldsymbol{t} = (t_1, \ldots, t_q, \ldots t_M)^{\mathrm{T}}$, $\boldsymbol{a}$ are parameters that describe expected characteristics of the system such as drift and/or cyclical behaviour, C is the observation matrix associated with $\boldsymbol{x}$ and is usually specified by basis functions evaluated at $\boldsymbol{t}$, $\boldsymbol{e}$ are temporally correlated effects [1,7] whose correlation is modelled in terms of a correlation kernel

$$\mathrm{cov}(e, e') = k(t, t'),$$

e.g.

$$k(t, t'|\sigma, \tau) = \sigma_E^2 \exp\left\{-\frac{1}{2\tau^2}(t - t')^2\right\}, \tag{2}$$

and $\boldsymbol{\delta}$ are uncorrelated random effects $\boldsymbol{\delta} \in \mathrm{N}(\boldsymbol{0}, \sigma_R^2 I)$. We let $V_{\boldsymbol{e}}$ be the $M \times M$ variance matrix associated with $\boldsymbol{e}$ calculated using $\boldsymbol{t}$ and assume that

$$\boldsymbol{e} \in \mathrm{N}(\boldsymbol{0}, V_{\boldsymbol{e}}), \quad V_{\boldsymbol{e}} = V_{\boldsymbol{e}}(\boldsymbol{t}|\sigma_E^2, \tau). \tag{3}$$

We also assume that the times $\{t_1, t_2, \ldots, t)M\}$ are regularly spaced.

We assume that a number of time-averaged measurements $\boldsymbol{y} = (y_1, \ldots, y_m)^{\mathrm{T}}$ are available. We let $\boldsymbol{t}_i \subset \{t_1, \ldots, t_M\}$ be the times associated with the ith measurement, n_i the number elements in $\boldsymbol{t}_i$, and $\boldsymbol{d}_i$ be the $M \times 1$ vector such that d_q/n_i if t_q is an element of $\boldsymbol{t}_i$ and is zero otherwise. Thus, the vector $\boldsymbol{d}_i$ can be used to construct the average $\boldsymbol{d}_i^{\mathrm{T}}\boldsymbol{x}$ of the signal $\boldsymbol{x}$ over the times $\boldsymbol{t}_i$. The ith measurement is modelled as

$$y_i = \boldsymbol{d}_i^{\mathrm{T}}\boldsymbol{x} + \epsilon_i, \quad \epsilon_i \in \mathrm{N}(0, \sigma_i^2). \tag{4}$$

We denote by $V(\boldsymbol{\sigma})$ the diagonal variance matrix with σ_i^2 in the ith diagonal element. If D is the $m \times M$ matrix with $\boldsymbol{d}_i^{\mathrm{T}}$ in the ith row, then (4) can be written in matrix-vector form

$$\boldsymbol{y} = D\boldsymbol{x} + \boldsymbol{\epsilon}, \quad \boldsymbol{\epsilon} \in \mathrm{N}(\boldsymbol{0}, V(\boldsymbol{\sigma})). \tag{5}$$

In most circumstances, m, the number of time-averaged data recorded, will be significantly smaller than M, the complete set of times. The goal of the analysis is to estimate the signal $\boldsymbol{x}$ based on the measurements

* e-mail: alistair.forbes@npl.co.uk

Article available at http://cfmetrologie.edpsciences.org or https://doi.org/10.1051/metrology/201712007

$\boldsymbol{y}$ gathered according to (4), and the prior correlation information about $\boldsymbol{e}$ specified by (3).

The formulation in (5) is quite general. The matrix D can represent any set of time averaging so that a quite heterogeneous set of sensors can be modelled in this way. For example, some sensors providing monthly averages do so in either four or five week time intervals, depending on the length of the month. There is no requirement that the vectors $\boldsymbol{t}_i$ (and therefore D) represent a sets of contiguous time steps, although in most practical applications they will be. The matrix $V(\boldsymbol{\sigma})$ allows for different sensor accuracies to be represented, e.g., an accurate (expensive) reference sensor giving hourly averages along side a (low cost) sensor giving ten minute averages with much less accuracy. The model can be expanded to incorporate parameters $\boldsymbol{b}$ that represent calibration parameters for the less accurate sensors [3] so that the reference sensor can be used to calibrate the less accurate sensors *in situ*. A simple example of this type of co-calibration is given below.

3 Estimation of the model parameters

Let D be the $m \times M$ matrix with $\boldsymbol{d}_i^{\mathrm{T}}$ in the ith row and $L_{\boldsymbol{e}}$ the Cholesky [4] of factor of $V_{\boldsymbol{e}} = L_{\boldsymbol{e}} L_{\boldsymbol{e}}^{\mathrm{T}}$ and introduce the parameters $\boldsymbol{f}$ related to $\boldsymbol{e}$ through $\boldsymbol{e} = L_{\boldsymbol{e}}\boldsymbol{f}$ so that (1) and (4) can be combined to form

$$\boldsymbol{y} = DL_{\boldsymbol{e}}\boldsymbol{f} + DC\boldsymbol{a} + D\boldsymbol{\delta} + \boldsymbol{\epsilon}, \tag{6}$$

with

$$\boldsymbol{\delta} \in \mathrm{N}(\boldsymbol{0}, \sigma_R^2 I), \quad \boldsymbol{\epsilon} \in \mathrm{N}(\boldsymbol{0}, V(\boldsymbol{\sigma})), \quad \boldsymbol{f} \in \mathrm{N}(\boldsymbol{0}, I).$$

Re-defining $\boldsymbol{\epsilon}$ to be the sum of the random effects $D\boldsymbol{\delta} + \boldsymbol{\epsilon}$, we end up with

$$\boldsymbol{y} = DL_{\boldsymbol{e}}\boldsymbol{f} + DC\boldsymbol{a} + \boldsymbol{\epsilon}, \tag{7}$$

with

$$\boldsymbol{f} \in \mathrm{N}(\boldsymbol{0}, I), \quad \boldsymbol{\epsilon} \in \mathrm{N}(\boldsymbol{0}, V(\boldsymbol{\sigma}) + \sigma_R^2 DD^{\mathrm{T}}).$$

Let $L(\boldsymbol{\sigma}, \sigma_R)$ be the Cholesky factor of

$$V(\boldsymbol{\sigma}) + \sigma_R^2 DD^{\mathrm{T}} = L(\boldsymbol{\sigma}, \sigma_R) L^{\mathrm{T}}(\boldsymbol{\sigma}, \sigma_R).$$

and define the weighting matrix $W = W(\boldsymbol{\sigma}, \sigma_R)$ by

$$W(\boldsymbol{\sigma}, \sigma_R) = L^{-1}(\boldsymbol{\sigma}, \sigma_R).$$

Estimates $\hat{\boldsymbol{f}}$ and $\hat{\boldsymbol{a}}$ of $\boldsymbol{f}$ and $\boldsymbol{a}$, respectively, are found by solving the least squares system

$$\check{C}\check{\boldsymbol{a}} \approx \check{\boldsymbol{y}}, \tag{8}$$

where

$$\check{C} = \begin{bmatrix} WDL_{\boldsymbol{e}} & WDC \\ I & \end{bmatrix}, \quad \check{\boldsymbol{a}} = \begin{bmatrix} \boldsymbol{f} \\ \boldsymbol{a} \end{bmatrix}, \quad \check{\boldsymbol{y}} = \begin{bmatrix} W\boldsymbol{y} \\ \boldsymbol{0} \end{bmatrix}.$$

The use of the weighting matrix W ensures that the variance matrix associated with the data $\check{\boldsymbol{y}}$ is the identity matrix. This means that the variance associated with the estimates $[\hat{\boldsymbol{a}}^{\mathrm{T}} \hat{\boldsymbol{f}}]^{\mathrm{T}}$ is given by

$$V_{\check{\boldsymbol{a}}} = \left(\check{C}^{\mathrm{T}}\check{C}\right)^{-1}.$$

The estimated signal is given by $\hat{\boldsymbol{x}} = C\hat{\boldsymbol{a}} + L_{\boldsymbol{e}}\hat{\boldsymbol{f}}$ with associated variance matrix

$$V_{\hat{\boldsymbol{x}}} = [L_{\boldsymbol{e}}\ C] V_{\check{\boldsymbol{a}}} [L_{\boldsymbol{e}}\ C]^{\mathrm{T}}.$$

4 Numerical examples

4.1 Reconstruction of a signal from hourly averages

We first illustrate the behaviour of the algorithm in addressing the problem of determining estimates of a signal at every five minutes given hourly averages. The model involves parameters $\boldsymbol{a}$ modelling a linear trend. The simulation data was generated as in equation (6), with the independent random component $\boldsymbol{\delta}$ generated with $\sigma_R = 0.01$ and the temporally correlated component $\boldsymbol{e}$ generated as in (3) using the kernel in (2) with $\sigma_E = 0.1$ and correlation times scale parameter $\tau = 1.00$, 0.50 and 0.25. The hourly averages are generated as in (4) with $\sigma_i = 0.005$. The unit for the times is 1 hour. The signal is in arbitrary units for this simulation. The three values of τ correspond to a correlation between the signal at one time and at one hour later (or earlier) being 0.61, 0.14 and 0.000 3, respectively.

Figure 1 shows the reconstructed signals for data corresponding to the three values of τ over a 12 hour period. For the case $\tau = 1.00$ (top graph), the reconstructed signal is a very good representation of the actual signal over the period. Considering that we are estimating the 144 values of the signal x_i (every five minutes over 12 hours, along with the two linear drift parameters $\boldsymbol{a}$, from just 12 measurements, the quality of the reconstruction is very good. The reason for this is that the temporal correlation is forcing a degree of smoothness on the signal and the hourly averages are sufficient to select a good reconstruction from all the possible signals with the requisite degree of smoothness.

A more quantitative argument can be derived by looking at the eigenvalues associated with the variance matrix $V_{\boldsymbol{e}}$. The sum of the eigenvalues is equal to the trace of $V_{\boldsymbol{e}}$, the sum of the diagonal elements of the variance matrix. For the case $\tau = 1.00$, the largest 10 eigenvalues account for approximately 98 % of the trace of $V_{\boldsymbol{e}}$, indicating that $V_{\boldsymbol{e}}$ can be approximated well by a rank 10 matrix. Or, in other words, there is a small number of effective degrees of freedom associated with the model [2,5] so that the 12 hourly averages determine good estimates of these parameters. The reconstructed signal explains over 98 % of the variance of the data.

The reconstruction for the case $\tau = 0.50$ is given in the middle graph of figure 1. For this case, it is clear that the reconstruction does not capture all elements of the signal. The largest 10 eigenvalues of $V_{\boldsymbol{e}}$ account for approximately 80 % of its trace while the reconstructed signal accounts for approximately 78 % of the variance of the data. The bottom graph in figure 1 is the reconstruction for the case $\tau = 0.25$. For this case, largest 10 eigenvalues of $V_{\boldsymbol{e}}$ account for approximately 48 % of its trace while the reconstructed signal accounts for approximately 47 % of the variance of the data. From another point of view, there is a much broader range of signals with the same smoothness characterisation that could have given rise to the measured hourly averages.

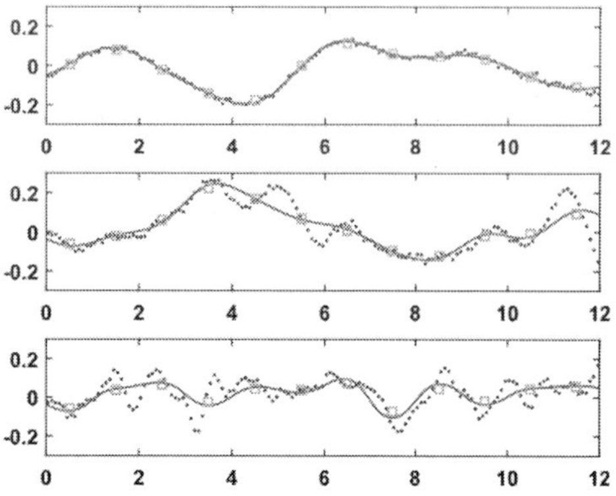

Fig. 1. Reconstruction (solid line) of a simulated signal sampled at 5 minute intervals (dots) from hourly averages (squares) for data generated with timescale parameter $\tau = 1.00$ (top), 0.50 (middle) and 0.25 (bottom). The unit associated with times is 1 hour. The signal is in arbitrary units.

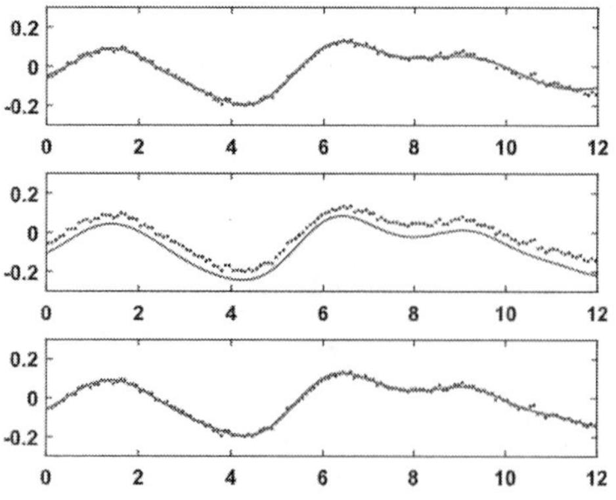

Fig. 2. Reconstruction (solid line) of a simulated signal sampled at 5 minute intervals (dots) from i) hourly averages from a reference sensor (upper) ii) 10 minute averages from a low-cost sensor with a calibration offset (middle), and ii) both sets of sensor data (lower), for data generated with timescale parameter $\tau = 1.00$. The unit associated with times is 1 hour. The signal is in arbitrary units.

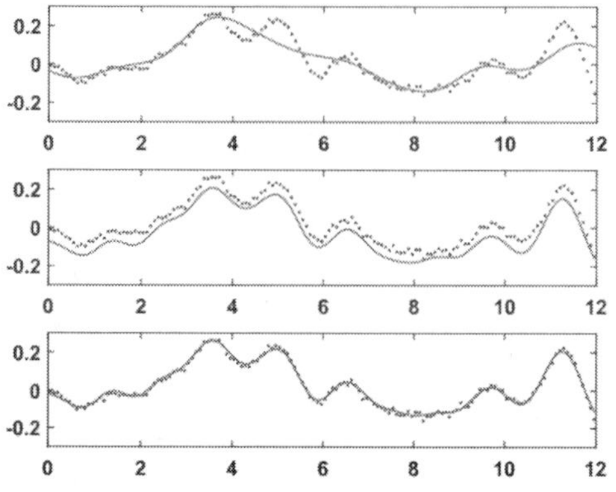

Fig. 3. As fig. 2 but for $\tau = 0.50$.

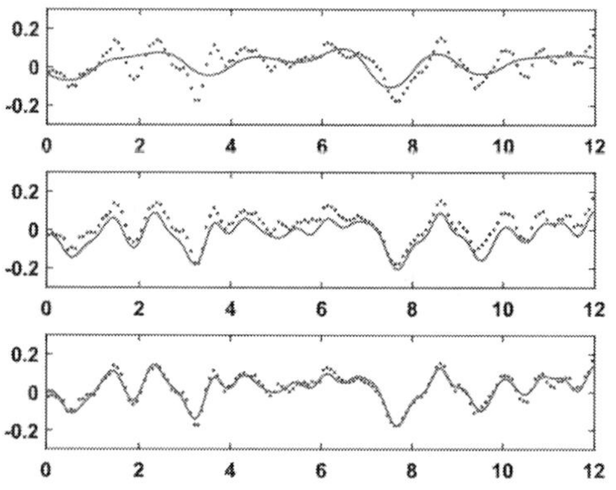

Fig. 4. As fig. 2 but for $\tau = 0.25$.

4.2 Collaborative measurement using a reference and low-cost sensor

The second set of simulations relates to the very practical requirement of how to combine less accurate, low-cost sensors with a reference sensor in order to deliver an enhanced capability. The simulations involve exactly the same set of signals and hourly averages as described above in section 4.1. However, 10 minute averages are also available from a low cost sensor that provide measurements y_i related to $\boldsymbol{x}$ according to

$$y_i = b + \boldsymbol{d}_i^{\mathrm{T}}\boldsymbol{x} + \epsilon_i, \quad \epsilon_i \in \mathrm{N}(0, \sigma_L^2), \tag{9}$$

where b is an offset common to all the measurements and ϵ_i is a random effect with associated uncertainty σ_L. The low-cost nature of the sensor is modelled in this case by the offset, with modest prior information $b \sim \mathrm{N}(0, \sigma_O^2)$, with $\sigma_O = 0.1$, and the fact that $\sigma_L = 0.025$ is five times greater than $\sigma_i = 0.005$ for the reference sensor. This additional sensor can be accounted for in the general model (6) through appropriate assignment of the matrices C, D and $V(\boldsymbol{\sigma})$.

Figure 2 shows in the upper graph the reconstructed signal of a simulated signal derived from the reference

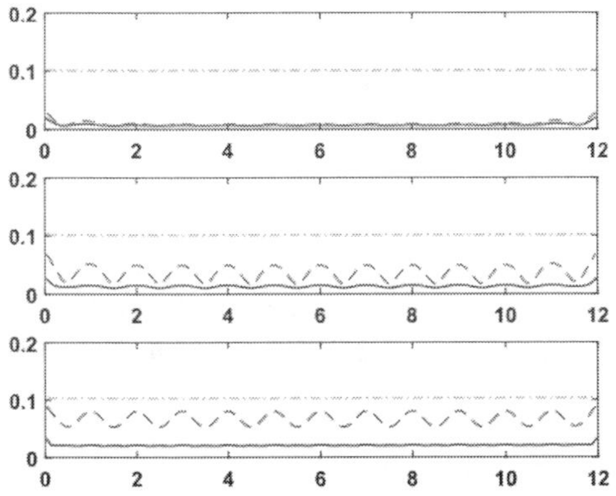

Fig. 5. Standard uncertainties associated with the reconstructed signals determined from i) reference sensor data alone (dashes), ii) low-cost sensor data alone (dot-dashes), and iii) both sets of data (solid) for the cases $\tau = 1.00$ (upper graph), $\tau = 0.5$ (middle) and $\tau = 0.25$ (lower).

data alone, for the case $\tau = 1.00$. This signal is exactly the same as that in the upper graph of figure 1. The middle graph in figure 2 is the signal reconstructed from the low-cost sensor data alone. The reconstruction is seen to follow the data well but is offset due to the systematic effect b. The uncertainty associated with this systematic effect determined from the low-cost data alone is exactly the same as the prior uncertainty σ_O: the data provides no extra information about b. The lower graph in figure 2 is the signal reconstructed from both the reference and low-cost sensor data and gives a good reconstruction of the data, as in the upper graph. The standard uncertainty associated with b derived from the combined data set is $u(b) = 0.004$, comparable with the standard deviation $\sigma_i = 0.005$ of the random effects associated with the reference sensor, showing that the analysis of the combined set of data gives an accurate *in situ* calibration of the low-cost sensor.

The upper graph in figure 5 gives the standard uncertainty associated with the three reconstructed signals. The uncertainty associated with signal reconstructed from the low-cost sensor alone is dominated by the uncertainty of 0.1 associated with the offset b. The uncertainties associated with the other reconstructions are similar with the combined data set giving marginally lower uncertainties, as expected. In a practical setting, the low-cost sensor is providing little useful information if the background signal is sufficiently smooth (but the collaborative approach provides the *in situ* calibration).

Figure 3 provides similar reconstructions as figure 2 but for the case $\tau = 0.5$, representing less smooth signals. Here, the main outcome is that the collaborative approach, in the lower graph, shows a good reconstruction of the signal, significantly better than that derived from the reference (upper) or low-cost sensor data (middle) alone. This fact is also reflected in the standard uncertainties associated with the reconstructed signals with the uncertainties associated with the collaborative approached significantly smaller that those for the other two reconstructed signals.

Figure 4 shows the reconstructions for the case $\tau = 0.25$ and again shows the collaborative approach gives a good reconstruction (lower graph). The benefit of the collaborative approach, in terms of the standard uncertainties in the reconstructed signals, is seen in the lower graph of figure 5.

For all three values of τ, the standard uncertainty $u(b)$ associated with the estimate of b derived from the combined data sets is $u(b) = 0.004$, demonstrating that the collaborative approach can determine an accurate *in situ* calibration of the low-cost sensor.

5 Concluding remarks

We have described a general algorithm for reconstructing a signal from time-averaged data and illustrated its performance on simulated data representing practical problems in air quality monitoring, for example. The underlying model uses a prior assumption of temporal correlation in the signal in order to improve the reconstruction. The algorithm can be used to estimate the signal at finer time resolutions, for combining multiple data streams that are averaged over different time windows, and providing the *in situ* calibration of sensors against a reference sensor.

Acknowledgement

This work was funded by the UK's National Measurement System Programme. I thank my colleague Kavya Jagan for comments on an earlier draft of this paper.

References

1. N. Cressie and C. K. Wikle. *Statistics for Spatio-Temporal Data.* Wiley, Hoboken, New Jersey, 2011.
2. A. B. Forbes. Empirical functions with pre-assigned correlation behaviour. In F. Pavese, W. Bremser, A. Chunovkina, N. Fischer, and A. B. Forbes, editors, *Advanced Mathematical and Computational Tools for Metrology X*, pages 17–28, Singapore, 2015. World Scientific.
3. A. B. Forbes. Traceable measurements using sensor networks. *Transactions on Machine Learning and Data Mining*, 8(2):77–100, October 2015.
4. G. H. Golub and C. F. Van Loan. *Matrix Computations.* John Hopkins University Press, Baltimore, third edition, 1996.
5. T. Hastie, R. Tibshirani, and J. Friedman. *Elements of Statistical Learning.* Springer, New York, 2nd edition, 2011.
6. L. Mittal and G. Fuller. London Air Quality Network: Summary Report 2016. Technical report, King's College, London, June 2017.
7. C. E. Rasmussen and C. K. I. Williams. *Gaussian Processes for Machine Learning.* MIT Press, Cambridge, Mass., 2006.

Computational nanometrology of nanostructures: the challenge of spatial complexity

Vassilios Constantoudis, Kostas Poulios, Manolis Chatzigeorgiou and George Papavieros

Institute of Nanoscience and Nanotechnology, NCSR Demokritos,
Aghia Paraskevi, 15341 Greece

Abstract

Several applications of nanotechnology are based on the surface nanopatterning of materials and the new functionalities it brings about. Not surprisingly, the novel material properties are tightly linked to nanostructure morphology and very sensitive to its geometrical characteristics. Therefore, the measurement and characterization of nanostructure morphology is very critical in order to get control of the added value of nanopatterning on material properties and functionalities. In other words, there is an emergent need for accurate and concise metrology of all kinds of nanostructures.

Up to now, the main tools for imaging and measuring the nanostructures are the well-known and widely used probe microscopes (AFM, SEM, TEM). However, due to the minute size of the measured structures, the measurement results are strongly dependent on the effects of measuring device and process. In order to get as more accurate measurement as possible, it is necessary to deconvolute the true structure from the effects of measurement. This can be made through the development and implementation of mathematical modeling methods able to get control of the measurement effects on the result and aid the acquisition of the true morphology. Furthermore, novel mathematical and computational methods are required in the characterization of complex surface nanostructures created by deposition, etching, ion bombardment or laser treatment of surfaces. The mathematical and computational methods needed to aid the accurate and complete metrology of surface nanostructures are collectively defined by the term computational nanometrology.

In this paper, first we shortly introduce the field of computational nanometrology and define its content. Then we focus on two specific applications to demonstrate the benefits of computational nanometrology. In the first, a new mathematical transform is proposed to enable the simultaneous characterization of both periodicity and feature width in almost periodic arrangements of nanodots on a surface. In the second, the multifractal spectrum of complex nanomorphologies is calculated to quantify their multiscale hierarchical structuring. Both methodologies are motivated and applied to the characterization of polymer surfaces after their treatment in plasma reactors.

1. Introduction

Nanometrology is the branch of metrology science which aims at providing methods and techniques for accurate and complete measurements of nanostructure properties including dimensions, morphology (shape), electric/magnetic fields, optical spectra, chemical composition, material hardness, etc. Since the recent advances in nanotechnology are mainly related to our ability to nanopattern material surfaces and bulk, the metrology of dimensions and surface morphology is of chief importance to get controlled and reproduced nanopatterning and therefore device performance. However, along with the increasing importance of dimensional and morphological metrology at nanoscale, we have the emergence of some specific issues which challenge both the accuracy and completeness of nanomeasurements.

Article available at http://cfmetrologie.edpsciences.org or https://doi.org/10.1051/metrology/201713001

The first challenge has to do with the enhanced impact of measurement probe to the measurement results given the tiny size of measured object which is almost comparable to the size of the probe. This effect is very critical in scanning probe microscopy techniques (AFM, STM, etc.) but also affects the image-based metrologies such as SEM, STEM and TEM [1]. Another aspect of this challenge is the degradation that the energy of the used probe can cause on nanosized specimen. This is one of the greatest challenges in the use of SEM metrology in resist (polymer) nanogratings which are used in nanolithography for patterning transistor structures [2]. In this challenge we can also encompass the enhanced effects of the noise of measurement (instrument and process) on the measurement result emanated from the weakening of true measurement signal due to nanoscale sizes [3].

The second challenge of nanometrology is to achieve measurements of nanostructured surfaces and materials which at the same time have high resolution and cover large ranges of the measured surfaces. This is needed in many applications where nanostructuring is applied at large scales (for example nanoimprint lithography patterning of large polymer sheets) where we should have accurate measurements of the dimensions and shapes of billions of nanostructures (dots, wires,...) covering areas of millimeter scales. Recently, this challenge has been faced up by the combination of different techniques either at instrumental or data level. In the latter case, data fusion methods and algorithms have been applied properly adapted to the needs of nanometrology [4].

The third challenge comes from the complexity of nanostructure shape and morphology. Although this is more evident in self-assembled nanostructures delivered by bottom-up techniques, one can find aspects of this complexity (for example sidewall roughness) in well-organized lithographic nanostructures. The stochastic characteristics of nanomorphologies may require the proposal of new metrics or the adaptation of older and more well-established methodologies. Fig. 1 shows a collection of AFM and SEM images of polymer surfaces after their etching in Oxygen plasmas. One can notice the rich complexity of the imaged morphologies and deduce the need for new mathematical and computational tools dedicated to their characterization [5].

The consideration of above challenges in nanoscale metrology demands the invention and development of new measurement instruments and techniques but also requires better understanding and more accurate and complete characterization methods and tools. For example, in the first challenge the understanding of probe-sample interactions can be advanced by the modelling and simulation of the measurement process while in the second and third challenge developing new data analysis methods can have catalysing impact on compromising resolution and range and on providing more complete characterization of nanostructure complexity. The collection of all mathematical and computational methods devised for the modelling and characterization of measured nanostructures is usually called Computational Nanometrology (CNM). Fig. 2 displays a schematic of the measurement process indicating the two main areas of CNM dedicated to the modelling/simulation of measurement process (CNM1) and measurement data analysis (CNM2) respectively.

This paper focuses on CNM2 and more specifically shows two examples of CNM methods targeting to provide more complete nanostructure characterization aspects. The first regards the metrology of almost periodic arrangements of nanodots formatting during the first minutes of plasma etching of plasma films (Section 2) while the second considers the multiscale features of the same polymer morphologies when longer plasma treatment times are applied and multifractal analysis of SEM images is performed and discussed (Section 3). The paper closes with a summary of our results in the Section 4.

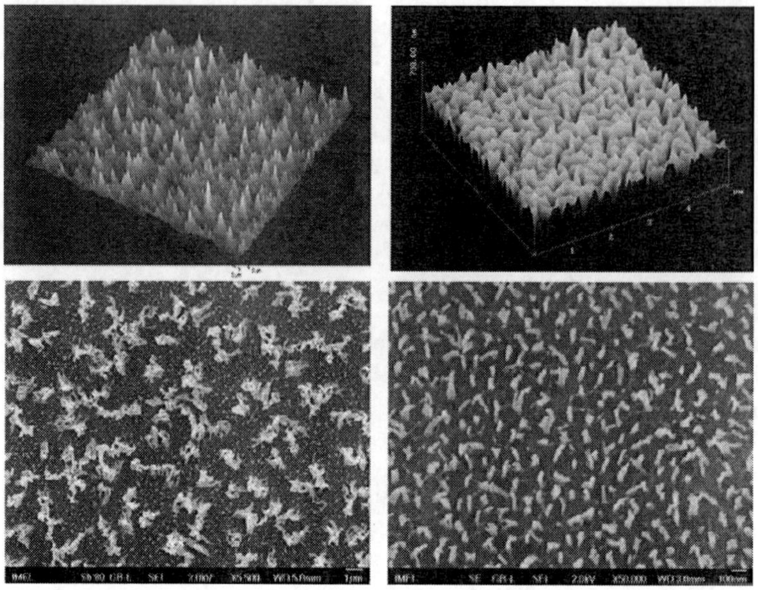

Figure 1. AFM (top row) and top-down SEM (bottom row) images of complex surface morphologies of polymers after their treatment (etching) in oxygen industrial plasma for different treatment times. Notice the multiple aspects of spatial complexity of the images nanostructures.

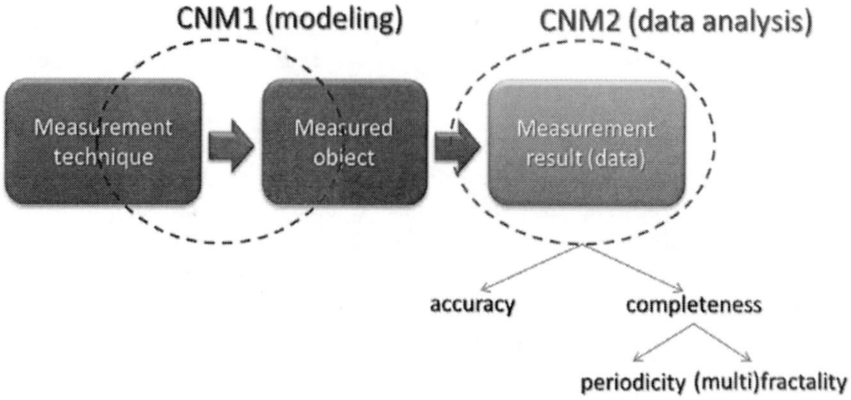

Figure 2. A schematic of the measurement process and the areas of application of Computational Nanometrology (CNM) methods: modeling of measurement process (CNM1) and measurement data analysis (CNM2). Also, the two branches of CNM2 dedicated to accuracy and completeness issues of nanometrology are shown along with the focus of our paper on periodicity and multifractality.

2. Characterization of almost periodic nanostructures: Period-Scale Transform

One of the key concepts in nanotechnology is the self-assembly of nanomaterials used in fabrication processes. In surface nanopatterning applications, self-assembly may result in the formation of almost periodic nanodots on surfaces with a characteristic size (see Fig. 3). The characterization of such surface morphologies can be done conventionally with two ways. The first is to consider the surface topography as roughness and calculate the standard surface roughness parameters found in relevant parameter and/or proposed by ISO [6,7]. The second approach is to make Fourier analysis transforming the surface to spatial frequency domain. The benefits of this transformation are to reveal and quantify the existed periodicities while by the inverse of the width of the peak in Fourier transform one can characterize the degree of periodicity. However, both approaches suffer from drawbacks. The first ignores the dominant periodicity (translational symmetry) and handles the surface morphology as random fluctuations without any kind of symmetry. The second approach, though closer to the periodic organization of surface, fails to distinguish the two different types of deviations from periodicity coming from variations in nanodot positions and changes in their size scales (widths). In nanotechnology to have an assessment of the different kinds of deviations from periodicity can be critical since they may be related to different fabrication conditions and/or surface functionalities [8-9].

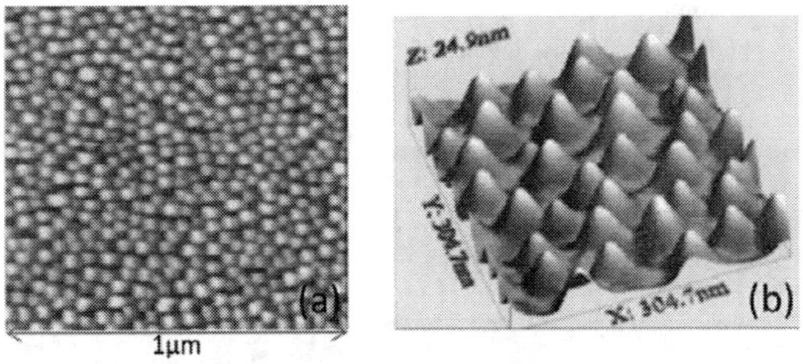

Figure 3. AFM measurements of the surface topographies of polymer (PMMA) surfaces after 1min Oxygen plasma etching in a plasma reactor [10,11].(a) Top-down image and b) magnification 3D topography

In order to face up this challenge and provide a method for the characterization of the different aspects of periodicity and of the deviations from it, we propose an alternative transform called Period-Scale Transform (PST) which is able to output info for both types of periodicity and deviation from it. Actually, PST is a combination of the Fourier transform with the localized concept of wavelet transform. The mathematical definition of the PST of a 1D function *f(x)* is given below:

$$PS_g f(s,\lambda) = \int_{-\infty}^{\infty} f(x)\left(G(x;s,\lambda) - \langle G\rangle\right) dx \tag{1}$$

Where the kernel $G(x;s,\lambda)$ is the sum of localized functions $g(x;s,\lambda)$

 DOI: 10.1051/metrology/201713001

$$G(x;s,\lambda) = \sum_{n=-\infty}^{\infty} \tau_{n\lambda} g_s(x) = \sum_{n=-\infty}^{\infty} g\left(\frac{x-n\lambda}{s}\right). \quad (2)$$

One common example of $G(x;s,\lambda)$ is shown in Fig. 4 where $g(x;s,\lambda)$ are Gaussian peaks with width s and centered around integer multiples of λ.

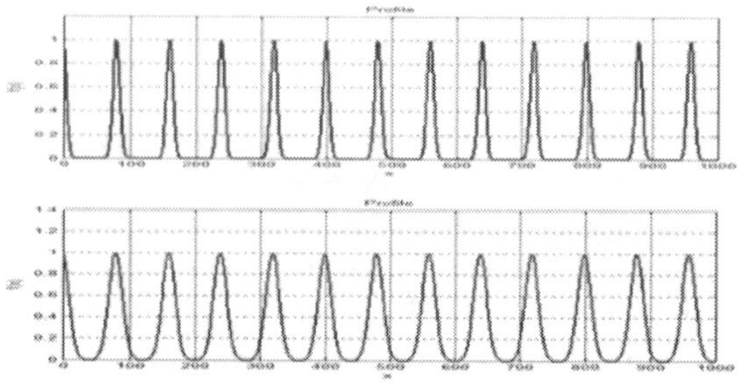

Figure 4. An example of PST kernel $G(x;s,\lambda)$ consisting of a sum of Gaussian peaks for two different peak scales s.

As shown from the definition in (1), PST maps a 1D function to a 2D plane with axes the wavelength λ and the peak scale s. The first parameter discloses the periodicities of the analysed function while the second is used to identify the spatial scales of the peaks/protrusions comprising the surface. For a 2D surface, the PST is a 4D function and its representation should be carefully displayed.

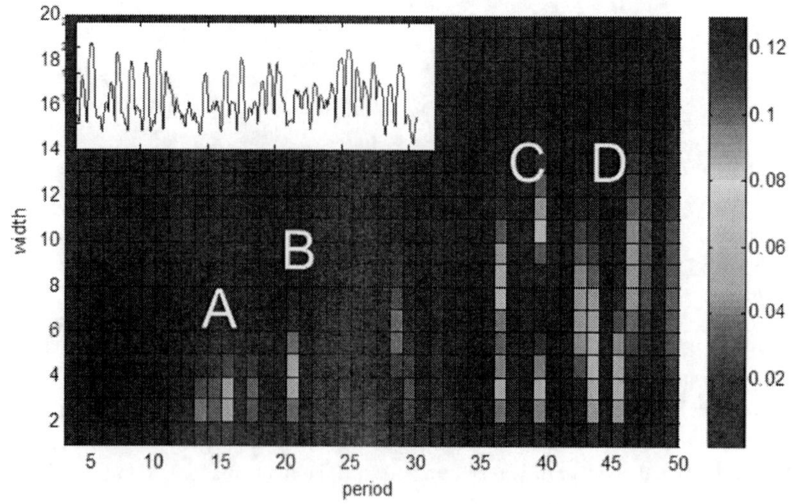

Figure 5. PST of the profile shown in the inset which has been taken from the AFM surface of Fig. 3.

Fig. 5 shows the PST of a profile (see inset) extracted from the surface morphology shown in the AFM image of Fig. 3. The transformation captures the existed periodicities in the profile morphology which are also found in the Fourier analysis of the profile (not shown here). In addition, PST provides an evaluation of the involved widths of peaks at each selected wavelength. Not surprisingly, the scales of the peaks enhance as we are moving to longer periods although interesting deviations are observed in D peaks with respect to C ones.

3. Multifractal analysis of complex surface nanostructures

The second challenge of CNM2-Data analysis regards surface structures with complex appearances and the involvement of features with different size scales and at different position scales. Since the size and positional scales of a surface morphology is a critical feature affecting its functionalities, the fractal geometry seems to be a useful method when some scaling symmetries are present. However, frequently in the formation of a nanostructured surface, a wide spectrum of mechanisms is involved with their own spatial and time scales. As a result, the fabricated surfaces are characterized by the co-existence of multiple scales and fractal symmetries interweaved in complicated manner. A method to dissolve this complexity and quantify the co-existence of multiple scaling symmetries in a surface is the multifractal analysis (MFA) which is actually an extension of the fractal geometry when more scaling symmetries are involved. The output of the multifractal analysis is not a single fractal dimension but a spectrum of fractal dimensions (multifractal spectrum) whose width indicates the extent of scales and fractal structures involved in surface morphology.

In literature, one can find several methods for the implementation of multifractal analysis. For nanostructured surfaces, the most commonly used method is a properly modified version of the Box-Counting method (BCM) which measures the scaling behavior of the surface mass to give the gradient of fractal behavior versus the amount of surface mass [12].

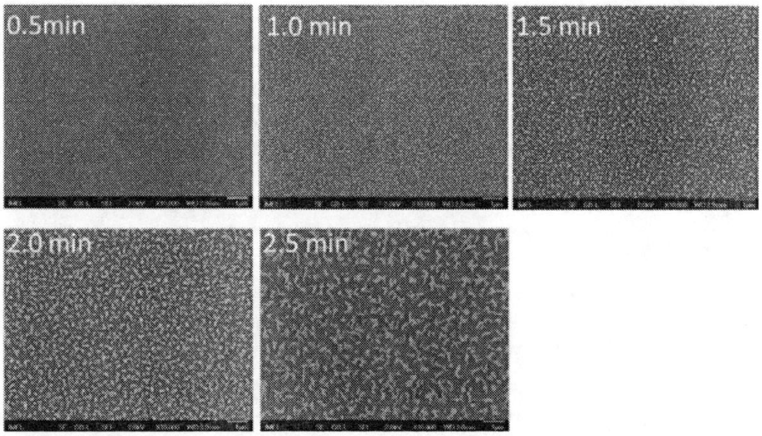

Figure 5. Top-down SEM images of PMMA polymer surfaces after oxygen plasma etching for 0.5, 1, 1.5, 2 and 2.5 min. One can notice the increased complexity of surface morphology versus etching time characterized by the emergence of multiple scales organized in a hierarchical manner.

We have applied the MFA in a series of polymer (PMMA) surfaces for increasing times of plasma etching (see Fig. 5). The first surface of this series has been used for the application of PST in Section 2. Here, instead of using AFM measurements, we have acquired SEM images in order to get larger scannig regions and have better statistics at long etch times. At large etch times, the simple almost periodic arrangements of nanodots are replaced by more complex structures where multiple scales are involved and characterize the final nanostructured surface.

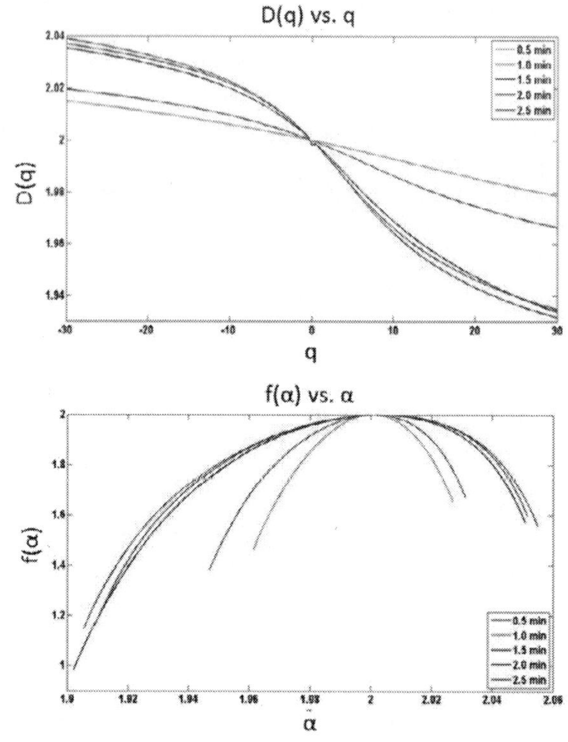

Figure 7. Multifractal spectra of generalized fractal dimensions D(q) vs. q (top) and f(α) vs. α (bottom) for the SEM images of PMMA surfaces displayed in Fig. 6. The apparent increase of spatial complexity vs. etching time is captured in multifractal analysis by the widening of multifractal spectrum at long etch times.

The results of the application of the BCM for the MFA of the SEM images of Fig. 6 are shown in Fig. 7. The top diagram displays the generalized fractal dimensions D(q) vs. q where the exponent q spans the whole range image intensities and the corresponding D shows the fractal behavior for the specific range. For example, the D(q) at the smallest negative q (=-30) characterizes the scaling behavior of the dark image regions while at positive q the spectrum is dominated by the scaling analysis of bright image regions. Therefore, the difference δD=D(q=-30)-D(q=30) quantifies the degree of multifractality in a surface. Large δD is a hallmark of the co-existence of multiple scales in surface structuring while small δD indicates limited multifractality with the limit of monofractality at δD=0. The diagram with the plots of D(q) vs.q for all surfaces reveal clearly the wider range of scales emerged in polymer surfaces with etching time. More interestingly, it seems to exist a grouping of D(q) curves at etching times>1min which means that critical involvement of other scales in surface morphology takes place at etch times between 1 and 1.5 min.

Similar conclusions are reached when we inspect f(α) curves for different etch times. These spectra are calculated by te Legendre transforms of D(q) and they are considered more generic than D(q). Again, wider spectra indicate more multifractlity i.e. more feature scales contribute to build the final surface morphology.

5. Summary

The main goals of this work have been:

a) To underline and illustrate the importance of Computational Nanometrology and propose a classification of its different methods and implementations such as in the modeling of measurement process or in the analysis of measurement data.
b) To focus on specific open issues and demonstrate the capabilities of CNM methods and applications. The first example has been the development of an alternative surface transformation called Period-Scale Transform which can be applied to almost periodic surfaces and characterizes the different aspects of periodicity (position and scale of repeated features) as well as the different types of deviation from periodicity corresponding to these aspects.
c) To analyze the scaling symmetries of apparently complex polymer surfaces by applying the multifractal theory properly adapted for the analysis of SEM images of surfaces. We found that MFA analysis captures the changes in surface morphologies vs. etch times of polymer films and indicates a critical threshold in etching time for the insertion of other scales in surface morphology.

References

1. Yacoot A. and Koenders L. 2008 Aspects of scanning force microscope probes and their effects on dimensional measurement J. Phys. D: Appl. Phys. **41** 103001 (46pp)
2. Bunday B. et al. 2009 Phenomenology of electron-beam-induced photoresist shrinkage trends *Metrology, Inspection, and Process Control for Microlithography XXII, Proc. SPIE* **7272**
3. Constantoudis V. and Pargon E. 2013 Evaluation of methods for noise-free measurement of LER/LWR using synthesized CD-SEM images *Metrology, Inspection, and Process Control for Microlithography XXVII, Proc. SPIE* **8681**
4. Wang J. et al. 2015 Review of the mathematical foundations of data fusion techniques in surface metrology Surf. Topogr.: Metrol. Prop. **3** 023001
5. Gogolides E. et al. 2015 Hierarchical micro and nano structured, hydrophilic, superhydrophobic and superoleophobic surfaces incorporated in microfluidics, microarrays and lab on chip microsystems *Microelectr. Eng.* **132** 135-155
6. ISO:25178-2, 2012 "Geometrical product specifications (GPS) - Surface texture: Areal - Part 2: Terms, definitions and surface texture parameters "
7. Leach R. K. 2013 *Characterisation of areal surface texture*: Springer
8. Poulios C. and Constantoudis V. 2017 On the periodicity of functions: The period-scale transform, submitted to Applied and Computational Harmonic Analysis
9. Adamczak S. et al. 2010 Investigating advantages and disadvantages of the analysis of a geometrical surface structure with the use of Fourier and Wavelet transform Metr. Meas. Syst. **17**, 233-244
10. Vourdas et al. 2010 Plasma directed assembly and organization: bottom-up nanopatterning using top-down technology Nanotechnology **21** 085302
11. Kontziampasis D. et al. Plasma directed organization of nanodots on polymers: Effects of polymer type and etching time on morphology and order Plasma Proc. and Polymer. **9** 866-872
12. Chen et al. 2005 Multifractal spectra of SEM images of SnO2 thin films prepared by pulsed laser deposition Phys. Lett. A 345 (218-223)

Traceable calibration of automatic weighing instruments in dynamic operation

*Matej Grum**

Metrology Institute of the Republic of Slovenia, Grudnovo nabrežje 17, 1000 – Ljubljana, Slovenia

Abstract. The article aims to present progress in the development of methods for calibration of automatic weighing instruments (AWIs), which operates in dynamic mode. The specificities of the calibration of the AWIs in the dynamic mode of operation are highlighted. For automatic catchweighing instruments and automatic gravimetric filling instruments, basic information about the measurement method, error model and measurement uncertainty contributions are given. Several approaches are presented for determining the reference mass of the test loads on the control weighing instrument, including the related analysis of the air buoyancy correction and influence of the density of the test loads. The use of harmonized and validated methods will, when finalised, enable a traceable calibration of the AWIs in a dynamic mode of operation.

1 Introduction

Automatic weighing instruments (AWIs), which perform measurements in a dynamic mode, are extensively used in the preparation, production and quality assurance of pre-packed products as well as for products, whose content or composition is determined by weighing.

While NAWIs are routinely calibrated by accredited calibration laboratories according to EURAMET Calibration Guide for NAWIs [1], the calibration of AWIs is not as well defined, because there is a significant difference between the static measurement mode of operation of NAWIs and the dynamic measurement mode of operation, which is typical for the majority of AWI applications. The growing dissemination of AWIs emphasises the need to confirm their metrological quality by calibrations and the reliable estimation of their measurement uncertainty in order to judge the accuracy of the weighing result. Thus, the development of calibration methods for dynamic measurements with AWIs is the scope of the EMPIR project 14RPT02 "Traceable calibration of dynamic weighing instruments operating in the dynamic mode", with a short name AWICal, funded by EURAMET [2]. This project will develop harmonised calibration methods and uncertainty evaluation models for the three selected categories of AWIs, i.e. automatic catchweighers, automatic instruments for weighing road vehicles in motion and automatic gravimetric filling instruments, selected to represent the most commonly used instruments.

2. Calibration method

The first step in the process is the establishment of the measurement model, which is a mathematical relation between the measurand and all quantities, which are involved in the measurement. The actual value of weighing is affected by various dynamic effects of instrument operation, the load type and its properties, and the rate of operation of the instrument. Due to the dynamic behaviour of their operation, functional relationship between weighing result, parameters of operations such as rate of operation, type of material and nominal value of the test load is very complex and currently out of the scope of the calibration procedure.

Because of the dynamic behaviour, it will usually not be possible to calibrate a measurement range for such instruments. The calibration will deliver a measurement error of the instrument in comparison to a reference mass value under the conditions of the calibration such as speed of the load transport system and the load properties.

In agreement with the client, the calibration is performed at individual nominal values, which are defined by mass of the test loads, and it is only valid for the specified test loads (with a small bandwidth for mass, volume and shape).

Calibration is performed at the location where the instrument is being installed. Test loads are made of the type of product, which is normally weighed on the calibrated instrument. A calibration is performed at the rate of operation requested and specified in advance by the client. Normally these conditions are the same as conditions during the actual weighing process.

The documents for the calibration of automatic instruments should include at least guidance on:

- determination the mass of test loads,
- measurements to be performed,
- calculation of the measuring results,
- evaluation of the uncertainty of measurement,
- contents of the calibration certificates.

* Corresponding author: matej.grum@gov.si

In the following two subsections basic details are given about calibration procedures for the automatic catchweighing instruments and the automatic gravimetric filling instruments.

2.1 Automatic catchweighing instruments

The object of calibration for the automatic catchweighing instrument, which is symbolically shown on Figure 1, is the indication of the instrument I in response to an applied load with reference value of mass of the test load, m_{ref}. The error of indication E is

$$E = I - m_{ref} \tag{1}$$

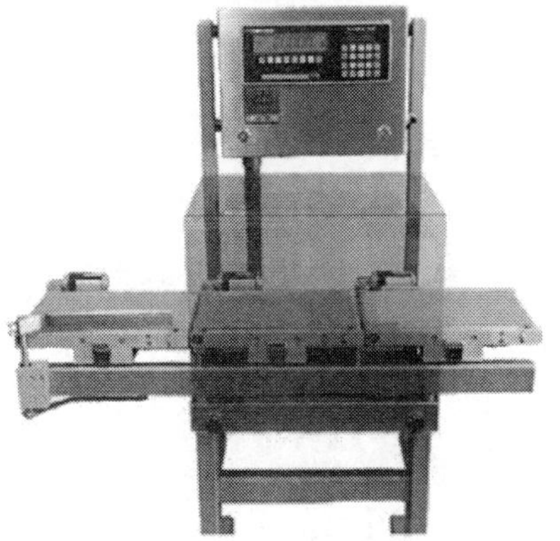

Fig. 1. Automatic catchweighing instrument.

Due to effects of air buoyancy and other effects such as convection, drift and others which may lead to minor correction terms δm_x, m_{ref} is not exactly equal to m_{cTL}, the conventional mass value of the load

$$m_{ref} = m_{cTL} + \delta m_B + \delta m \ldots \tag{2}$$

δm_B is air buoyancy correction for the test load used for calibration, and δm further corrections that it may be necessary to apply under special conditions.

Tests are performed to determine the errors of indications, repeatability of indications, and the effect of eccentric application of a load on the indication.

2.1.1 Test for errors and repeatability of indication

The test consists of the passing repeatedly the same load over the middle of the load receptor, under identical conditions of handling the load and the instrument, and under constant test conditions. The purpose of this test is an appraisal of the accuracy and repeatability of the instrument at least in points of usual application of the instrument. Each test point is characterized by its own repeatability.

For the test load L_T, the mean error of indication E is calculated as follows

$$E = \bar{I} - m_{ref} \tag{3}$$

where $\bar{I}$ is the mean of several indications. Section 3 provides further information how m_{ref} could be obtained.

From the n indications I_i for a given test load, the standard deviation $s(I_i)$ is calculated

$$s(I) = \sqrt{\frac{1}{n-1}\sum_{1=1}^{n}\left(I_i - \bar{I}_{TL}\right)^2} \tag{4}$$

with

$$\bar{I}_{TL} = \frac{1}{n}\sum_{1=1}^{n} I_i. \tag{5}$$

2.1.2 Test for effect of eccentric loading

The effect of the eccentric application of the load on the indication is tested when applicable. The effect of eccentric loading shall be determined using the selected test load L_{ecc} using the middle of load transport system, the portion of the load transport system that is halfway between the centre and the back, and repeated with the same test load using the portion of the load transport system that is halfway between the centre and the front

For each tested band k of the load transport system, the average difference $\Delta I_{ecc,k}$ is calculated as follows:

$$\Delta I_{ecc,k} = \bar{I}_k - \bar{I}_m \tag{6}$$

2.1.3 Standard uncertainty of the error of indication

To account for sources of variability of the indication, i.e. the effect of the resolution of indication, the repeatability of the instrument and the error due to off-centre position of the test load, $\bar{I}$ is amended by correction terms as follows

$$\bar{I} = \bar{I}_{TL} + \delta I_{digTL} + \delta I_{rep} + \delta I_{ecc} \tag{7}$$

The standard uncertainty of the indication of the catchweigher $u(\bar{I})$ then equals

$$u^2(\bar{I}) = \frac{d^2}{12} + \frac{s^2(I)}{n} + \frac{|\Delta I_{ecc,k}|_{max}}{2L_{ecc}\sqrt{3}} I^2, \tag{8}$$

where d is resolution of the instrument.

The standard uncertainty of the indication and the standard uncertainty the reference value of mass $u(m_{ref})$ contribute to the standard uncertainty of the error of indication $u(E)$

$$u(E) = \sqrt{u^2(\bar{I}) + u^2(m_{ref})} \tag{9}$$

Section 3 provides further information about the standard uncertainty the reference value of mass.

2.2 Automatic gravimetric filling instruments

The object of the calibration the automatic gravimetric filling instruments, which is symbolically shown on Figure 2, is the preset value error of the instrument, E_P determined at different preset values, F_P, i.e. values, expressed in units of mass, preset by the operator, in order to define the nominal value of the fills. The preset value error for the i-th test fill equals:

$$E_{P,i} = m_{ref,i} - F_P \qquad (10)$$

Due to effects of air buoyancy and other effects, which may lead to minor correction terms δm_x, the reference values of mass of test fill, $m_{ref,i}$ is not exactly equal to $m_{cF,i}$, the conventional mass the test fill. The conventional mass of the test fill cannot be determined directly, but trough determination of conventional mass of the filled container m_{cB} (gross value) and conventional mass of the empty container m_{cT} (tare value)

$$m_{ref,i} = m_{cB,i} - m_{cT,i} + \delta m_{B,F} + \delta m \ldots \qquad (11)$$

δm_B is air buoyancy correction for the test fill (refers to net value of test fill), and δm further corrections that it may be necessary to apply under special conditions.

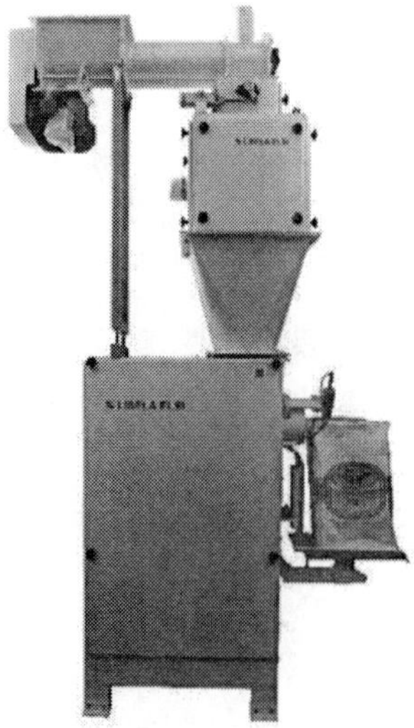

Fig. 2. Automatic gravimetric filling instrument.

2.2.1 Test for preset value error and repeatability

The test consists of repeated filling the fills with the same nominal value, and under constant test conditions. The purpose of this test is an evaluation of the accuracy and repeatability of the instrument at least in points of usual application of the instrument. Each test point is characterized by its own repeatability.

For the preset value F_{P}, the preset value error E_P is calculated based on measurement of n test fills as follows

$$E_P = \frac{1}{n}\sum_{i=1}^{n} m_{ref,i} - F_P \qquad (12)$$

When the test fills are weighed on calibrated control instrument (cf. section 3), (12) can be modified by introduction of the mass of a single fill F_i in the equation, which is determined based on the weighing results for filled and empty containers, W_B and W_T, respecitvely.

$$F_i = W_{Bi} - W_{Ti} \qquad (13)$$

Finally

$$E_P = \overline{F} + \delta m_{BTot} - F_P \qquad (14)$$

where $\overline{F}$ is average mass of fills

$$\overline{F} = \frac{1}{n}\sum_{i=1}^{n} F_i \qquad (15)$$

and δm_{BTot} is the total contribution of the air buoyancy correction. Section 3 provides more information how δm_{BTot} is obtained.

From the n fills F_i for a given preset value, the standard deviation $s(F)$ is calculated

$$s(F) = \sqrt{\frac{1}{n-1}\sum_{i=1}^{n}\left(F_i - \overline{F}\right)^2} \qquad (16)$$

2.2.3 Standard uncertainty of the preset value error

To account for sources of variability of the preset value error, i.e. the repeatability of the instrument and the air buoyancy correction, (14) is amended by correction terms as follows

$$E_P = \overline{F} + \delta F_{rep} + \delta m_{BTot} - F_P \qquad (17)$$

The standard uncertainty of the preset error $u(E_P)$ equals

$$u(E_P) = \sqrt{u^2(W_B) + u^2(W_T) + u^2(\delta F_{rep}) + u^2(\delta m_{BTot})} \qquad (18)$$

where $u(W_B)$ and $u(W_T)$ account for the standard uncertainty of the weighing result for filled and empty container, respectively, $u(\delta m_{BTot})$ for the air buoyancy correction, and $u(\delta F_{rep})$ accounts for the repeatability of test fills, which is estimated as

$$u(\delta F_{rep}) = s(F)/\sqrt{n} \qquad (19)$$

Further information about the standard uncertainty the air buoyancy correction is provided in Section 3.

3 Test loads, control instrument and air buoyancy correction

Calibration of AWIs in a dynamic mode of operation can not be performed directly with standard weights. To determine the errors of an instrument, test loads are applied. The test loads should preferably be the type of articles, which are normally weighed on the calibrated instrument. For the purpose of calibration, the traceability of test loads to the SI unit of mass shall be demonstrated using a control weighing instrument. The control instrument may be either separate (a weighing instrument other than the instrument being calibrated) or integral (when a static weighing mode is provided by the instrument being calibrated). The control instrument should ensure the determination of the mass of each test load to accuracy, which is appropriate to the expected uncertainty of calibration of the calibrated instrument.

The process of determination of the reference mass value of the test load and its associated measurement uncertainty is one part of the whole process of AWI calibration. An appropriate method of determining the test load reference mass value needs to be selected in a view of required measurement uncertainty and complexity of the method. Some of possible approaches are summarised below:

A. Test load is calibrated prior to calibration of AWI. Its conventional mass is reported together with uncertainty, e.g. in a calibration certificate.

B. Mass of test load is determined by comparison with standard weight at the time and place of calibration of AWI on a weighing instrument, which is used as a mass comparator.

C. Mass of test load is determined by weighing on control weighing instrument at the time and place of calibration of AWI and the control instrument is calibrated at the same time as the calibrated AWI, too.

D. Mass of test load is determined at the time and place of calibration of AWI by weighing on control weighing instrument, which had been calibrated prior to calibration of AWI. Results of calibration the control instrument had been reported in the certificate.

E. Mass of test load is determined at the time and place of calibration of AWI by weighing on the calibrated control instrument, which satisfy a given specification, e.g. tolerances of [3].

The conventional value of mass of the test load m_{cTL} is a priori not known, its density ρ_{TL} normally significantly differs from the conventional value $8000\,kg/m^3$ and the air density ρ_a at the time of calibration is normally different from ρ_0 ($1{,}2\,kg/m^3$). The reference value of mass of the test load m_{ref} therefore depends on the air buoyancy correction δm_B and δm_{BTot}, respectively

$$m_{ref} = m_{cTL} + \delta m_B = W_{CI} + \delta m_{BTot} \quad (20)$$

where W_{CI} is the result of weighing of the test load on the control instrument and

$$\delta m_{BTot} = -m_c\left[(\rho_a - \rho_0)\left(\frac{1}{\rho_{CI}} - \frac{1}{\rho_s}\right)\right] \quad (21)$$

ρ_s and ρ_{CI} is the density of standard weights used for adjustment of the control and calibrated instrument, respectively.

It can be seen that the correction is very small and that usually it is not necessary to apply the correction, i.e. $\delta m_{BTot} = 0$. If conformity of the standard weights used for adjustment of the AWI and calibration of the test load to [4] is established and if the AWI is not adjusted before the calibration, the relative uncertainty is evaluated as [1]

$$u_{rel}(\delta m_{BTot}) \approx (0{,}1\,\rho_0/\rho_c + mpe/(4m_N))/\sqrt{3} \quad (17)$$

Case A could be applicable only in a case when comparable dynamic behaviour of pre-prepared test loads with loads normally weighed on the instruments is achieved. In this case a drift mass of the test load within a time is relevant. A density of the test load needs to be known. Since it is expected that the density considerably differs from $8000\,kg/m^3$, air buoyancy correction in not negligible.

In Cases B to E the mass of test loads is determined at the time and place of calibration of AWI. Consequently no significant drift of the test load is expected. A density of the test load does not need to be known. The air buoyancy correction is very small or negligible and does not depend on a density of the test load.

A critical point of Cases D and E is evaluation of uncertainty of the control instrument in use.

In general, if the same control instrument is used, uncertainty of the reference mass value increases from Case B to Case E.

4 Validation

Finally, it is necessary to experimentally and on-site validate the measurement methods, error models and measurement uncertainty budgets developed and also check the reproducibility of the draft calibration methods and uncertainty budgets developed for the calibration of the selected categories of AWIs with the interlaboratory comparisons.

For this purpose the validation plans were prepared for each group of AWI concerned. The plans take into account instrument selection, test loads selection, determination of the test load mass, preparation and execution of measurements, monitoring environmental condition, calculation of measurement results and reporting.

The results obtained using the calibration methods developed for automatic instruments operating in the dynamic mode will be compared to the reference values obtained by static measurements of test loads on non-automatic weighing instrument and to the measurements obtained using the automatic instrument calibrated in the static mode of operation, each time taking into account the uncertainty of measurement.

5 Conclusion

The expected impacts of the EMPIR AWICal project are to provide basis for traceable dynamic measurements on three groups of AWIs based on the draft guides submitted to EURAMET and improved weighing process control in different industries such as production pre-packed products and transport. Consequently, the calibration laboratories for the calibration of AWIs could be accredited by accreditation bodies based on the harmonised guidance. Supporting information on measurement uncertainty will be available to conformity assessment bodies for AWIs.

For AWIs the uncertainty of measurement depends significantly on properties of the calibrated instrument itself, the characteristics of the test loads, the control instrument, and not only on other capabilities of the calibration laboratory. The reference mass of the test load is usually determined on situ. Several methods for determination of the reference mass are available however, it is necessary to look for a suitable compromise between the accuracy and simplicity of the selected method. Additionally, a density of the test load does not need to be known without significant influence to the measurement uncertainty.

Finally, the capabilities developed in emerging EURAMET members during the project will support their local industry and weighing sector and developed conformity assessment competence of these members in order to support the implementation of the MID and the Pre-packages Directives.

This work was part-funded through the European Metrology Programme for Innovation and Research (EMPIR) Project 14RPT02 (AWICal). The EMPIR is jointly funded by the EMPIR participating countries within EURAMET and the European Union.

References

1 EURAMET Calibration Guide No. 18, "Guidelines on the Calibration of Non-Automatic Weighing Instruments", version 4.0 (2015)

2 Publishable Summary Traceable calibration of automatic weighing instruments operating in the dynamic mode (14RPT02), https://www.euramet.org/research-innovation/search-research-projects/details/?eurametCtcp_project_show[project]=1330&eurametCtcp_project[back]=450&cHash=255f63891b33ced6cc5ccf31ac508e70

3 OIML Recommendation R 76, "Non-automatic weighing instruments" (2006)

4 OIML Recommendation R 111, "Weights of classes E1, E2, F1, F2, M1, M2, M3" (1994)

Development of a dynamic standard of pressure
Élaboration d'une étalon de pression dynamique

Alberto J. Díaz Tey

Universidad de Costa Rica. San José de Costa Rica.Centroamérica (alberto.diaztey@ucr.ac.cr)

Georges Govaere Vicarioli

Universidad de Costa Rica. San José de Costa Rica.Centroamérica (georges.govaere@ucr.ac.cr)

José E. Marín Rodríguez

Universidad de Costa Rica. San José de Costa Rica.Centroamérica (jose.marinrodriguez@ucr.ac.cr)

Abstract. Based on the fact that there is no reported measurement and calibration capacity for dynamic pressure measurements, a reference standard is statistically characterized from the pressure of the first reflection of the shock wave produced by the expansion of a gas in a shock tube. The direct comparison of the pressure measurements in the stabilization time allows to evaluate the behavior of a pressure transducer by the effect of the validated aperiodic perturbation and thus, to infer its metrological performance in the indirect measurement of the height of the marine waves at depths of up to 25 m, very important in the design of maritime structures. The performance of reference standard was validated for air and 2 m length of the driven section. The results are reported in terms of reproducibility of the pressure in the laboratory by the standard uncertainty pooled, with relative uncertainty of 2,72% for disturbed air pressures equal to 137,01 hPa.

Résumé. Compte tenu du fait qu'il n'y a pas de mesure rapportée et la capacité d'étalonnage pour les mesures dynamiques de la pression, une norme de référence est statistiquement caractérisée à partir de la pression de la première réflexion de l'onde de choc produite par l'expansion d'un gaz dans un tube de choc. La comparaison directe des mesures de pression dans le temps de stabilisation permet d'évaluer le comportement d'un transducteur de pression par l'effet de la perturbation apériodique validée et donc d'en déduire sa performance métrologique dans la mesure indirecte de la hauteur des ondes marines aux profondeurs de jusqu'à 25 m, très important dans la conception des structures maritimes. La performance de la norme de référence a été validée pour l'air et 2 m de longueur de la section entraînée. Les résultats sont rapportés en termes de reproductibilité de la pression dans le laboratoire par l'incertitude standard combinée, avec une incertitude relative de 2,72% pour les pressions d'air perturbées égales à 137,01 hPa.

1 Introduction.

Currently, measurements in dynamic processes are present in the technological, medical and academic sectors [1]. One of its most interesting applications is related to the design of coastal structures from the indirect calculation of the energy transferred by the wind to the surface of the sea [2], which depends, among other variables, on the average height of the waves.

From the simplifications of linear theory, waves can be treated as a progressive wave whose energy density doesn't depend on the wave period or the depth but only on the height and length of the wave:

$$E = \rho_{sw} \times g_l \times \frac{H^2}{8} \times L \qquad (1)$$

Where:

E: Energy density per surface unit of wave train, in J · m^{-1}.

ρ_{sw}: Density of the sea water according to the equation of state of the sea water [3], in kg · m^{-3}.

g_l: Local acceleration of gravity, in m · s^{-2}.

H: Height of the wave, in m.

L: Wave length, in m.

Although the theoretical model allows for simulations prior to design, in reality the wave height is a statistical function, which indirectly determines the average wave height from the pressure measurements performed by a transducer located on the seafloor, and disturbed stochastically by the waves of the sea [4]:

$$H = \rho_{sw} \times g_l \times p^{-1} \qquad (2)$$

Where:

p: Pressure measured by the pressure transducer, in kPa.

The metrological reliability of the generated databases has become an important aspect for researchers and engineers involved with mathematical modeling, who seek a technical - economic balance in their design proposals.

Since in the field of dynamic measurements there are no measurement and calibration capacities (CMC) published by the BIPM [5], it is not possible to make direct comparisons of measuring instruments with internationally recognized standards, as is common practice in measurements quasi-stationary [6].

It has been demonstrated that the metrological parameters resulting from the quasi-stationary calibration of a measurement system do not satisfactorily describe the accuracy of its behavior under dynamic operating conditions [1], but the replacement of the quasi-stationary calibration approach with the dynamic calibration approach, requires the development of a measurement system that allows to define the dynamic pressure.

In the present context, the term "realization" is related to the reproduction of the dynamic pressure not from its definition but by building "... a highly reproducible standard based on a physical phenomenon" [6].

An independent physical phenomenon may be the pressure step that a shock wave produces during the isentropic expansion of an ideal gas. If the gas is dry air, then its value can theoretically be predicted according to the following equation [7]:

$$p_5(\tau) - p_1(\tau) = +\frac{7}{3} \times p_1(\tau) \times (M_1^2 - 1) \times [(2 + M_1^2) \times (5 + M_1^2)^{-1}] \qquad (3)$$

Where:

$p_5(\tau)$: Pressure of the first reflection of the shock wave, in kPa.

$p_1(\tau)$: Pressure before the arrival of the shock wave (gas not disturbed), in kPa.

M_1: Mach number of the shock wave, dependent on its speed and temperature.

The experimental reproduction of the described perturbation is performed in a shock tube, however, there are discrepancies in the international community regarding its use for metrological purposes: some national metrology institutes (INM) refer to it as the primary standard, while others use it as a measuring system that requires a reference transducer to determine the pressure.

If the shock tube is used as a reference standard, a reasonable doubt arises as to how to calibrate the reference transducer. However, if a high frequency sampling data acquisition system is available, it is possible to perform several measurements during the stabilization time (dwell time) of the first reflection of the shock wave.

During this stabilization time, the pressure variations are minimal and stochastic, so that the accuracy of their measurement can be estimated from the results of the calibration in quasi-stationary regime of the pressure transducer.

The goal of the present work is to present the procedure for estimate the accuracy of the reference standard of dynamic pressure from a statistical model associated with an experimental factorial design, where the effect of the burst of the diaphragm on the pooled standard deviation [8] of the pressure of the first reflection of the shock wave.

2 Materials and methods.

2.1 Pressure measuring system.

For the generation of the experimental data, a dynamic pressure measurement system was developed, consisting of:

- The prototype of shock tube, as generator of aperiodic disturbances of pressure.
- The pressure transducers,
- The analog to digital converter (CAD).
- The software of acquisition and digital recording of the results of the measurements.
- Personal computer (PC).
- Software for processing of metrological and statistical parameters.

Figure 1 shows the shock tube prototype built and installed in the Laboratory of Dynamic Measurements of the Institute of Engineering Research (INII) of the University of Costa Rica (UCR). The device is composed of two tubular polyvinyl chloride (PVC) sections with a constant outer diameter equal to 88.90 mm (3½ in).

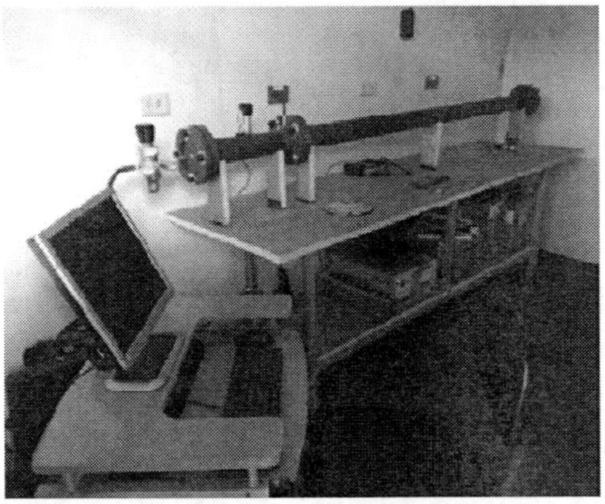

Figure 1. Shock tube prototype. General view.

The wall thickness of the tubes is equal to 7.62 mm, so that their bursting resistance is greater than 6.48 MPa (940 psi), allowing their safe use in the application range.

Figure 2 shows a view of the high pressure chamber of the prototype shock tube, supported by supports (1) on a horizontal table (2) [the bubble level (9) allows its adjustment] to ensure the stability of the system operation.

Each section is joined by movable PVC flanges (3), which guarantee the sealing of the coupling by means of rubber seals and four properly adjusted bolts.

As an operating fluid, air supplied by a reciprocating compressor is used, via the hose (4), to the high-pressure chamber (5), 400 mm in length, by means of a fine adjustment device (6), which allows you to adjust the volumetric flow of air and keep it constant during filling.

Figure 2. Shock tube prototype. High pressure camera (driver section).

Between the flanges of the high (5) and low pressure (7) chambers is installed an aluminum of 0,1 mm thick diaphragm (see Figure 3), which bursting when its mechanical resistance is overcome by the gas pressure.

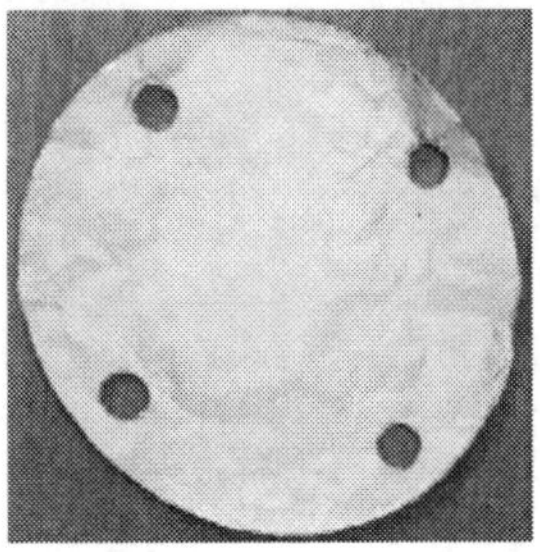

Figure 3. Shock tube prototype diaphragm.

To measure the pressure of the rarefaction wave after the diaphragm has burst, the pressure transducer (8) has been installed in the measuring port TP6.

Figure 4 shows the proper configuration of the shock tube prototype validation, where the low pressure chamber (7), of length equal to 2 m, terminates in a blind flange (10), in which the transducer (11) in the measuring port TP5.

Figure 4. Shock tube prototype. Low pressure chamber (driven section).

When the diaphragm burst occurs, the front of the shock wave first activates the pressure transducer sensor installed in the measuring port TP2 (8), and then to the reference transducer sensor installed 500 mm "downstream" in the measuring port TP5 (11).

The sensors of the pressure transducers are installed on membranes, which when deformed by the action of the shock wave pressure, first converted into analog signals of direct voltage, and then, by means of a transmitter, in electrical signals of electric current of 4 to 20 mA.

Two pressure sensor designs were used:

- The first, of a metallic nature, is installed on a ceramic membrane.
- The second, a silicon semiconductor, is installed on a titanium membrane.

The analog current outputs from the pressure transducers are independently connected to measuring ports of the data acquisition (DAQ) systems, which first condition the measured analog signals and then digitize them synchronized way.

The digitized signals are manipulated by the software whose functions are:

- DAQ configure channels according to the characteristics of the connected transducers and the requirements of the measurement process, for example, its sampling frequency.
- Record the digitized measurements from the electrical transducers in .cvs or .xlsx extension files.

2.2 Experimental design.

The validation of the performance of the prototype shock tube as a generator of aperiodic pressure signals included a pressure transducer, considered as a reference, installed in the TP5 measurement port (see Figure 5).

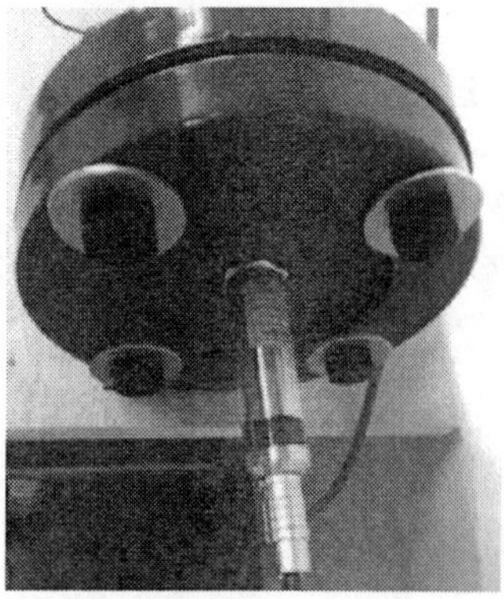

Figure 5. Experimental design: configuration of the TP5 measuring port.

A factorial type experiment [9] was designed to evaluate the effect of diaphragm rupture (see Figure 3) on the reproducibility of direct pressure measurements for each type of pressure sensor, with the aim of selecting the more suitable to function as a reference standard.

During the measurements the following experimental reproducibility conditions were maintained:

- The pressures p_1 and p_5 are measured experimentally with the reference transducer (11) located in the measuring port TP5 (see Figure 4 of this document).
- The sampling frequency of the data acquisition system is 4.8 kHz.
- Ambient air conditions (temperature and relative humidity) as well as atmospheric pressure were measured at the beginning and at the end of the process.

2.3 Statistical processing of measurements.

Once the parameters of interest are selected, the arrays of air pressure measurements are generated in the low pressure section:

- Matrix p_1, corresponding to the direct measurements of the air pressure before the shock wave disturbance.
- Matrix p_5, corresponding to direct measurements of air pressure after shock wave disturbance.

The matrices are processed statistically according to the following procedure [10]:

- Verification of the concordance of the experimental distribution with the normal one.
- Detection of possible outliers.
- Verification of equality of variances (homoscedasticity).
- Verification of equality of means by analysis of Variance (ANOVA).

The ANOVA is a powerful statistical tool [11] that allows to estimate, from an experimental design, the reproducibility of the measurements using the standard deviation of p_1 and p_5 pressures.

The above statistical tests were performed using the Minitab 17 application software.

The expanded uncertainty of the pressure of interest has an inferential sense, and for a coverage factor $k_p = 2$ represents a probability of coverage approximately equal to 95%. It is calculated according to the following equation:

$$U_p\left[\bar{\bar{p}}_{1(5)}\right] = \pm 2 \times s_p\left[\bar{\bar{p}}_{1(5)}\right] \quad (4)$$

Where:

$U_p[\bar{\bar{p}}_{1(5)}]$: Expanded uncertainty of the historical average of evaluated pressure (p_1 or p_5), in hPa.

$s_p[\bar{\bar{p}}_{1(5)}]$: Pooled standard deviation of the historical average of evaluated pressure (p_1 or p_5), in hPa.

$\bar{\bar{p}}_{1(5)}$: Historical average of the historical average of evaluated pressure (p_1 or p_5), in hPa.

In general, the expanded uncertainty of the pressure of interest coincides with its warning limits (LA), and any values outside these limits should be considered as an alert for events that affect the natural variability of the measurement system.

3 Results.

The validation was based on the experimental reproduction of the dynamic pressure p_5 in the prototype of shock tube, through the controlled "firing" at different moments, evaluating the precision, in terms of repeatability and reproducibility within the limits of the Laboratory of Measurements Dynamics, using the techniques of Experimental Design (DOE) [9].

In June 2017 several shots were made on the prototype shock tube, using the pressure transducers with two types of sensors, and the results of the digitized measurements were recorded in .xlsx files (Excel 2007).

3.1 Pressure transducer with metallic sensor in ceramic membrane.

The results of the air pressure measurements before and after being disturbed by the shock wave were as follows:

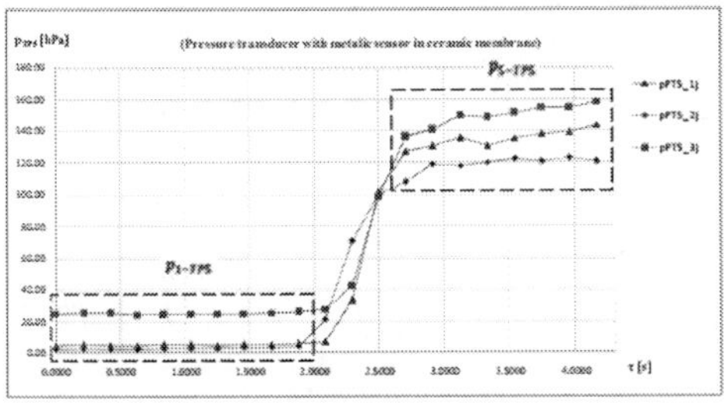

Graphic 1. Pressures measured in TP5 measuring port by pressure transducer with metallic sensor.

Once the theoretical assumptions of homoscedasticity and normality are satisfied, and considering that there aren't outliers, the ANOVA's shows that there are statistically significant differences between the averages of measurements series of p_1 (Table 1: P-value = 0,000 < α = 0,05) and p_5 (Table 2: P-value = 0,000 < α = 0,05).

Table 1. ANOVA: p_1 measurements on TP5 port.

```
Factor Information

 Factor  Levels  Values
 Factor       3  p1_D1 j; p1_D2 j; p1_D3 j

Analysis of Variance

 Source  DF   Adj SS   Adj MS  F-Value  P-Value
 Factor   2  2977.15  1488.57  7925.31    0.000
 Error   27     5.07     0.19
 Total   29  2982.22

Pooled StDev
  0.433388
```

Table 2. ANOVA: p_5 measurements on TP5 port.

```
Factor Information

 Factor  Levels  Values
 Factor       3  p5_D1 j; p5_D2 j; p5_D3 j

Analysis of Variance

 Source  DF  Adj SS   Adj MS  F-Value  P-Value
 Factor   2  3810.7  1905.37   136.84    0.000
 Error   19   264.6    13.92
 Total   21  4075.3

Pooled StDev
  3.73152
```

The initial historical values of the parameters that characterize the prototype shock tube as secondary standard are shown in Table 3:

Table 3. Parameters of shock tube prototype.

Parameter	Unit of measure	$\bar{\bar{p}}_i$	$s_p(\bar{\bar{p}}_i)$	$\pm U_p(\bar{\bar{p}}_i)$
Air pressure before disturbance	hPa	11,126	0,4334	0,8668
Air pressure after disturbance	hPa	137,006	3,7315	7,4630

Where:

$\bar{\bar{p}}_i = \bar{\bar{p}}_{1(5)}$.

$s_p(\bar{\bar{p}}_i) = s_p[\bar{\bar{p}}_{1(5)}]$.

$U_p(\bar{\bar{p}}_i) = U_p[\bar{\bar{p}}_{1(5)}]$.

3.2 Pressure transducer with silicon semiconductor sensor in a titanium membrane.

The results of the air pressure measurements before and after being disturbed by the shock wave were as follows:

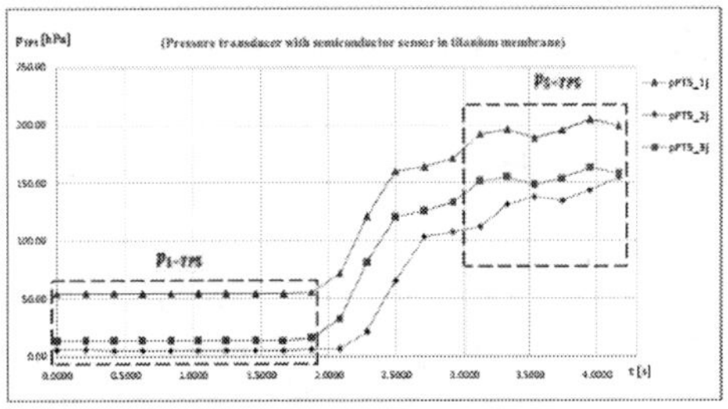

Graphic 2. Pressures measured in TP5 measuring port by pressure transducer with silicon semiconductor sensor.

 DOI: 10.1051/metrology/201714002

Once the theoretical assumptions of homoscedasticity and normality are satisfied, and considering that there aren't outliers, the ANOVA's shows that there are statistically significant differences between the averages of measurements series of p_1 (Table 4: P-value = 0,000 < α = 0,05) and p_5 (Table 2: P-value = 0,000 < α = 0,05).

Table 4. ANOVA: p_1 measurements on TP5 port.

```
Factor Information

 Factor  Levels  Values
 Factor       3  p1_D1 j; p1_D2 j; p1_D3 j

Analysis of Variance

 Source  DF   Adj SS   Adj MS    F-Value  P-Value
 Factor   2  12527.6  6263.78  1193024.69    0.000
 Error   24      0.1     0.01
 Total   26  12527.7

Pooled StDev
 0.0724592
```

Table 5. ANOVA: p_5 measurements on TP5 port.

```
Factor Information

 Factor  Levels  Values
 Factor       3  p5_D1 j; p5_D2 j; p5_D3 j

Analysis of Variance

 Source  DF  Adj SS   Adj MS  F-Value  P-Value
 Factor   2  7539.9  3769.94    85.66    0.000
 Error   12   528.1    44.01
 Total   14  8068.0

Pooled StDev
 6.63394
```

The initial historical values of the parameters that characterize the prototype shock tube as secondary standard are shown in Table 6:

Table 6. Parameters of shock tube prototype.

Parameter	Unit of measure	$\bar{p}_i$	$s_p(\bar{p}_i)$	$\pm U_p(\bar{p}_i)$
Air pressure before disturbance	hPa	24,499	0,0725	0,1449
Air pressure after disturbance	hPa	165,496	6,6339	13,2679

4 Discussion.

As a result of the execution of the experimental design, values related to the performance of the shock tube as reference standard were obtained. The present discussion focuses on the interpretation of the following metrological parameters obtained experimentally:

4.1 Air pressure before disturbance.

Currently the air pressure at rest is not a controllable parameter in the prototype of the shock tube. During the installation of the diaphragm, the low pressure section (driven section) was filled with air to the ambient thermodynamic parameters, which varied within the following limits:

Table 7. Limits environmental conditions during shooting in the prototype shock tube.

	t_a	HR_a	p_{at}
	°C	%	hPa
Average	24,6	70,8%	879,3
Variation	2,6	7,4%	1,7

Where:

t_a: Temperature of the ambient air.

HR_a: Relative humidity of the ambient air.

p_{at}: Atmospheric pressure.

Considering that:

- The accuracy reported by the manufacturers of both pressure transducers is the same and equal to 0.25% of the maximum of their measuring range (2 068,43 hPa),
- The resolution uncertainty of the DAQ is negligible (24 bit).

The expanded uncertainty of the measurement of resting air pressure depends on the reproducibility of its measurements.

Table 8. Difference of resting air pressure measurements between both pressure transducers.

	Δp_1	$u_{EMP}(p_1)$	$s_p(\bar{p}_1)$	$\pm U_p(\Delta p_1)$
Type of sensor	hPa	hPa	hPa	hPa
Metallic on ceramic membrane	13,37	3,0	0,4334	6,03
Semiconductor on titanium membrane			0,0725	5,97

Where:

Δp_1: Difference of the measured air pressure at rest between both pressure transducers.

$u_{EMP}(p_1)$: Standard uncertainty associated with the inaccuracy of the pressure transducer.

$s_p(\bar{p}_1)$: Pooled standard deviation of the historical average of p_1 (see Table 3).

$\pm U_p(\Delta p_1)$: Expanded uncertainty of the measurement difference between both pressure transducers ($p \approx$ 95%).

The difference of p_1 measurements obtained between both pressure transducers can not be explained by the expanded uncertainty for a 95% confidence probability.

Under this circumstance, the relative uncertainty of both pressure transducers in the measurement of air pressure at rest is compared.

Table 9. Relative uncertainty of pressure measurement of air at rest.

	$u_r(\bar{\bar{p}}_1)$
Type of sensor	%
Metallic on ceramic membrane	3,90%
Semiconductor on titanium membrane	0,30%

Where:

$u_r(\bar{\bar{p}}_1)$: Relative uncertainty of the historical average of p_1. It's calculated according to the following equation:

$$u_r(\bar{\bar{p}}_1) = \frac{s_p(\bar{\bar{p}}_1)}{\bar{\bar{p}}_1} \qquad (5)$$

When the gas is at rest (quasi-stationary measurements), the pressure transducer with the semiconductor sensor mounted on a titanium membrane behaves better metrologically compared to the pressure sensor with ceramic membrane metal sensor.

However, the dynamic behavior will decide the selection of the pressure transducer which, together with the prototype shock tube, will function as a reference standard.

4.2 Pressure of disturbed air.

As measurements of the air pressure at rest, the expanded uncertainty of measuring air pressures disturbed by the shock wave depends on the reproducibility of their measurements.

Table 10. Difference of pressure measurement of disturbed air between both pressure transducers.

	Δp_5	$u_{EMP}(p_5)$	$s_p(\bar{\bar{p}}_5)$	$\pm U_p(\Delta p_5)$
Type of sensor	hPa	hPa	hPa	hPa
Metallic on ceramic membrane	28,49	3,0	3,7315	9,56
Semiconductor on titanium membrane			6,6339	14,55

Where:

Δp_5: Difference of pressure measurement of disturbed air between both pressure transducers.

$u_{EMP}(p_5) = u_{EMP}(p_1)$: Standard uncertainty associated with the inaccuracy of the pressure transducer.

$s_p(\bar{\bar{p}}_5)$: Pooled standard deviation of the historical average of p_5 (see Table 3).

$\pm U_p(\Delta p_5)$: Expanded uncertainty of the measurement difference between both pressure transducers ($p \approx 95\%$).

In these circumstances, other parameters that characterize the performance of the prototype shock tube are compared to select the type of sensor that will work with this as a reference standard.

Table 11. Another parameters of shock tube prototype.

	$u_r(\bar{\bar{p}}_5)$	$\bar{\bar{t}}_{1-5}$	$\bar{\bar{n}}_{p5}$	$\bar{\bar{t}}_5$	$\bar{\bar{f}}_5$
Type of sensor	%	ms	samples	ms	Hz
Metallic on ceramic membrane	2,72%	1,18056	7	1,31944	757,8947
Semiconductor on titanium membrane	4,01%	1,52778	6	0,83333	1199,9999

Where:

$u_r(\bar{\bar{p}}_5)$: Relative uncertainty of the historical average of p_5. It's calculated according to the following equation:

$$u_r(\bar{\bar{p}}_5) = \frac{s_p(\bar{\bar{p}}_5)}{\bar{\bar{p}}_5} \qquad (5)$$

$\bar{\bar{t}}_{1-5}$: Historical average of reaction time of the pressure transducer to step-type disturbance Δp_{1-5}.

$\bar{\bar{n}}_{p5}$: Historical average of number of samples recorded by the DAQ at the time of pressure stabilization p_5.

$\bar{\bar{t}}_5$: Historical average of stabilization time of pressure p_5.

$\bar{\bar{f}}_5$: Historical average of frecuency of the shock tube prototype. It's calculated according to the following equation:

$$\bar{\bar{f}}_5 = (\bar{\bar{t}}_5)^{-1} \qquad (5)$$

From Table 11 it is inferred that the pressure sensor with metallic sensor mounted on ceramic membrane behaves dynamically better to characterize the experimental step-like perturbation reproduced by the prototype of tube of shock.

This does not mean that the pressure transducer with titanium membrane semiconductor sensor is not able to measure dynamic events, but its inertia is higher compared to the selected pressure transducer.

The values of relative uncertainty of the pressure measurement as well as the stabilization time of the first reflection of the shock wave are comparable with those reported by other authors [1].

5 Conclusions and recommendations.

In general, the results of the statistical tests applied show that for a level of statistical significance $\alpha = 5$ %, the pressure values depend on the diaphragm factor, but not the variability of its series of measurements.

The prototype shock tube together with the metal sensor pressure transducer installed in a ceramic membrane, is the reference standard of the Laboratory of Dynamic Measurements of the University of Costa Rica (UCR).

Its metrological characteristics are as follows:

Table 12. Reference standard of dynamic pressure. Metrological characteristics.

$\bar{\bar{p}}_1$	$s_p(\bar{\bar{p}}_1)$	$\bar{\bar{p}}_5$	$s_p(\bar{\bar{p}}_5)$	Unit of measure
11,13	0,072	137,01	3,732	hPa

It is recommended:

R1. Applying this procedure to higher burst pressures to increase the amplitude validated prototype shock tube.

The increase in the amplitude of the burst pressure of the diaphragm is achieved by using sheets of the same material but of a greater thickness or another type of material.

R2. Check the effect of atmospheric air humidity on the reproducibility of the air pressure disturbed by the first reflection of the shock wave (p_5), and in the stabilization time.

R3. Feed the matrices p_1 and p_5 to quantify the asymptotic limits of the corresponding pooled deviations.

4R. To evaluate the dynamic behavior of the pressure transducer selected as reference standard in other aperiodic devices, in order to quantify the reproducibility between laboratories.

Acknowledgements

The authors appreciated the valuable collaboration provided by the School of Mechanical Engineering and School of Chemistry of the University of Costa Rica in the metrological solution presented.

References

1. Hjelmgren, Jan. Dynamic Measurement of Pressure - A Literature Survey. SP REPORT 2002:34. SP Swedish National Testing and Research Institute (http://www.vibrationdata.com/tutorials/2002_34.pdf).
2. Documento de referencia. Volumen I. Universidad de Cantabria (UC). Grupo de Ingeniería Oceanográfica y de Costas (G.I.O.C). Ministerio de Medio Ambiente. Dirección General de Costas. España. Diciembre del 2000 (http://smc.ihcantabria.es/SMC25/descargas-smc2_5-espana/).
3. Fofonoff, N.P. and Millard, R.C. Unesco technical papers in marine science 44. Algorithms for computation of fundamental properties of seawater. Endorsed by Unesco/SCOR/ICES/IAPSO Joint Panel on Oceanographic Tables and Standard and SCOR Working Group 51.Unesco 1983.
4. Casarín, Rodolfo Silva. Análisis y descripción estadística del oleaje. S/D49. Septiembre 2005. Instituto de Ingeniería. Universidad Nacional de México (UNAM).
5. BIPM Workshop on Metrology for Dynamic Measurement. 15-16 November 2012. Venue: BIPM, Sèvres France (http://www.bipm.org/en/conference-centre/bipm-workshops/dynamic_measurement/).
6. JCGM 200:2012. International Vocabulary of Metrology – Basic and General Concepts and Associated Terms (VIM). 3rd Edition. 2008 (http://www.bipm.org/en/publications/guides/).
7. ISA-37.16.01-2002. A Guide for the Dynamic Calibration of Pressure Transducers. Instrumentation, Systems, and Automation Society (ISA). 2012-11-21
8. JCGM 100:2008. GUM 1995 with minor corrections. Evaluation of measurement data — Guide to the expression of uncertainty in measurement. First edition. September 2008 (http://www.bipm.org/en/publications/guides/).
9. Montgomery, Douglas C. Design and analysis of experiments. Fifth edition. John Wiley and sons, Inc.
10. NIST-SEMAT. Engineering Statistics Handbook (http://www.itl.nist.gov/div898/handbook/).
11. Arendacká, B.; Täubner, A.; Eiscstädt, S.; Bruns, T; Elster, C. Random effects ANOVA in uncertainty evaluation. Measurement 2013. Proceedings of the 9th International Conference, Smolenice, Slovakia. (http://www.measurement.sk/M2013/doc/proceedings/039_Arendacka-1.pdf).

Dynamic Pressure Transducer Calibration – Traceable?

*Thomas Platte**, *Martin Iwanczik, and Michael Mende*

SPEKTRA GmbH Dresden, 01189 Dresden, Germany

Abstract. Pressure transducers are mainly used for dynamic measurements but calibrated by means of static calibration methods. The reason is that neither a standardized method for a traceable dynamic secondary calibration of pressure transducers nor a primary dynamic calibration method for reference pressure transducers is available. The only exceptions are the calibration methods for pressure field microphones which can also be regarded as dynamic air pressure transducers for the low pressure range. This paper compares results from measurements with two different pressure exciters that have their origin in acoustics and were used for calibration of two types of pressure transducers in the frequency range 31.5 Hz to about 1 kHz at pressure amplitudes up to some 100 Pa. In both cases, a traceably calibrated pressure microphone was used as reference sensor that should provide a traceability of the pressure transducer calibration. The paper discusses the pros and cons of both exciters and if this can be considered as a traceable calibration method.

1 Method

A standardized and traceable secondary dynamic calibration method for pressure transducers besides microphones is not available yet. One important reason for the missing traceability is the lack of dynamically calibrated reference transducers. Furthermore, besides the calibration methods for microphones a general dynamic primary calibration method for reference pressure transducers is missing. Thus when the authors where asked to characterize two pressure transducers regarding their frequency response, it was decided to use acoustic methods and references in order to provide at least a certain traceability of the measurement results.

As a reference transducer a Brüel & Kjaer 4192 pressure microphone with a preamplifier MV 203 from Microtech Gefell was chosen. This reference measurement chain was calibrated in the DAkkS accredited SPEKTRA calibration laboratory by a comparison calibration with a traceable calibrated reference microphone.

Fig. 1. Acoustic coupler SQ-4.2 with reference microphone

Two different pressure exciters were chosen for the measurements. Both allow to generate sinusoidal pressure amplitudes over a certain frequency range but with quite different maximum amplitudes. The SPEKTRA acoustic coupler SQ-4.2 is basically used for the calibration of microphones. It is based on a micro-loudspeaker as pressure exciter that 'injects' the pressure into a small volume in the middle of the coupler device. The device has two ports where the reference microphone and the device under test can be introduced and positioned precisely (see Fig. 1). For microphone calibrations this acoustic coupler can be used over the wide frequency range 31.5 Hz up to 16 kHz but in general with pressure amplitudes below 1 Pa (94 dB). However, between 200 Hz and 2 kHz a constant amplitude of 30 Pa (123 dB) is available. Only in the range 500 Hz to 600 Hz a significantly higher pressure amplitude up to 240 Pa (141 dB) can be provided.

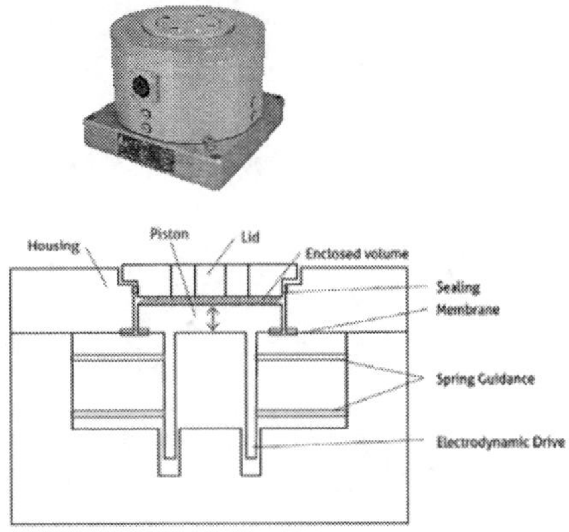

Fig. 2. Pressure exciter DPE-01 based on a Vibration exciter

* Corresponding author: Thomas.Platte@spektra-dresden.com

Article available at http://cfmetrologie.edpsciences.org or https://doi.org/10.1051/metrology/201714003

The SPEKTRA DPE-01 exciter is based on a modified calibration shaker where the shaker table is as well sealed as a lid mounted above the shaker table. Thus between shaker table and lid a small compressible air volume will be entrapped and the pressure will vary with the movement of the shaker table. The lid has two ports each for a reference transducer and a device under test transducer (see **Fig. 2**).

This exciter allows pressure amplitudes up to 16 kPa (178 dB) and can cover the wide frequency range 10 Hz to 2 kHz. Nevertheless, in order to stay in a pressure range comparable to the SQ-4.2 range, the pressure in the measurements was limited to only 240 Pa.

Thus the measurement method that was used for the characterization of the devices under Test (DUT) was similar to a secondary microphone calibration according to DIN EN 61094-5. However, the standard is specified for the calibration of laboratory microphones and the DUT in these measurements neither had the shape nor the working principle of a laboratory microphone. Furthermore more the exciter DPE-01 is not comparable to the equipment that is described in the standard. But evaluating the results carefully and using a traceable calibrated microphone as reference transducer, at least a certain traceability of the results can be provided.

2 Device Under Test

Two very different DUT were investigated for this paper. DUT A is a piezoelectric pressure transducer where the pressure acts directly on the piezo-element and generates a charge output with a nominal sensitivity of 0,870 pC/kPa. The nominal measurement range is up to 690 kPa. An external charge-amplifier, belonging to this transducer, was used to transform the charge output into a voltage signal. The voltage output of this measurement chain was recorded with an A/D-converter and the sensitivity was determined by comparison to the output of the calibrated microphone.

DUT B was a piezo-resistive transducer which is based on a measurement bridge and had a measurement range up to 1000 kPa. A signal conditioner that belongs to the transducer was used to supply the measurement bridge with a defined excitation voltage and to amplify the output signal. The output voltage of this measurement chain was fed into the A/D-converter and thus again the whole measurement chain was characterized by comparison to the output signal of the reference microphone.

3 Measurement Results

Besides the mechanical adaption of the transducers, the major challenge for these measurement was the low sensitivity of both measurement chains. The transducers were designed for the measurement of pressures up to 4000 times higher than the pressure that could be provided with the DPE-01 exciter and even more than 30 000 times higher than the pressure that could be provided with the SQ-02 exciter. In fact the noise floor of the measurement chains had a big impact on the results.

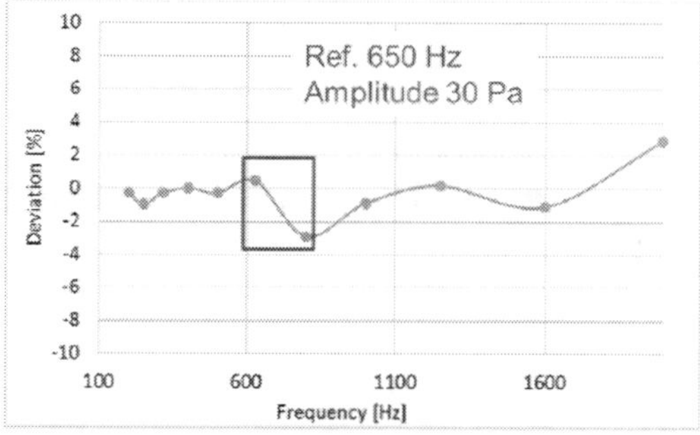

Fig. 3. DUT A measured with the SQ-4.2 acoustic coupler with a pressure amplitude of 30 Pa peak

As an example DUT A was calibrated over a frequency range from 100 Hz to 2 kHz. The amplitude was kept at 30 Pa since this was the maximum amplitude that could be provided constantly over the whole frequency range. Although a relatively flat frequency response was expected from the data sheet data, quite big deviations of the sensitivity of about 4% around 650 Hz were observed. However, the SQ-02 has a resonance around 650 Hz that could be used to repeat the measurement with a significantly higher amplitude around this resonance frequency. The results in Fig. 4 show the much flatter expected frequency response. At an amplitude of 30 Pa the signal was too close to the noise floor for stable measurement results while at 240 Pa the signal to noise ratio improved sufficiently for a stable measurement.

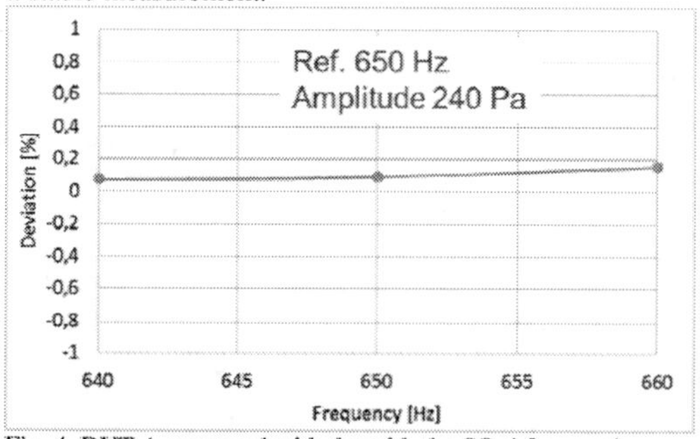

Fig. 4. DUT A measured with the with the SQ-4.2 acoustic coupler at a higher amplitude.

The results could be verified with measurements using the DPE-01 exciter. With this exciter it was possible to keep the amplitude over a wide frequency range constantly at 240 Pa and thus the expected flat frequency response over the whole frequency range up to nearly 2 kHz could be observed (see Fig. 4). Furthermore the comparison of the results that were obtained at 650 Hz and 240 Pa on both exciters showed a deviation of just 0.31 %. These results made us confident that the method is reasonable as long as the amplitude that can be generated with the exciter is sufficient for the particular DUT.

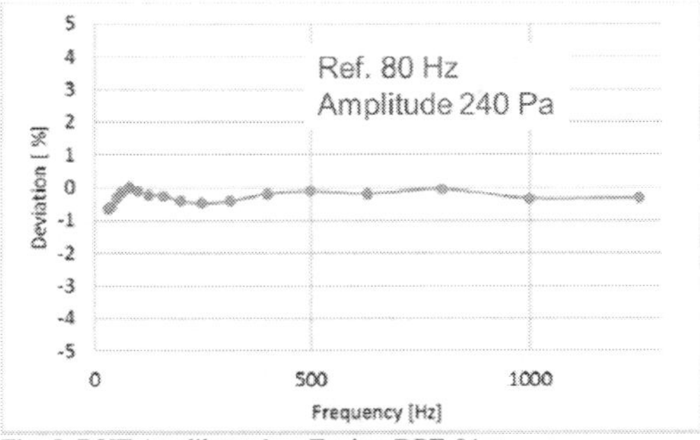

Fig. 5. DUT A calibrated on Exciter DPE-01

However, the low sensitivity of DUT B showed the limits of this method using these pressure exciters. It was not possible to get any calibration results from DUT at an amplitude of 30 Pa because the signal was disappearing in the noise floor. Thus, the only measurement results could be achieved at an amplitude of 240 Pa on the DPE-01 and at 540 Hz at the resonance point of the SQ-4.2 . The resonance frequency was lower than in the measurements with DUT A because DUT B added a bigger volume in front of the membrane to the pressure exciter volume.

The comparison of the results determined with both exciters at 540 Hz and 240 Pa showed again a low deviation of just 0.89 %. But the frequency response measured with the DPE-01 was not flat as expected but was increasing significantly with the frequency (see Fig. 6.). The reason for this behaviour of DUT B is not yet clear and further investigations together with the manufacturer are necessary to clarify this result.

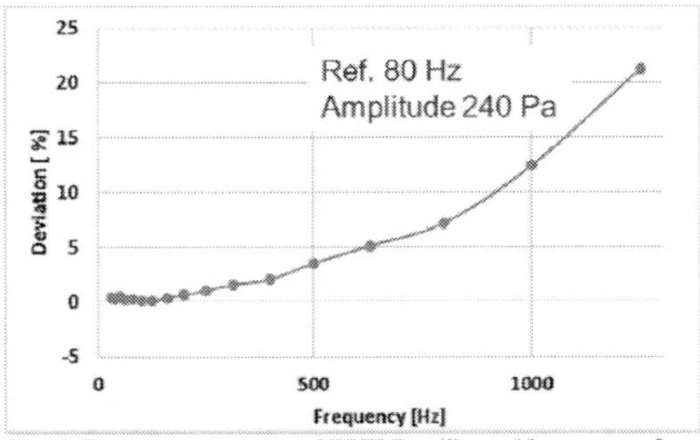

Fig. 6. Frequency response of DUT B calibrated by means of exciter DPE-01.

4 Summary and Outlook

Acoustic couplers or pistonphone-like pressure generators together with a pressure reference microphone offer the chance of a traceable dynamic calibration of pressure transducers. However, the pressure amplitude is far too low for most DUT. Thus, hydraulic dynamic pressure generators are necessary for these DUT that offer higher amplitude ranges.

Nevertheless, currently there is no absolute dynamic calibration method for an appropriate calibration of reference pressure transducers available. Some national metrology institutes as well as SPEKTRA are working on an absolute pressure calibration method. A promising candidate that is investigated at PTB and SPEKTRA is refractro-vibrometry using a laser vibrometer. It measures changes of optical wavelength due to density changes in the hydraulic fluid. For this purpose the beam of a laser vibrometer is crossing the hydraulic fluid and is reflected back into the vibrometer. Density changes of the fluid due to a pressure change will cause a velocity signal output of the vibrometer. Because there is a physical relationship between the density change of the fluid and the optical wavelength, the pressure change can be calculated from the vibrometer signal.

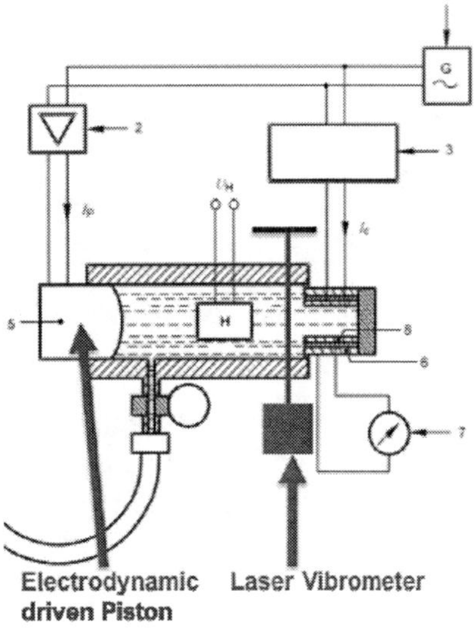

Fig. 7. Refractro-Vibrometry by means of a Laser Vibrometer

Alternatively SPEKTRA is working on a simpler method that is again using a pistonphone-like pressure exciter that allows an overlay of a dynamic pressure change over a static pre-pressure in the hydraulic fluid. Here the dynamics of the piston will be measured directly in order to obtain the pressure change (see Fig. 8). A similar approach was published by the national metrology institute of Finland, MIKES in the European in EMRP project.

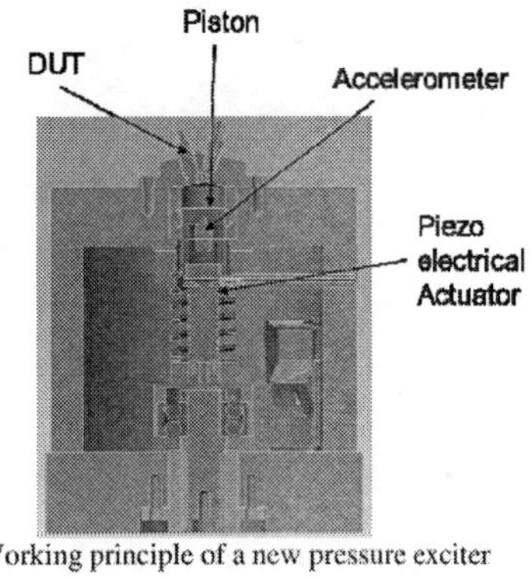

Fig. 8 Working principle of a new pressure exciter

DOI: 10.1051/metrology/201714003

First results are also quite promising and will be published later in the year.

 DOI: 10.1051/metrology/201714004

The obtaining of the *Label Reliability Measure* for gravity measurement by the LSBB underground lab

Camille Gonnet[1], *Claire Barra*[2], *Jean-Baptiste Decitre*[2], *Séverine Rosat*[3], *Daniel Boyer*[2]

[1]Centre de Technologie Méditerranéen de Métrologie (CT2M), route de Lançon – Centre des Creusets, 13250 Saint-Chamas, France
[2]Laboratoire Souterrain à Bas Bruit (LSBB URL), La gra , France
[3]Ecole et Observatoire des Sciences de la Terre (EOST), 5 rue René Descartes, 67084 Strasbourg, France

Abstract. The Low-Noise Underground Research Laboratory (LSBB URL) in Rustrel (near Avignon, Southern France) is born from the reco
1996, the site has been transformed in an international scientific facility for interdisciplinary research. Scientists working on different fields and from different countries are supervised by the engineer team of the LSBB. The LSBB URL wanted to point the competences of the lab and prove that their measures could be trusted. The accreditation according to the ISO 17025 didn't appear suitable. Indeed, this well-known standard is not really suited to the needs of research lab and the work to set up for a first accreditation is consistent and costly. Working with partners in the field of public and private research, the CT2M has developed a new quality system fully compatible with the ISO 17025 but more suitable to establish with the concerned academic labs and private companies: The "*Label Fiabilité Mesure*". The LSBB URL has obtained the graduation for the Label for its activity of measurement of gravity.

1 The LSSB URL and the MIGA project

1.1 Presentation of the LSBB

The Low Background Noise Underground Research Laboratory of Rustrel in the Vaucluse (nearby Avignon, Southern France, http://www.lsbb.eu) is a lab with worldwide unique specificities. Indeed, it is born in 1996 from the reconversion of the command firing post of the French deterrent ground-launched nuclear missiles. It has been built to be able to receive the launching presidential order within the room called "*capsule*".

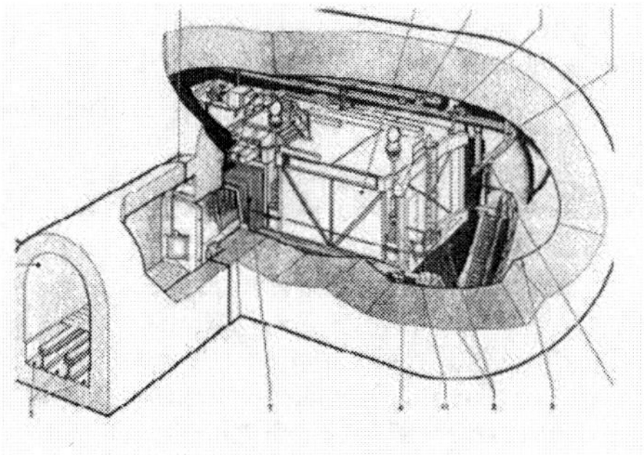

Fig. 1. The "*Capsule*" within a shielded room

The room has been built 500m underground. It is hung in the air thanks to 8 shock-absorbers and protected by an enclosure compose of concrete and steel. It was designed to protect the person in charge for executing the launch of nuclear weapons.

Since 1996, it has been transformed in an international scientific facility for interdisciplinary research. The lab is composed of 3,7km of gallery dug in cretaceous limestones and going down until 500m below the mountain. On the one hand, LSBB URL gives *in situ*
allowing research in geological and hydrogeological specific environment, on the other hand, its untypical design warrants electromagnetic as much as anthropological low background noise environment well adapted for testing and developing new high sensitivity instrumentation.

1.2 MIGA project

In partnership with the EOST (Strasbourg, France), the LSBB URL takes part in the European scientific project MIGA (Matter wave – laser based Interferometer Gravitation Antenna). The purpose of this project is the construction of a novel infrastructure to study strain tensor of space-time and gravitation. Using a novel approach for

MIGA project targets the construction of sensors useful for the environment monitoring and should help improving the mitigation of natural hazards. Located
, the LSBB environment allows the measurement of gravitation gradient induced by the

* Corresponding author: cgonnet@ct2m.fr

Article available at http://cfmetrologie.edpsciences.org or https://doi.org/10.1051/metrology/201714004

Newtonian noise. Therefore, it has been decided to install a high sensitivity cryogenic gravimeter there.

2 The measurement of gravity

2.1 Gravimetry

The superconducting gravimeter installed in the deeper LSBB vault allows continuous recording of the gravity. Gravity is affected by several factors. It depends on its location because of the multi-scale inhomogeneity of the Earth and of the atmosphere. It is also affected by dynamic and transitory phenomena like tides, seismic activities and human activity which produce local gravity variations.

Setting a relative gravimeter in the LSBB allows to record the variation of gravity due to natural dynamic phenomena since the gravimeter is protected from any other human perturbation. The measurement of "*g*" contribute to study the earth structure and geological processes.

2.2 Relative gravimeter

The gravimeter setting in LSBB URL is a relative superconducting gravimeter made up with a sphere of Niobium of 28g held in a magnetic levitation thanks to a permanent current running in two coils. This magnetic force balances the weight of the sphere and allows it to levitate. That is realized at low temperature around 4K to make it very stable. The variation of the position of the sphere enables the measurement of "*g*" with an accuracy closed to the 0.1nm/s^2.

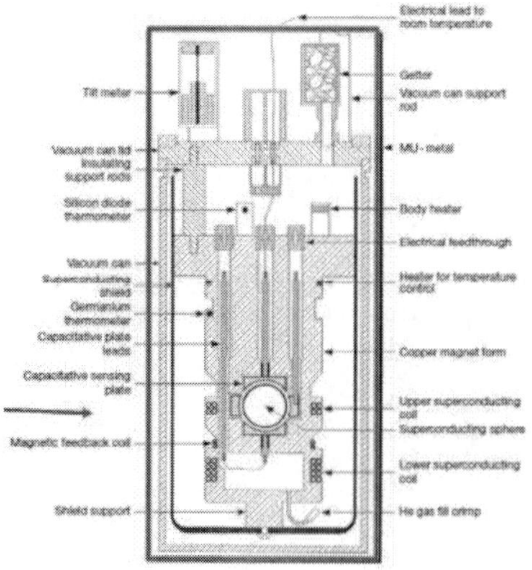

Fig. 2. Scheme of a relative superconducting gravimeter

The LSBB is responsible of the management of the superconducting gravimeter and the recording of the data. The LSBB controls the access to the room to reduce human impact on the measures. The data are then published on a public website.

2.3 Absolute gravimeter

To ensure metrological traceability, the relative gravimeter is calibrated by comparison with an absolute gravimeter. EOST realizes the calibration once a year and follows the drift of the equipment.

Absolute gravimeter measures the gravity from the free fall of a cube in vacuum. It is accomplished thanks to a Michelson interferometer. The first mirror is a face of a cube in free fall, the second is fixed and represents the reference. When the cube falls the optical path (x) reduces with time (t) measured with an atomic clock. Thus, solving the equation of movement (Eq. 1), "*g*" can be determined with an uncertainty associated to x_0 and v_0.

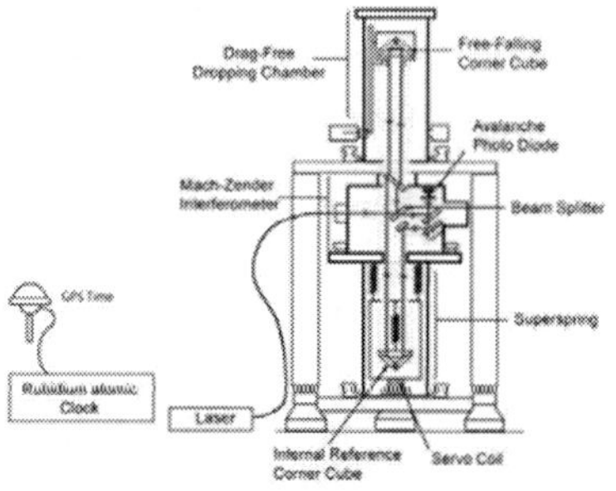

Fig. 3. Schematic drawing of an absolute gravimeter

Deviation of the superconducting gravimeter in Rustrel appeared to be very stable because of its specific location. The lab may be able to increase the calibration periodicity quickly.

3 Setting of a quality system to showcase skills of the lab

3.1 The "*Label Fiabilité Mesure*", an alternative to the ISO 17025 for research labs

The LSBB wanted to improve its quality level of measurements and get its technical skills recognized. First, accreditation according to ISO 17025 by the COFRAC was considered. But quickly it has appeared that the gap between the quality level of the LSBB and the quality level required by ISO 17025 was consistent.

Therefore, the lab has decided to go for another standard: the "*Label Fiabilité Mesure*" (Measurement Reliability Label). This alternative, proposed by the CT2M since 2011 (http://ct2m.fr), has been developed after discussions with partners in the field of public and private research (eg. INRA, CIRAD, CEA, CNRS, INRETS, STMicroelectronics, CEMAGREF, ...). It started from the fact that some requirements of ISO 17025 were not adapted for research laboratories and that the cost of accreditation was important.

 DOI: 10.1051/metrology/201714004

3.2. Principle of the "*Label Fiabilité Mesure*"

This standard, inspired by the ISO 17025 gather quality and technical requirements that stand on:

- The management of measure equipment,
- The control of measurement method (validation of methods, uncertainty estimation's),
- Metrological traceability,
- Staff training process,
- Participation to inter-laboratory comparison.

Two levels of label are possible. The first level is mostly adapted to research labs wishing to set up a quality system. It includes basic requirements considered as essential to guaranty reliability of measures.

The second level adds requirements in order to go further on the management of measurement system and on the setting up of a quality system. It rather aims to labs wishing to obtain a reconnaissance in their skills in terms of quality system and technical control of the measurement process.

The "*Label Fiabilité Mesure*" may also be seen as a steppingstone forward to COFRAC accreditation. The label is delivered after a first audit of the lab to ensure that all the requirements are followed. The conclusion of the inspection is then report to a committee that decides to award the lab or not. The label is maintained for 3 years sending a self-evaluation form to the CT2M before being fully re-inspected.

3.3. Conclusion: The labelling of the LSBB URL

The LSBB decided to get the "*Label Fiabilité Mesure*" for its gravity measures.

The process started in November 2015. A consultant of the CT2M came to visit the lab and made a first diagnosis. The LSBB applied directly to level II of the label. After, this meeting an action plan was transmitted to the lab to help and advise it.

One year later, on November 2016, the initial audit of label has been conducted by another consultant of the CT2M. The quality level of the LSBB had highly be improved. The LSBB obtained easily the level II of the label. Only one deviation was noticed and the LSBB gave quickly proves of its correction.

Daniel BOYER, deputy director of the LSBB testifies about the benefits cause by the label:

"The establishment of a standard as the label, in LSSB URL, is part of a multi-level approach. It allows to fix the technical and scientific framework for the gravimetric measure carried out by the LSBB. Thus, the sustainability is validated, the hazards are recorded and the measurement conditions are improved.

This approach aims to be extended to all the observation activities carried out on the site (seismology, tiltmetry, ...). The organization of the lab has also benefited from the labelling process thanks to the redaction of quality documents as procedure and to the harmonization of the documentation system."

Acknowledgment

Authors thank CNRS/DR12 for funding the work-linked training between LSBB URL and CESI School in Aix-en-Provence in coordination with CT2M. Authors thank also Véronique Lacoste from IRSN for their fruitful recommendations and comments during labelling process.

Etalonnage de masses “spéciales”, comment répondre aux besoins des clients ?

Laure Domenech[1]*, *David* Benhamou[1]

[1]CT2M, 13 250 Saint Chamas, France

Abstract. Le présent article décrit de retour d'expérience du laboratoire d'étalonnage de masses du CT2M concernant l'étalonnages de masses dites « spéciales ». Dans un cadre de métrologie scientifique, les besoins des laboratoires et des industriels sont très diversifiés et nous ont amené à étalonner des masses de caractéristiques diverses et bien différentes des spécifications de l'OIML R111 [1], principal texte de référence en métrologie légale concernant l'étalonnage des poids et masses étalons.

1 Rappel du référentiel réglementaire

L'étalonnage d'une masse consiste à déterminer sa masse conventionnelle.

La notion de « masse conventionnelle » est développée dans le document OIML D28 [2] qui le définit comme étant « pour un poids pris à la température de référence de 20 °C, la masse conventionnelle est la masse d'un poids de référence d'une densité de 8000 kg m^{-3} qu'elle équilibre dans un air de masse volumique de 1,2 $kg.m^{-3}$ ».

Dans un cadre de métrologie légale, les poids étalons utilisés auront donc des caractéristiques conformes à l'OIML R111, notamment en termes de masse volumique (s'approchant au maximum de 8000 $kg.m^{-3}$) mais également de forme, de matériau utilisé, d'état de surface, de marquage et de présentation.

Tout classement selon ce texte nécessite donc un strict respect de ces exigences, sauf si le constructeur a obtenu une approbation de modèle pour son poids.

Même si beaucoup de laboratoires et d'industriels qui n'ont pas d'obligation en termes de métrologie légale utilisent l'OIML R111 comme référentiel, de plus en plus axent leur métrologie sur les besoins spécifiques et contraintes propres à leur activité.

2 Des masses spéciales aux spécificités très diverses

Afin de contrôler leurs balances, les laboratoires et industriels ont tout intérêt à adapter les moyens de contrôles aux besoins qu'ils ont, aux types d'objets pesés et/ou aux contraintes liées au processus de pesée.

Par conséquent, les objets étalonnés peuvent s'éloigner des spécifications de l'OIML R11 en termes :
- de valeur nominale
- de forme
- de matière

2.1 Valeur nominale

L'OIML R111 précise que les masses ont des valeurs correspondant à des multiples de 1, 2 et 5.

Or, en fonction des besoins des clients, des valeurs nominales différentes peuvent être choisies par les utilisateurs. Il est en effet plus pertinent de contrôler une balance au point correspondant à la masse des objets pesés.

Par conséquent, des masses de 250 g, de 30 kg ou de 60 kg sont régulièrement étalonnées.

Certaines masses possèdent également des valeurs correspondant à des forces (en Newton) afin d'étalonner des dynamomètres.

Enfin, certains utilisateurs font étalonner des objets, non pas pour en faire un moyen de contrôle de leur balance, mais parce qu'ils ont besoin de connaître précisément leur poids.

2.2 Forme

L'OIML R111 définit des formes bien spécifiques pour les masses et poids étalons. En fonction des valeurs nominales et des classes, les formes autorisées sont précisément décrites : ce sont principalement des formes cylindriques et des formes de type « valise ».

La spécificité des formes des masses spéciales est directement liée à leur utilisation.

Ainsi, les masses peuvent avoir des formes de disques, de boule, de cuve, de chariot....

* Corresponding author: ldomenech@ct2m.fr

Article available at http://cfmetrologie.edpsciences.org or https://doi.org/10.1051/metrology/201714005

 DOI: 10.1051/metrology/201714005

Fig. 1. Exemple de chariot étalon

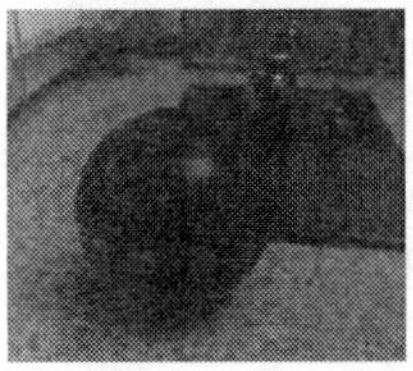

Fig. 2. Exemple de "boule de billard étalon"

2.3 Matière

L'OIML R111 définit les caractéristiques en termes de matière qui permettent, dans un premier temps, d'assurer la pérennité de la valeur de la masse (état de surface, résistance à l'usure, dureté, ...) mais également de s'approcher, au plus, de la densité de 8000 kg.m^{-3}, conformément à la définition de la masse conventionnelle.

Les matières principalement utilisées sont l'acier inoxydable, le laiton, la fonte.

Mais d'autres matériaux peuvent être utilisés pour la fabrication de masses spéciales, dans la mesure où ils assurent la pérennité de la masse.

3 Des étalonnages adaptés aux spécificités des masses spéciales et aux besoins des clients

3.1 Une adaptation des moyens d'étalonnage

Chaque demande d'étalonnage fait l'objet d'une étude concernant sa faisabilité opérationnelle : étalon(s) utilisé(s), nécessite de mise en place d'un support, choix du comparateur en fonction des dimensions, ...

3.1.1 Choix des étalons

L'étalonnage de masses spéciales a nécessité d'adapter les procédures du laboratoire.

Le principe de l'étalonnage consiste en une double pesée de Borda, c'est-à-dire, la réalisation de cycle(s) de type EMME : pose de l'étalon (E), puis de la masse à étalonner (M), à nouveau de la masse (M) puis de l'étalon (E).

La masse à étalonner et l'étalon doivent avoir une valeur conventionnelle proches afin de pouvoir négliger les effet de non linéarité des comparateurs. Par conséquent, dans le cadre de masses ayant des valeurs nominales « non standard », il est nécessaire d'adapter les moyens d'étalonnage :

Par exemple, une masse de 60 kg sera étalonnée à partir d'un assemblage de 2 étalons : un étalon de 50 kg et un étalon de 10 kg. La valeur conventionnelle de l'assemblage sera égale à la somme des valeurs conventionnelles des 2 étalons.

Fig. 3. Exemple d'assemblage d'étalons pour l'étalonnage d'une masse de 60 kg

On essaiera de limiter le nombre de masses additives utilisées afin d'éviter tout risque de chute et de détérioration des étalons. Dans la mesure du possible, un maximum de 2 masses sera utilisé.

Ainsi, dans certains cas, il n'est pas possible de s'approcher de la valeur nominale avec 2 étalons uniquement : par exemple, une masse de 180 mg devrait être étalonnée avec un assemblage de 100 mg + 50 mg + 20 mg + 10 mg, soit 4 masses étalon.

Cette manipulation n'étant pas aisée, il a été choisi de plutôt procéder par ajout d'une masse additive à la masse du client : cela consiste à étalonner un assemblage composé de la masse du client et d'un étalon afin d'obtenir une masse totale proche de la valeur d'un étalon.

Dans le cas de la masse de 180 mg, une masse additive de 20 mg permet d'obtenir un assemblage de 200 mg et d'étalonner ainsi le tout par rapport à notre étalon de 200 mg. A l'issue de l'étalonnage, la valeur conventionnelle de l'assemblage est déterminée et la valeur conventionnelle de la masse spéciale est déduite, puisque l'on connait la valeur conventionnelle de l'étalon ajouté.

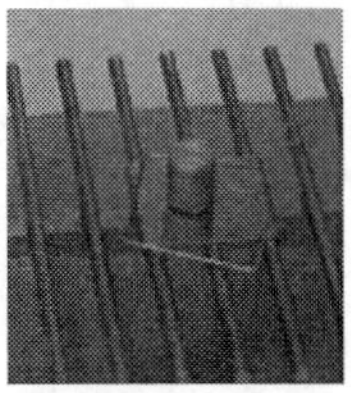

Fig. 4. Exemple d'assemblage sous forme de masse additive (180 mg + 20 mg)

3.1.2 Mise en place d'un support

Certaines masses ne permettent pas d'être positionnées de manière stable sur les comparateurs. C'est le cas des boules et de masses cylindriques à doubles crochets.

Il a donc été nécessaire de développer des supports spécifiques à chaque masse permettant un étalonnage dans des conditions optimales, sans risque de chute.

L'exemple suivant montre le support fabriqué pour l'étalonnage de masses cylindriques à double crochet de 5 et 10 et 20 kg.

Fig. 5. Exemple d'assemblage sous forme de masse additive (180 mg + 20 mg)

3.1.3 Utilisation d'un comparateur adapté

Les dimensions de certaines masses spéciales ne permettent pas, dans certains cas, de réaliser l'étalonnage car elles n'entrent pas dans la cage de pesée. Il est donc nécessaire de choisir un comparateur dont la cage de pesée sera plus grande.

3.2 Une incertitude d'étalonnage adaptée

L'incertitude d'étalonnage demandée par les clients sur une masse spéciale est rarement une incertitude s'approchant des meilleures incertitudes du laboratoire (de type F1).

Pour autant, chaque demande d'étalonnage fait l'objet d'un calcul d'incertitude intégrant les différents facteurs d'influence. La méthodologie générale de calcul de l'incertitude mise en œuvre est décrite dans le document COFRAC LAB GTA 22 [3].

Les facteurs d'influence suivants sont pris en compte :

- incertitude de fidélité de l'étalonnage u_f
- incertitude liée à la résolution du comparateur u_r
- incertitude liée à la valeur conventionnelle de l'étalon utilisé u_{E_conv}
- incertitude liée à la pérennité de la valeur conventionnelle de l'étalon utilisé u_p
- incertitude liée à la poussée de l'air u_{pa}
- incertitude liée à la linéarité du comparateur u_l

Par rapport à un étalonnage standard, les incertitudes type qui sont impactées lors d'un étalonnage de masse spéciale peuvent être les suivantes.

3.2.1 Incertitude sur la valeur conventionnelle de l'étalon

L'incertitude liée à la valeur conventionnelle de l'étalon (dans le cas d'un assemblage de plusieurs étalons ou l'utilisation d'une masse additive et d'un étalon) est alors la somme des incertitudes individuelles des étalons (conformément au conformément au § C 6.2.2) :

$$u_{E\_conv} = \sum u_{E\_conv\_i} \quad (1)$$

Hypothèse d'un facteur de corrélation égal à 1 entre les incertitudes des différentes masses étalon.

3.2.2 Incertitude sur la pérennité de l'étalon

L'incertitude liée à la pérennité des étalons, conformément au LAB GTA 22, elle est au moins égale à u_{E_conv}

$$u_p = u_{E\_conv} \quad (2)$$

3.2.3 Incertitude sur la correction de poussée de l'air

Cette composante sera d'autant plus importante que le matériaux dans lequel est fabriqué la masse spéciale a une masse volumique qui s'éloigne des 8000 kg.m^3.

Conformément au document OIML R 111 (§ C.5.1), la correction de poussée de l'air C à appliquer est :

$$C = (\rho_{air} - \rho_0)\left(\frac{1}{\rho_M} - \frac{1}{\rho_E}\right) \quad (3)$$

Avec ρ_{air} la masse volumique de l'air,
ρ_0 la masse volumique de référence (1,2 kg.m^3),
ρ_M la masse volumique de la masse à étalonner
ρ_E la masse volumique de l'étalon.

Le document OIML R111 précise également que cette correction peut être négligée si elle est inférieure au tiers de l'incertitude relative, soit :

$$|C| \leq \frac{1}{3}\frac{U}{m_0} \quad (4)$$

Avec U : l'incertitude de l'étalonnage standard pour la masse considérée
m_0 la valeur nominale de la masse.

Si la correction de poussée de l'air est négligeable :

$$u_{pa} = \sqrt{u_b^2 + (m_{cr} \times C)^2} \quad \text{(selon l'OIML D28)} \quad (5)$$

Si la correction de poussée de l'air n'est pas négligeable, cette correction doit être appliquée selon le facteur C défini ci-dessus et : $u_{pa} = u_b$

Selon l'équation (3), la correction de poussée de l'air dépend donc principalement de la masse volumique de la masse étalonnée puisque les conditions ambiantes du laboratoire sont maîtrisées et ne s'écartent pas de plus de 5% de la masse volumique de référence. Par conséquent, plus la masse volumique de la masse à étalonner s'écarte de la masse volumique de référence (8000 kg.m^3), plus la correction sera importante.

Par expérience, dans la majorité des cas, la correction de poussée de l'air sera négligeable.

D'après l'OIML R111, ub se calcule de la manière suivante :

$$u_b^2 = m_{cr}^{\ 2}\left[\begin{array}{l}\left(\frac{1}{\rho_E}-\frac{1}{\rho_M}\right)^2 \times u_{\rho_{air}}^2 + \left(\frac{\rho_{air}-\rho_0}{\rho_M^2}\right)^2 \times u_{\rho_M}^2 \\ +(\rho_{air}-\rho_0)[(\rho_{air}-\rho_0)-2\times(\rho_{air1}-\rho_0)]\times\frac{u_{\rho_E}^2}{\rho_E^4}\end{array}\right] \tag{6}$$

Avec m_{cr} la valeur conventionnelle de la masse étalon

ρ_{air} la masse volumique de l'air durant l'étalonnage

ρ_E la masse volumique de l'étalon

ρ_M la masse volumique de la masse à étalonner

$\rho 0$ la masse volumique de l'air de référence (1,2 kg.m^3)

ρ_{air1} la masse volumique de l'air durant l'étalonnage de la masse étalon

$u_{\rho air}$ l'incertitude sur la masse volumique de l'air durant l'étalonnage

$u_{\rho M}$ l'incertitude sur la masse volumique de la masse étalonnée

$u\rho_E$ l'incertitude sur la masse volumique de l'étalon

La masse volumique de l'air étant maîtrisée, enregistrée et suivie dans le laboratoire, on prendra $\rho_{air} = \rho_{air1} = \rho 0 = 1{,}2$ kg.m^3.

L'équation (6) se simplifie donc :

$$u_b = m_{cr} \times \sqrt{\left(\frac{1}{\rho_E}-\frac{1}{\rho_M}\right)^2} \times u_{\rho_{air}} \tag{7}$$

Avec ρE la masse volumique de nos étalons

ρM la masse volumique de la masse à étalonner établie à partir des données de l'OIML R111

$u_{\rho air}$ l'incertitude sur la masse volumique de l'air durant l'étalonnage.

3.2.4 Incertitude sur la linéarité du comparateur

Dans le cas où la masse étalonnée a une valeur conventionnelle différente de la masse étalon, il est nécessaire de prendre en compte dans l'incertitude d'étalonnage, un éventuel défaut de linéarité du comparateur.

Cette caractéristique est évaluée périodiquement dans le cadre des essais réalisés sur les comparateurs au sein du laboratoire par la dépose d'une surcharge représentant l'écart entre la masse étalon et la masse à étalonner. L'erreur de linéarité est comparée à une tolérance ($EMT_{linéarité}$). La conformité du comparateur à cette EMT de linéarité nous permet d'évaluer l'incertitude associée sur la base d'une loi uniforme d'étendue égale à 2 x $EMT_{linéarité}$:

$$u_l = \frac{2\times EMT_{linéarité}}{2\times\sqrt{3}} = \frac{EMT_{linéarité}}{\sqrt{3}}$$

3.2.5 Incertitude type composée et élargie

Les différents facteurs d'influence étant supposés indépendants, l'incertitude-type composée s'obtient en effectuant la somme quadratique des incertitudes

$$u_c = \sqrt{\sum_i u_i^2}$$

L'incertitude élargie est ensuite obtenue en multipliant l'incertitude-type composée par le facteur d'élargissement k=2 soit

$$U = 2\,u_c$$

4 Conclusion

Le laboratoire d'étalonnage de masse du CT2M a mis en place un processus de gestion des masses spéciales qui permet de répondre au mieux au besoin du client en lui proposant une prestation individualisée.

Une étude préalable sur la faisabilité est effectuée lors de la revue de contrat, puis une vérification à réception des masses permet d'affiner les conditions d'étalonnages et le calcul d'incertitude.

Les conditions d'étalonnages sont formalisées sur le certificat d'étalonnage qui reprend la totalité des informations nécessaires à la traçabilité de ces étalonnages spécifiques (nombre de cycles, étalons utilisés, comparateur utilisé, incertitude spécifique, ...).

Un projet de développement de logiciel d'étalonnage de masses permettant, notamment, d'automatiser l'émission de ce type de certificat est en cours.

Références

1. OIML R111-1 : Poids des classes E1, E2, F1, F2, M1, M1-2, M2, M2-3et M3. Partie 1 : Exigences métrologiques et techniques, **77** (2004)
2. OIML D28 Valeur conventionnelle de la pesée dans l'air, **11** (2004)
3. LAB GTA 22 Guide technique d'accréditation Métrologie des Masses, révision 1, **17** (2012)

Ultrasons et Vis Instrumentées pour Sécuriser vos Assemblages Boulonnés

Jean-Philippe Godin – POLYMESURE, 92100 Boulogne-Billancourt, France

Abstract. La technologie proposée par la société AMG Intellifast permet de mesurer les efforts de serrage dans les assemblages vissés. Elle apporte des solutions concrètes pour maitriser la conception d'un produit, assurer sa validation pendant le développement et offrir une possibilité de maintenance préventive en vie courante. L'objet de cette présentation est de décrire la technologie mise en œuvre et de donner un aperçu des applications qui en bénéficient.

1 Préambule

En annexe C du document VDI2290 ou EN1591-1, le graphique montrant la dispersion des différentes méthodes de serrage sur le couple et sur la tension de serrage encourage l'utilisation de l'ultrason. Il peut être dans certains cas la seule solution pour la réduction de la dispersion sur la Tension d'Assemblage.

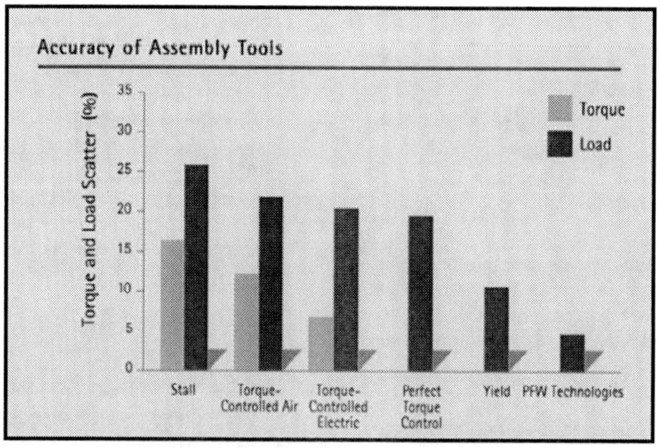

Figure 1. Précision des moyens d'assemblage

L'enjeu est important car cette méthode permet de réaliser le meilleur design tout en garantissant la sureté de fonctionnement de l'équipement. Cela peut donc avoir un impact positif en réduisant le coût engendré par une panne ou un casse (fuite, dépassement de la limite élastique, desserrage), ou même sur le coût de fabrication du produit (nombre et dimension des vis).

Article available at http://cfmetrologie.edpsciences.org or https://doi.org/10.1051/metrology/201714006

 DOI: 10.1051/metrology/201714006

2 La mesure de serrage par ultrason

La technologie de mesure de la Tension de serrage par Ultrason fait partie des nombreux moyens de mesure existants. D'un point de vue mécanique, la longueur des boulons augmente conformément à la loi de Hooke. Un effet plus significatif est la diminution de la vitesse du son au travers de la matière. Ainsi, en utilisant les ultrasons, il est possible de mesurer les effets conjugués de la réduction de leur vitesse de propagation et de l'augmentation de l'allongement du boulon. Ce qui conduit à mesurer un accroissement du temps de trajet de ces ultrasons sur lequel est appliquée une compensation liée aux effets de la température.

Au sein même de cette technologie, on retrouve plusieurs façons de générer les ultrasons permettant de mesurer la Tension de Serrage:

- Sonde de mesure et liquide couplant
- Capteur piézo céramique collé
- Capteur électro déposé de manière permanente sur la vis.

C'est cette dernière technologie qui est décrite plus précisément par la suite dans ce document.

3 La technologie des capteurs permanents

3.1 Le procédé de fabrication

La première étape consiste à préparer les boulons d'une manière mécanique et chimique. La géométrie et l'état de la surface sur laquelle le capteur va être déposé est prépondérante pour assurer la qualité du dépôt et des signaux qui seront générés.

De même, le retrait de toutes les impuretés ou des lubrificateurs présents sur les boulons est indispensable pour éviter toute pollution du four et des capteurs.

Ensuite, Les boulons sont disposés dans des grilles sur le pourtour de la chambre. Leur nombre peut atteindre quelques milliers en fonction de leurs dimensions.

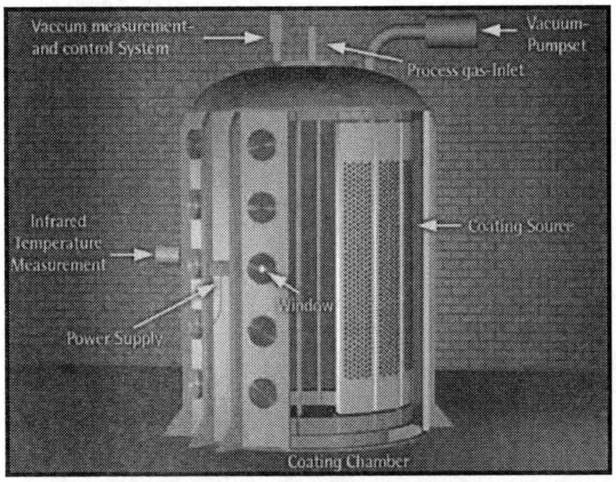

Figure 2. Four à électro déposition sous vide

DOI: 10.1051/metrology/201714006

Les magnétrons installent un champ magnétique qui dirige les ions Argon sur des cibles solides. Celles-ci libèrent leurs ions sous forme de plasma et ceux-ci viennent se déposer sur la vis de manière permanente. Le capteur est déposé en 3 trois couches successives sur la surface de la tête de vis ou sur le pied de vis. Ces couches minces font quelques dizaines de microns d'épaisseur.

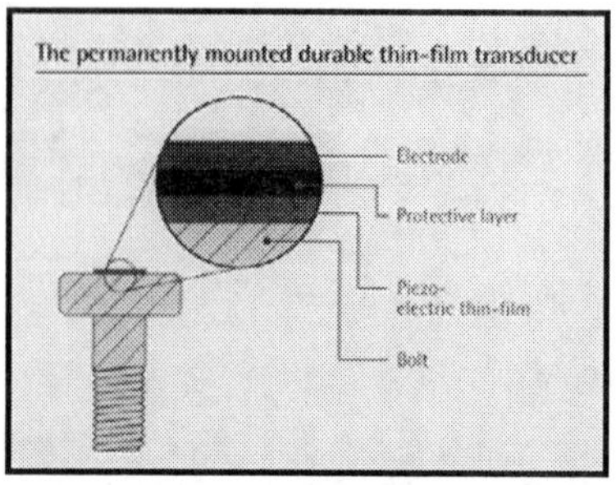

Figure 3. Composition du capteur permanent PMTS

La première couche est un piézo électrique, celui-ci est protégé par une 2ème couche. La 3ème couche est appliquée avec un masquage produisant ainsi deux zones qui permettront ensuite de créer un contact électrique pour activer le piézo. L'anneau peut être aisément situé sur le meilleur spot pour assurer des mesures répétables. Il est généralement concentrique avec l'axe des boulons.

Pour les boulons travaillant à des températures de 180°C maximum, la couche de protection est de l'étain. Pour des températures plus élevées, environ 320°C, le revêtement est un composé Titane.

3.2 Le principe de mesure

Le piézo est comme un écho sondeur. Il agit à la fois comme un émetteur et comme un récepteur. Il émet un pulse d'énergie lorsqu'on lui applique une différence de potentiel. Ce pulse prend la forme d'une onde longitudinale et d'une onde transversale de fréquence comprise entre 6 et 25MHz. Ces ondes sont réfléchies par le bout de la vis. Le temps que met l'impulsion à faire un aller et retour est donné en nanosecondes, ce qui permet une mesure très précise.

Le processus Intellifast permet de sélectionner le meilleur signal et ne prend en compte que le premier écho de l'onde longitudinale, celui-ci ayant l'amplitude la plus élevée.

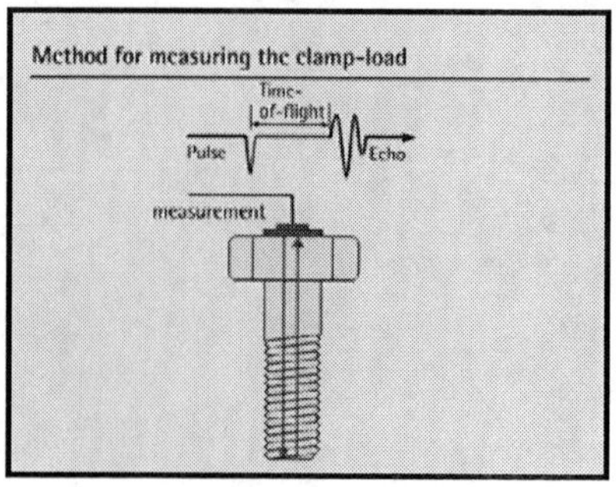

Figure 4. Principe de Mesure Pulse-Echo

Un étalonnage permet de faire le lien entre les mesures de temps de vol en nanosecondes et la tension de serrage en N ou KN. Cette information sera donnée directement par l'instrumentation de mesure. La courbe d'étalonnage est issue d'une mesure faite avec des cellules d'effort sur le site d'Intellifast à Speyer mais également sur une machine de traction si la taille des boulons est trop importante pour être installé sur les cellules. Cet étalonnage donne généralement une précision de l'ordre de +/-3%. Pour des boulons spécifiques tels que de longs goujons ou des boulons d'ancrage où la flexion peut apparaitre, la précision peut s'approcher des +/-5%.

Pour des boulons dont le matériau n'est pas propice à la propagation des ondes, la précision peut être pénalisée car le signal retour risque d'être atténué et difficilement exploitable. Mais des solutions existent pour palier à ces problématiques comme l'étalonnage unitaire ou la reprise de la surface de réflexion pour concentrer les ondes vers l'axe central.

3.3 Fonction additionnelle

En complément de ces capteurs, AMG Intellifast propose une identification par code Datamatrix pour une meilleure traçabilité des mesures. Celui-ci est créé par évaporation sélective de la couche supérieure. Ce procédé permet donc de créer un code pratiquement inaltérable et utilisable sur toute la durée de vie de la vis.

Il contient les informations essentielles pour recharger automatiquement le numéro de la vis, la courbe d'étalonnage ainsi que son temps de vol de référence lorsqu'elle est libre. Après lecture du code, il ne reste plus qu'à disposer la sonde ultrason et la sonde de température sur le boulon pour effectuer la mesure.

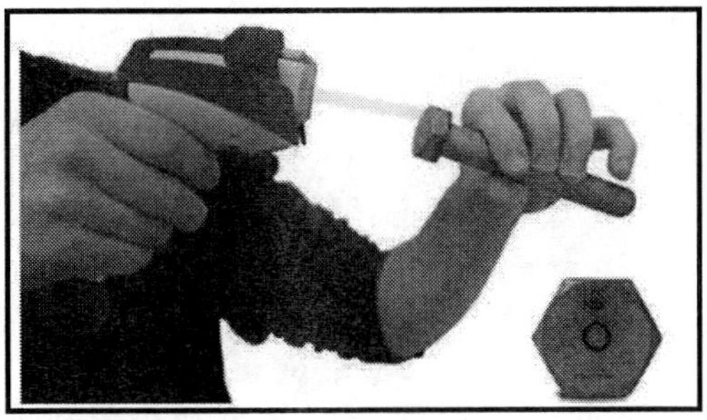

Figure 5. Traçabilité des boulons et des mesures par code Datamatrix

3 Applications de la technologie

L'apport de cette technologie au niveau des essais vibratoires en environnement est multiple et le système de mesure peut être décliné en fonction du besoin.

A l'installation du système à mesurer sur le banc d'essai, il peut s'avérer intéressant de maitriser les conditions aux limites au travers d'un serrage correct. Pour cela, le système LP Touch offre la possibilité de contrôler la Tension d'Assemblage par une mesure simple et rapide de chaque boulon. Les signaux analogiques sont récupérés depuis le traditionnel capteur ultrason placé sur la tête de vis et sont convertis en un signal numérisé. Les mesures sont visibles sur le LP Touch et également exportables pour l'intégration à un rapport d'essais.

3.1 Conception assemblage composite

AMG Intellifast a eu l'occasion de collaborer avec la société GCT sur un exemple d'assemblage d'une structure composite. A partir d'un modèle de jonction composite assemblée par une vis, GCT a simulé les contraintes vue par les pièces en fonction de 2 méthodes de serrage : une au couple et l'autre à la tension de serrage. Deux hypothèses de frottement ont été considérées: 0,08 et 0,21.

Pour un serrage au couple, ces frottements ont montré une dispersion d'environ 40% sur la tension d'assemblage alors qu'avec une méthode de serrage à la tension, on atteint des dispersions d'environ 5%. Les calculs ont également montrés que les contraintes principales pouvaient être réduites dans l'assemblage lorsqu'on diminuait la dispersion de l'effort de serrage dans la vis.

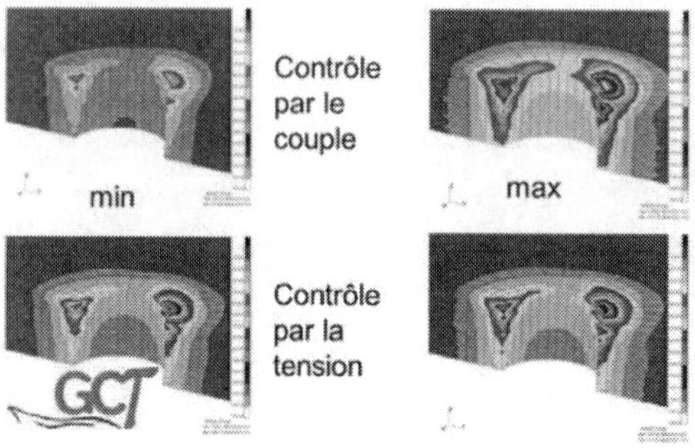

Figure 6. Maitrise des contraintes dans un assemblage composite

3.2 Serrage à la Tension

Si l'on veut effectuer un serrage au Couple tout en vérifiant la Tension installée, il est possible de connecter une clé dynamométrique spécialement équipée pour la mesure avec vis instrumentées et ultrasons. La clé E'Torc II est un équipement électronique qui permet de mesurer simultanément les 3 paramètres du serrage : le couple, l'angle et la Tension d'Assemblage.

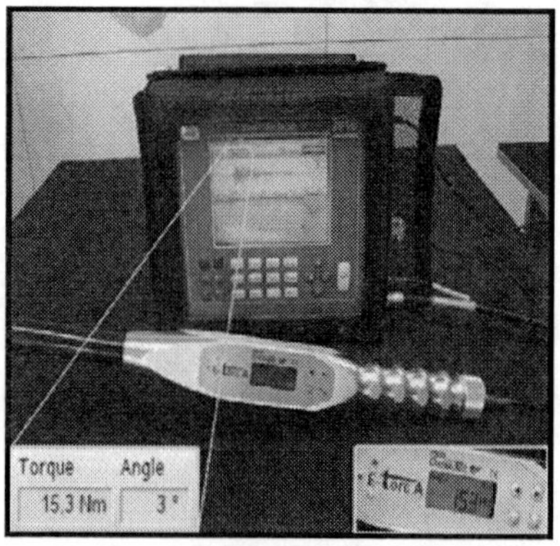

Figure 7. Clé dynamométrique pour serrage à la Tension

Dans l'industrie, certaines applications ont nécessité l'utilisation de la clé associée à la technologie des capteurs permanents. L'exemple ci-dessous est tiré d'un essai réalisé chez Rolls-Royce Aerospace en charge du développement et de la fabrication de l'ensemble propulseur du Lockheed Martin F-35B.

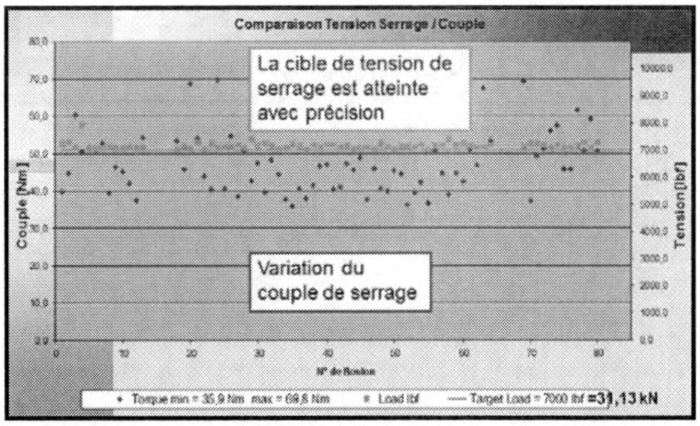

Figure 8. Comparaison serrage au couple et à la tension

Il apparait clairement qu'en visant une tension de serrage constante dans chaque assemblage (80 au total), on obtient une dispersion importante au niveau du couple en passant de 35Nm à 70Nm. Si l'on raisonne à l'inverse, en effectuant des serrages à couple constant, on peut très bien imaginer les dispersions obtenues sur la tension de serrage avec les conséquences pour l'assemblage : desserrage des vis ou dépassement des limites élastiques avec risque de rupture.

3.3 Mesure statique multivoie

Pendant les phases de développement d'un produit, la validation de ses fonctions et de sa tenue vis à vis de contraintes externes est à vérifier.

Dans ce cadre, un client a expérimenté le monitoring des boulons d'un rotor grâce aux vis instrumentées. L'objectif principal était de réaliser les essais de fatigue du rotor en évitant d'arrêter le banc sur casse d'un élément annexe. C'est pourquoi ce client a souhaité suivre en temps réel la tension de serrage statique de plusieurs boulons du rotor afin de prévenir leur rupture.

Il a donc mis en œuvre un système qui pouvait s'apparenter à celui présenté dans la figure ci-après : un ensemble d'acquisition monovoie formé par le PC et le boitier SCMU ; un multiplexeur pour connecter le système à plusieurs boulons et permettent de réaliser le contrôle en séquentiel.

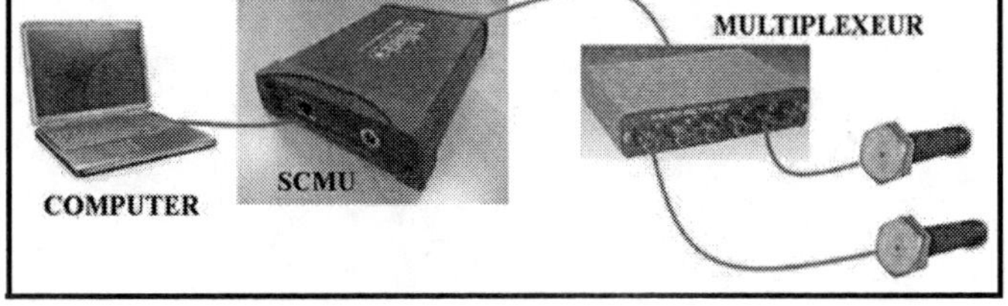

Figure 9. Système de monitoring mono voie

En complément de cet exemple d'application, on peut également citer:

- Le suivi de l'effort statique de maintien des pièces en fonction des vibrations et de la température par des mesures périodiques des valeurs statiques ⇨ vérification de la relaxation de l'assemblage, du desserrage ou du risque de casse
- Le suivi de la tension des boulons qui maintiennent une machine sur un châssis lors du transport par camion ⇨ possibilité d'ajuster le serrage pour éviter la perte de boulons ou un mauvais serrage engendrant des vibrations dommageables pour le produit
- La maintenance préventive à distance des boulons d'une éolienne ou plus généralement d'une machine ⇨ optimisation des périodes de contrôle sur site et des déplacements à organiser.

3.4 Mesure dynamique multivoie

Le deuxième système décrit ci-après est plus orienté vers la mesure dynamique synchronisée de plusieurs boulons. Il est constitué d'un ou plusieurs racks qui comportent jusqu'à 8 cartes d'acquisition, une carte par boulon. Cet ensemble de racks peut être disposé dans une armoire localisée à distance des boulons à mesurer. Les cartes sont reliées à un switch qui renvoi par un seul câble Ethernet l'ensemble des mesures vers un PC équipé d'un logiciel spécifique.

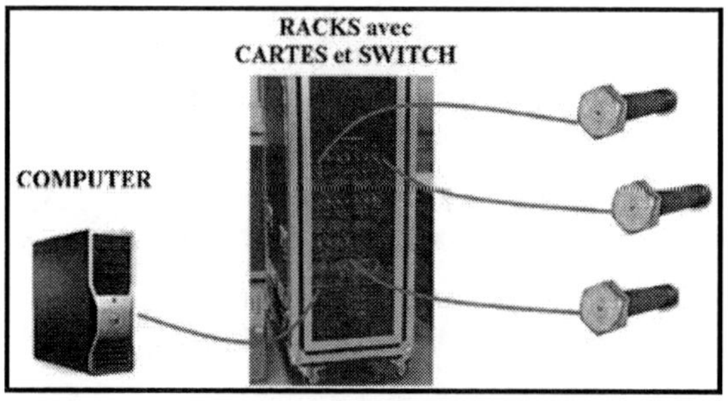

Figure 10. Système de monitoring multi voie

Ici nous sommes plutôt dans le cadre de tests dynamiques où est réalisée l'analyse du comportement en fréquence des boulons. Les vis instrumentées remplacent avantageusement les cellules d'effort car elles sont non intrusives : elles ne modifient pas la longueur assemblée, un des éléments essentiels impactant le comportement de l'ensemble boulonné.

Sur deux exemples d'application « client », nous avons mis en œuvre un système comportant 21 voies de mesure et fonctionnant à une fréquence d'acquisition de 10Hz pour le premier, et un système avec 8 voies de mesure et une fréquence d'échantillonnage de l'ordre de 340Hz pour le second.

Les développements récents de nouvelles cartes d'acquisition et de logiciels performants ont permis d'atteindre des fréquences d'échantillonnage de 1000Hz pour un maximum de 10 voies de mesure, moyennant un ordinateur puissant pour supporter la vitesse d'échange des données.

 DOI: 10.1051/metrology/201714006

4 Conclusion

L'assemblage boulonné reste un classique des assemblages mécaniques. Il a fait l'objet de nombreuses études et sa maitrise est assurée par l'expérience acquise. Cependant, comme dans toute technique, des avancées sont encore possibles pour accroitre la connaissance des assemblages et optimiser leur conception afin de répondre aux défis actuels et futurs. D'autant plus que le contexte technique et économique peut amener à faire des choix qui remettent en cause l'intégrité d'un assemblage.

C'est pourquoi, afin d'appuyer les équipes qui se penchent sur les problématiques de serrage et font face à des évolutions techniques qui poussent plus loin la tenue des assemblages, il nous semble intéressant de proposer la solution technologique des vis instrumentées associée à la mesure par ultrason.

Elle peut s'avérer une aide précieuse à toutes les étapes de la vie d'un produit : dès la conception afin d'optimiser le design, pour la validation d'un concept ou lorsque la définition finale est figée, pour le contrôle du serrage sur chaine de production et enfin pendant les phases de maintenance en vie courante.

GPU-based raytracing for accelerating deflectometric asphere measurements

Alexander Puschke[1,*], *Marc* Fischer[1], *Marcus* Petz[1], and *Rainer* Tutsch[1]

[1]Institut für Produktionsmesstechnik, Technische Universität Braunschweig, Schleinitzstraße 20, 38106 Braunschweig, Germany

Abstract. Deflectometry in transmission offers the ability to measure simultaneously the front and back surface geometries of transparent test specimen, while keeping their geometric relation. The acquired data consist of measured rays between a pattern generator and an image sensor. To obtain the 3-dimensinal geometry from the measurement data, a model-based evaluation method is used, which iteratively determines the lens parameters. For each iteration step, hundreds of thousands of light rays have to be traced through the model. This results in a calculation time in the dimension of one hour, which prevents the competitiveness of this measuring approach. In order to optimize the computation time parallelizing the raytracing calculations on graphics hardware seems promising. To achieve this task, NVIDIA OptiX, a high level raytracing API, is used to develop a ray tracer.

1 Introduction

Obtaining the 3-dimensional geometry of any object may represent an extensive task. However, adding transparency to the material properties complicates it, for most established measurement techniques.

To measure an aspherical transparent object like a lens, actual used technologies show some disadvantages. Scanning, contact-making techniques exhibit long measurement times and the possibility of damaging the specimen. Interferometric approaches offer a high resolution, but suffer from a small measuring range influencing their robustness.

The measured signal, of many optical techniques, is acquired separately for front and rear surface in reflection. This leads to multiple challenges, like the small signal from the remaining reflectivity and additional reflexes originating from the rear surface. Also the geometric relation is lost due to the separate measurement of front and rear surface. Therefore additional arrangements, to gain this information, are needed.

To avoid these challenges, we proposed a measurement of the incident and refracted light rays similar to a deflectometric measurement system. However, the two refracting surfaces prevent an absolute clarity of which path a given ray takes. This problem can be solved by taking multiple measurements from different directions and supply a model-based reconstruction algorithm with this data. In the following steps the software iteratively reconstructs the geometry of the specimen, as figure 1 illustrates. Due to the sheer amount of needed calculations the measurement time is not yet competitive compared to established techniques [1].

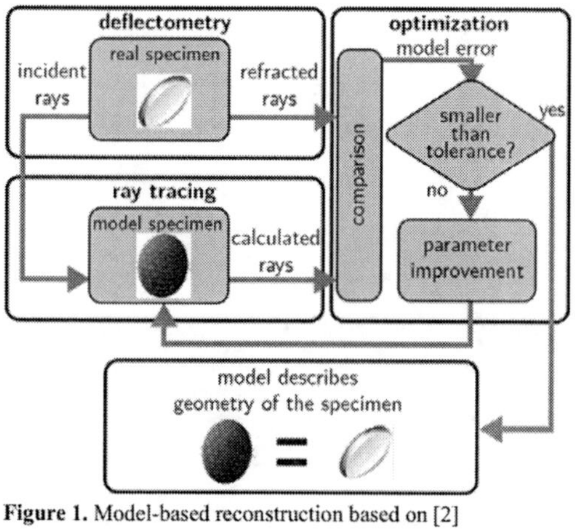

Figure 1. Model-based reconstruction based on [2]

In each iteration step, hundreds of thousands of light rays have to be traced through the model of the specimen multiple times. This leads to computation times in the order of an hour with an implementation on the CPU. Although the inherent parallel nature of the raytracing process suggests itself for an implementation on a modern GPU, a closer inspection reveals some challenges that need to be overcome before a considerable acceleration of the computation can be achieved. In this paper we discuss these aspects and evaluate the usage of GPU-raytracing in our model-based deflectometric surface reconstruction algorithm. The implementation is based on OptiX, which is a high-level general purpose raytracing API by NVIDIA.

* Corresponding author: a.puschke@tu-braunschweig.de

2 General purpose GPU computing

A graphics processing unit is normally integrated in a video card to render images for a display device. However, an application programming interfaces (API) like OpenCL or NVIDIA CUDA allows the conduction of general purpose computations on this hardware. Due to their architecture, GPU's excel at executing tasks in parallel while conducting the same instruction on multiple data. This means that a given task has to exhibit a general parallel characteristic to achieve fast computation times.

2.1 Raytracing on GPU's

Basic raytracing to calculate visible points on an object can be parallelised because the same intersection algorithm has to be applied to every ray. However, to simulate an effect like refraction of a light ray, another ray has to be spawned, which leads to recursion and cannot be parallelised completely.

To implement the raytracing algorithm on a GPU, NVIDIA OptiX, a dedicated high level raytracing-API, is used. The reason for using OptiX is that the programming style focusses on the algorithm [3]. This means an algorithm only has to be defined for a single ray and OptiX applies him to every casted ray. Furthermore the API handles the distribution of given tasks to the GPU for optimal performance.

2.2 Constructing a ray tracer

A basic ray tracer mainly consists of a ray generation program, intersection and material program. The ray generation program defines the number of primary rays, their origin and each direction of propagation. In our case we use backward raytracing, where the light rays spawn, contrary to the physical reality, in the observing camera. Depending on the used camera model the emerging rays differ in their direction. For simplicity a pinhole camera model is used.

To insert geometries into the scene two methods are used. Starting with simple geometric primitives which can be implemented by an object-specific intersection program. The intersection program tests if these rays hit any of the given geometries. In case of an existing hit point the coordinates are transferred to the corresponding material program, which defines the ray's outcome or further behaviour like colour, reflection and refraction.

Acceleration structures are used to lower the computation time by reducing the amount of necessary calculations to fulfil a given task. They are implemented mostly by bounding boxes, which surround geometric primitives to determine a possible hit on the underlying geometries as Figure 2 illustrates. If no hit point at the bounding box is found the intersection algorithm can be skipped.

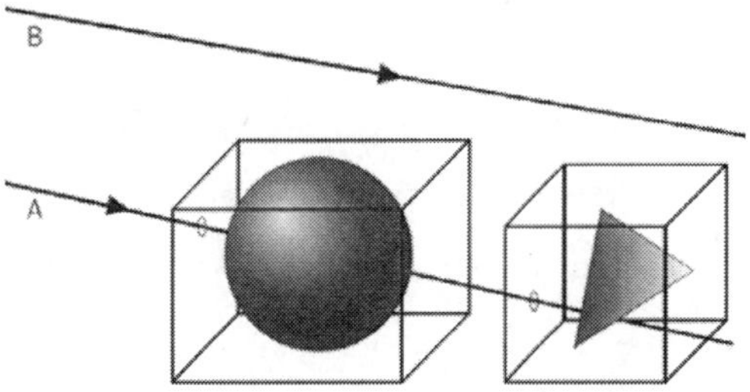

Figure 2. Surrounding bounding boxes to determine a possible hit on a given geometry

3 Ray tracer for deflectometry

The following steps are used to evaluate the usage of a GPU-based ray tracer for the application in the model-based reconstruction.

3.1 Scene

The first step to create a ray tracer for the described purpose was to recreate a typical measurement setup as a traceable scene. This setup consists of a pinhole camera to generate 512*512 rays, and cast them into the scene to intersect with a model specimen in front of a pattern generator as seen in Figure 3.

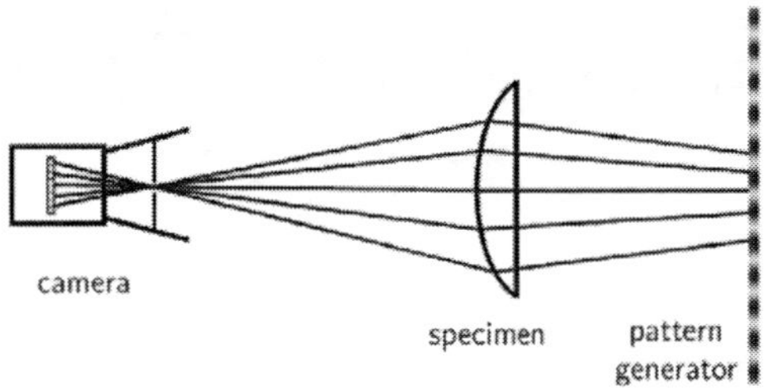

Figure 3. Basic principle of the test setup

Initially, the model specimen was created out of three geometric primitives (front surface, back surface, and a cylinder to connect those) by an intersection algorithm. Based on this setup the material implementation of the glass and pattern generating plane could be tested.

However, three basic geometric primitives are either insufficient or their definition tends to grow to a bad performing algorithm for representing an aspheric lens. For reasonable high-performance and variable shapes, the model specimen were constructed from polygon meshes with different amounts of primitives (44 to 658,734).

Each point of a polygon allows a local adjustment of the specimen. As a sophisticated intersection algorithm exists [4], the meshes consist of triangles.

3.2 Features

Furthermore, some useful transformations were implemented like the rotation and translation of the specimen as well as rotation, translation and tilting of both lens surfaces in reference to each other.

An example mesh with a low amount of triangles put into the scene is shown in Figure 4. Caused by the low amount of triangles the model specimen does not provide a decent image quality.

Improvement can be done by optimising the ray's calculated direction of refraction. This can be achieved by interpolating a local surface normal similar to the Phong-shading [5]. The local normal is calculated from the relative position inside the triangle in reference to the three point normals. But this does not change the physical dimensions of the specimen, which can be seen at the edges of the lens in Figure 5.

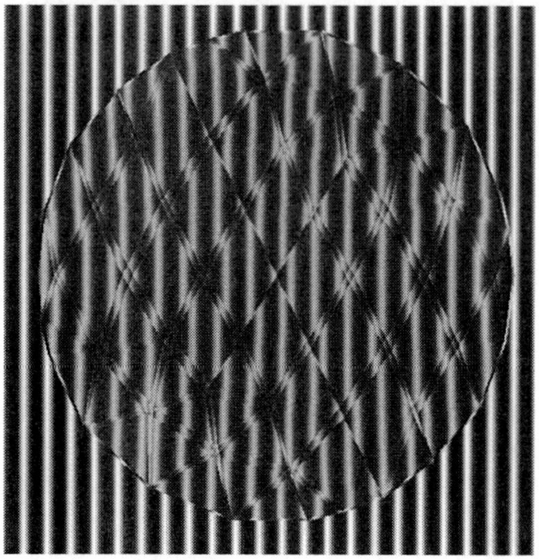

Figure 4 Live traced model-specimen consisting of a 176-piece triangle mesh (low amount of triangles for illustration)

A first estimation, for the needed amount of triangles per model specimen, can be obtained by comparing the incident rays with the number of triangles per lens surface. The currently used resolution results in 262,144 rays casted into the scene. Around 160,000 of these will intersect with the first lens surface which consists of up to 329367 triangles. This results in around two triangles per incoming ray and should be a decent basis for the following reconstruction.

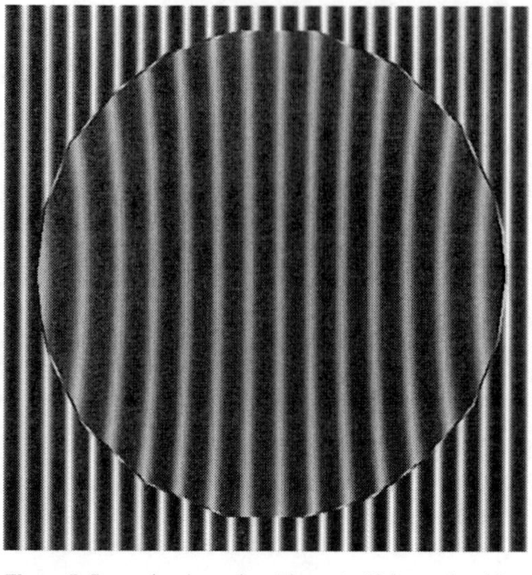

Figure 5. Same triangle mesh as Figure 4 with interpolated face normals.

3.3 Performance considerations

The hardware setup used for developing and testing this application consists of an INTEL Core i3-6100 and a NVIDIA GeForce GTX 650ti.

By analysing the different parts of the ray tracer, their relative impact on the calculation time varies depending on the given settings.

The time needed for loading the polygon mesh is linear to the amount of triangles. But the execution time per trace scales "sub-linear". For example increasing the amount of triangles from 176 to 658,734 results in a change of the computation time from 6 ms to 23 ms.

Computation time depending on the resolution is caused by two effects:

First of all by the amount of pixels because a ray needs to be traced for each pixel. But with a higher amount of pixel more calculations of the same type need to be done, which leads to a better parallelisation. In our case improvements at high resolutions are limited by the GPU-memory.

The second effect regards the initialisation time until the tracing starts. This is implemented to check for changed parameters and adds a constant delay which affects a fast repeating ray tracer more than a slow one, as Table 1 shows.

If the model specimen changes its shape, the acceleration structures need to be recompiled and will increase the computation time.

For the actual implementation the currently implemented visualisation of the traced image is no longer needed and only some specific data will be transferred to the measurement software.

Table 1. Ray tracer performance with a 658734-triangle mesh

Resolution	Rays per second	Time per trace	Time per pixel
128*128	4.39 million	3.73 ms	228 ns
256*256	7.01 million	9.35 ms	107 ns
512*512	11.6 million	22.6 ms	86 ns
1024*1024	15.4 million	68.1 ms	64 ns
2048*2048	19.5 million	215 ms	51 ns
4096*4096	23.8 million	705 ms	42 ns
6144*6144	20.6 million	1832 ms	49 ns

4 Conclusion

Using parallel computing on graphics hardware shows a high potential for accelerating the raytracing calculations in our model-based reconstruction of the test specimen. However the actual implementation into the measurement software still needs to be done to identify the achievable acceleration.

In addition to that, some improvements can be made regarding the construction of model specimen because the used ones were custom built for the purpose of testing. The next step is to automatize their construction based on input parameters like diameter, surface radius and thickness including a local mesh refinement.

Acknowledgment. The authors gratefully acknowledge the funding of this work by Deutsche Forschungsgemeinschaft (DFG) under grant PE 1402/2-2

References

1. M. Fischer, M. Petz, R. Tutsch, *Model-Based Deflectometric Measurement of Transparent Objects*, Fringe 2013 – 7th International Workshop on Advanced Optical Imaging and Metrology, 573-576 (2013)
2. J.E. Nitsche, M. Fischer, M. Petz, R. Tutsch, *Measurement of the Geometry of Transmissive Optical Elements with Deflectometry*, International Symposium of Optomechatronics (2013)
3. S. D. Parker, J. Bigler, A. Dietrich, H. Friedrich, J. Hoberock, D. Luebke, D. McAllister, M. McGuire, K. Morley, A. Robinson, M. Stich, *Optix: A General Purpose Ray Tracing Engine*, ACM Trans. Graph. **4**, 1-13 (2010)
4. T. Möller, B. Trumbore, *Fast, Minimum Storage Ray-triangle Intersection*, Journal of Graphics Tools **2**, 21-28 (1997)
5. B. T. Phong, *Illumination for Computer Generated Pictures*, Communications of the ACM 18, **6**, 311-317 (1975)

A new type of compact precision amplifier for strain gauge based transducers

André Schäfer

Hottinger Balwin Messtechnik GmbH (HBM), Im Tiefen See 45, 64293 Darmstadt, Germany

Resumé: TITRE en français: "Un nouveau type d'amplificateur de précision compact pour des capteurs à jauge de contrainte" : Si la précision est importante, des grandeurs mécaniques telles que la force, le couple ou la pression sont presque exclusivement réalisées par des capteurs à jauges de contrainte. Pour exploiter le potentiel des mesures statiques, les exigences sur les amplificateurs de haute précision augmentent régulièrement. Contrairement aux capteurs, l'amélioration de la précision des amplificateurs peut aller très loin tandis que leur design est toujours plus compact. Le nouvel amplificateur se distingue par ses deux canaux indépendants (qui mesurent simultanément), chacun offrant une classe de précision de 0,0025 (25 ppm).

Abstract in English: If accuracy matters, mechanical quantities such as force, torque or pressure are almost exclusively realized by transducers, which are based on strain gauges. To exploit the potential of static measurements the demands for amplifiers with an increased accuracy steadily grow. Unlike transducers, improvement of precision of amplifiers can go very far. Still these high-precision amplifiers can be realised I a very compact size. The new amplifier introduced features two independent (simultaneously measuring) amplifier channels, each of the channels offering an accuracy class of 0.0025 (25 ppm).

***Keywords** /Mots Clés:* – strain gauges, traceability, high-precision amplifiers, accuracy

1 Introduction

Nowadays we can see that applying an increased accuracy in a clear trend in industrial applications. Along with the development of electronics and steadily increasing miniaturization more accurate electronic solutions are also more affordable.

If accuracy matters, mechanical quantities such as force, torque or pressure are almost exclusively realized by transducers, which are based on strain gauges. To exploit the potential of static measurements the demands to increase precision of the used amplifiers steadily grow. Unlike transducers, improvement of precision is a big deal, amplifiers can be designed today with highest precision and still can be realised very compact.

This total uncertainty should not be evenly distributed to transducer and amplifier, but the requirement to the amplifier is significantly better, so we put 25 ppm as our goal. One has to remember that the expression - "parts per million" expresses that the permitted deviation of this precision amplifier may only correspond to 25 of a million "parts".

Thus a new amplifier module should feature two independent (simultaneously measuring) amplifier channels, each of the channels offering an accuracy class of 0.0025 (25 ppm). This is realized by using a 24-bit A/D converter for each of the amplifier channels. Both channel of the MX238B are completely synchronous and independent as well as galvanically isolated to each other.

This new module is called Quantum MX 238B belonging to the QuantumX family and referring to the above mentioned famous models with the ending "...38" in their name, such as the predecessor DK38 and the present instrument MGCplus ML38B.

In fact this amplifier is based on a resistive divider and can perform most tasks with sufficient accuracy. For many decades this was not the case. Due to intensive research, HBM can now offer such a dual-channel module at the same time as compact as this is necessary for a realization in the block structure the QuantumX family.
It is quite certain, that this a previously unknown compactness will open up new fields of integration into applications. QuantumX now offers the ability to process and display multiple signals of very different accuracy-bandwidth combinations at the same time. Thus the decisive progress realized with the QuantumX MX238B is, that now the cooperation with all the other measurement modules of the product family QuantumX with PTPv2 identical timing, allows data processing absolutely simultaneously. Thus the isochronous bus system (Firewire) allows synchronous processing with many other physical quantities.

The precision measurement module MX238B thus combines the advantages of combination with all QuantumX members with the possibility of taking measurements with an accuracy class 0.0025 (25 ppm). This is achieved by the use of the carrier frequency principle and an applied carrier frequency of 225 Hz.

Article available at http://cfmetrologie.edpsciences.org or https://doi.org/10.1051/metrology/201714008

2 Concept

To explain the concept in detail I like to repeat some basic topics in strain gauge measurement first.

The resistance of a strain gauge changes under mechanical load. If several strain gauges are combined to a bridge circuit the ratio of the bridge output will change excitation voltage is nearly proportional to the mechanically applied force.

For the electrical measurement of mechanical quantities using strain gauges, it is the ratio of the voltages expressed in mV/V, which has great importance.

The measured mechanical quantities are captured using transducers and are mapped into the unit mV/V.

Then we thought about designing the new module quite some conditions have been taken into consideration. Building the module as a mixture of well-known technical principles and applying them in a new way have been used in a better way to achieve an accuracy of 25ppm what is very good achievement.

For the first time here HBM offers its patented background calibration of this precision class. This ensures that the measurement of the two integrated amplifier can be continued without interruption during the measurement, so even during internal calibration.

The transducer can be recognized with the so-called Transducer Electronic Data Sheet ("TEDS") and the individual properties of the transducer can be stored.

This technology allows to plug in sensors and get started, as a self-recognizing process. The characteristics of a transducer are stored inside as an electronic data sheet. The amplifier can import these data.

The bridge can be supplied by DC. However to supply it by AC as a "carrier" (frequency fc) may be even the better way. Now we have to distinguish in between the frequency of the carrier and those of the measuring signal.

Precision measurements and this is what we are talking of here, are carried out preferably at f_c equal 225 Hz and voltage conditions of 2mV/V. The frequency of 225 Hz has been chosen by many National Metrology Institutes (NMI's) around the world, as it is no multiple of the disturbing 50 Hz or 60 Hz power supply. It is also implemented into the accredited laboratories in each of these countries.

Another reason is that it keeps the influence of noise low. In figure following figure the spectra of the used carrier frequency principle can be seen. In the graph on the left side the dotted line 6 describes the noise voltage.

At 1/f noise function the choice of 225 Hz ensures, that one is definitely in the degreased noise, so above the area of significant noise, which occurs close to 0 Hz.

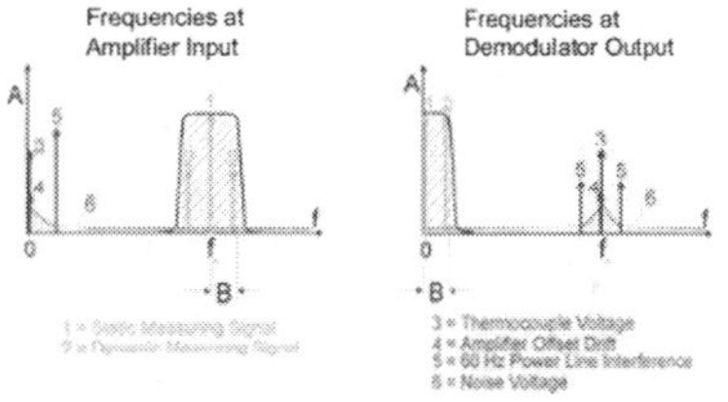

Figure 1: Input and demodulator frequencies in using carrier frequency principle

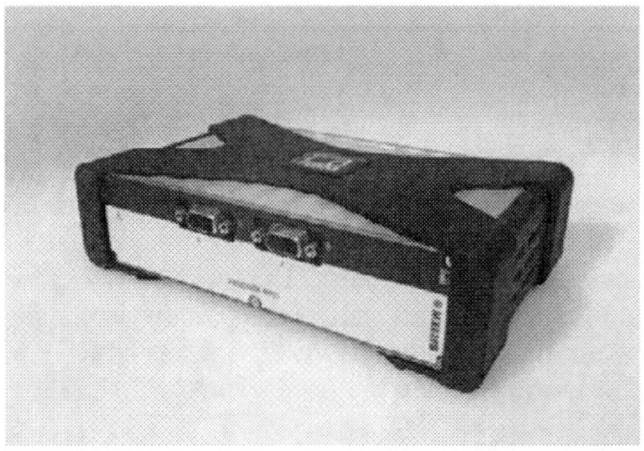

Figure 2: The new amplifier module Quantum MX 238B

It is now posible to combine QuantumX MX238B with all modules of the extensive family of devices QuantumX. This allows a bandwidth suitable for measurement processing of static and quasi-static signals.

MX238B shows its strengths in the cooperation with all measuring modules of the device family QuantumX (fieldbus connection, PTPv2 protocol). In addition to the familiar possibility of combining QuantumX measurement tasks with a wide range of measurement principles, there is now the option to process a wide range of combinations of accuracy and bandwidth.

The below figure shows all the available modules within the Quantum family. As one can see from figure, the individual modules can be stacked on top of each other.

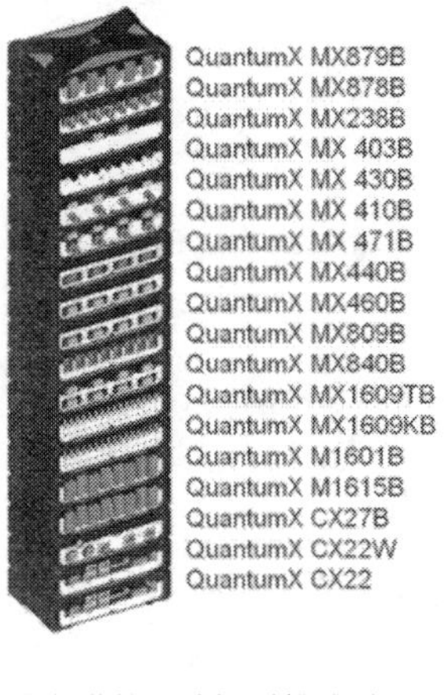

Figure 3: Available modules within the Quantum family

3 Results in detail

The measurement signal is adjusted in the DSP (Digital Signal Processor) in accordance with the auto-calibration values and the selected filter. Therefore it is possible to change the demodulation principal from rectangular to a sinusoidal demodulation. This also reduced the amount of required hardware and space. Because of the ratiometric measurement method the stability of the measurement depends only on the resistance ratio of some precision resistors, small changes are additionally corrected by the auto-calibration cycles (now back-ground-calibration cycles).

Important elements to reach this are internal calibration source the inductive divider is changed to a precision resistive divider with active temperature compensation.

The patented HBM background-calibration ensures uninterrupted measurement, even during the comparison with the internal calibration signal. This method has proven itself in the DMP41 for years. Table 1 shows a comparison of the major analog parameters of the DMP41, the predecessor ML38B and the new QuantumX MX238B.

Still the top series DMP41 offer the best data in long term stability. Since the introduction of the DMP device series s in 1980 we continuously observed the long-term stability of the measuring chain consisting out of "DMP39 and BN100" (on the basis of inductances we built our own BN100 calibration unit, today called BN100A) and can state that over 37 years its span variation for + 2 mV/V and -2 mV/V signals was every time smaller than the accuracy class of 5 To make such statements for the new QunatumX MX238B will only be possible after some more years.

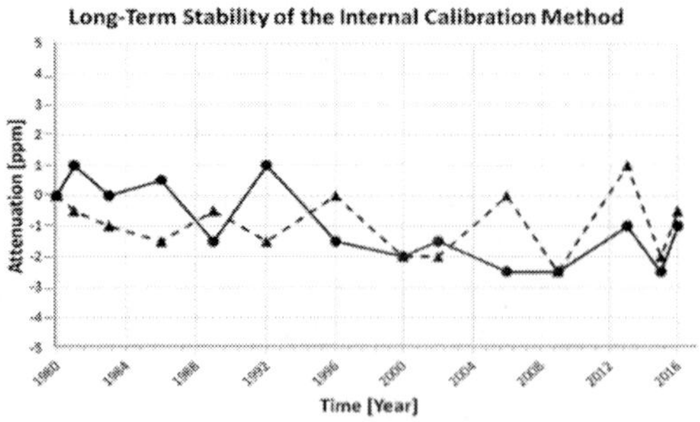

Fig. 4. Long term stability of the established calibration method of a measuring chain consisting out of BN100 and DMP39

The following table show some main parameters of DMP41, MGCplus ML38B and Quantum MX238B in comparison.

In all shown parameters, the MX238B is significant better than the ML38B. For the highest precision, the DMP41 is still the top of class, performing best in all of the parameters.

	DMP41	ML38B	MX238B
Accuracy Class (Divider Principal)	5 ppm *(inductiv)*	25 ppm *(inductiv)*	25 ppm *(resistive)*
Short-Term Drift	< 5 ppm/24h *(typ. < 2 ppm/24h)*	< 20 ppm/24h	< 10 ppm/24h
Long-Term Drift	< 5 ppm/a *(typ. < 2 ppm/a)*	< 25 ppm/a	< 15 ppm/a
Zero-Point Drift	< 2 ppm/10K *(typ. < 1 ppm/10K)*	< 10 ppm/10K	< 5 ppm/10K
Gain Drift	< 5 ppm/10K *(typ. < 2 ppm/10k)*	< 20 ppm/10K	< 10 ppm/10K
Linearity	< 5 ppm *(typ. < 2 ppm)*	< 20 ppm	< 10 ppm
Bandwidth (-3 dB)	0.04 ... 40 Hz	0.03 ... 10 Hz	0.01 ... 50 Hz

Table1: Some main parameters of DMP41, MGCplus ML38B and Quantum MX238B in comparison.

4 Advantages in application

In the introduction it has been expressed, that nowadays applying an increased accuracy is a clear trend in industrial applications. Along with the development of electronics and steadily increasing miniaturization more accurate electronic solutions are also more affordable.

Industrial applications are often based on dynamic measurements, so a change of the quantity to be measured over time. The analysis of these measurements, however, is almost entirely based on static analysis. Here the possibilty to combine QuantumX MX238B with all modules of the extensive family of devices QuantumX comes into play.

A clear advantage in application is the patented background calibration, used for the first time in this precision class. It ensures an uninterrupted measurement, even during the comparison with the internal calibration signal.

5 Conclusions

Due to this compact size first time in HBM history a resistive voltage divider had to be used instead of inductive voltage dividers so far. We were able to realize the 25 ppm class .

The measurement results to be presented have been showing a very good time as well as temperature stability of this new, compact amplifier.

We can summarize that generally the market requests more accuracy for measured signals in any application. The question is, whether this higher accuracy is affordable to the user.

HBM therefore has added this new module featuring patented background-calibration and further advantages to the users.

With the new compact full bridge amplifier MX238B a high precision module into the universal DAQ system QuantumX, as a DAQ system solution for all test and measurements tasks has been introduced.

References

[1] Hoffmann, K.; "*An Introduction to Measurements using Strain Gauges*", Hottinger Baldwin Messtechnik GmbH, Darmstadt, Germany, 1989, pp. 145

[2] Kreuzer, M. "*High-precision measuring technique for strain gauge transducers*" Internal publication of Hottinger Baldwin Mestechnik, GmbH, Darmstadt, Germany, 1999

[3] Kleckers, T., Graef, M. "*High capacity reference transducer for tensile forces*", IMEKO 22nd TC3, 12th TC5 and 3rd TC22 International Conferences 3 to 5 February, 2014, Cape Town, Republic of South Africa

[4] Kleckers, T, "*Precise radial symmetric shear beam force transfer transducer for compression force*"; XXI IMEKO World Congress, Sept. 2015, Prague, Czech Republic.

[5] Schäfer, A.; "*Force, strain and pressure transducers based on foil type strain gauges*", Proceedings of Eurosensors; XXII conference, Dresden, Germany, October 2008

[6] Schäfer, A. "*New possibilities with a high pressure measuring chain consisting of reference pressure transducer P3 TopClass BlueLine and DMP 41 high-precision instrument*", PTB Report TH6, Brunswick, Germany, April 2016

[7] Haller, M. Viel, W.; Schäfer, A.; "*Enhancement of the measurement characteristics of pressure transducers up to 15000 bar through monolithic measuring design and foil type strain gauges*", Proceedings of XIX IMEKO World Congress Lisbon, Portugal, 2009

[8] Schäfer, A.; et al.; "*A new type of transducer for accurate and dynamic pressure measurement up to 15000 bar using foil type strain gauges*", XVII IMEKO World Congress 2003, Dubrovnik, Croatia, 2003

[9] Eichstädt. S., Esward, T. J., Schäfer, A. "*On the necessity of dynamic calibration for improved traceability of mechanical quantities*" XXI IMEKO World Congress, Sept. 2015, Prague, Czech Republic.

[10] Schäfer, A.; "*Dynamic measurements as an emerging field in dynamic metrology*"; PTB-Mitteilungen 125(2015) Volume 2

[11] IEEE 1451.4 *Standard for Smart Transducers* Secretary, issued by IEEE 1451.4 Standard Working Group, 1451.2WG, 2004

[12] Schäfer, A. "*Challenges in dynamic torque and force measurement with special regard to industrial demands*", BIPM Workshop on Challenges in Dynamic Measurements

[13] Schäfer, A. "*Development results for static and dynamic torque measurement*", Proceedings of torque symposium of "Zentrum für Konstruktionswerkstoffe", MPA (State Material Testing Institute), Darmstadt, Germany, 2014

[14] Schäck, M. "*Underestimated impact of measuring cables on high-precision carrier frequency amplifier results and compensation methods therefor*" XXI IMEKO World Congress, Sept. 2015, Prague, Czech Republic.

[15] Schäfer, A.; Kitzing, H.; "*DMP41- a new chapter of ultra-precision instrument for strain gauge transducers*", XX IMEKO World Congress, September 2012, Busan, Republic of Korea

[16] Schäfer, A.; "*The ultra-precision instrument DMP41-first experience & appropriate filter settings*", IMEKO 22nd TC3, 12th TC5 and 3rd TC22 International Conferences, February, 2014, Cape Town, Republic of South Africa

[17] Schäck, M.; "*High-precision measurement of strain gauge transducers at the physical limit without any calibration interruptions*" IMEKO 22nd TC3, 12th TC5 and 3rd TC22 International Conferences, February, 2014, Cape Town, Republic of South Africa

[18] Vollmert, R. ; Ramm, G. "*Realization, maintenance and dissemination of the measurand >>AC voltage ratio in mV/V<< for strain gauge measurements*" , Proceedings of the 17th International Conference of IMEKO TC3, Istanbul, Turkey, 17-21, September, 2001

[19] Ramm, G. " *Investigation of bridge standards for use in strain-gauge measurements*" Reports in Applied Measurement RAM, Vol. 6 (1990), No. 1, pp. 26-30

[20] Ramm, G.; Peters, M. "*Investigation of the Calibration Signal of Force Measuring Devices*". IMEKO Force and Mass 1986, Amsterdam, Conference Digest, ISBN 90-247-3351-0, pp. 267-273

[21] Ramm, G. „*Untersuchung des Fehlverhaltens eines Brückennormals vom Typ BN 100*" PTB Report PTB-E-30, ISBN 3-88314-655-2, April 1978

[22] Crößmann , F. "Investigation of the calibration capabilities of a 1 kN·m reference calibration machine", IMEKO TC3/ TC5/TC22 in Helsinki, Finland, May 2017

[23] Kleckers, T. "New reference load cells for tension and compression with capacities of more than 1 MN", IMEKO TC3/ TC5/TC22 in Helsinki, Finland, May 2017

[24] Schäck, M. "Long term proven and optimized high-precision 225 Hz CF technology in a universal DAQ", IMEKO TC3/ TC5/TC22 in Helsinki, Finland, May 2017

[25] Schäfer, A. "Evaluation of dynamic measurement uncertainty for industrial applications" IMEKO TC3/ TC5/TC22 in Helsinki, Finland, May 2017

Force Calibration with Build Up Systems

Thomas Kleckers, Dr. Andre Schaefer

Hottinger Baldwin Messtechnik GmbH, Im Tiefen See 45; 64293 Darmstadt, Germany

Author: Thomas.kleckers@HBM.com

Abstract

The idea behind a build-up system is to use force transducer with a lower capacity in a mechanical parallel arrangement to increase the capacity of the complete system. Three or more individual sensors are completed to a build-up system. The aim of those systems is to calculate the behavior of the complete system from the calibration of the individual sensors.

Keywords / Mots Clés: Build up systems, force reference transducer, parallel circuit of strain gauge based sensors

1 Calibration of force transducers, application of build-up systems

Two different methods to calibrate force transducers are common.

Especially for lower capacities so called dead load machines are used. With those machines weights are loaded to the sensor to apply a certain reference force. The largest system in Germany is owned by the national metrological institute the "Physikalisch Technische Bundesanstalt" (PTB). This system can load force transducers with a force of 2 MN.

It can be seen that the calibration of force transducers with higher capacities is very difficult with dead load machines as the required masses are enormous. Therefore hydraulic systems take place in this field. A very common method is to use hydraulic cylinders and a reference sensor for calibration. With those systems the sensor to be calibrated is in a serial arrangement with the reference load cell. The signal of the reference sensor is compared with the output of the transducer under test.

The upcoming question with those systems is how to calibrate the reference sensor in case of forces in the Mega - Newton range. The reference sensors of the calibration system have also to be calibrated, but dead load machines are not available in this range. There is the need to find a way to use the result of lower capacity calibration machines for the calibration of high capacity force transducer. As the demand for high capacity force transducers is visible on the marked this question becomes more and more important.

Build-up system could help to overcome this problem as the individual sensors can be calibrated precisely on low capacity calibration machines. After having the calibration results of the single sensor the system can be arranged to work in parallel and the output at the higher forces can be predicted.

Article available at http://cfmetrologie.edpsciences.org or https://doi.org/10.1051/metrology/201714009

 DOI: 10.1051/metrology/201714009

The important assumption is that the behavior of the complete system can be calculated out of the calibrations of the individual sensors.

Fig. 1: 240 KN dead load calibration machine from HBM. The sensors can be loaded in tension and compression with the calibrated weights

2 Mechanical design of build-up systems

A build-up – system consists of the sensors and massive plates for load introduction. The stiffness of the base plate and the plate arranged above the sensors is of highest importance. (Fig. 2)

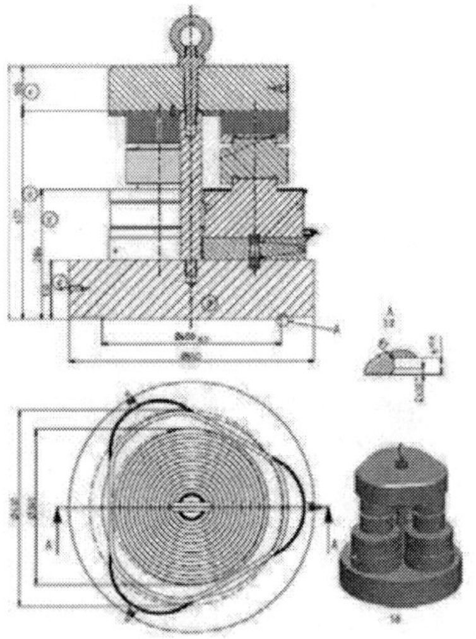

Fig. 2: A modern Build – up system consisting three sensors with a capacity of 2 MN each. (HBM BU18/6MN)

The reason for this is that the plates will deform under load. This means that the force sensors will not be any longer in precise line with the force vector- a measurement uncertainty will occur.

A pendulum mount (yellow) and a thrust piece (green) help to minimize the effect of upcoming torque and bending. This can be the case due to effects of the calibration machine, but also due to deformation of the load introduction plates.

Furthermore the parallelism of the upper and lower base plates are important to ensure that the load is distributed in similar portions to the singlel sensors. This is ensured by a grinding process at the end of the production of a build – up system. Every arrangement has the same height after this. Furthermore the sensor, the thrust piece and the pendulum are marked clearly for each unit so that the system can be rearranged in a way so that all components are always placed at the same position in the same orientation.

The stiffness and therefore the deflection of the three sensors should show a low tolerance only.

3 Electrical connection of the Build - up systems

In most cases each sensor is connected to an individual amplifier channel. The calculation of the force can be easily done by adding the individual forces. Nevertheless the sensors can be connected in parallel. Therefore the so called R/C adjustment is important which means that the relation between output signal and output resistance must be constant. This adjustment is done under normal conditions the fine adjustment can be achieved by using special connection boxes which allow a precise setup.

4 Some Results

A build up system with a capacity of 6 MN in total was calibrated in two different ways. One calibration has been performed with the complete system. Secondly each of the three sensors was subject of a calibration in accordance to the ISO376 standard. The results of the individual sensors are given in tab 1.

The capacity of parallel connected load cells must be added while the output remains the same for the theoretical output signals. [1]

The results in table 2 show the calculation based on the results of the single sensors and the theoretical parallel arrangement and the comparison with the system calibration of the complete build-up system. As the calibration steps are different a linear interpolation was used to evaluate the theoretical output. (Exception: 3000 kN).

 DOI: 10.1051/metrology/201714009

Tab1: Output signal of the three individual sensors. Numbers show the mean values in rotated mounting positions rotated mounting positions

Force [kN]	Output transducer 1 [mV/V]	Output transducer 1 [mV/V]	Output transducer 1 [mV/V]
200	0,263759	0,263733	0,263963
400	0,527678	0,527552	0,527965
600	0,791691	0,791474	0,792066
800	1,055725	1,055414	1,05621
1000	1,319869	1,319468	1,320363
1200	1,584015	1,583559	1,584596
1600	2,112325	2,111751	2,112939
2000	2,640616	2,639936	2,641185

Tab2: Comparison of theoretical calculated values with real calibration of the complete 6 MN system. Base o f the theoretical values are the individual calibration of the load cells. Italic numbers are based on a interpolation as the calibration steps do not match.

Force [kN]	Theoretical output of the system [mV/V]	Result of the system calibration [mV/V]	Deviation in %
600	0,263818333	*0,2638466*	*-0,01%*
1200	0,527731667	*0,5277306*	*0,00%*
1800	0,791743667	*0,7917114*	*0,00%*
2400	1,055783	*1,0558386*	*-0,01%*
3000	1,3199	1,319798	0,01%
3600	1,584056667	*1,5840556*	*0,00%*
4800	2,112338333	*2,1122652*	*0,00%*
6000	2,640579	--	--

Reasons for the deviation are given by four points mainly:

- The calibration machine used has an uncertainty of 0.02 % and is therefore no negligible error
- The stiffness of the individual setup consisting a sensor, the thrust piece and the pendulum mount is not the same for all three arrangements so that the load is not divided with exactly the same amount on each sensor

DOI: 10.1051/metrology/201714009

- The adjustment of the output resistance and the rated output is done with a certain tolerance

- The upper and lower plate is not perfectly stiff, so that bending occurs. As a result the load cells are no more exactly parallel to the force vector.

5 Conclusion

Build us systems can increase the possibility to calibrate sensors in the MN – Range in the future. Current systems show a not acceptable deviation from the theoretical output compared with the measured system output. Further research is necessary to develop proper correction methods.

The systems are extreme reliable and do reach the accuracy class 00 according the ISO376 standard.

Reference

[1] Jürgen Paetow, Parallelschaltung von DMS – Wägen und Dosieren A usgabe 6/ 1987

Development of optical methods for surface and volumetric measurements

Guillaume Gomit[1,3,*], *Lionel* Thomas[1], *Ludovic* Chatellier[1], *Damien* Calluaud[1], *Laurent* David[1], *Benoit* Tremblais[2], *Majdi* Khoudeir[2], *Benjamin* Bringier[2], Jean Christophe Dupré[1], *Pierre* Morandi[1], *Pascal* Doumalin[1], *Fabrice* Brémand[1]

[1] Institut PPRIME, CNRS, Université de Poitiers, ENSMA, France

[2] Institut XLIM, CNRS, Université de Poitiers, France

[3] Plateforme CEMOP, Université de Poitiers, CRITT Informatique

Abstract. Optical metrology includes a set of non-contact measurement methods to quantify shapes, surfaces, distances, deformations, displacements or colorimetry. Optical measurement methods have the advantage of being non-intrusive while allowing instantaneous measurements over extended areas. The applications of optical metrology concern all fields of engineering. The paper presents developments related to surface and to 4D measurements (3D displacements + time). Different methods in the fields of solid and fluid mechanics are described and are illustrated by applications. Their applications in different fields for static or dynamic measurements and the limits is discussed in the paper.

1 Introduction

Optical metrology includes a set of non-contact measurement methods to quantify shapes, surfaces, distances, deformations, displacements or colorimetry. The applications of optical metrology concern all fields of engineering as transport, medical, environment as well as more specific fields such as industrial process monitoring. In this context, the PPRIME and XLIM institutes (University of Poitiers / ENSMA / CNRS) are developing a metrology platform to meet industrial needs. This platform, *CEMOP* (Centre d'Essais et de Métrologie Optique Picto-charentais), is based on the strong skills in image processing [20] and for optical methods applied to mechanics of both institutes. In the frame of this platform, two research topics are particularly developed: the property measurement of static or dynamic surface and relief, and the 4D measurement (3D displacements + time). The paper presents recent developments related to both measurements.

Surface measurement is a major challenge in industry. Nevertheless, there are many applications: fault detection, surface inspection, face recognition or all applications that require geometric information. Compared to contact method, optical measurement methods have the advantage of being non-intrusive while allowing instantaneous measurements over extended areas. Numerous optical measurement methods have been developed at the *Institut PPRIME* and at the *Institut XLIM* for the measurements of solid or fluid surfaces. These methods include stereo-correlation or stereo-refraction for fluid interface [1], solid surface measurement by mark tracking, moiré or structured light projectionas well as multi-source photometric measurements [2]. The first part of the paper presents the basic principles of these different methods and recent proposed improvements. Their applications in different fields for static or dynamic measurements and the limits is discussed in the paper.

* Corresponding author: guillaume.gomit@univ-poitiers.fr

Article available at http://cfmetrologie.edpsciences.org or https://doi.org/10.1051/metrology/201715001

In a second part, the development of 4D measurement methods, i.e. time-resolved volumetric measurement in the fields of solid and fluid mechanics is presented. For solid mechanic, an optical tomography processing has been developed to investigate non-static mechanical loading in structures with a high spatial resolution. The method is based on a tomographic reconstruction from the scanning of a transparent specimen by a rotating laser sheet coupled with a high-speed camera [3]. The use of this new technique combined with Digital Volume Correlation [4] allows three dimensional displacement measurements and strain field calculation in the bulk of the structure. In fluid mechanics, the development of Tomo-PIV (Particle Image Velocimetry) has shown the possibility of obtaining three-dimensional measurements of velocity fields in a volume of significant size. This method is based on the estimation of the displacement of small tracer particles that are advected by the fluid and illuminated by a powerful source of light (laser). Their displacements are recorded by at least 4 digital cameras. Tomographic reconstruction algorithms combined with advanced correlation methods allows the estimation of three-dimensional velocity fields [5].

2 Surface Measurements

2.1 Solid surface

2.1.1 Stereo-photogrammetry

Shape from shading measures the surface shape by analyzing the radiometry of image formation. To improve the results, several acquisitions of the same differently illuminated scene are used and this method is called photometric stereo. The number of acquisitions must be above three and depends on surface complexity as well as geometric and reflectance variations, to obtain a robust and accurate measurement. We note that this number is very dependent on the complexity and the photometric behavior of the surface.

The modeling of the interaction between light and matter is generally divided into two parts. The geometry is expressed by a gradient field whose complexity causes self and cast shadow. And, a BRDF model (Bidirectional Reflectance Distribution Function) that includes the photometric properties of the surface and is generally defined by a diffuse and specular part. For a hemisphere located on a plane and illuminated by a single point source, the figure 1 shows the possible physical phenomena. There are many models of BDRF in the literature that are more or less physically plausible. Unfortunately, only the model proposed by Lambert in 1790 is easy to manipulate in the framework photometric stereo.

The proposed method uses a hierarchical selection of Lambertian reflections to limit the estimation time of the geometric variations. In a first step, for a series of image acquisitions, this selection allows the elimination of shadow which is generated by sources of light onto the surface. This is performed by a local adaptive threshold. This method avoids the determination of an arbitrary threshold. In a second step, the specular reflections are discarded by computing a generalization of the Lambertian error. From this selection, as Woodham has shown, with the Lambertian BRDF model and acquisition of the same scene under angles of different illumination incidence, the partial derivatives of a surface can be measured. This first step produces a gradient field and is obtained by inversion of the BRDF model. Given the gradient fields, a step of integration is needed to estimate the surface height.

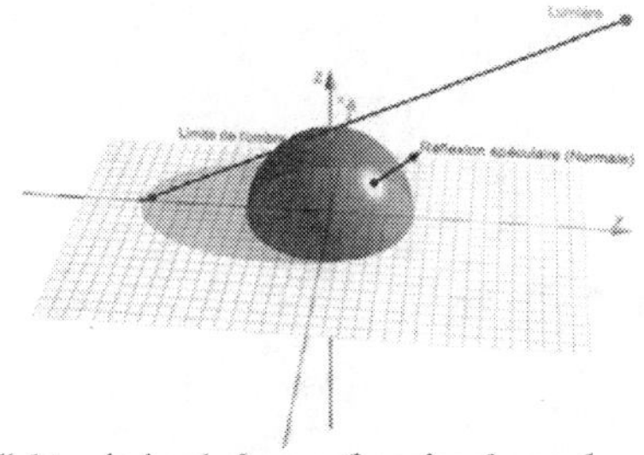

Fig. 1 Interaction between light and a hemisphere surface placed on a plane. The physical properties of the material induce a specular component and the geometry of the surface induces a self and cast shadow.

In order to perform the acquisitions, equipment at low cost can be used. The method allows the estimation of a large area with a great precision in a few seconds. The presented application is performed on a set of surfaces with a great variety of photometric behaviors and geometrical variations. Figure 2 shows the acquisition of five surfaces and the results of the detection of the shadows and of the specular reflections. In this figure, in order to see the details, a square of 10mm of side at the center of the acquisitions is presented. We note that the method is not able to correctly identify deep cavities. Indeed, the estimation method uses the interaction of light with the surface to estimate a map. It is evident that areas without light are not considered to be correct. Figure 3 shows the estimation of the height map for all the surfaces of the set.

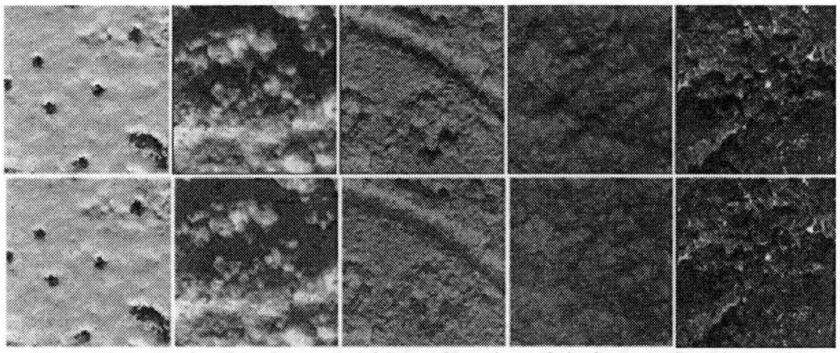

Figure 2 Example of surface acquisitions: detection of shadows (red) and specular reflections (green)

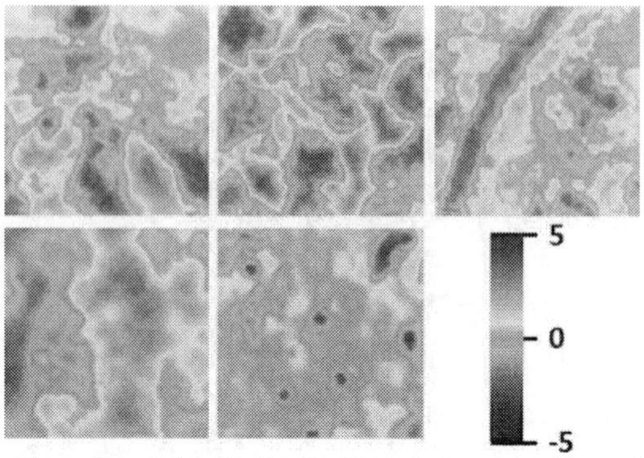

Fig. 3 Estimation of the surfaces (related to Fig. 2). The scale is expressed in mm to represent the heights.

2.1.2 Projection fringe method

For relief measurement and out of plane determination of a solid structure submitted to a mechanical loading the projection fringe method can be used. This well-known method [6-9] consists in projecting a structured light, as a sinusoidal grating of parallel lines, onto the surface of the studied object (figure 4). In order to obtain the relief of the surface, two images are recorded. The first one corresponds to an initial plane which gives the reference and the second one corresponds to the studied specimen. If we assume that the distances camera-object and camera-projector [8-9], are large compared to the measured relief (i.e. with the assumption of parallel beams) the formula given the relief is:

$$Z = \frac{\Delta\phi}{2\pi} \cdot \frac{Pproj}{\tan\theta} \text{ with } \tan\theta = \frac{d}{h} \text{ and } Pproj = \frac{p}{\cos\theta} \quad (1)$$

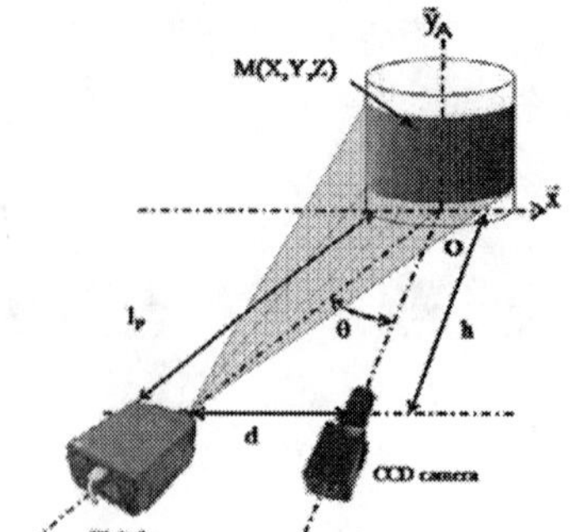

Figure 4

Several tests have been made [6-9], in order to see the influence of this parallel beams criterion. Generally, in solid mechanics, the uncertainty is assessed by a displacement of a

 DOI: 10.1051/metrology/201715001

plan. The accuracy is mainly function to the fringe analysis procedure. The most accurate method consists in recording 8 particular images of the same measurement state [8] and gives a phase precision of 1/100 fringe (0.04 mm in considering our optical arrangement (h=4m, d=1.5m). Another solution is to use a quasi-heterodyne [8] technique with three images which allows determining the phase with an accuracy of 1/40 fringe (0.1 mm). These two techniques cannot be used for studying dynamic phenomena where only one image can be recorded at each state. In this case, a single image fringe analysis method like the MPC method [10] must be used. This method determines the fringe pattern morphology with the help of a mathematical model by minimizing a correlation function. The obtained accuracy is about 1/20 fringe (0.2 mm is the presented case).

2.1.2 Stereo-Mark tracking and stereo-correlation techniques

These two techniques are based on a stereoscopic vision and the calculation of position of marks for two cameras. These data give by triangulation formulation the 3D position of the marks. The main differences appear in the images analysis process and type of marks: for mark tracking technique the analysis is done on a series of dots in order to obtain their position and for correlation technique the analysis is currently done on a speckle field (a random distribution of dots). A series of subsets is analysed by a correlation function in order to obtain the relative positions and displacement of this studied zones. The analysis is done thanks to two cameras placed on either side of the normal of the specimen surface [11,12]. (figure 5)

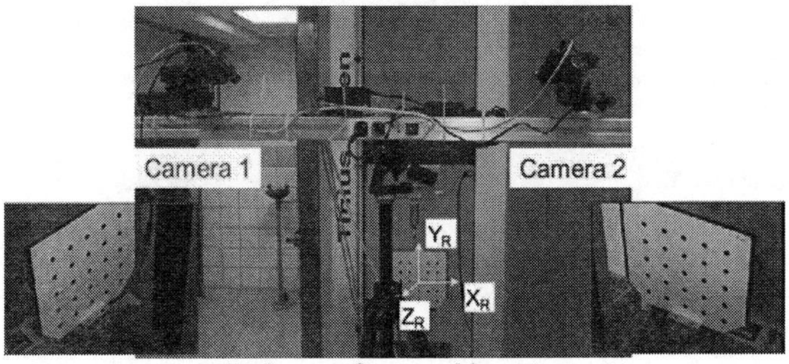

Fig. 5 : set-up for stereo-vision process

In the case of stereo-mark tracking, the coordinates of the markers observed by the two camera (C1 and C2) $\bar{X}_{C1}$ and $\bar{X}_{C2}$ are obtained from the geometric center of calculating weighted by the light intensity [13]. A subset is defined around each mark defining the area of calculation. If there is a change in the brightness of the images during the test (due to a change in the lightening of the stage, a change in the surface state ...), the intensity threshold can be modulated for example, depending on the average of values for the calculation area.

The 3D coordinates $\bar{X}_R$ of the marks are then given by:

$$\begin{cases} \bar{\bar{R}}_1\,\bar{X}_R = \bar{\bar{G}}_1\,\bar{X}_{C1} \\ \bar{\bar{R}}_2\,\bar{X}_R = \bar{\bar{G}}_2\,\bar{X}_{C2} \end{cases} \qquad (2)$$

The position of the cameras are defined by $\bar{\bar{R}}_1$, $\bar{\bar{R}}_2$ a rotation matrix (angular positions) and $\bar{\bar{G}}_1$, $\bar{\bar{G}}_2$ a transformation matrix (magnificent and position). In order to estimate these matrices, two processes have been developed. The first one consists to solve formula (1) with the help of data obtained from images of a grid of marks with known positions of dots. A recording of one image per camera with only one position of the grid is sufficient to obtain theses parameters. Nevertheless, this calibration is useful for small displacement (inferior to 200 times the distance cameras-specimen). For large displacements a second series of images is used with known out of plane displacements to identify a 3D polynomial formulation linking measured displacement and imposed ones.

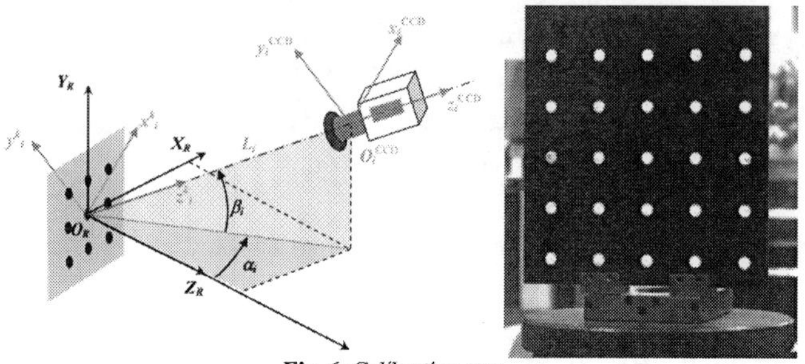

Fig. 6: Calibration step.

Uncertainty is function to the geometric parameter of the device given by the calibration process and function to the image analysis. This late is mainly driven by the dimension of the marks [13]. Experimentally the uncertainty is assessed by a displacement test of a grid. For example for a distance camera-specimen of 2m, an angle between camera of 26° and a specimen dimensions of 500x500mm^2. Several out of plane displacements in the range of 0 to 40mm with a step of 2mm have been done. The bias error between imposed and measured displacement allows us to calculate a standard deviation equal to 0.05mm in the 3 directions).

2.2 Fluid surface

The measurement of free surface has multiple applications in fluid mechanic. For surface flows, several techniques of surface measurement using optical devices have been developed over the past three decades. These optical measurement methods have the advantage of being non-intrusive while allowing instantaneous measurements over extended areas. The optical measurement methods based on the principle of stereo vision are frequently used in fluid mechanics. This kind of method is based on calibrated multiple views systems and image cross-correlation. In this paper, we present two optical methods that have been used to measure the entire wave field generated by a ship model in a towing tank.

2.1.1 Stereo-correlation method for fluid surface

The first method is based on a stereo vision system and on the cross-correlation of surface images. This kind of techniques has often been used in fluid mechanics, for example to measure wave patterns on the surface of the sea. The method of stereo-correlation used here was proposed by [14]. This method requires a tri-dimensional calibration of the cameras. This step of calibration allows to establish the relationship between the 3D world coordinates of a physical point and its corresponding 2D images coordinates.

This method is based on the definition of parametric shape and displacements which are projected on the camera models. These forms are then optimized through a functional that correlates the projected image patterns. For the reconstruction surface, the fluid domain is represented by Cartesian coordinates *(x,y,z)* where z=0 is a reference plane, typically the surface at rest. A series of positions of interest (x_0,y_0) in the reference plane is defined. For each of these points of interest, a square area around (x_0,y_0) and a parameter, p_s, defining the height, orientation and curvature of the corresponding surface portion are defined :

$$p_s = \left(h, \frac{\partial h}{\partial x}, \frac{\partial h}{\partial y}, \frac{\partial^2 h}{\partial x^2}, \frac{\partial^2 h}{\partial y^2}, \frac{\partial^2 h}{\partial yx}\right) \quad (3)$$

Then, for a point (x,y)=(x0+Δx, y0+Δy) located in a neighbourhood of (x0,y0), the height z can be expressed as the second order bivariate Taylor development of h in terms of (Δx, Δy) :

$$z = h + \frac{\partial h}{\partial x}\Delta x + \frac{\partial h}{\partial y}\Delta y + \frac{\partial^2 h}{\partial x^2}\frac{\Delta x^2}{2} + \frac{\partial^2 h}{\partial y^2}\frac{\Delta y^2}{2} + \frac{\partial^2 h}{\partial yx}\Delta y \Delta x \quad (4)$$

For a given parameter *ps*, the image projection of a subset surface around the positions (x_0, y_0) can be computed on each camera. Once the images coordinates are evaluated, a bilinear interpolation is used to reconstruct the images of the subset surface. The images corresponding to the surface around (x_0, y_0) on each camera are then cross-correlated to define the cross-correlation coefficient, C(ps), to quantify their correspondence. For this technique, which is based on images correlation, polypropylene-floating particles are used to generate a pattern on the surface of the water. The experimental set-up to measure the waves generated by a ship in towing tank in provided in figure 7. An example of the estimated surface is given in figure 10. For such application, we note that the method is difficult to apply in the wake of the ship where the floating particles are moved sideways.

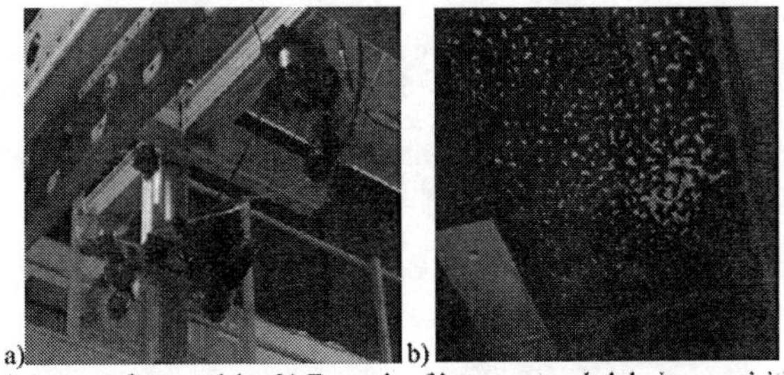

Fig. 7 a) System of stereovision b) Example of images recorded during acquisition

2.1.2 Stereo-refraction method

This method is based on the theory of light refraction and on the analysis of the apparent displacement between a reference and refracted images of a laser sheet through the surface [1]. From this apparent displacement, previous methods used the Snell-Decartes law and strong hypothesis on the geometry of the rays issued from the camera to compute the gradient surface. The use of two cameras above the surface to record the apparent displacement of the reference pattern through the interface allows to measure the height and the normal to the surface. The reference pattern is created with a laser sheet that illuminates seeding particles in the flow. Therefore, the technique enables us to measure the topography of the free surface and the instantaneous 2D velocity in the laser plane.

The principle of the method is provided in figure 8. Given an incident and a refractive vector, the normal vector to the hypothetical surface, n, can be computed with equation (2). However, for an incident vector i and a given point X on the reference pattern, there are an infinity of couples *P(x, y, z)* and n as shown in figure 8. To close the problem, a second point of view is required. This second point of view (C_2), figure 8.c, provides a second incident vector i_2 reaching point $P(x, y, z)$ supposed on the surface. The apparent displacement view by C_2, the point X_2, allows the estimation of the refractive ray r_2. From incident and refracted rays, the normal vector n_2 can be computed. The second camera allows to check whether the point P is on the surface or not. If the point P is located on the surface, the two normal vectors n_1 and n_2 are equal. A criteria of equality between the normal vectors is used to verify if the hypothetical point P actually belongs to the surface.

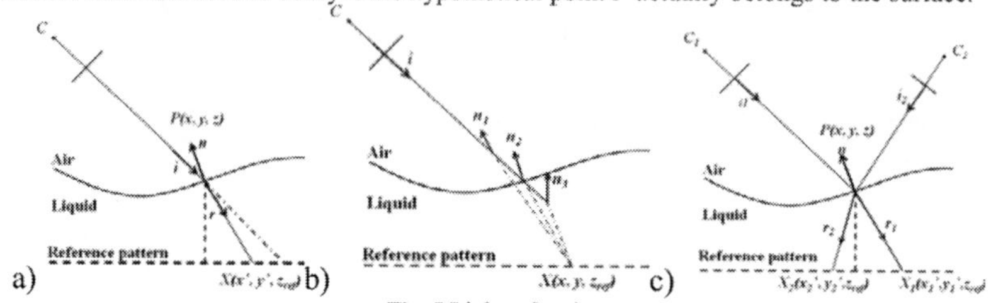

Fig. 8 Light refraction

The principle of the method proposed here is based the apparent displacement of a random pattern located below the surface viewed by two cameras above the surface. In experimental set-up (figure 9), the random pattern is generated with a laser sheet, parallel at the surface at rest, that illuminates seeding particles in the flow. Therefore, this pattern is similar to the pattern recorded during PIV measurements. A camera located under the tank provides the reference pattern, i.e. the non-deformed pattern. The two cameras above the surface provide the deformed state of the laser sheet through the interface. An adapted PIV algorithm for the refracted images is then used to determine the apparent displacement between the cameras located above the surface and the reference camera. The reconstruction of the surface requires the calibration of the three cameras in the same physical volume of reference. Moreover, as note previously, this technique enables us to measure the topography of the free surface and the instantaneous 2D velocity in the laser plane as show in the example of figure 11.b.

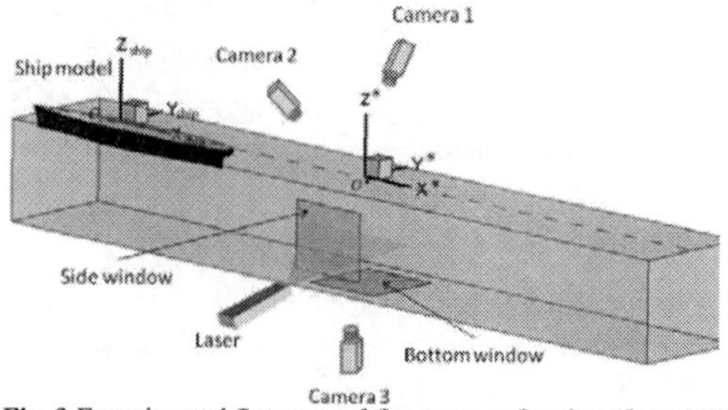

Fig. 9 Experimental Set-up used for stereo-refraction (from [1])

 DOI: 10.1051/metrology/201715001

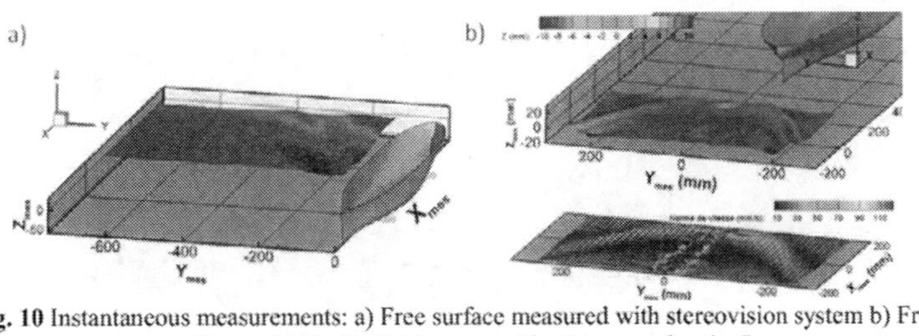

Fig. 10 Instantaneous measurements: a) Free surface measured with stereovision system b) Free surface and velocity field measured by "stereo-refraction"

4 4D Measurements

The study of complex mechanical phenomenon, whether in the fields of solid and fluid mechanics, can require more than surface or 2D measurements. Therefore, time-resolved volumetric measurement methods have been developed.

2.1 Solid application

This section concerns an optical scanning tomography technique developed for time-resolved measurement of kinematic fields in the whole volume of transparent model structures. Previously, 3D photoelasticity for stress measurement and Optical Scanning Tomography (OST) [4,15] for strain measurement were developed. Nevertheless this late method is not adapted for non-static studies; because the principle of this technique consists in scanning by a plane laser beam a transparent specimen including thin particles. At each position of the beam, a two-dimensional image of the illuminated section is recorded. The movement is performed thanks to a translation stage monitored by a computer [4,15] or oscillating mirror. Due to inertia phenomenon, with these devices, we cannot record a large specimen (several centimetres) in a recording time lower than one second. Consequently, we have developed a new technique with a scanning by rotating the plane laser beam, named Optical Rotation-Scanning Tomography (ORST).

A laser beam (figure 11) passes through a cylindrical lens producing a plane laser beam. This lens rotates along its optical axis. The specimen is placed above this axis given a small rotation angle range and a minimum of overlapping of illuminated particles along the view axis. High speed camera is placed perpendicularly to the optical axis of the lens. As the recorded images correspond to a non-parallel series of slice, a specific reconstruction process is necessary to calculate grey levels of voxels and obtain the volume. Parameters of reconstruction are determined by a two phases calibration procedure: (i) analysis of images obtain from a translation of a known grid of marks and (ii) analysis of images of the rotated laser beam with imposed known translation of a plan.

The rotary optical device is constituted by a cylindrical lens activated by a direct current motor. An angular encoder with a resolution of 100µrd is fixed around the lens to synchronize the lens angulation and camera acquisition. For the following test the rotation speed was about 6 tr/min and camera frame rate was 1200 frame/s. So a volume is obtained in 0.2 s, optical magnification was about 60µm/voxel,

To assess uncertainty, a test of subvoxel rigid body translation is realized. The specimen is scanned for each translation of 1/10 voxel, the three directions (x,y,z) of the space are studied. The translation is achieved with a manual micrometer translation stage. After having reconstructed 3D images, displacements are calculated by Digital Volume

DOI: 10.1051/metrology/201715001

Correlation method [15]. The subset size is set to 31 voxels3 and calculi are performed on a grid containing 7x7x7 = 343 correlation points. The main conclusion is that the uncertainty is closed to the one obtain in 2D Correlation (DIC) [16]. Moreover, the mean error versus imposed displacement shows the well-known s-curve given by DIC grey level interpolation.

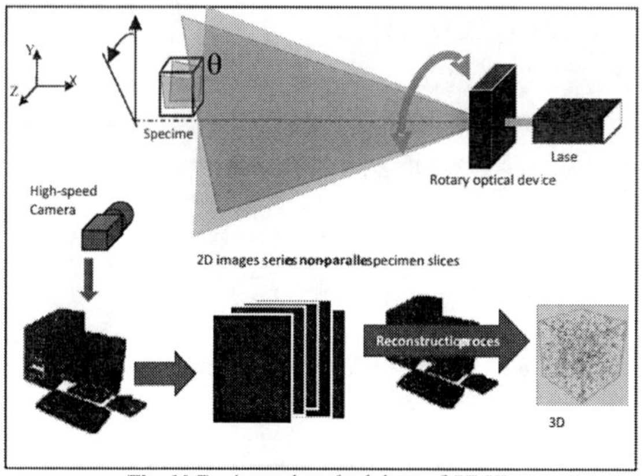

Fig. 11 Device and methodology of ORST

2.1 Fluid application

The principle of the Tomo-PIV is based on the computation of the velocity vector field of a flow from the displacement of the particles recorded on several images. Particles are seeded in the flow and are illuminated by a thick laser sheet which defines the volume of interest. The light scattered by the particles is captured by several high-resolution digital cameras from different viewing angles (usually 4 - see figure 12). The information on the line of sight of each pixel in a camera, through the examined volume, is described by a polynomial approximation made from a 3D calibration procedure. Thus, the projection images set captured at a given time are supplied to a 3D tomographic reconstruction algorithm to reconstruct a volume of 3D particles. Therefore, tomographic reconstruction algorithms combined with advanced correlation methods allows the estimation of three-dimensional velocity fields [5].

Here, the instantaneous fields of velocity and material acceleration are provided by the recently introduced multi-frame PIV method, fluid trajectory evaluation based on ensemble-averaged cross-correlation [17] (FTEE). FTEE is capable of evaluating the most appropriate Lagrangian fluid trajectory from multiple particle images. The trajectory which maximizes an ensemble averaged cross-correlation along the trajectory is regarded as the solution. The fluid motion at each grid point is modeled as the polynomial function. In FTEE, the cross-correlation maps are regarded as probability maps of the trajectory at the discrete time steps, and the resulting trajectory signifies the most probable fluid motion. It has been reported that the random error of FTEE is less than other TR-PIV methods. Given the velocity and acceleration, recent method allows the estimation of pressure in the flow. The principle of the pressure estimation method is to combine the measured velocity/acceleration data with the equations governing the flow. An example of the measured flow and pressure around a flapping wing [19] is shown in figure 13.

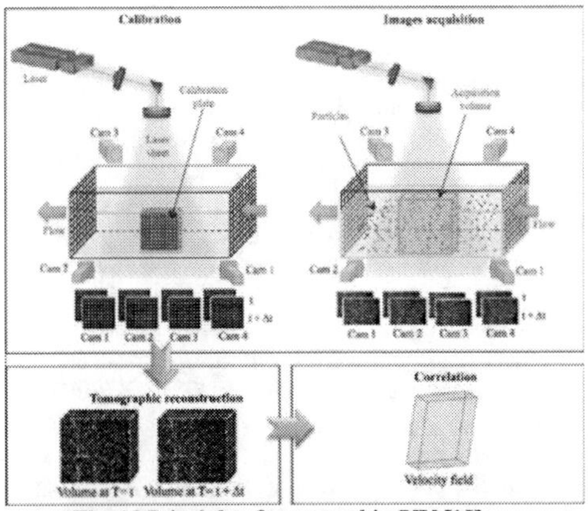

Fig. 12 Principle of tomographic-PIV [18]

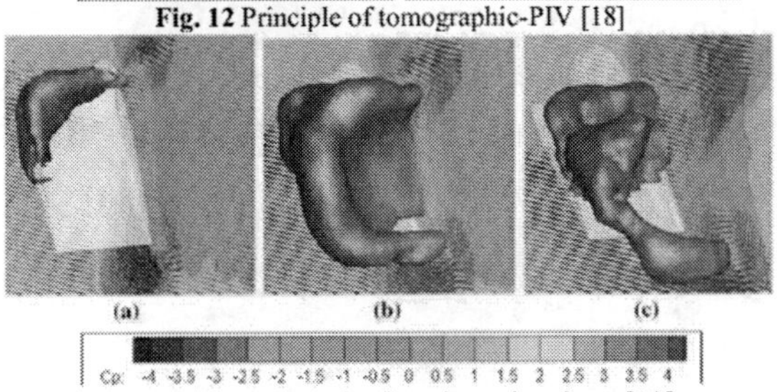

Fig. 13 Flow around a flapping wing from [19]

Conclusion

Numerous optical measurement methods for the measurements of solid or fluid surfaces have been presented. These non-contact methods allow accurate measurements on large areas for solid and fluid interfaces. Moreover, time-resolved volumetric measurement methods have been developed to analysis complex 3D mechanics problem in the fields of solid and fluid mechanic. In perspective to use such optical methods in industrial cases, detailed studies on uncertainty are needed.

Acknowledgements

The current work has been funded partially by the 14th Contrat Plan Etat Region and the associated FEDER project No P-2016-BAFE-227.

References

1. G. Gomit, L. Chatellier, D. Calluaud, L. David. Exp. in Fluids, 54-1540, (2013)
2. A. Bony, B. Bringier and M. Khoudeir, J. Opt. Soc. Am. A, Vol. 30, No. 3, (2013).
3. P. Morandi , F. Brémand ,P. Doumalin ,A. Germaneau ,J.C. Dupré, , Optics and Lasers in Eng., Vol. 58, Pages 85–92, (2014)

4. A. Germaneau; P. Doumalin; J.C. Dupre, NDT and E International, 41 (6), (2008)
5. L. Thomas, B. Tremblais, L. David, Meas., Sci. and Tech. 25:3, 035303 (2014)
6. L. Pirodda, Opt. Eng. 21:640-9, (1982)
7. P.Théocaris, Pergamon press Ltd, Headington hill hall, Oxford, (1969).
8. C. Brèque, J.C Dupre., F. Brémand, Optics and Lasers eng., (2003).
9. F. Brémand, Opt Laser Eng;21:pp. 49-60. (1994)
10. E. Robin, V. Valle, Applied Optics, vol 43, n°22, pp 4355-4361 (2004)
11. F. Brémand, M. Cottron , P. Doumalin, J.C. Dupré, A. Germaneau, V. Valle, Techniques de l'ingeniéur, 2. R1850 (2011)
12. A. Germaneau, P. Doumalin, J.C. Dupré, , C. Brèque, F. Brémand, S. D'Houtaud and P. Rigoard, Eur. Phys. J, (2010).
13. N. Bretagne, V. Valle and J.-C. Dupré, NDT & E International, Vol 38/4,(2005)
14. Chatellier, L., Jarny, S., Gibouin, F., & David, L. Exp. in fluids, 3(54), 1-15. (2013)
15. A. Germaneau, P. Doumalin, J.C. Dupre, 43, 207–218 (2007)
16. J. C. Dupré, P. Doumalin, H. A. Husseini, A. Germaneau and F. Brémand, Strain, Volume 51, Issue 5, (2015)
17. Y. J Jeon, L. Chatellier, L. David, Exp. in fluids, *55*(7), 1766 (2014)
18. R. Ben Salah, PhD thesis, University of Poitiers, (2015)
19. T. Tronchin, L. David, A. Farcy Exp. in fluids, 56:7 (2015)
20. Tremblais B., David L., Arrivault D., Dombre J., Chatellier L., and Thomas L., "Slip : Simple library for image processing (version 1.0)," http://www.sic.sp2mi.univ-poitiers.fr/slip/, 2010.

 DOI: 10.1051/metrology/201715002

Robot solutions for automated 3D surface measurement in production

Reinhard Danzl[1*], *Thomas* Lankmair[1], *Anne* Calvez[2], and *Franz* Helmi[1]

[1]Alicona, R&D Department, 8074 Raaba/Graz, Austria
[2]Alicona SARL, Gérante, 25000 Besançon, France

Abstract: With the increasing complexity of industrial parts, the requirements for 3D optical metrology are increasing in the production environment. Until recently, no high-resolution 3D optical metrology solution was available to measure surface roughness, surface defects and micro geometries on large and high precision parts. Until now, the only solutions for measuring such features on large parts were either portable tactile profilers for roughness measurement or the measurement of replicas. To simplify this type of measurement in production, a high-resolution 3D optical sensor has been mounted on a collaborative six-axis robot. The system allows an easy rough positioning with two-handle bars, fine positioning with integrated joysticks, fully automated measurement and subsequent measurement reporting including ok or not ok status. Typical applications include the measurement of the cutting edge geometry and quality on large tools such as milling cutters with shanks up to 1 m or the automated edge break measurement on large aerospace turbine discs up to 120 kg. In addition to speeding up process series for the measurement of large parts, this solution also opens possibilities of closed loop manufacturing by integrating the robot sensor in an established machining solution. As an example a polishing or finishing cell that sends the measurement results to a machining solution and corrects the part if measurements are out of specification.

1 Introduction

The ongoing miniaturization of features on industrial parts and the reduction of manufacturing tolerances generate the need for highly accurate 3D measurement devices for measurements with sub-µm resolution. Whereas highly accurate measurements [1] have been made available for offline inspection in the laboratory in recent years, there is a strong focus towards automatic measurement in a production environment or inline to speed up the measurement time, to reduce user influence and to save costs. However, so far the combination of high resolution 3D sensors that can be automated and which are robust and fast enough for industrial environments are rarely found. Production-near measurement systems are typically only available for 2D inspection or for measurement with larger resolutions.

* Corresponding author: reinhard.danzl@alicona.com

An additional challenge is that many parts are too large or too heavy to be measured with conventional metrology systems that have strong limits with respect to size and weight. Typically such large parts can be only measured by portable profilers for roughness measurement or alternatively by creating a replica of small portions of the large parts, which are then measured in the laboratory, a very time consuming process.

Here we present a novel metrology platform for industrial measurements that uses a unique combination of collaborative robots (cobots), a fast 3D sensor based on the Focus-Variation principle [2] and software for automation of complex 3D measurements tasks. In contrast to conventional industrial robots, collaborative robots have the advantage that they can be easily moved by a human operator, so that no time-consuming and complex programming of measurement positions is necessary. Additionally, such robots immediately stop when they are exposed to an external force, such as a collision with a human operator, so that no severe injuries of human operators can happen.

After describing the basic 3D measurement technology based on the Focus-Variation principle we introduce two of four available hardware platforms, one for measuring large tools and one for measuring turbine. Afterwards we present results for one application in detail, the measurement of the geometry and quality of cutting edges on large milling cutters.

2 3D Measurement of edges with collaborative robots

2.1 3D Measurement using Focus-Variation

The collaborative robots are equipped with a 3D sensor based on the Focus-Variation principle. The technique of Focus-Variation [2], [3] combines the small depth of focus of an optical system with vertical scanning to provide topographical and colour information from the variation of focus. Its vertical resolution depends on the chosen objective and can be as low as 10 nm. The vertical scan range depends on the working distance of the objective and ranges from 10 to 34 mm. The x-y range is determined by the used objective and typically ranges from 0.4 x 0.4 mm to 4 x 4 mm for a single measurement. In addition to the scanned height data, Focus-Variation delivers a colour image with full depth of field which is registered to the 3D points. This provides an optical colour image which eases measurements as far as the identification and localization of measurement fields or distinctive surface features are concerned. The advantages of this sensor in terms of tool measurement are, that its vertical resolution down to 10 nm and its ability to measure also steep surface flanks makes it suitable for measuring the geometry and the roughness of the cutting edges of the inspected tools.

2.2 Collaborative robot for measuring large tools

One available hardware platform is designed for the measurement of large tools, such as drills, milling cutters etc. with shank lengths up to 1 m (Fig. 1.). The system consists of a collaborative robot, the 3D sensor based on the Focus-Variation technology, a motorized z-stage and a rotation table that is equipped with a standardized taper interface.

The whole system is placed on wheels so that the tool to be measured can be either clamped in the rotation unit, or that the system can be moved to the manufacturing machine for inline measurement.

DOI: 10.1051/metrology/201715002

On the sensor a smartphone is mounted, which includes an app showing the live view of the sensor, so that the robot can be easily focused on the surface without the need to look at the large monitor that is also available.

One of the key applications to be realised on this platform is the inspection of the quality and geometry of the cutting edges [4] of large tools. In contrast to traditional measurement devices in the laboratory, where each cutting insert of the tool has to be removed from the milling cutter, then placed below the laboratory measurement device, measured and reinserted again, the process cycle time can be dramatically reduced with the new system. The whole tool can be measured as it is, or even within the manufacturing machine.

Fig. 1. A hardware platform designed for measuring large tools with shanks up to 1 meter, consisting of a collaborative robot, equipped with a high-resolution 3D sensor. Operating and programming is easy and intuitive.

2.3 Collaborative robot for measuring turbine discs

Another hardware platform is designed for the quality assurance of turbine discs. In addition to the collaborative robot and the 3D sensor, the system consists of a rotation unit able to carry parts up to 120 kg. This system is also equipped with a sensor that stops the machine when a user enters the measurement area.

One key application here is to evaluate the edge break on large aerospace turbine discs to assure that none of the edges are too sharp to compromise aircraft safety.

Fig. 2. A hardware platform designed for measuring turbine discs with weight up to 120 kg, consisting of a collaborative robot, equipped with a high-resolution 3D sensor. The robot arm, with its attached measuring sensor, is easily and conveniently manipulated by the operator.

2.4 Automatic measurement of the quality of cutting edges

A key application for the proposed hardware platform in subsection 2.2 is the measurement of cutting edges on large tools such as milling cutters. Besides the measurement of the edge geometry (edge radius, wedge angle, ...), tool manufacturers are specially interested if the cutting edge has defects either before use in the manufacturing machine or during their lifetime. In this context, the proposed measurement device offers the possibility to measure a large range of defect parameters such as the length, area or volume of edge defects. The system is equipped with a software interface that allows automating the whole measurement process. Hereby, the administrator once defines a measurement program that specifies at which positions the different edges must be measured and which specific parameters should be inspected. Afterwards the operator performs the measurements using the following steps:

1. The operator clamps the whole milling cutter that is equipped with a series of cutting inserts in the rotation table.
2. The operator selects the measurement program and starts it.
3. The measurement is performed automatically and the results are displayed on the screen.

The process of measuring the parameters which quantify if the edge has defects or not is performed using the following steps:

1. Performing a 3D measurement of the cutting edge using the optical 3D sensor.
2. Either calculating a reference geometry or using a reference geometry (e.g. from CAD or from a golden standard) as comparison.
3. Calculating the difference between the 3D measurement and the reference geometry.
4. Calculating a range of parameters that quantify the quality of the cutting edges.

One of the key aspects is that for edges with small defects, it is not necessary to quantify the defects by comparing them to a reference edge (step 2 above), but the system can automatically estimate the reference geometry based on the measured data in the case that 50% of the measured edge are free from defects. This is visualized in Fig. 3. which shows the measured 3D dataset of a cutting edge and the automatically calculated reference geometry.

Once the difference between the measured dataset and the reference dataset has been obtained, a series of parameters can be evaluated including defect length, area and volume. Some of these are graphically visualized in Fig. 4.

Fig. 3. Measured 3D dataset (left) and calculated reference geometry (right).

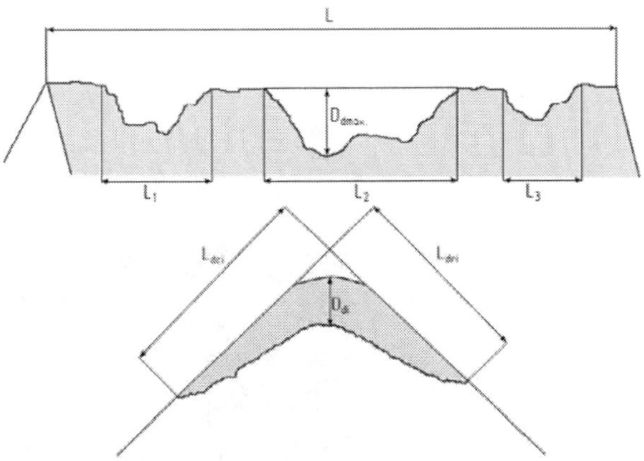

Fig. 4. An overview of several possible parameters for quantifying the quality of a cutting edge. Top: parameters that quantify the chipping along the cutting edge. Bottom: Cross-section of the cutting edge showing parameters that describe the defect length along the clearance and chipping surface.

3. Results

In the following we present results of quality measurements of cutting edges which have been realized using the cobot solution in Fig. 1. Fig. 5. shows the 3D dataset of a measured cutting edge with overlaid true colour information (left) where found defects have been marked with a bright surrounding. The figure on the right-hand side, shows the depth of the defects with pseudo colours where the deepest defect is about 5 µm. In total, five defects have been found, whereas the threshold for the defects has been set to 1 µm.

In Fig. 6. a height profile along the cutting edge is provided. In addition to the defects, also the geometry of the cutting edge including the cutting edge radius or wedge angle is evaluated as shown in Fig. 7. To verify that the automatically detected parameters are correct, the parameters have also been manually measured, e.g. using cross-sections and manual measurements as shown in Fig. 8., where the defect length along the chipping and clearance surface has been measured. The difference of the automated and manual measurement for different parameters, as well as the repeatability of 10 automated measurements was smaller than 1 µm.

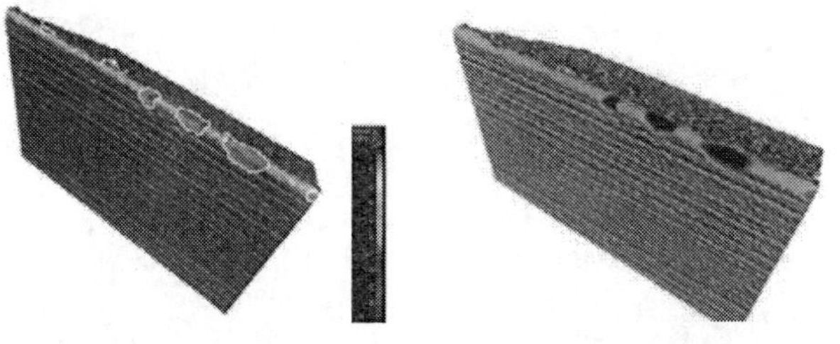

Fig. 5. Measured 3D dataset with true colour information and marked defects (left) and with pseudo colours, which show the difference to the reference geometry (right).

 DOI: 10.1051/metrology/201715002

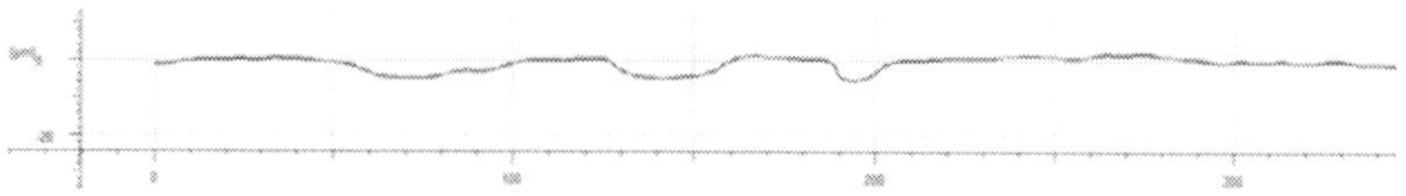

Fig. 6. Height profile which has been extracted along the cutting edge.

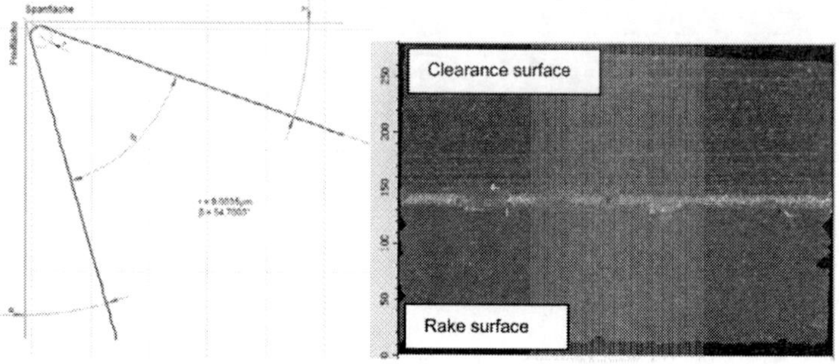

Fig. 7. Mean cutting edge profile (left) and profile paths for profile extraction (right).

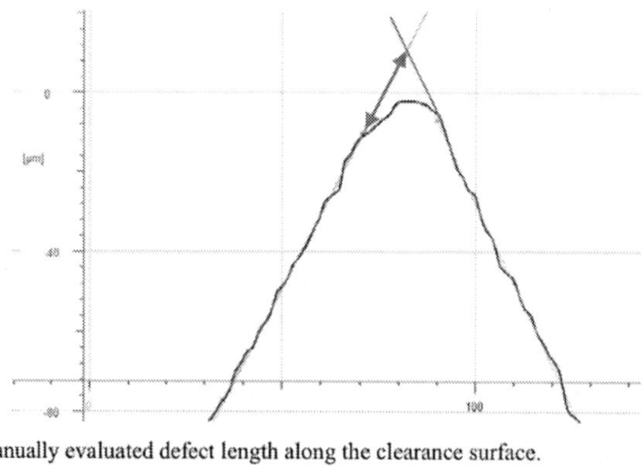

Fig. 8. Left: Manually evaluated defect length along the clearance surface.

4. Conclusions

We have proposed new measurement systems for the measurement of large high precision parts within a production environment. The systems equipped with collaborative robots and high resolution 3D sensors are designed for easy and automated measurements that can be also performed by non-expert users. A key application, the measurement of the cutting edge quality on large tools, is realised with high accuracy and repeatability. In contrast to traditional solutions, the process measurement cycle time can be dramatically reduced, since tedious unmounting of cutting inserts and individual measurement on a conventional laboratory measurement device is exchanged by fully automated measurement of all cutting edges in a row without any user interaction.

 DOI: 10.1051/metrology/201715002

References

1. R.K. Leach, Springer, *Optical Measurement of Surface Topography* **1** (2011)
2. ISO/CD 25178-606, *Geometrical product specification (GPS) – Surface texture: Areal Part 606: Nominal characteristics of non-contact (focus variation) instruments* (2015)
3. R. Danzl, F. Helmli, S. Scherer, Journal of Mech. Eng., *Focus variation – A robust technology for high resolution optical 3D surface metrology* **57(3),** 245-256 (2011)
4. M. Prantl, R. Danzl, F. Helmli, Kassel University Press, *Optische 3D Messung der Schneidkantenverrundung, Schneidkantenpräparation, Ziele Verfahren und Methoden,* 163-179 (2009)

Free form defects measurement by interferometry

Said Meguellati*

Applied Optics Laboratory, Optics and Precision Mechanics Institute, University of Sétif 1- Algeria

Abstract. This optical scan method presented in this paper is used for precision measurement defects in form or absolute forms in comparison with a reference component form, of optical or mechanical components, surfaces. The principle of the method is to project the image of the source grating to palpate optically surface to be inspected, after reflection; the image of the source grating is printed by the object topography and is then projected onto the plane of reference grating for generate moiré fringe for defects detection. The optical device used allows a significant dimensional surface magnification of the surface inspected, which allows easy processing and reaches an exceptional precision of measurements. According to the measurement principle, the sensitivity for displacement measurement using moiré technique depends on the spatial frequency grating, for increase the detection resolution. This measurement technique can be used advantageously to measure the deformations generated by the production process or constraints on functional parts and the influence of these variations on the function.

1 Introduction

Moiré topography [1-7] is a technical field method in which the form of the object surface is measured by means of geometric interference produced by the superposition of two identical lines gratings. The technique has found many applications in various fields ranging from biomedical research to industrial and scientific applications. In many industrial measurement applications, the shape control by non-destructive and contact less measurement has become a desirable tool in control of quality and outline mapping. The optical system developed here, uses the technique of moiré [8-9] to highlight existing shape defects or deformation occurring in real time and continuously on reflective surfaces or reflective sufficiently. The control method presented in this context using an optical arrangement which allows use of gratings with high spatial frequency, which gives it the ability to reveal micro defects or deformities and measure them with high accuracy.

2 Detection of form defects

2.1 Experimental setup and operating method

The HeNe 35 mW laser beam is expanded by the lens system 2 and reflected by the plane mirror 3 on the transmission grating 2. The light beam is diffracted by a set of divergent rays that pass through the lenses system 5-6 carried the double Fourier transform and projects the grating image 4 onto the sample 7 (in first a flat mirror of high quality surface is used). The image of grating 4 palpates the surface of the sample and will be reflected on the plane of transmission grating 8. The grating image 4 is reflected by the mirror on the grating 8 plan, where it is optically superimposed on the linear transmission grating 8. Gratings 4 and 8 are identical and have same spatial frequency. In this case, the superposition of the grating image 4 on the plane of grating 8 is carried out by optical way, for the purpose, to eliminate various influences on image quality of moiré fringes. The grating 8 is installed on single holder, who is held on rotary mount which can rotate about of optical axis for adjustment of the angle between the gratings rulings. The grating 8 is slightly rotated by optical axis by small angle Θ near zero degree; moiré pattern is formed on plane of grating 8. The moiré fringes generated on plane of grating 8 consist of parallel bands alternately bright and dark are reflected by the plane mirror 9 on the lens system 10-11 which make the double Fourier transform and projected the moiré fringes on the screen 13. The acquisition of the moiré fringes is ensured by the camera CCD 14, to transmit them to the computer 15 for automatic data processing.

* meguellati_said@yahoo.fr

Article available at http://cfmetrologie.edpsciences.org or https://doi.org/10.1051/metrology/201715003

DOI: 10.1051/metrology/201715003

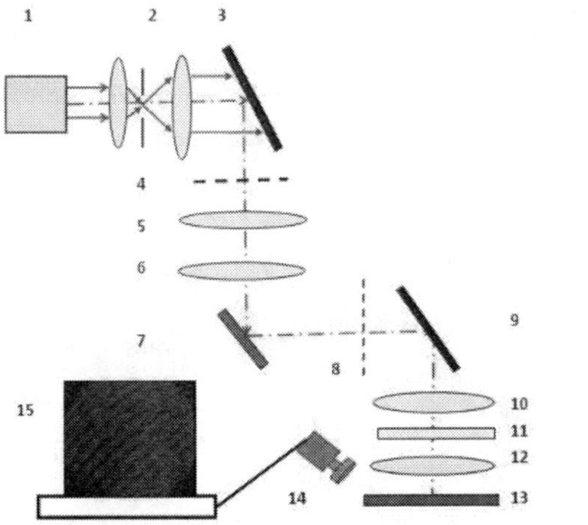

Experimental setup: 1 laser; 2 beam expander; 3 mirror; 4 grating; 5 -6 lens system; 7 sample; 8 grating; 9 mirror; 10-11-12 lens system with spatial filter; 13 screen; 14 camera CCD; 15 computer

Figure1. Experimental setup.

2.2 Scanning method of form defects

The experimental setup shows in Figure 1. , based on optical principle, is used to inspect the quality form of surface. First, the sample consists of a plane mirror with high flatness quality less λ/4 .The linear transmission grating 4 is projected by the laser beam on the surface of mirror M to be inspected. The grating image 4 palpates the contours of the sample, will be printed of its topography, and is reflected to be superposed on the linear transmission grating 8 used as a reference grating. The light beam palpates the area of mirror M; the structure of image grating 4 is impregnated of variations in the surface shape, and after reflection, is superimposed on the reference grating 8. Modifications saved in the structure of grating image 4 highlights defects of inspected surface form. The contours of moiré fringes change automatically and reproduce the defects form of surface of the mirror.

If the sample to be controlled presents a surface without defects, or at least defects undetectable by the sensibility control system, then the fringes consist of parallels straight lines alternatively bright and dark Figure 2.

Figure2. Moiré fringes of plan mirror surface.

3 Detection and resolution of measuring of form defects

3.1. Detection of form defects

In the experimental setup of, Figure 1 and in the place of the mirror M, we have used a stainless steel plate with reflection coefficient should be sufficient to allow observation of moiré fringes sufficient. If surface controlled contain defects, then while palpating surface, the image grating 4 impregnates the exact shape of the controlled surface. The variation of the form of the structure of the image of grating 4 and while being superimposed on the grating 8 generates fringes of moiré which present variations in the contour of their forms, and the structure of moiré fringes are straight lines with slight fluctuations, which corresponds to small, thus materializing the localization of defects in shape of the surface object Figure 3.

Figure 3. Moiré fringes of stainless steel plate without defects.

This fringe pattern means that the inspected surface has no defects, or sensitivity of the system is not sufficient to highlight defects form existing on this sample.

The defects forms existing on the surface inspected. In this case, the moiré fringes are not parallel straight lines, but have irregularities in their structures, which materialize the deformations on inspected surface of the sample.

The significance or insignificance of defects form, materializing changes in the structure of moiré fringes, expressed the intensity of shape defects of the surface.

Thus, any changes in the form of moiré fringes, provides direct information on the presence of defects form and its magnitude Figure 4.

Distortions or form defects, that a surface contains, are in fact displacements of dots on the surface. When these dots displacements are very weak, the difficulty of detection becomes important.

Figure 4. Moiré fringes of stainless steel plate with defects.

3.2 Detection sensibility of experimental setup.

This fringe pattern means that the inspected surface has no defects, or sensitivity of the system is not sufficient to highlight defects form existing on this sample.
The significance or insignificance of curvatures form, materializing changes in the structure of moiré fringes, expressed the intensity of shape defects of the surface. Thus, any changes in the form of moiré fringes, provides direct information on the presence of defects in shape and its magnitude.
Distortions or form defects, that a surface contains, are in fact displacements of dots on the surface. When these dots displacements are very weak, the difficulty of detection becomes important.
To highlight and observe the defects form with small magnitude, it is necessary to increase the sensitivity of moiré phenomenon by use of high spatial frequencies of grating and to call the fringe multiplication technique [10]. The setup according Fig. 1 contains the spatial filter SF which has the function to select diffraction orders (r, 0) and (0, r) resulting from the superposition of the grating image 4 and grating 8. In complement, of the use, of the high spatial frequencies of gratings used, the selection of high harmonics (r , 0) and (0, r) of the diffraction pattern, increases the sensitivity of moiré fringes, which increases resolution of detection and thus allows, to make it possible to highlight microscopic defects form and lower.
The experimental setup described in this paper, is a precision assembly which allows the use of high spatial frequencies gratings and the use of spatial filtering technique or both them simultaneously, to increase sensitivity of moiré method, and consequently, increase resolution detection of control system. For detection and observation of deformations on a small surface by using this experimental setup, we have used a stainless steel plate with reflection coefficient should be sufficient to allow observation of moiré fringes. The sample is tested by the use of two linear transmission gratings of 200 lines / mm. With this spatial frequency, resolution measurement in sub micrometric range, and measurement uncertainty in nanometric range.

4 Conclusions

This measurement method is suitable for controlling distortions, defects of form and flatness of precision surfaces, of optical and mechanical components, it also allows, measuring local defects on complex shapes, or objects goldsmithery.
The experimental setup, allows a considerable magnification of the image of inspected surface, it can detect defects at the microscopic level, through the magnification generated jointly by the moiré method which plays the role of movement microscope and the experimental setup itself., it is possible to measure easily micro defects on precision surface, with deformation of the sub micrometric range and uncertainty measurement in nanometric range. The sensitivity for displacement measurement using moiré technique depends on the frequency of the moiré grating, thus a great effort has been to get a grating with higher density.
This optical technique of non destructive control and contactless can be used advantageously to measure deformations generated by constraints on precision surface, and determining the functional influence, of these variations on the function. It can also be used for dimensional control, when, for example, to quantify the error in form to whether an item is safe or rejected. Indeed, it then suffices to compare a figure of moiré fringes that is adapted to a given standard, so, that the system of moiré fringes is formed of equidistant parallel straight lines. Such moiré figure is previously recorded, which is very easy to use to test the conformance of the object to the standard, since it suffices to verify if the fringes contour is conform or not to the standard fringe contour, which saves precision, time and money.

References

1. H. Takazaki, Appl Opt Vol 12, Iss 4, 845-52, (1973)
2. H. Takazaki, S. Huzuoka, Opt Acta, GBR Vol 16 Iss N° 8, 1009-1019 (1979)
3. SS. Ghorti , Opt and Lasers Eng, vol 48, Iss 2, 133-140, (2010)
4. S. Zhang, Opt and lasers Eng, vol 48, Iss 2, 149-158, (2010)
5. L. Chen, Y. Chang, Key Eng Mater, 113-6, (2008)
6. XU. Zhiguang, and Al, Opt Expr, Vol 17, Iss 21, 18394- 18407, (2009)
7. SS. Ghorti, G. Rajshekhar, P. Rastogi, Opt & Las Tech, Vol 43, Iss 1, 40-44, (2011)
8. I. Admiror, *The theory of moiré phenomenon* (Kluwer Academic Publishers 2000)
9. M. Abdelhosani, Optik, 122, 510-513, (2011).
10. D. Post, Exp Mech USA, Vol 21, Iss N° 3, 100-104, (1981)

Performance of a low cost laser scanner using a granite square gauge

Performance d'un scanner laser à faible coût à l'aide d'une jauge carrée de granite

Antonio Piratelli-Filho[1], Nabil Anwer[2], Charyar Mehdi Souzani[2], Rosenda Valdes Arencibia[3] and Lucas Peres dos Reis[1]

[1] Universidade de Brasília, UnB, Faculdade de Tecnologia, Depto. Engenharia Mecânica, Brasília, DF, Brazil
[2] LURPA, École Normale Superieure - ENS Cachan, 61, av. du Président Wilson, Cachan, France
[3] Universidade Federal de Uberlândia – UFU, Faculdade de Engenharia Mecânica, Uberlândia, MG, Brazil

Abstract. This work deals with performance verification of a low cost laser scanner with a granite square gauge. This gauge has well finished surfaces and dimensional precision, enough for verification of a low cost laser scanner. The square was initially measured with the scanner and a cloud of points was saved in a file. A filtering method was applied to extract noise from data and the flatness deviation of each plane, together with the angle between planes, were determined. MatLab software was used as a tool to determine the deviations and angles. Analysis of normality of data was carried out with normal probability plot graphs. Results were compared and were below from scanner manufacturer ones. It was observed that deviations were above stated in manufacturer manual.

Key Words: laser scanner, performance, square gauge

Mots Clés: laser scanner, performance, étalon carré

1. Introduction

Performance evaluation of laser scanner 3D has been under investigation in search of knowledge about its errors and uncertainty. Current techniques involves the use of different types of gauges like spheres and gauge blocks among others [1].

According to Lartigue *et al.* [2], the parameters density, completeness, noise and accuracy define the quality of a point cloud obtained by digitization instruments. The authors argued that noise and accuracy are linked to quality, as density and completeness are influenced by measurement strategy and object.

Barbero and Ureta [1] compared five different digitization techniques in respect its accuracy. There were used a calibrated sphere, cylinder and gauge block as gauges to perform the measurements.

Zúniga and Piratelli-Filho [3] presented a method to check performance of laser scanner 3D, based on the measurement of a multi-object gauge. This gauge was built having cylinder, cone, rectangle, stairs and circle to verify errors in length and angle measurement.

Alternatives to complex objects are simple ones. Besides, data points considered as outliers, coming from some particular problem during scanning as laser light reflection, must be extracted before determining the performance parameter. Besic *et al* [4] presented an application to improve the accuracy of a laser line scanner using the median filter. Gestel *et al.* [5] used a plane to check the performance of laser line scanners, arguing that it is a fast, easy and simple method.

This work deals with performance verification of a low cost three dimensional laser scanner with a granite square gauge. This gauge has well finished surfaces and dimensional precision, enough for verification of a low cost laser scanner. Data filtering was carried out by using statistical boxplot graphics and the performance was determined by the range of deviations in respect to the fitted planes and angle of the square.

2. Experimental

The experiments were performed with a 3D laser scanner from NextEngine, model 2020i. This scanner has four laser sources with wavelenght of 0.650 mm. The digitization speed is 50,000 points per second and there are two scanning modes, Macro and Wide, having resolution and accuracy of 200 dpi and 0.127 mm for Macro and 75 dpi and 0.381 mm for Wide, respectively. The sofware ScanStudio HD controls the digitization.

The gauge adopted was a calibrated granite square with flatness deviation of 0.002 mm in planes A and B, with a 95% expanded uncertainty of 0.001 mm. The angle between planes A and B was was reported as 90,0011° by the calibration certificate.

Article available at http://cfmetrologie.edpsciences.org or https://doi.org/10.1051/metrology/201715004

Figure 1 shows the scanner and gauge during measurement. It can be seen that 4 laser lines were projected over granite square surfaces that were reflected to the laser camera. Cartesian coordinates of points on surfaces are determined and saved as cloud of points in a txt format file.

Figure 1. Laser scanner and granite square gauge.

The gauge was measured using the following settings at 3D laser scanner: Positioning at Single; resolution of 200 points/in²; Target at Neutral; Range at Wide. The gauge positioning was selected to acquire all information of both planes and angle in a single measurement, avoiding alignment errors from joining different views.

MatLab software was used to make calculations and graphs. A plane was fitted to each data cloud and the deviations between points and planes were determined, as the angle between planes. Data was checked against normality of deviation distribution on surfaces A and B of the granite square. A statistical filtering method was applied by using the boxplot graphs, in an attempt to reduce the variability associated to scanning operation.

3. Results and discussion

A first view of the data point deviations in respect to the planes A and B is presented in Figure 2. As observed, the global mean was 0.000 mm, with a standard deviation of 0.104 mm. This result is valid as a preliminary analysis, but considering that range was 1.282 mm, compared to flatness of 0.002 mm of square and 0.127 mm from scanner accuracy (manufacturer), it can be considered that noise is a considerable part of results. If flatness and other geometrical features are under evaluation, a filtering method must be applied and new analysis was demanded.

Data from scanner was then exported to complementary analysis using MatLab. Descriptive statistics were mean, stardard deviation and range as 0.000 mm, 0.090 mm and 1.058 mm for plane A and 0.000 mm, 0.157 mm and 1.360 mm for plane B. Figures 3 and 4 presents the histograms for planes A and B. As showed, the distribution appears like a normal one, but with some addtional negative deviations in both planes. These values increase the range and standard deviation and can be associated to noise in scanned data.

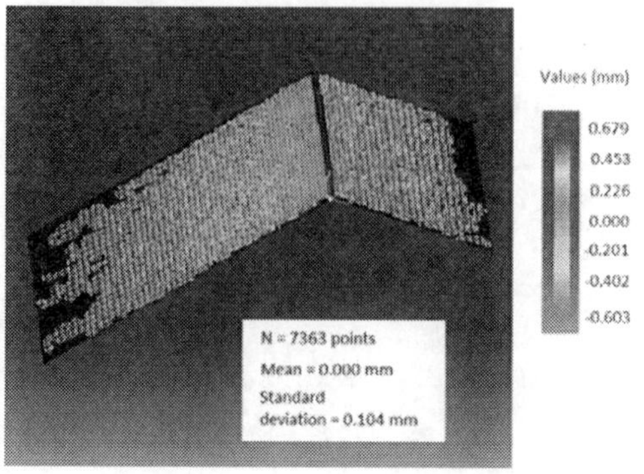

Figure 2. Error analysis from scanned data

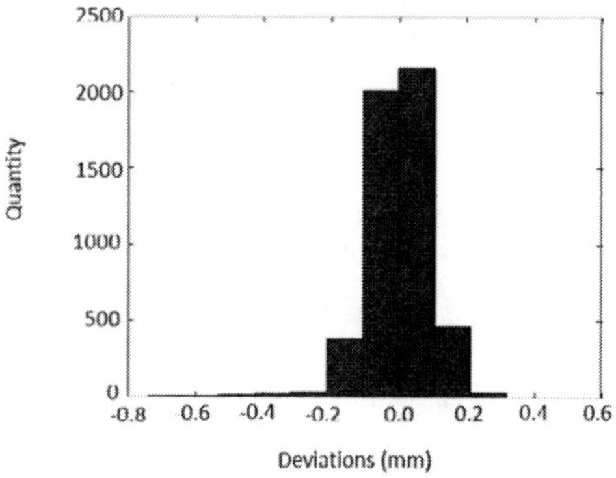

Figure 3. Histogram with Plane A data

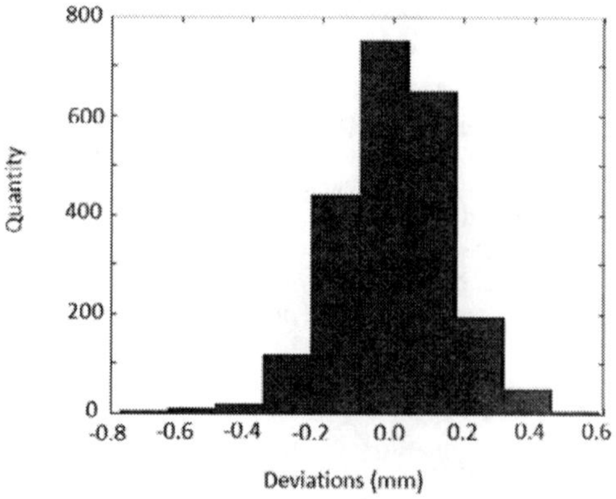

Figure 4. Histogram with Plane B deviations

Verification of normality assumption was performed by building the normal probability plot for planes A and B. These graphs can present also the points that can be considered as outliers and are showed in figures 5 and 6.

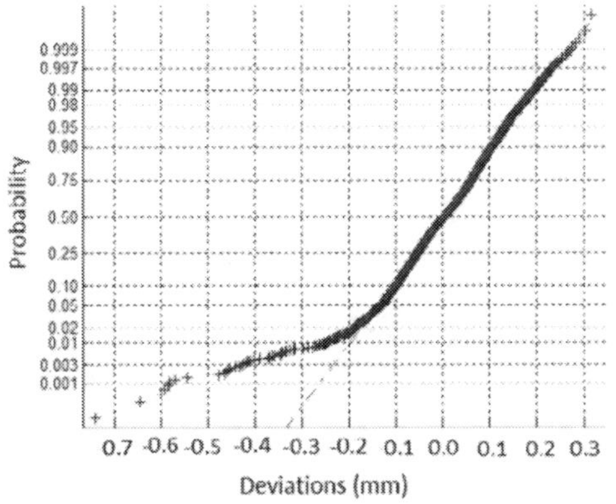

Figure 5. Normal probability plot of Plane A data

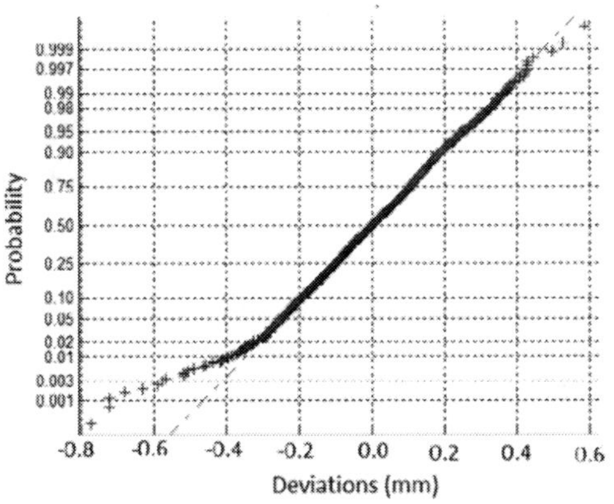

Figure 6. Normal probability plot of Plane B deviations

It was observed that the hypothesis of Normal Probability Distribution (NPD) of deviations in respect to planes A and B can not be accepted, since the data points have a pronounced divergence in respect to the straight line stablishing the NPD. This behaviour is strongly influenced by the negative deviations that appears to be outliers, e.g., resulted from other sources of errors like from laser light reflection.

It was used a statitical filter by building boxplot graphs presented in figures 7 and 8.

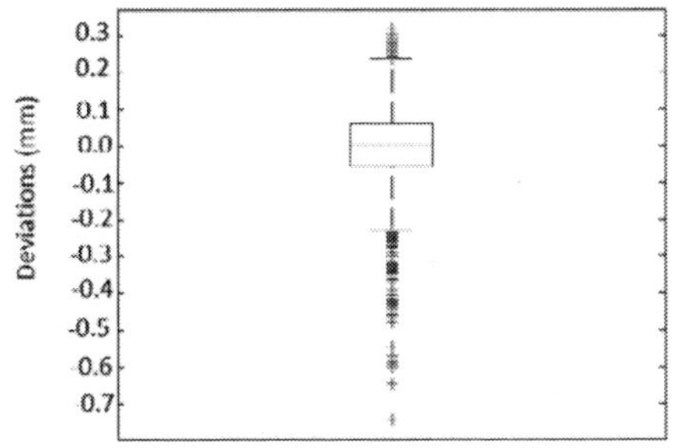

Figure 7 – Boxplot of deviations of plane A showing outliers

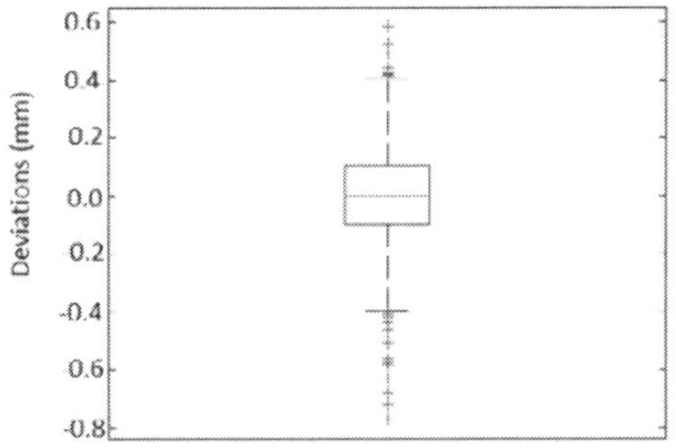

Figure 8 – Boxplot of deviations of plane B showing outliers

As showed, there are some points considered as outliers, marked in red, that must be removed before make any statement of performance. After removing these deviations, Table 1 shows the statistics for deviation in respect to planes A and B, after removing outliers from results.

Table 1. Statistics from deviations of planes A and B

Plane	A	B
Min (mm)	-0.230	-0.399
Max (mm)	0.234	0.410
Range (mm)	0.463	0.808
Mean (mm)	0.004	0.003
Std deviation (mm)	0.079	0.145

Standard deviation and range for deviations in respect to planes A and B can be considered as performance parameters. Thus, it was found a standard deviation of 0.079 mm and 0.145 mm, close to the stated by the manufacturer for the same scanning conditions, e.g., 0.127 mm.

For angle measurements, an algorithm was built in MatLab to determine the angle between the planes A and B, fitted by least squares method. It was determined an angle of 90.8261°, resulting in an error of 0.825° or 49'30". The standard deviation was determined as 0.354° or 21'14". This error could be affected by the gauge orientation during measurement, together with the uncertainty in plane adjustment.

4. Conclusions

A performance verfication of low cost 3D laser scanner was presented involving the measurement of a granite square. Data from scanning of two planes of the square were used to fit planes and to calculate the deviations points-plane and determine the angle.

The square gauge proved suitable to check performance of the low cost scanners, since its has low cost and very small uncertainty in plane surfaces compared to scanner one, 0.211 mm and 0.02 mm, respectively. A filtering method with boxplot graph proved simple and well known technique to eliminate outliers and reestablish Normal probability distribution. The standard deviation was adopted as scanner performance parameter and it was determined as 0.145 mm at plane B, close to the values established by manuafacturer, 0.127 mm for the same scanning conditions.

Research efforts may still investigate the application of other filtering methods to supress noise in scanning measurements.

Acknowledgements

The authors would like to acknowledge the Conselho Nacional de Desenvolvimento Científico e Tecnológico (CNPq), Brazil, and the Fundação de Apoio à Pesquisa do Distrito Federal (FAPDF), Brazil, for financing this work.

References

[1] Barbero, B.R., Ureta, E.S. Comparative study of different digitization techniques and their accuracy. Computer *Aided Design*, 43 (2): 188-206, 2011.
[2] Lartigue, C., Contri, A., Bourdet, P. Digitised point quality in relation with point exploitation. Measurement, 32: 193-203, 2002.
[3] Zúniga, L.D.O., Piratelli-Filho, A. Method to check performance of laser scanners using tridimensional artifact. Proc. of COBEM, Ribeirão Preto, Brazil, November 3-7, 2013.
[4] Besic, I., Gestel, N.V., Kruth, J-P., Bleys, P., Hodolic, J. Accuracy improvement of laser line scanning for feature measurements on CMM. Optics and Lasers in Engineering, 49 (2011): 1274–1280.
[5] Gestel, N.V., Cuypers, S., Bleys, P., Kruth, J-P. performance evaluation test for laser line scanners on CMMs. Optics and Lasers in Engineering, 47: 336–342, 2009.

The contact surface of oak chips / wine determined by image analysis

Igor Chiciuc[1,*] and *Andrei* Chiciuc[1]

[1]Technical University of Moldova, MD-2004 Chisinau, Moldova

Abstract. The study is focused on measuring the oak chips/wine contact surface. Five samples were analysed with the doses used in oenology (2; 3; 4; 5 $g.L^{-1}$). For example, for the dose of 2 $g.L^{-1}$ there were obtained the surfaces, as follows: XOV US-71 $cm^2.L^{-1}$; XOV Fr-76 $cm^2.L^{-1}$; DS Fr-72 $cm^2.L^{-1}$; OG Md 83 $cm^2.L^{-1}$ and OS Md 154 $cm^2.L^{-1}$. The results were compared with the data known for the barrel, oak chips doses being calculated to have a similar surface, thus obtaining: XOV US-2,57 g; XOV Fr-2,41 g; DS Fr-2,52 g; OG Md-2,19 g; OS Md-1,18 g. Measurements were done with image analysis and this is a first approach to determine this parameter for the wine.

1 Introduction

Wine aging in oak barrels is a widespread practice in wine-making, especially when it comes to obtaining a quality red wine and occurs generally from the end of the alcoholic fermentation till wine bottling. This process allows the wine to develop new organoleptic characteristics (color, aroma, taste), valued by consumers, the wine becoming more stable and more complex [1].

Being quite expensive, wine aging in barrels cannot be used for all wines. Therefore, an alternative technology of wine aging is being used lately, by using oak chips associated with wine micro-oxygenation. This can speed up the aging period and lead to make wines with lower production costs compared to the traditional technique, while still obtaining wines with similar organoleptic characteristics [2].

To better control the process of wine aging on the oak chips, it would be good to know the contact surface between wood and wine so as to approach as much as possible to the conditions in the classical method of maturing wine in barrels, where this parameter is already known. Thus, this study comes to help to know this parameter and have a tool to better manage the aging process of the wine on oak chips.

The objective of this study is to determine the contact surface of oak wood/wine during wine aging when oak chips are used.

1.1 The influence of oak wood on wine quality

There are several parameters that can influence the accumulation of volatile compounds in wine and the color at its interaction with the oak wood during aging that will lead to the change of the wine kept in barrels, compared with the wine that is kept, for instance, in stainless steel tanks. Among these parameters, some of the most important are the geographical origin of the oak wood and the type of wood heating used to produce the barrel.

1.1.1 The influence of the oak wood

The oak tree belongs to the botanical genus Quercus, this genus being represented by over 250 species, and from among these species only three are mainly used in cooperage to manufacture oak barrels.

These species are as follows:

- Quercus petraea and Quercus robur, widespread in Europe, from northern Spain to the Ural Mountains.
- Quercus alba, this species is found in the USA and especially in the eastern part.

The analyses carried out showed that Quercus robur is rich in polyphenolic compounds, tannins and is less aromatic, while Quercus petraea contains less and medium polyphenolic compounds being more aromatic.

The American oak tree Quercus alba contains less phenolic compounds but is rich in aromatic compounds, especially in whiskey lactones. The molecules of whiskey lactones, eugenol and vanillin are the main substances with a strong aroma and are characteristic of the oak wood before it is subjected to heat processing [1].

1.1.2 The influence of heat treatment

When manufacturing the barrel, the oak wood is subjected to a heat treatment process that can be decomposed into two stages [3]:

1. Heat treatment for oak staves bending – it supposes curving the staves that will be used to manufacture the barrel.

* Corresponding author: ichiciuc@gmail.com

2. Heat treatment by burning – it supposes to give the barrel its specific shape. This heating of the barrel leads to changes in the structure and composition of the oak wood. Thermal treatment by burning defines the quality of the barrel and influences the subsequent evolution of the organoleptic characteristics of the wine during aging.

1.2 Image analysis, ImageJ

Image analysis has found utility in various fields of human activity, totally different from each other. Thus, this technique is widely used in the food industry, agriculture, biology, medicine, environment and many other areas of modern activity [4].

Image analysis done with the help of ImageJ software was used in this study for the characterization of the oak chips contact surface during wine aging. This is open-source software developed by Wayne Rasband from the National Institute of Health.

2 Material and methods

2.1 Oak chips

The oak chips used in this study are sold by the companies Martin Vialatte Œnologie (France), Corimpex (Italy) and Oenolab (Moldova). The products from Martin Vialatte Œnologie correspond to a medium heat treatment and are of American and French origin (XOV US – American oak tree, and XOV Fr – French oak tree). The oak chips from Corimpex are of French origin, subjected to a light heat treatment and sold under the name Dessein structure (DS Fr). The oak chips from Oenolab are of Moldovan origin, treated to a medium heat treatment and sold under the name Oenotal Grosier (OG Md) and Oenotal Standard (OS Md) (Figure 1).

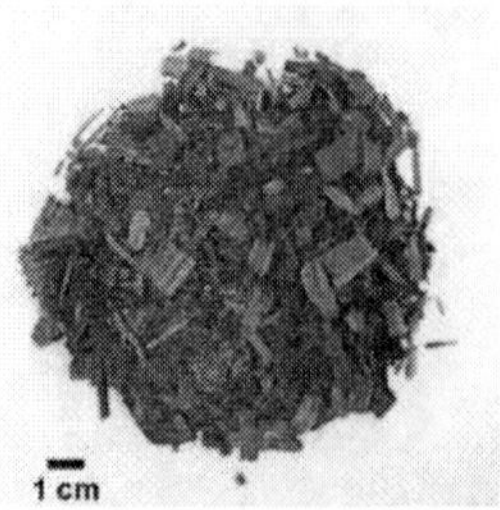

Figure 1. Oak chips.

2.2 Characterization of the contact surface

Contact surfaces for barrels and other regular oak shapes (nuggets, staves, ministaves, ...) are measurable by the usual measurement means and mathematically computable [2], [5]. Due to the fact that oak chips have irregular forms, this determination is difficult to be done and its surface is little known. Therefore, in this study we tried to determine the contact surface wood/wine using image analysis. In this case, this method is not a very accurate method due to irregularities at the surface of the chips, but it is a method that allows us to get closer to measuring the contact surface wood/wine.

In order to characterize the contact surface, we proceeded the following way:

1. In the first stage oak chips images are obtained. Two methods to obtain the image were used:

1.1. In the first case by using a photo camera - for the all studied oak chips samples (for XOV US and XOV Fr a JVC photo camera, model KV-F50E was used); for DS Fr a NIKON photo camera, model D90 was used and for OG Md and OS Md a Canon EOS photo camera, model 1200D was used. When capturing the image, a light source placed above the area of image capture for a better brightness is used. The analyzed oak chips are placed on the area of image capture, being spread over a white sheet of paper and distributed in a single layer. The oak chips are separated from each other into pieces, so that they are not stuck together and can be clearly distinguished when capturing the image (Figure 2).

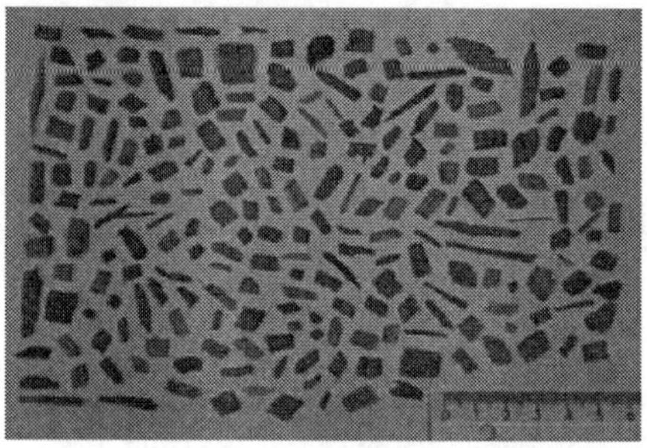

Figure 2. Captured image.

1.2. In the second case by using a scanner - only for the oak chips samples OG Md and OS Md, the same samples used for obtain the image by photo camera (1.1). A scanner Canon I-SENSYS MF4450 was used to get image and the analyzed oak chips are placed on the working area of scanner, distributed in a single layer. The oak chips are separated similar like for camera, they are not stuck together and can be clearly distinguished.

2. To have access to the surface of the oak chips, the captured image is subjected to the image treatment using ImageJ (for XOV US and XOV Fr 1.43q version was used, for DS Fr, OG Md and OS Md 1.50e version was used). The surface of each wood chips is determined. The total surface of a specimen of wood chips in part corresponds to the determined surface multiplied by two. The thickness of the wood chips during its contact surface characterization was not taken into account.

2.1. The image is opened in the ImageJ software (from the menu: File-Open-select photo) and is converted from color to black and white (Image-Type-8-bit) (Figure 3).

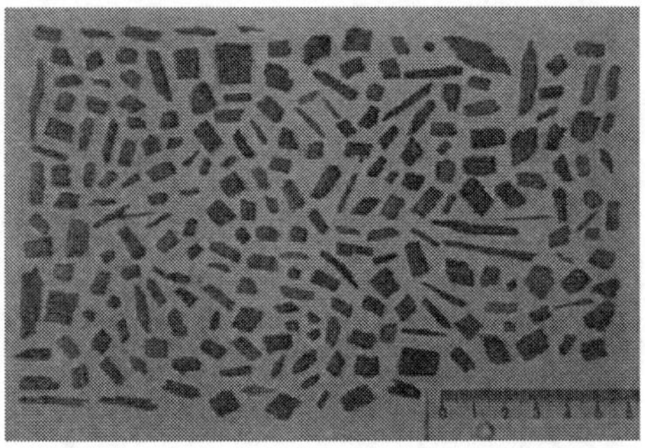

Figure 3. Image converted to black and white (8-bit).

Then, the measuring scale is selected by drawing a line (Straight button) on the desired length (50 mm), on the surface of the ruler. The measuring scale is set from the menu (Analyze-Set Scale) and in the box Known Distance it is written 50; it is also introduced the measuring unit - mm (box Unit of length). To check the correct selection of the measuring scale, another line is drawn on the ruler and it is determined its distance. You can continue if the distance is selected correctly, otherwise the measuring scale has to be reset in the way described above.

2.2. The image is processed to distinguish better the threshold of the oak chips pieces (from the menu Process-Binary-Make Binary).

The image of the ruler in the photo is removed in order not to disturb the subsequent determination of the contact surface (the surface of the ruler is selected by using the Rectangular instrument, and then from the menu select Edit-Clear) (Figure 4).

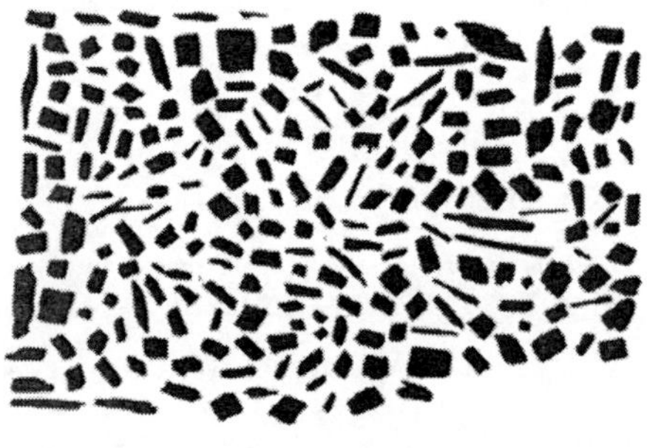

Figure 4. Threshold image.

2.3. The surface of the oak chips is determined (from the menu: Analyze-Analyze Particles), Show Outlines is selected, Display Results is ticked and then press the button OK (Figure 5). As a result, we get an image with each piece of wood chips well defined and numbered. The results regarding the calculation of the surface of oak chips automatically open in a separate window where the calculated surface for each piece of oak chips is shown. For further processing of the data obtained, these results are exported to an Excel file.

Figure 5. Final image.

2 Results and discussions

The data measured for the samples of oak chips show a total number of pieces of oak characterized by a number of 5606 pieces, for the XOV US oak chips, having a total area of 3674 cm^2 and a weight of 104 g. (Table 1).

Table 1. Data measured for the oak chips.

Oak chips	Number of captured images	Pieces of oak chips in the studied sample	Total contact surface, cm^2	Sample weight, g
Chips XOV US	40	5606	3674	104
Chips XOV Fr	40	6566	3815	101
Chips DS Fr	55	11328	7230	200
Chips OG Md (by camera)	41	10566	9074	218
Chips OG Md (by scanner)	41	10522	8989	218
Chips OS Md (by camera)	41	11591	2850	37
Chips OS Md (by scanner)	41	11535	2805	37
Bordeaux wine barrel (225 L)	-	1	20400	45000

In the case of XOV Fr oak chips, a number of 6566 pieces were analyzed, with a total area of 3815 cm^2, for a weight of 101 g. For the DS Fr sample, a total of 11328 pieces of oak chips were analyzed, with a total area of 7230 cm^2, having a weight of 200 g. In the case of OG Md sample, a number of 10566 (by camera) and 10522 (by scanner) pieces were obtained, with a total area of 9074 cm^2 (by camera) and 8989 cm^2 (by scanner) for a total weight of 218 g. For the last sample of oak chips studied OS Md, a number of 11591 (by camera) and 11535 (by scanner) pieces were obtained, with a total area of 2850 cm^2 (by camera) and 2805 cm^2 (by scanner) for a total weight of 37 g.

From the data obtained in the characterization of the contact surface of the oak chips and taking into account the current doses employed in oenology namely 2; 3; 4; 5 $g.L^{-1}$ [3] the wood/wine contact surface was calculated (Table 2).

Table 2. Data calculated for the oak chips.

Oak chips	Contact surface (dose of oak chips, x $g.L^{-1}$), **$cm^2.L^{-1}$**				Needed dose of oak chips for a contact surface similar a Bor-deaux barrel (91 $cm^2.L^{-1}$), **$g.L^{-1}$**
	2 $g.L^{-1}$	3 $g.L^{-1}$	4 $g.L^{-1}$	5 $g.L^{-1}$	
XOV US	(3674*2 /104)= **71**	(3674 *3/104)= **106**	(3674*4 /104)= **141**	(3674 *5/104)= **177**	(91*104 /3674)= **2,57**
XOV Fr	(3815*2 /101)= **76**	(3815 *3/101)= **113**	(3815*4 /101)= **151**	(3815 *5/101)= **189**	(91*101 /3815)= **2,41**
DS Fr	(7230*2 /200)= **72**	(7230 *3/200)= **108**	(7230*4 /200)= **145**	(7230 *5/200)= **181**	(91*200 /7230)= **2,52**
OG Md (by camera)	(9074*2 /218)= **83**	(9074 *3/218)= **125**	(9074*4 /218)= **166**	(9074 *5/218)= **208**	(91*218 /9074)= **2,19**
OG Md (by scanner)	(8989*2 /218)= **82**	(8989 *3/218)= **124**	(8989*4 /218)= **165**	(8989 *5/218)= **206**	(91*218 /8989)= **2,21**
OS Md (by camera)	(2850*2 /37) = **154**	(2850 *3/37) = **231**	(2850*4 /37) = **308**	(2850 *5/37) = **385**	(91*37/ 2850)= **1,18**
OS Md (by scanner)	(2805*2 /37) = **152**	(2805 *3/37) = **227**	(2805*4 /37) = **303**	(2805 *5/37) = **379**	(91*37/ 2805)= **1,20**
Bor-deaux wine barrel (225 L)	(20400/ 225)= **91**	(20400/225) = **91**	(20400/ 225)= **91**	(20400/225) = **91**	-

To calculate the contact surface ($cm^2.L^{-1}$) the calculation was used as follows: the total contact surface determined by image analysis (cm^2) was multiplied by the dose of the oak chips used ($g.L^{-1}$) and divided by the weight of the oak chips sample (g). For instance, in the case of Chips XOV US, for a dose of 2 $g.L^{-1}$, the following result was obtained: 3674 cm^2 * 2 $g.L^{-1}$ / 104 g = 71 $cm^2.L^{-1}$. Thus, it was performed the calculation for the studied methods and they are compared with the results known for the barrel (91 $cm^2.L^{-1}$) [5].

The contact surface was determined and we can to see the results are close for the studied samples, except oak chips OS Md, which larger surface. This sample has smaller pieces compared to the others samples. *For example,* for a dose of oak chips of 2 $g.L^{-1}$, there is a contact surface of 71 $cm^2.L^{-1}$ (XOV US), 76 $cm^2.L^{-1}$ (XOV Fr), 72 $cm^2.L^{-1}$ (DS Fr), 82-83 $cm^2.L^{-1}$ (OG Md), and 152-154 $cm^2.L^{-1}$ (OS Md). Except the OS Md, the dose of oak chips of 2 $g.L^{-1}$ for other samples has a smaller contact surface compared to that of the barrel, while the doses of oak chips of 3; 4; 5 $g.L^{-1}$ have a bigger contact surface that for the barrel. The obtained results concerning the contact surface, for the samples OG Md and OS Md, determined by capturing the images by two different methods (camera, scanner) are similar and doesn't depend on the method.

In the last column in Table 2 there are calculated the doses of oak chips necessary to have a wood/wine contact surface similar to that of an oak barrel ($g.L^{-1}$). Thus, the wood/wine contact surface in the case of an oak barrel (91 $cm^2.L^{-1}$) was multiplied by the weight of the oak chips sample (g) and divided by the total contact surface determined by image analysis (cm^2). For instance, in the case of Chips XOV US, the following result was obtained: 91 $cm^2.L^{-1}$ * 104 g / 3674 cm^2 = 2,57 g oak chips necessary to have a wood/wine contact surface similar to that of a barrel. As a result, in order to have a wood/wine contact surface of 91 $cm^2.L^{-1}$, when using oak chips, the following doses are necessary: XOV US oak chips of 2,57 $g.L^{-1}$; XOV Fr oak chips of 2,41 $g.L^{-1}$; DS Fr oak chips of 2,52 $g.L^{-1}$. Oak chips OG Md (by camera) of 2,19 $g.L^{-1}$ and oak chips OS Md (by camera) of 1,18 $g.L^{-1}$.

4 Conclusions

Wine aging in the presence of oak chips is an important process in oenology, hence the need to understand and better control this process. In the case of wine aging on oak chips, the wood / wine contact surface plays an important role for its characteristic features and the knowledge of this surface can bring to diminishing the time allotted for the supervision of the process, to reducing organoleptic and physical-chemical analysis, etc.

There were studied five samples of oak chips different from the point of view of their origin, production and supplier (XOV US, XOV Fr, DS Fr, OG Md and OS Md) used in oenology. It was calculated the necessary quantity of oak chips in order to have a wood/wine contact surface similar to that of the oak barrel. Two different image capture tested method (by camera, by scanner) give the similar results.

The image analysis, performed by using the open-source software ImageJ, is a modern and accessible method for the understanding of the conditions of wine aging on oak chips.

References

1. P. Chatonnet, *Influence des procédés de tonnellerie et des conditions d'élevage sur la composition et la qualité des vins élevés en fûts de chêne,* PhD thesis, Institut d'oenologie, Université de Bordeaux II, (1995).
2. I. Chiciuc, *Etude des paramètres affectant le transfert d'oxygène dans les vins,* PhD thesis, Université Sciences et Technologies Bordeaux I, (2010).
3. P. Ribéreau-Gayon, Y. Glories, A. Maujean, D. Dubourdieu, *Traité d'oenologie : Tome 2, Chimie du vin, Stabilisation et traitement,* Editeur : Dunod, 566 p., (2004).
4. M. Stawarczyk, K. Stawarczyk, *Use of the ImageJ Program to Assess the Damage of Plants By Snails,* Chemistry-Didactics-Ecology-Metrology. Volume 20, Issue 1-2, pp. 67–73, (January 2016).
5. M. del Alamo Sanza, I. Nevares Dominquez, L.M. Carcel Carecel, L. Navas Gracia., *Analysis for low molecular weight phenolic compounds in a red wine aged in oak chips,* Analytica Chimica Acta 513, pp. 229-237, (2004).

Features and problems of metrological traceability of gas mixtures using UV absorption, FTIR, and CRD spectroscopy

Leonid Konopelko[1,2], *Vitaly* Beloborodov[1,2], *Ian* Chubchenko[1], and *Dmitry* Rumiantsev[1]
[1] D. I. Mendeleyev Institute for Metrology (VNIIM), Saint Petersburg, Russia
[2] University of Information Technologies, Mechanics and Optics (ITMO), Saint Petersburg, Russia

Abstract. Metrological traceability is usually realized by comparing the high precision gas mixtures (reference standards (RS)) and working standards used for calibration of gas analyzers. The procedures with the use of UV absorption, FTIR, and CRD spectroscopy for the transfer of the mole fraction from the RS to the working standards are developed, in order to reduce the required number of RS and improve the accuracy of measurements. For the successful use of existing spectroscopic databases, the most accurate data was necessary to identify and attribute the uncertainty, based on our own experimental work carried out using the RS. Further on the transfer of the mole fraction from the RS to the working standards can be done without the use of the RS. In the case of CRDS, when the matrix of the studied gas mixture is different from air, the broadening of the spectral lines associated with the interactions between molecules leads to significant error in the measurement of concentration of the studied gas. The effects leveling benefits of the CRDS method are studied.

Introduction

At present in Russia about thirty factories manufacture working standards of gas mixtures in total quantity over 70,000 cylinders a year.

Many efforts have to be completed to ensure the traceability of measurement by achieving metrological traceability from the Primary Measurement Standard of Mole Fraction and Mass Concentration of Components in Gas Media (GET 154-2011) [1] to working standards used for calibration of gas analyzers. Metrological traceability is usually realized by comparing the high precision gas mixtures (reference standards (RS)) and working standards. The number of required RS in Russia is about 1,000 gas mixtures in cylinders annually, which is a serious burden for the GET 154-2011.

The first aim of this work was to develop measurement methods to minimize the quantity of RS i.e. primary reference gas mixtures (PRGM) used for the units transference from the GET 154-2011 [1] to working standards. The second aim of this work was to increase the accuracy of transference of a mole fraction from the GET 154-2011 to working standards. These aims were completed by the use of UV absorption, FTIR, and CRD spectroscopy. GET 154-2011 is a complex of installations that serves for the production of PRGM and transfer of units to working standards.

Features and problems

Modern optical instrumentation working in wide spectral regions or in narrow spectral bands and using special computer programs can potentially measure gas concentrations with high precision. However, the development backlog of spectral methods from the measurement capabilities of modern instrumentation leads to loose accuracy and to complications in analyses.

Spectral absorption measurement methods of substance concentrations are based on comparisons of measured spectrum and reference spectrum. We explore in this work the method of receiving the reference spectrum which is based on spectrum computation with the use of known the spectroscopic parameters of molecules and the spectral characteristics of the instrumentation. Among the available spectroscopic databases used for math spectra modeling, at present, the most widely used are the HITRAN [2] and GEISA [3] databases. There are also catalogs of cross-sections of a large number of substances, e.g., the MPI-Mainz-UV-VIS Spectral Atlas [4] and the NIST Standard Reference Database 79 [5].

All the above-mentioned spectroscopic databases and catalogs are not metrologically ensured. This is one reason why modern spectral optical methods have not been implemented in a gas analysis in full.

Two requirements are needed to measure gas concentrations precisely with the use of computed spectra as follows:

1. Precise knowledge of the spectral line parameters. Computed spectra can differ from the measured spectra taken for the same gas concentration because of the inaccuracy of spectral line parameters.
2. Precise knowledge of the instrument function and other technical data of the spectrophotometer.

The D. I. Mendeleyev Institute for Metrology (VNIIM) participated in international key comparisons CCQM-P110-B2 [6] conducted under the aegis of the International Bureau of Weights and Measures (BIPM) to solve these two issues. Methods and measurement procedures were developed to transfer units from GET 154-2011 to working standards. Scientific basis and methods of practical implementation are surveyed in this work.

The procedure [7] provides a certification of two components CSs in cylinders under pressure with the use of the UV spectroscopy.

Article available at http://cfmetrologie.edpsciences.org or https://doi.org/10.1051/metrology/201716002

The procedure makes a provision for measurements of mole fraction in gas mixtures by the UV spectroscopy at the given wavelength and given spectral resolution conducted on the Cary 5000 spectrophotometer which is included in a UV-IR spectrometric installation of the GET 154-2011.
According to the procedure gas mixture from a cylinder under pressure is forwarded in a gas cell installed in a spectrophotometer and the transmission T is measured.
The shape of calibration curve has been chosen on basis of analysis of dependence of optical density of investigated gas mixture on concentration at the chosen wavelengths and chosen spectral resolutions using measured spectra of PRGM.

Table 1. Accuracy figures of the measurement procedure.

Target component and matrix*	Measurement range of mole fraction of target component in gas mixture, %	The relative expanded uncertainty of measurement, U^0, % for coverage factor k=2**
$NO + N_2$	from 0.0050 up till 3.0	1.1
$Cl_2 + N_2$	from 0.05 up till 10	0.8

Footnote:
* *Target component and matrix are indicated correspondently.*
** *Corresponds to confidence interval of the relative expanded uncertainty of measurement (for a* level of confidence *$P = 0,95$).*

Another procedure was developed for measuring the mole fraction of the components (HCl, CO, NO, SO2) in two-component gas mixtures in cylinders under pressure by IR spectroscopy [8]. This procedure is also used to transfer units from the GET 154-2011 to working standards.
The gas mixture from the cylinder under pressure is blown into a gas cell installed in the sample compartment of the FTIR spectrometer for registration of transmittance spectrum in the spectral range 400-4000 cm^{-1}. With the help of the developed software "SpectraLab 2.0" the obtained transmission spectrum is compared to the estimated transmittance spectrum, formed on the basis of the spectroscopic database HITRAN or GEISA in the specified conditions of measurement (the value of the molar fraction of the analyte obtained according to the preparation procedure, atmospheric pressure, temperature, optical path length of the cuvette, the instrument function), and the molar fraction of the analyte is calculated. The value obtained is corrected using the correction factor K, taking into account the systematic shift of measurement results for the optical train.
Correction factors representing the ratio of the molar fraction of the analyte given in the passport of a gas mixture in a cylinder to the concentrations computed using the HITRAN or GEISA database were established using PRGMs by infrared FTIR spectrometer FSM 1201.

Table 2. Correction factors.

Composition of gas mixture	Range of mole fraction of measured component in gas mixture, %	Correction factor K
$HCl+N_2$	from 0.10 up till 0.30	1,054
$CO+N_2$	from 0.1 up till 8.0	1,050
$NO+N_2$	from 0.2 up till 5.0	1,056
$SO_2 + N_2$	from 0.05 up till 7.5	1,036

It was substantiated on basis of investigations that optimal algorithm of spectra handling is algorithm with the use of the synthetic spectrum and the special spectroscopic database. Such database includes spectral lines parameters, integral absorption coefficients, adjustment coefficients etc. Also an instrument line shape should be controlled with the use of test gas mixture (CO in nitrogen).
Adoption of modern FTIR and development of new method of measurement ensures remote units transfer from GET 154-2011 to manufactured gas mixtures based on methods of IR absorption spectroscopy. This goal is of great practical importance especially for countries with large territory when manufacture of PRGMs and measurement means are exceedingly geographically distributed.
Wavelength-scanned cavity ring-down spectroscopy (WS CRDS) is also used in gas analysis. Test gas mixtures containing carbon monoxide, carbon-12 dioxide, carbon-13 dioxide, methane, and formaldehyde are used to determine the metrological characteristics of WS CRDS gas analyzers. Most experimental results are in agreement with the declared data. For gas mixtures in which the gas matrix differs from air, the broadening of spectral lines related to the interaction of particles causes significant errors in the concentration measurements. Such effects that neutralize the advantages of the WS CRDS method were studied [9]. The coefficients that can be used to correct the results of the WS CRDS gas analyzers and compensate for errors related to different gas matrices are found.

The theoretical estimations were followed by a practical study of the effect of gas matrix on the results of the WS CRDS gas analysis. To estimate the effect of the gas matrix on measured quantities xCO_2, xCH_4, xCO, we studied more than 30 samples with different CH_4, CO, and CO_2 contents. Parameters xCH_2O (nitrogen), xCH_2O (argon), and xCH_2O (air) were obtained in the experiments with gas mixtures of formaldehyde with air, nitrogen, and argon that are produced by the generator of gas mixtures. For each mixture, the correction coefficient was calculated. The random error was then determined. The measured results for gas mixtures with identical concentrations of the gas under study and different gas matrices differ by ratio k.

Table 3. Results of the WS CRDS gas analysis for the gas mixtures containing CH_4, CO, CO_2, CH_2O, and different gas matrices.

	Ratio (k)	Error (Δk)	Ratio of [10]
xCO_2(азот)/xCO_2(воздух)	0.97	0.01	0.976
xCO (азот)/xCO (воздух)	0.92	0.03	
xCH_4(азот)/xCH_4(воздух)	0.990	0.005	0.994
xCH_2O(азот)/xCH_2O(воздух)	0.92	0.03	
xCH_2O(аргон)/xCH_2O(воздух)	1.57	0.03	

Conclusion

Both aims, i.e. to develop measurement methods to minimize the quantity of PRGMs and to increase the accuracy of transference of a mole fraction from the GET 154-2011 to working standards were completed in the series of works. Adoption of modern instrumentation and development of new methods of measurement will ensure a remote units transfer from the GET 154-2011 [1] to manufactured gas mixtures based on methods of spectroscopy.

References

1. GOST 8.578 – 2008. State system for ensuring the uniformity of measurements. State verification scheme for measuring instruments of the content of components in gaseous media.
ГОСТ 8.578-2008 Государственная система обеспечения единства измерений (ГСИ). Государственная поверочная схема для средств измерений содержания компонентов в газовых средах. (in Russian).
2. L.S. Rothman et al. The HITRAN2012 molecular spectroscopic database. JQSRT 130 (2013) 4-50.
3. N. Jacquinet-Husson at al. The 2009 edition of the GEISA spectroscopic database. JQSRT 112 (2011) 2395–2445.
4. MPI-Mainz-UV-VIS Spectral Atlas: http://joseba.mpch-mainz.mpg.de/spectral_atlas
5. NIST Standard Reference Database 79: http://www.nist.gov/srd/nist79.cfm
6. Edgar Flores et al. Final report on Pilot Study CCQM-P110: Study on the accuracy and uncertainty of FT-IR methods calibrated with synthetic spectra for NO_2 concentration measurements. Metrologia 50 (2013), Tech. Suppl., 08011; 97 pages.
7. L.Konopelko, V.Beloborodov, D.Rumiantsev and D.Selukov. Perfecting methods of metrological traceability of priority air pollutants using UV absorption spectroscopy. International Congress of Metrology, 21-24 September, 2015. Paris. Page68. http://cfmetrologie.edpsciences.org/articles/metrology/pdf/2015/01/metrology_metr2015_07006.pdf
8. L.Konopelko, V.Beloborodov, D.Rumiantsev and D.Selukov. Development of gases mole fraction and concentration transference procedures with the use of Fourier spectroscopy.
International Congress of Metrology, 7 -10 October, 2013. Paris. 4 pages. http://cfmetrologie.edpsciences.org/articles/metrology/pdf/2013/01/metrology_metr2013_10009.pdf
9. L. A. Konopel'ko, V. V. Beloborodov, D. V. Rumyantsev, Ya. K. Chubchenko and V.V.Elizarov. Metrological Problems of Gas Analyzers Based on Wavelength-Scanned Cavity Ring-Down Spectroscopy. Optics and Spectroscopy, 2015, Vol. 118, No. 6, pp. 1017–1022.
10. A. Okeefe and Dag. Deacon, Rev. Sci. Instrum. 59 (12), 2544 (1998).

New optical power sensors using pyrolytic graphite

Patrick Pinot[1,*] and *Zaccaria* Silvestri[1]

[1]Conservatoire national des arts et métiers, Laboratoire commun de métrologie, 93210 La Plaine Saint-Denis, France

Abstract. We present two experimental configurations based on a repulsion force acting on a piece of pyrolytic carbon (PyC) in a magnetic induction generated by a magnet array to measure a laser power in the range from a few milliwatts to a few watts. The levitation configuration consists in measuring the levitation height change of the PyC sheet related with the optical power irradiating its surface. The weighing configuration consists in measuring the mass change corresponding to a magnetic repulsion force change acting on a piece of PyC placed on a balance pan and irradiated by a laser beam. The quantities affecting the measurement results have been identified. Examples of measurement results are given. The relative uncertainty of optical power measurement is less than 10% for the first experimental set-up and around 1% for the second one. The wavelength dependence on power response of this device has been quantified. The two PyC-based devices presented in this paper offer a new technique for measuring optical power.

1 Introduction

We present two set-ups using a pyrolytic carbon (PyC) sheet to measure a laser power in the range from 10 mW to 1 W. These elementary devices are based on a small plate of PyC placed in a magnetic flux density generating a repulsion force on the PyC sheet. This force varies when the sheet is irradiated by a laser beam and is related with the optical power. This leads to an alternative to traditional power meters based on thermal measurement techniques via the Stefan-Boltzmann law and photon-electron interaction.

The first experimental configuration presented in a previous paper [1] consists in using the levitation effect of the PyC sheet above a magnet array. Due to the periodicity of the magnetic flux density, the position of the levitated PyC sheet is steady but its levitation height is modified when the PyC surface is irradiated by a laser beam. This leads to potential energy change:

$$\Delta E_t = E_0 \frac{\Delta d_t}{d_0} \qquad (1)$$

where Δd_t is the levitation height change and E_0 is the potential energy of the PyC sheet at the initial levitation height d_0. The power response in terms of levitation height *versus* irradiation power is sufficiently linear, sensitive and reproducible to be used as a laser power sensor. The height change Δd_t depends on the exposure time t_{exp}. It appears to be a suitable measurement parameter for establishing a relation with the irradiating laser power. Several physical quantities can affect the measurement results. In particular, this levitation configuration is very sensitive to mechanical vibration, draughts and temperature fluctuation.

The second configuration presented in another previous paper [2] consists in detecting the repulsion force change between the PyC sheet and the magnet array. In this case, the PyC sheet is placed on the pan of a mass comparator (Mettler Toledo AX206) and the magnet array is held above the PyC sheet at a short distance. The measurement principle is based on the force change expressed in terms of mass through the mass comparator when the PyC surface is irradiated by a laser beam. Thus, there is an equivalence of the potential energy change and the mass change Δm_t as follows:

$$\Delta E_t = E_0 \frac{\Delta m_t}{m_0} \qquad (2)$$

with the same PyC piece ($m_0 = 0.41$ g), and for an identical position and fixed distance ($d_0 \approx 0.4$ mm) between the PyC surface and the magnet array as in the levitation configuration, we obtain a mass change Δm_t of about 1 mg in the weighing configuration which is equivalent to a height change Δd_t of 1 μm in the levitation configuration. The weighing configuration is mainly sensitive to the ambient temperature fluctuation, but the linearity and reproducibility are somewhat better in the power range from 0.2 W to 1 W in this configuration than in the levitation one. However, energy is dissipated in ambient air, which leads to a slight drift being observed in the mass indication by the mass comparator due to thermal effects. This drift can be easily corrected for.

First results are very encouraging. This confirms the feasibility of new laser power sensors using diamagnetic repulsion which appear interesting for applications in metrology, in industry or in technology development. The need to measure high power lasers accurately in

* Corresponding author: patrick.pinot@cnam.fr

Article available at http://cfmetrologie.edpsciences.org or https://doi.org/10.1051/metrology/201717001

real-time in laser manufacturing operations has been highlighted [3].

In this paper, the experimental set-up for the levitation configuration is described in subsection 2.1. The magnetic levitation is presented in subsection 2.2. Thermal effects are discussed in subsection 2.3 and examples of results presented in subsection 2.4. The second set-up for the weighing configuration is described in subsection 3.1. The buoyancy affecting the weighing is discussed in subsection 3.2. Thermal effects affecting the measurement stability are presented in subsection 3.3 after which examples of measurement results are discussed in subsection 3.4.

2 Levitation configuration

2.1 Experimental set-up

Figure 1 shows the experimental set-up for the levitation configuration. This device has been improved by the addition of a damping system compared with the first prototype described in a previous paper [1].

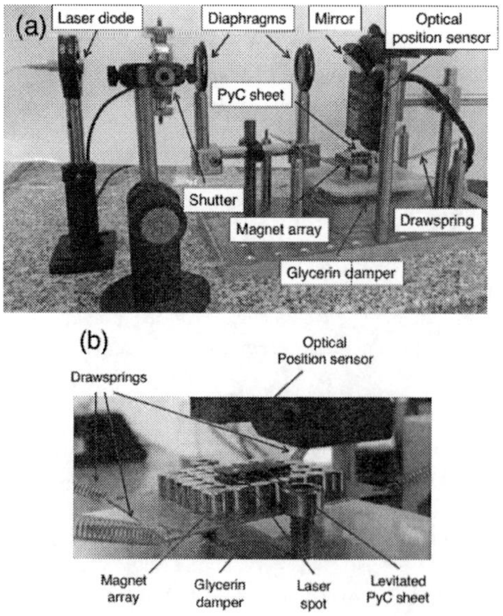

Fig. 1. Photographs of the experimental set-up in the levitation configuration. (a) Overview of the set-up (in this case, the laser under test is a laser diode emitting 3 mW at 635 nm; (b) Close-up of the magnet array on the damping device and levitated PyC sheet.

The levitation configuration is a very simple device which consists of a magnet array, a sheet of pyrolytic carbon, two diaphragms, a mirror, a shutter and a laser displacement sensor.

The horizontal magnet array is composed of (5x7) cylindrical magnets of diameter and height 6 mm. To attenuate the vibration effect, the magnet array is hung with four springs and is coupled with an horizontal aluminum plate immerged in glycerin to damp the device.

The dimensions of the PyC piece are 24 mm × 8 mm × 1 mm.

The two diaphragms (∅ 1.5 mm and 1.0 mm) are used to limit the size of the laser spot and to ensure always the same area of the PyC surface is illuminated.

Once the horizontal laser beam has passed through the two diaphragms, it is reflected and directed vertically downwards onto the PyC surface.

The shutter is placed between the laser head and the first diaphragm to control the exposure time.

The laser displacement sensor (Keyence LC-2420) is used to measure the height change of the PyC sheet when its surface is irradiated.

2.2 Magnetic field

Several configurations have been studied corresponding to different stable positions of the PyC sheet where its potential energy is the lowest. Given both the sizes of the PyC sheet and of the magnet array, there are only six stable levitation positions. Each PyC position change necessarily entails position changes of the Keyence sensor laser spot and of the irradiation spot of the laser beam under test. Consequently, there is one metrological characterization valid only for one position. Each PyC position is identified as "position X" where X is an order number.

Figure 2 shows a photograph of the PyC sheet levitated at about 0.4 mm above the magnet array surface.

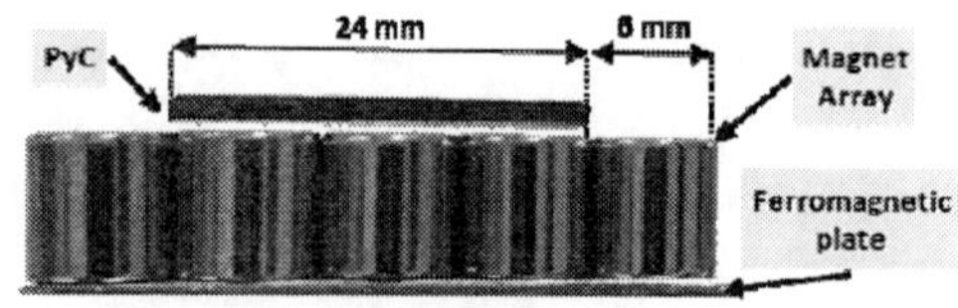

Fig. 2. Photograph of the PyC sheet levitated above the magnet array (position 1).

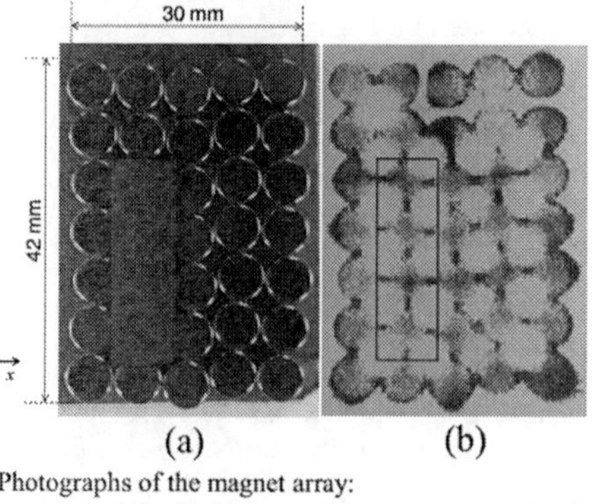

Fig. 3. Photographs of the magnet array:
a) Arrangement of the (5x7) 6 mm-diameter magnets with the PyC piece levitated at position 1;
b) Same area as shown in Fig 3a covered with a sheet of white paper sprinkled with iron filings. The rectangle represents the PyC position 1 in this example.

The photograph of Figure 3.a shows the magnet array with the PyC sheet levitated at one of its stable positions. As expected and shown by the iron filings sprinkled on white paper placed on the magnet array surface in the example of Figure 3.b, the arrangement of the (5×7) 6 mm-diameter magnets induces a 2D periodicity of the magnetic field above the magnet array with a spatial period of about 6 mm.

However, one can see in Fig 3b that the periodicity is not perfect due to misalignments of the magnets. This leads to local heterogeneities of the magnetic field. They can affect the PyC response to an irradiation power according to the levitation position above the magnet array in the horizontal plane.

2.2 Surface temperature

To evaluate the risk of any local intense heat and the necessity to limit the exposure time for higher laser powers, thermal tests were carried out using a thermal imaging camera Optris PI (OPTPI16-O31T900).

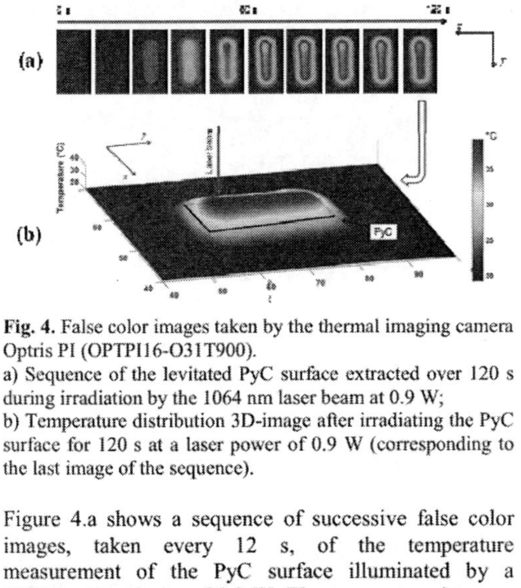

Fig. 4. False color images taken by the thermal imaging camera Optris PI (OPTPI16-O31T900).
a) Sequence of the levitated PyC surface extracted over 120 s during irradiation by the 1064 nm laser beam at 0.9 W;
b) Temperature distribution 3D-image after irradiating the PyC surface for 120 s at a laser power of 0.9 W (corresponding to the last image of the sequence).

Figure 4.a shows a sequence of successive false color images, taken every 12 s, of the temperature measurement of the PyC surface illuminated by a 1064 nm laser beam of 0.9 W. The temperature increase seems to tend towards a plateau at about 40 °C after the surface has been irradiated for t_{exp} =120 s. This results from the exceptional thermal properties of this material which presents a high anisotropy. The irradiation induces a photothermal effect which reduces the diamagnetism of the material [4].

Figure 4.b shows a false color image of the PyC surface extracted from a thermal camera recorded after 120 s of irradiation by the 1064 nm laser beam at 0.9 W. The temperature imaging threshold was chosen at 22 °C corresponding to the contour line. The ambient air temperature was 21 °C. The analysis of images taken over 120 s irradiation shows that the temperature diffusion from the irradiated point at one of the PyC sheet ends to the other end is not instantaneous. In addition, it seems in Figure 4.b that a temperature increase in the horizontal plane over the PyC edges could correspond either to an imaging artifact (blurring effect) or more probably to a heat exchange with the ambient air close to the PyC piece.

In other words, this means that there is a heat exchange with the ambient air close to the PyC sheet leading to a balance between absorbed energy (thermally excited electrons by irradiation) and emitted energy (heat transferred to the air).

2.3 Result and discussion

Figure 5 shows examples of curves obtained from the recorded data for position 2 for eleven values of irradiation power P_{irr} at a wavelength of about 1064 nm. The exposure time t_{exp} was limited to 20 s and the ambient air temperature was (22.7 ± 0.2) °C. These examples are particular because the displacement change *versus* exposure time is negative and relatively small. This means that the levitation height increases with the exposure time for position 2. In addition, a plateau is reached after the PyC surface has been irradiated for about 10 s. For the other positions, the displacement change is positive and the plateau is ten times higher for the same optical power. Consequently, the device is much more sensitive to the irradiating optical power for the other positions than for position 2, but the plateau is reached after 60 s of irradiation instead of 10 s.

Nevertheless, the experimental results showed in Figure 5 can be used to determine the metrological specifications of the PyC-based sensor for position 2. Figure 6 shows the graphical representation of the levitation height change after an exposure time of 20 s for the different optical powers in Figure 5. Figure 6 also shows that the photo-response of the sensor is not linear in the range 100-1000 mW. The best fit is obtained by using a second-order polynomial regression. However, the sensor response can be considered linear within two sub-ranges 100-400 mW and 400-1000 mW. This point is observed for all positions.

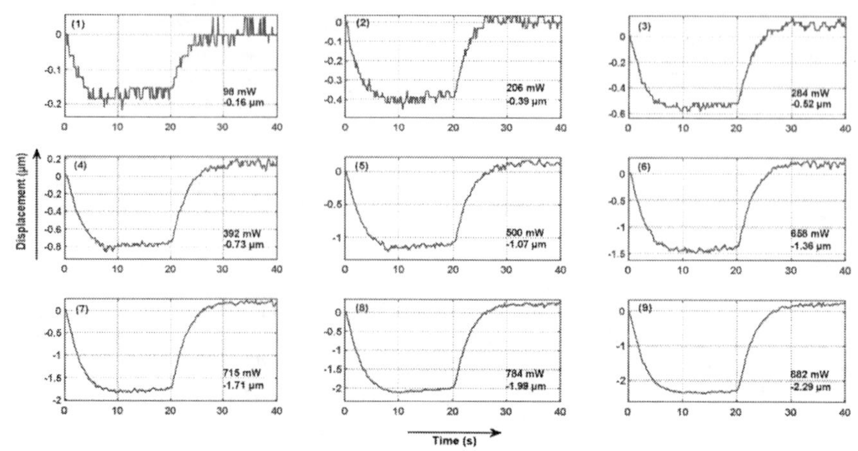

Fig. 6. Examples of curves obtained from experimental data for position 2 of the PyC sheet. The maximum exposure time is 20 s. The irradiation power P_{irr} and the maximum differential displacement Δd_{20} are indicated on each graph.

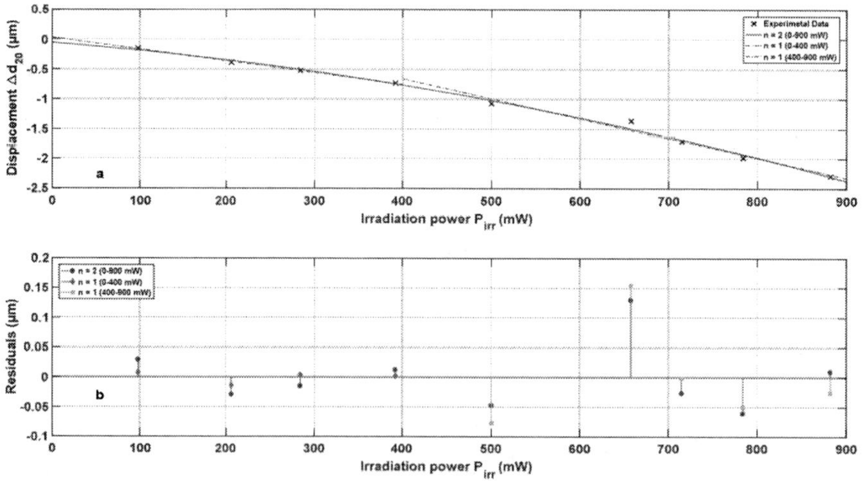

Fig. 5. Graphical representation from experimental data in Figure 5. a) displacement value Δd_{20} *versus* irradiation power P_{irr}; curve from a second-order polynomial fit (solid line) and linear fits (dotted lines); b) residuals for every polynomial fit.

2.4.1 Background noise

Note that the sensitivity and the signal-to-noise ratio depend on the PyC configuration. To appreciate this point, just compare the example for two different positions in Figure 7 for $P_{irr} = 46$ mW with an exposure time of 60 s at 1064 nm. Curves 7a and 7b are obtained for positions 3 and 4 of the PyC sheet, respectively.

For low power when the height changes either during the irradiation or after closing the shutter are quite low, the background noise is preponderant. There are three main sources of noise, one due to the quantization noise of the Keyence displacement sensor, another due to the air-conditioning system and a third one due to ground vibrations. From recordings of Δd_t when the PyC surface is not irradiated, the standard deviation of the signal is $u_{cr} \approx 0.044$ µm when the air conditioning system is running while it is $u_{cs} \approx 0.029$ µm when it is stopped.

Assuming that:

- these values of standard deviation are the quadratic sum of the standard deviations u_q, u_c and u_v respectively associated with the three sources of noise;
- the quantization noise characterized in terms of uncertainty corresponds to the uncertainty associated with resolution following a uniform probability distribution;

we can deduce the following approximate values: $u_q \approx 0.003$ µm, $u_c \approx 0.033$ µm and $u_v \approx 0.029$ µm. This means that the contribution of quantization noise is negligible compared with the two other sources of which the contribution is almost equivalent. Therefore, all the measurements were carried out without air-conditioning.

DOI: 10.1051/metrology/201717001

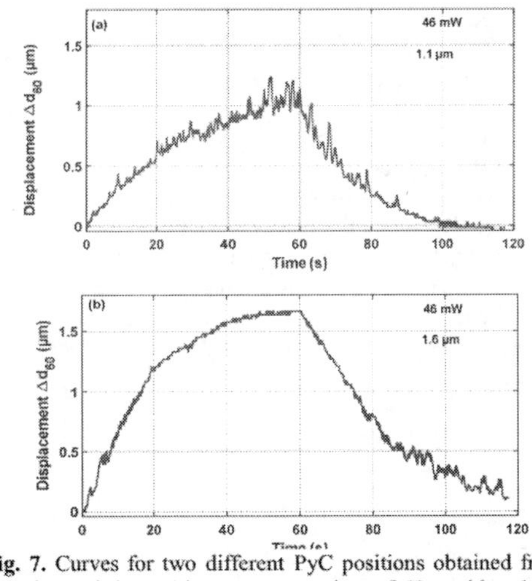

Fig. 7. Curves for two different PyC positions obtained from experimental data with an exposure time of 60 s with a 1064 nm laser beam at 46 mW; (a) position 3; (b) position 4.

2.4.2 Sources of error and uncertainties

In this experiment, there are several sources of error due to parameters affecting the measurement which must be taken into account in the uncertainty budget.

In addition to the uncertainty component due to the repeatability of the PyC sensor measurements in terms of type A evaluation of uncertainty [5], the main contributions of uncertainty (type B evaluation [5]) for this study come from:
- the power meter which was not calibrated and whose measurement position was not well defined;
- the area of the laser spot and its position on the PyC surface;
- the background noise due to vibrations;
- the local inhomogeneities of the magnetic field;
- the size and the horizontal position and orientation of the PyC sheet over the magnet array;
- the surface quality and the absorption coefficient of the PyC;
- the position of the displacement Keyence sensor spot on the PyC surface;
- the method in terms of exposure time, sampling time and linearization parameter.

Several contributions of these uncertainty components are made negligible by the use of diaphragms and for a fixed position of the PyC sheet. The sensitivity of the sensor could be improved by choosing the best position and size of the PyC sheet adapted to the magnetic field distribution. In addition, the experiment in this configuration could be greatly improved by protecting the PyC sheet against ground vibrations and temperature fluctuations to improve the signal-to-noise ratio.

The calibration of this device could consist in determining the calibration coefficient $\beta(T, \lambda, t_{exp}, P)$ which depends on the ambient air temperature range T, the laser wavelength range λ, the exposure time t_{exp} and the laser power range P used in expression (3) linking the laser power P_{irr} to the levitation height change measured over a short irradiation time t_{exp}:

$$P_{irr} = \beta \Delta d_t + \gamma \quad (3)$$

For instance, with $T = (22.7 \pm 0.2)$ °C, $\lambda \approx 1$ µm, $t_{exp} = 5$ s and P = [100 mW; 400 mW], we obtain: $\beta \approx 187$ mW·µm^{-1} and $\gamma \approx 0$ for position 5.

From these considerations, it seems realistic to be able to develop a laser power sensor using diamagnetic levitation calibrated with a relative measurement uncertainty of few percent or less than 10% in any case. Note that tests made at 532 nm seem to show that the PyC photo-response to an irradiation power of this experimental device depends also on the laser wavelength. Other tests made at 635 nm have shown that the discrimination threshold for the positions given a sensitivity β larger than 100 mW·µm^{-1} is about 3 mW for an exposure time of around 60 s.

3 Weighing configuration

3.1 Experimental set-up

Figure 8 shows photographs of the experimental set-up for the weighing configuration.
The device uses the same magnet array, PyC piece, diaphragms, mirror and shutter as those used in the levitation configuration but, in addition, a mass comparator is used to measure the equivalent mass change corresponding to the magnetic interaction force change between the magnet array and the PyC piece when it is irradiated by a laser beam.

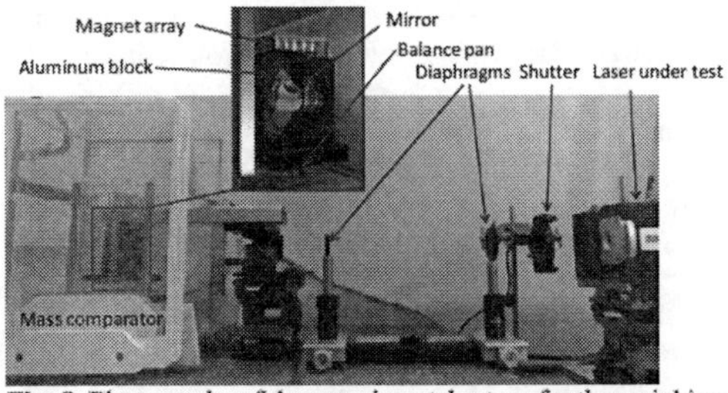

Fig. 8. Photographs of the experimental set-up for the weighing configuration.

In the weighing configuration, the magnet array is horizontally fixed to an aluminum arm linked to a 3D translation stage to adjust its position above the PyC sheet. The PyC sheet piece is glued to an aluminum block placed on the balance pan. The mirror is fixed at 45° in the aluminum block to reflect vertically the horizontal laser beam onto the PyC surface after it has passed through two diaphragms.

3.2. Buoyancy

The mass m of the device placed on the balance pan is about 200 g (aluminum block+ mirror+ PyC sheet). The main part (98%) of this mass comes from the aluminum block (density ρ_{Al} = 2700 kg·m^{-3}). The buoyancy in terms of mass Δm_a is given by:

$$\Delta m_a = -m\frac{\rho_a}{\rho_{Al}} \tag{4}$$

where ρ_a is the density of moist air.

The buoyancy of the aluminum block is about -89 mg for an ambient air temperature of about 20 °C and a conventional air density of 1.2 kg·m^{-3}.

The density of moist air ρ_a can be calculated using the formula recommended by the OIML [6]:

$$\rho_a = \frac{0{,}34848p - 0{,}009H\exp(0{,}061T)}{273{,}15+T} \tag{5}$$

where p is the pressure expressed in hPa, T the temperature expressed in °C and H the relative humidity expressed in %.

The relative sensitivity coefficients [6] of the air parameters are as follows:

$$\frac{1}{\rho_a}\frac{\partial\rho_a}{\partial T} = -3.4\times10^{-3}\quad \text{K}^{-1};$$

$$\frac{1}{\rho_a}\frac{\partial\rho_a}{\partial p} = +1\times10^{-5}\quad \text{Pa}^{-1};$$

$$\frac{1}{\rho_a}\frac{\partial\rho_a}{\partial H} = -1\quad \%. \tag{6}$$

For our device, the measurement indication is not the "absolute" mass, but the mass change over exposure time t_{exp} or over recording time t_{max}. We choose as criterion that the slope of the buoyancy mass change over one second must be less than 1 µg/s. This means that the relative air density change must be less than 1.3x10^{-3} for an exposure time of 60 s. In these conditions, the buoyancy change has no significant effect on the mass change measurements. Using expression (6) we obtain the following limits of the variation of ambient conditions for 60 s exposure:

- $\partial T/\partial t = \pm 0.18$ °C/min ;
- $\partial P/\partial t = \pm 0.68$ hPa/min ;
- $\partial H/\partial t = \pm 7.7$ %/min.

Since all the experiments for this study have been carried out in these environmental limits, we need not apply any buoyancy correction.

3.3 Instability of weighing due to temperature

In the weighing configuration, as shown in Figure 9, the maximum temperature of the PyC surface reaches about 25.3 °C at ambient air temperature of about 21.9°C when the PyC surface is illuminated in the same conditions as that of the levitation configuration. Corrected for the air temperature slope, the temperature change of the PyC surface is only 3.4 °C. This is very small compared with the 16 °C measured for the levitation configuration. Two reasons can explain this difference. First, the aperture and the position of the diaphragms D1 and D2 were not exactly the same in the two configurations, while they limit the same optical power irradiating the mirror M1 in the weighing configuration. Secondly, it appears that a significant amount of energy is dissipated through the two contact zones with the C profile despite the thin insulating sheets. This assumption is confirmed in Figure 9b which shows that the two contact zones are at ambient temperature possibly due to conduction heat transfer.

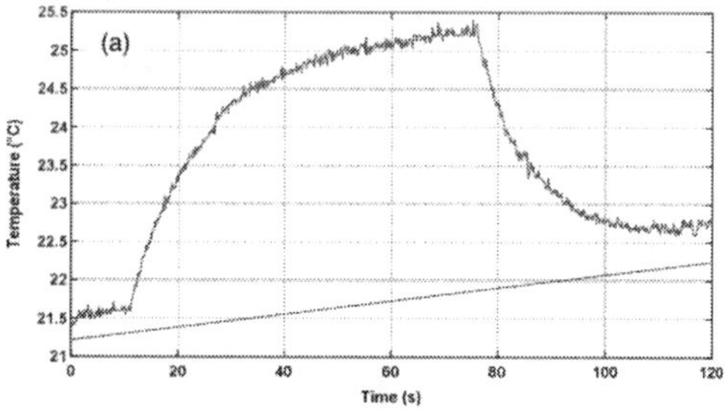

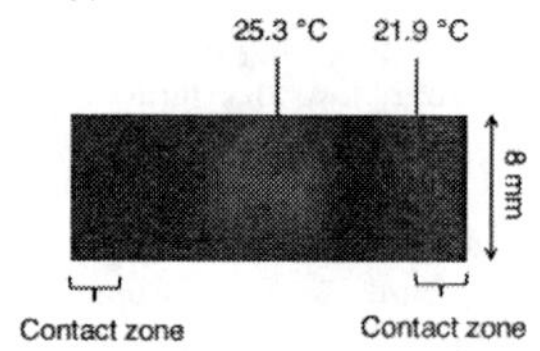

Fig. 9. a) Temperature change of the PyC surface when it is illuminated by a laser beam of wavelength 1064 nm and optical power P_{irr} of 0.9 W for 60 s. Dotted line is the air temperature mean value near the PyC sheet.
b) False color image of the PyC surface after 60 s irradiation.

Figure 10 shows the simultaneous measurements without laser irradiation of mass change 10(a) and air temperature close to the pan 10(b) over 250 min. In order to reduce the influence of air-conditioning system, an enclosure made of transparent plastic has been installed to protect the entire set-up (except the laser) against air movement. The two blue curves 10(a) and 10(b) recorded before the enclosure was installed are clearly correlated. There are large oscillations with a period of about 60 min due to air-conditioning control. The two signals are in opposition of phase. The peak-to-peak amplitudes are about 0.5 °C and 1.8 mg for air temperature and mass changes respectively equivalent to a temperature sensitivity coefficient of -3.6 mg·°C^{-1}. The oscillations are not symmetrical. The maximum positive mean slope (considering the large oscillations) is about +0.12 mg/min and the minimum negative mean slope is about -0.05 mg/min for the mass change.

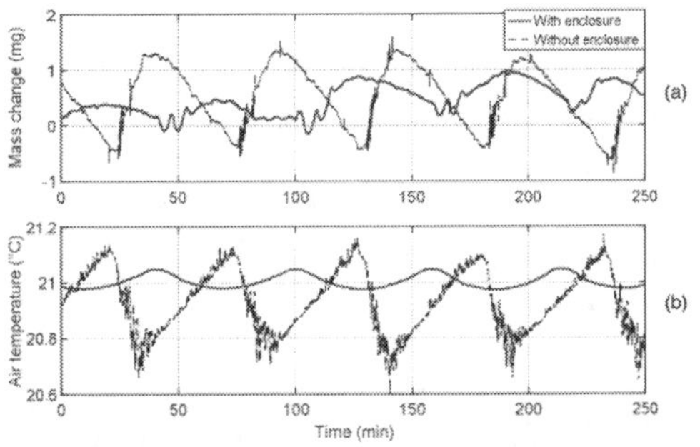

Fig. 10. Measurements without the transparent plastic enclosure (blue curves) and with the enclosure (red curves) over 250 min of: (a) Mass change (without laser irradiation); (b) Ambient air temperature close to the pan.

The amplitude of 1.8 mg observed without the plastic enclosure cannot be explained by the buoyancy change using expressions (4) and (5) giving a temperature sensitivity coefficient of +0.24 mg·°C^{-1}. This effect is of opposite sign and too small compared with the measured temperature sensitivity coefficient.

Another origin might be the magnetic induction variation with temperature. Considering that the manufacturer of NdFeB magnets gives a typical remanent induction B_r of 1.2 T (independent of the magnet's geometry) and that the temperature coefficient of remanence ζ is -0.1 % °C^{-1} for NdFeB magnets, an approximate calculation has been carried out to verify this assumption.

In our experiment as shown in the previous paper [1], the magnetic flux density in an *x-y* plane at the height *z* above the magnet array exhibits a 2D periodicity due to the magnet array composed of a juxtaposition of small identical permanent magnets in a horizontal plane *x-y*. In this case, the vertical induction component B_z has a horizontal periodic and homogeneous distribution. Its mean value in the horizontal plane is constant. In these conditions, a variation of temperature ∂T involves a variation of magnetic induction $\partial B_r = B_r\,\zeta\,\partial T$. This leads to an approximate derivative of magnetic induction related to temperature $\partial B_r/\partial T$ of about -10^{-3} T·°C^{-1}.
We can use the following approximate expression for the magnetic force acting on the PyC sheet:

$$F_z \approx -\chi.\frac{S}{\mu_o}.\int_z B\frac{\partial B}{\partial z}.dz \qquad (7)$$

where μ_0 is the vacuum permeability ($4\pi\times10^{-7}$ H·m^{-1}), χ the volume magnetic susceptibility of pyrolytic carbon (-4×10^{-4}) and S the base area of the PyC sheet (192 mm^2).

The expression to calculate the magnetic flux density B_z of a cylinder magnet of diameter and height $2R$ at the distance z from a pole face on the symmetrical axis is as follows:

$$B_z \approx \frac{B_r}{2}\left[\frac{2R+z}{\sqrt{R^2+(2R+z)^2}} - \frac{z}{\sqrt{R^2+z^2}}\right] \qquad (8)$$

Considering that the levitation force F_z acting on the PyC sheet at z = $d_0 \approx 0.4$ mm for $m_0 = 0.41$ g is about 4 mN and that expressions (7) and (8) lead to the following expression:

$$\frac{\partial F_z}{\partial T} \approx 2\frac{F_z}{B_r}\frac{\partial B_r}{\partial T} \qquad (9)$$

we obtain from expression (9): $\partial F_z/\partial T = -73\times10^{-6}$ N·°C^{-1}. We deduce an approximate mass variation ∂m=-3.7 mg for ∂T=+0.5 °C. Although this result is somewhat twice as large as the measured mass change of -1.8 mg, it corresponds to a temperature sensitivity coefficient $\partial m/\partial T$= -7.5 mg·°C^{-1} of the same sign as -3.6 mg·°C^{-1}.

Figure 10 (red curves) shows the efficiency of the plastic protection. The peak-to-peak amplitude of air temperature close to the balance pan is about 0.08 °C compared with 0.5 °C without enclosure. One can observe a temperature change period of about 60 min, but the correlation between variations of temperature and mass is much less clear because of other small disturbances of almost the same amplitude (gentle movement of air, vibrations, instability of servo-control…). Note that the maximum mass oscillation amplitude is about 0.5 mg and that the oscillations between temperature and mass measurements are of opposite phase. In addition, we observe also a double oscillation (period of about 6.5 min and amplitude of about 0.3 mg) on the mass change curve after each maximum temperature corresponding to a maximum of the second time derivative of temperature d^2T/dt^2 possibly coming from the servo-control system of the mass comparator.
A correction of air temperature based on the linearization of temperature change over t_{max} has been applied on mass change measurements using a Matlab® program.

3.4 Results and discussion

In this configuration, we observe a delay time of several seconds. In order to reduce the measurement time and to take into account the delay time, we choose to determine a response time τ as the time to reach 1/e of the mass change value at t_{exp} when t_{exp} corresponds to the time to reach a quasi-extremum level (quasi plateau).

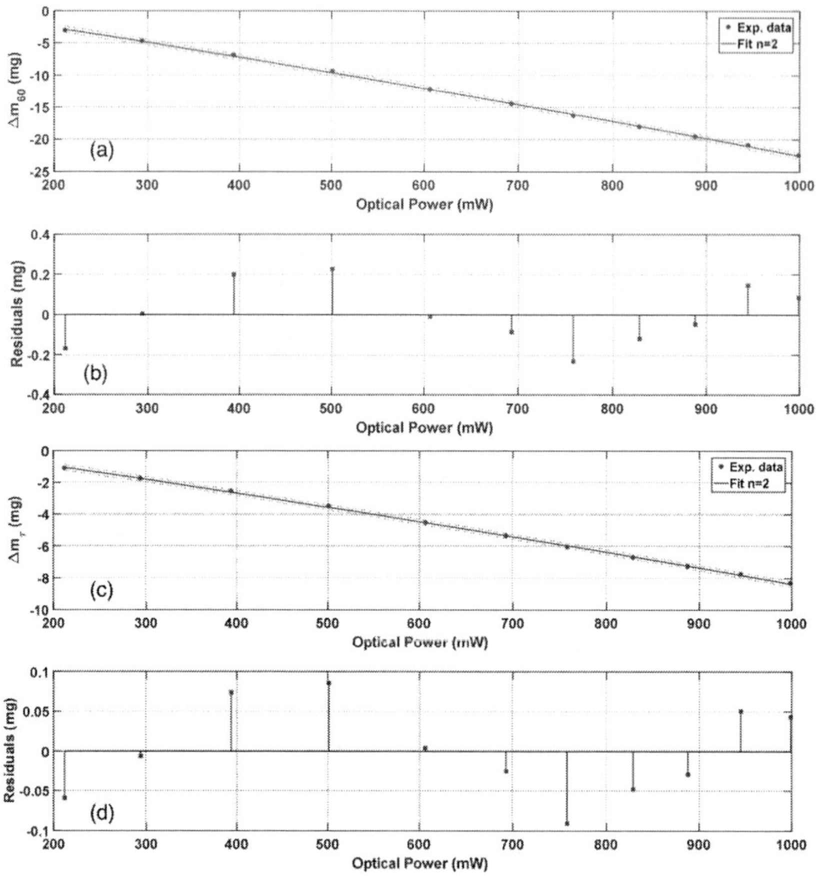

Fig. 11. Mass measurements for four increasing and decreasing (ID) optical power values P_{irr} between 200 and 1000 mW generated by the laser of wavelength 1064 nm: (a) maximum mass changes Δm_{60} after a 60 s exposure time (t_{exp}); (b) residuals of Δm_{60} for a second-order polynomial fit; (c) mass change Δm_τ at τ; (d) residuals of Δm_τ for a second-order polynomial fit.

Figure 11a shows an example obtained from experimental mass changes for four increasing and decreasing optical power values P_{irr} between 200 and 1000 mW generated by the laser of wavelength 1064 nm with an exposure time of 60 s. This example is not one of the best in terms of linearity. Even a second-order polynomial fit gives residuals (Fig 11b) which are not negligible, *i.e.* about 2%. Figure 11c shows the mass changes at τ determined from the measurements in Figure 11a. The response time is about 7.5 s while the delay time is about 2.5 s. In this case, residuals of the second-order polynomial fit reach about 3%. In better adjustment conditions of the experimental device, we obtained a linearity error less than ±1% over a sub-range 400 mW – 1000 mW.

These results show that there is no significant hysteresis phenomenon and that the relative measurement reproducibility is less than 0.4%.

A correction of the temperature drift is applied on experimental mass changes. However, the effect of this correction is weak enough.

We have demonstrated [2] that the relative uncertainty of optical power measurement with this set-up in the range 400 mW-1000 mW at 1064 nm spreads from 1.6% to 0.8% and that the irradiating beam wavelength (532 nm and 1064 nm) affects the photo-response of pyrolytic carbon.

In addition, Table 1 shows the device is able to measure low optical powers around 20 mW at 532 nm for an exposure time of 120 s. The delay time is about 20 s and the discrimination threshold smaller than 1 mW.

Table 1. Statistical parameters (mean associated with standard deviation) for three measurement parameters determined from a series of five records for three optical powers P_{irr} at 532 nm. The differences of the mean values between 15.3 mW and 17.5 mW and between17.5 mW and 19.5 mW are determined.

Optical power (mW)	Statistical parameters	τ (s)	Δm_{τ} (mg)	Δm_{120} (mg)
15.3 (a)	mean	35.86	-0.2412	-0.652
	standard deviation of mean	0.39	0.0061	0.016
	relative standard deviation (%)	1.1	2.6	2.5
17.5 (b)	mean	36.12	-0.2829	-0.766
	standard deviation of mean	0.25	0.0061	0.016
	relative standard deviation (%)	0.7	2.2	2.1
19.5 (c)	mean	36.56	-0.3261	-0.8674
	standard deviation of mean	0.13	0.0024	0.00059
	relative standard deviation (%)	0.4	0.7	0.7
(a-b)	mean difference	-0.26	0.0417	0.114
	standard deviation	0.46	0.0086	0.023
	relative standard deviation (%)	177	21	20
(b-c)	mean difference	-0.44	0.0432	0.101
	standard deviation	0.28	0.0066	0.016
	relative standard deviation (%)	64	15	16

4 Conclusion

We have demonstrated that an elementary device consisting of a small plate of pyrolytic graphite levitated above a magnet array is sensitive to a laser power. This leads to an interesting alternative to power meters based either on thermal measurement techniques via the Stefan-Boltzmann law (absorbed energy related to a temperature increase) or on the photon-electron interaction (photodiode effect).

Two different experimental configurations were studied.

The levitation configuration is quite compact but very sensitive to ground vibrations, draughts and ambient temperature changes. The photo-response sensitivity of the experimental set-up is at least 100 mW·µm^{-1} for most positions of the PyC sheet, but it is not linear over the whole range 100-1000 mW. Its discrimination threshold is about 3 mW and the relative measurement uncertainty of optical power in the range 100-1000 mW at a wavelength of about 1 µm is less than 10%.

The weighing configuration is also sensitive to ambient temperature changes. A temperature correction can be applied. In this configuration, there is a delay time of several seconds which is not negligible. The discrimination threshold is smaller than 1 mW. As with the levitation configuration the photo-response is also not linear over the whole range 100-1000 mW. The relative measurement uncertainty of optical power in the range 400-1000 mW at a wavelength of about 1 µm is less than 2%.

First results are very encouraging. This confirms the feasibility of new laser power sensors using diamagnetic repulsion which look promising for applications in metrology, in industry or in technology development.

Many features of these PyC-based devices could be improved. For instance, we are currently studying a new design of PyC-based sensors for industrial lasers of about 1 kW. Its principle consists in splitting off only a few percent of the laser power and using a chopper alternating short irradiation and long darkness periods. Such a device could measure a laser power with a relative uncertainty better than 10 %. Although the response time is several seconds, it could be integrated into a real-time system to monitor and control laser powers used in industry. Moreover, in the levitation configuration, a damping system against ground vibrations and a servo-control system of the magnet array temperature using a Peltier module are currently being tested. Ultimately, the best possible improvement would consist in linking the photoresponse to irradiating optical power by a physical law deduced from the optical and electronic properties of PyC. In this case, PyC-based devices could be used as absolute measurement standards.

The authors thank Dr Mark Plimmer for helpful discussions.

References

1. P. Pinot and Z. Silvestri, New laser power sensor using diamagnetic levitation (submitted in *Review of Scientific Instruments*)
2. P. Pinot and Z. Silvestri, New laser power sensor using weighing method (submitted in *Measurement Science and Technology*)
3. P. Williams, B. Simonds, J. Sowards and J. Hadler, Proc. SPIE 9741, *High-Power Laser Materials Processing: Lasers, Beam Delivery, Diagnostics, and Applications V*, 97410L (2016)
4. M. Kobayashi and J. Abe, J. Am. Chem. Soc, **134**, 20593-20596, (2012)
5. JCGM 100:2008, First edition 2008, Corrected version 2010, BIPM.
6. *Organisation internationale de métrologie légale* (OIML): *Weights of classes E1, E2, F1, F2, M1, M1−2, M2, M2−3 and M3: part I. Metrological and technical requirements*, International Recommendation OIML R 111, 2004 (Paris).

AUTHOR INDEX

AUTHOR INDEX

AUTHOR INDEX